U0865687

2010中国连锁经营年鉴

中国连锁经营协会 编

中国商业出版社

图书在版编目（CIP）数据

2010中国连锁经营年鉴/中国连锁经营协会编. —北京：中国商业出版社，2010.4

ISBN 978-7-5044-6827-7

Ⅰ.2… Ⅱ.中… Ⅲ.连锁商店—商业经营—中国—2010—年鉴 Ⅳ.F721.7-54

中国版本图书馆CIP数据核字（2010）第071494号

责任编辑：唐伟荣　张超美

中国商业出版社出版发行
010-63180647　www.c-cbook.com
（100053　北京广安门内报国寺1号）
新华书店总店北京发行所经销
北京明月印务有限责任公司印刷
*
787×1092　16开　42.25印张　960千字
2010年6月第1版　2010年6月第1次印刷
定价：360.00元
*　*　*　*
（如有印装质量问题可更换）

编辑委员会名单

编委会名誉主任：张志刚　全国政协委员
中华人民共和国商务部　原副部长
中国连锁经营协会　名誉会长
杨树德　国家工商行政管理总局　原副局长
中国连锁经营协会　名誉会长
黄　海　全国政协委员
中华人民共和国商务部　原部长助理
中国连锁经营协会　名誉会长

编委会主任：陈　朗　华润创业有限公司　执行董事及董事总经理
华润零售（集团）有限公司　董事长
郭戈平　中国连锁经营协会　会长

编委会副主任：姜俊贤　中国全聚德（集团）股份有限公司　董事长
郑万河　北京王府井百货（集团）股份有限公司　董事长
孙为民　苏宁电器股份有限公司　总裁
王宗南　光明食品（集团）有限公司　董事长
吕国满　锦江麦德龙现购自运有限公司　高级副总裁
朱丽筠　北京福奈特洗衣服务有限公司　总经理
孙　坚　如家酒店集团　首席执行官
纪志坚　大连三洋冷链有限公司　总经理
王培桓　山东家家悦集团有限公司　董事长兼总经理
苏敬轼　百胜餐饮集团中国事业部　总裁
陈　晓　国美电器有限公司　董事局主席兼总裁
程　军　武汉中百连锁仓储超市有限公司　总经理
吴坚忠　物美控股集团有限公司　董事长
王　培　沃尔玛（中国）投资有限公司　高级副总裁兼首席执行官
李燕川　北京超市发连锁股份有限公司　党委书记、总裁

编委会委员：于显洋　中国人民大学　教授
王方剑　FT 金科资本　执行董事
王钧耀　浙江省连锁经营协会　秘书长
刘建华　武汉连锁经营协会　秘书长
朱　舫　中国商报社　副总编辑

李远志　黑龙江省连锁经营协会　秘书长
张慧玉　河南省商业行业协会　会长
杨建英　福建省连锁经营协会　秘书长
孟福平　山西省连锁经营协会　秘书长
简丽娜　广州市连锁经营协会　秘书长
崔　霖　和君创业　国际注册管理咨询师
孔杨林　湖南省连锁经营协会　秘书长
王　杰　天津市连锁商业协会　秘书长
田甲男　沈阳市连锁经营协会　秘书长
刘　睿　长沙市连锁经营协会　秘书长
安建勇　西安市连锁经营协会　秘书长
朱　平　东莞市零售行业协会　秘书长
汤　娟　广东省连锁经营协会　秘书长
张云鸿　昆明市连锁经营协会　秘书长
胡文章　上海市连锁商业协会　秘书长
顾国建　上海商学院　教授
徐晓芳　国泰君安证券研究所　研究员

总　　　编：裴　亮
执 行 总 编：李建中
编 辑 人 员：杨青松　彭建真　郝晓燕　王文华　苏　霜　楚　东

前　言

回想2008年，国际金融危机黑云压城，致使我国连锁业经营业绩逐季下滑，发展受困，很多连锁企业尤其是上游企业忧心忡忡，在股市低落、出口下滑、市场萎缩中探寻着度过寒冬的解困之路。

然而，2009年中国连锁经营的发展伴随并强势支持着国家经济坚定的“保八”之路，经受住了金融危机的严峻考验。政府下大决心、动巨额财政资金、推八项促消费政策，力促内需启动及消费扩大，使中国经济三驾马车中的消费领域迎来了实质性启动，推动了很多消费相关产业的全球性布局变化，也带给中国连锁行业在寒冬中的阵阵暖流。

据中国连锁经营协会统计，2009年中国连锁百强企业销售规模达到1.36万亿元，同比增长13.5%，百强企业门店总数达到13.7万个，同比增长18.9%，较上年大幅增长；连锁百强企业销售规模占社会消费品零售总额的11%，与2008年基本持平。从业态情况看，百货企业增长最快，销售增长16.6%，门店增长19.4%，其中销售增幅10%以上的企业占百货类企业的82%；快消品零售业销售增长12.3%，门店增长22.2%，其中农村店在快消品门店增长中贡献较大。而就内外资企业比较看，2009年外资百强企业增幅明显高于内资，也高于上年的增幅。从区域分布看，百强企业总部主要汇聚于北京、上海、广州、深圳等一线城市，但二、三线城市销售增幅继续高于一线城市，其中销售增长20%以上的24家百强企业中，总部位于上述四地的仅有9家，占37%；销售增长低于10%的36家企业中，总部位于四地的有24家，占67%。

2009年，中国连锁企业私募股权融资活动逆市前行，B2C网上零售强势崛起并成为主流融资热点，在餐饮业依旧红火的同时，服装服饰也成为融资热门行业。同期，国内创业板十年磨一剑终于推出，众多连锁企业蜂拥而至，IPO（上市）事件激动人心；不仅国内创业板、中小板和香港，成为国内零售连锁企业上市的主要地点，而且其行业分布趋于多样化；零售连锁企业上市路径呈现出“整合型发展”的态势。同样，国内连锁企业并购活跃，在超市、百货等传统行业并购潮持续火热的基础上，连锁龙头企业已开始跨国和境外并购，而跨国公司并购国内领先企业的案例依然继续。与2007、2008两年相比，家电、连锁酒店、百货、超市和服装等行业上市公司的再融资热潮频发，成为本年国内连锁企业资本运营的亮点。

2009年，中国特许经营总体发展平稳。据中国连锁经营协会对20个行业和业态进行的2010年中国特许加盟行业投资景气调查显示，儿童早教、经济型酒店继续被追捧，健康休闲、汽车后市场有望成投资新热点，而涵盖汽车养护、美容、租车和用品销售在内的汽车后市场服务业，在经过多年培育和消费者的不断成熟过程中，也已步入连锁化、规范化发展的快车道；而年初预测将遭受经济危机较大影响的房地产中介、装饰装修、经济型酒店等行业并未遭遇长时间的低迷，特别是中西部地区，基本没有负面影响；反之，中国消费市场在国际金融危机中继续保持增长，吸引海外特许品牌加快进入。截至2009年年底，中国特许体系已突破 4000 个，比上年增长近 15%，继续保持特许体系数量世界领先；特许加盟店铺总数超过 33 万家，比上年增长 10%，特许体系平均拥有加盟店数量 83 个；零售、餐饮和服务三大类特许企业分别占比 44%、30% 和 26%，其中服务类特许企业总店数与销售额增幅最大，而传统零售与餐饮类特许企业的发展相对放缓；特许加盟企业为社会直接提供就业岗位 650 万个以上。

展望 2010 年，后金融危机的负面影响依然笼罩，宏观经济形势还存在很多风险和不确定性，实体经济的发展环境还有待改善，这些都使连锁企业的发展更趋谨慎，更加关注企业自身管理能力和外部网点资源建设，以求更稳健地持续发展。特别是，中国连锁业已经度过最困难的时期，在经历了金融危机的冲击和一系列的创新和模式变革后，全行业对未来发展更加从容和自信。

随着经济大环境的持续向好，2010 年我国连锁经营的预期发展目标将高于 2009 年，连锁百强企业的销售增长也将高于 2009 年。在增长方式上，提升单店效率，提高同店比，将是企业销售增长的重要因素；直接开店仍为企业最主要的发展手段；拓展多种营销渠道，开发网络经营将是未来业务的重点环节。在合作与发展理念上，秉持合作、双赢、责任和不断创新、变革发展的思路，才能谋求企业更大的发展并彰显对社会经济发展与进步的价值。当前，市场消费强劲，CPI 持续回升，启动国内消费让更多人享受经济增长的成果已成经济发展的头等大事，而国家宏观经济的重点也已调控到经济结构调整、通胀预期管控和保持经济平稳较快发展上。对于零售行业来说，这是利好讯息，预示着下一轮的快速增长就在眼前。我们要作更充分的准备，积极挖掘自身价值，实现企业健康、稳定、可持续地发展。

随着中国连锁经营规模的不断扩大，数据资料已成为业内人士进行科学决策和分析的重要依据。《2010 中国连锁经营年鉴》力求通过严谨的内容、翔实的数据、直观的图表，客观反映 2009 年中国连锁经营市场的发展状况，详尽描述行业的运行环境，为业内人士经营、管理和决策提供参考和帮助。在此，向参加本书编写的专家、学者、业内人士和编委会工作人员表示衷心的感谢！

中国连锁经营协会理事会主席　　**中国连锁经营协会理事会会长**

目　录

第一部分　行业综合篇

发挥优势，创新模式，促进连锁经营可持续发展 …… (3)
挖掘零售价值，实现可持续发展 …… (6)
2009 年连锁经营发展基本状况 …… (10)

第二部分　行业调查篇

2009 年中国连锁百强企业经营状况分析 …… (19)
2008—2009 年度超市行业经营状况分析报告 …… (21)
2008—2009 年度百货店行业经营状况分析报告 …… (44)
2008—2009 年度家电行业经营状况分析报告 …… (65)
2008—2009 年度便利店行业经营状况分析报告 …… (80)
2008—2009 年度医药零售行业经营状况分析报告 …… (97)
2009 年中国特许经营连锁百强企业发展状况 …… (110)
2009 年中国特许加盟行业投资景气度调查 …… (118)
2008—2009 年度中国特许经营加盟商状况调查分析 …… (123)
2008—2009 年度中国餐饮业特许经营发展报告 …… (134)
2008—2009 年度中国经济型酒店特许经营发展报告 …… (156)
2008—2009 年度中国汽车后市场特许经营发展报告 …… (170)
2008—2009 年度中国房地产经纪行业特许经营发展报告 …… (179)
2008—2009 年度中国社区商业特许经营发展报告 …… (188)
2008—2009 年度中国农村连锁特许经营发展报告 …… (199)

第三部分　专　题　篇

2009 年中国超市食品安全调查报告 …… (223)
2009 年中国连锁企业人力资源调查报告 …… (259)
2009 年中国零售企业资金链风险研究 …… (275)
2009 年中国零售业 IT 应用基准研究的主要发现 …… (314)
2009 年度“CCFA 金牌店长”评选分析报告 …… (344)
2009 年中国零售与快速消费品行业工商协作调查报告 …… (360)

2008—2009 年度中国零售业生鲜经营发展状况 …………………………………………（382）
2009 年供应商满意度调查报告（概要） ……………………………………………………（391）
2009 年中国连锁餐饮业发展战略趋势调查报告 ……………………………………………（396）
2008—2009 年度生产型企业通过特许经营构建分销网络调查 ……………………………（402）
2009 年中国特许经营行业比较突出的法律问题 ……………………………………………（409）
2009 年中小城镇零售连锁企业经营状况研究 ………………………………………………（412）
2009 年中国零售连锁企业资本运营状况分析报告 …………………………………………（424）

第四部分　地　方　篇

2009 年北京市连锁经营发展状况 ……………………………………………………………（437）
2009 年天津市商务工作主要特点暨 2010 年商务工作总体安排……………………………（448）
2009 年石家庄市消费品市场运行状况及 2010 年市场展望…………………………………（455）
2009 年山西省连锁经营发展状况 ……………………………………………………………（460）
2009 年呼和浩特市消费品市场运行状况 ……………………………………………………（463）
2009 年辽宁省消费品市场运行状况 …………………………………………………………（465）
2009 年黑龙江省连锁经营发展状况及 2010 年展望…………………………………………（468）
2009 年上海市服务业发展报告 ………………………………………………………………（470）
2009 年浙江省连锁经营发展状况 ……………………………………………………………（481）
2009 年合肥市消费品市场运行状况及 2010 年市场展望……………………………………（486）
2009 年福建省连锁经营发展状况 ……………………………………………………………（490）
2009 年河南省连锁经营发展状况 ……………………………………………………………（495）
2009 年武汉市连锁超市发展状况 ……………………………………………………………（497）
2009 年广州市连锁经营发展状况 ……………………………………………………………（501）
2009 年广西消费品市场运行状况及 2010 年市场展望………………………………………（504）
2009 年重庆市商贸流通市场发展状况 ………………………………………………………（508）
2009 年成都市消费品市场运行状况 …………………………………………………………（514）
2009 年青海省消费品市场运行状况及 2010 年市场展望……………………………………（517）
2009 年宁夏消费品市场运行状况及 2010 年市场展望………………………………………（523）

第五部分　政策法规篇

财政部　商务部关于做好支持搞活流通扩大消费有关资金管理的通知
（2009 年 2 月 5 日） ……………………………………………………………………………（531）
全国人大《中华人民共和国食品安全法》
（2009 年 2 月 28 日） …………………………………………………………………………（533）
商务部等八部门关于完善农业生产资料流通体系的意见
（2009 年 3 月 9 日） ……………………………………………………………………………（548）
商务部　财政部关于加快实施"万村千乡市场工程"的通知

（2009 年 4 月 10 日） …………………………………………………………………（550）
财政部关于印发《中小商贸企业发展专项资金管理暂行办法》的通知
（2009 年 5 月 22 日） …………………………………………………………………（553）
国务院办公厅关于转发发展改革委等部门促进扩大内需鼓励汽车家电以旧换新实施方案的通知
（2009 年 6 月 1 日） …………………………………………………………………（556）
发展改革委办公厅关于做好商业与工业用电、用水同价工作有关问题的通知
（2009 年 6 月 12 日） …………………………………………………………………（560）
财政部办公厅　商务部办公厅关于 2009 年促进服务业发展专项资金使用管理有关问题的通知
（2009 年 7 月 10 日） …………………………………………………………………（561）
财政部办公厅　商务部办公厅关于 2009 年度中小商贸企业发展专项资金使用管理有关问题的通知
（2009 年 7 月 10 日） …………………………………………………………………（565）
财政部等十部门关于印发《汽车以旧换新实施办法》的通知
（2009 年 7 月 13 日） …………………………………………………………………（569）
《中华人民共和国食品安全法实施条例》
（2009 年 7 月 20 日） …………………………………………………………………（574）
中国银行业监督管理委员会关于《消费金融公司试点管理办法》
（2009 年 7 月 22 日） …………………………………………………………………（583）
《流通环节食品安全监督管理办法》
（2009 年 7 月 30 日） …………………………………………………………………（588）
商务部关于加快流通领域电子商务发展的意见
（2009 年 11 月 30 日） …………………………………………………………………（597）

第六部分　附　　录

附录一

CCFA 2009 中国连锁年度人物 ……………………………………………………（603）
CCFA 2009 中国连锁年度人物提名奖 ……………………………………………（605）
CCFA 2009 年度最佳雇主 ……………………………………………………………（606）
2009—2010 年度中国特许经营年度奖项说明 ……………………………………（607）
中国特许奖 ……………………………………………………………………………（609）
中国特许奖蝉联品牌 …………………………………………………………………（612）
2009—2010 年度中国零售业优秀特许加盟品牌 …………………………………（613）
2009—2010 年度中国餐饮与酒店业优秀特许加盟品牌 …………………………（613）
2009—2010 年度中国服务业优秀特许加盟品牌 …………………………………（614）
2009—2010 年度中国特许经营最具成长力奖 ……………………………………（614）
2009—2010 年度中国特许经营加盟商满意奖 ……………………………………（615）

2009—2010 年度中国特许经营管理创新奖 ……………………………………（615）
2009—2010 年度中国特许经营社会责任奖 ……………………………………（615）
2009—2010 中国特许经营年度人物 ……………………………………………（616）
2009—2010 年度中国优秀加盟商（单店） ……………………………………（618）
2009—2010 年度中国优秀加盟商（区域） ……………………………………（620）
2009 年度 CCFA 十佳金牌店长 …………………………………………………（622）
2009 中国零售业优秀 CIO 名单 …………………………………………………（623）
2009 年行业统计优秀单位 ………………………………………………………（623）

附录二

2009 年中国连锁业大事记 ………………………………………………………（624）

附录三

2009 年中国连锁百强名单 ………………………………………………………（644）
2009 年中国快速消费品连锁零售百强名单 ……………………………………（648）
2009 年中国特许经营连锁 120 强名单 …………………………………………（651）
2009 年中国主要连锁百货企业经营情况 ………………………………………（655）
2009 年中国主要连锁便利店企业发展情况 ……………………………………（656）
2009 年世界领先零售商排行榜 …………………………………………………（658）
2009 年主要海外品牌经营情况 …………………………………………………（661）

附录四

1. 中国连锁经营协会简介 ………………………………………………………（662）
2. 地区连锁协会名录 ……………………………………………………………（665）

第一部分　行业综合篇

发挥优势，创新模式，促进连锁经营可持续发展

——商务部部长助理房爱卿在第十一届中国连锁业会议上的讲话（摘编）

改革开放以来，连锁经营作为一种现代流通方式得到社会各界的高度重视，得到了长足的发展，目前已进入一个关键阶段。现就如何进一步发展连锁经营，提高核心竞争力，努力扩大消费谈几点看法。

一、要把发展连锁经营作为建立现代流通体系，提高流通企业核心竞争力的一项长期发展战略

连锁经营作为一种现代流通方式和组织形式，自上世纪 90 年代进入我国后，显示出强大的生命力、适应力和发展潜力。连锁经营是社会化大生产原理在流通领域的应用，是规模化经营与专业化经营相结合的有效方式，实现了资本经营的规模化、集约化要求与零售活动的分散化、个性化特点的有机结合，有效地降低了流通成本，提高了流通效率和效益，推动了传统流通向现代流通的转变，彻底改变了 90 年代以前少数传统零售业态一统市场的局面。目前我国业态创新步伐加快，业态结构日趋合理，逐步适应了多样化、个性化的消费需求。各种资本利用连锁经营的方式，取得了快速发展。2008 年，全国连锁百强销售规模达到 11999 亿元，同比增长 18.4%，占社会消费品零售总额的 11.1%。百强企业门店总数超过 12 万个，门店总数增长 10.6%，直接就业人数超过 200 万人，新开店达到 2.4 万家。对扩大内需、解决就业、拉动经济增长起到了重要作用。实践证明，连锁经营是扩大企业规模，提高组织化程度的重要手段，是做强做大流通企业的必由之路，是建立现代流通体系，提高核心竞争力的长期发展战略，是搞活流通扩大消费应对国际金融危机的具体措施，连锁经营具有广阔的发展空间。

二、广泛应用信息技术是发展连锁经营，提高管理水平，增强生命力的基础

信息技术的发展，为在全球建立统一采购、统一配送、统一价格、统一管理的连锁经营企业创造了条件。信息技术不仅能提高业务、财务、人事等管理能力，产生智能超市，还能采集、加工有效信息，创造价值。连锁企业竞争力的差别，不仅体现在硬件上，更重要的体现在运用信息技术能力上。从全球成功企业看，没有一个不重视信息技术的。近些

年来我国连锁企业发展很快，不仅硬件设施有了很大的改善，运用信息技术方面也有很大的提高。但是还有较大的差距，一些连锁企业经营水平仅处于“基础零售”阶段，尚未进入运用信息技术和专业方法经营店铺位置、商品存货、门店资产和人力资源四项核心资产的“技术零售”阶段。因此如何运用信息技术发展连锁经营是我们面临的一个重要课题，谁运用得快、运用得好，谁就发展得快、发展得好，谁就会有一个质的飞跃，核心竞争力就会大大提高。

三、实体店铺与网上交易的有机结合是连锁企业新的利润增长点

近两年来，特别是国际金融危机以来，网上交易迅猛发展，提供的商品和服务的范围逐步扩大，参与网上交易的企业和个人在迅速增加。网上交易的发展是流通业的一次革命，不仅使流通渠道、流通环节、流通半径发生了很大的变化，利润来源也发生了变化。过去是贱买贵卖，现在可以贵买贱卖。在这种情况下，如果连锁企业发挥实体店铺和物流配送的优势，实现实体店铺与网上店铺的有机结合，将是连锁企业新的利润增长点。连锁企业开办网上商店，不仅可以拓展经营品种与业务范围，开发新的服务项目与服务领域，还可以大力宣传推介连锁企业的品牌、经营特色等，大力提高连锁企业的经济效益和社会影响力。

四、完善的物流配送体系是连锁经营可持续发展的血脉和神经

连锁经营的规模效益是以完善的物流配送体系为基础的，是通过物流配送将经营门店变成经营网点，物流配送是连接各个经营网点的血脉和神经。但是一些连锁企业物流配送发展滞后，配送率较低，影响了竞争力。随着连锁企业的快速发展和人们对消费的多样性、安全性和便利性需求的不断提高，对物流配送提出了更高的要求。要加强对物流配送中心建设的总体规划布局，既要从现实出发，又要有前瞻性，确保连锁网点和物流配送同步发展；要把以运输批发市场为主的物流整合成集约的、有序的、规模的、低成本的配送体系，减少空驶率，实现绿色物流。要改变以运输、仓储等基本物流业务为主的模式，形成向加工、配送、定制服务等增值服务方向发展。要完善生鲜食品的冷链物流体系，减少损耗，保证食品安全。要加大对物流配送设施的投入，完善物流配送功能，提高物流配送效率。如，一些发达国家的一些便利店中，高度发达的第三方物流、完善的物流设施设备和先进的物流技术，实现了对店铺的高频率和高效率的配送，有效满足了顾客多元化的消费需求，某些商品已经达到了一日三配或四配。当前，物联网的应用正引起国内外的关注，美国将“智慧地球”概念上升到国家战略高度，温家宝总理在今年到无锡考察时，也提出了推动中国物联网发展，建立“感知中国”中心的提议。作为以物流为生命线的连锁企业，对此应密切关注，积极探讨，利用物联网的发展机会，大力发展物流配送，促进连锁经营的健康发展。

五、优化供应链管理是连锁企业整合社会资源，提高核心竞争力的一项措施

随着连锁经营的快速发展，市场竞争越来越激烈，而这种竞争不是企业与企业之间的竞争，而是供应链与供应链之间的竞争，谁建立了完善的供应链，谁就掌握了主动。现代供应链应该是打破环节、区域、企业的限制，以市场需求为导向，按照比较效益原则，通过契约关系，构建稳定的、多元化的供应链管理体系。在建立供应链过程中重要的是处理好零供关系。目前总体看零供关系发展良好，但也出现店大欺客和客大欺店的问题。我认为这是市场经济发展中出现的问题，也会随着市场经济的发展逐步得到解决。在市场经济发展的初级阶段，零供关系是竞争关系，随着市场经济的发展，必然发展为互利共赢的合作关系。零售商和供应商分别是供应链的重要主体，承担着供应链不同环节相互关联的重要职能，这种合作程度决定着供应链的发达程度，也体现着供应链的增值能力。只有通过相互合作，提升供应链管理水平，提高核心竞争力，降低换手率，做到信息共享、利益均沾、风险共负，才能把蛋糕做大，实现供应商和零售商共赢和可持续发展。

六、创造良好的外部环境是连锁经营持续稳定快速发展的客观需要

商务部作为流通主管部门，一直高度重视和支持连锁经营的发展，出台了一系列支持连锁经营发展的政策。今后，商务部将进一步转变政府职能，增强服务意识，建立完善的信息体系，提高市场配置资源的能力和水平；继续完善法律、法规、标准体系，加大改革力度，规范市场秩序，改善消费环境，创新行业管理手段，打破地方封锁和行业垄断，建立统一、开放、竞争、有序的市场体系。继续协调相关部门，争取建立完善的政策体系，解决制约连锁企业做强做大的政策性、体制性障碍，推动连锁企业不断壮大发展。

挖掘零售价值　实现可持续发展

——中国连锁经营协会会长郭戈平在第 11 届中国连锁业会议上的讲话（摘编）

在当前的经济形势下，探讨挖掘零售企业的价值是非常必要的。

首先，是企业可持续发展的要求。

经过十几年的快速发展，连锁行业已进入重要的转型时期，零售业的经营正在从追求规模数量向追求效益和效率转变。这是行业发展的必然规律，它要求我们及时进行必要的反思和调整。中国连锁经营协会（简称“协会”）发布的《2009 年零售企业资金链风险研究》显示，在目前零售企业的经营模式中，应付账款是零售商最主要的资金来源，收取通道费用、物业出租利润和投资收益是最主要的利润来源。这意味着零售企业核心经营能力的丧失和利润波动风险的加剧，是不可持续的。

其次，是竞争格局和消费者变化的要求。

从市场的供应看，零售业的竞争日趋激烈，并且正在从前端店面的竞争转移到后端供应链上的竞争，从简单的价格竞争转移到企业综合能力的竞争。从市场的需求方即消费者看，尽管高、中、低端的分化越来越明显，追求个性化越来越强烈，但对价值的要求是一致的，从国外零售企业发展折扣店和自有品牌的成功案例可见一斑。

第三，是与资本市场接轨的要求。

随着零售企业市场规模的扩大，近年来，零售与资本结合的案例层出不穷，有的在一级市场直接上市融资，有的选择先借助投资公司做大规模，再谋求上市。要获得资本的青睐，除了身处于一个不断壮大的行业、具有一定的规模和良好的管理团队外，理性的资本更关注企业是否具有合理的盈利模式，是否具有可持续发展的能力。

第四，是践行社会责任的要求。

与发展初期不同，目前中国零售业的社会地位今非昔比。2008 年年底，协会会员企业销售额已占社会消费品零售总额的 1/8，吸纳就业 500 万人。同时，国家经济增长正处于转型期，三驾马车中消费已占有越来越重要的份额。在外贸转内销、解决农民“卖难”中，零售企业扮演着越来越重要的角色。而来自于消费者、资本市场和政府部门对零售企业的关注度，也比以往任何时候都要高。

挖掘零售价值，应主要从以下几个方面着手：

一、转变盈利模式，自主经营创造价值

赚取进销差价是零售的起点。零售企业大都是从自主经营开始发展壮大的，它们在创业时执着务实，对细节孜孜以求，靠自主经营点滴积累，这就是零售的行业精神。但是，

随着企业规模的扩大，盈利模式和利润结构发生了变化。原来以进销差价为主要利润来源，现在通道费用、租金和投资收益成为主要利润来源。

从短时间看，这些收益所付出的综合成本低；但从长时间看，则得不偿失。首先它有负面的导向作用，企业的各个业务环节都将围绕“不重视商品经营”的导向确定各自的行为取向。其次，不看重商品经营，必然导致企业对市场判断和价格控制的失灵，企业核心经营能力丧失。另外，盈利过多依赖通道费用，也影响新、特产品的引进，经营趋于同质化；零供关系也因此变得更加紧张，同时更易于滋生内部腐败，最终企业稳定收益的能力和可持续发展能力无从谈起。

当前，零售企业比创业初期更有条件加大自营、经销、买断等方式的比例，只有真正通过自主经营，才能更好地了解市场需求，才能真正为实现消费者需求服务，才能最终创造企业价值。在生鲜商品经营上，行业已经实现了重要的转变，即从以联营、出租为主转变为自营为主。这是企业经营能力提升的表现，门店的聚客能力增强，毛利水平不断提高。

在各个业态中，都有一些典型的经营模式和盈利模式的自主创新案例，如福建永辉、山东家家悦等企业已经成为生鲜经营成功的典范；快客便利提出“Q＋e”模式，经改造门店业绩明显提升；五星家电提出“家电顾问”模式，实现差异化营销；特力屋以“每天都有新感觉”为主题，提升消费者体验。

二、强化采购功能，从源头产生价值

零售企业采购的职责主要包括：市场调查、了解厂商和商品、商品补充、促销方案制定、库存控制、销售分析等几个方面。由于盈利模式上过多依赖通道费用，很多企业在实际业务执行中，采购职能简化，采购能力退化。一些企业的采购仅仅是“坐商”，既不在终端做充分的市场调研，不了解顾客需求和竞争对手商品结构，也不向上游深入厂商源头，不了解商品特点和价格构成。由于进入超市的商品品种和数量很大程度上是由供应商的销售代表决定的，最终表面上看，货架上商品琳琅满目，但消费者进店后却找不到自己更需要的商品。

强化采购功能，不仅可以提高进销差价，还可以加快商品周转，减少资金占用，真正帮助企业从源头上创造价值。很多企业已开始这方面的努力，例如，武汉中百以消费者为导向，提出“菜采田头，瓜采地头，果采山头，货采源头”，不仅有助于了解商品特性，提高买手的专业能力，同时也节约了大量的采购成本。

只有真正从消费者需求出发，而不是从收取通道费用的数额出发，才能最终使商品经营利润成为最主要的利润来源。

三、开发自有品牌，为消费者创造价值

在欧美零售业中，自有品牌发展较为普遍，自有品牌商品销售占比大都在20%以上。但在中国，自有品牌还处于发展初期。从全行业看，品牌数量占比和销售额占比只有3%左右，产品形象还没有树立，大多数消费者对自有品牌商品不了解或不认可。

自有品牌不是简单地委托贴牌，而是需要提前做大量细致的准备工作，自有品牌开发人员应对自己开发的产品在配方、工艺、原料等环节都要有深入的专业知识，从而保证自有品牌商品的质量不落后于知名品牌。它的本质是充分利用生产商的产能和零售商的渠道，产品定向生产和销售，节约大量市场费用。成功的自有品牌商品开发，可以较低价格为消费者创造价值，带来较高的顾客忠诚度，成为企业实现差异化的重要手段。同时，也为企业带来较高的毛利，提升企业价值。

开发自有品牌，应向欧美零售企业学习。如，沃尔玛、TESCO，都积累了丰富的经验。在内资企业中也不乏成功营销自有品牌的案例，如上海华联采用“内部代理”模式转变了自有品牌开发的思维模式；中国 SPAR 在较短时间内实现开发自有品牌商品数 200 多个。

四、优化供应链，挖掘潜在价值

在传统供应链中，零售商的做法是尽可能压低进货价格，提高销售价格，以实现更高的利润。从价值创造的角度看，供应链已经成为一条价值链。进行供应链优化，可以使渠道总利润增加，即价值提升，从而改变原来顾客、零售商、厂商三者之间价值此消彼长的零和博弈关系，建立多赢的新型合作关系。

实现供应链效率的提升和优化，可以有多种具体的手段，包括提高物流能力、加强总部功能、建立完善的信息系统、与供应商建立伙伴关系等手段。优化的具体结果包括商品在架率提高、库存和退货减少、渠道费用降低、库存周转能力增强等。在各种优化手段中，信息系统起到突出的作用，系统不仅将分散的订单和需求集中起来，而且将各个业务环节联结起来，各个业务部门在同一个平台上分享信息和开展业务，大大提高整个供应链的效率，从而创新出更大的价值。

苏宁电器和物美集团借助信息技术，使供应链效率大大提高，也大幅提升供应商满意度，使企业价值增长。新一佳与宝洁实施数据同步，开辟了零售商与供应商合作的新局面。宏图三胞提出智慧型供应链模式，减轻了上游厂商的运营压力，提升了合作双方的运营效率。

五、践行社会责任，创造企业社会价值

企业是社会的细胞，特别是对与民生密切相关的零售企业来说，社会的可持续发展是我们成长的基础。而且，社会责任也是生产力，它不仅仅创造了社会价值，而且也创造了企业的经济价值。如开展节能工作，既为减排做出贡献，又可降低经营成本。企业建立以人为本的价值观，树立良好的形象，也有利于品牌的建设，提高品牌价值和顾客忠诚度。在抗震救灾等危急时刻，连锁企业充分发挥了民生商品流通主渠道的作用，积极参与救援和捐助，得到社会的充分肯定。

践行社会责任，零售企业还应处理好以下几个问题：

1. 处理好与员工的关系

协会《2009 年中国连锁企业人力资源调查报告》显示，总部和门店优秀管理人员缺

失、门店基层员工流失、人力成本过高等，是企业面临的主要人力资源问题。

2. 与供应商建立诚信互惠的关系

协会与 IBM 业务咨询部共同开展的《2009 年中国零售与快速消费品行业工商协作调查报告》显示，对比 2008 年的调查结果，零售商更加关心快速消费品制造企业帮助其扩大盈利的能力；供应商最为关注零售商的信用，包括不拖欠货款、不随意扣款和罚款、及时收到货款等。

3. 处理好与同行的关系

要从自身做起，营造公平竞争的市场秩序。同行不是冤家，很多共性的行业问题需要共同面对和解决。有各个方面和谐的关系，企业才能够更好地创造价值。

当然，企业规模不同，对社会的影响也不同。大企业更应发挥示范和引导性作用，更要注意处理好与供应商关系，维护行业的形象。

相当一部分经济学家认为，中国经济已经度过最困难的时期。经历了金融危机的冲击，经过一系列的创新和模式变革，我们对未来更加从容和自信。2009 年 10 月下旬的国务院常务会议指出，当年后几个月，要把正确处理好保持经济平稳较快发展、调整经济结构和管理好通胀预期的关系作为宏观调控的重点。这是中国政府首次提出管理通胀预期，一些知名咨询公司和投资公司也表达了对通胀更强的预期。

对于零售行业来说，这是利好讯息，它预示着下一轮的快速增长就在眼前。我们要作更充分的准备，挖掘自身价值，实现企业的可持续发展！

2009 年连锁经营发展基本状况

根据中国连锁经营协会抽样调查显示，尽管受到金融危机的影响，2009 年主要零售企业的销售增幅在 15% 左右，与社会消费品零售总额的增幅基本一致。零售企业的发展，对国民经济起到了重要的推动作用。

一、地位和作用

（一）连锁经营是拉动国内消费的重要渠道

2009 年，仅连锁百强企业的销售额已占到社会消费品零售总额的 11%，连锁企业不仅提供了必要的消费场所和消费品，还通过平日以及节假日的促销活动，拉动了消费。连锁零售企业也是“社区商业”和“万村千乡”工程的重要承担者。

（二）连锁网络是生活必需品应急供应的主要通道

无论是汶川、玉树大地震，还是 2009 年冬季北方地区的暴雪灾害，连锁零售企业，特别是国内企业，充分发挥其网络优势，在组织货源、物流运输、物品投放等方面起到了重要的作用，保障了生活必需品的市场供应，维护了市场的平稳运行。

（三）连锁企业是“农超对接”、“万村千乡”的主要承担者

实践证明，“农超对接”和“农家店”有利于扩大农民收入，有利于减少损耗，有利于提高流通效率。目前，在各地区开展比较好的“农超对接”中，终端的承担者基本都是连锁零售企业。它们深入上游，以各种方式在源头建立基地，有效地促进了当地经济的发展。分散在农村广大区域的“农家店”，大多是某一连锁品牌的加盟或是由连锁企业直接开办的。

（四）连锁行业是吸纳就业的重要载体

零售业是劳动密集型行业。据不完全统计，仅中国连锁经营协会会员企业就实现就业 500 多万人，并且随着每年企业新开店铺的增长（近年平均年增长 20% 左右），吸纳就业人数不断增加。2010 年，北京将净增就业人口 32 万，主要分布在餐饮、住宿、批发零售等行业。

（五）全行业为环保节能做出突出贡献

2009 年下半年，中国连锁经营协会对实施限塑 1 年来全国超市使用塑料袋情况进行

了统计：塑料袋使用率平均下降66%，塑料袋消耗减少近400亿个，相当于节约石油160万吨，减少了大量的碳排放。2010年3月10日，十一届全国人大三次会议第三场答记者问，国家发改委副主任解振华表示，“限塑令实施后，塑料袋使用量下降了2/3，每年至少可以减少塑料消耗40万吨左右，相当于节约石油240万吨，减少二氧化碳排放760万吨。”

除了自身的环保节能行动，作为面向消费者的终端窗口，连锁零售业在落实国家环保政策方面具有很强的社会带动作用。

二、发展特点和存在的问题

（一）发展的几个特点

1. 行业的公益性特点日益突出

在商业经营中，连锁企业越来越体现出公益性的特点。如提高食品安全水平，改善和满足居民日常所需，对消费者的消费教育和引导，对供应链上游的带动作用等。

2. 经济活动的正外部性明显

从商贸流通服务业整体来看，其具有很强的正外部性。它的发展既不会带来环境污染，也不会降低经济运行效率。相反，通过商贸流通服务业所反馈的终端市场信息，能及时指导上游的生产、流通，从而降低经济运行成本，提高流通效率。

3. 不仅是劳动密集型产业，也是资本密集型产业

近年来，随着连锁企业开店数量的增加，企业在物流、信息化等方面的发展越来越快，也越做越大。如有的企业仅ERP系统的投入就达上亿元，而物流体系的建设则动辄数以千万元计。所以商贸流通服务业，特别是连锁零售业，越来越受到资本的关注，也越来越成为资本密集型的产业。

4. 新的商业业态和商业模式不断涌现

近一两年，新的商业形式发展很快，如电子商务、购物中心、商业街、城市综合体等，它们的出现和发展为繁荣商业做出重要贡献。但同时，由于规划、投资等方面的原因，在一些地方存在着重复建设或过度投资问题，而个别项目后期不能按计划正常运转也带来一定的社会稳定问题（如租户因无法按期收回投资所产生的过激行为等）。这些都需要政府进行引导和支持。

（二）存在的主要问题

1. 融资环境不佳，银行贷款不易

由于零售业“轻资产”的经营特点，无法从银行获得足够的贷款支持，而上市渠道又较窄，因此为了能够与国际大型零售商竞争，一些零售商只有通过占用供应商货款来获得发展资金，如此不利于行业的和谐和可持续发展。

2. 某些业态外资拥有绝对强势地位

外资企业的强势主要体现在三个方面。其一，发展质量好。据中国连锁经营协会统计，外资大型超市（6000平方米以上）平均单店销售额在2.8亿元左右，而内资同类店

铺年销售额不到2.0亿元；其二，发展速度快。外资企业明显快于国内企业，特别是在金融危机期间；其三，市场份额大。外资企业在大型超市中的市场份额约为70%，占绝对优势。

另外，在某些地区，地方政府为了招商引资，对外资实行超国民待遇，形成对内资企业的不平等竞争。

3. 共性需求需要政府搭台

企业运营状况的优劣，有企业自身发展的问题，也有政府对企业发展环境的改善问题。从行业发展角度看，一些共性问题，如对行业基础人才的培养与培训，对行业创新科技的支持，对公共物流设施、公共标准体系、公共供应链信息化平台的建设等，都需要政府进行指导和适当的投入。

4. 连锁发展中信息科技支撑未得到应有重视

与物流配送相比，信息化等科技手段对连锁经营的发展具有更重要的作用。因为，缺少物流配送的连锁企业仍可正常运转，但缺少信息化的连锁企业则无法运行。而连锁企业信息化的投入同样具有基础性、系统性和项目投资金额大等特点，并且“电子商务”等新的营销、管理等手段主要依靠信息技术的支撑来完成。但目前，国家相关政策更侧重支持物流配送方面，而对连锁企业促进信息科技进步等方面的支持政策却未享有同等地位。

5. 政策环境有待进一步改善

尽管连锁零售企业成为拉动内需的重要力量，但目前的政策环境并不利于连锁企业的快速发展。如用电成本高、银行贷款难、税收（特别是农产品的增值税抵扣）负担重、有些政策不利于跨区域发展（如税收的属地化管理）、同一事项在不同部门或不同区域政策不一等，有些法规、办法也未能较好地适应企业的发展。

三、行业发展政策建议

（一）亟待提出流通业振兴规划

中国政府提出多个行业的振兴规划，但对直接关系到经济增长方式变革的商贸流通服务业却未提及，因此，应尽快提出并从大方向上引导和把控行业发展。以美国为例，其大约70%的经济活动受消费者需求的推动。（consumer demand drives about 70 percent of U.S. economic activity，VOA，2010－3－12）

（二）支持行业科技和信息化发展

目前，零售技术的推广和应用主要由市场主导，但其弊端是有些制造企业或生产企业往往从自身利益需求出发进行特定宣传。因此需要进行宏观规划和把握，以便于广大企业了解和学习，掌握发展方向和动向。如RFID（无线射频识别技术）、物联网等。

鉴于此，2009年中国连锁经营协会汇总了几个关系到全行业信息化建设工作的动向（见文末附件）。

（三）进一步加强标准化工作

在现有基础上，更加强化标准工作，特别是针对一些行业共性的需求（如食品安全、物流、信息化等）和新兴的商业业态及商业模式（如电子商务等）。同时应提高制、修订标准的相关费用。以目前制定标准核算的费用来看，基本上是公益性工作，有些甚至要由制、修订单位给予补贴。

目前，财政部对标准制定工作给予了很大支持，但大项目大多交予技术性较强的领域，如能源、制造、信息等产业，而对流通服务业的支持并不多。

（四）鼓励社区商业的发展

社区商业的基本功能是满足社区居民购物等基本生活需求。我国社区消费约占城市消费品零售总额的30%，而在发达国家社区商业所占比例一般在40%左右。我国社区商业还处于初级阶段，形态比较单一，但社区商业在我国商业发展中的必要性和重要性已经得到社会和大众的认可。

政府支持社区商业，可以从社区商业组合研究、社区商业规划研究等方面入手，制定符合不同社区需求的商业组合和规划，并鼓励创建优秀示范社区。

（五）加大对流通基础设施特别是物流的支持

物流是重要的商业基础设施，物流基础的好坏，直接影响到零售业的发展水平和能力。政府应加大对物流的支持，特别是冷链物流、共同配送中心等方面。

从物流建设看，目前的短板主要集中在万村千乡的物流配送和城市商业的物流配送。前者应主要建设县级物流配送中心，用以解决农村店持续经营的能力；后者可着力发展公共城市配送平台，通过公共物流建设，可以大大提高城市商业效率，减少诸多企业广泛参与、分别建设各自配送中心带来的资源浪费，同时也能有效减小对道路交通的压力。

（六）加强基础性人才培训

零售服务行业既体现具体又体现微观的特点，但现行教育体系缺少这方面的内容，行业需求与教学供给存在严重脱节。故而，商务部提出的“人才兴商”口号，应更多地落到实处。

（七）积极推动节能降耗

节能降耗工作既是国家可持续发展的要求，也是企业降低成本的逐利所在，具有很大的市场发展空间。同时，由于连锁企业网点众多、与消费者接触最为密切，所以也最易于进行节能降耗的宣传和推广。商务部应充分利用此资源，以较低成本取得较大成效。

附件：中国连锁经营协会汇总的几个关系到全行业的信息化工作

1. 商业基础设施信息互联平台

近几年，通过政府和民间投资，商业基础设施建设增加很快，设备增加很多，无论是数量还是质量都有较大提高。但是，资源利用效率总体不高，有忙闲不均等状况。

对此，政府可通过特设信息平台，将主要商业基础设施、设备（如仓储、冷库、车辆等）信息在网上实时发布，以提高其使用效率，提高社会资源的利用率。

发布的信息可包括：业务分类、可提供服务、服务时间、收费方式等，平台也可进行业务对接和直接交易。

2. 商业储备与政府储备信息互联平台

政府储备在应对地震、雪灾等突发事件中，起到重要的作用。但在日常管理中，政府储备存在反应不灵活、保持期管理差、流动性差、物流配送效率不高等问题，而商业企业都有自己一定量的库存储备和支撑其运营的软硬件体系，如配送中心、信息系统、管理机构、配送体系等。

如果能将二者有机结合，同时加强政府储备与市场化的对接，将对加强政府和零售业的应急供应能力起到积极促进作用。

3. 批发业的电子化

在我国批发业中，存在批发市场和批发企业两种形态。对于批发市场，尽管目前“农超对接”发展很快，但批发市场的作用仍然不可替代。特别是农副产品，经由批发市场的比例超过80%。在流通发展中，虽然批发市场不可替代，但其自身存在的问题急需改进，如交易方式落后、损耗突出、功能单一、集约化程度低等。其实，这些问题通过电子化方式都可得以解决，如有些花卉批发市场通过电子化应用大大提高了效率，降低了成本。敦煌网等网站也开拓出新型的交易方式。

4. 推动电子数据交换（EDI）标准的应用

EDI有相应的国际标准，国内也完成了《术语》等标准，但应用标准差别很大。不同零售商与不同供应商采用不同的标准，特别是在大型生产商与大型零售商之间，由于采用标准不同，造成企业系统投入大、效率低、社会资源浪费等问题。而软件开发商也因使用不同的语言格式，致使所开发的系统产生分歧，通用性差，并造成大量额外成本支出。

日本零售商与供应商之间的EDI规范程度正在加强，一些零售商和供应商联合进行实验，使用共同的EDI标准。

5. 促进零售商与供应商的供应链平台建设

目前，行业中的供应链平台主要由零售商主导建设。其主要问题是，供应商要对应不同的零售商，要使用不同的供应链系统。虽然有部分供应链平台由第三方建设，但使用范围较小。

从日本的经验看，由政府主导建立公共的第三方平台，然后交专业公司运营，具有一定的公益性。如此，既节省了零供双方的交易成本，也节省了大量社会资源。

6. 引导零售业开展电子商务业务

行业普遍认为，电子商务与连锁经营现有物理网络的结合具有强大的生命力，而从国外经验看，经营比较好的电子商务公司大多是大型连锁零售企业。单纯的电子商务公司大多业绩不太理想。中国连锁经营协会曾积极推动零售业电子商务业务的开展，现已树立了一批典型企业。

2010 年，中国连锁经营协会计划推出 100 家“双网双店”（物理网络 + 互联网络，实体店 + 网店）典型企业，即通过协会的培训、引导、会议研讨等手段，在现有基础上，培育出 50 家电子商务做得出色的典型零售企业，从而为拉动内需做出积极贡献。

电子商务工作可包括制定标准、规范结算、标准配送、控制质量及服务标准等；也可进行行业培训，项目性支持等。

7. 提升零售企业网络安全

目前，零售企业大多采用连锁经营方式，店铺分布广，商品交易量大，需要对网络采取较高级别的安全措施。但企业在网络安全方面的投入积极性较低，导致企业网络信息系统的安全性很低。

针对金融信息系统的安全，政府一直非常重视，既出台政策又投入资金。但在零售业信息化建设方面没有得到应有的关注。实际上，政府在此方面可做的工作很多，包括制定标准（如不同流量确立不同的防火墙级别）；对安防业务机构进行资质认证，凭证从事零售企业的安防系统建设工作；组织培训和项目支持等。

（中国连锁经营协会　杨青松）

第二部分　行业调查篇

2009年中国连锁百强企业经营状况分析

基于2009年度中国连锁行业发展情况调查，2010年3月25日中国连锁经营协会（简称协会）发布2009年中国连锁企业百强名单。调查显示，2009年连锁百强销售规模达到1.36万亿元，同比增长13.5%。百强企业门店总数达到13.7万个，门店总数增长18.9%。百强企业销售额占社会消费品零售总额的11%，与2008年基本持平。

苏宁电器集团以1170亿元的销售规模位居中国连锁百强榜首，国美电器集团、百联集团有限公司、大商集团有限公司、华润万家有限公司分别以1068亿元、979亿元、705亿元、680亿元的销售业绩排名第二至第五位。第100强企业的销售额为16亿元，比2008年第100名的14.1亿元增长了10%。

2009年中国连锁百强企业显现如下特点：

一、整体增速趋稳

2009年中国连锁百强的销售增幅为13.5%，是1999年协会开展连锁百强统计以来增幅最小的一年，第一次低于社会消费品零售总额增幅。分析认为，2009年社会消费品零售总额增幅达到15.5%，其中汽车类、家具类及建筑装潢材料类增长分别达到了32.3%、35.5%和26.6%，是社会消费品零售总额保持较快增长的主要拉动力量。而粮油类、肉禽蛋类等在连锁百强企业中销售占比较大，相关商品只增长了13%和8.3%。因此，百强企业销售增长依然高于社会的平均水平。

同时，受金融危机的影响，2009年百强连锁企业开店更趋谨慎，导致销售增长动力减弱。另外，2009年全年CPI维持在较低水平，也对销售增长造成了一定程度的影响。

从企业自身情况看，发展速度趋稳也是在近几年企业持续快速发展后的一个必然调整过程。无论是企业自身管理能力，还是外部网点资源供应，都要求企业以更稳健的速度发展。

二、外资快于内资

2009年，连锁百强中外资企业增幅明显高于内资，也高于外资2008年的增幅。20家外资企业的销售和门店增长分别为20.4%和15.7%，2008年分别为17.6%和13.1%。

外资企业业态相对单一，主要集中在大型超市业态。2009年，5家经营大型超市业态的外资企业共新开店115家，2008年上述5家企业新开大型超市68家，一年新开店数量增长了69%。

外资企业的单店业绩也明显好于内资企业。内资大型超市企业2009年单店平均销售额为1.7亿元左右，而5家外资大型超市企业单店平均销售额为2.2亿元，如果扣除新开店因素，这一数字还将明显提高①。

三、百货业快于快消品零售业

在百强各业态中，百货业态增长最快，销售增长 16.6%，门店增长 19.4%。以超市为代表的快消品零售业态，销售增长 12.3%，门店数量增长 22.2%（快消品百强销售增长 10.2%，门店增长 9.5%）。在快消品的门店增长中，农村店贡献较大，如新合作集团，一年新增 1.7 万家店，其中大多为单店销售能力较弱的农村店。百强中的百货企业销售增幅在 10% 以上的占百货类企业的 82%，而快消品企业销售增幅在 10% 以上的仅占 60%，且有 4 家企业出现负增长。

2009 年，百货业态比快消品销售增幅高 4.3 个百分点。2008 年，百货比快消品增幅高 2.8 个百分点。

四、二、三线城市快于一线城市

2009 年，百强企业总部所在地位于北京、上海、广州、深圳的达 47 家。对不同区域百强企业的销售业绩比较看出，二、三线城市百强增长明显高于一线城市。从百货、超市等业态中抽取上述一线城市 10 家企业和 20 家二、三线城市区域型企业进行对比，一线城市百强的销售增长为 5.3%，店铺增长为 7.2%。二、三线城市百强的销售增长和店铺增长分别为 19.3% 和 14.7%。

百强企业中，销售增长在 20% 以上的企业共有 24 家，其中总部位于上述四地的企业仅有 9 家，占 37%；销售增长低于 10% 的企业共有 36 家，总部位于以上四地的有 24 家，占 67%。

2009 年，经受了金融危机考验的中国连锁企业，正以更稳健的姿态面对 2010 年和今后的发展。根据调查，协会认为 2010 年百强连锁企业销售增长将高于 2009 年，达到 18% 左右。在增长方式上，直接开店仍为最主要的手段。而提升单店效率，提高同店比，将是销售增长的重要来源。一些大型企业在合适的机会会更将积极地开展并购。

协会认为，2010 年连锁企业将拓展多种营销渠道，网络零售业务将是重点之一。在 2009 年百强中，有 31 家企业已开展了此项业务，其中有近三分之一的企业是在 2009 年或 2010 年初开通的。

同时，行业发展环境也在逐步改善，协会将通过配合主管部门的政策协调，力求在扶持资金、减轻负担（包括用电、刷卡手续费、农产品税）等方面为连锁企业创造更有利的发展环境。国家商务部也在酝酿出台促进流通业发展的扶持政策。协会认为，在各方的共同努力下，连锁百强企业在总体上将依然保持其良好的发展态势。

① 详细数据及分析见《2009—2010 年度中国连锁零售企业经营状况分析报告》（2010 年 5 月出版）。

2008—2009 年度超市行业经营状况分析报告

一、发展概要

根据《中国连锁零售企业经营状况分析报告（2008—2009）》，2008－2009 年超市行业整体保持高速发展，市场集中度较高且保持稳定，但并未出现垄断企业。

（一）业态成长

近 5 年来，随着我国经济的发展、人均收入的不断提高和城市化进程的加速，我国超市行业以近 20% 的年均复合增长率高速增长。2008 年，我国超市行业限额以上企业的销售总额约 4800 亿元，约占当年社会消费品零售总额的 4.4%。

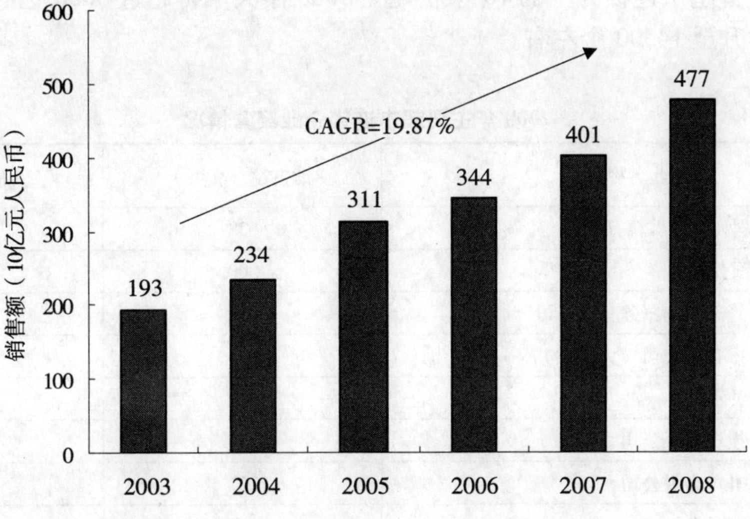

注：图表中 CAGR 指“年均复合增长率”。
资料来源：国家统计局，德勤分析。

图 1　超市行业 2003—2008 年销售额

过去 5 年中，我国超市连锁的门店数由 2003 年的 11000 多家增长到了 2008 年的近 28000 家，增长速度与销售额的增长速度接近，年均复合增长率达到了 18.83%。

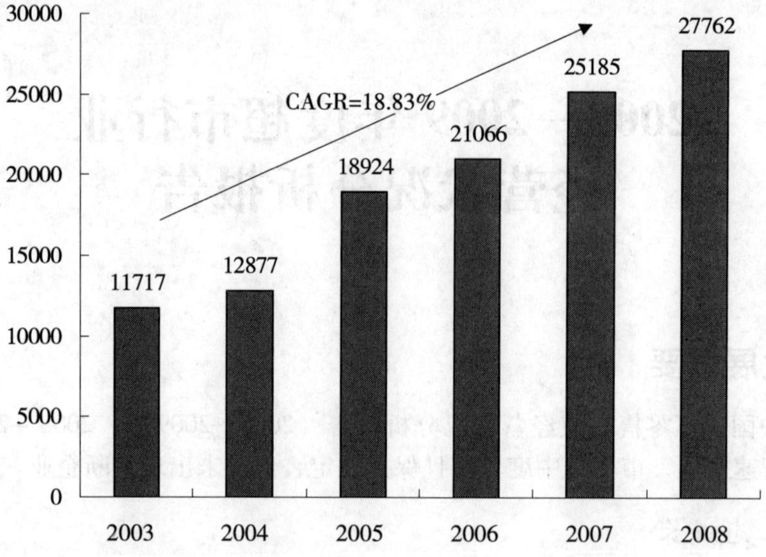

资料来源：国家统计局，德勤分析。

图 2　超市连锁门店 2003—2008 年增长情况

我国以经营超市连锁为主的 10 家企业在 2008 年共取得超过 3000 亿的销售额，拥有门店数量也攀升至 14500 个左右。

表 1　　2008 年主要超市连锁企业经营情况

企业名称	销售额（亿元）	门店数（个）
华润万家有限公司	638	2698
联华超市股份有限公司	500	3932
家乐福（中国）管理咨询服务有限公司	338	134
康成投资（中国）有限公司（大润发）	336	101
物美控股集团有限公司	302	2010
沃尔玛（中国）投资有限公司	278	123
农工商超市（集团）有限公司	267	3330
新一佳超市有限公司	175	105
好又多商业发展集团公司	164	104
华联超市股份有限公司	150	1946

（二）样本企业经营情况

1. 样本基本情况

本次行业调查共收到 92 家经营超市、大型超市和仓储会员店的连锁企业数据。2008 年，92 家样本企业实现了 17% 的销售增长，样本企业门店数、经营面积和从业人数的增长率均超过 10%。

从企业销售规模来看，销售额①在 100 亿元以上的企业占到全部企业的 23%，销售额在 50 亿 - 100 亿元的企业占 15%，多数企业 2008 年销售额不足 50 亿元。

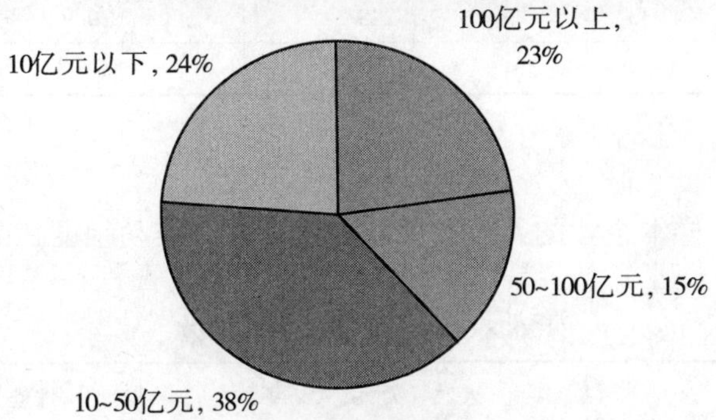

图 3　2008 年样本企业销售情况

2. 只经营大型超市的企业情况

92 家参与调查的超市企业中，有 11 家是只经营大型超市和仓储会员店的企业。这 11 家企业共拥有门店 659 个，在 2008 年实现销售 1554 亿元。

表 2　2008 年以大型超市为单一业态企业的平均规模

项目	销售额（亿元）	门店数量（个）	营业面积（万平方米）	员工数量（人）
2008 年	141	60	48.2	19022
2007 年	121	55	41.9	16594
增幅	16.6%	9.8%	15.1%	14.6%

由上表可知，只经营大型超市的企业销售增长好于总体。其销售增长速度超过门店增速、营业面积增速和员工数量增长率，这说明大型超市在单店销售、坪效、人效上都有所提高。

3. 平均规模

随着金融危机逐渐波及到实体经济，我国部分消费者的消费能力和消费意愿有所下降，超市的销售也受到了一定的影响。2008 年，超市的销售增长有所趋缓，个别企业在 2008 年第四季度甚至出现同店销售负增长的情况。

本报告选取 54 家数据完整的企业作为样本进行分析。54 家样本企业在 2008 年平均取得了 37 亿元的销售额，比 2007 年增长 14%；平均拥有门店 299 家，同比增长 21%。由此可见，销售的增长更多来源于新开门店带来的收益，同店销售增长有限。

① 该销售额指样本企业集团的销售额，可能同时包括该企业集团百货、便利店等其他业态的销售。

表 3　　2008 年样本企业平均规模

项目	销售额（万元）	门店数量（个）	营业面积（万平方米）	员工数量（人）
2008 年	37	299	24.1	6794
2007 年	33	248	20.9	5994
增幅	13.9%	20.7%	15.2%	13.4%

4. 经营效率

与 2007 年相比，样本企业的人效和坪效变化不大，波动幅度在 1% 以内。

表 4　　2008 年样本企业人效和坪效

项目	人效（万元/人·年）	坪效（万元/平方米·年）
2008 年	54.8	1.55
2007 年	55.1	1.57
增幅	0.5%	-1.1%

5. 费用情况

2008 年样本企业的租金、员工工资和水电费的增长幅度均超过销售额的增幅，这导致了总体费用率从 2007 年的 7.38% 增长到 2008 年的 7.70%。2008 年样本企业员工工资占总费用的比例最高，费用率（员工工资/销售）超过 2%；由于部分企业自有物业，平均租金费用率（租金/销售）仅为 1% 左右。

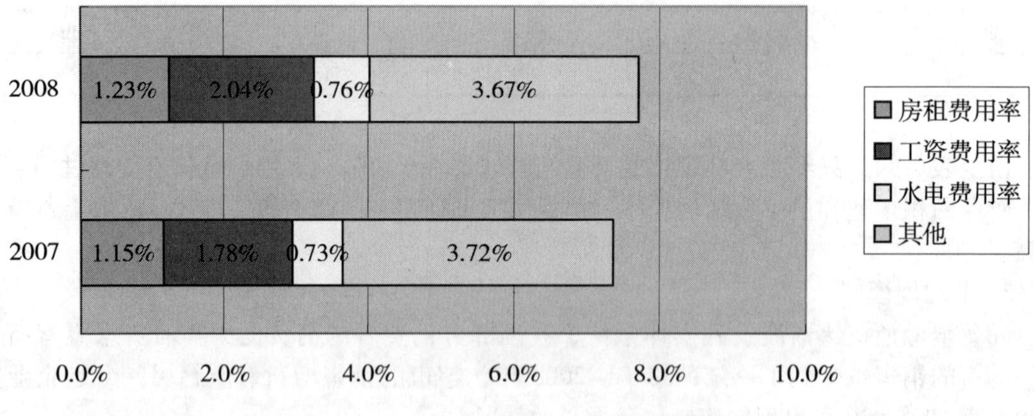

图 4　2008 年样本企业费用构成

6. 赢利情况

随着销售增长的趋缓，超市企业把更多的精力放在提高赢利上。与 2007 年相比，样本企业的毛利率从 11.87% 提高到 12.31%，利润率由 2.06% 上升到 2.15%，提高幅度不大。

（三）样本门店情况

1. 样本基本情况

根据调查取得的门店数据，除去数据填写不完整或数据明显异常的门店，以及开业时间不足两年的门店，我们得到由45家大型超市、超市和仓储会员店店铺组成的样本。按照国家零售业态分类标准，我们将样本门店按营业面积分为两类：营业面积超过6000平方米的为第一类（简称大型超市①）、营业面积不足6000平方米的为第二类（简称超市），“大型超市”和“标准超市”的样本数量分别是21家和24家。

2. 平均规模

2008年，21家“大型超市”门店的平均年销售额达到2.1亿元，比2007年增长12.4%；平均员工数量、营业面积和经营单品数量的增幅均低于销售额增幅。

与大型超市相比，24家“标准超市”门店的平均年销售增幅略低，为11.3%。除经营单品数量外，“标准超市”的其他两个规模指标变化不大。

表5　　2008年样本“大型超市”的平均规模

项目	销售额（万元）	营业面积（平方米）	员工数量（人）	经营单品数量（个）
2008年	21290	11275	239	25537
2007年	18941	11076	237	24367
增幅	12.40%	1.80%	0.70%	4.77%

表6　　2008年样本“标准超市”的平均规模

项目	销售额（万元）	营业面积（平方米）	员工数量（人）	经营单品数量（个）
2008年	7242	2672	101	14325
2007年	6507	2635	98	13338
增幅	11.30%	1.40%	2.80%	7.42%

具体到每家样本门店的销售额来看，除1家“大型超市”门店和2家“标准超市”门店2008年销售呈现负增长之外，其余42家均实现了销售增长，两类样本最高销售额增幅均超过50%。

① 这里的大型超市既包括“大型超市”又包括“仓储会员店”。

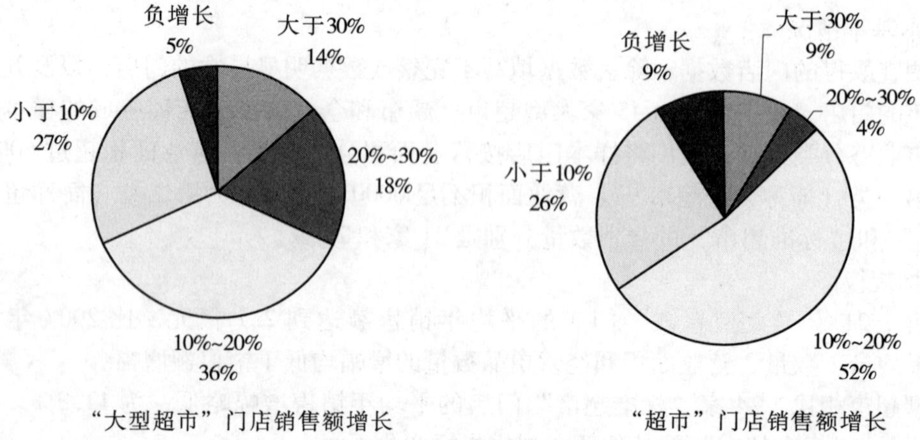

图 5　2008 年样本超市门店销售额增长情况

3. 经营效率

"标准超市"门店的人效和坪效均高于"大型超市"门店，但"大型超市"的单品销售额较高。

表 7　　2008 年样本"大型超市"门店经营效率

项目	人效（万元/人·年）	坪效（万元/平方米·年）	单品销售额（万元）
2008 年	89.08	1.76	0.70
2007 年	87.54	1.66	0.65
增幅	1.76%	6.27%	8.43%

表 8　　2008 年样本"标准超市"门店经营效率

项目	人效（万元/人·年）	坪效（万元/平方米·年）	单品销售额（万元）
2008 年	71.97	2.71	0.50
2007 年	66.47	2.47	0.48
增幅	8.28%	9.81%	3.63%

2008 年，"大型超市"门店的日均交易次数超过 1 万次，而"标准超市"门店的日均交易次数不到"大型超市"的一半。在客单价方面，"大型超市"表现也好于"标准超市"。

表 9　　2008 年样本“大型超市”门店平均日交易次数和客单价

项目	平均日交易次数（次）	客单价（元）
2008 年	10059	58.06
2007 年	9957	52.03
增幅	1.02%	11.60%

表 10　　2008 年样本“标准超市”门店平均日交易次数和客单价

项目	平均日交易次数（次）	客单价（元）
2008 年	4554	43.57
2007 年	4277	41.68
增幅	6.48%	4.54%

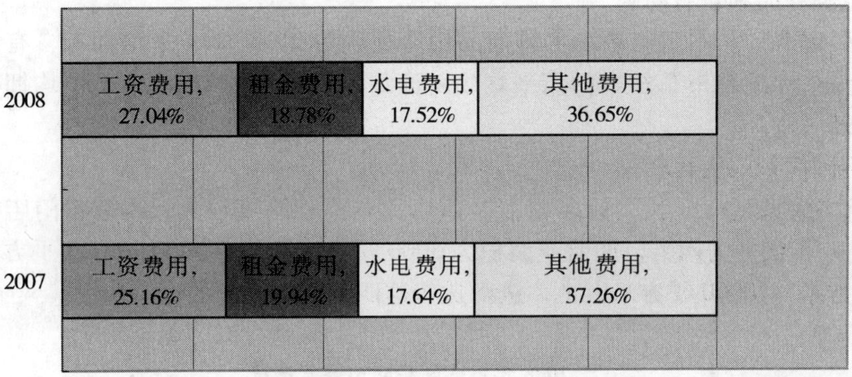

“大超市”各项费用占费用总额比例

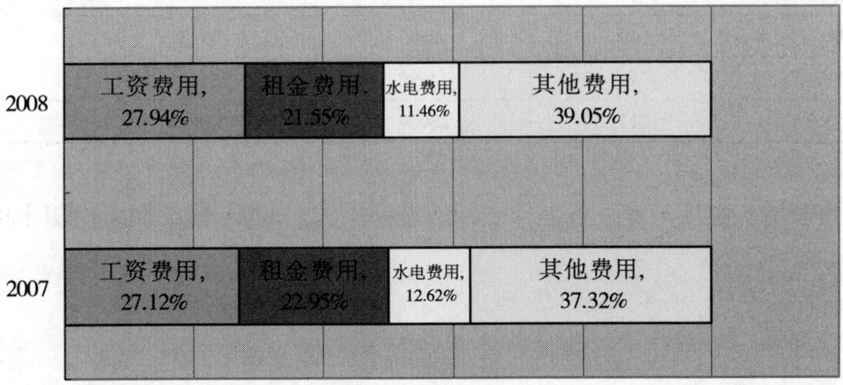

“超市”各项费用占费用总额比例

图 6　2008 年样本门店费用结构

本次调研中，超市行业是唯一一个平均日交易次数有所增加的行业，便利店、百货店和各类专业店的来客数都在减少。经济减速将其他业态的部分顾客吸引到超市购物是对上述现象的一种很好的解释。

样本“大型超市”门店平均有35台收银机，每台收银机日均收款约1.62万元；“标准超市”门店平均拥有不到13台收银机，每台收银机日均收款约1.51万元。

4. 费用情况

与2007年相比，“大型超市”和“标准超市”门店的平均费用均有10%左右的增长。两类超市工资费用占总费用的比例在2008年有所上升，租金费用和水电费用占比则呈下降趋势。

5. 赢利情况

“大型超市”门店的平均毛利率由2007年的11.91%提升到2008年的13.43%，并实现了4.53%的平均利润率。与之相比，“标准超市”门店的平均毛利率由2007年的11.45%提升到2008年的12.32%，平均利润率为4.15%。

6. 生鲜商品和自有品牌

“大型超市”样本门店平均生鲜商品销售比例为25.33%，平均拥有自有品牌商品达到810个；“标准超市”样本门店平均生鲜商品销售比例为16.84%，平均拥有自有品牌商品约195个。

7. 不同面积门店比较

由于“大型超市”和”标准超市”门店营业面积跨度较大，本节将门店样本按其营业面积进一步细分为四类，即营业面积为3000平方米以下、3000~6000平方米、6000~10000平方米、10000平方米以上，进而比较这四类样本门店的经营情况。

表11　　2008年不同面积超市基本情况

面积	样本数量（个）	销售额（万元）	营业面积（平方米）	员工数量（人）
3000平方米以下	13	2890	1412	49
3000~6000平方米	10	12565	3923	128
6000~10000平方米	11	14699	7436	232
10000平方米以上	11	26909	14685	270

从销售额增长幅度来看，各类样本门店差异不大。3000平方米以下的门店增幅略高。

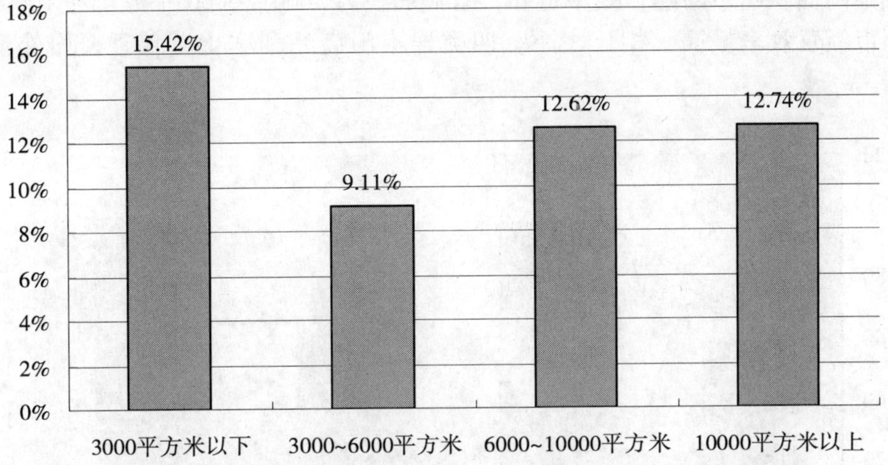

图 7　2008 年不同面积超市销售额增幅

从费用率（费用总额/销售额）来看，10000 平方米以上的大型超市费用率最低。

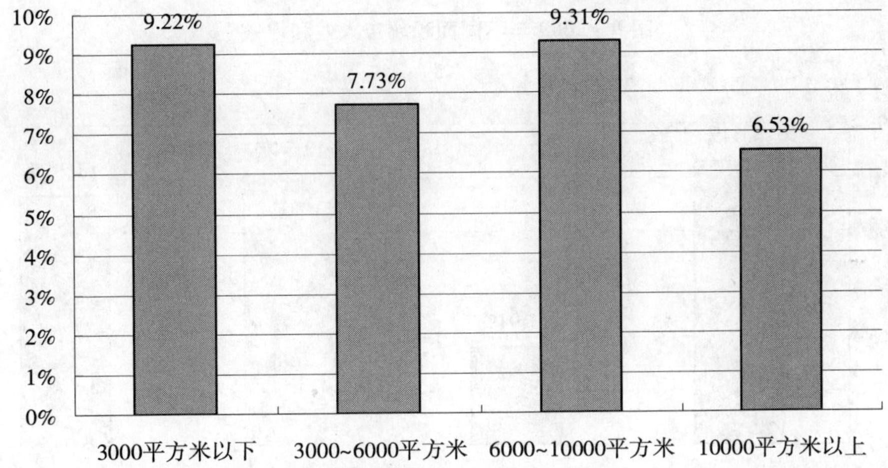

图 8　2008 年不同面积超市费用率

从来客数和客单价来看，这两个指标基本随着超市营业面积的上升而逐步提高，例外情况是 6000～10000 平方米超市的客单价小于 3000～6000 平方米的超市客单价。

表 12　2008 年不同面积超市来客数和客单价

项目	3000 平方米以下	3000～6000 平方米	6000～10000 平方米	10000 平方米以上
客单价（元）	34	56	45	62
来客数（人）	2346	7235	8303	11488

比较不同面积超市的经营效率可知，营业面积为3000～6000平方米和10000平方米以上的超市经营效率最高。相比之下，四类样本门店毛利率十分接近，均处于12%～14%之间。

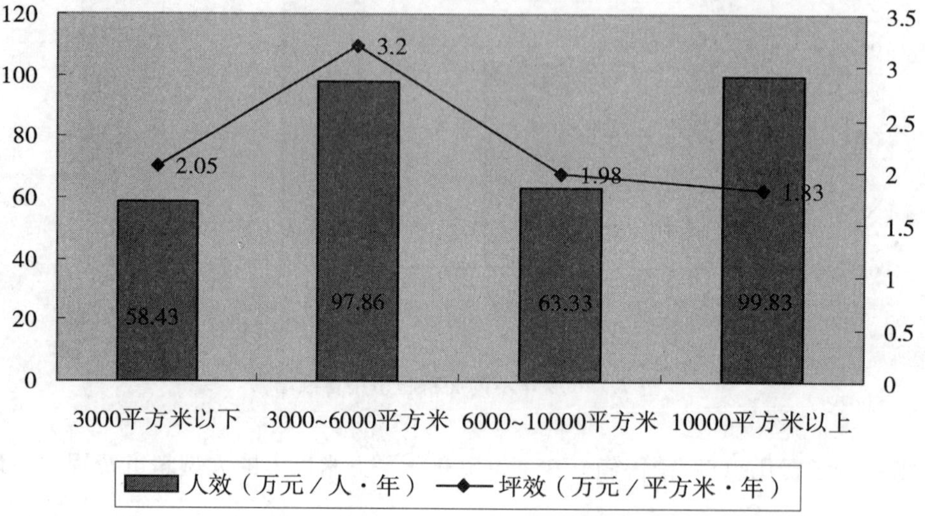

图9　2008年不同面积超市人效和坪效

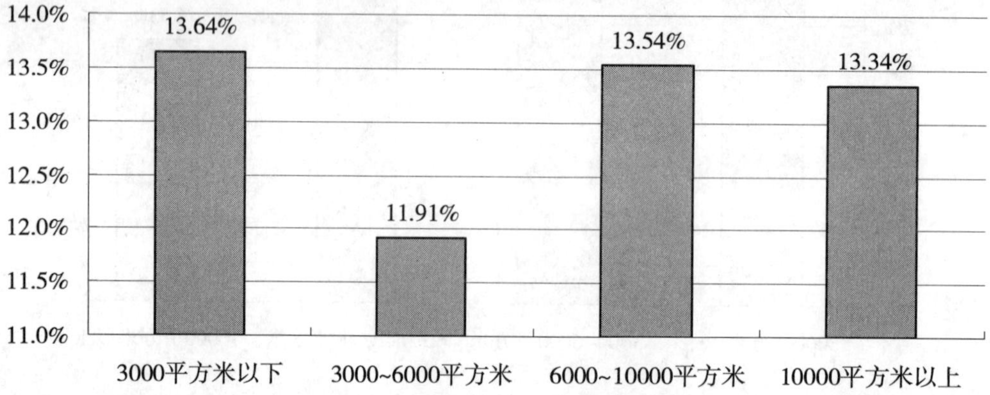

图10　2008年不同面积超市毛利率

8. 不同地区样本门店比较

为了更详细地了解不同类型样本的经营情况，本节以不同的标准对样本门店进行重新分类，并进一步比较它们的经营情况。

比较北京、深圳、上海和武汉四地的样本门店，由于上海门店的经营面积较小，因此其来客数和客单价均明显低于其他城市，但上海门店的坪效最高，人效与其他城市相差不多。比较营业面积类似的北京、深圳、武汉三个城市的门店发现，北京的客单价和人效高于其他城市。

表 13　　2008 年不同城市样本门店经营情况

项目	北京	上海	深圳	武汉
人效（万元/人·年）	99.76	84.54	88.80	78.80
坪效（万元/平方米·年）	2.47	4.31	1.54	3.95
来客数（次）	10399	2230	11598	10750
客单价（元）	67.07	23.53	61.99	62.80

（四）市场份额

在我国经营的超市众多，内外资品牌、跨区域和区域型企业庞杂。但总体而言，超市行业大型企业较多，行业的市场集中度较高。CCFA① 的数据显示，近几年来，排名前八的超市类企业大约占据 60% 左右的超市连锁市场份额，前四名企业的市场占有率接近 40%。

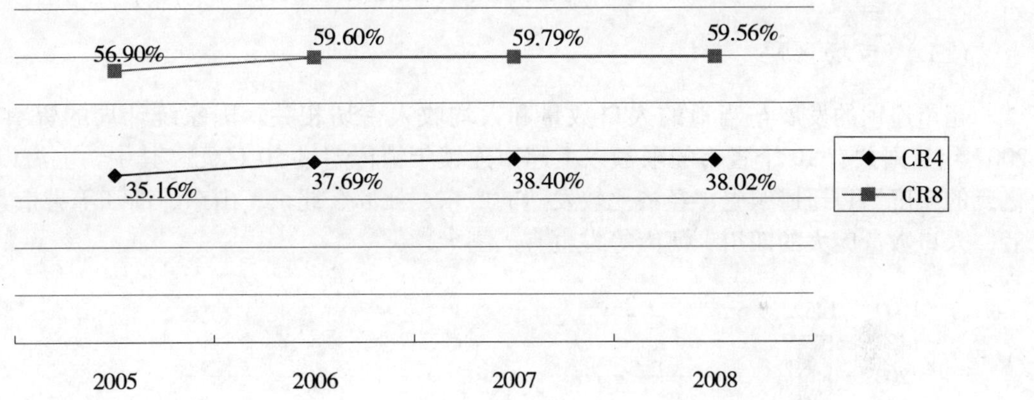

资料来源：中国连锁经营协会，国家统计局。

图 11　2005—2008 年超市行业集中度（%）②

超市行业市场集中度虽高，但并未出现垄断情况。2008 年销售排名前 10 位的超市企业拥有 66.2% 的市场，其中份额超过 10% 的超市企业只有两家：分别为华润万家和联华超市，其市场份额分别为 13% 和 11%。市场份额为 5% ~10% 的超市企业也只有 5 家。

① CCFA 即中国连锁经营协会。

② CR4 代表销售额排名前四名的企业的市场份额，CR8 代表销售额排名前八名的企业的市场份额。数据参见前文“中国超市行业销售额”和“我国主要超市连锁企业经营情况”。

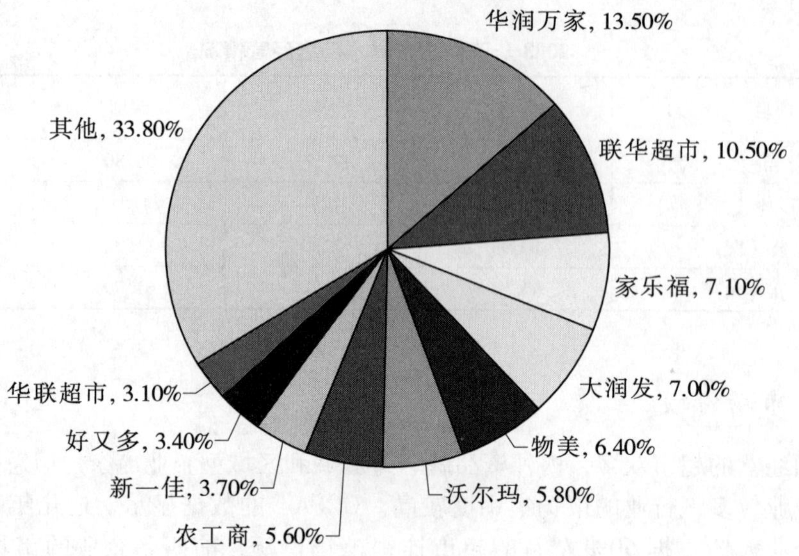

图 12　2008 年主要超市类连锁企业市场份额

（五）市场区隔

超市连锁的发展与当地的人口数量和人均收入密切相关。国家统计局的资料显示，2007 年我国共有 10 个省市的限额以上超市连锁年销售超过 50 亿元。其中，上海以 1432 亿元的年度销售遥遥领先，经济比较发达的广东、江苏、北京、山东、浙江等省市紧随其后，人口数量庞大的四川、河南等省也有入围。

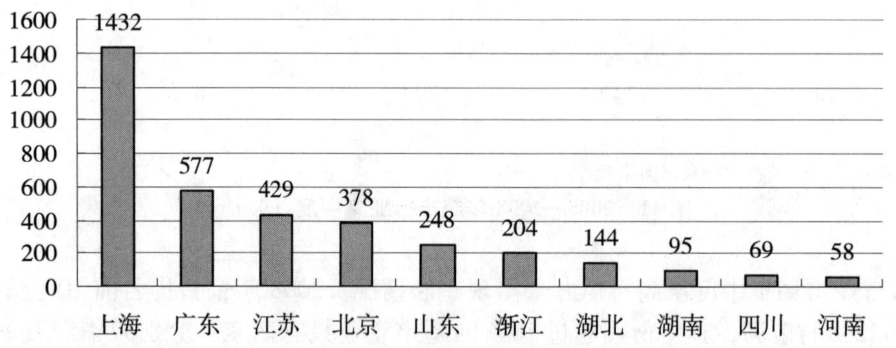

资料来源：国家统计局。

图 13　2007 年[①]各省市限额以上超市销售情况

从门店数量来看，江浙两省拥有的门店数量超过上海，而销售额很高的北京和广东只能排在第 7 位和第 10 位。考虑到上海的人口数量和地理区域大小，可知上海在店铺密度上仍保持领先。

① 由于国家统计局数据公布周期问题，本报告部分数据截至 2007 年。

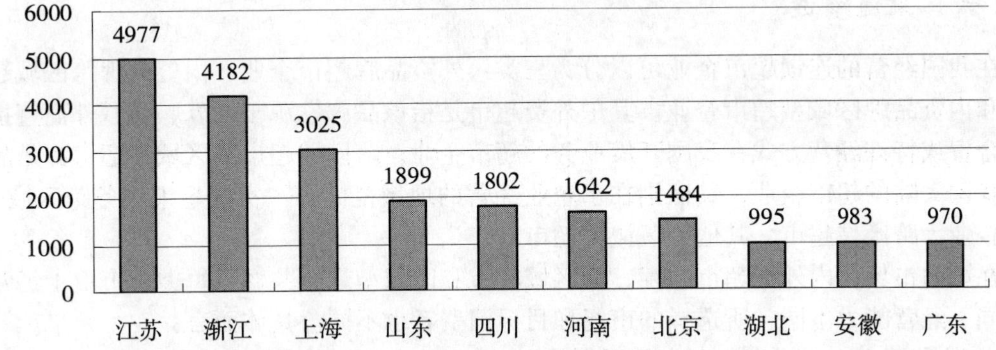

资料来源：国家统计局。

图 14　2007 年各省市限额以上超市门店情况

综合分析以上两组数据可知，经济发达省份是超市连锁比较集中的地区，其他地区传统市场、小型超市占据的市场比重则更大；上海和广东之所以以较少的门店数量取得较高的收入，是因为当地大型超市和仓储会员店的比例较高，而江浙、河南、四川等地则由普通超市占据市场。我国各地的超市连锁竞争态势具体如表 14 所示。

表 14　超市的市场区隔

市场		概述
一线市场	都会城市	·大型超市市场份额较高于其他地区 ·外资企业以大型超市经营为主，其在购物环境、产品和服务上有优势；内资企业同时经营大型超市和标准超市，且占据门店数量和位置的优势 ·仍存在规模较小的区域型企业 ·消费者需求不断升级，高端超市开始出现
	大城市	·中小型超市的市场份额大于大型超市 ·多数外资超市已完成对大城市的布局 ·由于外资超市进入部分城市较晚，且缺乏对当地消费者的了解，在竞争中并不具备优势。反而是区域型超市由于位置因素、地方政府支持和长期的品牌建设等因素，拥有大量的顾客 ·部分城市由于本身缺乏区域超市龙头，外资超市占据了绝大部分市场
	经济发达城市	·超市兴起较早，超市渠道销售占社会消费比例较高 ·外资超市进入该市场较早且已完成对沿海经济发达城市的布局，部分地区外资超市市场份额极大 ·受金融危机影响较大，发展前景不如大城市
二线市场	中小城市	·已有外资超市进入，但品牌和门店较少 ·内资跨区域超市或区域优势企业占据大量市场份额 ·出于提升城市形象等考虑，当地政府往往提供多重优惠吸引外资超市入驻，这导致了竞争上的不平等 ·当地的人口和收入足以支撑现代超市的发展，因此此类市场将成为外资下一步拓展的焦点 ·区域型内资超市不断通过联盟等方式扩大企业实力和话语权 ·消费者对价格比较敏感 ·传统市场和非超市连锁市场份额仍很大

（六）渠道渗透

在我国经营的连锁超市企业可以分为三类：外资品牌超市企业、内资品牌跨区域超市企业和内资品牌区域型超市企业。其中外资超市是指该品牌发源于国外、通过外商直接投资、合资或特许经营方式在我国开展业务的超市企业；跨区域超市和区域型超市都是品牌源于我国大陆的超市企业，其区别在于企业经营的地域范围——实现超市业务跨区域①经营的企业为跨区域超市，其他为区域型超市。

在国内市场，内外资超市并存，跨区域超市和区域型超市共舞，每类超市由于经营战略不同、经营能力不同，所选择的市场和目标消费者也不同。具体而言：

· 外资超市由于进入中国市场时间比较晚，对中国大部分区域，尤其是经济欠发达区域缺乏了解，因此多选择进入主要城市，并只经营大型超市一种业态，以点取胜。随着我国经济发展和外资超市对中国市场了解的深入，它们对一线市场的渗透基本完成，下一步将有选择地进入二线市场。

· 内资跨区域超市多为传统国企转型而成，拥有众多的门店和稳定的客户群。基于资本市场或各级政府的支持，内资跨区域超市的资金比较充足，也在多年的经营中储备了一定的人才。此类超市多在某一地区有很大的市场份额（如农工商和联华在上海、华润在广东），并开始在全国各地布点，进入的市场除一线市场外还包括部分二线市场。

· 内资区域型超市的背景可能为民企或地方国企。受到资金和人才的限制，此类超市只能局限在当地发展，且受到前两类超市渗透得威胁。此类超市对地方市场和消费者十分了解，渠道渗透得也比较深，一般可达到二线以下市场。此类超市不乏发展较好的成功范例，如湖南的步步高和福建的新华都。

二、市场环境分析

整体而言，超市行业受金融危机影响不大，但经营效率仍要不断提高。

（一）金融危机的短期影响

超市是一个为消费者提供生活必需品的零售业态，因此超市销售受金融危机的影响明显小于其他业态。但随着国际大宗商品价格的下跌和产能过剩问题的凸显，我国 CPI（商品零售价格指数）、PPI（消费者信心指数）和商品零售价格持续下滑，对商品价格及其敏感的超市销售增速不免放缓。金融危机引起的就业恐慌和收入缩减的压力已经影响到了消费者信心，中国国家统计局公布的消费者信心指数已经由 2008 年 7 月的 94.5 跌至 2009 年 3 月的 86。

① 本节中区域的概念并非省、市等行政区的概念，而是指把我国分为：东北地区、华北地区、华东地区、华南地区等地理区域。

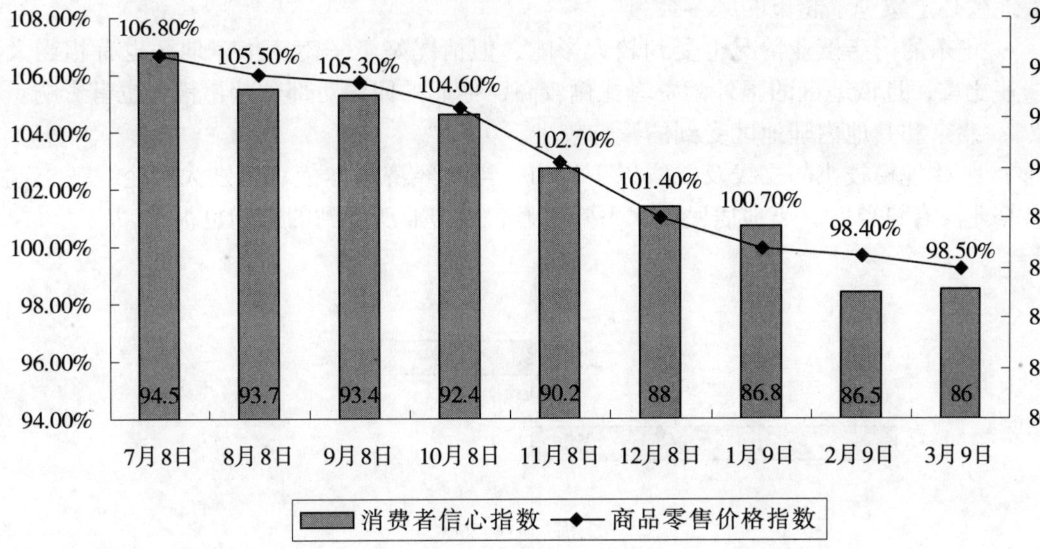

资料来源：国家统计局。

图 15　商品零售价格指数和消费者信心指数

在商品零售价格和消费者信心的双重打击下，各类超市的销售额增长也开始放缓。大型综合超市和标准超市的同比销售增长分别从 2008 年 7 月的 20% 和 15% 下降到 12 月的 8% 左右，仓储会员店的销售增长甚至一度达到 0.4% 的近期最低水平。超市虽然不断利用打折等手段促销，但销售没有起色，部分企业去年 4 季度的利润出现大幅缩水。

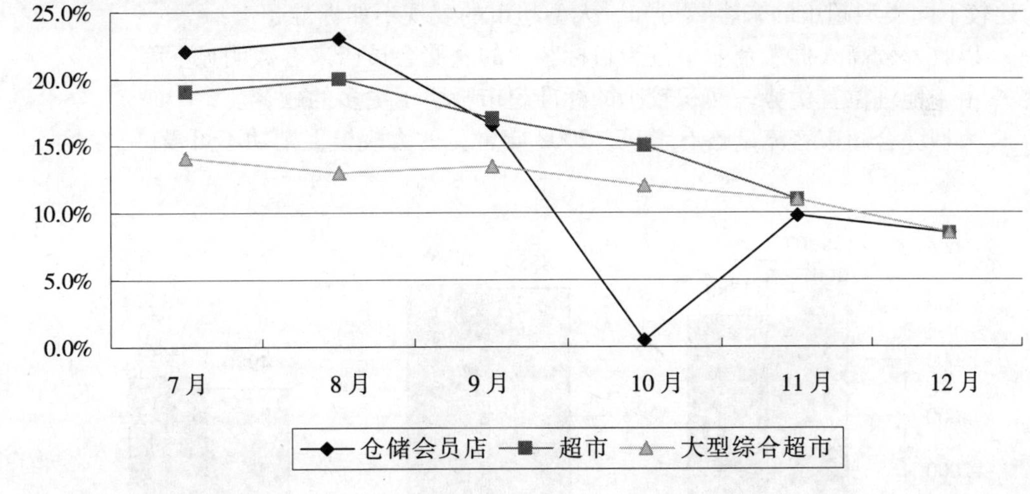

资料来源：WIND 资讯。

图 16　各类超市销售额增速

不同区域，不同类型的超市受到的影响也不尽相同。48 家门店的调查数据显示，北京和武汉两地的超市 2008 年来客数同比有所增长，该数据在深圳则出现了下降：

· 以外向型经济为主导的华南地区受到金融海啸的冲击最大，大量的流动人口离开华南地区必定减少了超市的顾客数量。

· 华东的门店营业情况也受到较大影响，但情况好于华南。华东地区也有相当大的制造业比重，且该地区的国外消费者比例较高，他们的回国对部分超市销售也有影响。

· 北京和其他内陆地区受到的影响较小。

· 一些规模较小的二线及二线以下城市，当地经济基本依靠个别大型企业，当这些大型企业没有订单时，当地居民收入下降明显，零售业所受到的影响也很大。

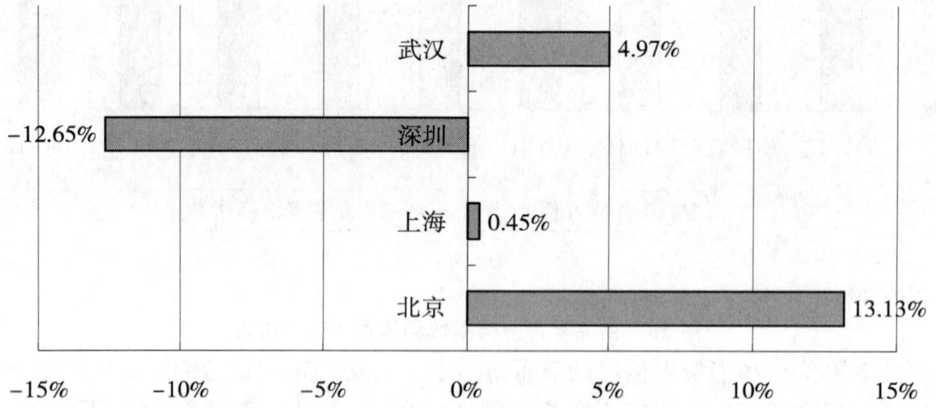

图 17　2008 年不同城市超市企业来客数变化

比较不同类型超市的来客数可知，大型超市的表现不如标准超市：

· 以收入较高人群、企业单位为目标客户的仓储会员店来客数明显下降。

· 由于地理位置优势，面积较小的标准超市吸引了更多的顾客。

· 大型综合超市客流量略有增长，2008 年常见的大规模促销功不可没。

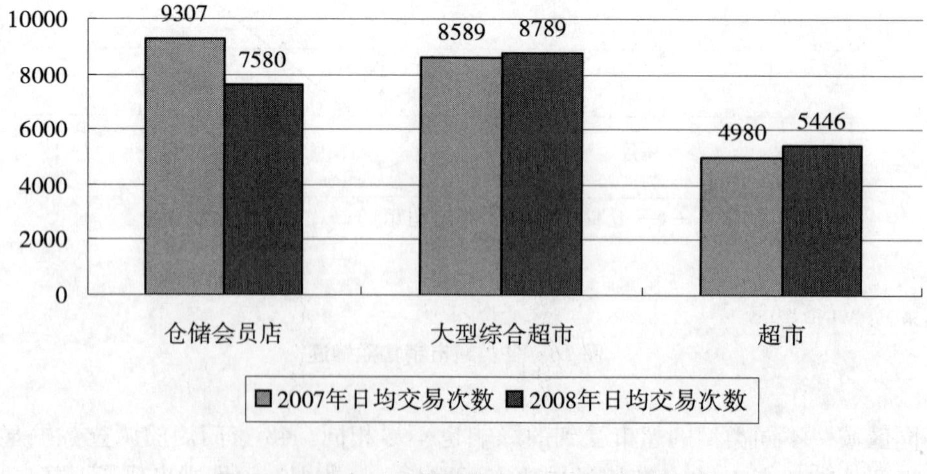

图 18　2008 年不同类型超市日均交易次数比较

(二) 企业的应对措施

为了应对经济减速带来的冲击，超市企业从经营管理等多方面着手，一方面吸引更多的来客以增加收入，一方面增进运营效率以降低成本。控制成本、加强品类管理、重视客户管理和渠道下沉是最常被提及的应对举措。

超市企业应对金融危机的主要举措

控制成本

- □包括通过发行短期融资券、公司债等方式降低利息成本，从而降低公司经营成本。2009年4月，北京华联就新发行了6亿元的短期融资券来筹措运营资金。
- □改进采购模式，减少采购环节，以降低进货成本。大型超市通过直接采购降低成本，中小超市则采用联合采购的方式。
- □通过减少公司层级和管理人员以降低人力成本。

加强品类管理

- □加大自有品牌的研发力度，提高自有品牌的产品种类和比例。
- □大力促销价格弹性高的商品、民生必需品、季节性商品、新品、自采商品，以增加来客量。
- □加强畅销品、滞销品、缺断货管理，增大货架使用效率。

重视客户管理

- □重视会员管理，提升顾客忠诚度。北京华联等超市明确计划2009年将在全国门店全面推行会员制，通过会员政策和营销，提高顾客的忠诚度，提升会员销售占比和会员来客占比。
- □加强大客户管理，将大客户需求与采购、促销等行为相结合。

加速渠道下沉

- □由于开店审批权下放、地方政府提供租金、税收优惠等因素，外资超市开始全线进入二线及以下市场。如TESCO2009年在丹东、铁岭开店，家乐福超市签约入驻大邑县，沃尔玛门店渗透至万州等。
- □内资超市也在加速渠道下沉，部分区域性超市甚至将网点覆盖至乡镇。步步高计划在3年内，覆盖90%湖南县城，5年内覆盖90%江西县城。

图19 超市企业应对金融危机的主要举措

面对经济减速，内外资超市的具体应对措施也有所不同。

外资超市更倾向用快速扩张和降价促销来扩大市场份额：

· 许多外资超市都把快速扩张作为首要的抵制经济危机的手段：2009年1~4月，沃尔玛在中国新开23家门店，而2008年全年的新开店数不过30家；TESCO 2009年1季度在中国新开7家门店，较短时间内使门店总数增加了12%。

· 加大促销力度是外资超市吸引顾客的另一个杀手锏。借助强大的资金支持，大型外资超市常推出降价幅度超过20%的产品促销，且促销标的通常为价格弹性高的商品。

相比之下，内资超市多采取谨慎的策略：

· 严格控制现金流和现金头寸成为内资超市的首选战略。

· 由于优质市场开发殆尽、融资压力、保持现金的需求和门店培育时间长、短时间不赢利等原因，很多内资超市减缓了开店的速度。

区域型超市联合是标准超市提升经营能力、抵制大型内外资超市入侵的有效方法：

· 超市联合可以通过共建物流中心、联合采购、联合谈判和经营互助等方式提高企业竞争实力。

（三）市场环境与竞争分析

1. 市场前景广阔，但短期存在通缩风险

根据国家统计局的统计数据，在全球经济普遍低迷的2009年一季度，我国社会消费总额仍保持15%的同比增长。即使保持这样的增长速度，我国零售市场份额5年就可以翻一番。此外，我国大部分地区传统销售渠道仍占据市场主流，市场仍有很大开拓空间。2008年我国限额以上超市连锁销售额约占当年全国GDP的1.5%，而2007年全球前130家超市集团的销售就超过了当年全球GDP的4.55%①，我国现代超市的覆盖率还不足全球的三分之一，仍有很大提升空间。

短期内，商品价格下跌构成超市行业的主要风险。我国的居民消费价格指数从去年最高点的8.7%跌至2009年4月的－1.5%，通货紧缩的风险不断增加。商品价格的下跌导致超市客单价的下降，也增加了超市运作的难度。由于超市的租金、工资等费用是刚性的，因此总费用率随着CPI的下降会不断提高，使超市面临较大的经营风险。短期内，超市如何节约费用成为了关键。

2. 国家宏观政策调整将对超市行业产生积极影响

为了保证我国GDP8%的年度增长率，拉动国内消费成为了当前政策的重点。2009年2月，商务部出台六项政策措施进一步搞活流通扩大消费，这将进一步组织动员各级商务主管部门和广大商贸企业，用足用好搞活流通扩大消费的各项政策，充分发挥流通引导生产、指导消费的功能，促进城乡居民消费扩大和消费结构升级，努力为保持经济平稳较快发展做出贡献。2009年3月人大会议的《政府工作报告》也将“扩大消费尤其是居民消费”作为当前的主要政策方向。这些政策与前一阶段出台的《国内贸易发展“十一五”规划》、《关于加快发展服务业的若干意见》和《关于“促消费”的若干意见》是一脉相承的，目的就是通过提高居民的消费能力和零售企业的运营效率，共同提高国内消费。相信随着更多具体措施的出台，超市连锁企业将在新政策扶持下取得更好的生存空间。虽然税收、跨省市经营等方面的相关法规仍对超市的拓展构成了一定的阻碍，但这些问题必然随着我国各种制度的完善逐步得到解决。

3. 随着外资超市市场覆盖面的扩大，中外资超市竞争升级

随着外资超市对中国市场理解的不断深入，加上金融危机的压力，许多外资超市都加快了在中国的渠道下沉。尤其2008年10月外资企业开店审批权从国家商务部下放到省一级商务主管部门，更为外资超市打开地方市场提供了便利。2009年，家乐福计划在中国开设28家店，超过2008年新开设的22家，并终于进入河南郑州；沃尔玛在2009年1月开店数量超过2008年总和，达18家；TESCO今年1季度就在铁岭、抚顺、潍坊等城市新

① 全球GDP数据来自IMF，超市集团销售额数据来自德勤：《Global Power of Retailings 2009》。

开7家门店，并与河北的廊坊、张家口、保定三家房地产开发公司签订了合作协议，正式进入河北市场。

外资零售企业拥有雄厚的资金实力、完善的国际采购和全球配送系统、经营管理方面的技术和经验优势，具有强大的竞争力，加之外资超市在金融危机的背景下不断利用大力度促销来招揽顾客，这使当地的市场竞争环境更为严酷。

此外，国内部分势头强劲的区域型龙头企业开始跨区域扩张，更加剧了国内零售市场的竞争。发源于黑龙江的庆客隆连锁商贸计划在2010年将店铺铺满整个东北三省和内蒙古；湖南的步步高连锁超市更要在5年内将门店覆盖江西省绝大部分县城。

外资超市、内资跨区域超市、区域型超市和同一区域内的超市的竞争已经逐渐从一线市场蔓延到二线甚至二线以下市场，其在消费者、门店、供应商等方面的竞争也会更加激烈。

4. 其他竞争者不断冲击超市连锁

价值链上游的企业不断通过直接开店的形式向零售终端渗透，与超市构成了直接竞争。大型的食品企业依托自己品牌的影响力和一定的顾客忠诚度，纷纷利用直营和加盟的形式开设专卖店，销售自有品牌商品。双汇商业连锁是双汇集团下属的连锁企业，主营冷鲜肉和肉制品。2008年，双汇商业连锁的门店已经超过了4000家，经营的品种也开始逐渐多元化。

便利店、专业店等替代渠道不断进入各种商圈，锁定特定的消费者，也给超市的经营带来压力。无论是锁定有紧急需求消费者的便利店还是各类经营食品、烟酒、个人护理品的专卖店，近年均得到迅速发展。国家统计局资料显示，近5年专业店销售额的年均复合增长率达到65%，便利店的该项指标也达到37%，均超过了超市的销售增幅。

（四）价值链分析

1. 直接采购占比越来越大

按产品采购的渠道不同，超市采购可以分为代理商采购和直接采购。从超市类型上看，区域型超市由于规模小、采购数量较少，采用直接采购的比例要小于跨区域超市企业；从产品产地来看，本地产品的直采比例要高于外地生产的产品。

供应商采购增加了中间商环节，采购的成本随之增加。另外，超市销售的产品种类和品牌往往受制于供应商，常是供应商代理什么产品，超市销售什么产品，上架产品的种类、质量和连续性得不到保障。但由于超市规模小、需求少、物流组织困难等因素，标准超市没有进行直接采购的能力，这就造成标准超市在进货成本和货品种类、品质上都与大型超市存在差距。

联合采购是一个解决上述问题的途径。多家标准超市可以合资成立公司，以合资公司的名义进行统一的采购。此类公司通常还为出资企业提供物流等其他服务，在仓储、分拣、物流等规模效益比较大的环节帮助标准超市节约成本。当地政府和国资委是促成超市联合的一股主要力量，SPAR①、IGA②等自愿连锁组织也可以促进企业合作。成立SPAR、IGA等组织的优势在于保持原有超市独立经营的同时，在各方面享受联营的好处。IGA中

① SPAR成立于1932年，总部位于荷兰，是世界最大的自愿连锁组织和最大的食品分销企业。

② IGA是国际零售商联盟（International Grocers Alliance）的简称。它1926年成立于北美洲，是世界上最早最大的自愿连锁组织之一。

国成立于2005年，至今会员已经扩展到全国16家超市企业。联合采购、分享成功企业的经营经验、通过IGA学院培育更多的零售人才和充分利用IGA全球丰富的商品资源是IGA成员可以享受的权利。通过联采的规模效应，IGA中国成员在2006年获得了可口可乐、高露洁、蒙牛等企业之前给予沃尔玛、家乐福等国际零售大鳄同等的“最惠”进货待遇，即“红色伙伴待遇”。但通过自愿连锁组织进行的联合采购更适用于同一区域的超市企业，不同区域超市企业由于客户需求不同，联合采购往往会出现困难。

上游供货商比较分散、整合不够充分是采购效率低的另一因素，这点在占据超市销售半壁江山的生鲜商品中更为严重。加之我国缺乏跨区域的大型中间商，跨区物流和冷链物流也不发达，这迫使各地纷纷建立自己的生鲜生产和加工企业，而超市多从本地采购生鲜。生鲜的本地采购还导致区域龙头采购当地产品时比跨区域超市更具备价格优势，而跨区域超市也不得不把采购权分发到区域甚至门店手中。

实现“农超对接”，渗透到上游生产环节是解决生鲜采购的途径之一。“农超对接”是当下流行的直采方式，即超市直接从农民、农场处采购生鲜产品，降低了采购的价格，同时还保障了生鲜商品的质量。参与上游产业链的方式主要包括自建生产企业、投资生产企业和为上游企业提供技术支持等。家乐福在2007年就开始更新生鲜供应商名单，推行农超直采；沃尔玛也在2008年于贵阳和辽宁瓦房店分别建立了蔬菜和水果的直采基地，并计划今年在湖北建立农副产品“直采基地”，供应武汉、襄樊、荆州等地的大型超市；TESCO计划在未来2~3年内实现95%的生鲜产品均来自直采自有品牌。武汉中百、家家悦、物美等内资超市也逐步开展“农超对接”工作。

去年底，商务部、农业部联合下发了《关于开展农超对接试点工作的通知》，确定沃尔玛、家乐福、麦德龙、家家悦等9家超市作为“农超对接”试点企业。预计到2012年，试点企业生鲜农产品产地直采比例将超过50%。

2. 物流是限制超市发展的瓶颈之一

在我国，全国统一配送的运输成本高昂。ACC（American Chamber of Commerce）的研究显示，我国超市运输和分销成本占据总成本的比例是美国的4倍。由于高速公路不发达，铁路小规模运输成本高、质量无法保障，加上我国缺乏覆盖全国的运输、仓储企业，超市连锁跨区物流成为一道难题。

建立物流中心是一定规模超市企业的必然选择。运作良好的仓储配送中心，可以加速商品流转、减少商品损耗、降低流通费用水平，有效降低库存。此外，由于配送中心统一进货，这不仅降低了商品价格，而且也保证了商品的质量，更重要的是可以降低采购成本。

规划配送中心时，必须明确定位配送中心的服务对象，必须考虑要覆盖的超市范围、地区、产品品种等因素。现代物流中心通常把来货检验、仓储、拣选、加工、配送、结算等功能集于一身，信息系统在其中起到重要作用。高效的信息系统可以减少流通环节、缩短运货距离、降低物流费用。任何细小的问题，如货柜的规格、商品存储位置的确定和改变等都会影响到物流的效率。物流中心与超市和供应商的信息系统链接也十分重要。

由于我国供应商分散等原因，即使是知名外资超市，通过物流中心送货的比例也不过60%~70%，供应商和中间商送货以及第三方物流就成为了常用的替代方案。对于缺乏构建自有物流中心能力的标准超市更是如此。通过这些途径解决物流问题，往往会受制于厂家产品供不应求、第三方物流运力调配等问题，导致商品缺货，而且成本也比较高。

通过高效的供应链管理以充分满足客户需求并缩减成本是沃尔玛运营的一大特色，它往往可以在最短的时间内以最少的成本向客户提供更多的商品选择。借助库存管理系统和自动化配送中心，沃尔玛在美国实现了85%的货物通过配送中心配送、平均补货周期为2天、运输成本仅占总成本的3%，这些数据均领先于同行业企业。

在科技与超市运营结合方面，沃尔玛一直处于行业最前沿，领先的信息技术是沃尔玛物流系统高效运转的保障。从率先应用计算机管理到推行无线射频识别技术（RFID），沃尔玛的尝试从未停歇。

表15　　沃尔玛对信息技术的应用

时间	信息技术
20世纪70年代	沃尔玛使用计算机进行物流管理
20世纪70年代	沃尔玛建立了物流的管理信息系统（MIS），负责处理系统报表
20世纪80年代	沃尔玛购买商业卫星，实现了全球联网
20世纪80年代	沃尔玛采用了POS机处理销售数据
20世纪80年代	沃尔玛建立了电子数据交换系统（EDI），实现无纸化作业
20世纪90年代	沃尔玛应用全球卫星定位系统（GPS）管理公司物流
21世纪初	沃尔玛要求其供货商使用无线射频识别技术

3. 生鲜产品销售是超市经营的重点

作为消费者每日采购的重点，生鲜产品能为超市企业带来大量的客流，并有效提高门店的销售。于此同时，生鲜经营存在较大的风险。首先，生鲜保质期较短，品类管理难度大，稍有不慎会带来大范围亏损。其次，生鲜产品对物流和存储的要求很高，冷链物流、生鲜仓储、低温保存等都导致了超市的较高投入。再次，生鲜损耗常常较高。除了常见的变质损耗外，运输和销售过程中也难免出现挤碰等损坏。最后，生鲜产品的毛利率比较低。超市生鲜经营的直接竞争对手是传统市场，超市虽然在环境上占据明显优势，但经营成本也较高。出于吸引客流的目的，超市还常对生鲜产品进行低价促销，这进一步消减了生鲜产品的利润。

为了解决上述问题，提高生鲜产品经营效率，超市企业可以在采购、物流、柜面管理、营销等方面不断改善。

· 采购方面，“农超对接”是提高进货质量，降低采购成本的有效途径。生鲜采购的重点是质量，即产品的新鲜度。“农超对接”省去了流通的中间环节，有效缩短了果蔬从采摘到上架的时间。“农超对接”还可以帮助超市企业减少中间商采购带来的额外成本，节约采购费用。以物美集团为例，与山东供销社合作进行的果蔬直采不但使采购成本降低了20%以上，还保证果蔬采摘24小时内就可上架销售。按照物美门店的销售统计，当前果蔬销量相当于去年同期的8~10倍。

· 物流方面，建立生鲜加工配送中心对于规模化生鲜经营的大型超市连锁集团来说切实可行。生鲜加工配送服务体系能有效连接生鲜供应链上下游，改善超市连锁生鲜经营采购运作环境。超市连锁可以通过生鲜配送中心有效整合本地连锁店生鲜销售的规模能力；将部分农副产品从本地采购转向产地采购，扩大超市生鲜品的采购视野，为差异化经营和特色经营创造条件；结合采购渠道逐步向产地市场采购转移，淘汰一些实力弱、运作不规范的中小供应商，优化生鲜采购渠道。

· 柜面管理和营销方面，防止顾客选购造成的损耗、保持产品品质和对需求量大、价格敏感度高的产品进行促销都是完善生鲜经营的有效途径。

三、发展趋势

超市行业保持高速成长，消费者成为制定经营战略的核心。

（一）行业增长和热点区域

面对中国广阔的市场，无论是外资还是内资超市企业都选择加快开店速度，快速占领市场。外资超市逐渐增加一线市场的店铺密度并全面进入二线市场，内资超市不断巩固优势市场并跨区域布局，新开门店增长必定成为行业规模扩大的引擎。

渠道下沉是在超市扩张中被提及次数最多的词，上一级市场的饱和必然导致企业渗透进下一级市场。2009 年，外资超市开始进入二线市场：TESCO 在丹东、铁岭开店；家乐福签约入驻大邑县；沃尔玛门店渗透至万州。同时，区域型超市的渠道下沉速度更快，部分区域型超市甚至将网点覆盖至乡镇。步步高计划在 3 年内，覆盖 90% 湖南县城，5 年内覆盖 90% 江西县城。在未来的三至五年内，外资超市可能会覆盖绝大部分地级城市，而在乡镇见到知名超市连锁的门店也将习以为常。

随着门店的扩张和渠道下沉，二线及二线以下市场将成为各类超市竞争的焦点。就具体区域而言，河南、四川等人口密集的中西部地区会成为超市关注的主要区域，受惠于国家发展政策的东北也有巨大潜力。

（二）与消费者关系

没有消费者，选址、采购、物流、IT 等一切问题都变得没有意义，但国内超市一直对消费者重视不够。超市销售的是生活必需品，且过去中国长期处于供方市场，消费者选择较少，这就造成了零售商不重视消费者的传统。且消费者数量庞大，要高效地经营与消费者的关系需要强大的信息技术支持，很多内资超市还不具备此类技术水平，企业也无法从会员卡等策略中受益。

随着门店的加速发展和渠道的下沉，我国各级市场的超市参与企业竞争越来越激烈，市场也开始向买方转移。了解消费者、增进与消费者关系、加强消费者忠诚度等议题也随之被企业重视。零售商在日趋完善的技术的支持下，增强与消费者沟通、培育消费者将会成为其在竞争中胜出的关键。改善购物环境、增进消费体验、提高服务质量、细分消费者群体并开展针对性营销将被更多的超市企业列入日程。

（三）战略转变

改革开放后出生的一代人已经开始成为社会消费的主体，这一代人比他们的前辈具备更强的消费能力和更超前的消费意识。在影响消费的因素上，他们也更注重商品的格调、流行性和技术等因素。这在一定程度上促进了消费的升级和传统市场向现代渠道的更替，也为超市连锁经营者留下了一个课题：如何适应中国的年轻消费者，提供符合他们生活方式的产品，在店铺环境和其他与消费者沟通的渠道中加入更多“80后”的元素是超市要更多考虑的问题。

此外，随着战后“婴儿潮”的一代人步入老年，无论从消费者数量还是需求能力上，老年人市场都在快速成长，把握、迎合并引导该市场也不容忽视。

（四）行业集中度

行业未来的集中度提升会来自两个方面：大企业对小企业的兼并收购和同一区域企业的合纵连横。由于历史原因，同一区域内的超市品牌往往占据优势门店，且有稳定的客户群。大型超市集团在进入新区域时，并购当地优质品牌是不错的选择。当然，超市并购会导致人力、财务、信息技术等一系列的整合问题，对并购双方都是不小的考验。

表16　　2007—2008年超市企业主要并购事件

时间	并购方	被并购方	事件说明
2007.12	乐天集团	中贸联万客隆	乐天集团以6.4亿元收购万客隆49%的股份
2008.02	华联超市	崇明供销超市	华联超市以2000多万元收购崇明县供销超市70%的股份
2008.03	加贝购物俱乐部	大祥中洋超市	宁波市北仑加贝购物俱乐部于2008年3月正式全资收购金华大祥中洋超市有限公司
2008.05	瑞寰资本	家得利超市	瑞寰资本的子公司上海信盟投资有限公司以3.062亿元收购上海家得利超市有限公司45.67%股权
2008.06	华润集团	西安爱家超市	华润集团收购西安爱家超市有限公司100%股权
2008.06	乐天集团	中贸联万客隆	乐天集团宣布完成对万客隆剩余股权的收购，收购万客隆全部股权共耗资13亿元
2008.07	家乐福	家广超市	荷兰家乐福（中国）控股有限公司以4000万元的价格收购了广州家广超市有限公司25%的股权
2008.08	物美	浙江供销超市	物美以1.51亿元收购浙江供销超市约54%的权益

上表列举的并购事件，既包含外资集团扩张其在中国的版图、内资跨区域超市向各地渗透，也有区域型超市企业在当地扩张，巩固优势市场。从被并购的目标来看，多是经营情况尚可的区域型超市企业。随着各种并购的不断升温和跨区域超市企业规模的扩大，我国超市行业集中度将会有所提升。

（中国连锁经营协会）

2008—2009 年度百货店行业经营状况分析报告

一、发展概要

根据《中国连锁零售企业经营状况分析报告（2008—2009）》，2008－2009 年百货店行业市场规模快速成长，行业高度分散，地区发展不均衡。

（一）业态成长

得益于中国整个零售业市场的繁荣，近 5 年来，百货店企业的市场规模增长迅速，到 2008 年全国限额以上百货连锁企业销售额达到 2197 亿元，年均复合增长率达到 30%，高于零售业平均增幅。

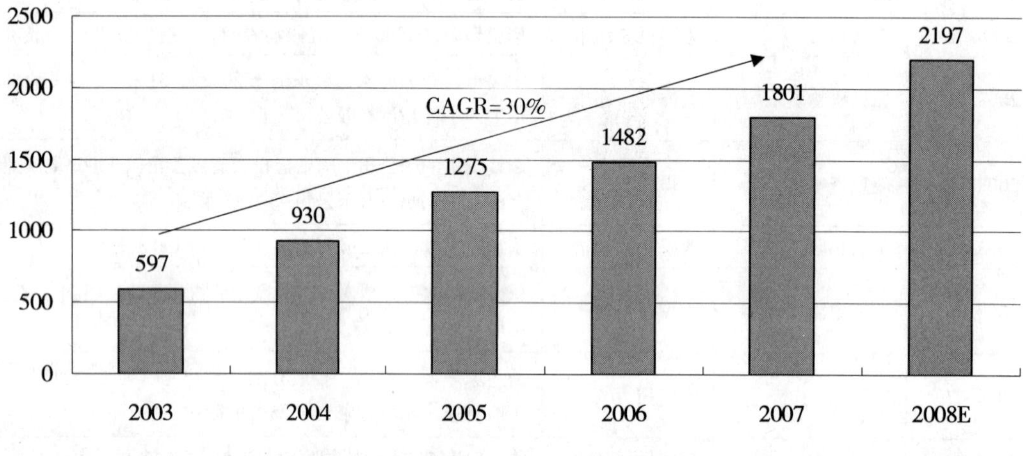

资料来源：国家统计局。

图 1　全国限额以上百货连锁企业销售额（亿元）① （2003—2008E）

据估算，2008 年全国限额以上百货连锁企业营业面积和门店总数分别达到 1354 万平方米和 7878 个，保持与百货零售额近似的增幅，分别为 24.3% 和 30%。

从百货业态利润水平来看，近年保持总体增长的态势，2008 年行业平均毛利率保持在 20% 左右。由于 2008 年内外资企业所得税率统一为 25%，2008 年百货业态的净利润率比 2007 年有较大增幅，达到 3.93%。与零售行业平均利润水平相比，百货业态的利润水平更高。

① 2008 年数据由德勤估算得出。

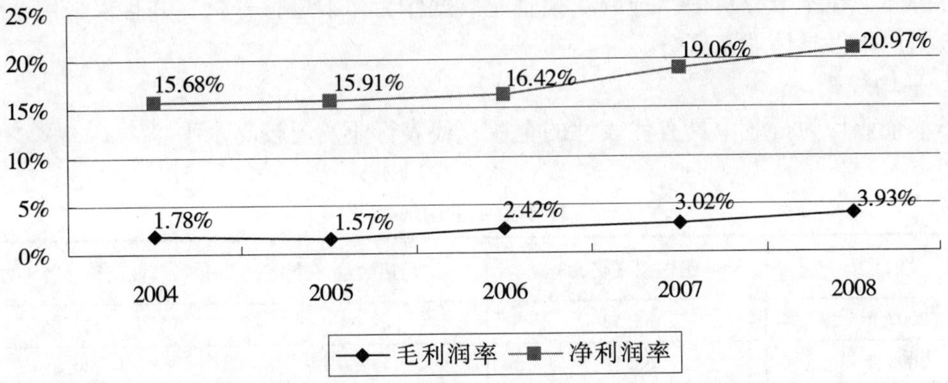

资料来源：Wind 资讯。

图 2 百货店企业状况（2004—2008）

除了跨区域的几家大型百货企业从事单一的百货业态经营，其他百货类企业基本都从事多业态经营。2008 年在重点发展百货业态的企业中，百联集团以 943 亿元的销售额名列第一。

表 1　　中国连锁百强百货类企业销售排名①（2008 年）

序号	企业名称	销售规模（万元）	门店总数（个）
1	百联集团有限公司	9432939	6418
2	大商集团有限公司	6255500	150
3	重庆商社（集团）有限公司	2625481	294
4	合肥百货大楼集团股份有限公司	1940000	125
5	山东省商业集团总公司（银座集团）	1871594	164
6	新世界百货中国有限公司	1480000	33
7	武汉中百集团股份有限公司	1424000	630
8	利群集团股份有限公司	1386877	866
9	长春欧亚集团股份有限公司	1213044	18
10	北京王府井百货（集团）股份有限公司	1200000	17

（二）样本企业经营情况

1. 样本基本情况

参与中国连锁经营协会 2008 年度行业调查的企业中，经营百货业态的企业为 42 家，共拥有 1347 家百货门店。其中位列 2008 年中国连锁百强的百货类企业有 27 家。一些百货类企业同时经营多种业态，如百货、大型超市、标准超市、便利店和专业店等，由于数

① 销售额和门店数均包括企业各类业态的经营数据。

据的可得性，在本节分析中，选取 7 家企业数据作为样本进行分析，并且仅采用企业总体经营数据，不做具体业态区分。

2. 平均规模

样本企业均为行业中具有代表性的企业，代表行业发展较高水平。

表 2　　样本企业平均规模

项目	销售额（亿元）	门店数量（个）	营业面积（万平方米）
2007 年	55.53	54	39.55
2008 年	68.19	66	49.42
增幅	22.8%	22.4%	25.0%

样本企业平均单店面积为 7527 平方米，销售额为 10385 万元。

3. 经营效率

从企业总体平均情况看，人效和坪效比上年都略有下降。

表 3　　样本企业人效和坪效

项目	人效（万元/人·年）	坪效（万元/平方米·年）
2007 年	44.22	1.40
2008 年	43.97	1.38
增幅	-0.59%	-1.74%

4. 费用情况

2008 年，百货店企业的平均费用率为 4.58%，比 2007 年增加了 0.18%。受新劳动法实施等因素影响，人工成本占销售额比重增加；而租金占比则大幅下降，这与经济放缓，房地产市场调整有直接关系；水电费占比也下降明显，反映了样本企业在节能环保措施上的提升。

表 4　　样本企业各项费用占销售额比例

项目	人工成本占比	租金占比	水电费占比	其他占比
2007 年	1.86%	0.91%	0.73%	4.40%
2008 年	1.94%	0.80%	0.70%	4.58%
增幅	4.2%	-11.6%	-4.5%	4.1%

5. 赢利情况

2008 年样本企业平均毛利率为 15.8%，比 2007 年的 15.5% 略有提高。

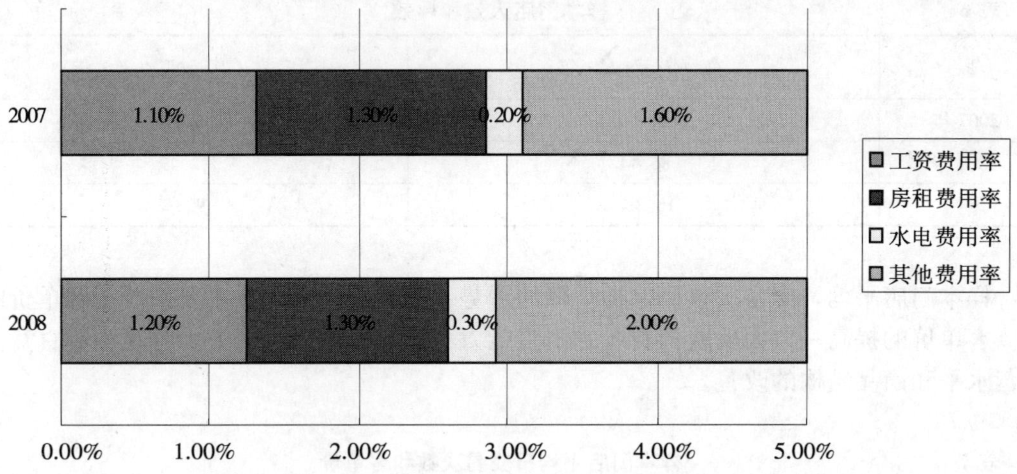

图 3 样本企业毛利率（%，2008）

（三）样本企业门店情况

1. 样本基本情况

本节选取的样本门店均位于城市商业区，开店时间均在 8 年以上，且 87.5% 的门店是 1996 年以前开店的，样本为企业经营成熟且运营水平较高的门店。

在样本门店中，2008 年最高销售额为 18.7 亿元，其经营面积为 54168 平方米，最低销售额为 3.25 亿元，其经营面积为 26000 平方米，可以看出样本门店间的效益水平差距显著。

另外，已有 50% 的样本门店开通了网上购物服务，网上购物服务越来越受到企业的重视。

2. 平均规模

样本门店平均销售增幅为 11.1%，营业面积和员工数量也保持增长态势，但增幅远小于销售额的增幅，反映样本门店经营效益提高。

表 5 样本门店基本情况

项目	销售额（万元）	营业面积（平方米）	员工数量（人）	单品销售额（万元）
2008 年	88398	32532	887	0.35
2007 年	79576	30872	887	0.32
增幅	11.1%	5.4%	0%	9.2%

3. 经营效率

从人效和坪效的增长幅度可以看出样本门店的经营效率有所提高。

表 6　　样本门店人效和坪效

项目	人效（万元/人·年）	坪效（万元/平方米·年）
2007 年	99. 66	2. 72
2008 年	86. 44	2. 49
增幅	15. 3%	9. 3%

样本门店平均日交易次数仍保持下降的趋势，而销售额的提升主要来源于客单价的增长。客单价的提高一方面反映消费者的消费能力和倾向提升，另一方面也是由于百货门店经营水平和商品结构的改善。

表 7　　样本门店平均日交易次数和客单价

项目	平均日交易次数（次）	客单价（元）
2007 年	10839	226. 45
2008 年	11434	223. 10
增幅	-5. 2%	1. 5%

2008 年，样本门店的商品损耗率下降至 0. 88%，店铺的商品管理水平有所提高。

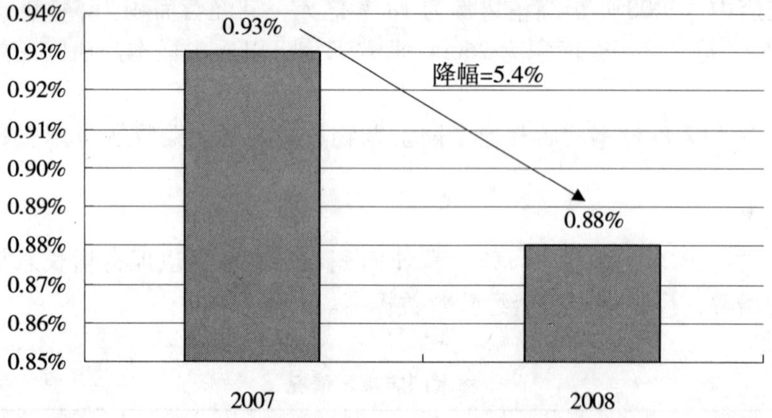

图 4　样本门店商品损耗率

4. 费用情况

工资、租金和水电费仍是样本门店最大的三项费用支出。与 2007 年相比，2008 年工资费用支出占比有所增加，而租金和水电费支出占比下降。

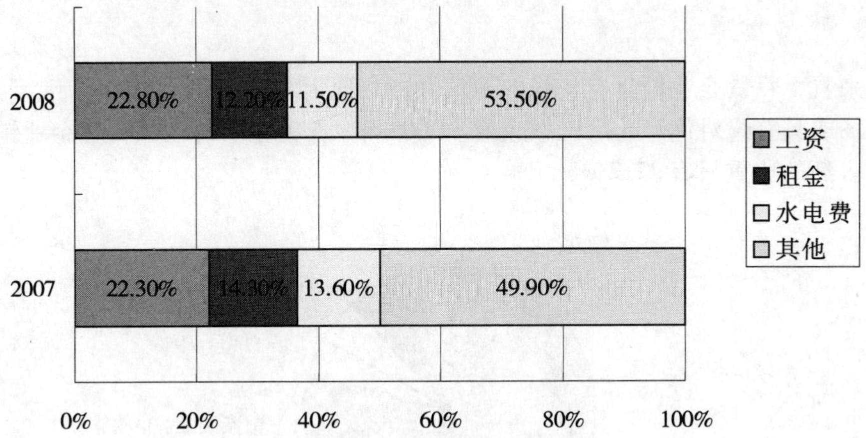

图 5　样本门店费用占比情况

表 8　　样本门店各项费用占销售额比

项目	人工成本占比	租金占比	水电费占比	其他占比
2007 年	1.5%	1.0%	0.9%	3.4%
2008 年	1.6%	0.9%	0.9%	4.0%
增幅	4.6%	-11.0%	-6.6%	15.9%

2008 年各项费用占销售比为7.3%，比2007 年的6.9%有所增加，其中人工成本占比增加显著，而租金和水电费比例有大幅下降。

5. 赢利情况

样本门店2008 年的平均毛利率为13.5%，利润率为4.4%，相比2007 年均有小量提升。

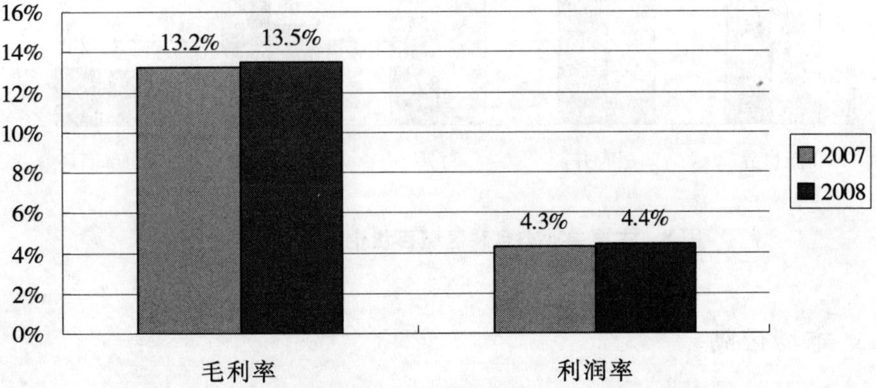

图 6　样本门店利润率水平

（四）市场份额

整体来看，百货企业仍是有较强的地域性，相比大型超市和家电专业店，百货业并没有领导市场或具有绝对优势的跨区域企业。2008 年，5 家主要跨区域百货企业销售额占百货业态销售额的比重只有 22.2%。

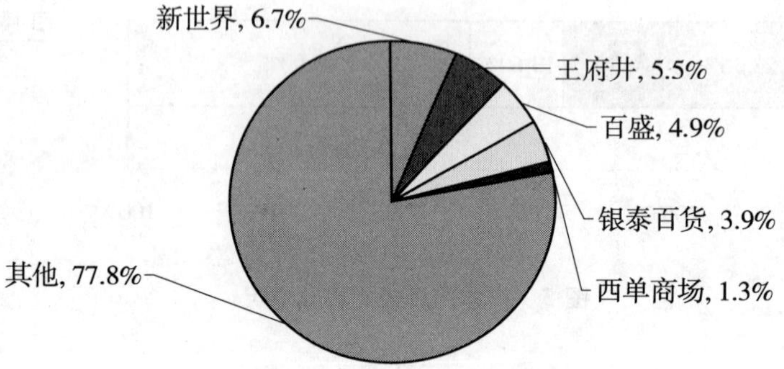

图 7　主要单业态且跨区域百货企业市场份额占比（2008）

按 2008 年的销售额规模排名，前 5 家主要跨区域百货企业分别为新世界百货、王府井百货、百盛、银泰百货和西单商场，其中银泰百货销售同比年度增幅最大，达到 79.7%。

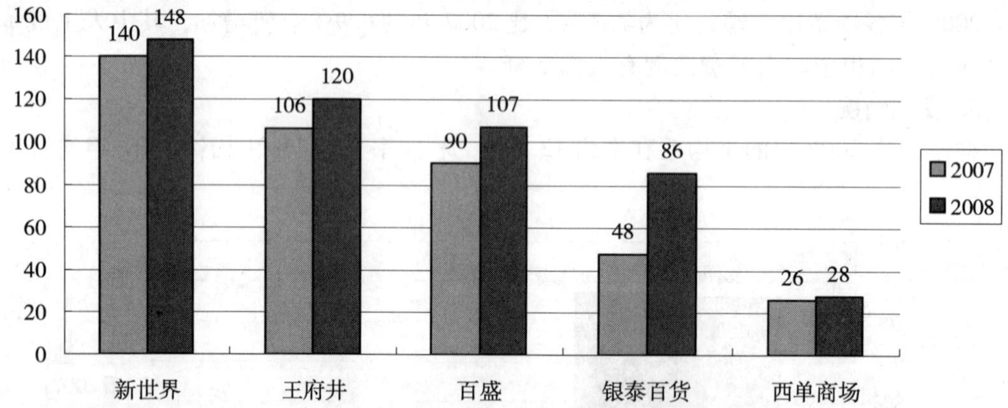

图 8　主要单业态且跨区域百货企业销售额（亿元）

（五）市场区隔

由于中国地区经济发展水平的差异，百货业态的发展也存在较大差异。在东部沿海发达省份的百货零售额要远远大于内陆经济相对欠发达的省份。据统计，2007 年全国百货零售总额为 4863 亿元，而百货零售额排名前 5 的省份就占全国百货零售额的 46.5%，排名前 10 的省份占全国百货零售额的 72.1%。

从地区人均百货消费水平来看，2007 年全国人均百货消费额为 409 元，而北京、上海人均百货消费额分别以 2789 元、1635 元名列前茅，且远远高于其他省市，人均百货消费额排名前 10 的其他省市则差别不大。

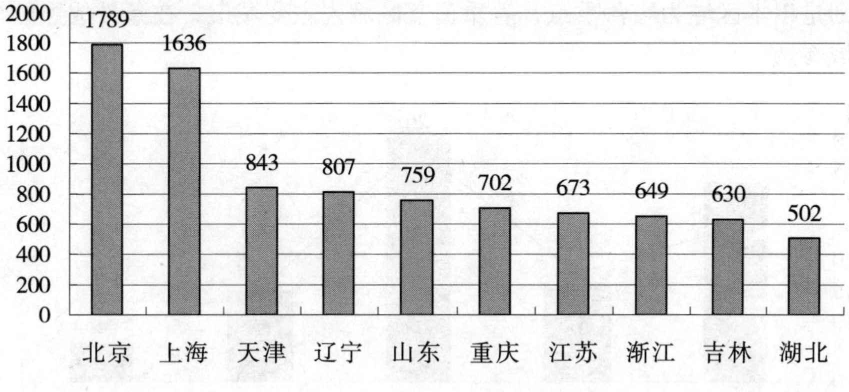

资料来源：国家统计局

图 9　人均百货零售额前十名省市（元，2007）

表 9　　百货店的市场区隔

市场		概述
一线市场	都会城市	＊北京、上海、广州、深圳作为中国最大的四个都市，其 GDP 居全国前四位，2008 年四个城市的 GDP 之和占全国 GDP 的 13.37% ＊北京人均百货零售额接近 2800 元，远高于上海（1635 元）和广州，北京吸引了大部分跨区域百货企业（新世界、王府井、百盛、银泰、西单、太平洋等），且各类百货网点数量较多，接近 500 家 ＊上海区域化较明显，百联下属的百货公司在上海有绝对优势（14 家门店），各类百货网点接近 500 家 ＊广州本地百货企业也占优势，广百股份在广州有 12 家门店，各类百货网点接近 500 家 ＊深圳本地百货企业占据大部分市场份额，其中茂业百货、天虹百货和海雅百货是本地的领先企业，百货定位越来越强调新型时尚
	大城市	＊以重庆、天津、南京、沈阳、西安为代表的人口较多的 10 座大型都市，经济规模大但人均可支配收入不高 ＊各类百货网点 300～500 家 ＊跨区域和区域型企业竞争激烈，但从网点规模来看，区域型企业远多于跨区域企业 ＊在未来近期，大城市是跨区域和区域型企业争夺市场份额的重点
	经济发达城市	＊经济较发达的城市，人均可支配收入高，但由于人口较少，总体市场规模有限 ＊各类百货网点 100～300 家 ＊区域型企业在销售规模和网点规模上都具有优势，一些跨区域企业谨慎考虑进入该类城市 ＊区域型企业将在未来较长时间内保持优势，一些跨区域企业开始进驻，建立品牌影响力
二线市场	中小城市	＊其他城镇户籍人口在 200 万以下，人均可支配收入较低的城市 ＊各类百货网点 100 家以下 ＊区域型企业占据主导地位，并不断整合区域内规模较小的百货企业

1. 跨区域领先百货企业

跨区域百货企业的网点布局以散点的形式分布于各省市相对较发达的城市。各大跨区域百货企业以区域中心城市为切入点，以散点分布的方式确立在目标区域的影响力。而区域型企业则是以本区域为经营重点，着重覆盖区域内主要城市，在条件成熟的情况下逐步向周边区域渗透。

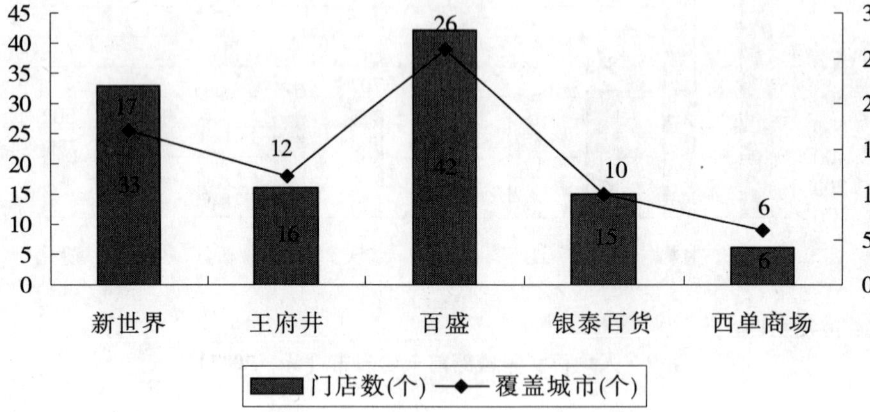

图 10　主要单业态且跨区域百货企业网点规模（2008）

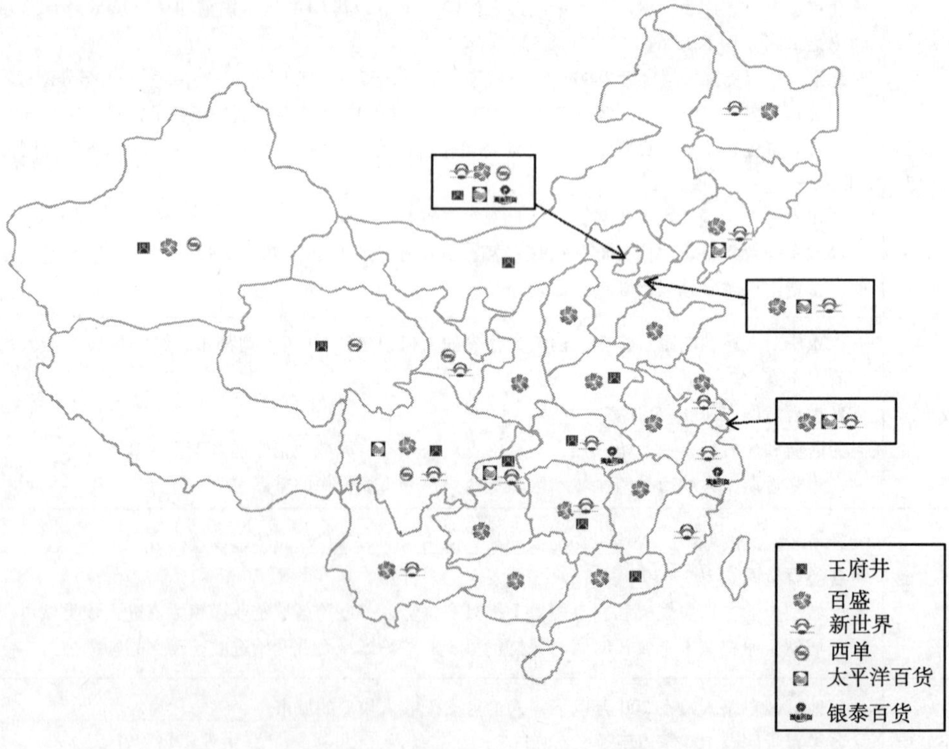

图 11　主要单业态且跨区域百货企业的网点分布（2008）

2. 区域型百货企业

与跨区域的百货企业不同，区域型百货企业一般经营多种业态，除了百货，还广泛经营超市、便利店、专业店、购物中心等业态。从2008年的销售规模上看，处于前几位的区域型百货企业为百联集团、大商集团、重庆商社、合肥百货、银座集团。其中，百联集团以943亿元的销售规模远超过其他区域型企业。

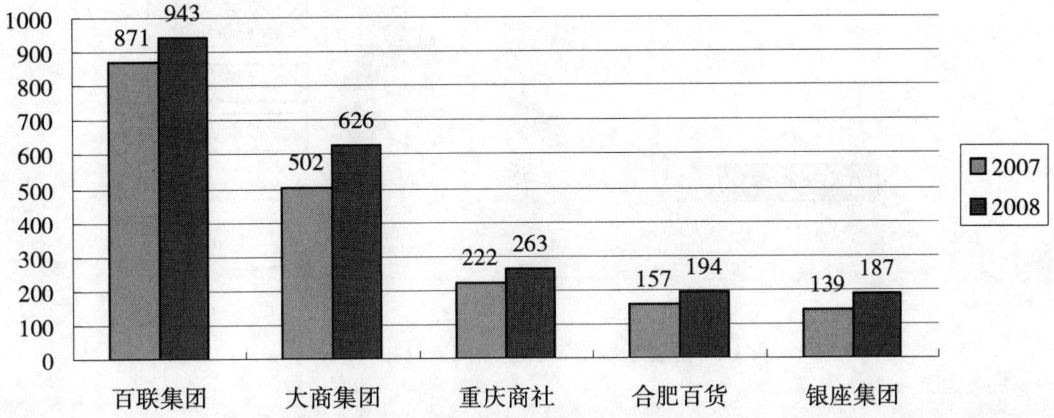

图12　主要区域型百货企业销售规模①（亿元）

由于百货店的定位和经营门槛相对较高，这些区域领先企业的百货门店数量在门店总数中并不占优势，但百货业态仍是这些企业的核心或者重点经营业态，是公司销售收入的拉动力量，如大商集团的上市公司大商股份的百货收入占比为52.99%，合肥百货的百货收入占比为67.42%。

区域型百货企业的门店网点主要分布在本省或周边省市，在区域市场具有一定的垄断优势。在具备一定实力后，这些企业开始跨地区、跨省市扩展，发展区域呈横向、渗透式扩展的态势。

百联集团以上海为中心，逐步拓展到江苏、浙江和其他地区；大商集团在黑龙江（哈尔滨）、吉林、河南（郑州）的扩张已经取得了较好的成效；山东银座依托山东本地市场，向周边逐步渗透，并已在河北邢台、河南濮阳开设网点；重庆商社在四川省内也设有分店，准备实现区域渗透式发展。

表10　跨区域与区域型百货企业的比较

项目	跨区域领先百货企业	区域龙头百货企业
定位	高端	中低端
扩张	跨区域散点式布局	区域渗透式布局
业态经营	基本是百货单一业态	多业态经营
对消费者的认知	对跨区域消费者的需求认知不足	对区域半径内消费者的需求认知深刻

① 销售规模包括企业所有业态的销售收入。

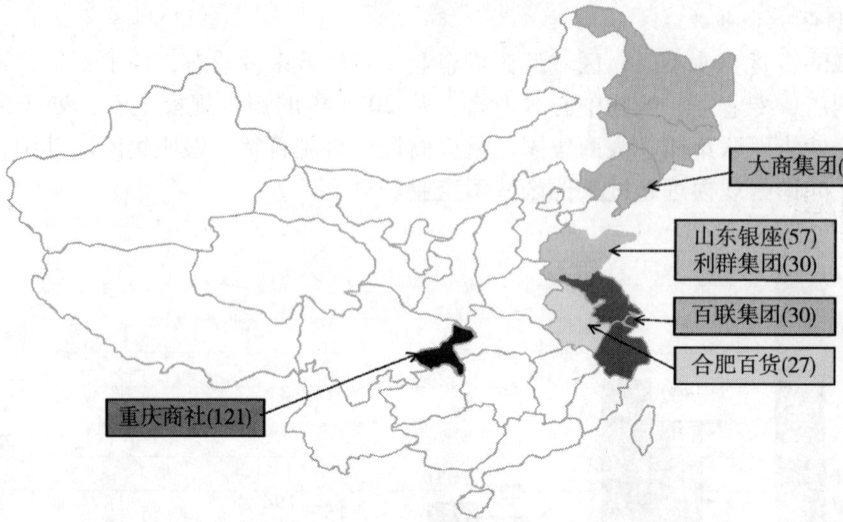

图 13　主要区域型百货企业网点分布（2008）

（六）渠道渗透

百货业态具有较强的地域性，在渠道渗透方面，由于原来各地都有百货大楼，经过现代化改造后，这些百货大楼逐步升级为现代化的百货公司，因此各级城市目前基本都有百货企业，但跨区域和区域型的百货公司在渠道渗透策略方面有所不同。

跨区域的百货企业定位相对高端，并基本集中经营百货业态。这些企业聚焦于北京、上海等经济发达且人均收入较高的都会城市，以及较具影响力的省会城市。企业定位一般相对高端，经营时尚商品，吸引高端消费者。

区域型的百货企业则采用错位经营，立足本区域，渗透周边区域，并适度多业态扩张的策略。区域型的百货公司在本区域内能深刻把握消费者的偏好，优化商品结构，通常在区域城市内实行一城多店、错位经营的门店扩张方式，对于进入的城市设立一家旗舰店，同时设立一家或多家分店。旗舰店主要面向高端消费者，分店则面向普通消费者，这种门店布局方式可以达到最大限度占领、控制当地市场的目的。

目前，跨区域的百货公司仍将重点放在都会城市以及重要的省会城市，而区域型的百货公司则全面渗透本区域内的各级城市，并适度地向周边城市扩张。

二、市场环境分析

金融危机对百货业态冲击明显，未来行业集中度进一步提高，来自其他业态和渠道的竞争压力加大。

（一）金融危机的短期影响

在零售业各业态中，百货类公司主要经营品牌服装、化妆品及金银珠宝等品牌商品，这些商品相对于大型超市经营的生活必需品来看，消费刚性较弱，且可替代性强，因此受金融风暴影响较大。百货业态的销售增速出现了明显下滑，尤其一线市场如北京、上海、广州等地区的百货成熟门店可比增长甚至出现了负增长。目前经济危机对销售的影响正从一线市场向二线市场传导，未来行业进一步下行的风险仍然存在。

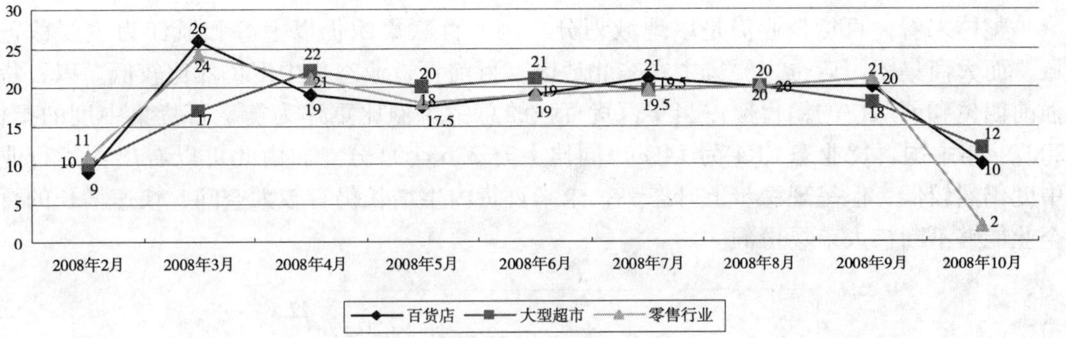

资料来源：Wind 资讯。

图 14 百货业态销售增速走势

(二) 企业的应对措施

从 2008 年下半年开始，国际金融危机蔓延，中国的零售行业，尤其是百货业态受到明显的影响，为了提升消费信心，振兴经济，政府推出了多项促进消费的政策措施，百货企业也挖掘自身潜力，积极应对金融危机带来的负面影响。

1. 积极开展促销活动

百货企业积极开展各种促销活动，运用更具有针对性的营销手段，并且根据门店不同发展阶段实施不同的营销策略。企业纷纷频繁推出促销活动，延长促销时间，加大打折力度，增加促销商品品类。另外，拓展网络营销也是企业的重要营销手段。

2. 加强客户服务，提升客户忠诚度

随着百货 VIP 贵宾群体日益壮大，VIP 顾客对商场的贡献率也逐年上升。金融风暴不可避免地对这批商场的消费中坚力量造成冲击，一旦他们降低购物频率和金额，商场的业绩也会随之受到较大冲击。因此，商家不得不通过各种附加服务来加大对顾客的吸引力，如提供“专属客服经理”服务；延长门店营业时间；增加对消费者消费知识的培训和宣传，使消费者更多了解商品属性、特征，如服饰搭配、化妆技巧等。

3. 节约成本，降低费用

一些百货公司开始在费用上对门店进行考核，对于与经营无关的费用项目设定预算额度，不允许突破预算。另一方面，企业完善管理制度，优化管理流程，提高管理效率，降低管理成本。

4. 制定谨慎的人力资源计划

大部分百货企业对宏观经济仍保持较乐观态度，避免采用减薪、裁员等措施，以免经济回暖时，造成人员紧张的状况出现。百货企业仍然继续进行新员工的招聘工作，但是招聘名额上有所减少。同时，加强人员的培训，提高从业人员的服务水平，以加强客户服务。

（三）市场环境与竞争分析

1. 行业集中度提高

整体来看，百货企业仍是以地域划分，例如百联集团仍以上海和浙江为主要覆盖区域，而大商集团门店也主要集中在东北地区，目前百货业态集中度仍然比较低。以百货百强前四位和前八位的销售额占当年百货百强的总销售额比重作为衡量百货集中度的指标，2007[①]年中国百货业态 CR4 为 14%，同比上升 2.6 个百分点。由此可以看出百货行业集中度仍然较低，但呈现稳步上升态势，未来百货内生增长仍有较大空间，快速增长的百货企业能够不断扩大市场份额。

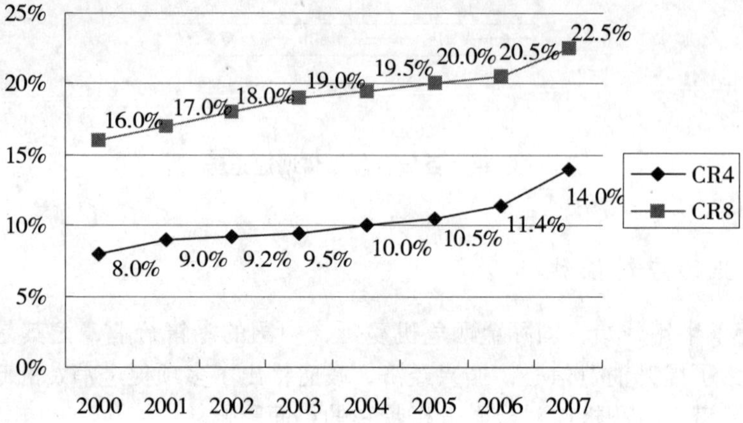

资料来源：中国百货商业协会。

图 15　百货行业集中度

2. 兼并扩张活动活跃

百货业态集中度相对较低，给实力强劲的百货企业提供了并购的机会。据不完全统计，仅 2007—2008 年与百货业态有关的大型收购事件约 7 件，涉及资金超过千亿元。

表 11　　百货企业重要并购事件

时间	并购方	被并购方	事件说明
2007. 3	成商集团	成都人民百货	成商集团大股东深圳茂业商厦以 4979. 9 万元，收购成都人民百货连锁公司 75% 股权
2007. 3	福建东百集团	福建乐天百货	福建东百集团收购福建乐天百货有限公司 75% 股权
2007. 3	百盛集团	江西凯美	百盛集团 5. 1 亿元收购江西凯美百货

① 由于数据的可得性，本节仅讨论 2000—2007 年的市场集中度。

续表

时间	并购方	被并购方	事件说明
2007.3	天虹商场有限公司	南昌百意百货	天虹百货进驻百意百货
2007.4	香港巴黎春天	贵阳国贸广场	香港巴黎春天百货公司向贵阳国贸广场商贸有限公司注资
2007.8	深圳佳华百货	深圳东方城百货	深圳佳华百货通过资产转让方式收购深圳东方城百货4家门店，使佳华百货门店达到13家
2008.2	合肥百货	安徽乐普生百货	合肥百货宣布受让安徽乐普生百货有限责任公司2300万股，占安徽乐普生注册资本总额46%，就此控股了安徽乐普生

但是百货业态的运营操作难度较大，且消费者的需求使百货企业具有个性化，这也要求百货业态存在多样性，短期内不会整合为几家大型企业。

3. 外资百货积极进入

自2006年3月起，商务部将部分外商投资企业分销权的审核下放到地方省级商务主管部门，审批流程进一步简化，外资企业进入的政策环境变得宽松。

在近几年，进入国内的外资及港台资百货企业格外引人瞩目，其发展策略也表现出较大差异性。总体上，来自日韩、港台等国家或地区的企业，大多采取直接投资、收购股权的方式进入国内市场，而欧美企业多采取出租品牌使用权的方式进入。从选择进入城市看，外资企业都选择北京或上海这两个人均百货销售收入最高的城市。

表12　　部分海外百货企业近年进入中国的情况

时间	国家/地区	公司	进入城市
2007	马来西亚	百盛	北京
2007	台湾	新光三越	北京
2008	韩国	乐天百货	北京
2008	日本	永旺	北京
2008	英国	马莎百货	上海
2008	法国	拉法耶特	上海
2009	日本	高岛屋	上海

但是，外资百货对国内百货业态的影响较小。因为与其他业态不同，百货业经营有强烈的本地化特色，连锁百货的管理能力不是在地域之间简单地复制，而是更加强调区域化、个性化。由于内资百货企业往往占据了城市的核心商业地段，并根据当地消费能力和消费文化进行布局，形成进入壁垒，外资百货企业难以在短时间内给市场造成剧烈冲击，因此竞争环境相对缓和。

4. 购物中心大量涌现

近年来，不同规模、不同定位的购物中心大量涌现，使时尚型、奢侈型商品的品牌商在选择、规划营销渠道上具有了更广阔的空间。由于品牌商在购物中心的经营成本低于在百货商店的经营成本，提供的营业面积、空间结构更能满足品牌需要。此外，在店铺规划设计、经营方式、顾客服务、销售管理上也具有更大自主权。因此，购物中心对品牌商具有越来越大的吸引力，已经成为品牌商进入零售终端的最重要渠道之一。

从现阶段情况看，由于百货店广泛采取了联营而非买断自营的经营方式，造成百货商店的品牌结构与购物中心的品牌结构，特别是高端品牌的重合度较高，而购物中心在功能规划、环境营造上所具有的优势，使购物中心的集客力越来越强。因此，在一定程度上购物中心与百货商店之间的竞争关系已经显现，百货面临购物中心客户分流的压力。

为了应对购物中心的压力，一些百货企业主动入驻购物中心，成为购物中心的主力店，从而成为购物中心品牌形象的代表，协调百货企业与购物中心共同发展。还有一些百货企业甚至自己投资运营购物中心，借助购物中心提供的多元化和综合服务获得组合优势。

5. 专业店、专卖店迅猛发展

在商品品类上，专业店、专卖店所覆盖的商品品类日趋广泛、细化，其中服装服饰、珠宝、化妆品、电信等专卖店的发展速度相对较快。

近年来，百货企业、专业店、专卖店门店扩张的年均复合增长率分别为29.9%，32.8%，54.0%，而销售额的年均复合增长率分别为31.8%，72.5%，79.9%。可以看出，近年专业店和专卖店的发展速度要远远快于百货业的发展速度。专业店、专卖店的快速发展，使消费者在购物场所上面临了更多选择，这在一定程度上会对百货商店的客流产生影响，特别是在一些中高端品牌尚未进入的二线市场，以国产品牌、外资中低端品牌为主的专业店、专卖店对消费者有着很强的吸引力。虽然，目前专业店、专卖店在产品价格、顾客服务、品牌推广、促销活动等方面的综合竞争能力还不足以冲击百货商店的市场份额，但从长远看，在满足个性化消费需求方面，专业店、专卖店具有更大的优势和发展潜力，是百货企业强有力的竞争者。

百货企业通过不断提升客户服务，突出自身特色，推出产品促销计划等吸引顾客，应对专业店和专卖店的竞争。

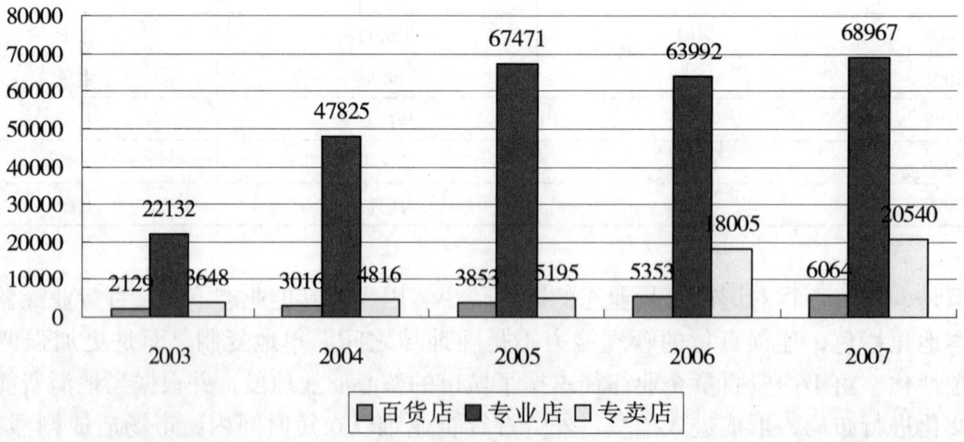

资料来源：国家统计局。

图 16　不同业态门店数量变化情况（个）

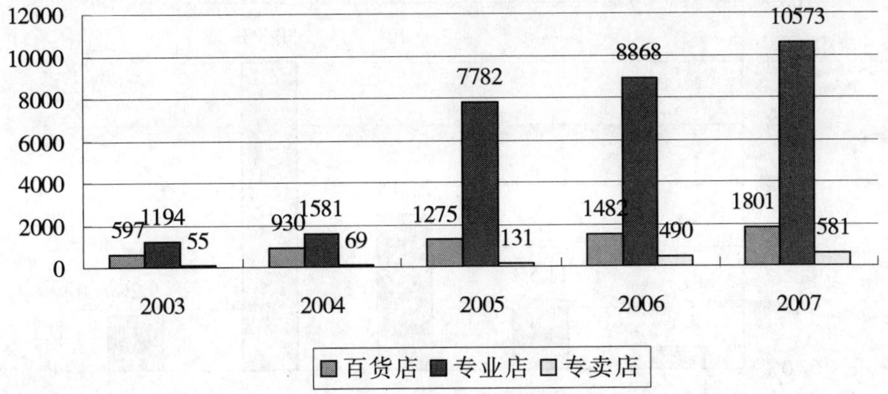

资料来源：国家统计局。

图 17　不同业态销售额变化情况（亿元）

6. 网上购物市场兴起

随着网络技术的更新和完善，网上购物已成为消费者，特别是35岁以下消费者最主要的购物渠道之一。根据iResearch的研究，2008年中国网络购物市场总成交额达1281.8亿元，预计到2012年，中国网络购物市场规模将达到7910亿元，年复合增长率达到69.8%。

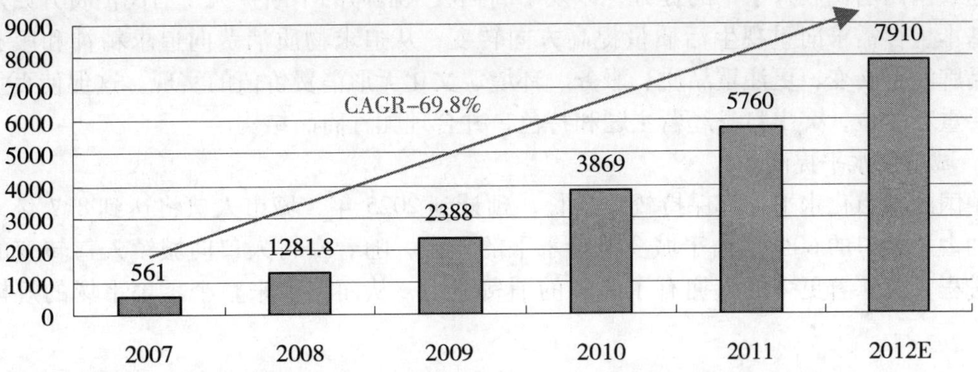

资料来源：IResearch。

图 18　中国网络购物市场规模（亿元）

根据CNNIC① 发布的《中国互联网发展状况统计调查报告》显示，网购者的学历越高，网上购物比例越高。硕士及以上网民的网上购物比例已经达到56.5%。这些购物者属于相对高收入的网民群体，也是百货企业重点的目标客户群。因此，网络购物将给百货带来较大的竞争压力。

① 中国互联网络信息中心。

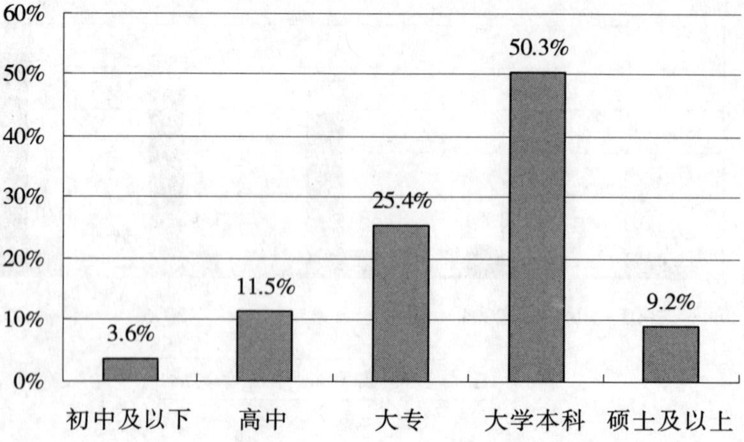

资料来源：CNNIC。

图 19　不同学历网民的网上购物比例（2008）

以百货企业为代表的传统零售商顺应形势，通过网络营销作为销售和服务的延伸，已经成为大势所趋。根据中国连锁经营协会 2008 年度的行业调查，所有的样本企业都开展了网络宣传活动，并已有一半的样本百货门店开通了网络购物的服务。

7. 消费结构升级

随着国内居民收入水平的提升，以及中高档收入群体的不断扩大，居民消费开始从满足于基本生存需求向重视生活质量提高方向转变，从追求物质消费向追求精神和服务消费、品牌消费转变，更注重品质、服务、环境、文化无形消费价值的实现。这促使百货企业需要重新定位，突出自身经营主题和特色，并合理配置商品结构。

8. 城市化水平提高

中国的城市化水平一直保持较快增长，预计到 2025 年，城市人口将达到 8.7 亿人左右，约占总人口的 60%。由于城乡消费水平的差距，随着农村人口向城镇人口转变的城市化进程，意味着更多的人拥有了更强的消费能力，从而将带来整个零售市场的规模增大。

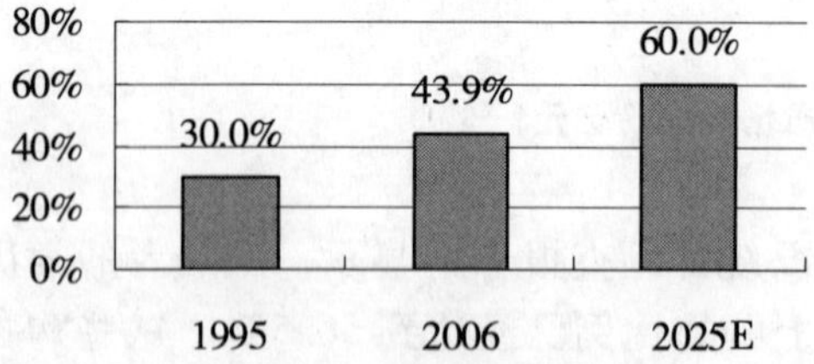

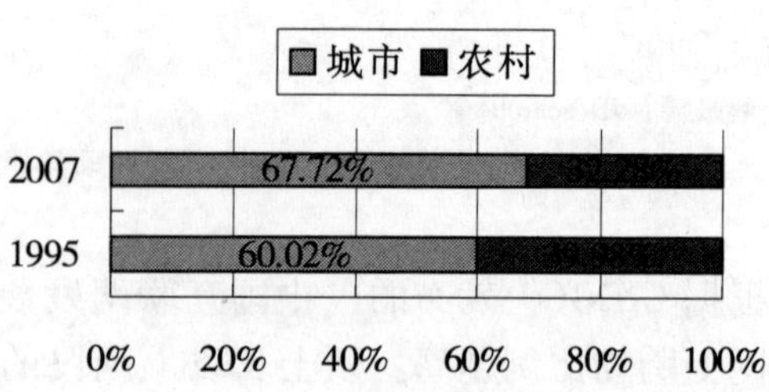

资料来源：中国国家统计局、联合国人口司。

图 20　中国城市化水平

图 21　中国城市及农村零售额占比比较

(四) 价值链分析

1. 经营模式

从世界范围来看，百货店经营方式主要有三种，分别是自营、联营和租赁。三种模式分别反映了百货公司在零售上下游价值链的地位。目前中国大多数百货店普遍实施联营模式，在这种模式下也有少量柜台商品采用买断自营的模式，而国内采取租赁方式的百货公司比较少，比较典型的是深圳西武百货（购物中心的经营模式基本采用租赁的模式，但本研究报告不将其归入百货业态内）。

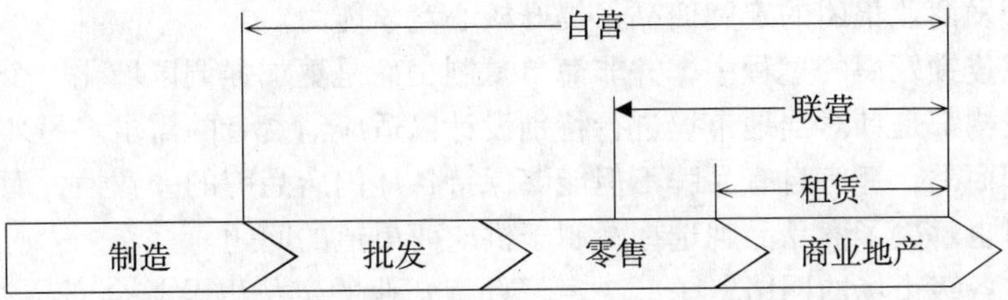

图 22 百货业态经营模式在价值链上的反映

具体来说，联营模式则是指以招商的方式，引入知名品牌进店，由各品牌生产商或代理商分别负责具体品牌的日常经营，店方负责商店整体营运管理，除收取与面积有关的场地使用费、物业管理费等固定费用外，同时推行保底抽成的结算办法。

在联营模式下，百货企业的商业行为主要集中在目标品牌的选择上及与供应商有关扣率和合作条件上的谈判。百货企业将管理的重点落实于统一的运营管理和整体的促销组合，在管理细节上更注重对品牌供应商的控制。联营模式规避租赁模式难以有效控制销售终端的缺陷，同时统一收银为保底倒扣提供了现实基础，这种运营模式将经营风险转嫁给了供应商，百货企业在自身资金链安全的前提下，不会出现大规模亏损或倒闭现象。

2. 渠道管理

集中采购能提高效率并降低成本，是建立现代流通企业的必经之路，但是百货业态具有较强的单店特性，如何在采购权集中的条件下，使每个单店保持自己的特色是百货连锁企业在实施统一采购时遇到的难题。一些领先的百货企业有相对成熟的做法，在采购职能上进行分工，决策层主要了解单店的定位和竞争对手的情况，针对不同单店进行调研，分析其目标顾客和商圈特色，再由采购执行人员根据要求引进商品，科学的操作会使同一商号的单店具有地域特色。

另外，集中采购的实施带来了门店人、财、物要素的全面调整，牵动了整个体制的深层次变化。百货业集中采购的推进需要一个渐进的过程，王府井百货在推进集中采购时，采取三步走的方式：首先是在全国范围内实施统一的准入条件，统一结算，然后在城市或区域层面上统一合作，最后是时机成熟时突破区域限制，实现全国统一采购。

同时，生产商也需要自我调整来适应百货企业新的采购模式，以寻求双赢。在标准超市、大型超市业态中，生产商通常设立专门的大客户部，与零售企业对接。百货业的生产商需要平衡区域代理商的利益，如果无法一步到位，在初期可以采用的一个折中策略是，区域分销和重点渠道分销相结合，逐步将百货企业纳入自己的重点分销体系。

三、发展趋势

连锁化、特色化、主题化经营是百货业态发展的趋势。

（一）百货店连锁化经营

百货店连锁化经营主要关注品牌商品资源的渠道管理、门店作业的标准化管理和选址定位标准的品牌化管理。这样有利于形成对品牌供应商的销售规模优势和目标客户认同能力，还有利于开发商业集团的定牌商品，提升核心竞争能力。

百货企业在连锁发展的过程中，并非简单复制，而是更加强调区域化、个性化，从门店布局到商品结构都是针对当地市场进行特别设计以适应消费者的需求。另外很多百货店都拥有自有品牌商品，拥有自有品牌不但能够保持各地门店品牌的一致性，而且能够降低采购成本，同时也解决了商品品牌选择受制于供应商渠道的问题。

合理分布在各级市场的网络资源，决定了百货企业的定位以及整合商品资源的能力，一旦百货店的连锁经营形成，就不仅有区域地理优势，而且可以向消费者提供强大的品牌消费影响力，这是单店经营不可比拟的优势。

现代的信息化技术能够满足百货连锁企业构建供货商、零售商协同的产销价值链体系。门店有能力实现单品管理和数据交换，百货企业也可以建立高效的客户管理体系，推出持续高效的全国促销计划和联合的新品引进计划，甚至联合的品牌发布和研发计划。

（二）差异化竞争特点

在零售业态不断创新，消费分层越来越清晰的环境下，传统百货受到超市、专业店等新兴业态冲击，日化用品向超市转移，电器家居向专业店转移，品牌商品向专卖店转移，各种商品销售份额在各业态间重新划分。百货业态需要由满足多种市场需求的传统百货向满足时尚、个性和特色的现代百货转变。

1. 针对某一主题的专业化

百货店结合自身优势，深度挖掘消费主题，突出差异化，在某一专业主题上提供全方位的消费便利。如，上海的汇民百货改旗易帜为婚礼时尚主题百货，为新人提供婚纱摄影、美容美发、婚宴、男女礼服、喜糖喜帖等“一条龙”服务。

2. 针对某一客户群的专业化

根据目标客户群的消费需求和偏好，调整商品结构和品牌，更好地突出特点，吸引目标消费者。如，面积近5000平方米的晨曦百货北京双子座店，突出时尚女性的主题经营，只经营时尚类的女性服装、化妆品等，如 Tomboy、Twice 等品牌。晨曦百货双子店只从原有的晨曦百货店中引入约 40% 的品牌，同时为了迎合 CBD 区域内白领阶层的消费特点，晨曦百货把早上营业时间移后至 11 点。

3. 情景主题的特色化

百货店突出购物环境的特色化，让消费者在购物时享受特定情景的购物环境，这种模式在国内不多，且多向面积更大的购物中心转变。如，重庆元旦百货商场内外装修采用“重庆森林”的商业主题，将大自然的自然、清新转化为商业设计理念，以树木、绿叶、蓝天作为创作元素，将自然景观引入现代商业，让顾客有如置身于自然环境中。

（三）扩张方式

整体来看，中国的百货业态还是处在品牌化发展的初期，虽然百货业态的并购案例在近几年屡有发生，但是并购在目前阶段来说不是一个主流的扩张方式。

国内的百货企业基本采用联营的运营模式，某种程度上说是商业地产的运作模式，中国百货业态普遍还处在并没有进行自有品牌商品经营的阶段。一些百货并购案例的初衷并不是针对被并购方的品牌价值，而是关注到其地产价值，出发点是房地产。

百货业态的并购扩张受到区域消费特征的影响，不太容易广泛推进。百货所面对的每个城市的消费者因为消费水平各个方面有差异，呈现了某种程度的区域特征。百货的档次、定位，以及定位跟当地消费市场匹配的关系，区别于其他可以做大规模连锁发展的商业业态。因此，百货的标准化复制模式不像超市或者家电等其他业态那么容易。超市或家电等业态比较容易在运营层面培育起核心竞争力，比如物流体系，而百货业态的品牌和商品结构往往更重要，这些都受到区域消费水平差异的限制。

目前百货业的品牌竞争主要集中在市场份额的竞争上，一线市场有价值有潜力的商业地段并未完全开发，百货企业在国内外投资机构的参与下，以抢占市场份额为目的，实现更快更大规模的扩张。当市场比较成熟后，有潜在价值的好地段已被抢占，那时并购将会成为主流。

（四）百货业态细分

随着百货业态市场竞争的加剧，百货企业不可避免地将在一些细分层面上展开竞争。

从国外百货业态的发展来看，百货企业的竞争都体现在细分业态上，成功的百货企业往往是在某个细分业态上具有市场优势。西尔斯（Sears）、彭尼（J. C. Penney）、诺德斯特龙（Nordstrom）为代表的传统百货店转型时，突出品类专业化的特点，如西尔斯突出五金工具，彭尼突出服装、化妆品和鞋类等，这些企业都取得了成功。日本的高岛屋也开始尝试大规模多元化业态组合，其新宿店成为东京目前功能最多元化的复合商场，取得了良好的市场效果。

国内一些领先的百货企业已经开始有意识地将百货业态细分，以赢得市场竞争优势。如，王府井百货将双安商场、北京百货大楼、成都王府井等定位高端时尚精品百货，其他则定位成大众流行百货。但是总体来看，目前在国内百货业态细分的程度并不显著，多数百货企业根据消费层次有所细分，而在功能上的细分还没有得到体现。

随着消费者需求的多样化和个性化，百货业态细分将逐步显现。

表 13 **百货细分业态举例描述**

细分业态	特点
折扣百货	大多为品牌商品，但以打折的方式出售；一般位于非城市中心商业区
社区百货	面积3万平方米左右，商圈范围不大，主要满足周边社区消费者的需求，商品以大众性品牌为主
时尚百货	以年轻时尚人群为主要目标顾客，注重整体品牌形象
精品百货	商品定位高端，奢侈品占有一定的比例，满足富裕阶层及成功人士的需求
购物中心型百货	虽然没有购物中心的面积，但店中聚集了一定数量的餐饮店和娱乐设施，消费者在购物的同时，也可进行其他消费

（中国连锁经营协会）

2008—2009 年度家电行业经营状况分析报告

一、发展概要

根据《中国连锁零售企业经营状况分析报告（2008—2009）》，2008—2009 年家电行业保持高速发展，集中度仍然较低，连锁业态对二线以下市场的渗透率有待提高。

（一）业态成长

自 2003 年以来，包括白色家电①、消费电子产品、小家电以及通讯设备在内的中国的家电产品零售市场总额保持了接近 20% 的年均复合增长率，2008 年的增幅超过 24%，接近 12000 亿元的市场规模。

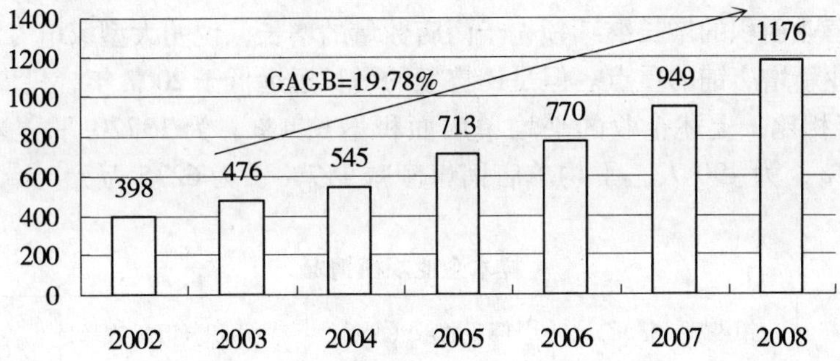

资料来源：Access Asia。

图 1　家电零售销售额（10 亿元）

参与中国连锁经营协会 2008 年度行业调查的零售企业中，有 7 家以家电连锁零售为主业。这 7 家企业共拥有门店 4126 个，2008 年实现销售 2589 亿元。

表 1　　中国连锁百强家电类企业销售排名（2008）

企业名称	销售额（亿元）	门店数（个）
国美电器有限公司	1046	1362
苏宁电器集团	1023	812

① 白色家电：指的是生活及家事用的家庭用电器。被列为白色家电的电器有：电饭煲、洗衣机、电冰箱、空调、微波炉等。

续表

企业名称	销售额（亿元）	门店数（个）
江苏五星电器有限公司	230	256
宏图三胞高科技术有限公司	180	195
北京迪信通商贸有限公司	66	1284
话机世界数码连锁集团股份有限公司	25	209
三联商社股份有限公司	19	8

（二）样本企业经营情况

1. 样本基本情况

本次调查的连锁零售企业中有20家旗下有专门的家电卖场，为了便于分析，我们选取其中典型的家电连锁零售企业。

从企业销售规模来看，销售额在1000亿元以上的企业占到全部企业的29%，销售额在100亿~1000亿元的企业占29%，其余企业2008年销售不足100亿元。

2. 平均规模

通过数据分析我们发现，各企业的销售额、门店数、营业面积、员工数都比2007年有所增长。其中营业面积的增长继续领先于门店数量的增长，说明大型家电专业连锁店继续成为连锁家电企业新增店铺的重点。但是销售额的增长远远低于2007年，只增长了10%。

与2007年相比，上述企业的平均单店面积增长4%，为13720平方米，平均单店员工人数减少3 %，为490人，平均单店销售额减少7%，为6275万元。

表2　　样本企业规模情况

项目	销售额（亿元）	门店数量（个）	营业面积（万平方米）	员工数量（人）
2008年	369.85	589	126	32823
2007年	335.71	496	89	26980
增幅	10%	19%	42%	22%

3. 经营效率

家电连锁零售业由于商品单价较高，人效处于较高水平。但是2008年的单店销售额、坪效与人效均有明显下滑。

表3　　样本企业人效和坪效

项目	人效（万元/人·年）	坪效（万元/平方米·年）	单店销售额（万元/店）
2008年	112.68	2.93	6274.67
2007年	124.43	3.78	6772.35
增幅	-9%	-22%	-7%

4. 赢利情况

样本企业的毛利率水平为11.58%，比上年略有提升，但与其他零售业态相比仍处于较低水平。样本企业之间的毛利率差异增大，毛利率最高为21%，最低为5.96%。

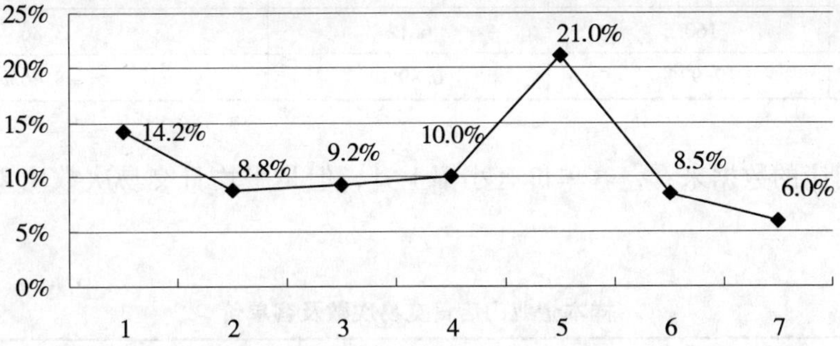

图2 样本企业毛利率情况（2008）

（三）样本门店情况

1. 样本基本情况

分析样本共选取9家门店，其中开业最早时间为1997年1月，开业最晚时间为2007年1月。

2. 平均规模

选取的样本门店大多位于所在城市的中心商业区域，为各家电连锁零售企业的旗舰店，经营面积、销售额都高于平均水平。

表4 样本企业门店基本情况

项目	销售额（万元）	营业面积（平方米）	员工数量（正式合同工）	经营单品数量（个）
2008年	50164	7667	289	14216
2007年	49181	7522	292	12758
增幅	2.00%	1.92%	-0.99%	11.43%

各门店之间的销售额增长存在较大差异，在一些门店继续保持高增长的同时，另一些门店的销售额出现了明显下滑，反映了企业之间经营水平的差距。

3. 经营效率

样本门店的坪效和人效与上年相比有所提高。

表 5　　样本企业门店坪效和人效

项目	人效（万元/人·年）	坪效（万元/平方米·年）	单品销售额（万元）
2008 年	173.3	6.54	3.53
2007 年	160.5	6.12	3.86
增幅	7.97%	6.89%	-8.46%

从抽样门店的数据来看，客单价有小幅上升，但是平均日交易次数比 2007 年减少了 7.8%。

表 6　　样本企业门店日交易次数及客单价

项目	平均日交易次数（次）	客单价（元）
2008 年	729	1901
2007 年	791	1858
增幅	-7.8%	2.3%

4. 费用情况

2008 年样本门店的费用率比 2007 年上升了 0.4%，其中工资费用率和水电费用率小幅提高，房租费用率却有所下降。

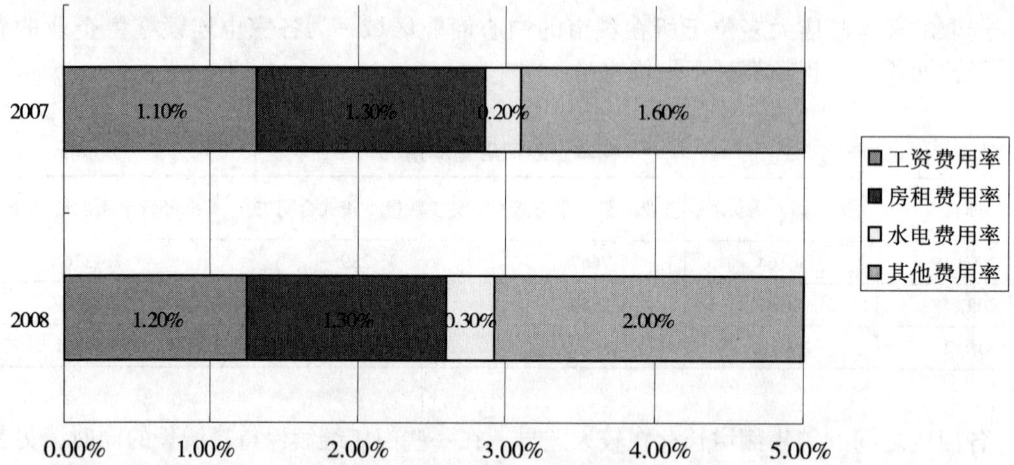

图 3　样本门店费用情况

5. 赢利情况

与 2007 年相比，样本门店的毛利率从 8.29% 提高到 9.47%，提高的幅度不大。

（四）市场份额

1. 行业领先企业

全国现有家电连锁零售企业数量超过3万家，连锁百强中的8家专业电器连锁零售企业占据了22.15%的市场份额。作为国内家电连锁零售企业翘楚的国美和苏宁，2008年分别位列连锁百强的一、二名，经过近几年的并购和高速扩张，门店数分别达到1362家和812家。覆盖了所有的一、二线市场，及部分二线以下城市。

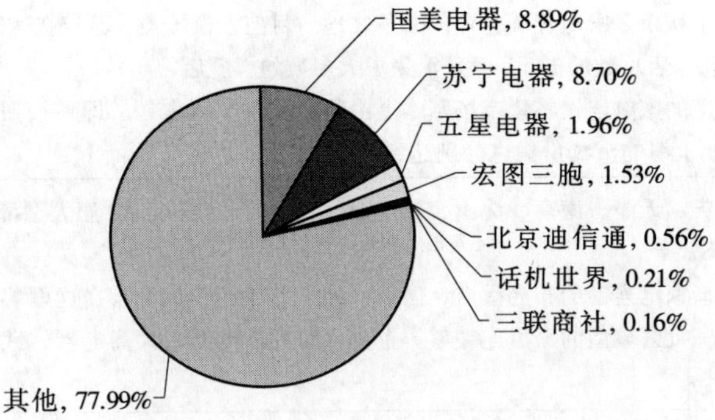

资料来源：Access Asia。

图4　连锁百强家电企业市场份额（2008）

2. 行业集中度

虽然国美与苏宁在一、二线市场形成了垄断的格局，但是从行业整体的角度来看，两巨头的市场份额加在一起也还不到18%，行业格局远远还未达到寡头垄断的阶段。HHI[①]仅为0.0161，属于竞争II型，未来仍有巨大的行业整合的空间。

此外，相对于家电产品零售市场的持续高速增长，2008年连锁百强中家电连锁企业的增速明显放缓，7家进入百强的家电连锁企业销售增幅和店铺增幅分别为10%和23%，远远低于前几年的平均水平。

（五）市场区隔

以国美、苏宁为代表的大型家电卖场逐渐成为主流业态，通过为客户提供便利、高性价比的商品和服务形成了自身的竞争优势。同时，强调客户体验，以客户服务和生活方式为价值主张的高端家电连锁也开始兴起。此外，百货、批发等传统渠道以及家电厂商的专卖店也通过自身的价值定位占据了一定的市场份额。

① HHI赫芬达尔指数（Herfindahl Index），是通过计算某一市场上每家企业市场占有份额的平方之和来表示市场集中程度的参数，HHI数值越大，表示市场集中程度越高，垄断程度越高。

表 7　　家电连锁的市场区隔

市场		概述
一线市场	都会城市	＊ 北京、上海、广州、深圳作为中国最大的四个都市，其 GDP 居全国前四位，2008 年四个城市的 GDP 之和占全国 GDP 的 13.37% ＊ 2008 年，仅北京、上海两市的白电、消费电子产品零售额就占全国的 12.08% ＊ 这四个城市是家电连锁企业的必争之地。目前，仅国美、苏宁在这四个城市就有 400 多家门店，超过两家门店总数的 1/5，而且汇集了大多数的旗舰店 ＊ 北上广的家电连锁零售市场基本上由国美、苏宁所占领。即使按照平均门店销售额计算，两家在北京、上海的市场份额也分别达到 57% 和 42%
	大城市	＊ 以重庆、天津、南京、沈阳、西安为代表的人口较多的 10 座大型都市，经济规模大但人均可支配收入不高 ＊ 是大型家电连锁的布局重点，国美、苏宁 17% 的门店分布在这里 ＊ 拥有一批区域型的家电连锁零售企业，如五星电器、大商电器、武汉工贸等等，在区域内占有一定优势
	经济发达城市	＊ 沿海经济较发达的城市，人均可支配收入高，但由于人口较少，总体市场规模有限 ＊ 国美、苏宁 10% 的门店位于这些城市，当地的家电连锁零售市场基本被这两家所控制 ＊ 由于消费水平较高，一些以客户体验为经营策略的高端家电连锁占据了部分利基市场①，如顺电、东莞时尚电器
二线市场	中小城市	＊ 其他城镇户籍人口在 200 万以下，人均可支配收入较低的城市 ＊ 由于消费能力和市场规模有限，虽然已经被国美、苏宁的网络所触及，但并不具有压倒性的优势 ＊ 相当一部分的市场份额仍然由区域家电连锁、家电厂商的专卖店以及当地的传统渠道所占据

资料来源：Access Asia，企业年报，德勤分析。

（六）渠道渗透

1. 跨区域家电连锁零售

家电连锁零售业态的网络目前基本上覆盖了人口众多、人均收入水平较高的一、二线市场，但在二线以下市场并不具有优势。

以农村为代表的二线以下市场家电连锁零售额增长迅速，增速超过城市，与此同时，农村人均家电消费额相对城市仍然较低。作为行业领先的跨区域家电连锁企业，国美与苏宁已经开始注重二线以下市场的网络建设。目前两家企业在二线以下市场的门店总数接近总门店数的 20%。

2. 区域型家电连锁零售企业

受到区域和市场特性的影响，当地的家电连锁企业依然是家电销售的重要渠道。这些区域家电连锁企业往往从属于当地的主要商业集团，以专业卖场或是混业经营的模式销售家电产品，在当地市场拥有口碑和商圈位置优势。

① 利基（Niche）市场，也称缝隙市场，特指大市场中的缝隙市场，也指那些被市场中的统治者或有绝对优势的企业忽略的某些细分市场。

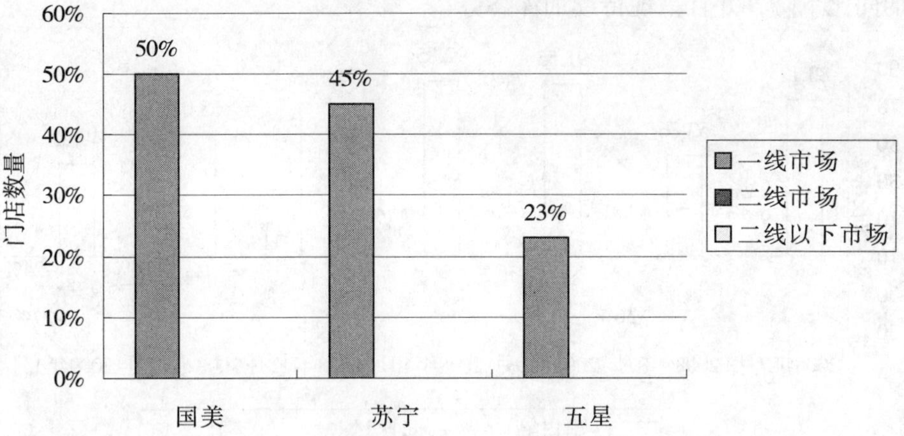

资料来源：相关企业网站。

图 5　主要家电连锁企业渠道分布（2008）

表 8　　区域家电连锁零售商例举

市场	概　述
东北	大商电器
华北	物美电器、北京中复电讯
西北	银川新百东桥电器、兰州国芳电器
华东	五星电器、浙江百诚、江苏文峰电器、明珠空调连锁、苏州冠芝霖、扬州汇银、上海协亨通讯、话机世界、安徽百大电器、安徽国生电器
华中	武汉工贸家电、河南八方和盛、日日顺
华南	深圳顺电、深圳恒波、东莞时尚电器、广东大地通讯、湖南通程电器
西南	重庆商社电器、四川讯捷通讯

3. 家电生产商自有渠道

此外，家电厂家自建的专卖店也是二线以下市场家电销售的主要渠道。为了加强对农村市场的覆盖和对渠道的掌控力度，一些家电厂商纷纷建立品牌专卖店。目前，联想、格力、海尔等厂商通过自建渠道已经分别拥有了由数千家专卖店构成的自有销售渠道。

二、市场环境分析

金融危机的影响和相关产业政策引发家电连锁零售企业进行相应的战略调整

（一）金融危机的短期影响

始于2008 年下半年的全球金融危机导致美欧市场消费疲弱，直接影响到中国家电业的出口。根据中国海关统计数字，2008 年 11 月以来中国的机电产品出口值已经出现连续

4 个月的同比下降，并且呈现持续加深态势。

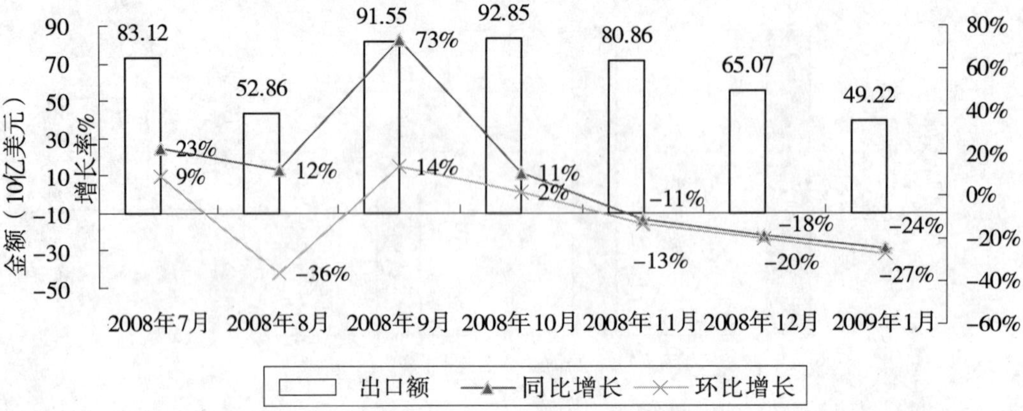

资料来源：国家统计局。

图 6　中国电子产品月度出口金额

受全球金融危机影响，中国的消费者信心指数也有所下降，对就业前景和未来个人财务状况的担忧导致消费者的消费行为趋于谨慎，大部分消费者计划推迟购买包括家电在内的大件物品。

另一方面，家电连锁零售业的表现与房地产行业具有高度正相关性，伴随着近几年房地产业的高速发展，新家电卖场的选址也往往是追随房地产扩张的版图。奥运会结束之后，随着房地产市场陷于低迷，一些大型家电连锁企业的销售额也受到较大影响。

受到上述多方面因素的影响，经历了多年高速增长的国内家电市场在进入 2008 年下半年后也明显出现了增速放缓的迹象。11 月开始重点零售企业的家电销售额更是出现了同比的负增长。

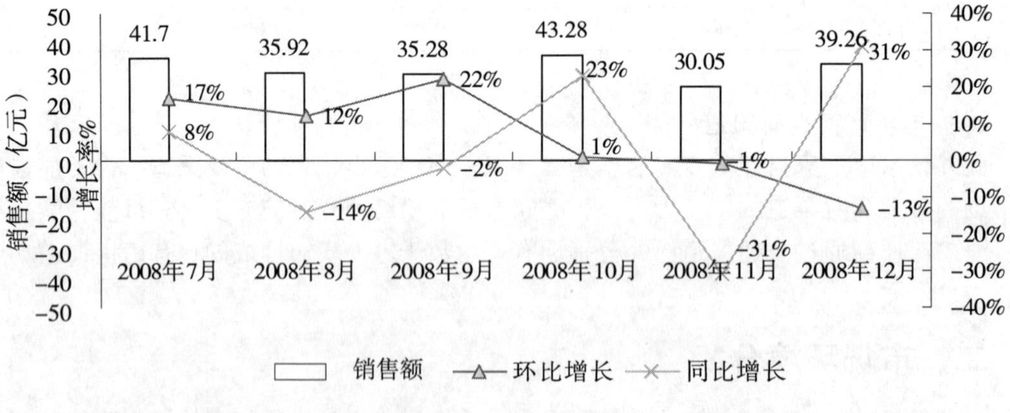

资料来源：国家统计局。

图 7　2008 下半年重点零售企业家电产品销售情况

（二）企业的应对措施

通过对部分家电连锁企业的访谈以及企业年报披露的经营数据分析，我们了解到，上述因素对家电连锁企业的影响，在经营指标上主要体现在单店收益下降，虽然客流量没有明显减少，但是客单价明显下降，而一线市场的门店受到的影响更甚于二线市场。针对这些情况，一些家电连锁企业及时调整了预算目标，采取了一系列优化资源、降低成本、提高资产效率的措施，同时继续加强在二线以下市场的网络建设，调整产品结构，把消费电子产品作为未来的增长点。

（三）市场环境与竞争分析

1. 相关经济政策

针对目前外需低迷、内需不振的局面，中央和地方政府推出了一系列拉动内需的举措，包括“家电下乡”、发放消费券等措施，同时十大产业振兴规划中也包括了一系列推动家电相关产业的技术创新、品牌建设、行业整合、完善法规方面的举措。

2. 跨区域家电连锁零售企业

作为中国市场连锁家电的领先企业，国美与苏宁通过近几年的高速扩张，已经在一、二线市场建立了完善的销售网络。2008 年中国城镇家电市场零售总额为 7781 亿元，而国美与苏宁当年的销售额之和为 2069. 3 亿元，占据了超过 1/4 的份额。未来，它们在巩固现有市场份额的同时将加大对二线以下市场网络建设的投入，自建门店和发展特许加盟都将是可能的选择。

3. 利基竞争者

与国美、苏宁这样的跨区域家电连锁企业不同，顺电和百思买则根据企业自身的情况和行业生态制定出了强调客户体验的经营策略，力图通过差异化经营吸引高端客户。在各自位于深圳与上海的门店基础上，开始尝试跨区域在北上广和部分一线市场的核心商圈开设新的门店。但是由于顺电与百思买采取的是买断经营的模式，虽然利润率较高，但是也导致了连锁企业自身的资金和库存风险上升，同时决定了其扩张速度不会太快。

4. 潜在的新竞争对手

金融危机导致全球消费市场持续低迷，一些国际家电连锁零售商也开始寻找新的增长点，计划开拓成长中的中国家电连锁零售市场。日本最大的家电连锁企业山田机电已经把进军中国市场的时间从 2010 年提前到 2009 年末；台湾地区最大的消费电子连锁零售商灿坤 3C 在撤离内地市场 3 年后，也计划于 2009 年二度“回归”内地市场；而欧洲最大的家电超市，麦德龙旗下的 Media Market 也携手富士康设立合资企业，准备进军中国家电连锁零售市场。

5. 兼并扩张活动活跃

近年来，国美电器借助兼并收购、快速扩张等方式完成了全国的网络布局，占据了家电零售销售额第一的位置，同时开始向 IT、通讯领域扩张。

表 9　　家电连锁企业重要并购事件

时间	并购方	被并购方	事件说明
2005.4	国美电器	黑天鹅、好易家、中商家电、金太阳	2005 年 4 月 2 日，国美与黑天鹅签约，一举兼并了中国家电连锁业排名第 8 的东北知名家电连锁企业黑天鹅。同年，国美还兼并了深圳好易家、武汉中商家电和常州金太阳等连锁企业
2006.5	百思买	五星电器	全球最大的家电连锁零售商百思买斥资 1.8 亿美元以 51% 的股权控股国内排名第四的五星电器
2006.7	国美电器	中国永乐	国美电器以 52.68 亿港元的“股票 + 现金”形式并购中国永乐
2007.8	国美电器	大中电器	国美电器以 36.5 亿元的价格，通过银行以及委托贷款给国内第三方得到了大中电器的独家管理和经营权
2007.9	国美电器	陕西蜂星电讯	国美电器完成对陕西蜂星电讯 22 家门店的收购，本次收购涉及资金 5000 万 ~ 8000 万元
2008.2	国美电器	三联商社	国美电器斥资 5.373 亿元间接控股山东龙脊岛建设有限公司，成为三联商社实际控股股东
2008.3	国美电器	大连迅点	国美电器旗下的国美通讯完成了对大连迅点通讯连锁公司的并购

经过一系列的并购之后，家电连锁零售初步形成国美、苏宁两强争夺一、二线市场，二线以下市场由区域型家电连锁零售企业主导的格局。

6. 替代渠道：网络购物

除了实体渠道，网络也逐渐成为消费者购买家电产品的重要渠道之一。近年来网络购物在全球方兴未艾，而中国的网络购物市场也快速成长。2008 年淘宝售出的商品数量排名中，前 15 名的商品类别里有 5 类是属于家电范畴的；中国最大 3C 网上零售商——京东商城的销售额从 2004 年的 1 千万元增长到 2008 年的 13 亿元，预计未来 5 年的销售额将达到 100 亿元；国美、苏宁这样的实体家电连锁企业的网上商城业务也已经初具规模。虽然发展迅速，但是中国的家电网购与成熟市场还存在一定差距，如百思买的网购业务收入已经占到其整体业务的 20%，而亚马逊 2008 年的销售额比 2007 年增长 29%，达到 190 亿美元。

7. 价值链上的竞争者

为了平衡渠道终端被家电连锁零售连锁企业控制的风险以及拓展二线以下市场，家电生产商曾一度致力于自有渠道的建设。面对当前出口下降和国内市场需求低迷，家电生产商再次加大了对自身渠道建设的投入，除了格力空调已经建立了近万家专卖店，美的、海尔也开始加大对二线以下市场渠道建设的投入。据中国证券报报道，海尔空调在 2009 年将斥资 1 亿元建设 1500 家海尔空调专卖店；美的董事会主席何享健则称，美的空调专卖店计划 2009 年达到 5000 家，远期目标是达到 10000 家。

（四）价值链分析

无论是使用家电连锁作为销售渠道还是由厂商自建专卖店，家电厂商与零售商的矛盾依然存在，从2004年格力与国美决裂到最近的格力经销商“反水事件”，都是由于零供双方争夺渠道控制权造成的。为此，双方都开始调整自身的经营策略，家电厂商对自建渠道的经销商提供更加优惠、合理的补贴措施；而一些大型家电连锁零售商也开始谋求与家电厂商在库存和账期上的合作，改进市场预测、提升管理水平，力图从采购驱动型向经营驱动型转变，寻求共赢。

随着家电连锁零售企业渠道建设重点向二线以下市场转移，以及更加注重现有门店效益的提升，家电连锁零售企业在价值链各个环节上管理能力的培养也被提上了议事日程。

目前，一些主要家电连锁零售企业基于已经形成的规模优势，采取全国集中统一采购的模式，同时自建区域分拨中心，为区域内的门店提供物流配送，大大降低了采购和物流成本。

在价值主张上，除了价格竞争，零售商开始关注服务和客户体验，针对不同消费群体的生活方式，提供以客户为中心的解决方案式的销售服务。在这方面，除了已经走上差异化经营道路的百思买和顺电，国美、苏宁等连锁巨头也开始尝试设立体验式卖场，如大中中塔店的新活馆以及苏宁所推动的“3C + 卖场”概念，由零售商自己的销售人员为顾客提供消费咨询服务。

在信息系统支持上，主要家电连锁零售商初步完成了ERP系统的实施，实现了物流和财务的信息化，提高了库存的可视度。但是业态整体的信息系统水平仍然有待提升。

三、发展趋势

市场稳步增长，行业集中度继续提升，内陆地区和二线以下市场成为新的增长点。

（一）家电连锁零售的新增长点

面对当前低迷的家电连锁零售市场，多数家电连锁零售商仍然对远期的市场前景保持乐观看法，但是对近期内的市场状况则抱谨慎态度。由于目前家电连锁零售企业的商品结构与经营模式导致其销售额与房地产行业景气度之间存在高度正相关性，而消费者信心不足使得房地产市场的前景仍不明朗，之前依靠门店扩张拉动增长的模式难以持续，零售商需要寻找新的增长点。

1. 二线以下市场

从地理市场区域的角度来看，除了来自已经相对成熟的一、二线市场的持续增长之外，未来家电市场的新增长点很可能来自包括农村在内的二线以下市场。2003年以来，农村市场家电销售额的年平均增长率达到惊人的27.97%，远远高于城镇同期的16.72%。

同时，农村市场仍然存在着巨大的需求潜力，虽然农村的人均家电消费额近几年有高速增长，但仍远远低于城镇水平，2008年农村人均家电消费为118元，而城镇为240元。城市中对家电的需求更多是出于更新换代的考虑，而在农村市场则仍然存在着大量的未满足需求。从下表可以看出，虽然近年来农村家庭的家电保有比率有很大提高，但是像电脑、空调等一些相对高端的家电产品的普及率仍然很低。

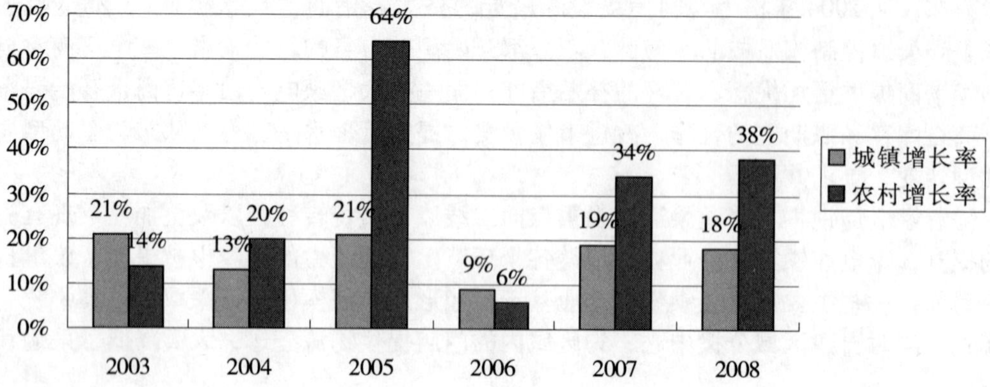

资料来源：Access Asia。

图 8　城乡家电零售额及增长对比

表 10　　农村家庭平均电器保有率

产品	2001	2002	2003	2004	2005	2006	2007
移动电话	8.06%	13.67%	23.68%	34.72%	50.24%	62.05%	77.84%
电脑	0.69%	1.1%	1.42%	1.9%	2.1%	2.73%	3.68%
空调	1.7%	2.29%	3.45%	4.7%	6.4%	7.28%	8.54%
抽油烟机	3.15%	3.58%	4.11%	4.81%	5.98%	7.03%	8.14%
电话	34.11%	40.77%	49.06%	54.54%	58.37%	64.09%	68.36%
冰箱	13.59%	14.83%	15.89%	17.75%	20.1%	22.48%	26.12%
高保真音响	8.67%	9.73%	10.46%	11.48%	13%	14.29%	15.56%
彩色电视机	54.41%	60.45%	67.8%	75.09%	84.08%	89.43%	94.38%
洗衣机	29.94%	31.8%	34.27%	37.32%	40.2%	42.98%	45.94%
照相机	3.23%	3.34%	3.36%	3.68%	4.05%	4.18%	4.3%
黑白电视机	50.74%	48.14%	42.8%	37.92%	21.77%	17.45%	12.14%

资料来源：Access Asia。

另外，数据显示人均收入每增加 1000 元，农村居民在家电产品上的消费就增加 30.1 元，远远高于城镇居民的 9.9 元。这也说明农村的家电产品市场仍然拥有巨大的潜力。

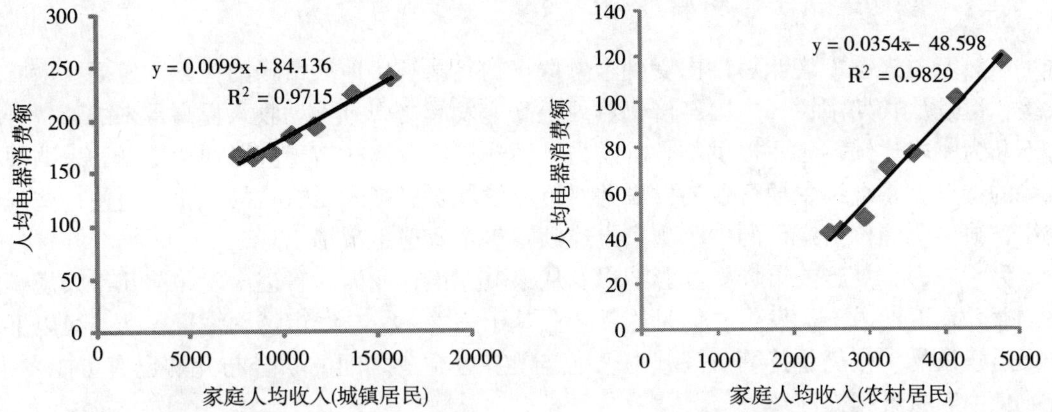

注：回归分析样本为2002年至2008年城镇居民收入、农村居民收入和人均电器消费数值。

资料来源：Access Asia，德勤分析。

图9　人均收入与人均电器消费回归关系

2. 消费电子产品

在经营产品构成上，连锁家电将逐步提升消费电子产品的比重。近年来随着人均可支配收入的不断提升，家电消费也不断增长。白色家电产品消费占非食品类消费中的份额近年来基本稳定在6%~7%之间，而包括移动电话、电脑在内的消费电子产品占非食品类消费比例则高达16%~18%。同时，消费电子产品的生命周期也比白色家电更短，产品的更新速度更快，吸引消费者不断地购买新产品。新产品和高端产品的销售比例快速增长，与此同时，过时的电子产品则呈现负增长，逐步淡出市场。

根据国美和苏宁2005年以来的产品销售收入构成来看，包括彩电、音响、数码、IT产品在内的消费电子产品所占的份额稳步上升，而冰箱、洗衣机、空调等白色家电的比例略有下降，小家电产品的比例也在提高。

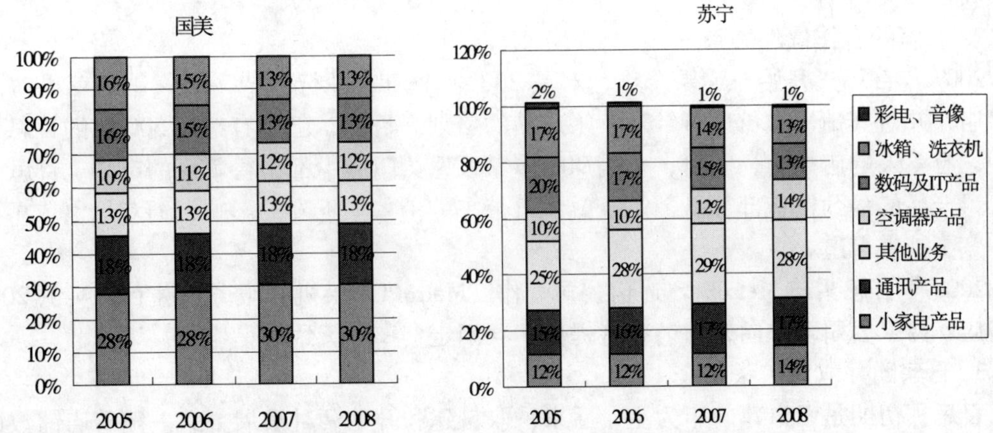

资料来源：Access Asia，德勤分析。

图10　家电连锁零售企业产品/服务销售收入构成比例

（二）家电连锁零售发展态势

虽然家电连锁零售业短期内受到金融危机的冲击和房地产市场的拖累，发展速度有所减缓，但是从长期来说，中国经济仍然处于高速发展之中，人均收入提高带来的消费升级将不断为家电连锁零售业提供增长的动力。而连锁经营模式由于其可快速复制和采购规模优势的特点，将继续主导行业的发展并对行业发展态势带来压迫式的变化，迫使一些规模较小，缺乏明确价值定位的中小型家电连锁零售企业退出市场。

另一方面，受当前市场状况影响以及从家电连锁企业内部管理出发，前几年大规模的收购兼并在近期内不会发生。但是连锁企业基于完善一、二线市场网络覆盖和二线以下市场渠道建设的扩张仍将持续，区域内家电连锁零售企业之间的联合与并购也有可能发生，行业集中度将继续提高。

（三）国际家电连锁零售企业的最佳实践

2008 年 11 月 11 日，美国第二大电器零售商电路城（Circuit City）提交破产保护申请。而同时其主要竞争对手百思买（Best Buy）却趁机扩大市场份额，蚕食电路城退出所形成的市场空白。后起之秀百思买是如何超越昔日美国电器零售市场的霸主并在竞争中胜出的呢？

1. 稳健的产品组合

多年以来，百思买的产品/服务构成主要包括家电、消费电子产品、家庭办公产品、娱乐软件和服务，除了家电的比例逐步从 10% 以上降低到 5% 以外，其他产品的销售额构成比例没有发生大的变化。服务收入逐步上升，2008 年占销售收入的 6%。

同时，百思买还通过并购来获得提供增值服务的能力：

——2003 年并购提供民用和商用的电脑支持服务的 Geek Squad，进一步增强向顾客提供技术支持服务的能力；

——2009 年并购在线数字音乐服务供应商 Napster，通过为移动平台提供增值服务来增加收入。

2. 双赢的合作伙伴关系

2007 年百思买开始与苹果合作，对其 200 多个门店进行改造，引入销售苹果产品的店中店，并对其销售人员进行针对苹果产品的培训。目前，已经有超过 500 家的百思买门店中设有苹果的店中店，同时，全美 900 多家百思买门店中都销售苹果的产品。百思买依靠苹果产品的强劲销售部分抵消了金融危机带来的销售额下降的影响，而苹果也依靠百思买拓宽了销售渠道。

2008 年百思买与 MetroPCS 通信公司合作，MetroPCS 手机和服务进驻百思买的 200 多家门店，两家公司合作向来店消费者提供一项固定费率的无线通信服务。

3. 自建购并双向扩张

百思买初期是以自建门店为主，后来采取自建和并购两种发展方式。随着店铺数快速增加，百思买的规模不断提升，从 1997 年仅有 284 家门店，到 2008 年的 1314 家，位居全球零售商排名第 24 位。

——2000 年并购拥有 13 间门店的专业影音器材零售商 Magnolia Hi - Fi；

——2001年，百思买并购加拿大家电零售企业Future Shop，获得其在加拿大的83间门店，并标志着百思买进入美国以外的市场；

——2006年，百思买并购当时全美第10大家电零售商Pacific Sales，该公司在南加州设有14间门店；

——2006年，百思买获得拥有135间门店的中国五星电器控股权，2009年，全资控股五星电器；

——2008年，百思买与英国的Carphone Warehouse成立合资公司，获得其在美国和欧洲的2400间门店。

百思买的销售额与店铺面积成正比，增大单体面积和多开店铺是销售额提高的有效方法。单体面积不可能无限制地扩大。因为商店有自己限制的商圈，单体的面积扩得再大，商圈面积并不会随着单体面积的扩大而变得很大。而多店铺发展则会使商圈扩大，从而使销售额增加。

4. 整合的跨渠道购物体验

跨渠道购物消费模式正迅猛发展。消费者正逐渐使用两种或更多的渠道与零售商取得联系，并对其销售的产品进行了解、调查、评估，或处理产品的购买、维修、退货等事宜。

——打开百思买的网站，你很容易就能找到各种产品的购买指导。在家电、计算机、数码等板块下都有独立的研究中心，为消费者提供系统化的方案建议。

——要是买了新房，或者需要重新装修房子，你可以走进百思买的概念店，很容易地找到GeekSquad的服务咨询专家，帮你拟定家庭娱乐中心布线、安装和应用方案。

——只需花150美元标准咨询费，专家就会去顾客家里登门拜访，现场制定方案。当你最终决定在百思买采购，咨询费将冲账免除。

5. 领先的客户体验管理

百思买的“顾客中心战略”强调体验经济的商业力量和细节化服务的重要性，并将提升客户体验的具体措施落实在运营管理的每个环节之中。

百思买通过调查得知，顾客购买家电产品最关注的三个要素是：亲切可信赖的导购员，快速购物，售后服务等。因此，百思买的导购员区别于中国厂商派到卖场的销售代表，他们不进行推销活动，只进行服务活动，在顾客需要时出现，回答顾客询问。这样做可以大大减少导购人员，同时提高了服务的标准化程度。

百思买根据地域进行人口构成研究，并依据调研结果确定在当地设立的商店类型，称作定制化商店。百思买将其客户群分为五种典型类型，包括富有专业人士、先驱型消费者、家居型男人、家庭主妇、中小企业主等，对客户群加以简化并清晰化，百思买的商店类型将配合五种客户群“度身订做”，而非一味追求效率和统一的复制模式。

（中国连锁经营协会）

2008—2009 年度便利店行业经营状况分析报告

一、发展概要

根据《中国连锁零售企业经营状况分析报告（2008—2009）》，2008—2009 年便利店呈现高速发展态势，但市场有待持续培养。

（一）业态成长

便利店是一种对社会经济环境和居民收入要求较高的零售业态，在我国发展较晚，直到 1995 年才正式进驻中国。2003 年以来，随着我国经济的高速发展和居民收入的提高，便利店业态进入了高速发展阶段。统计资料显示，我国便利店门店数从 2003 年的不到 4500 家增长到 2008 年的接近 22000 家，年均复合增长率达到 37%；销售额由 2003 年的 67 亿元增长到 2008 年的 318 亿元，年均复合增长率也达 37%。其中，加盟店铺的增长速度明显高于直营店铺。数据有效期间内，加盟店的门店和销售额年平均增长率分别达到 73% 和 45%，如下图所示[①]：

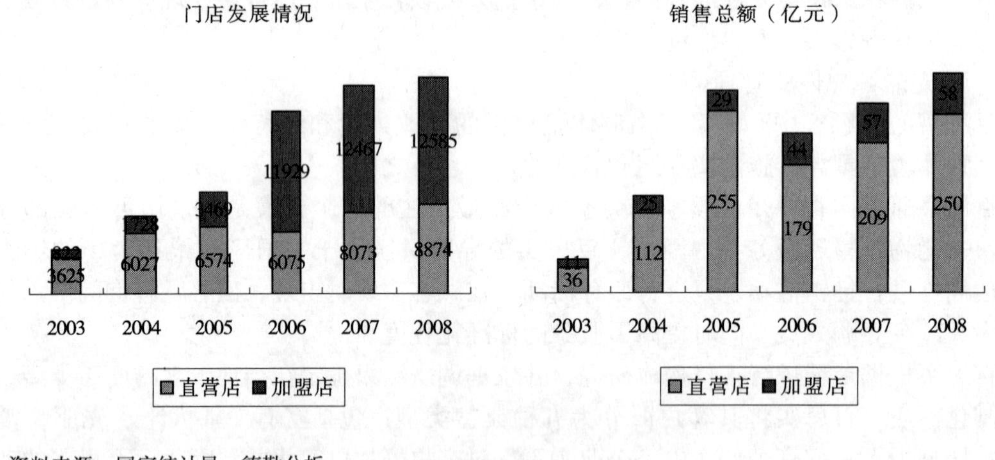

资料来源：国家统计局，德勤分析。

图 1　便利店门店和销售总额增长情况

虽然我国便利店一直保持较快的发展速度，但便利店经营效率变化并不明显。2002 ~ 2007 年，我国便利店人效稳步增长，坪效变化不大。相比之下，直营店的单店年销售额、坪效、人效等指标均高于加盟店。加盟店管理仍不成熟、新加盟店培育期较长等因素是导

① 2007 年之前的数据来源于国家统计局，2008 年数据由德勤分析估算得到。

致加盟店平均表现较差的主要因素。

2008 年参与 CCFA 调查的零售连锁企业中，有 10 家以便利店为主业。这 10 家企业共拥有门店 9718 个，2008 年实现销售 101.5 亿元。

表 1　　样本企业经营情况（2008）

企业名称	销售额（亿元）	门店数量（个）
好德／可的	38.0	2600
联华快客	15.9	1957
上海良友金伴便利连锁有限公司	14.4	560
东莞市糖酒集团美宜佳便利店有限公司	14.1	2000
河北国大连锁商业有限公司	7.6	600
山西金虎便利连锁有限公司	6.9	783
东莞市喜洋洋便利店有限公司	2.1	380
东莞市星瀚商贸有限公司	2.0	813
沈阳信盟商业广场有限公司	0.5	25

资料来源：中国连锁经营协会。联华超市有限公司 2008 年年报，其中可的便利店于 2008 年并入农工商，与好德成为兄弟品牌。

（二）样本企业经营情况

1. 样本基本情况

在所有回收的调查表中，经营便利店业态的连锁企业为 66 家，共经营约 26000 家便利店。这些企业绝大部分为多业态经营，以便利店为主力业态的企业约占样本企业的 20%。

本节选取 8 家以便利店业态为主业的企业为样本进行分析，这 8 家样本企业共经营约 6100 家便利店。

从企业销售规模来看，销售额①在 20 亿元的企业占到全部企业的 12.5%，销售额在 10 亿～20 亿元的企业占 25%，其余企业 2008 年销售额不足 10 亿元。

① 该销售额指被访企业集团的销售额，可能同时包括该企业集团百货、便利店等其他业态的销售额。

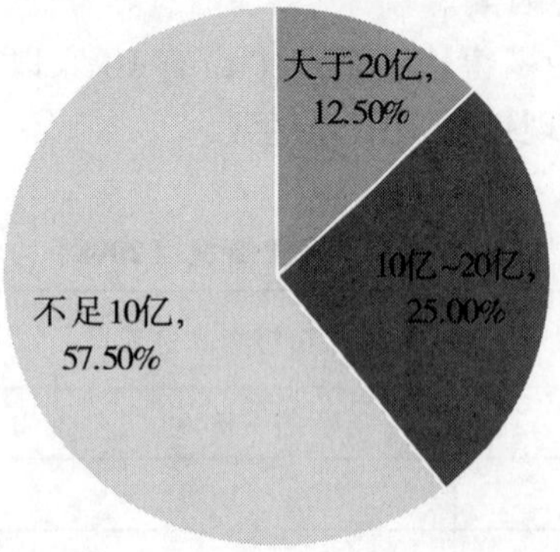

图 2　样本企业销售情况（2008）

2. 平均规模

8 家样本公司经营规模情况如表 2 所示。

表 2　样本企业平均经营规模

项目	销售额（亿元）	门店数量（个）	营业面积（万平方米）	员工数量（人）
2008 年	8.9	765	5.7	4069
2007 年	8.0	551	3.4	2866
增幅	10.8%	38.7%	65.7%	42%

由于加盟店的快速发展，样本企业门店数量、营业面积和员工数量扩张迅速，但销售额并未随之大幅增长。个别企业甚至出现门店、营业面积增长但销售额下降的情况。

3. 经营效率

由于样本企业销售收入增幅不及营业面积和员工数量的增幅，因此其人效和坪效有所下降。

表 3　样本企业人效和坪效

项目	人效（万元/人・年）	坪效（万元/平方米・年）
2008 年	21.9	1.57
2007 年	28.1	2.35
增幅	-22%	-33%

4. 费用情况

2008 年样本企业的租金、员工工资和水电费的增长幅度均超过销售额的增幅，这也导致了总体费用率从 2007 年的 11.8% 增长到 2008 年的 13.3%。就 2008 年数据而言，员工工资占企业费用支出的比例最高，其费用率接近 5%；租金费用率次之，也超过了销售额的 4%。

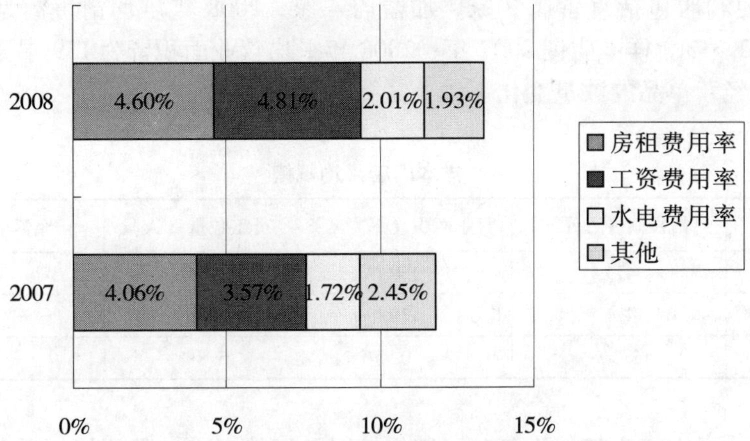

图 3　样本企业费用构成（2008）

5. 赢利情况

除 2 家企业毛利率保持不变外，其余 6 家样本企业的毛利率均有提高，最高一家企业的毛利率提高了 1.5 个百分点。

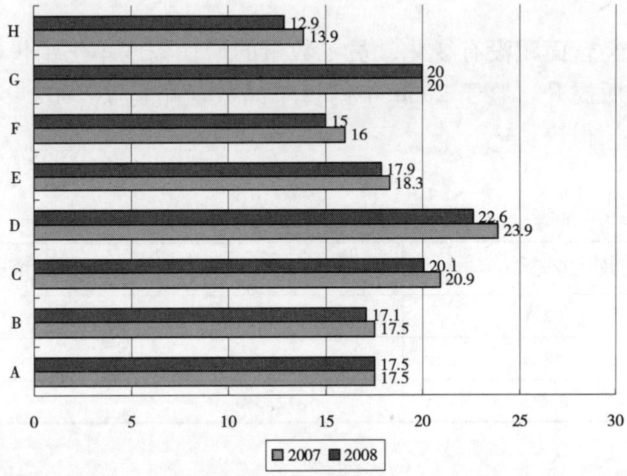

资料来源：国家统计局，德勤分析。

图 4　样本企业毛利率比较（%）

（三）样本门店情况

1. 样本基本情况

根据调查取得的门店数据，本节将对 13 家便利店组成的样本进行店铺情况分析。

2. 平均规模

13 家门店中最早的一家于 1994 年开业，最晚为 2006 年开业。从地理分布来看，有 5

家门店位于华北地区，2 家位于西北，其余来自华东和华南地区。

这 13 家便利店包括直营店 9 家、加盟店 4 家，2008 年店均销售额为 473 万元，比 2007 年增长 12.3%。样本店铺 2007 年、2008 年平均营业面积皆为 139 平方米，员工数量略有提高，但经营单品的数量变化不大。

表 4　　样本门店平均规模

项目	销售额（万元）	营业面积（平方米）	员工数量（人）	经营单品数量（个）
2008 年	473	139	9.1	2614
2007 年	421	139	8.6	2624
增幅	12.3%	0	5.8%	-0.4%

由于填报的样本门店基本为各公司销售情况最好的门店，因此其各项表现均优于行业平均。以销售为例，样本门店的日均销售额达到 1.3 万元。

2008 年，样本店铺的销售仍保持了两位数的增长，但增幅低于 2008 年社会消费品零售总额 19% 的增速。考虑到 2008 年我国 5.9% 的 CPI 和 14.3% 的食品价格上涨，样本门店的实际销售增幅有限。究其原因，应该是行业新进入者和其他零售企业引致的竞争造成的。

3. 经营效率

由于样本店铺经营面积没有变化、员工数量的增长幅度小于销售额的增幅，因此门店的坪效和人效均有所提升。鉴于 2008 年销售单品数量略低于 2007 年，因此 2008 年单品的平均销售额也增长很快。

表 5　　样本门店经营效率

项目	人效（万元/人·年）	坪效（万元/平方米·年）	单品销售额（万元）
2008 年	52.1	3.4	0.18
2007 年	48.9	3.0	0.16
增幅	6.6%	12.3%	12.7%

销售额可以用交易次数乘以客单价来计算，2008 年店铺的销售额增长主要来源于客单价的增长，日均交易次数反而有所下降。来客数的减少可能源自行业竞争和金融危机的双重影响。

表 6　　样本门店平均日交易次数和客单价

项目	平均日交易次数（次）	客单价（元）
2008 年	758	16.2
2007 年	779	14.6
增幅	-2.7%	11.1%

4. 费用情况

样本门店的费用总额比前一年增长了4.5%，其中平均工资增长了5.1%。由于该项费用的增幅均高于费用总额增幅，可知其他费用增长幅度较小，这与我们的预期是一致的——随着门店经营时间的延长，其管理水平会不断上升，管理费用则会下降。店铺支付人均工资约为15615元/年，扣除支付养老保险等因素，便利店员工平均收入低于我国城镇居民可支配收入15781元/年，其工资增幅5.1%低于8.4%的人均可支配收入增幅。

表7　　样本门店费用情况

项目	费用总额（万元）	月平均工资（元/人）	单位面积租金（元/日·平方米）
2008年	41.7	1301	2.2
2007年	39.9	1238	1.8
增幅	4.5%	5.1%	23.5%

5. 赢利情况

从利润情况来看，13家店的平均毛利率为15.84%，与2007年的15.35%基本持平。其中最高为21%，最低为9%。

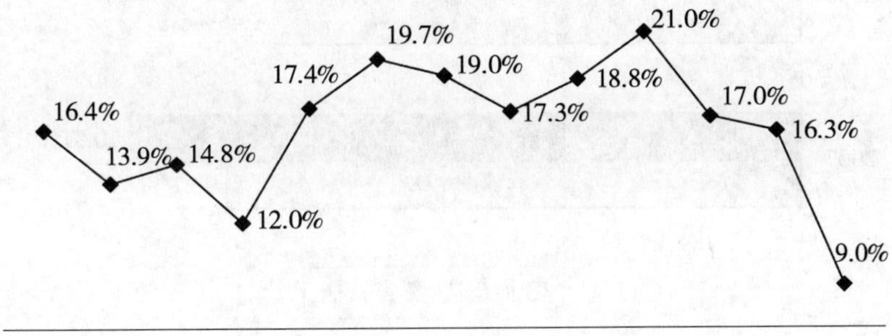

图5　样本门店毛利率情况（2008）

2008年13家样本店铺的统一配送率为87%，比2007年的84%有所提高。其中只有5家实现了100%统一配送，而个别门店的配送率还不足60%。

6. 直营店与加盟店的比较

13家样本中有9家为直营店，4家为加盟店。调查数据显示，直营店的经营毛利不如加盟店。

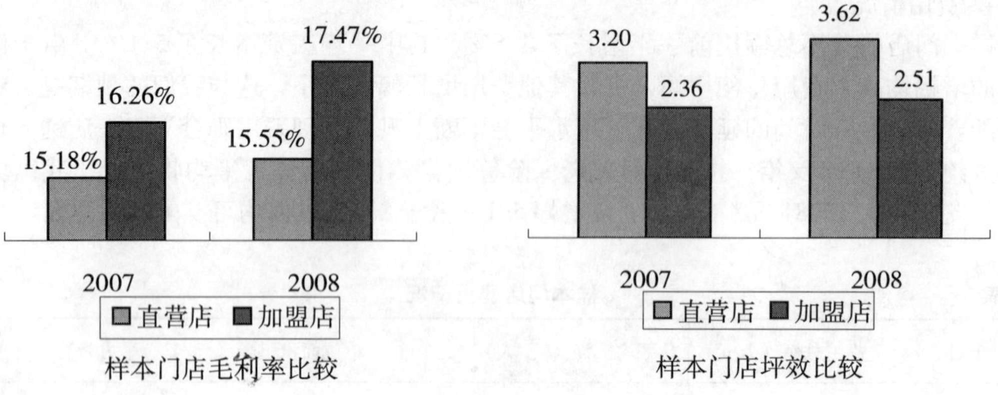

图 6　样本直营店和加盟店经营效率比较

从费用率（总费用/销售收入）来看，直营店和加盟店的费用比例都在下降，但直营店经营效率提高更明显，绝对费用率也更低。

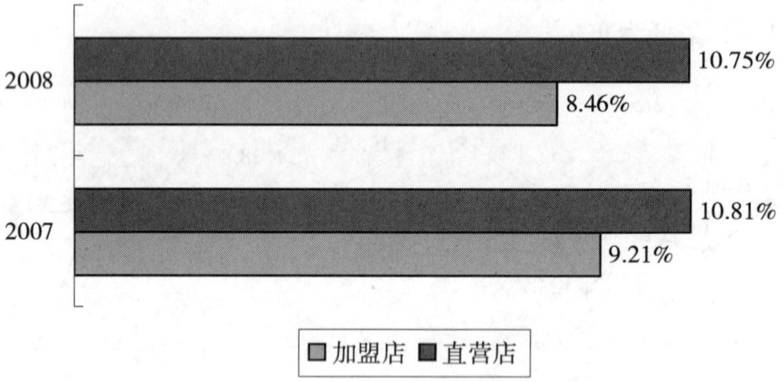

图 7　样本门店费用情况

7. 不同面积便利店比较

根据我国《业态分类标准》规定，便利店业态的营业面积为 100 平方米左右，视其所在商圈情况适当调整。据此，我们按经营面积是否达到 100 平方米把样本分为两类，进而比较面积较大的便利店与相对较小的店铺之差异。如此分类后，面积小于等于 100 平方米的样本有 7 家，平均面积为 73 平方米；面积超过 100 平方米的有 6 家，平均面积为 217 平方米。

由于店铺面积差距，较大便利店的销售和来客数明显好于较小的便利店，但其客单价却相对较低。从经营效率上看，小便利店的坪效和毛利率优势明显，但管理费用率也比较高。

表 8　不同面积便利店基本情况比较

项目	销售额（万元）			日均交易次数（次）			客单价（元）		
	2007	2008	增幅	2007	2008	增幅	2007	2008	增幅
≤100m²	225	266	18.2%	508	540	6.3%	15.29	16.35	6.9%
>100m²	650	715	10.0%	1095	1012	7.6%	13.81	16.08	16.4%

表 9　不同面积便利店经营效率比较

项目	坪效（万元/m²）			毛利率			费用率		
	2007	2008	增幅	2007	2008	增幅	2007	2008	增幅
≤100m²	3.10	3.65	17.9%	17.6%	18.0%	2.2%	11.6%	10.5%	9.5%
>100m²	3.00	3.30	10.0%	14.4%	14.9%	3.2%	8.6%	8.1%	6.1%

（四）市场份额

由于我国便利店跨区域品牌较少，地方割据状况严重，因此我国便利店市场集中度不高。由于多数便利店企业属于未上市企业或某集团下属企业，因此其财务数据并不公开。本节中，我们仅以便利店的门店数量为基础，计算各品牌的市场份额和我国便利店市场的集中程度：

——2008 年，便利店门店数超过全国门店总数的 3% 的企业共有 12 家，上述企业共拥有全国 60% 以上的便利店门店；

——内资品牌占据主导地位，规模较大企业除 7－11 外均为内资品牌；

——除 7－11 和快客属于跨区域企业外，多数企业只局限在一个区域开展业务。如可的、好德、苏果的业务集中在华东地区；美宜家、天福和上好便利的业务集中在华南地区；利群和维客集中在山东省经营；金虎便利的门店都在山西省；国大 36524 则位居河北。

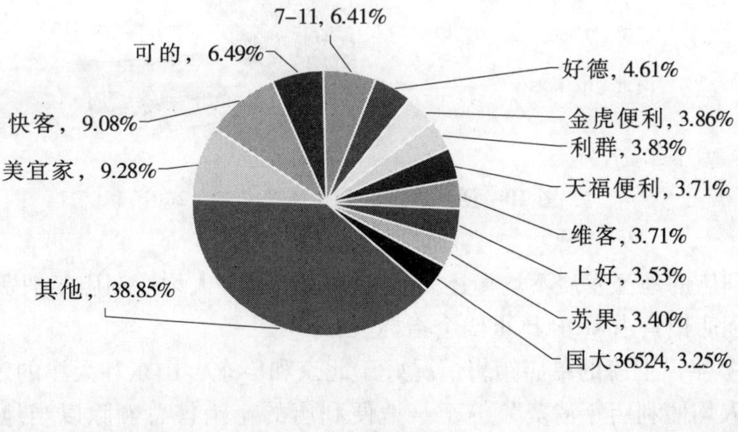

资料来源：各公司网站，德勤分析。

图 8　便利店门店集中情况（2008）

（五）市场区隔

1. 便利店发展并不均衡

便利店业态是经济发展到一定阶段的产物，因此在我国，并不是每个省市都有便利店。国家统计局的数字显示，截至 2007 年年底，我国共有 21 个省市份有便利店业态经营，其中浙江省门店数最多，为4776 家；最少的安徽省只有 14 家门店。其中，浙江和上海两地的门店数占全国门店数总额的一半以上。

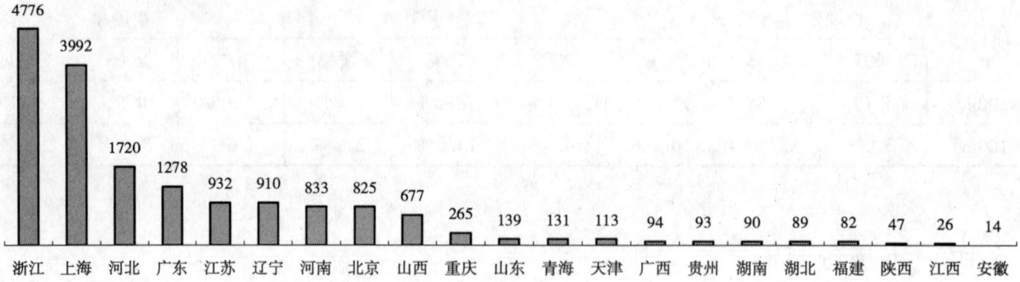

资料来源：国家统计局。

图 9　便利店地区分布情况（一，2007）

2007 年上海一地的销售额占全国便利店销售的一半以上，浙江、广东、北京紧随其后。

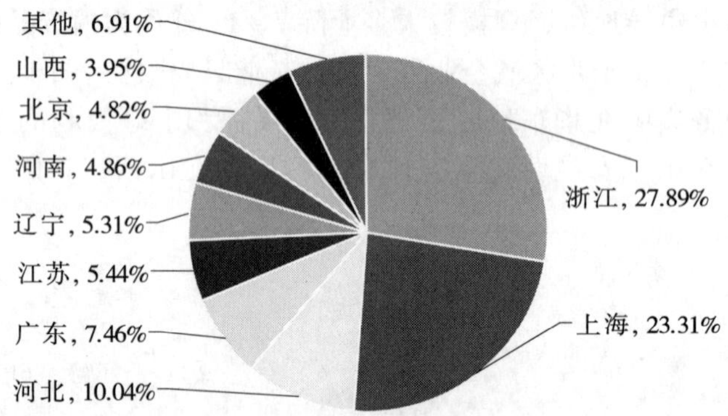

资料来源：国家统计局。

图 10　便利店地区分布情况（二，2007）

我国便利店的地区发展不均衡还表现在单店销售、人均便利店年消费、百万人口拥有门店数和便利店销售占 GDP 比重四个指标上：

——2007 年，上海的单店销售情况好于北京和广东，山东和天津的表现也十分突出；

——“人均便利店年消费”等于某地便利店的年销售总额除以当地的人口数，这个指标可以用于衡量当地消费者对便利店的接受情况；

——“百万人口拥有门店数”是一个衡量店铺密度的指标；“便利店销售占 GDP 比

重”则用来表示便利店深度。

根据“年人均消费”、“便利店销售占 GDP 比重”和“百万人口拥有门店数”，上海、北京、浙江等省便利店发展领先全国其他地区。

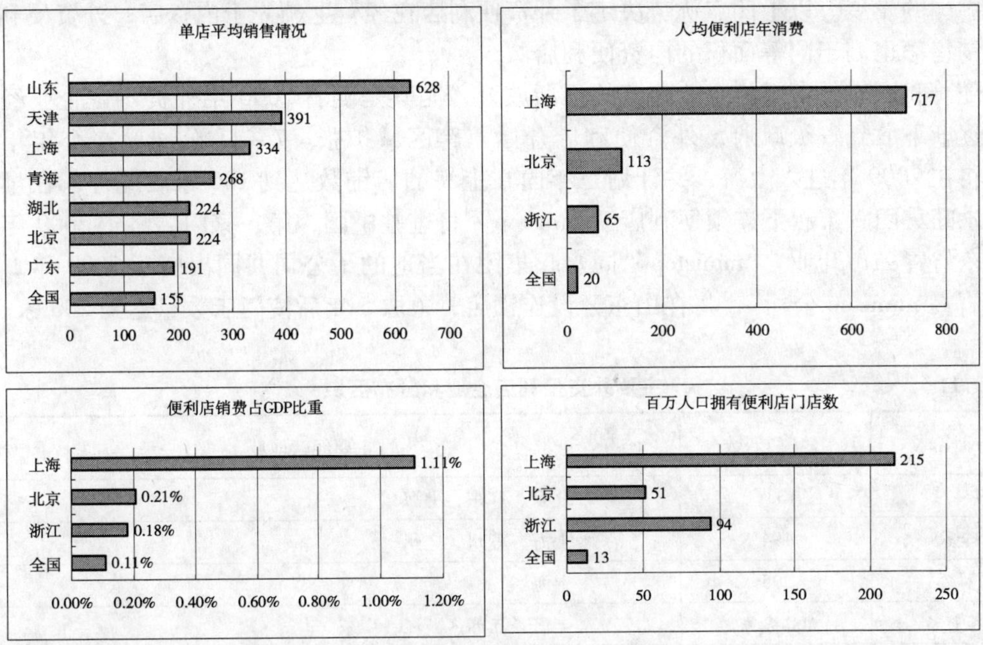

资料来源：国家统计局，德勤分析。

图 11　部分省市便利店发展情况（2007）

2. 便利店的分类与经营情况

与连锁超市类似，在我国经营的便利店企业也可以分为外资品牌便利店企业、内资品牌跨区域便利店企业和内资品牌区域型便利店企业三类。各类型的代表性便利店企业如表 10 所示。

表 10　　便利店代表性企业

便利店类型	主要企业
外资便利店	7-11、全家、罗森、喜士多、OK 便利
跨区域便利店	联华快客
区域型便利店	可的、好德、物美便利、良友金伴、美宜家、苏果便利、上好便利

3. 外资品牌便利店在我国发展情况

虽然外资便利店进入我国已经超过了 15 年的时间，但至今它们在店铺数量和市场份额上仍落后于内资便利店。截至 2008 年年底，我国便利店门店总数已经超过 20000 家，而外资门店仅占其中十分之一左右。除个别企业外，进入我国的外资便利店主要布局在珠三角、长三角地区，以上海、广州为中心，向附近经济发达城市辐射。

虽然门店数量发展不快，但与内资便利店相比，外资便利店的优势明显：首先，外资便利店在物流、信息系统上有明显优势；其次，外资便利店的服务水平高于内资；第三，外资便利店通常有母公司给予的充足资金保证；最后，外资便利店多年的运营经验有助于其在中国的发展。以上四点优势决定了外资便利店在经营上领先于内资店，外资便利店的单店销售额也高于同等面积的内资便利店。

随着我国对外资零售企业经营的逐渐放开，尤其是随着 2006 年外资零售企业经营审批权逐渐下放到省级政府，外资便利店开始了跨区域扩张。7－11 公司就在今年年初宣布，将在 2009 年进入上海，并计划三年内在上海的店铺数达到 100 家。此外，在早些时候，永旺集团宣布旗下连锁便利店“ministop”将进驻中国，第一家门店将于 2009 年夏季在山东省青岛市开业。“ministop”同永旺集团在当地的子公司共同出资于 2009 年 1 月成立“青岛 ministop 公司”，将在山东开设连锁店，争取 5 年后使门店数量达到 200 家。

表 11　　主要外资便利店企业和分布区域

企业名称	在华门店数	主要经营地域
7－11	1381	北京、广东、上海
全家	194	上海、苏州、广州
罗森	295	上海
喜士多	600 余家	上海、江苏、浙江、广东
OK 便利	94	广东

4. 跨区域便利店的发展情况

由于我国便利店起步较晚、地区需求不平衡等因素，加之跨区发展带来的法律、税收、物流等一系列问题，因此绝大多数便利店仍集中在单一区域发展，跨区域便利店较少。

联华超市股份有限公司旗下的快客便利是门店数量最多的跨区域便利店。年报数据显示，截至 2008 年年底，快客便利在北京、上海、江苏、浙江、辽宁 5 省市经营 1957 家门店。2008 年，快客便利共实现收入 15.9 亿元，同比增长 4.4%；毛利率和综合收益率分别达到 15.58% 和 23.22%，并实现经营利润 2657 万元，同比 2007 年增长 8.82%。

区域化集中发展是快客便利的网点发展策略，这也符合中国市场分散、供应链体系薄弱的实情。在上海和杭州地区，快客便利的店铺数位居当地同业首位，以这两个城市为核心的长江三角洲地区是快客深耕之地，强大的物流配送和信息系统支撑着这一区域的进一步发展。区域集中发展的另一个典型例子就是大连市的快客便利，集中开设门店以及不断的经营提升已经积聚起规模优势，增长势头良好，其 2008 年的同店销售增长幅度已达 10% 以上。

5. 区域型便利店发展情况

华东、华南是我国便利店业态较为发达的地区，诸多区域型便利店企业均将总部设在上海、东莞等地，并以其为中心向附近省市辐射。其中，以上海的可的便利、好德便利、良友金伴便利，东莞的美宜家便利发展最为迅速。

上海可的便利店有限公司成立于 1996 年，现属农工商超市（集团）有限公司旗下的控股子公司，拥有便利店 1200 余家，门店分布在上海、江苏、浙江等地的 20 多个城市，年销售额约 30 亿元。

美宜佳便利店有限公司是广东省东莞市糖酒集团控股的连锁商业流通企业，拥有遍布广东 10 个主要城市的超过 2000 家便利店门店。2008 年，美宜家的营业收入超过 14 亿元，毛利率和净利率分别超过了 20% 和 5%。

除华东、华南地区外，在我国其他经济发达的省份也逐渐涌现出地方品牌的便利店，部分企业已经形成了相当大的市场规模。山东的维客便利（800 家门店），山西的金虎便利（832 家门店）和唐久便利（909 家门店），河南的左右间便利（300 家门店），河北的 36524 便利（700 家门店）和辽宁的每之购便利（358 家门店）虽然经营范围只限于一个省份，但门店扩张迅速，区域型领先特性开始显现。

（六）渠道渗透

由于收入水平和消费习惯等因素的差异，便利店在我国不同城市的发展很不均衡：

一线市场的居民收入比较高，便利店业态也很发达。内资品牌和外资品牌竞争激烈，店铺密度也比较高。其中，上海、东莞等地的市场需求最大，市场也比较成熟；北京、广州等地区由于消费习惯、消费者结构或城市规划等原因，便利店业态发展不如上海和东莞，市场潜力较大。

在二线市场经营的便利店以内资便利店为主。这些地区居民收入明显低于一线市场，便利店业态刚刚开始萌芽，很多便利店是由传统的杂货店转变过来，部分知名品牌便利店进驻了其中较发达地区，但店铺数量较少，进驻的目的是看好当地未来的市场前景，提前抢占发达地段的门店。

二线以下市场没有或只有较少的便利店经营，人均收入和生活消费习惯等因素也导致便利店需求较少，短期内市场不会出现快速增长。

表 12　　便利店的市场区隔

市场		概述
一线市场	都会城市	* 内资便利店占据门店数量上的绝对优势，外资便利店的服务和产品开发能力强 * 外资便利店扩张力度加大，导致其市场份额增加 * 服务竞争为主，品牌忠诚度不断提高 * 市场规模增速超过门店数量增速，重点地段的门店基本被占据
	大城市	* 区域型品牌为主要市场参与者 * 门店数量和市场规模增幅较快 * 服务竞争为主，品牌忠诚度不断提高 * 重点商圈（写字楼、学校）将出现多门店竞争情况 * 外资便利店开始进入
	经济发达城市	* 市场规模和便利店数量增长较快 * 内资品牌占市场主导地位，外资便利店形成一定规模 * 服务竞争为主，品牌忠诚度不断提高 * 短期受金融危机影响较大，长期市场潜力大

续表

市场		概述
二线市场	中小城市	* 以当地品牌为主，没有跨区域品牌进入 * 居民收入不高，便利店生存空间小

二、市场环境分析

便利店业态受金融危机冲击较大，市场竞争日趋激烈。

（一）金融危机的短期影响

自2008年下半年起，全球金融危机对实体经济冲击的效应逐渐显现，经济增长速度明显放慢，全年经济增速为过往七年来最低。受股市、房地产市场下跌、企业盈利下降的影响，居民对未来收入预期下降。金融危机对各个行业都造成了沉重冲击。

作为零售业态之一，便利店业态自然也受到了经济环境的冲击，但是不同区域，目标客户不同的便利店受到的影响也不尽相同：

1. 从地理区域来看：以外向型经济为主导的华南地区受到金融海啸的冲击最大，具体分析前文已提到，此处不再赘述。

2. 从店铺位置来看：位于医院、学校的门店受影响最小，交通要道和住宅区次之，位于商务办公区和娱乐区的便利店销售较差。

综合本次调查的门店数据和对业内人事的访谈，我们了解到，便利店销售的减少主要源于来客量的减少，而客单价却保持稳步提高。这也验证了我们前面的结论，在商业区等顾客数量波动较大的地区，便利店受影响大；在医院、学校等顾客数量稳定的地区，便利店销售情况较好。

（二）企业的应对措施

为了应对当前金融危机给行业带来的冲击，便利店企业从经营和管理两方面着手，节约开支、拓宽业务范围、提高经营效率。

1. 在管理方面，内资便利店采取更为谨慎的策略：

——保持充足的现金流量是多数集团的首选策略，这不但为集团经营提供充足的缓冲，更有利于企业把握经济减速带来的市场机会。

——严格的支出控制政策必不可少，费用控制常被精细到门店层面。

——治理结构调整势在必行。多数内资品牌都有国企背景，缺乏现代的公司治理结构。部门多、层级多带来的不仅是管理费用的上升，更重要的是经营效率的下降。

——为了提高效率，部分企业选择关闭经营不善或难于管理的门店。

2. 在经营方面，产品和服务不断创新成为主流：

——便利店充分利用网点优势，尝试渗透到金融零售业。如上海部分便利店设置的“银联智能支付终端”，就可以帮助消费者还款和缴费。

——扩大业务范围，开展百货产品预购业务。与厂家联营和无需占用销售空间保证了便利店预购业务的低经营成本，其预购价格一般低于其他业态的零售价格。

——应对当前经济情况，开发低价产品。如针对写字楼职员的盒餐等。

（三）市场环境与竞争分析

超市和传统零售渠道是便利店的最主要竞争对手。便利店发源于美国，其业态独立的主要原因是超市的大型化和郊区化，便利店作为零售业的利基市场，填补了消费者日常紧急需求的空白。在我国大部分地区，各种规模的超市和传统杂货店遍布主要人流集中区。这些商店虽然提供的服务不如便利店全面周到、消费环境也比较差，但其通过价格优势牢牢地抓住了一部分价格弹性较高的消费者，其比较全的商品品类也更适应我国居民的消费习惯。2007 年，我国超市的销售额是便利店的 15 倍，成为居民消费最主要的现代渠道，这些商店构成了便利店的主要竞争对手。

便利店业态的参与者飞速增长。近几年来，我国便利店门店以年均 40% 的速度增长，加盟店的发展速度是行业发展速度的两倍，这都得益于便利店企业对加盟店的日益重视和优厚的加盟政策。

——对于便利店企业而言，加盟门店不但可以提供稳定的现金流收入，而且大大简化了企业的日常管理，刺激了门店收入，更有利于提高企业现有物流和信息系统的使用效率；

——对于加盟者而言，加盟便利店的门槛较低，不需要特殊的专业技能，开店资金需求也不多。便利店企业为加盟商提供全面的服务，包括物流、信息技术、培训、供货、财会支持等，此外，一般还提供融资服务。这些优厚的条件吸引了大批加盟商进入市场。

除了加盟商不断进入便利店市场，国外的知名便利店公司也看好国内的市场，开始进入中国市场并不断扩大自己的版图。前文提到的 7－11 在上海开店、ministop 进入青岛都是很好的例证。

受到内、外资企业加速发展的双重影响，我国部分地区的便利店已经基本饱和。以上海为例，2008 年年底，在上海经营的便利店约有 5000 家左右，以常驻人口 1888 万计算，网点密度约 3777 人/店。根据新华社台北分社报道，2003 年台湾的便利店网点密度为 3357 人/店，日本的网点密度为 3421 人/店。考虑到上海与台北、日本在人均收入、物流网络等方面的差距，如果以网点密度为惟一指标，可以判断上海市场的便利店竞争激烈程度至少与日本和台湾持平。

为了应对激烈的同业竞争，与大型超市集团合并成为我国便利店发展的趋势之一。便利店企业与超市合并，或由超市集团发展自己的便利店业态，不但有利于降低采购的价格，还可以共享后台的物流、信息系统、财务和人事等功能。统一的品牌和标识也能吸引更多的顾客，有利于精确判断顾客的消费习惯以进行更精准的营销。

（四）价值链分析

1. 便利店对物流的需求高于其他零售业态

便利店的经营特点决定了其采购和物流的特殊性：

——便利店营业面积小，店面几乎没有储存货物的空间，因此需要频繁补货。外资便利店基本能实现一日二配，内资便利店至少也要一日一配。

——由于营业面积和每日货物流转的限制，每次配送的单品数量很少，但种类很多，这就基本杜绝了供货商配送，使区域配送中心物流成为必然。此类配送还对企业的物流运营能力构成极大考验，如果区域店铺数量不足，或物流中心技术不够，平均物流成本将对运营造成很大困扰。

——采购需求的分散性还加大了订货的工作量，信息系统自动订货和人工订货结合将成为有效的解决方式。

——食品，尤其是保质期较短、保存环境要求较高的即食食品占便利店商品的很大部分，这决定了便利店除了需要常温物流外，还需要低温物流。如 7－11 等行业领先企业还建立了多温层物流，用以配送不同产品。

——便利店销售的最小存货单位一般为 3000～4000 个，远低于超市或大型超市，与超市企业联合有利于降低进货的成本。

——对于自有品牌商品比较多的企业，采购和物流还要延伸到供应链的上游。

2. 特色经营是便利店的取胜关键

在市场营销与销售方面，便利店一定要以特色取胜。特色的产品和服务往往成为顾客选择某一家便利店的原因，并有助于培养客户忠诚度。

特色商品是便利店经营的重点。鲜食商品是便利店特色商品的重要组成部分，是吸引顾客消费的主要销售品类。行业领先企业通常拥有自有鲜食品牌以及背后一整套的配套系统，包括研发、采购、制造等功能。他们通过借鉴国内外的先进技术，利用自营的食品工厂生产适合当地消费者口味的各类鲜食食品。

特色服务是现代便利店立足的根本，只有充分了解客户，为客户提供日常生活全方位的解决方案，才能在激烈的竞争中立足。以 7－11 为例，在日本经营的 7－11 向消费者提供旅游、音乐、照相、门票等多方面服务，并应对消费者需求变化和科技进步不断增加服务种类、提高服务水平。7－11 的特色服务为其吸引大量顾客提供了保障。

表 13　　日本 7－11 服务内容举例

项目	具体内容
旅行	实时在线提供各种特价旅游预订、机票、车船票、出国折扣机票的销售，旅游有关商品的销售等
音乐	付费音乐下载、CD 唱片销售查询及提供相关音乐信息
照相	与富士胶卷、凸版印刷合作，提供数字照相的店头显印服务，制作合成相片等
礼品、移动电话等	销售个人电脑、携带电话，销售插花、礼品等
入场券销售	在线销售戏票、音乐会票、各种当天入场券、大型活动入场券等，提供与社区相适应的各种服务
书籍	与 e－Shopping books 合作在互联网上开展书籍的在线销售
有关汽车服务	利用多媒体终端提供有关汽车销售、车检、维修、学车、租车等各种中介服务
信息提供服务	提供有关娱乐信息、照片冲印优惠及各种资格考试信息内容等服务

营销上也要估计到目标消费人群的特点，比如多展开网络营销、对价格敏感的产品进行促销、多组织顾客参与的活动，使顾客进一步了解和认同企业等等。全家便利店就提出SQC（Service，Quality，Cleanliness）标准，不断提高店铺服务水平。此外，全家还推广LOHAS（lifestyle of health and sustainability）“乐活”概念，提倡消费时考虑自己和家人健康、社会环境等等，不断招募“乐活”会员、举办活动、推出专有商品，以吸引消费者注意。

3. 信息技术

在技术方面，信息技术和物流技术对成功经营至关重要：

（1）门店信息系统要兼备信息收集与处理、沟通总部和门店、网络信息服务等多重功能。

（2）先进的信息管理系统可以改进公司供应链的效率。建立电脑网络配送系统，统一集货、统一配送，特别要发挥配送中心与供应商及各家店铺相连的电脑网络作用。

（3）便利店商品品类少、上架周期短，这对信息系统的分析提出更高的要求。

（4）对于自制产品，先进的IT系统有助于合理定价、质量控制和改进产品。

（5）门店间调货、预售等功能要求便利店建立链接所有门店和物流中心的内部网络。

（6）即时、准确、低成本的物流支持才能保证便利店正常运行。

三、发展趋势

依据我国便利店发展状况分析，便利店的普及还有待时日。

（一）行业增长情况

在社会方面，我国居民的消费习惯是制约便利店发展的主要因素。与便利店业态发达的日本相比，两国消费者在习惯上存在明显区别：

表14　中日消费者对比

	日本消费者	传统中国消费者
生活习惯	生活节奏快，购物时间少	生活节奏慢，有充足时间采购
消费习惯	紧急消费多，认可现代零售渠道	紧急需求少，认可一次性购足消费和传统市场

虽然上海等一线市场消费者的生活和消费习惯已经发生了很大转变，但二线和二线以下市场的多数消费者仍保持着传统的习惯。传统的消费模式不改变，便利店就很难得以生存。

更替固有的消费习惯不是短时间内可以做到的，因此预计在三至五年内，便利店业态在二线市场难有起色。但随着改革开放后出生的一代消费者逐渐成为消费主体，现代消费渠道才有可能更快速的发展。

（二）热点市场

在一线市场中，华南地区最有可能成为新的内外资争夺的焦点。华南地区拥有众多的便利店消费者，但其供应商仅以区域型便利店为主。虽然短期华南地区可能受到一定的冲击，但是随着经济的回暖，该地区必然受到外资品牌便利店的关注。

部分经济发达的二线市场城市也会成为便利店企业角逐的新战场。山东等省份的经济发展程度和人均收入已经可以容纳便利店的发展，所欠缺的就是居民消费习惯的升级。虽然短期进入此类市场很难取得较好的收益，但必定会有企业提前抢占市场、逐渐培养消费者。永旺旗下的“ministop”的进入和统一超商与银座合作成立的统一银座便利店就是很好的例证。

至于二线以下市场，基于经济发展情况、顾客基础和消费习惯等因素，短期内难有起色。

（三）与其他业态竞争

在便利店不断向各类商圈渗透、抢占传统零售业态市场份额的同时，其他业态也在不断调整自身的经营方式，增强竞争力。在一些经济很发达的地区，一些超市延长了营业时间，开始实行 16～24 小时营业。华润万家旗下的便民超市，还推出了与便利店类似的全套便民服务，直接在增值服务方面与便利店竞争。虽然超市转型需要足够的客流支持、更强大的信息技术和物流能力及新产品开发能力等，但其对便利店的威胁是十分明显的，上述零售业态间的相互渗透不会停止，竞争将更加激烈。

（四）发展方向

向社区服务中心转化是便利店的可行发展方向。作为离消费者最近的零售业态，便利店理应为消费者提供全方位的服务。除衣食住行外，工作、娱乐、医疗、教育等方方面面的紧急需求都可以纳入便利店的业务范围。

利用便利店门店众多、与消费者距离近的特点，便利店还可以提供金融保险服务和预售大件商品等标准化服务。便利店提供此类服务的可变成本很低，且能吸引大量顾客。

与超市企业联合也是便利店可行的发展方向。归属超市集团不但可以降低便利店的采购成本，还能和当地超市共享物流等后台支持。

最后，便利店经营还会更突出自身品牌的特点，开发更多的特有商品和服务。在便利店竞争激烈的区域，不同品牌的门店往往比邻而立，消费者则常因为某种特殊的商品甚至装修布局而选择特定的便利店消费。

（中国连锁经营协会）

2008—2009年度医药零售行业经营状况分析报告

一、发展概要

根据《中国连锁零售企业经营状况分析报告（2008—2009）》，2008—2009年连锁医药零售市场规模快速成长，行业利润水平低，市场集中度分散。

（一）业态成长

医药零售行业近几年来平均保持10.4%的发展速度，到2008年全国医药零售额达到761.9亿元，其中，医药连锁零售企业发展速度快于行业水平，年均复合增长率达到15.3%①。

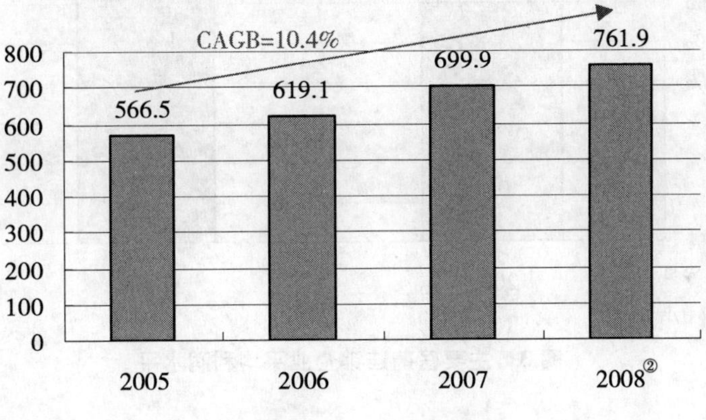

资料来源：国家统计局。

图1　全国医药零售行业销售额（亿元）

2008年，全国主要医药连锁零售企业门店总数③达到44052家，年均复合增长率为6.5%，其中直营店增加迅速，2008年达到21193家，年均复合增长率超过24%，加盟店的数量呈下降态势，2008年为22859家，比2005年下降了10%。

全国主要医药零售连锁企业④的盈利能力与2007年相比有了较大提高，一方面反映规模扩张的成效，另一方面也体现了营运管理水平和成本控制能力的增强。

---

① 医药零售连锁的增长数据来自于《中国医药》。

② 2008年的数据是估算得出。

③ 根据《中国医药》统计的100家医药零售连锁企业的门店数。

④ 根据《中国医药》统计的100家医药零售连锁企业的利润水平。

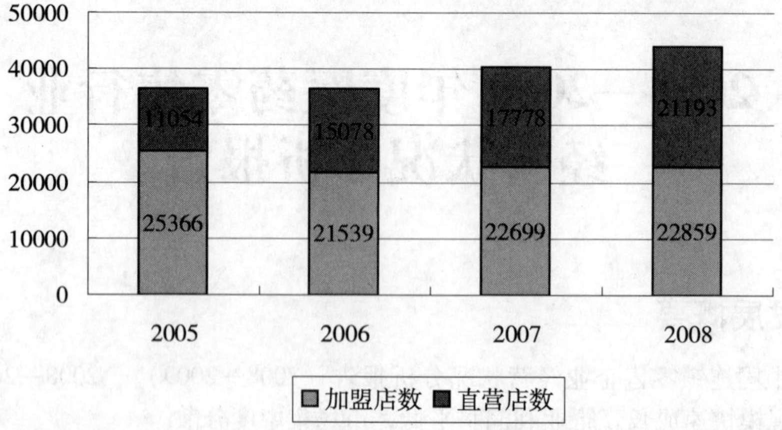

资料来源：《中国药店》。

图 2　主要医药连锁企业门店数量（个）

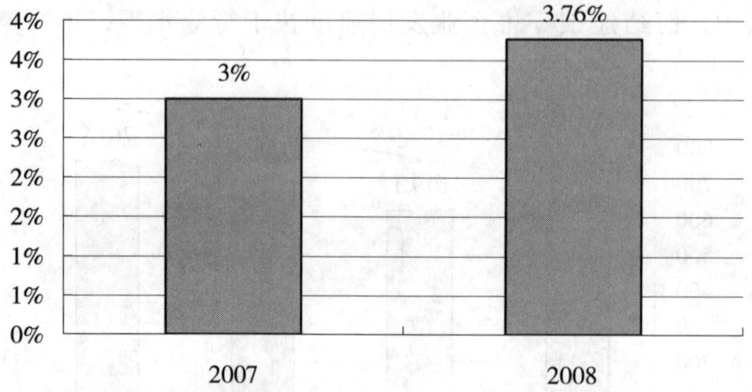

资料来源：《中国药店》。

图 3　主要医药连锁企业平均利润水平

参与中国连锁经营协会 2008 年度行业调查的企业中，医药零售连锁企业共有 11 家，其中海王星辰、湖南老百姓、重庆和平药房和上海华氏进入中国连锁百强。

表 1　　　　进入中国连锁百强的医药连锁企业（2008）

序号	企业名称	销售规模（万元）	门店总数（个）
1	中国海王星辰连锁药店有限公司	280000	2709
2	湖南老百姓医药连锁有限公司	255000	210
3	重庆和平药房连锁有限责任公司	172000	2440
4	上海华氏大药房有限公司	141158	551

（二）样本企业经营情况

1. 样本基本情况

在参与调研的 11 家医药零售企业中，年销售规模在 20 亿元以上的企业占 20%，销售规模低于 5 亿元的企业占 40%。企业规模偏小，行业集中度较分散。

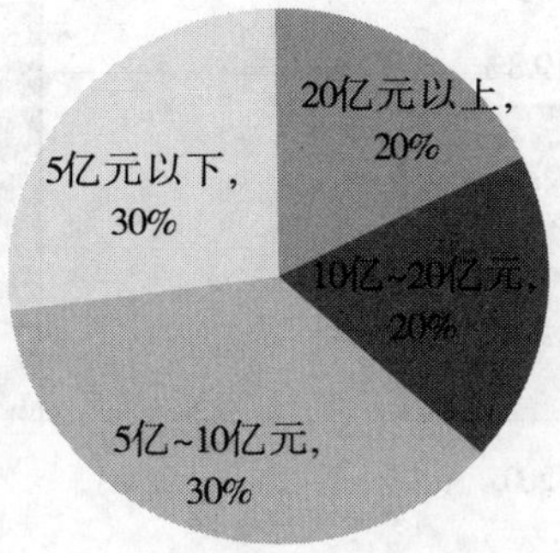

图 4　样本企业销售规模分布（2008）

样本企业中，销售额最高的为深圳海王星辰，2008 年销售额为 28 亿元，同比增长 8.1%，门店总数为 2709 家，同比增长 35.3%。

样本企业平均拥有店铺 594 家，平均营业面积为 73185.5 平方米。

2. 平均规模

2008 年，医药零售连锁企业的平均销售规模增长 12.2%，但门店数、营业面积和员工数量的增幅均远高于销售额的增幅，反映行业仍处于快速扩张的阶段。

表 2　　样本企业平均规模

	销售额（亿元）	门店数量（个）	营业面积（万平方米）	员工数量（人）
2007 年	11.04	454	6.08	3803
2008 年	12.37	594	7.31	4490
增幅	12.2%	30.8%	20.3%	18.1%

3. 经营效率

从企业总体平均情况看，坪效和人效比上年都有不同幅度的下降。

表 3　　样本企业坪效和人效

项目	人效（万元/人·年）	坪效（万元/平方米·年）
2007 年	29.02	1.81
2008 年	27.56	1.69
增幅	-5.0%	-6.8%

4. 费用情况

2008 年样本企业平均费用率为 20.4%，同比增幅达 3.4%。这一方面是由于企业快速扩张带来的费用增加，另一方面是由于平均人工成本的上升。

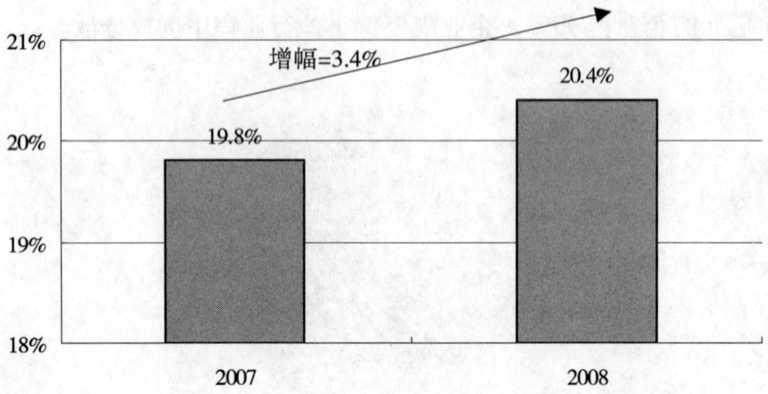

图 5　样本企业平均费用率

5. 赢利情况

2008 年样本企业平均毛利率为 25.7%，比 2007 年的 22.9% 大有提高。反映了企业在商品结构调整和企业内部管理精细化上的成效。

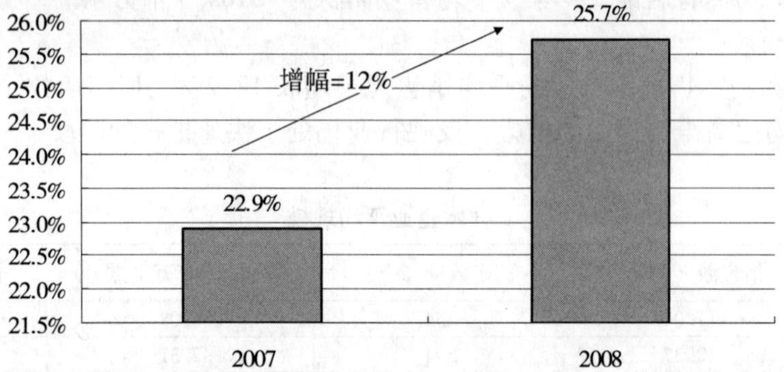

图 6　样本企业毛利率

（三）样本门店情况

1. 样本基本情况

本节以数据完整且具有典型性的样本门店作为分析对象。

在样本门店中，2008 年最高销售额为 10800 万元，其经营面积为 2240 平方米，最低销售额为 281 万元，其经营面积为 200 平方米，可以看出样本门店间的效益水平差距显著。

2. 平均规模

样本门店平均销售增幅为 7.1%，营业面积和员工数量基本没有变化。

表 4　　样本门店基本情况

项目	销售额（万元）	营业面积（平方米）	员工数量（正式合同工）	单品销售额（万元）
2007 年	3462.1	752	61	0.53
2008 年	3706.2	752	61	0.55
增幅	7.1%	0%	0.4%	2.9%

3. 经营效率

从人效和坪效的增长幅度可以看出样本门店的经营效率有所提高。

表 5　　样本门店人效和坪效

项目	人效（万元/人·年）	坪效（万元/平方米·年）
2007 年	57.2	4.6
2008 年	61.0	4.9
增幅	6.6%	7.1%

样本门店平均日交易次数同比下降 5.9%，为 1687 次，而平均客单价则增长了 6.0%，达到 46.1 元。

表 6　　样本门店平均日交易次数和客单价

项目	平均日交易次数（次）	客单价（元）
2007 年	1792	47.6
2008 年	1724	48.2
增幅	-3.8%	1.3%

4. 费用情况

工资、租金和水电费仍是样本门店最大的三项费用支出。与 2007 年相比，2008 年，工资费用支出占比有所下降，而租金和水电费支出占比下降。

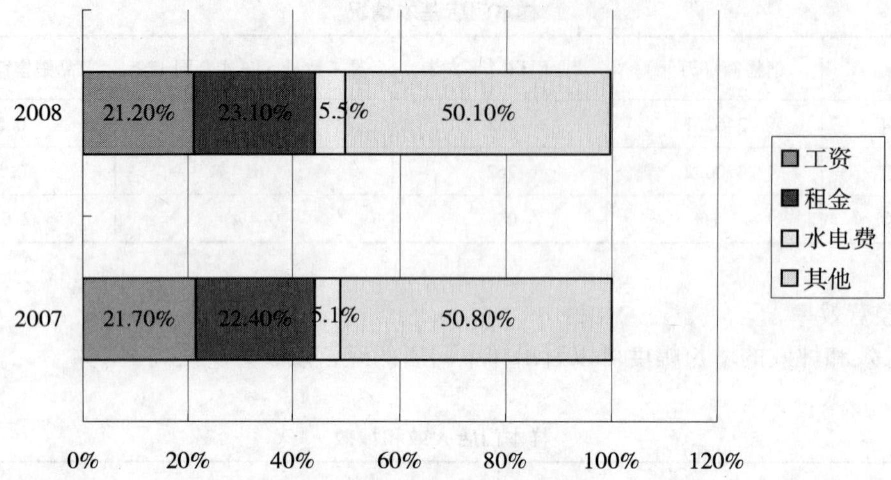

图 7 样本门店费用占比情况

5. 赢利情况

样本门店 2008 年的平均毛利率为 25. 5%，相比 2007 年的 25. 6%，略有下降。

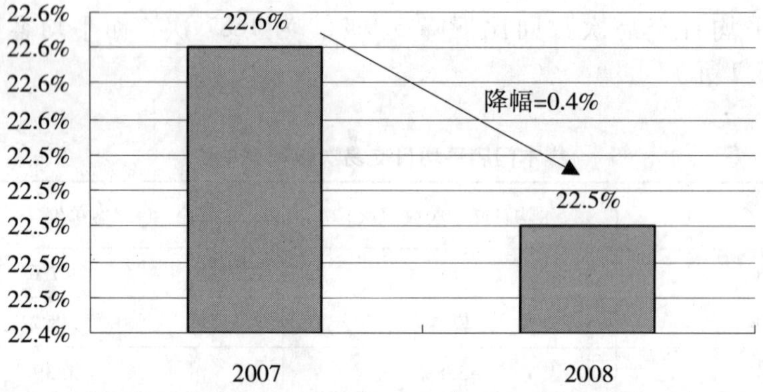

图 8 样本门店毛利率水平

（四） 市场份额

1. 行业集中度

医药零售行业集中度相对较低，近年来略有提升，市场有较大的整合空间。以医药零售额前四强和前八强企业在整体医药零售行业的占比为测算依据，可以发现行业集中度相对较低。2008 年，行业 CR4 为 12. 8%，CR8 为 22. 6%，而美国医药零售巨头 CVS 一家在美国的市场份额就超过 20%。

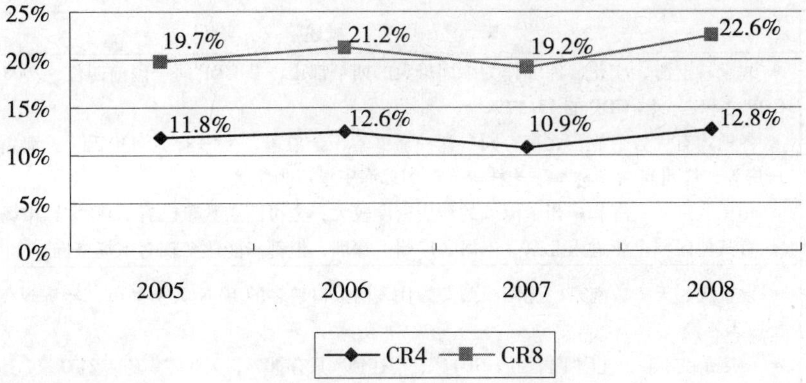

资料来源：《中国药店》。

图 9　中国医药零售行业集中度

2. 市场份额

2008 年，参与调研的 11 家医药零售连锁企业销售总和占市场 15.7% 的份额，其中，海王星辰以 3.7% 的市场份额排首位，其后分别为湖南老百姓、重庆和平药房、上海华氏、山西万民、北京金象、广东一致、云南佳之健、上海雷允上、重庆桐君阁、张家口华佗药房。海王星辰名列 2008 中国连锁百强第 69 名。

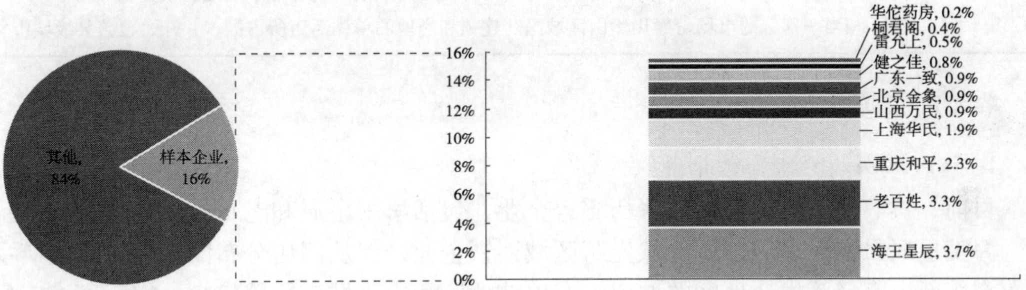

图 10　样本企业市场份额（2008）

（五）市场区隔

从区域上看，中国的医药零售连锁经营模式兴起于华南的广东，逐步发展壮大于华东、华南、西南、华北、东北、西北地区。目前全国范围内，各区域都有各自的强势连锁药店。虽然，业内也有少数几家跨区域医药零售连锁企业，如海王星辰、湖南老百姓等，但从市场布局上看，其门店分布仍比较集中，带有很大的区域型。因此，区域型的企业仍是市场区隔的主流。

表 7　　医药连锁的市场区隔

市场		概述
一线市场	都会城市	＊ 北京、上海、广州、深圳作为中国最大的四个都市，其 GDP 居全国前四位，2008 年四个城市的 GDP 之和占全国 GDP 的 13.37% ＊ 各地均有优势企业，北京有同仁堂、嘉事堂、金象等，上海有上海华氏、上海雷允上和信谊大药房等，广州有大参林、采芝林等，深圳以海王星辰为主等 ＊ 相比北京、上海和广州，深圳的药店密度较大，全市药店数量已有 7000 家，市场趋于饱和 ＊ 有其他区域企业进入北京、上海、广州、深圳，但都未能改变现有市场格局
	大城市	＊ 以重庆、天津、南京、沈阳、西安为代表的人口较多的 10 座大型都市，经济规模大但人均可支配收入不高 ＊ 门店密度不高，沈阳零售药店 2100 家，但连锁率只有 40%，天津零售药店 2400 家，连锁率 30% ＊ 拥有一批区域型的医药零售连锁企业，如中新大药房、敬一堂、辽宁成大、重庆桐君阁、和平药房等，在区域内占有一定优势 ＊ 跨区域和区域型企业继续加强该地区的覆盖率
	经济发达城市	＊ 沿海经济较发达的城市，人均可支配收入高，但由于人口较少，总体市场规模有限 ＊ 经过几年发展，一些经济发达城市的门店趋于饱和，竞争持续加剧 ＊ 以珠三角地区为发展重心的几大本地连锁品牌都处于收缩状态，跨区域发展的海王星辰也在该区域有所收紧
二线市场	中小城市	＊ 其他城镇户籍人口在 30 万以上，人均可支配收入高于 10000 元/年的城市 ＊ 海王星辰、老百姓等跨区域药店已有布局，但是网点数量仍远低于当地区域企业 ＊ 相当一部分的市场份额仍然由区域医药连锁和当地的单体药店所占据，并开始覆盖县级城市

（六）渠道渗透

1. 跨区域医药零售连锁企业

目前，具有代表性的跨区域医药零售企业，包括海王星辰和老百姓大药房等。

海王星辰虽然是业内公认的领先跨区域连锁企业，但从门店分布图来看，其门店主要分布在东部沿海经济发达地区的城市，在内陆地区和中小城市覆盖较少，实际上海王星辰还只是大区域概念的连锁药店，海王星辰立足于华南地区，在东部沿海目标区域内大密度布局，特别是 2004 年获高盛注资后，海王星辰快速在其目标区域内布点。

与重点覆盖东部沿海地区的海王星辰相比，湖南老百姓在全国 54 个城市有布点，其网点布局更具跨区域。老百姓的门店主要分布在各地的省会城市以及一些经济水平较高的中小城市，其发展方针是贵精不贵多，在某个省会扎下根后，以总店为中心，慢慢向城区四周扩张。

2. 区域型医药零售连锁企业

在各区域内，连锁药店仍是药品零售的重要渠道，区域型的医药零售企业在各区域都确立了竞争优势，在区域内各级城市（包括县级城市）广泛布局。与家电连锁相比，医药连锁的跨区域扩张并不轻松，异地扩张的失败案例并不少见，如山西万民在四川，天天好在沈阳都遭遇了扩张失败。地区政策、消费习惯、地方保护等等因素仍是连锁药店扩张道路上一道难以逾越的障碍。

表 8　　区域型医药连锁企业举例

区域市场	部分代表性企业
东北	辽宁成大、吉林益和、吉林大药房、哈尔滨人民同泰、沈阳东北大药房
华北	北京金象、嘉事堂药业、北京医保全新大药房、山西万民
西北	西安怡康、甘肃众友、宁夏新禾
华东	上海华氏、安徽百姓缘、浙江天天好、江西开心人、上海国大
华中	湖南老百姓、湖北同济堂、湖南芝林药业、湖南益丰、河南张仲景
华南	海王星辰、广东大参林、广东本草药业、广东国药医药、广东一致药店
西南	云南鸿翔、重庆和平药房、重庆桐君阁

二、市场环境分析

在新医改政策和金融危机影响下，医药零售行业谨慎扩张，积极应对。

（一）金融危机的短期影响

由于医药连锁的市场需求相对刚性，金融危机对行业造成的冲击有限。但是金融危机也延缓了零售药店的扩张步伐，尤其是，相对于传统药店，药妆店等多元化经营的药店受到的影响较严重。

企业扩张的步伐将逐渐放缓。由于金融危机对企业资金链的影响巨大，同时扩张却面临着短期内不可能盈利的投资压力，资金链紧张的企业对扩张保持谨慎态度。原本借助资本力量准备快速扩张的企业，结果遭遇国际金融危机而导致融资计划搁浅，不得不放缓扩张步伐。

高端保健消费受抑制。消费者的消费行为会因为消费能力的限制而发生一定的变化，尤其会在药品品牌之间发生转移或者降低现有的消费档次。家庭保健用的高端医疗器械、高端保健食品、中药参茸类补品、高端化妆品的销售，皆会受到一定程度的消费抑制。

（二）新医改政策促使连锁药店暂缓扩张，观望变局

作为一个与广大人民群众健康福祉息息相关的行业，医药连锁受到政策方面的影响远远大于金融危机带来的影响。2009 年 4 月 6 日正式公布的新医改方案对药品零售行业带来不小的冲击。

新医改方案中提出，“建立国家基本药物制度……覆盖到社区医院、乡镇医院”，这意味着大量的基本药物目录药品的需求将转移到基础医疗单位，医药零售企业的市场份额将被挤压。

新医改方案还提出“医院将实行统一采购药品”，“政府举办的基层医疗卫生机构按购进价格实行零差率销售。鼓励各地探索进一步降低基本药物价格的采购方式”，这意味着医院药品价格将出现大幅下降，而降价后可能将对零售药店带来冲击。目前医院出售药品价格比零售药店高出 20%～30%。如果厂方药品直供医院，将打破医院药品的价格体系，一些基本药物甚至降到比药店的价格还低，药店的市场竞争可能进一步激烈，甚至有

可能挤压零售药店的生存空间。

但是新医改中只是强调“降低基本药物采购价格”，而并不是指所有药品。而基本药物市场占有率大概在60%左右，且这些基本药物利润很低。另外40%的进口药、非处方药等药品，利润水平远高于基本药物。因此，医药零售企业可以通过调整药品销售结构，缓解新医改带来的市场竞争压力。

表9　　新医改政策对医药连锁零售企业的潜在影响

政策内容	潜在影响	影响描述
建立国家基本药物制度，明确了常见病、多发病的药品品种，并将之直接覆盖到社区医院、乡镇医院	* 降低医药零售的市场容量	零售药店之前的主打品种很多就是基本药物目录中的品种，因此地区零售药品市场的份额被转移到基础医疗单位
在基层卫生医疗机构实行药品零差价销售，差价由国家补贴	* 零售药店在价格竞争上处于劣势	全国30多万家药店难以在基本药物目录中的品种与基层医疗机构竞争
基本药物国家实行招标定点生产或集中采购，直接配送，减少中间环节	* 对零售药店带来价格冲击	减少中间代理环节，为医院采购药品节省下代理费用，挤压零售药店的生存空间。但基本药物市场占有率大概在60%左右，而这些基本药物利润很低，药店仍有发挥空间
推行在药品外包装上标示价格制度，严格控制药品流通环节差价率	* 药店的盈利空间进一步缩小	医药流通环节的利润空间被压缩

另外，新医改方案中缺少对社会药店的定位，零售药店处方药的销售占比下滑。据统计，2008年，医保药店数量比2007年有所增加，显示出国家对医保定点药店的政策逐渐放宽。但是，全国主要医药连锁零售企业①的平均处方量却由2007年的168万张下降到2008年的137万张，处方销售额在总销售额中的占比也由上一年的27%下降到25%。目前，医院依然控制着80%的处方，药品零售行业仍然无法获得处方销售上的突破。

（三）企业的应对措施

1. 重视高端药品市场

在新医改政策下，基层医疗机构重点用药范围主要是一些安全有效、价格合理、使用方便、中西药并重的药品，一般为低端市场用药品类，这些基本药物利润很低。零售药店改变品类经营策略，重点抓住利润高的进口药、非处方药等药品，重视中高端市场药品的销售，着力提升其销售占比。

2. 多元化经营

目前非药品类的重点经营品类分别是：保健食品与功能食品、中药饮片与颗粒剂、成人用品与计生用品、高档滋补品、康复设备与家用医疗设备、普通个人护理品、日化用品、药妆等功能性个人护理品。医药连锁零售企业通过多元化经营和品类调整，增加非药品类健康产品的销售，营造“大健康”概念的经营思路，从而增加药店的整体销售额。

① 根据《中国医药》统计的100家医药零售连锁企业的数据。

3. 强化门店经营技能

通过提升门店专业药剂师的销售技能，掌控和引导消费者购药选择，实现门店人流量增加、客单量增加，高毛利产品销售顺利实现。

4. 联盟集体采购

药品的利润越来越薄，终端与上游直接对话、直接交易这种模式是大势所趋。目前，比较成熟的医药集体采购联盟包括上海的 PTO、长沙的特格尔、广东金百合单体药店联盟、福生堂中国药店保健品采购联盟和百合通品牌会员医药联盟。

（四）市场环境与竞争分析

1. 并购整合加剧

随着行业进入者增多，门店数量增加，市场竞争激烈，行业利润越来越薄，行业强弱分化加剧，一些经营不善的药店将不可避免地被实力强的企业并购，以实现规模效应。从长远的趋势来看，医药连锁行业集中度逐步提高，并将会伴随大量的并购、重组。

另外，政府在十一五计划中提出将培育 10 个销售额为 30 亿元以上的医药商业企业，政府也将鼓励、推动甚至主导一些条件成熟的行业并购活动。

2. 价值链上竞争者带来挑战

医药研发生产企业为求生存，将市场占有率视为企业发展壮大的重点，纷纷斥巨资打造自己的营销网络，向医药产业链的下游延伸，掌握医药零售终端。如美罗药业，不仅建立了区域医药零售连锁网络——美罗大药房连锁有限公司，还建立社区健康服务连锁网络，专门在社区内建立分店直销保健品，为每一位会员建立健康档案，并在店内提供健康咨询服务和用药指导，预备在 5 年期间构建出覆盖全国万家连锁社区健康服务网络。另外，双鹤药业、复星实业、华北制药、石家庄制药也积极打造自己的零售网络。医药研发生产企业凭借产业链的优势，在医药零售方面也给单纯的医药零售企业带来了不小压力。

3. 替代渠道：网络购物逐步发展

自 2005 年 12 月 1 日国家食品药品监督管理局发布的《互联网药品交易服务审批暂行规定》开始实施后，药监部门便开始受理零售药店对互联网药品交易许可证的申请。目前，很多药店都有网络购物服务，消费者只要在网上点击，就可以足不出户买到药品，非常方便。

由于药品需求的独特性和谨慎性，药品网络交易的火热程度明显不如其他网络购物。但是随着互联网的普及，以及医药零售市场竞争的加剧，药店提供网络购物是发展趋势，甚至出现专门的第三方网上药店企业。

4. 人口老龄化加速

中国老龄人口的增长为医药连锁零售提供了不断扩大的消费群体。我国老龄化人口比例的提高十分迅速，在 2000 年末 65 岁及以上人口达 8811 万，占总人口的 6.96%，到 2020 年，该比例预计将达到 16%，到 2050 年，该比例预计达到 25%。另外，随着经济社会的发展进步，高层次的医疗保健需求也会增加。因此，未来整个医药零售，包括市场规模和消费层次都会扩大。

（五）价值链分析

药品流通中有底价、现款价、批发价、零售价多个加价环节，连锁药店无论从医药公司还是个体医药代理采购货物，都要加价几道环节，采购价偏高。

随着医药零售行业的市场竞争越来越激烈，加上新医改政策的影响，药店企业利润越来越薄。药店企业开始从价值链上挖掘机会，压缩成本。对于中小药店来说，由于规模比较小，不可能在与供应商的谈判中取得太大的优惠；而以采购联盟的形式去谈判，在采购规模以及区域覆盖上就有了明显优势。为了降低成本，无论是连锁还是单体药店势必会考虑减少流通环节，实现渠道扁平化。

目前，一些采购联盟，除了统一采购，输出高毛利产品外，还通过提供员工培训、定期不定期的高层交流互访、以联盟名义参与各种行业会议等形式，尝试输出管理。

三、发展趋势

融资扩张、标准直营店经营、多元化经营是医药零售行业的发展趋势。

（一）融资与上市渐成中国医药零售行业的热点与焦点

全国排名前 20 名的药店基本都区域为王，即使是已经具备一定规模的知名连锁药店，也是联而不大，这些都是由于受到资金不足的制约。因此，在未来 2～3 年甚至更长的时间里，已形成一定规模的连锁药店要实现进一步的扩张，引资融资或通过上市是其解决资金来源的重要途径。

2004 年，海王星辰获得高盛注资，随后 2007 年在美国上市，融资 3.34 亿美元，为其大规模扩张提供了充足的资金保障。其他一些医药连锁零售企业，如湖北同济堂、老百姓大药房、益丰大药房、开心人等也先后获得外部融资，为企业扩张、做大做强提供基础，并且国内众多连锁药店也都在抓紧谋划，筹谋上市。

据悉，2009 年将有更多的药品零售企业获得资金，并由此导致竞争加剧。另外，由于金融危机的影响，企业的收购价将有所降低，对于资金充足的企业来说，2009 年将是一个通过并购重组做大的好时机。

表 10　　医药连锁企业主要融资事件情况

公司	融资金额	具体情况
海王星辰	上市融资 3.34 亿美元	2007 年，在美国上市融资
湖北同济堂	融资 8000 万美元	2007 年，分两期向美国风投机构融资 8000 万美元建设大型物流网络体系
老百姓大药房	融资 8200 万美元	2008 年，引入来自瑞典银瑞达集团旗下殷拓亚洲有限公司 8200 万美元的境外资本，成立了中外合资公司
益丰大药房	融资 2 亿元	2008 年，今日资本集团投资 2 亿元
开心人	5000 万美元	2008 年，从下属美国花旗集团德日风投公司获得共 5000 万美元的风险投资

（二）标准直营店是未来药店发展的主流模式

药店的经营模式正悄然发生变化。从近几年的数据中可以看出，加盟店数量呈下降趋势，而直营店数量的增长速度在20%以上。在销售额排名靠前的医药连锁零售企业中，倡导直营店的企业明显占优，如海王星辰、湖南老百姓和广东大参林，基本上是清一色的直营店，只有湖北同济堂基本上是靠发展加盟店做大规模的。

在单店销售和单店面积方面，以海王星辰为代表的直营标准社区店模式发展稳定，近几年单店销售额保持在100万元左右，单店面积保持100平方米左右。与此同时，以湖南老百姓为代表的大单店销售模式自2005年以来变化明显，单店面积也由1000平方米以上收缩到不足500平方米。广东大参林的单店面积也向100平方米左右的标准社区店收缩。

从这些特征分析，未来药店有向标准直营店发展的趋势。

（三）商品多元化经营是药品零售行业的重要发展方向

新医改政策出台以后，统一采购政策将使医院基本药物的价格出现大幅下降，而降价后可能将对零售药店带来冲击，加上药房数量不断增加，市场竞争愈发激烈，平价模式在医药零售行业逐渐难以为继，零售药店不得不改变经营策略，重视基本药物之外的进口药、非处方药的销售，以及健康产品的销售。

除了政策因素，人们保健意识的提高也使商品多元化经营逐渐成为行业发展趋势。医疗保健的观念开始流行，不管是经济发达还是落后地区，保健品的销售都呈上升趋势，而且保健品利润丰厚，对药店企业的吸引力也非常大。

当然，每个城市的消费水平有很大的差异，经济水平相差较大的城市单客价也相差较大，药店多元化也要因地制宜。

（中国连锁经营协会）

2009 年中国特许经营连锁百强企业发展状况

2009 年，中国特许经营连锁 120 强（名单见第六部分附录三）拥有连锁店铺 116779 家，其中加盟店 94789 家；120 强企业平均拥有店铺 973 家，比 2008 年增长 15%，其中加盟店占比 81%，比 2008 年增加 2%。

2009 年中国特许经营连锁 120 强的销售规模达到 3109 亿元，其中加盟店销售规模 1155 亿元。单店平均销售额 267 万元，比 2008 年减少 23 万元。

2009 年中国特许经营连锁 120 强提供的就业岗位达到 82．5 万个，比 2008 年增长了 10%。

2009 年中国特许经营连锁 120 强总部分布在全国 20 个省市自治区，主要集中在北京、上海、浙江、广东等地。

2009 年对中国特许经营连锁 120 强企业发展状况进行的调查发现：

一、行业覆盖更广泛

2009 年中国特许经营连锁 120 强中，零售、餐饮酒店和服务类企业分别为 52 家、31 家和 37 家，分布在 59 个细分业态。相比 2008 的特许经营连锁 120 强，2009 年 120 强新增的 20 家特许企业，主要集中在零售业和服务业，零售业以生产加工企业自建零售渠道为主，服务业中新增了美容、养生、商务服务，如广告器材销售、广告制作发放、图文制作等。

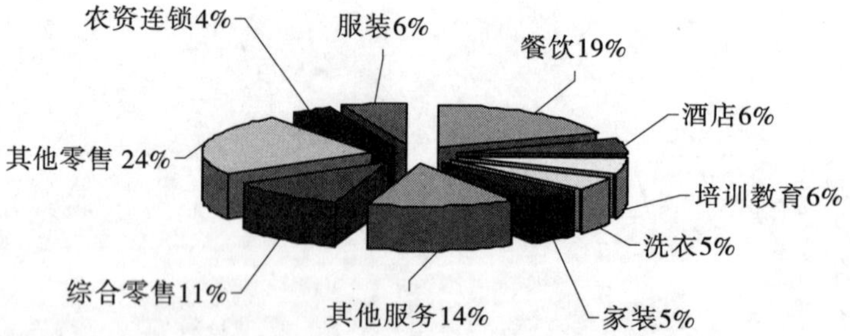

图 1　2009 年特许 120 强企业行业分布

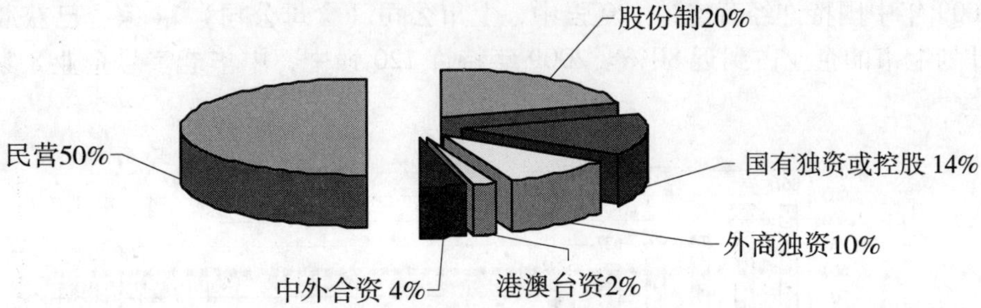

图 2　2009 年特许 120 强企业经济类型分布

二、规模化程度提高

虽然受金融危机影响，2009 特许 120 强企业整体规模仍然增长。120 强中除家装类的营业额出现负增长外，其他行业业态的营业额均有提升，其中食品零售、餐饮销售增长幅度最高。

2009 年中国特许 120 强中，有 5 家企业的销售规模超过百亿元。其中，联华超市股份有限公司以 5599 家总店铺数、671 亿元的销售规模位居中国特许经营连锁 120 强综合零售类榜首，天盟农资连锁有限公司、临沂新程金锣肉制品集团有限公司、百胜餐饮集团中国事业部分别以总店铺数 7586 家、13691 家、3200 家，销售规模 115 亿元、271 亿元、288 亿元的销售规模位居农资连锁、其他零售和餐饮类的榜首。

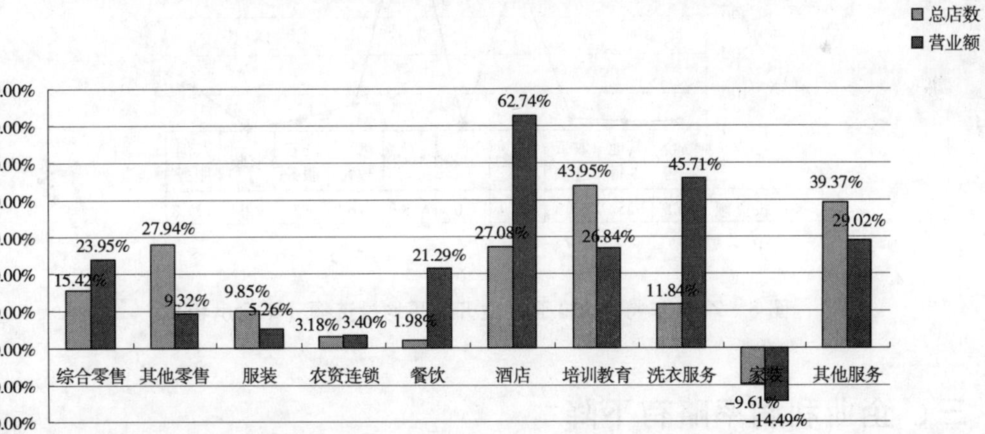

图 3　2009 年特许 120 强企业总店铺数与营业额增长率

从 120 强单店年均销售额来看，餐饮类整体水平较高，其中火锅类单店年均销售额达到 861 万元；其次为综合零售类，达到 753 万元。单店年均销售额达到 500 万元及以上的还有西式快餐、中式正餐、家装和经济型酒店，分别为 740 万元、643 万元、627 万元及 529 万元。

2009 年中国特许经营连锁 120 强中，上市公司（含母公司）24 家，已获股权投资以及有计划上市的企业占到近 80%。2009 年特许 120 强中，中华老字号企业 8 家，海外品牌 14 家。

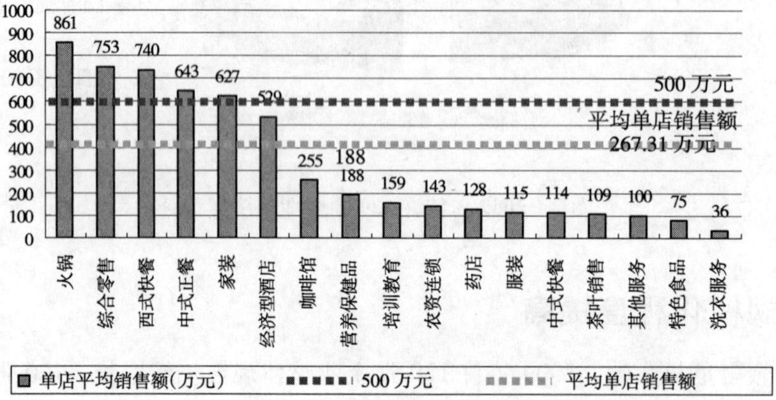

图 4　2009 年特许 120 强企业单店平均销售额

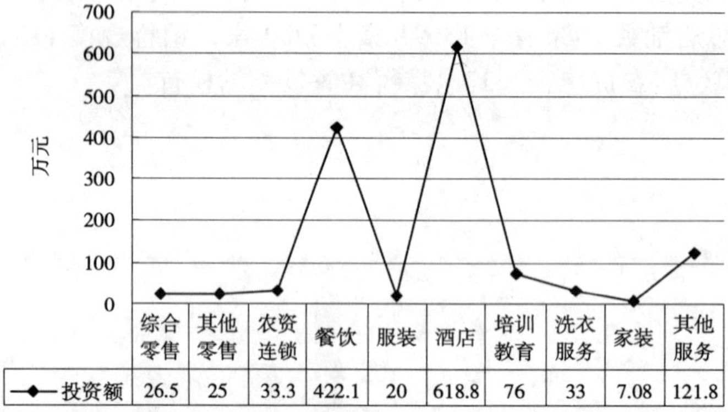

图 5　2009 年特许 120 强企业开店平均投资额（不含房租）

三、企业利润率略有下降

2009 年特许 120 强企业平均净利润率 11.6%，较 2008 年下降 0.8%。房租上涨是利润下降的主要因素，其中经济型酒店、餐饮等单店面积大的行业受影响更为明显。数据显示，2009 年特许 120 强企业在体系培训、品牌宣传方面支出明显增大，分别增长 34.3% 和 33.8%。

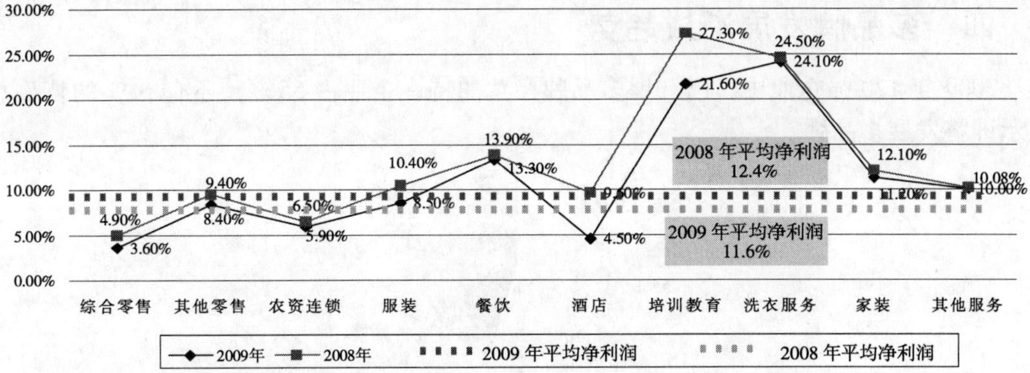

图 6　2008、2009 年特许 120 强企业分行业平均净利润率比较

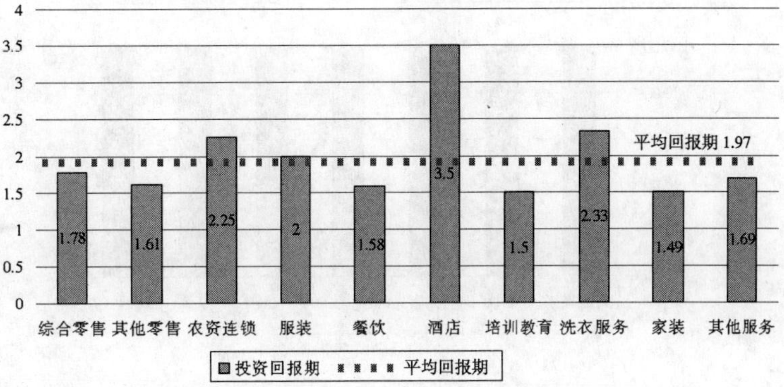

图 7　2009 年特许 120 强企业标准店投资回报期（年）

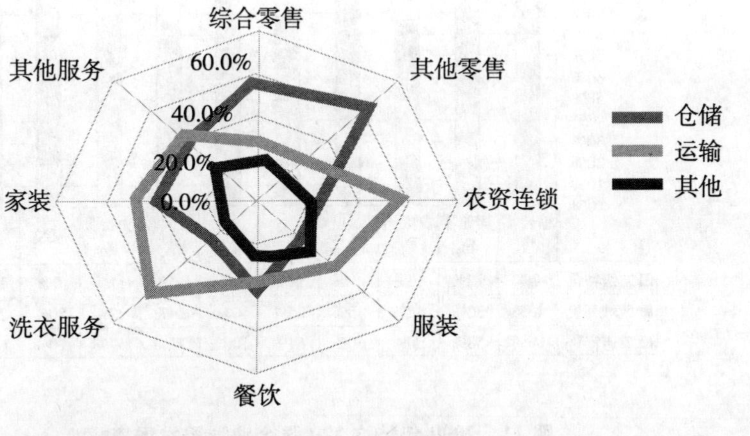

图 8　2009 年特许 120 强企业物流成本构成

四、多品牌发展渐成趋势

2009 年 120 强企业中，已开展多品牌经营的特许企业占 55%，还有 14% 的特许总部表示即将发展多品牌。

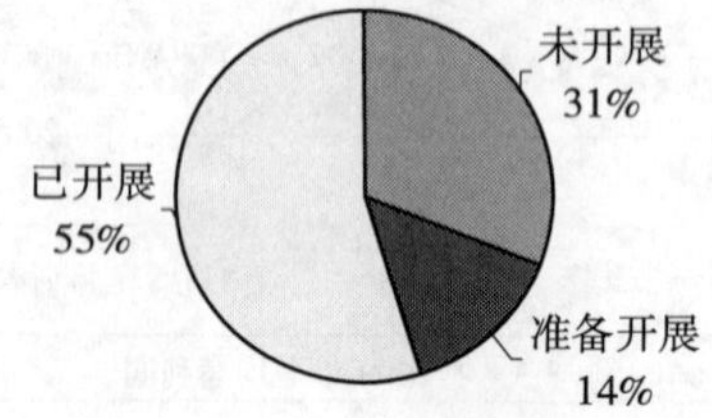

图 9　2009 年特许 120 强企业开展多品牌经营情况

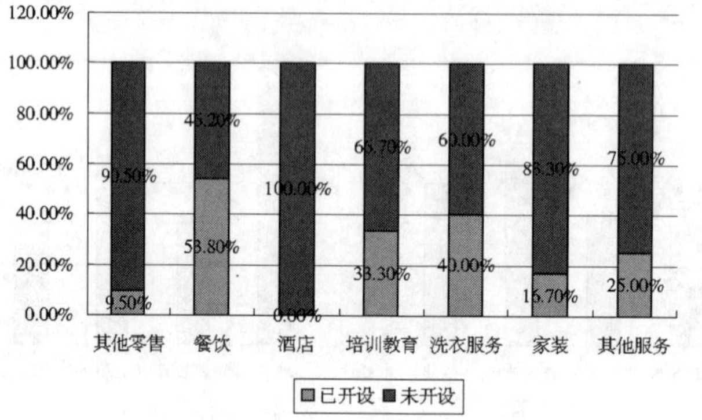

图 10　2009 年特许 120 强企业在海外开店情况

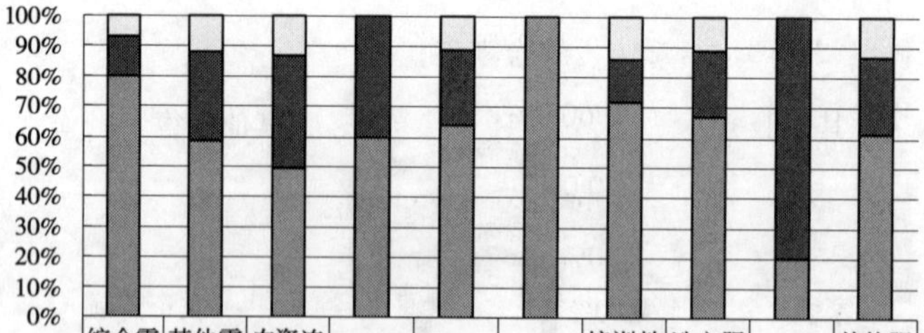

	综合零售	其他零售	农资连锁	服装	餐饮	酒店	培训教育	洗衣服务	家装	其他服务
□二级特许	7%	12%	13%	0%	11%	0%	14%	11%	0%	13%
■区域开发	13%	30%	38%	40%	25%	0%	14%	22%	80%	26%
■单店特许	80%	58%	50%	60%	64%	100%	71%	67%	20%	61%

图 11　2009 年特许 120 强企业加盟发展模式

五、标准化和规范化依然是管理重点

调查显示，标准化和规范化管理的提升仍是特许连锁企业最关注的问题。不同行业、不同阶段的企业在标准化和规范化管理的内容与手段上各有不同，其中，“修订标准”成为很多特许企业标准化的重点。其次，市场下滑导致盈利下降、人员招聘与保留等也是各行业、业态企业普遍关注的问题。

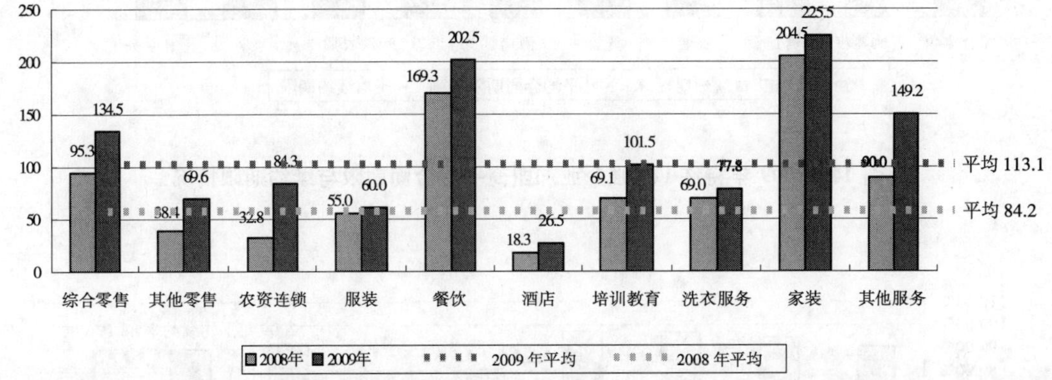

图 12　2008 年、2009 年特许 120 强企业培训费用支出情况（万元）

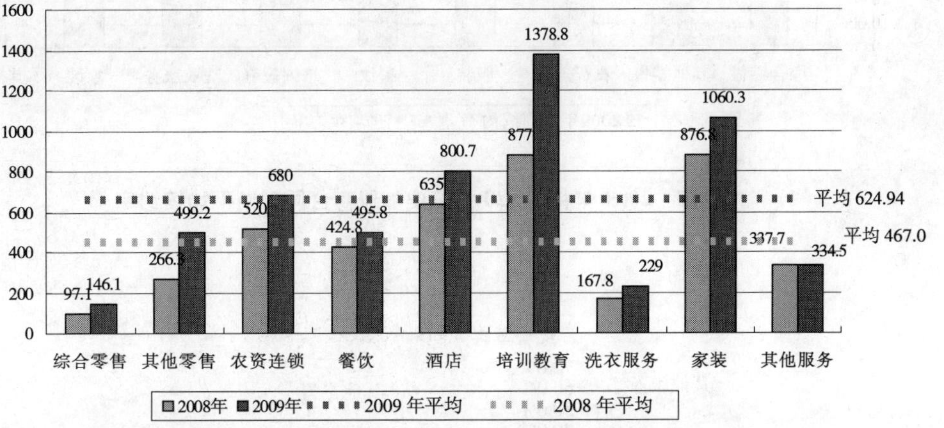

图 13　2008 年、2009 年特许 120 强企业宣传费用支出情况（万元）

六、各业态面临问题各有侧重

不同行业的特许企业所面临的最突出问题各有侧重。例如，服装专卖店与酒店业面临的最大问题是加盟商关系维护难度加大，服装专卖店由传统销售模式转变而来，总部在加盟管理方面能力和技术相对不足。经济型酒店发展时间短、开店速度快，呈爆炸式发展，加盟商管理上在较短时间内很难完全适应。洗衣和零售专卖对店铺选址和房租上涨的问题反应最为强烈；超市便利店普遍感到商标侵权问题较为严重。

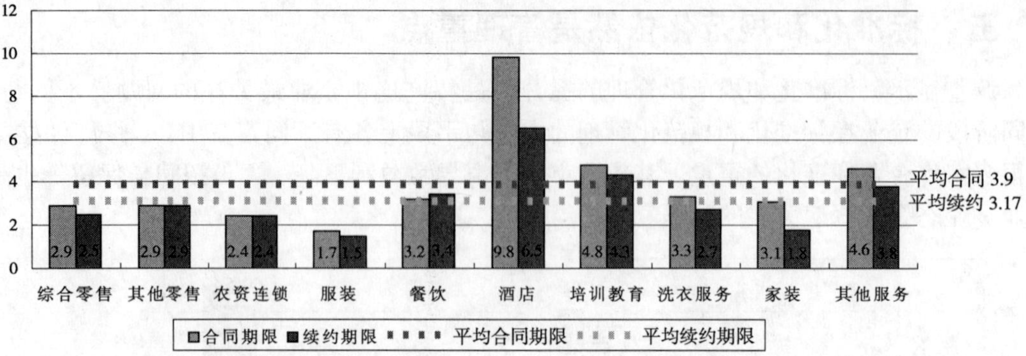

图 14　2009 年特许 120 强企业加盟商平均合同期限与续约期限情况

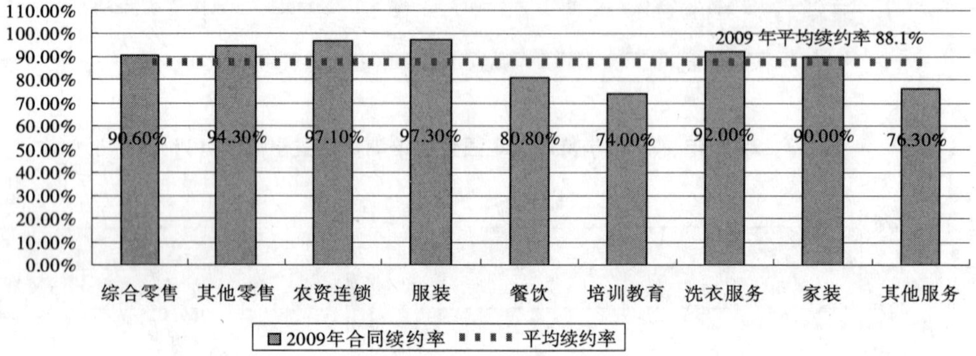

图 15　2009 年特许 120 强企业加盟商合同到期平均续约率

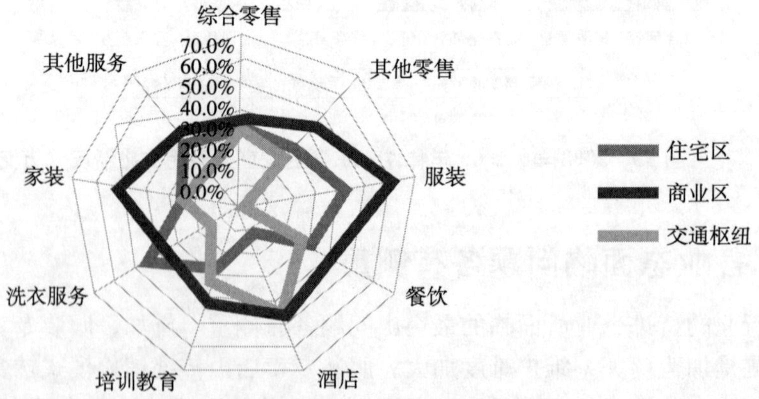

图 16　2009 年特许 120 强企业店铺选址要求

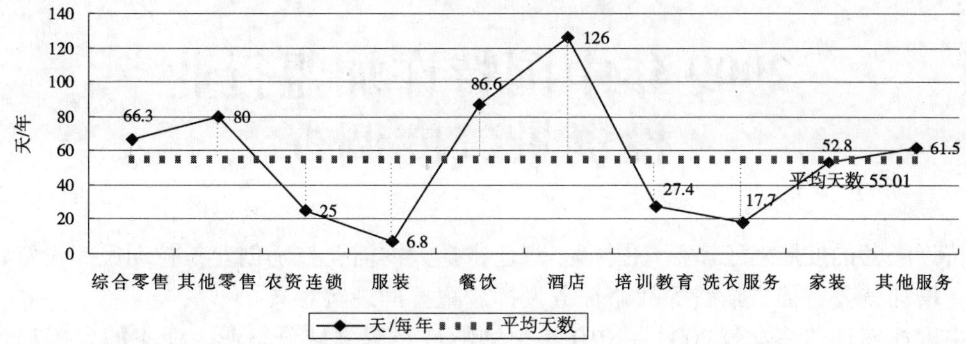

图 17　2009 年特许 120 强企业对加盟商督导周期（天/年）

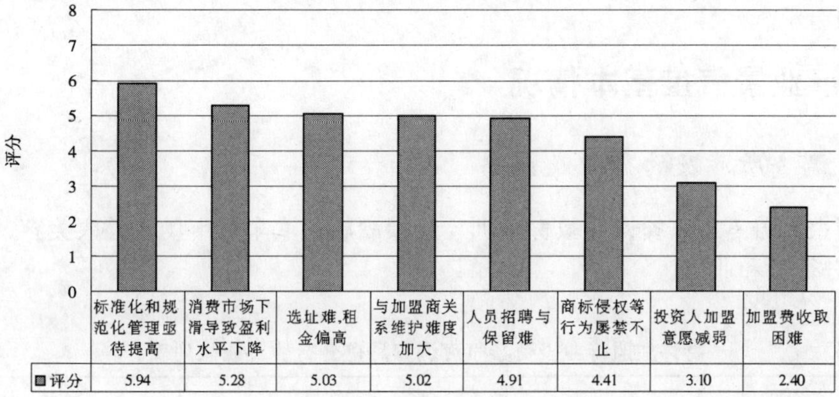

图 18　2009 年特许 120 强企业面临主要问题评分情况（1 –8 分，8 分为问题最突出）

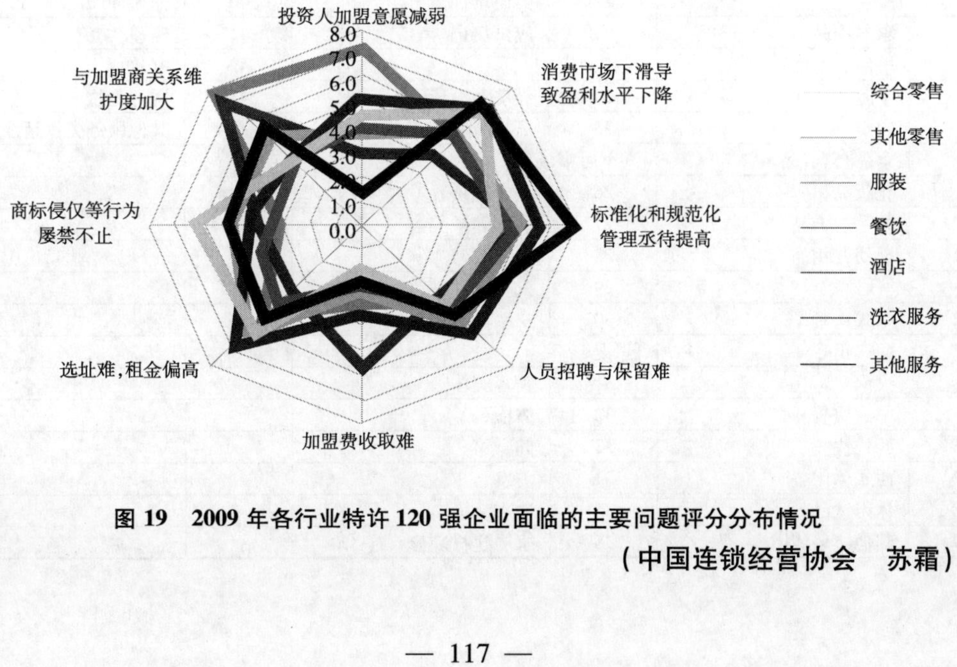

图 19　2009 年各行业特许 120 强企业面临的主要问题评分分布情况

（中国连锁经营协会　苏霜）

2009 年中国特许加盟行业投资景气度调查

特许经营的发展对于激活中国第三产业，扩大内需；鼓励创业，拉动民间投资；开拓市场，增加就业，促进消费等战略任务发挥着重要的现实意义。

中国连锁经营协会就 2009－2010 年中国特许经营领域分行业、业态的发展趋势做了调查。来自特许各个领域的专家和业内人士，对列举的 40 多个分行业和业态就最具发展前景、投资额最低、投资回报率最高、行业规范度、资本关注度、并购整合频度等几方面问题进行投票调查选项。本调查将对特许经营行业的创业者及特许企业的管理者提供有价值的帮助和启示。

一、行业景气度基本情况

（一）调查所涉及的行业及业态

本次调查涵盖零售、餐饮、教育培训、连锁酒店、汽车后市场、健康美容、房屋中介等 40 多个分行业和业态。

表 1　特许加盟行业投资景气度调查涵盖分行业及业态列表

序号	行业、业态细分	序号	行业、业态细分	序号	行业、业态细分
零售		教育培训		37	房屋中介
1	便利店	20	儿童教育培训	38	清洗服务
2	药店	21	IT 培训	39	摄影
3	服装	22	英语培训	40	速印冲印
4	家居用品	23	应试培训	41	速递/物流
5	书店、音像	连锁酒店		42	家政
6	茶叶	24	经济型酒店	43	网上购物
7	农资	25	高星级酒店		其他服务类：请注明
8	食品/营养品	汽车后市场			
9	化妆品	26	汽车租赁		
10	礼品、饰品	27	汽车养护美容		
11	婴幼儿用品	28	汽车维修		
餐饮		29	汽车配件销售		
12	中式正餐	30	二手车销售		
13	西式正餐	健康美容			
14	火锅	31	美容美体		
15	中式快餐	32	体检		
16	西式快餐	33	健身馆		
17	西式休闲餐	34	美发		
18	休闲饮品	35	洗衣洗染		
19	其他：请注明	36	家居建材装修		

（二）行业景气度现状

1. 您认为近两年内，哪几个行业、业态最具发展前景和潜力（有市场空间、能迎合消费趋势的变化等）

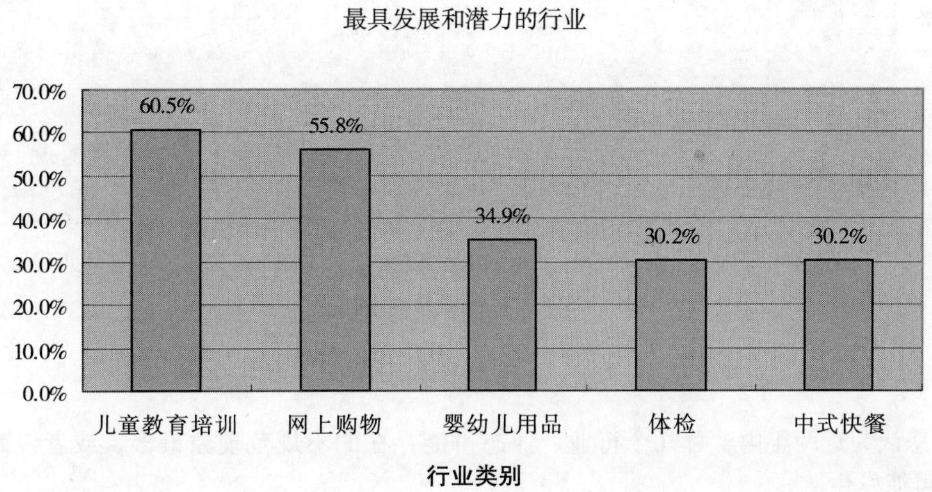

2. 您认为近两年内，哪几个行业、业态的投资额最低

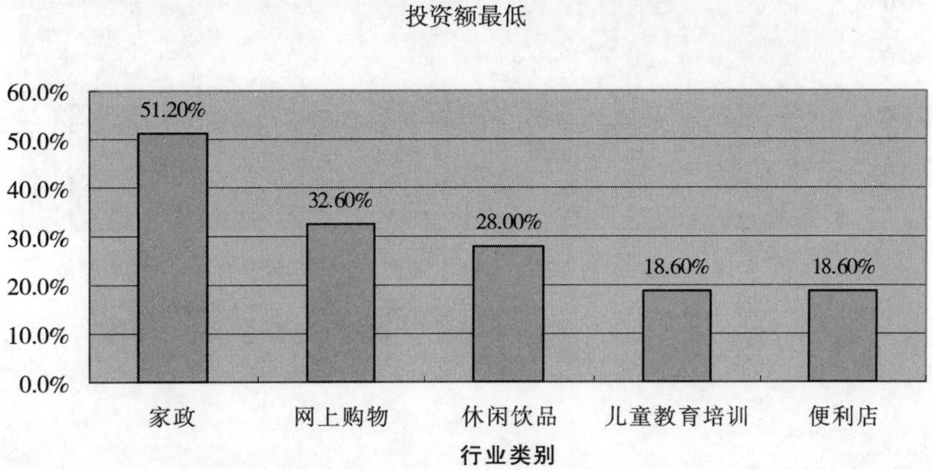

3. 您认为近两年内，哪几个行业、业态的投资回报率最高

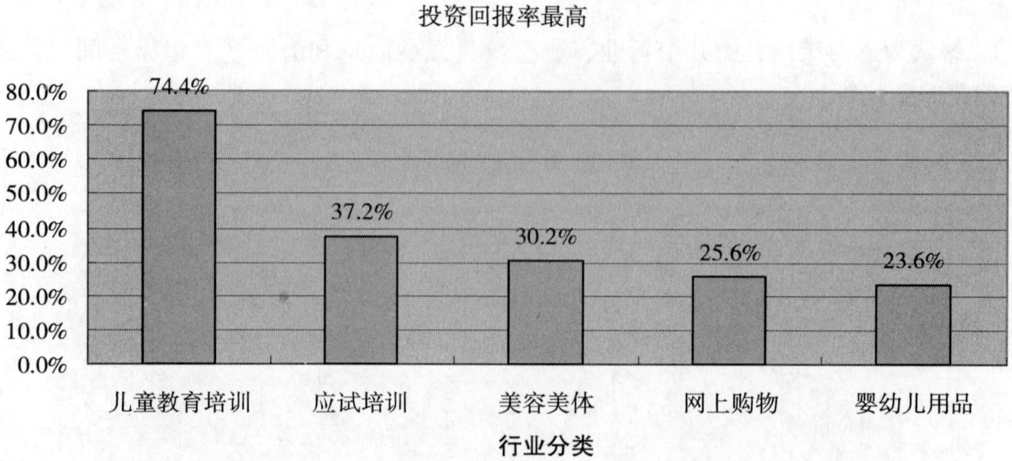

4. 您认为近两年内，哪几个行业、业态可能存在的不规范现象最多，或者说商业欺诈最有可能发生

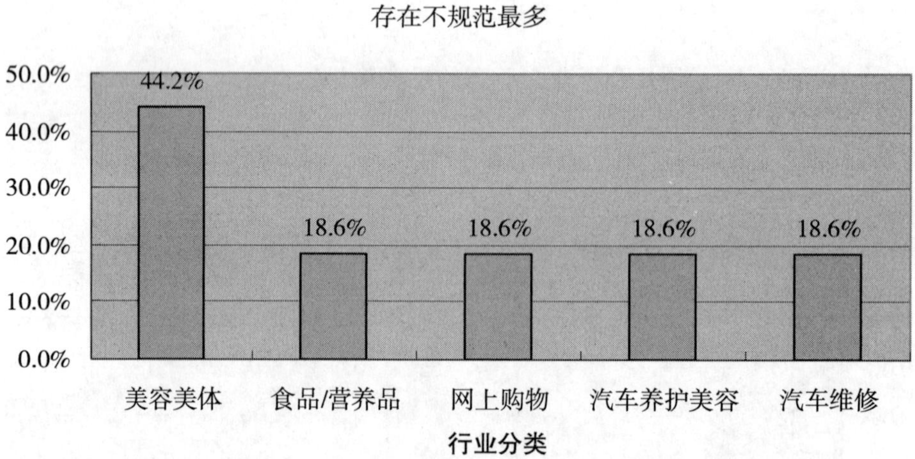

5. 您认为近两年内，哪几个行业、业态将受资本的关注

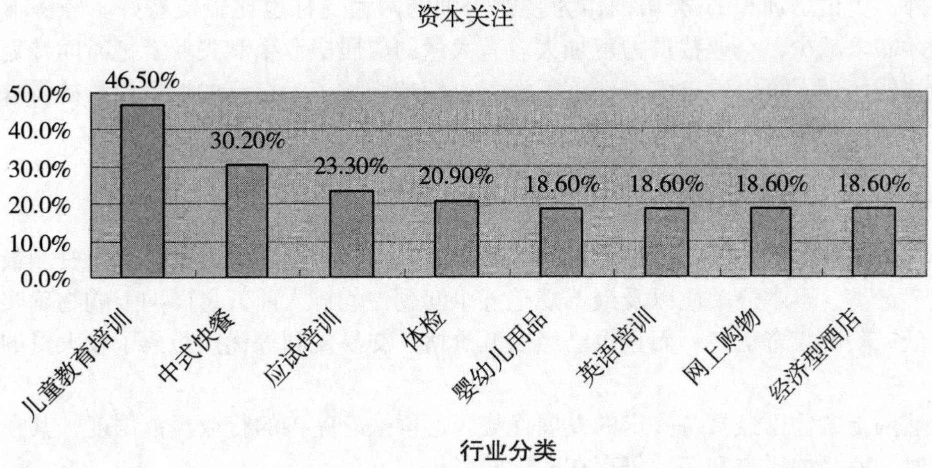

6. 您认为近两年内，哪几个行业、业态的并购和整合将会比较频繁

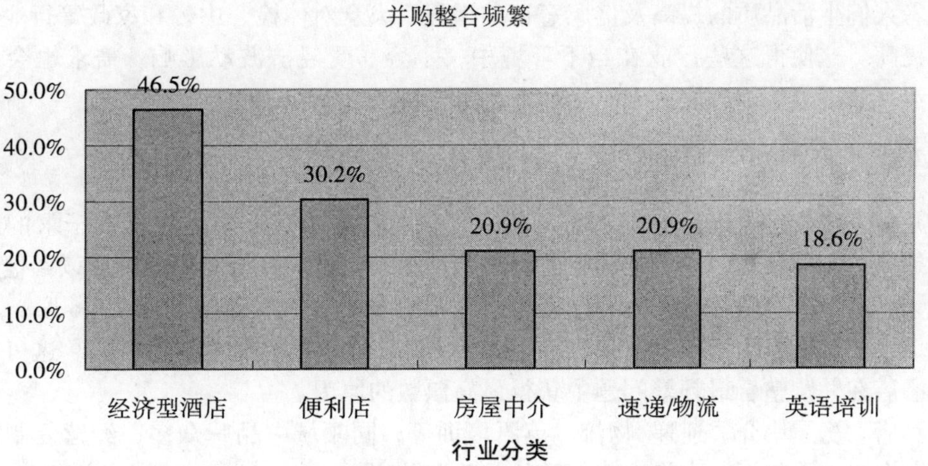

二、行业景气度调查结论与分析

（一）教育行业备受关注，儿童教育培训尤为突出

在本次调查中，儿童教育培训行业得到了专家们的一致看好，分别在最具发展前景、投资额最低、投资回报率最高、资本最关注四个调查问题中获得票数排名前五名（最有潜力排名第一；投资额最低排名第四，投资回报率最高以超出第二一半的票数排名第一，最受资本关注和热捧排名第一）。

子女的教育及生活永远是父母认为最值得的付出。随着“婴儿潮”的到来，即使在经济萎靡的情况下，儿童教育培训仍然被专家所看好。同理，婴幼儿用品行业在最具发展

前景投票中获得第三的排名。

另外，英语培训和 IT 类培训作为技能培训的两大支柱也比较被看好。经济下滑导致市场人才需求减少，企业裁员力度加大。有大量的应届毕业生和失业者把时间计划到自我增值的技能培训。可以看出随着经济下滑，人们却增加了为自己的增值投资的需求；这也将是教育行业逆势而上的有力支持。

（二）网上购物，喜忧参半

近几年兴起的网上购物也是本次调查的一匹黑马，分别在最具潜力、投资额最低、投资回报率最高、资本最关注以及最不规范五个问题中均排入前五名。网上购物确实具有低成本、低风险的投资优势；而且也已经以低价格、交易便利等优点积累了较大量的客户群体。

虽然网上购物已经具备一定的发展优势，但因缺乏完善的行业规范制度，其在快速发展的同时，商品的质量和售后仍存在一定的隐患。

另外，网上购物的兴起为其交易流程中涉及的其他产业带来了很多发展机会。

（三）受经济下滑影响较小的行业

随着人们生活品质的提高及健康意识的增强，大众对体检、中餐和家政等行业的关注度有所提高。这使得这些行业在当下环境中，不容易受经济波动影响，需求也会比较稳定。资本理所应当更加关注。

（四）受经济下滑影响较大的行业

近几年发展及扩张迅猛的经济型酒店在经济危机影响下，多处在供大于求的经营状态，如果持续时间较长，必然会面临着剧烈的动荡与竞争。近期，华天酒店以 4 亿元收购长春华天酒店管理有限公司的方案已获得了证监会核准，这也是自 2008 年 6 月，华天酒店以 3 亿元的价格收购了凯旋门大酒店 100% 股权后的第二次重大资产收购。这可能就是经济型酒店在并购整合最频繁问题中获得最高票数的原因。

便利店、房屋中介、速递/物流、英语培训等，同领域中品牌众多、经营复制简单的连锁行业在当前形势下，也将面临频繁的并购和整合。

（中国连锁经营协会）

2008—2009 年度中国特许经营加盟商状况调查分析

2009 年 3 至 4 月，中国连锁经营协会结合 2008 年度中国优秀特许品牌的评选，委托中国人民大学社会学系对入围特许体系的加盟商状况进行了电话问卷调查。调查项目延续了 2008 年相同调查的 9 个类别（即开业、督导、营销、配送、文件、商圈、营运、加盟商满意度、信息披露）20 个项目（详见本调查之表 2）。同时，为了解加盟商对总部应对金融危机对策的效果，今年特别增加了加盟商认同的补充调查。

调查样本是根据企业提供的全部加盟商名单随机抽样，且每个入围企业随机抽取 30 位加盟商，并通过电话随机访谈进行电话问卷调查。本调查涵盖了 34 家入围企业的 1020 家加盟商。本调查主要有两个目的，一是了解加盟商对总部提供服务和支持的认知程度，二是了解加盟商的总体状况。本报告就是在此基础上形成的。

一、加盟商调查总体情况分析

从 2009 年的调查结果看，总体平均分为 4.20 分（2008 年为 3.54），高于去年评价水准，处于良好偏上水平；在九个类别中开业指导平均得分 4.38，督导得分 4.19，营销得分 4.02，配送得分 4.39，文件得分 4.23，商圈得分 4.11，营运管理得分 4.17，加盟商满意度得分 4.20，信息披露得分 3.79。从得分结果来看不同类别没有明显差别，基本在良好以上，说明特许总部工作与去年相比得到加盟商的认可。

表 1　　2008 与 2009 年加盟商调查项目平均得分比较

调查项目	开业指导	督导	营销	配送	文件	商圈保护	营运管理	加盟商满意度	信息披露
2008 年	3.71	3.47	3.31	3.72	3.62	3.68	3.52	3.55	3.31
2009 年	4.38	4.19	4.02	4.39	4.23	4.11	4.17	4.20	3.79

调查分三个业态进行。总体来看：

1. 加盟商评价较低的问题主要集中在以下三个方面：

——20. 加盟店的经营情况与当初投资分析报告是一致或接近的，我对现在的投资回报满意；

——12. 总部在品牌维护和广告宣传上的工作令我满意；

——14. 总部能征集、采纳和推广我们的意见和建议。

其中，得分最低的项目是：零售业，第 12 项；餐饮业，第 20 项；服务业，第 7 项。

2. 加盟商评价较高的项目主要体现在：

——18. 总部的所有加盟店在品牌、形象和所提供的主要产品和服务等方面是基本一致的；

——01. 总部提供了满意的开业前系统的培训；

——03. 总部提供了满意的开业期间一段时间的人员现场指导。

其中，各个业态评分最高的项目是：零售业和餐饮酒店业，都是第 18 项；服务业，第 8 项，即“总部给加盟店配送工作规范、能及时、保质保量配送”得到加盟商普遍认可。

总之，与 2008 年相比，服务业状况好于零售业和餐饮酒店业，零售业与上年相比各项指标明显下降了。

表 2　　加盟商调查总体得分表

类别	考察项目	2008 年平均得分	2009 年平均得分
开业	1. 总部提供了满意的开业前系统的培训	3.78	4.44
	2. 总部提供了满意的开业前的现场选址指导（评估）以及装修指导	3.68	4.27
	3. 总部提供了满意的开业期间一段时间的人员现场指导	3.69	4.43
督导	4. 总部的督导定期到单店进行督导，并能解决一定问题	3.48	4.22
	5. 我对总店督导的频率感到满意	3.55	4.24
	6. 总店通过神秘顾客、顾客热线、数据分析等措施控制并规范单店营业，促进单店营业	3.38	4.10
营销	7. 加盟店开展营销促销活动，总部有相应管理和系统持续有力支持	3.31	4.02
配送	8. 总部给加盟店配送工作规范，能及时、保质保量配送	3.72	4.39
文件	9. 总部提供的经营管理文件（手册等）系统实用	3.62	4.23
商圈	10. 总部对加盟店的商圈提供有效的保护	3.68	4.11
营运	11. 加盟商在经营管理中遇到困难和问题，总部能及时有效给予帮助和支持	3.66	4.32
	12. 总部在品牌维护和广告宣传上的工作令我满意	3.39	3.88
	13. 总部提供了有效的运营培训指导（指开业以后）	3.53	4.31
加盟商满意度	14. 总部能征集、采纳和推广我们的意见和建议	3.47	3.98
	15. 总部定期通报本企业或本行业的综合情况	3.34	4.10
	16. 总部建立了消费者满意系统，能有效地解决消费者提出的一些意见	3.56	4.16
	17. 我对总部履行加盟合同情况感到满意	3.49	4.14
	18. 总部所有加盟店在品牌、形象和所提供的主要产品和服务等方面基本一致	3.68	4.57
	19. 总部对所有加盟店的内部管理是基本一致的	3.55	4.27
信息披露	20. 加盟店的经营情况与当初投资分析报告是一致或接近的，我对现在的投资回报满意	3.31	3.79

可以看出，2009 年比 2008 年调查的各项指标评价得分明显提高，尽管被调查的加盟商数量有所不同，但是大致可以推断，特许商在 2008 年基础上改进了对加盟商的关系。也许是由于金融危机的影响，企业放缓了扩张速度，转而注重练内功，加强了对特许体系

的完善和服务。

此外还有一个倾向是，尽管加盟商评价标准提高了，但是对各项指标的评价依然具有趋同性，反应的主要问题没有发生改变。

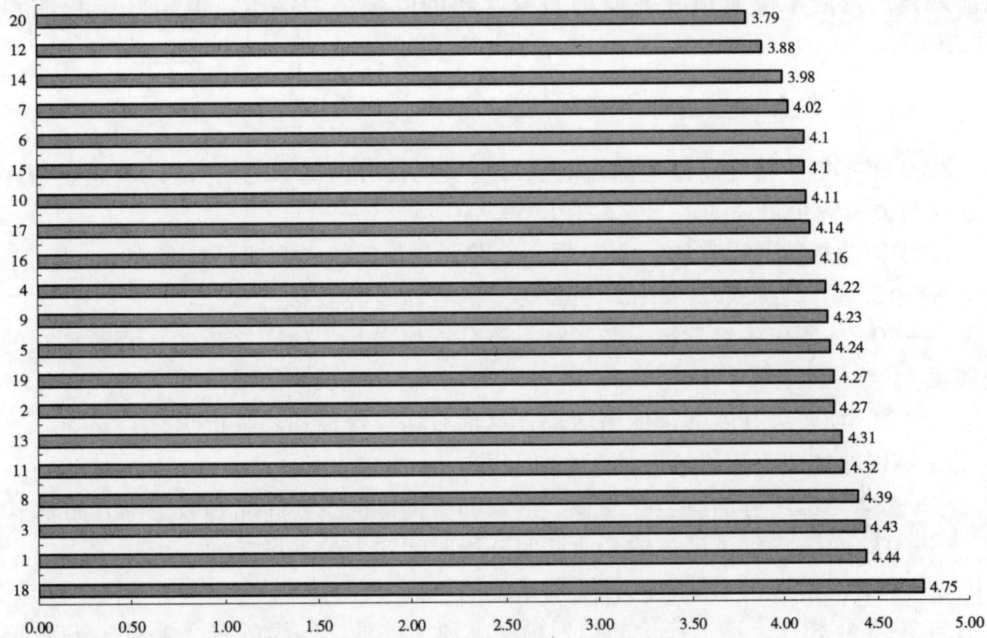

	18	1	3	8	11	13	2	19	5	9	4	16	17	10	15	6	7	14	12	20
总平均数	4.75	4.44	4.43	4.39	4.32	4.31	4.27	4.27	4.24	4.23	4.22	4.16	4.14	4.11	4.1	4.1	4.02	3.98	3.88	3.79

图 1　2009 年加盟商对总部各项工作（20 个考察项目）的评价分布

与 2007 年和 2008 年调查对比，本年调查的结果排序上没有明显变化。总体来看，评价最满意的选项是“18. 总部的所有加盟店在品牌、形象和所提供的主要产品和服务等方面基本一致”和“1. 总部提供了满意的开业前系统的培训”。从这两项指标评介来看，到目前为止我国的很多特许加盟企业的主要工作仍然停留在表面，而对更深层面的管理模式、后期培训和督导等工作往往不够重视，加盟商不很满意。例如在“7. 加盟店开展营销促销活动，总部有相应管理和系统持续有力支持”和“20. 加盟店的经营情况与当初投资分析报告是一致或接近的，我对现在的投资回报满意”等选项认可度依然处于最低点。由此来看，总部对加盟商所做的工作基本是在开业前和开业之初，缺乏长期支持和有效扶持策略的状况没有得到根本改变。

2009 年加盟商集中反映了信息披露的问题，这主要是因为《商业特许经营管理办法》和《商业特许经营信息披露管理办法》出台后，加盟商的法律法规意识提高了，他们更加重视规范经营，并正在逐渐走向成熟。

二、不同业态加盟商意见比较分析

根据调查结果比对，零售业、餐饮酒店业和服务业三大业态的加盟商看法总体上没有明显差异，只是零售业和服务业加盟商反映的问题更为接近，但稍好于餐饮和酒店业（见图2）。

（一）零售业加盟商分析

2009 年零售业特许商得到加盟商认可度平均得分为 4.12 分，是三个业态中评分最低的，这与去年评价最高的情况正好相反。

1. 零售业加盟商反映的主要问题（也即评分最低的 3 个项目）是：

——12. 总部在品牌维护和广告宣传上的工作令我满意；

——20. 加盟店的经营情况与当初投资分析报告是一致或接近的，我对现在的投资回报满意。

——07. 加盟店开展营销促销活动，总部有相应管理和系统持续有力支持。

2. 零售业加盟商评价最好的三个项目是：

——18. 总部所有加盟店在品牌、形象和所提供的主要产品和服务等方面基本一致；

——03. 总部提供了满意的开业期间一段时间的人员现场指导；

——01. 总部提供了满意的开业前系统的培训。

与 2008 年相比，这一评价的排列顺序出现了差异。同样的三个项目，2008 年的顺序是 01、03、18。这三项工作是特许体系必须要做的，而且都属加盟商刚开始经营阶段时常遇到的问题，所以也更容易得到加盟商的认可。

（二）餐饮和酒店业加盟商分析

餐饮与酒店业加盟商总的得分为 4.21 分，在三个业态中评分中等，属于优良。

1. 餐饮和酒店业反应的主要问题是：

“信息披露是否充分”和“14. 总部能否征集、采纳和推广我们的意见和建议”两个方面。其实，这两个项目是互相联系的。如果总部能够经常性地征集、采纳和推广加盟商的意见和建议，也就不会出现信息披露不充分的问题了。这一点是值得餐饮和酒店业特许体系认真对待的事情。

2. 餐饮与酒店业总部得到加盟商普遍认可，排在前三位的项目包括：

——18. 总部所有加盟店在品牌、形象和所提供的主要产品和服务等方面是基本一致的；

——03. 总部提供了满意的开业期间一段时间的人员现场指导；

——19. 总部对所有加盟店的内部管理是基本一致的。

（三）服务业加盟商分析

服务业加盟商评价总平均分为 4.29 分，是三个业态中得分最高的（总平均为 4.20 分）。

1. 服务业加盟商反映的问题与 2008 年基本相同，只是前三位的顺序稍有变化：

——07. 加盟店开展营销促销活动，总部有相应管理和系统持续有力支持；

——20. 加盟店的经营情况与当初投资分析报告是一致或接近的，我对现在的投资回报满意；

——06. 总店通过神秘顾客、顾客热线、数据分析等措施控制并规范单店营业，促进单店营业。

由此看来，老问题尽管有所改进，但是仍然没有取得加盟商的认同，满意率没有根本改变。

2. 服务业加盟商对总部最满意的三个项目是：

——13. 总部提供了有效的运营培训指导（指开业以后）；

——18. 总部的所有加盟店在品牌、形象和所提供的主要产品和服务等方面是基本一致的；

——01. 总部提供了满意的开业前系统的培训。

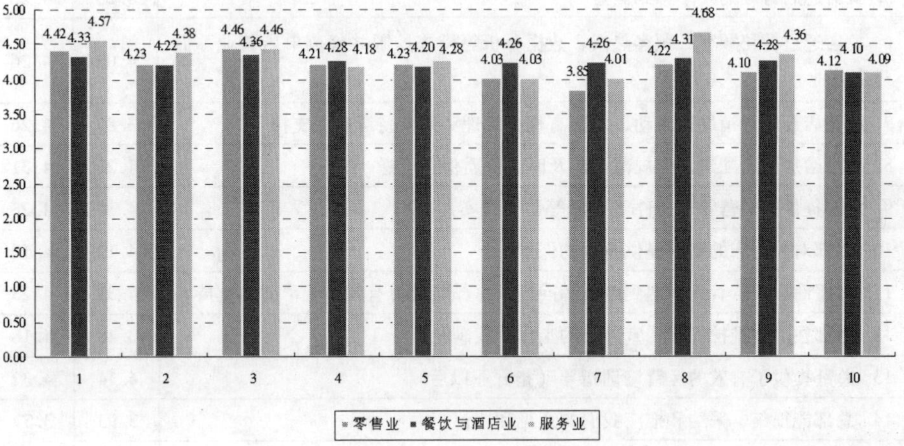

图 2　三大业态加盟商调查比较研究

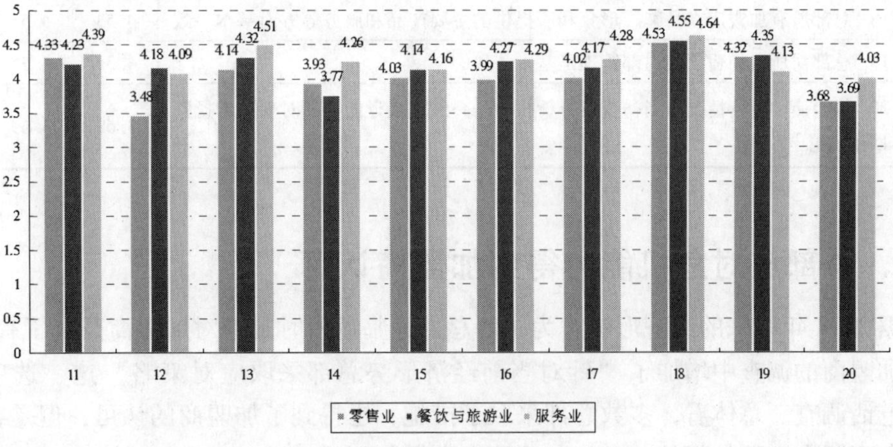

图 3　三大业态加盟商调查比较研究

与上年相比，前三位改变了一个项目，总部的营运培训工作得到加强，同时对 2008

年评价较高的商圈保护问题却变得不满意了，这说明市场竞争更加激烈，盈利空间被更多的加盟商分摊，所以出现了商圈保护的问题。

表 3　　三大业态加盟商调查比较研究

类别		零售业	餐饮与酒店业	服务业
开业	1. 总部提供了满意的开业前系统的培训	4.42	4.33	4.57
	2. 总部提供了满意的开业前的现场选址指导（评估）以及装修指导	4.23	4.22	4.38
	3. 总部提供了满意的开业期间一段时间的人员现场指导	4.46	4.36	4.46
督导	4. 总部的督导定期到单店进行督导，并能解决一定问题	4.21	4.28	4.18
	5. 我对总店督导的频率感到满意	4.23	4.20	4.28
	6. 总店通过神秘顾客、顾客热线、数据分析等措施控制并规范单店营业，促进店营业	4.03	4.26	4.03
营销	7. 加盟店开展营销促销活动，总部有相应管理和系统持续有力支持	3.85	4.26	4.01
配送	8. 总部给加盟店配送工作规范、能及时、保质保量配送	4.22	4.31	4.68
文件	9. 总部提供的经营管理文件（手册等）系统实用	4.10	4.28	4.36
商圈	10. 总部对加盟店的商圈提供有效的保护	4.12	4.10	4.09
营运	11. 加盟商在经营管理中遇到困难和问题，总部能及时有效给予帮助和支持	4.33	4.23	4.39
	12. 总部在品牌维护和广告宣传上的工作令我满意	3.48	4.18	4.09
	13. 总部提供了有效的运营培训指导（指开业以后）	4.14	4.32	4.51
加盟商满意度	14. 总部能征集、采纳和推广我们的意见和建议	3.93	3.77	4.26
	15. 总部定期通报本企业或本行业的综合情况	4.03	4.14	4.16
	16. 总部建立了消费者满意系统，能有效地解决消费者提出的一些意见	3.99	4.27	4.29
	17. 我对总部履行加盟合同情况感到满意	4.02	4.17	4.28
	18. 总部所有加盟店在品牌、形象和所提供的主要产品和服务等方面基本一致	4.53	4.55	4.64
	19. 总部对所有加盟店的内部管理是基本一致的	4.32	4.35	4.13
信息披露	20. 加盟店的经营情况与当初投资分析报告是一致或接近的，我对现在的投资回报满意	3.68	3.69	4.03

三、总部应对危机能力得到加盟商认可

根据2008年以来的经济形势，为了解总部面临危机时是否对加盟商开展了有效措施，本次对加盟商的调查中增加了“针对当前经济形势总部采取应对策略”这一选项并进行了补充电话调查。总体看，多数总部采取了措施，也得到了加盟商的认可，但是在对加盟商服务方面还有需要加强的地方。各项调查数据如下：

（一）对当前危机的看法

超过7成的加盟商把当前经营的问题归结为经济环境的影响，只有28%的加盟商认

为没有什么影响。这些影响因业态的不同而不同。

例如，中低档餐饮业受到的影响就很小，而高档服务业和星级餐饮业受到影响较大。由此来看，年初时很多总部打算放慢发展速度，专心练内功（内部体系结构的完善等）的想法存在偏差。应对金融（经济）危机应该差别对待，不同行业实际应对应各不相同。作为特许体系应能认清并看做是一个发展机遇，并通过加盟商进一步了解市场变化，进行相应的战略调整。

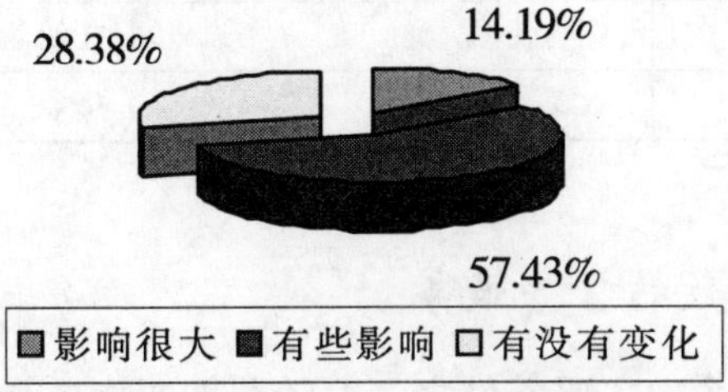

图 4　金融危机环境下加盟商的生意受到影响程度

表 4　金融危机环境下加盟商的生意是否受到影响调查

	总计	占总数百分比
影响很大	42	14.19%
有些影响	170	57.43%
没有变化	84	28.38%

（二）总部应对危机的能力有待提高

从表 4 中我们可以看出，总部应对危机的能力明显提高，加盟商认为效果很好和有一定效果接近 60%；同时，我们也要看到还有 23.31% 的总部没有采取措施，这些总部在以后工作中需要改进。我们相信总部只要为加盟商着想，加盟商就会对总部工作给予支持，这一点可从“总部实施了应对措施但是没有效果”的评价占有 7.8% 的份额得到印证。

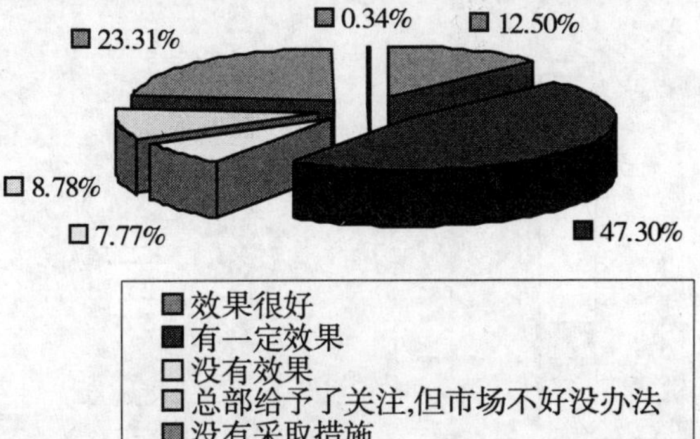

图 5　应对经济危机，总部采取的措施能否帮助加盟商

表 5　　应对经济危机，总部采取的措施能否帮助加盟商

	总计	占总数百分比
效果很好	37	12.50%
有一定效果	140	47.30%
没有效果	23	7.77%
总部给予了关注，但市场不好没办法	26	8.78%
没有采取措施	69	23.31%
未答	1	0.34%

（三）加盟商希望总部提供更加完善细致的督导服务

总部对加盟商服务的程度是检验一个特许体系的主要条件之一，随着加盟商数量的增加，总部投入的督导和培训人员也就要增加。在调查列举的五项服务中“督导服务”需求以 62.5% 占到第一位；同时，我们从表 5 中还可以看出，在第一位排列顺序的分别为：督导服务、营销、广告宣传、新产品开发、减免加盟费。加盟商需要总部更多的督导和营销，尤其是在金融危机时期，加盟商需要更多的关怀；而那些认为需要开发新产品给加盟商的并没有得到普遍认可；同时，更为重要的“减免加盟费”并没有多少支持率，说明了危机时刻加盟商并没有提出减免加盟费的需要，只要服务到位加盟商还是愿意支付加盟商的，那些抱怨加盟费难收取的总部一定是服务工作不到位。

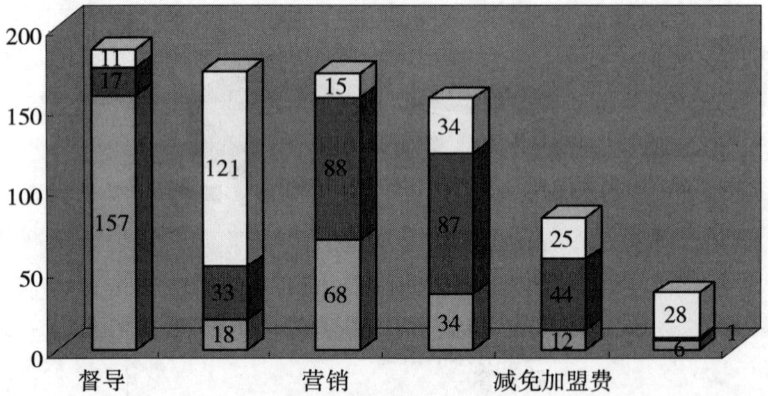

图 6　对于加盟商，您认为总部提供服务最重要的项目是什么（限选 3 项）

表 6　　你认为总部提供服务最重要的项目是什么（限 3 项）

	第 1 位	第 2 位	第 3 位	总计	占总数百分比
督导	157	17	11	185	62.50%
新产品开发	18	33	121	172	58.11%
营销	68	88	15	171	57.77%
广告宣传	34	87	34	155	52.36%
减免加盟费	12	44	25	81	27.36%
其他	6	1	28	35	11.82%

（四）品牌知名度是选择加盟的首要条件

加盟商非常重视品牌和行业发展前景（见图 6），特许商在开展加盟前很注重品牌的推广和宣传，一旦加盟商选择加盟后依然还是重视特许商在品牌宣传上的力度，或者加盟商明显感觉特许商不如以前那样宣传了。

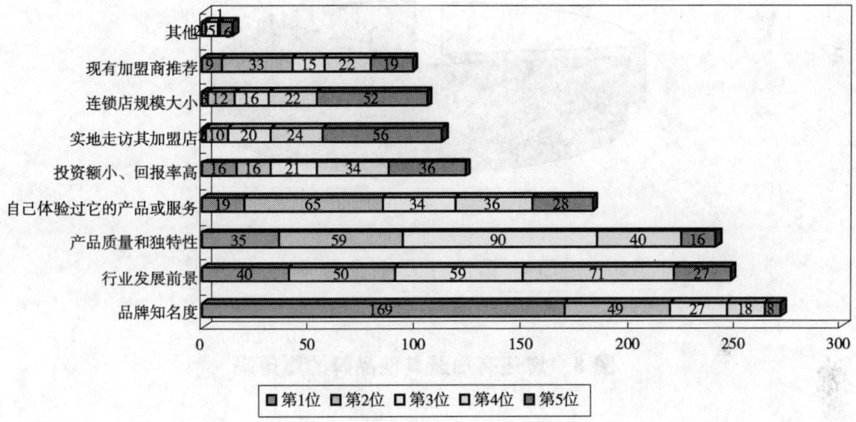

图 7　依照加盟经验，您认为应当如何选择加盟品牌（选择 5 条）

表 7　　当前形式多样的特许加盟项目和广告令投资人眼花缭乱，依你的加盟经验怎样选择加盟品牌（排序选择 5 条）

	第 1 位	第 2 位	第 3 位	第 4 位	第 5 位	总计	占总数百分比
品牌知名度	169	49	27	18	8	271	91.55%
行业发展前景	40	50	59	71	27	247	83.45%
产品质量和独特性	35	59	90	40	16	240	81.08%
自己曾体验过它的产品或服务	19	65	34	36	28	182	61.49%
投资额小，回报率高	16	16	21	34	36	123	41.55%
实地走访其加盟店	2	10	20	24	56	112	37.84%
连锁店规模大小	3	12	16	22	52	105	35.47%
现有加盟商推荐	9	33	15	22	19	98	33.11%
其他	2	0	5	1	6	14	4.73%

（五）加盟商队伍基本稳定

从表8看，加盟商队伍相对稳定（63.85%），只有1/5的加盟商有加盟其他品牌的愿望，这说明加盟商充分认识到金融危机状态下的品牌价值。特许商这个时候要加强对品牌的宣传，为加盟商提高更多的服务，就可以得到加盟商的拥护，共同渡过危机关头。

表8　　你还有加盟其他品牌的愿望吗

	总计	占总数百分比
有	41	13.85%
没有	189	63.85%
我会考虑	66	22.30%

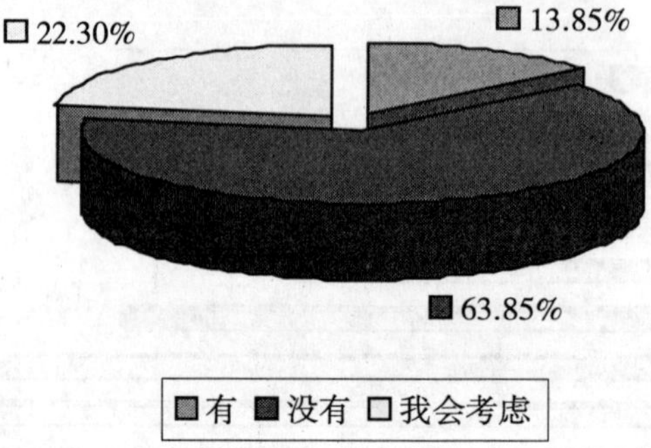

图8　您还有加盟其他品牌的愿望吗

四、特许体系与加盟商关系维护

加盟商满意度是特许商的行动指南。一个特许体系的成熟和完善取决于他维护加盟商关系的意愿和能力。持续维护加盟商关系是为了特许体系扩张和持续发展的需要，在这个过程中特许商不只是帮助他们建立加盟店，还要对他们今后的持续发展提供支持与帮助。本次加盟商状况调查反映的主要问题依然如此。

随着特许经营事业的发展，人们的认识水平也在不断提高。2009年的特许关系调查与上年相比尽管各个选项上的得分有所提高，但是反映的问题依然如故。加盟商不满意的选项基本是特许体系本身，尤其是加盟后的持续性表现。例如，“加盟店的经营情况与当初投资分析报告是一致或接近的，我对现在的投资回报满意”，“总部在品牌维护和广告宣传上的工作令我满意”，“总部能征集、采纳和推广我们的意见和建议”等等。因此，与加盟商开展沟通不能只是体现在制度和文件、手册方面，而更应该面对面地多方听取加盟商的意见和建议。

维护加盟商关系除了需要制定完善的制度体系之外，还需要更加关注加盟商的选择。其一，应该对行业与区域因素相结合给予重点考虑。因为，不同区域的人对相同行业有独特的能力和热情，这一点可以从现存的成功企业的加盟商大量聚集在某一区域得到解释，因此，特许企业在选择加盟商时应予参考；其二，被选择的加盟商，其经营管理资源应当充足（包括各种社会关系），但如果加盟商在当地很“强势”，则往往会阻碍他与总部之间良好的沟通；其三，加盟商的兴趣与愿望是决定其能否持续成功的关键。如果加盟商只是为了养家糊口或只是为了获取经济利益，而对所从事的行业不感兴趣，则基本不会长久经营。因此，长期和持续性沟通是特许关系一体化的必要条件。

我国特许经营事业走过了十几个年头，这期间特许事业从无到有，从小到大，从弱到强，特许经营模式已经被越来越多的企业所认可，尤其是加盟商逐渐接受并适应这种经营模式，特许关系也逐步得到改善。从 2009 年关于特许体系应对金融危机的策略调查可以看出，总部应对危机的能力在提高，而且也得到了加盟商的认可；在危机状态下加盟商队伍也是稳定的，并没有表现出选择其他品牌的愿望，也正是在这个时期加盟商才体会到品牌的重要性，因此对总部维护品牌也提出了更高的要求，希望得到更多的督导服务，足见加盟商队伍也在走向理性和成熟。

（中国人民大学　于显洋）

2008—2009 年度中国餐饮业特许经营发展报告

一、概述

（一）宏观形势

中国餐饮业作为与国民生活息息相关的行业之一，其发展是与中国经济的发展不可分割的。2008 年 10 月，中国经济在延续了数年的高速增长后，于北京奥运会结束之际，受到了全球金融危机的影响出现明显下滑，餐饮业的发展也受到一定程度的拖累。但由于时遇餐饮业传统旺季，终于顶住了金融危机的不良影响，保持了整个年度的发展与增长。

据权威统计，2008 年餐饮业的零售额达到 15404 亿元，比 2007 年增长了 24.7%，占社会消费品零售总额的 14.2%。这是我国餐饮业连续第 18 个年份保持了双位数的增长。根据历年数据分析，预计到 2010 年，中国餐饮业的零售额将达到 20000 亿元，餐饮业的持续、稳定发展将继续成为拉动消费、实现增长、扩大就业的重要因素之一。

"连锁经营"是近 10 多年来拉动餐饮业发展的最重要的发动机。排名前 10 位的餐饮品牌无一例外地都是连锁企业，餐饮百强中的大部分企业也因采用连锁经营模式而日益"强大"。"特许经营"的有效运用，又在促进餐饮连锁企业发展壮大方面发挥了独特的作用。在餐饮百强企业中，排名前 10 位的企业里至少有 8 家是得益于合并了庞大的加盟店业绩而领先的。有许多餐饮品牌的加盟店业绩总额甚至数倍或数十倍地高于直营店的业绩。如果没有采用"特许经营"模式，中国餐饮业的排行榜将可能完全是另外一个样子。

（二）行业概况

与上年度财务指标对比，被调查企业新开加盟店数量较多，但由于新增加盟店面积较大，单店座位数的大幅增长并没有带来对应的业绩大幅增长。这可能与受金融危机影响，消费人数增长缓慢有关。相关数据显示，部分中高档餐饮企业的客流下降比较严重。

火锅业态与上年度的财务指标对比，由于部分企业投入大量资金进行规范化运作，发展管理系统和筹备上市，导致费用增长幅度较销售规模增长快，最终导致这一部分企业的利润率为负增长，因此对整个业态利润率的增长形成拖累。此外，加盟店数量增幅低于门店总增幅。这一是因为部分企业关闭了一定数量的不合格加盟店，收购优秀的加盟店，二是因为企业上市等资本运营的要求，企业加大了直营店的开店力度，控制了加盟店的发展速度。

中式快餐业态各项指标均有较快增长。受到金融危机的影响，普通消费者用在餐饮方面的支出有一定比例的减少，部分消费者更倾向于选择快餐，使各快餐企业门店销售额有明显提升，但由于成本费用略有提高，导致毛利率增幅甚小，利润率略有降低。

中式正餐各项指标均增长较快，加盟店营业面积增长率更是超过200%。

二、行业发展特点

（一）主要发展指标

以特许经营方式发展的餐饮企业分布在中式正餐、西式正餐、中式快餐、西式快餐、茶餐厅、火锅、休闲饮品等业态。采用特许经营模式发展最成功的业态是火锅业和快餐业，包括中式正餐这类标准化难度较大、工业化水平较低的其他业态也有成功的案例。

1. 企业规模

（1）从销售额看

在受调查的企业中，年销售额超过5亿元的占22%，年销售额在1亿~5亿元的占48%，年销售额在1亿元以内的占30%。

火锅类企业近三成年销售额过5亿元，也有近三成的企业年销售额低于1亿元。

中式正餐类企业有43%的企业年销售额超过5亿元，其中占总额14%的企业其年销售额在10亿元以上。另有43%的企业年销售额在1亿~5亿元之间，年销售额低于1亿元的企业仅为14%。

中式快餐类企业年销售额超过5亿元的比例为18%，年销售额在1亿~5亿元的占35%，年销售额在亿元以内的企业占57%。

影响企业销售规模的因素主要有客单价和连锁店数量。火锅业态和中式正餐业态因客单价较高而销售规模较大，中式快餐业态因客单价相对较低而销售规模低于连锁店数量同样较多的火锅业态。

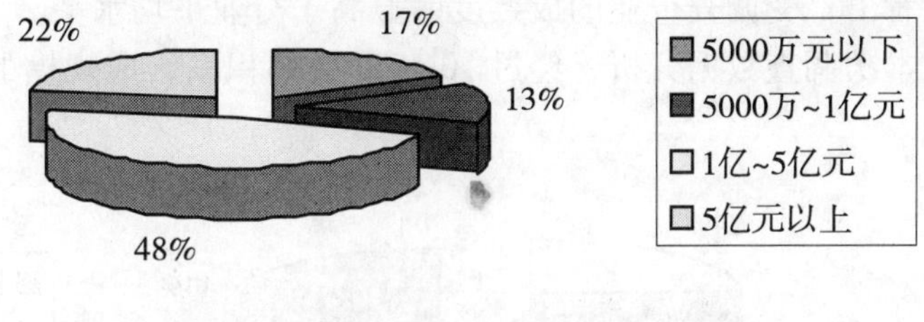

图1　企业销售规模

（2）从门店数量看

在受调查的企业中，其门店数量在100家以内的占到48%，门店数量在100~299家的占20%，门店数量在300~499家的占20%，门店数量在500家以上的占12%。

分行业来看，相比其他类别的餐饮企业，火锅业态企业因其复制性较强，其门店数量一般较多，其中门店数量达到300~499家的占到总数的42.9%。中式快餐业态企业门店数量以100以下为最多，达45.5%，由此看来“100家门店”是中式快餐连锁经营规模发展的一道门槛。而中式正餐受其单店规模标准化控制、原材料配送等条件限制，门店数量相对其他业态较少，门店数量在100以内的占到总数的71.4%。

此外，2008年各主要餐饮业态企业新增加盟店的比率分别为：火锅2.57%，中式快餐49.73%，中式正餐56.31%。受资本市场和企业战略的影响，部分火锅企业大力发展直营店，并关闭或收购部分加盟店，导致火锅企业的门店数量增长率较餐饮业平均值偏低。

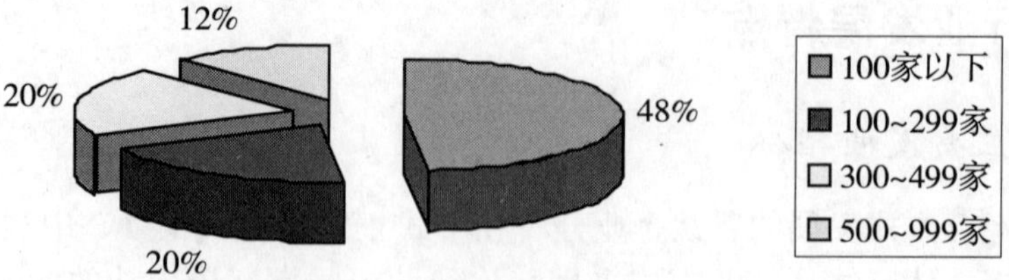

图 2　门店数量

表 1　　门店数量

门店数量	企业数量占比		
	火锅	中式快餐	中式正餐
100 家以下	28.5%	45.5%	71.4%
100～299 家	14.3%	27.3%	21.6%
300～499 家	42.9%	9.1%	
500～999 家	14.3%	18.2%	

2. 成熟度

受调查企业平均寿命为 8.96 年，其中 44% 的企业寿命超过或等于 10 年，32% 的企业寿命在 6～9 年之间，寿命低于 5 年的占 24%。而行业流行的说法是餐饮企业平均寿命不到 3 年，由此看出，受调查企业的成熟度明显高于行业平均水平。

此外，从本次调查数据分析，经过 10 年以上的积累，成规模的火锅和快餐企业越来越多。

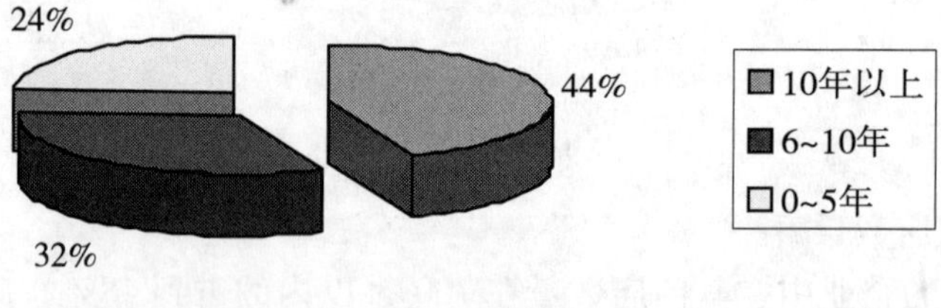

图 3　企业寿命

（二）特许经营 KPI 指标

1. 拓展与授权

（1）单店模式

从受访企业的调查数据来看，单店投资额在 100 万元以下的占 71%，其中店铺面积在300平方米以内的占到总数的一半。说明单店投资额在100万元以下，面积在300平方米以下的项目仍是特许餐饮投资的重点。面积过大，一旦选址不理想，上座率就会降低，从而影响加盟商的投资回报。

从单店人数来看，50人以下的企业占到总数的74%，人均管理面积在5～10平方米之间。

从店铺选址看，首选店址仍集中在交通便利处、商业区和住宅区三大板块。随着部分大城市规划格局的变化，市区内的商业中心可提供店铺会逐渐紧缩，而向市郊及二级商业区的发展将会加快，预计今后几年，社区店、二级商业中心店、次级交通枢纽店将会越来越多。

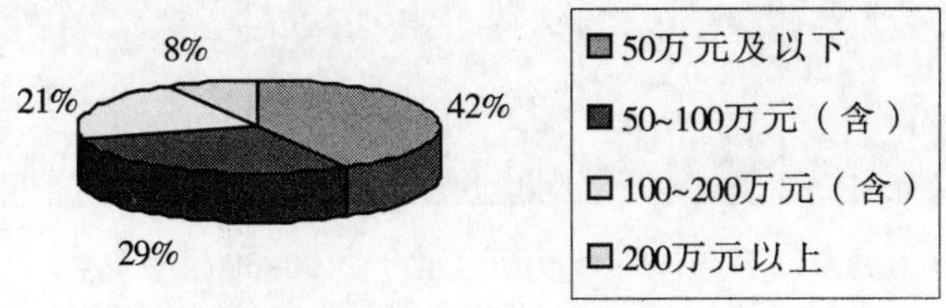

图4　单店投资额

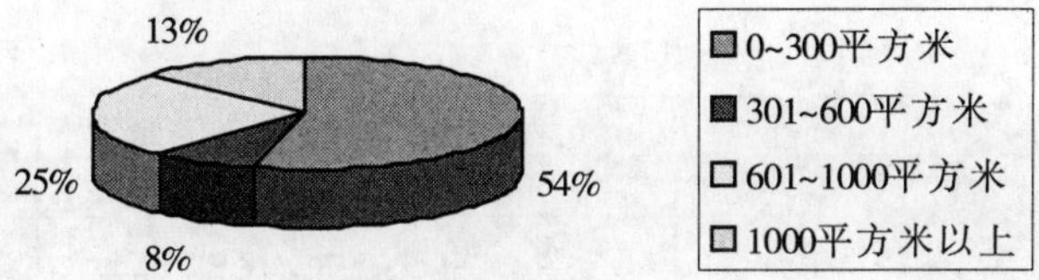

图5　加盟店单店面积

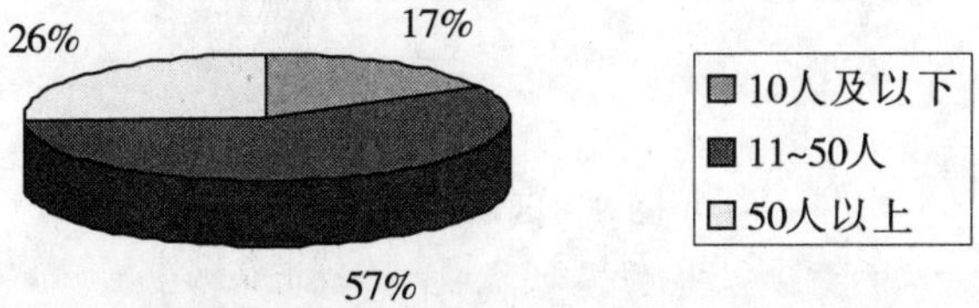

图6　加盟店单店员工数量

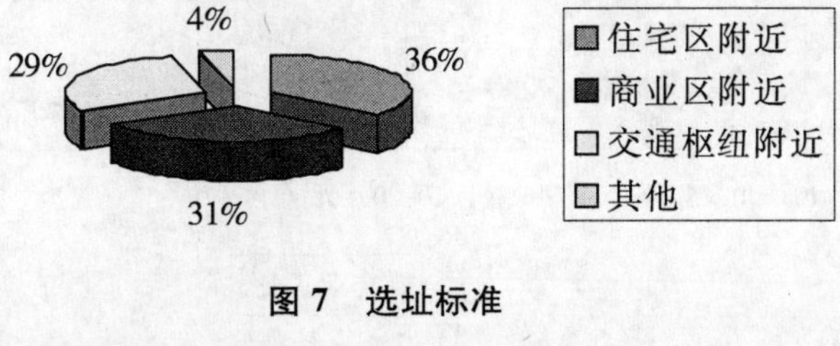

图7　选址标准

（2）加盟费

调查显示，绝大多数被调查企业的加盟费控制在 30 万元以下。需要注意的是，一半以上的区域加盟费在 30 万元以上，从而导致二级特许费用相对于只采用单店加盟的费用要低，从一定程度上吸引了加盟商。但是由于区域加盟商的管理和支持能力有限，加盟店能否持续不断的发展是个问题。

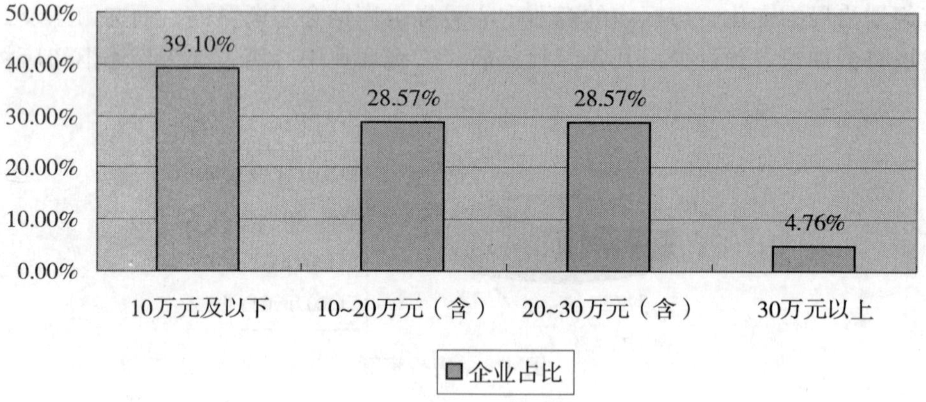

图 8　单店特许加盟费情况

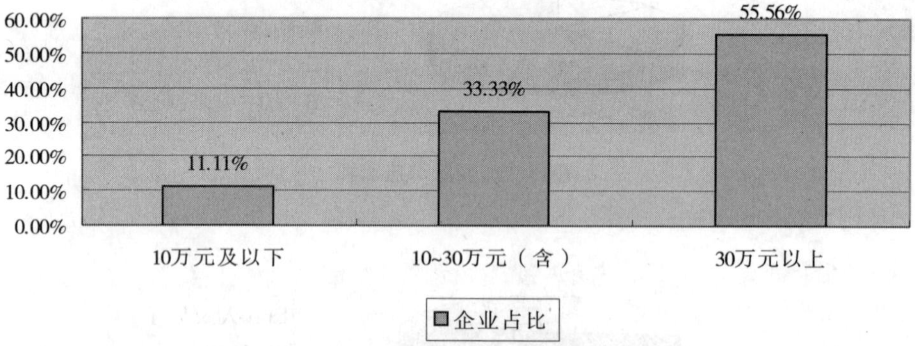

图 9　区域开发加盟费情况

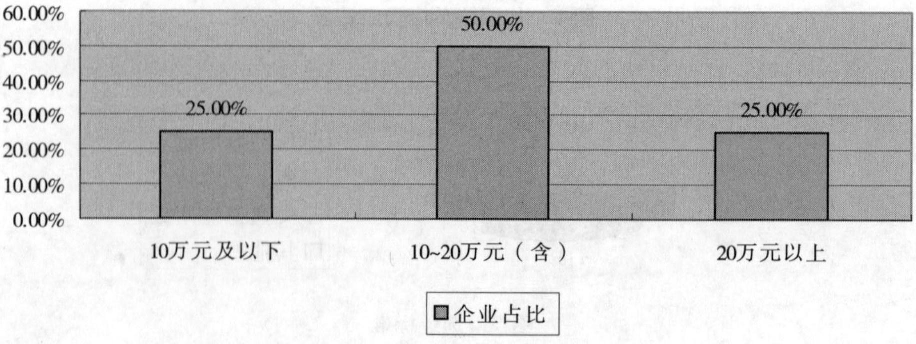

图 10　二级特许加盟费情况

（3）特许费缴纳方式

多数企业仍采取固定额度缴纳特许权使用费。一是因为企业总部缺乏成熟的管控和支持体系，导致加盟商不买账，虚报销售收入甚至不交。二是因为多数企业的网络管理系统不够健全，无法实时了解加盟店的营业和财务状况。三是因为从绝对数据上看，按销售额比例缴纳的方式实际支出要多于其他方式。

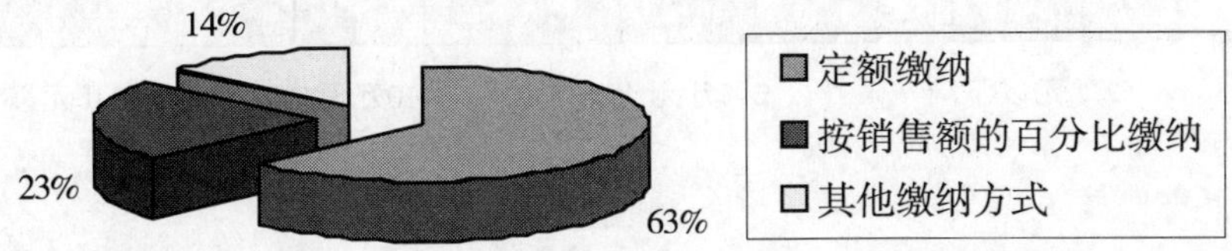

图 11　特许费缴纳方式

按 3% ~4% 销售额比例缴纳特许费的企业占到被调查企业的 60%。3% 以下和 4% 以上的分别占 20%。

按固定额度缴纳特许权使用费的每年 2 万元以内的最多，达 42.86%；其次是每年 2 万 ~5 万元，为 28.57%；再次是每年 5 万 ~10 万元，为 21.43%；每年 10 万元以上的仅占 7.14%。

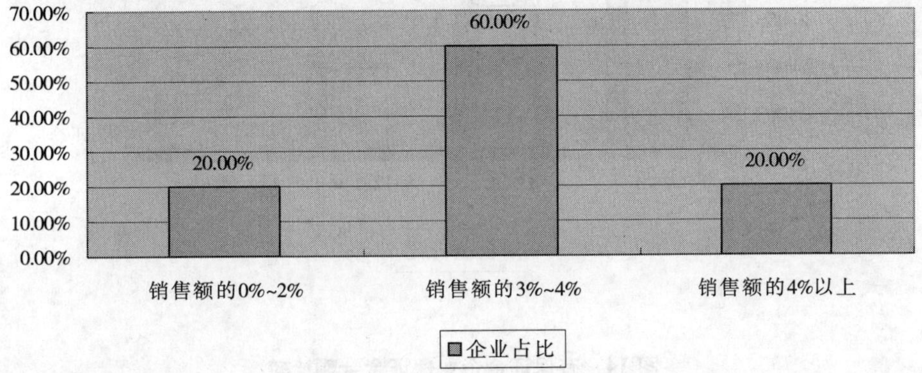

图 12　特许费按销售额缴纳情况

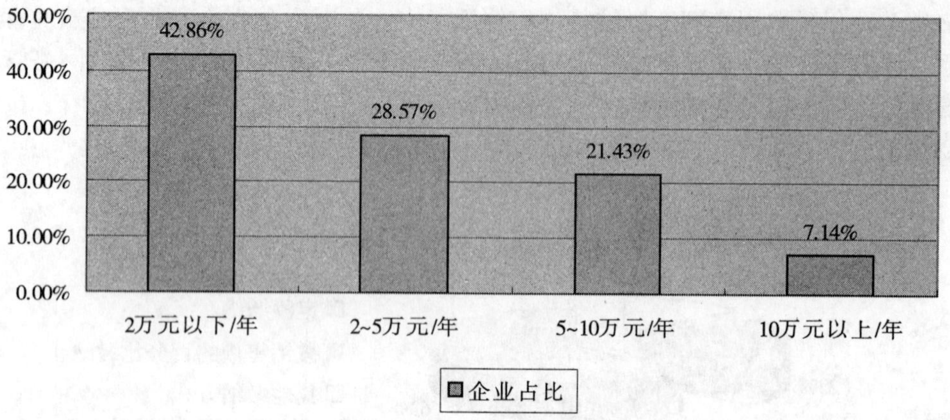

图 13　特许费定额缴纳费用情况

（4）保证金

根据以往数据显示，保证金的额度逐年递增。这可能是因为总部出于保护品牌的需要，给加盟商设置一定的门槛，从而督促加盟商按照标准体系来运行。被调查企业中收保证金的，金额越低所占企业比例越高，其中保证金金额在 4 万元以内的最多，占 43.48%。

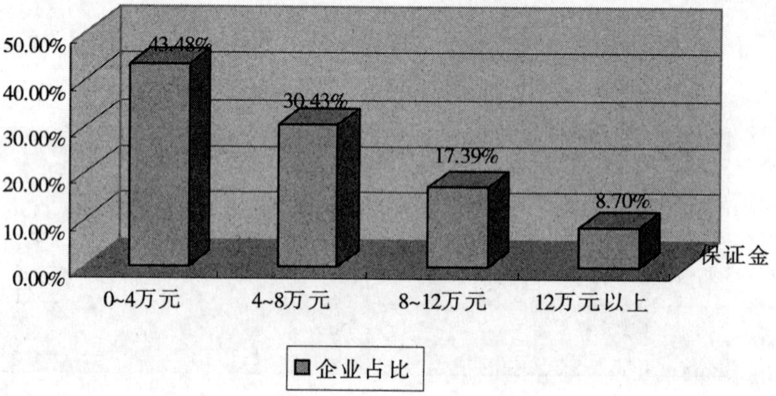

图 14　有保证金企业保证金金额比较

（5）加盟期限

在被调查企业中，加盟期限为 3 年的最多，达 44%，加盟期限在 5 年以下的企业过半。在欧美等发达的餐饮市场来看，一般都在 5 年以上。时间越长，表明企业自身的管理体系越健全，一方面保护加盟商的权利和潜在收益，另一方面也保证自己的品牌得以稳定良性的发展。

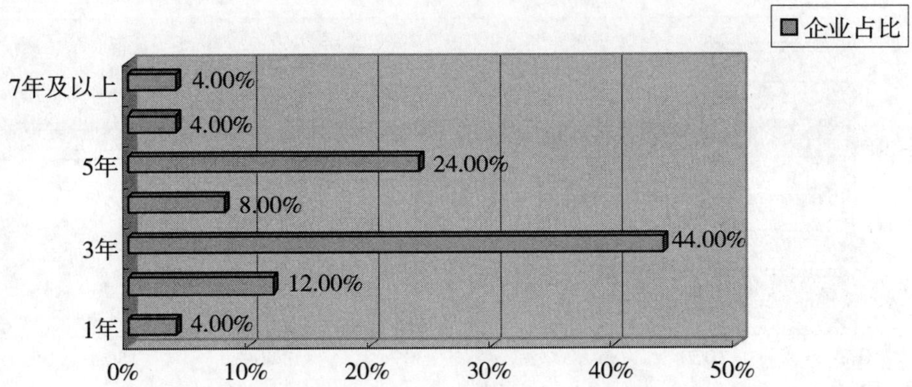

图 15　合同期限

（6）加盟店与直营店比例

自餐饮业引进特许经营模式以来，2008 年是加盟店和直营店比例变化最大的一年。许多企业调整了战略方向，以开设直营店为主，并关闭或收购了部分加盟店。其原因有二，一是国际投资需求，必须保证总部一定的资产规模和持续盈利能力；二是受金融危机影响，投资人加盟热情下降，企业转而发展直营店。加盟店数量减少的被调查企业占 21. 74%，加盟店数量增长在 20% 以内的占被调查企业的 43. 48%。

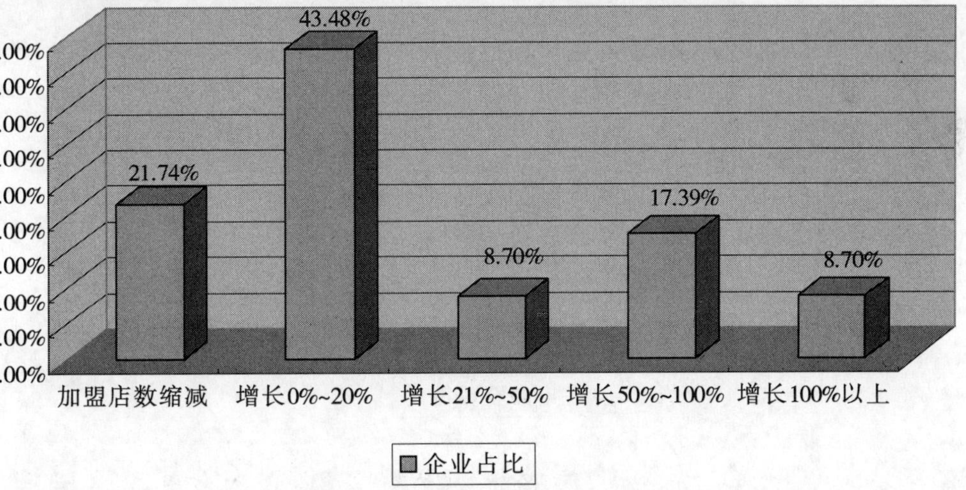

图 16　加盟店店数增长率

2. 营运管理

（1）投资回收期 & 投资收益率

调查显示，被调查企业受市场和原料等因素影响，单店平均利润率和毛利率增长放缓。91% 的企业投资回收期在 2 年以内，但受市场影响，今后 1 ~2 年此数据可能会提高。

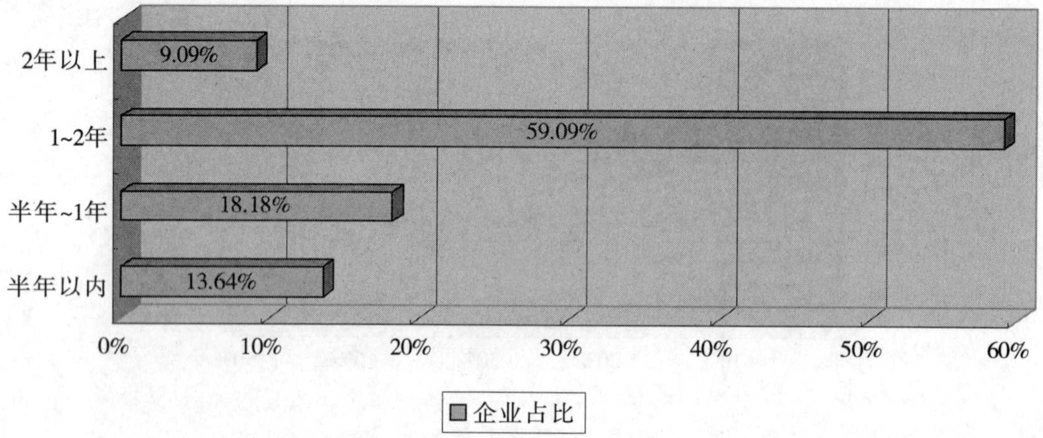

图 17　投资回收期

（2）加盟店续约比例

影响续约率的主要因素包括加盟店经营状况、加盟双方履约情况，加盟店对加盟总部的依赖程度。受调查的餐饮企业平均续约率为 81.6%，超过一半的被调查企业其续约率超过 90%。部分火锅企业 2008 年着重整顿内部管理体系，对经营不好、不符合标准的门店不再续约，导致续约率不高。

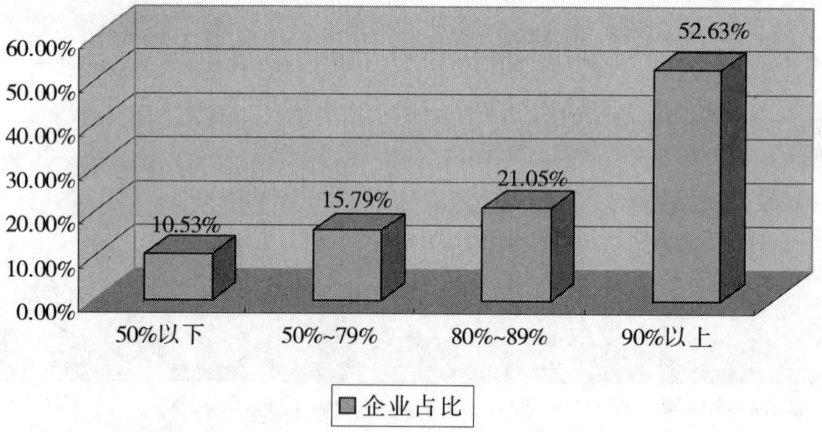

图 18　续约率

3. 支持

（1）总部对加盟商中层管理人员的培训与单店督导

从调查中可以看出，被调查企业对加盟商管理人员的培训工作越来越重视，一半以上的企业能够保障一定的培训时间，其中培训时间在 3 ~ 4 周的被调查企业占到 33.33%，培训时间超过 4 周的企业则占了 25%。随着行业发展水平的不断提高，对加盟店的培训时间今后也必定会相应增加。此外，开业后每年培训 100 小时以上是一个标准，企业总部可以转化思路，除了采用现场到店督导培训、对加盟店管理层进行集中培训等传统方式外，还可采取网络远程、实时沟通等多种方式进行培训。

而随着企业对连锁体系的重视程度逐渐提高，其对加盟商的督导频率也有所提升，但是受人力资源的限制和市场环境变化莫测的影响，部分加盟店仍存在对总部督导人员的不满情绪。

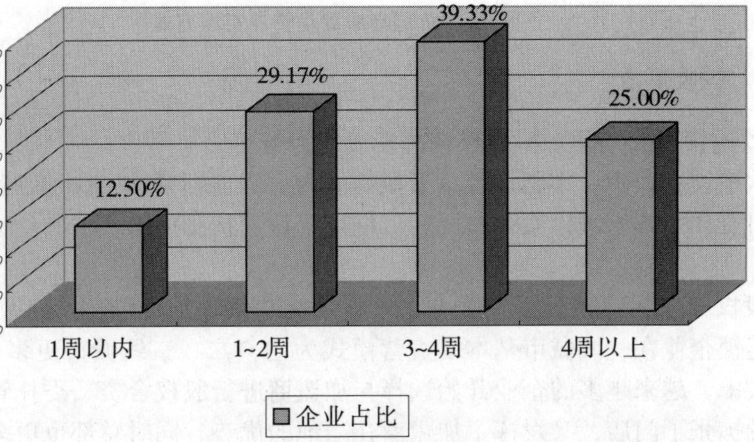

图 19 开业前培训时间

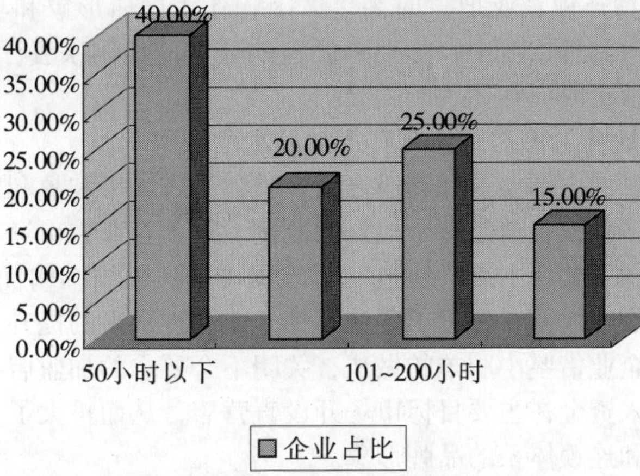

图 20 开业后每年培训时间

（2）信息化水平

将计算机网络作为特许经营管理系统的重要组成部分是一个趋势。调查数据显示，超过一半的被调查企业采用了计算机网络技术作为与加盟店沟通的手段，其中，28. 26%的被调查企业采用了网络实时沟通的信息化手段。这对加盟商无疑是很大的支持。

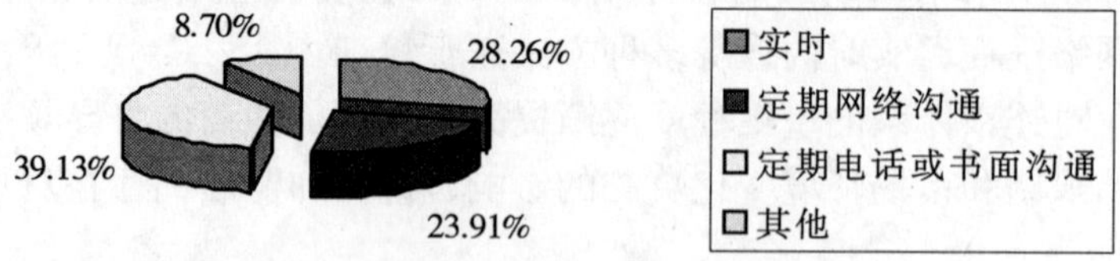

图 21　总部与加盟商信息交换方式

（三）其他亮点

1. 餐饮连锁中火锅业态特许经营的发展动力最足

在餐饮连锁企业中，小肥羊、小天鹅等国内火锅连锁餐饮企业的领跑者，在完成上市或第一轮引资和内部管理体系调整之后，继续了快速扩张的脚步。其他火锅品牌也在积极跟进。

2. “股权合作”等创新加盟模式，越来越多的为餐饮连锁企业采用

餐饮连锁企业在一线城市基本以直营模式为主，二、三线城市更多以加盟模式为主。在加盟模式中，越来越多的企业开始选择与加盟商进行股权合资、委托管理等创新加盟模式。这样既扩张了门店，又发挥了加盟商在当地的优势，同时总部也更多地获得了门店经营权，以促进品牌的整体发展。

3. “时尚、休闲”成为新的亮点

2008 年，许多餐饮连锁企业把“时尚、休闲”作为门店形象和功能的调整重点，越来越多的新概念被融入到餐饮业中，加上早已遍地开花的休闲茶餐厅、时尚餐吧等业态，整个餐饮业不约而同地走时尚和休闲的路线。

4. 小肥羊等企业成功上市对餐饮业有很大的示范作用

小肥羊在完成自己的内部整改和升级之后，整体管理水平和盈利能力大幅提升，并成功上市，这对国内很多餐饮企业是一个很好的范例。许多企业在市场相对疲软的时期，把精力集中到内部管理体系整合上来，通过内部流程再造、组织结构优化、管理软件提升、外部专家咨询等方式进行改革，促进了餐饮连锁企业管理水平的提升。

与此同时，很多企业借鉴小肥羊的做法，关闭不合要求的加盟店，收购或参股盈利能力较好的加盟店，投入资金在主要目标市场开设直营店，从而扩大了企业的规模，提升了对连锁店的控制能力和连锁体系的品牌形象。

5. 产业化发展

随着国家“三农”政策的实施，餐饮连锁企业加大了上游原辅料生产基地和物流配送系统的建设力度。“永和豆浆”等部分餐饮连锁企业在从事门店经营的同时，实施产业化发展战略，产业链扩展到农场和工厂，产品进入商超。

三、2008 年的重大事件对餐饮特许经营的影响

（一）北京奥运会的影响

2008 年北京奥运会虽然未如预期为餐饮业带来巨大的消费人群，但餐饮行业为迎接

奥运投入了大量资源，对硬件设施进行升级，按照奥运要求对服务和管理进行改进、提升，这使得行业整体的软硬件水平得到结构性的改善。尤其是直接为奥运服务的餐饮连锁企业，借北京奥运会的机会，建立起了包括集中加工、物流配送、食品安全与检测等后台系统，使其竞争能力得到明显提高。

（二）国际金融危机的影响

席卷全球的国际金融危机对我国的影响显现于 2008 年第四季度，其对餐饮业的影响主要表现在高端品牌客流量的下降，大量连锁餐饮品牌因其定位多在中低档水平，金融危机对其影响不甚明显。连锁快餐业态甚至出现客流量上升。分析原因，一般认为是顾客从高端下移，造成处于低端的快餐业态一时的火热。

调查显示，金融危机打击了投资者在投资加盟方面的信心，投资餐饮连锁项目的热情有所降低。投资人多持更加冷静的态度，令加盟招商变得被动。

四、餐饮业特许经营面临的问题和趋势

（一）餐饮业特许经营面临的问题

我们针对受访企业做了关于“企业自认为发展中面临的问题”的调查。从调查结果可以看出（见图 22），受餐饮业本身特点和经济环境的影响，选址、市场下滑、投资加盟意愿减弱、标准化和商标侵权仍是企业面临的最重要问题。

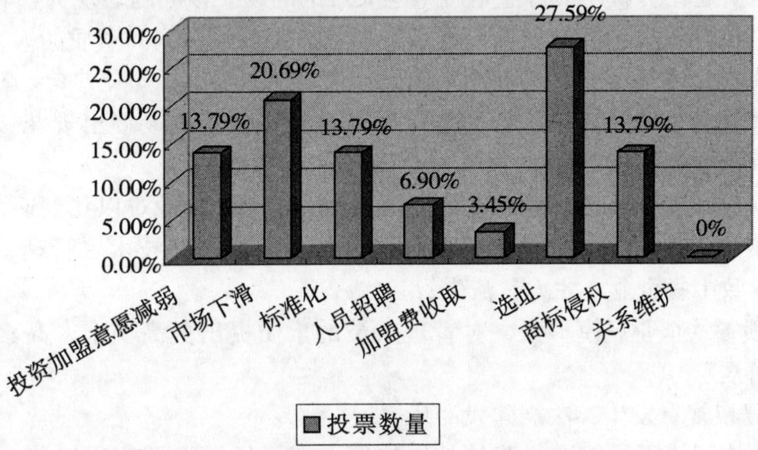

图 22　企业自认为发展中面临的问题

1. 选址问题

餐饮连锁企业在选址方面存在的问题主要包括：

（1）缺乏系统的网络规划。店面选址与网络的战略布局不尽一致。

（2）缺乏标准的单店模型和一整套严谨的选址标准及选址流程，开店缺少科学性指导，以“拍脑袋”来决定选址。

（3）热点地段房租过高、房租的递增幅度过快，使餐饮连锁企业难以承受。

（4）各地城市规划与建设速度较快，商圈变化较大，对餐饮连锁影响明显。

要解决上述问题，餐饮连锁企业一应重视市场开发系统的建设，二要加强与商业地产的合作，三要加强与同行业不同业态或不同类型企业之间的合作，形成同业联盟，建立多赢格局。

2. 业绩下滑问题

造成部分餐饮连锁企业业绩下滑的原因有：

（1）受国际金融危机的影响，部分餐饮企业尤其是中高档餐饮企业出现业绩下滑，从而影响了潜在加盟商的投资意愿。

（2）经营成本高涨给企业带来挑战。调查显示，经营成本中涨幅明显的因素依次为劳动力、原材料和房租。此外，随着国家相关法律的不断完善和执法力度的加强，企业照章纳税越来越规范，税收成本也相应上升。

（3）市场竞争日趋激烈，顾客分流、价格战等因素使企业业绩下滑。

3. “标准化”问题

我国连锁餐饮企业中中餐类企业标准化程度不高，尤其是中式正餐企业的标准化难度偏大是一个老问题。除了产品本身标准化难度大以外，厨房设备和物流技术的支持不到位，管理水平低等因素也影响了上述类型企业的标准化进程。此外，加盟店业主最关注的往往是自身的经营利润，导致个体目标和整体目标经常发生冲突，标准化管理难以实施，增加了总部对加盟商的管理成本。

4. 人力资源匮乏

人力资源匮乏在餐饮连锁行业是一个老大难的问题。该问题表现为：

（1）行业从业人员社会地位低，福利待遇低，难以吸引到高素质的人才；

（2）人员的流动性很大，培训成本偏高；

（3）行业执业资格认证混乱，名师大师认证失控，甚至屡屡出现花钱买证现象，因此造成人才鱼龙混杂；

（4）社会缺乏餐饮连锁规范和专业的培训教育机构，企业难以找到适合的专业人才；

（5）外资餐饮企业以各种优惠条件吸引为数不多的中餐技术、管理、服务、文化等方面人才，导致中餐企业人才大量流失；

（6）连锁餐饮企业规模扩大，对管理人员的素质提出更高要求，高素质的连锁管理人才“奇货可居”。

5. 商标侵权常有发生，法规建设滞后

商标权的许可使用是特许经营的基本特征。商标侵权也是特许经营最常见的问题之一。餐饮连锁特许经营在这方面的表现更加突出。

首先，部分不法商人钻国家法律法规不健全和执法不严厉的漏洞，明目张胆或偷偷摸摸地使用著名品牌的商标，形成商标侵权。

其次，部分餐饮连锁企业的盈利模式不成熟，管理系统不健全，不能形成加盟商对特许商的依赖，加盟商在得不到特许商的持续支持和控制后，继续使用特许商的商标但不再续约，形成商标侵权。

6. 加盟费难收

近年来，由于很多餐饮连锁企业开始调整发展重心，优化管理结构，建设连锁管理体系，加速直营店扩张，导致对加盟商管理不足，从一定程度上影响了加盟费的收取。部分企业因能力不足、支持不够而导致加盟商不愿付费的情况也时有发生。

（二）餐饮业特许经营发展趋势

1. 企业融资扩张

受部分餐饮连锁企业成功上市的影响，融资扩张成了国内餐饮连锁企业新的发展模式，预计未来3年经济回暖后，将有更多的规模餐饮连锁企业谋求上市。特许经营的加盟店在企业上市方面将扮演特殊的角色。首先，加盟店对企业上市前提升餐饮连锁企业品牌形象方面有积极贡献；其次，加盟店在上市过程中可能成为扩充特许商资产和业绩的对象而被收购。

2. 餐饮业态呈多元化发展

近年来，国内餐饮市场特别在沿海经济发达的中心城市的餐饮市场呈现国际化的趋势，餐饮市场细分不断深化，中餐、西餐、中西合璧餐，正餐、快餐，火锅、休闲餐饮、主题餐饮等业态快速发展。目前国内中餐市场呈多元化、连锁化、规模化发展特征。未来5年竞争激烈局面仍将维持，中餐的比例将进一步下降；VC的参与将加快传统餐饮向现代餐饮的转化，连锁经营将会加速规划化发展；同时大众化经营的市场空间不断延伸，特色经营更加突出；创新经营、品牌营销的力度加强，管理与人才的作用将更加突出。

3. 餐饮消费趋势发生变化

通过对上班族消费趋势分析发现，在经济危机的压力面前，上班族们把越来越多的消费行为变成了DIY，更多的是请朋友到家里吃饭，减少去餐馆次数。而家庭消费趋势分析发现，家庭的预算和支出会减少，会缩减高档消费和大宗支出，但节假日亲朋好友外出聚餐的人反而增多。商务消费趋势分析发现，吃奢华盛宴的人少了，中档餐饮消费次数将增加。

在未来3年，餐饮经营面临新的发展趋势，粤菜将引领消费潮流，跨地域经营是未来的热点，消费时段及消费趋势将产生变化，餐厅功能日趋多样，特色经营。

4. 竞争格局发生变化

首先，餐饮市场的竞争将由单纯的价格竞争、产品质量的竞争，发展到产品与企业品牌的竞争，文化品位的竞争。消费者用餐既要满足生理需求，又要满足心理需求，因此，越来越多的经营者把注意力转向打造自己的品牌，提高企业的文化品位。这是一种更高水平的竞争。

其次，竞争由单店竞争演变为连锁化、集团化、大规模的竞争。几年来涌现出的一批大的餐饮公司通过连锁经营寻求向外地扩张，甚至打进中心城市和国际性大都市。如今，地域的概念已经淡化，餐饮企业竞争的市场半径大大延长。

5. 企业面临全面转型

餐饮行业在借连锁经营高速发展的同时，食品原材料成本、劳动力成本提升，管理人才匮乏，成本控制难等多方面问题日益凸显，行业竞争愈演愈烈，行业全面进入“微利时代”，传统的管理、经营模式遭遇严峻挑战，已经步入行业洗牌期。餐饮连锁企业必须交流新思想、探索新模式，迅速由传统的“粗放式、模糊式、经验式经营”向“精细化、流程化、连锁规模化经营”转型。

附一：餐饮连锁业之中式快餐

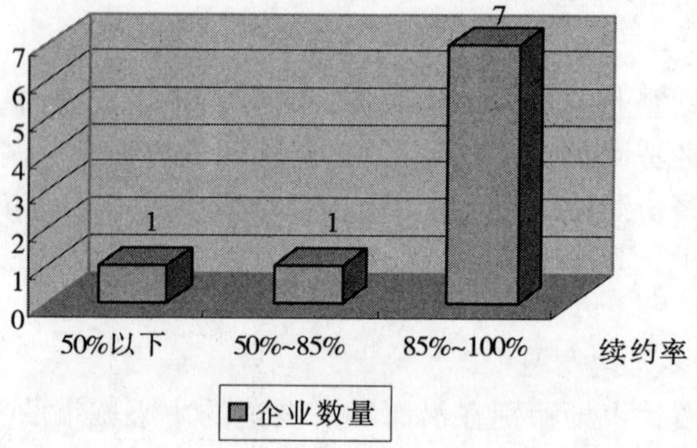

附图 1　诚信度

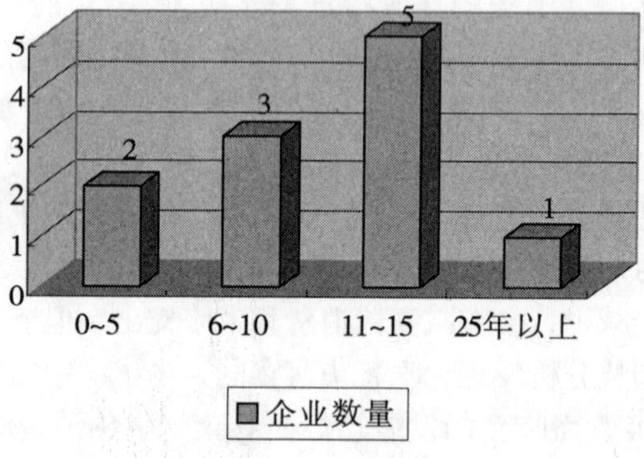

附图 2　成熟度

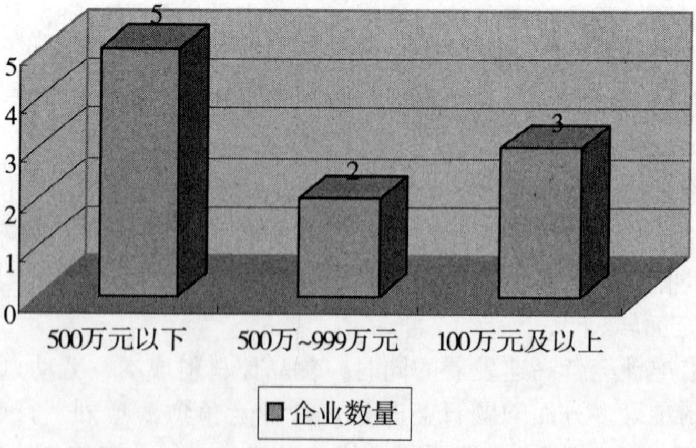

附图 3　投资额分布

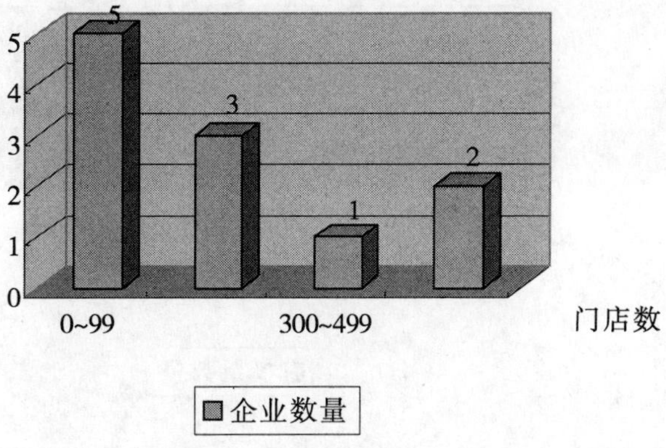

附图 4　创业贡献

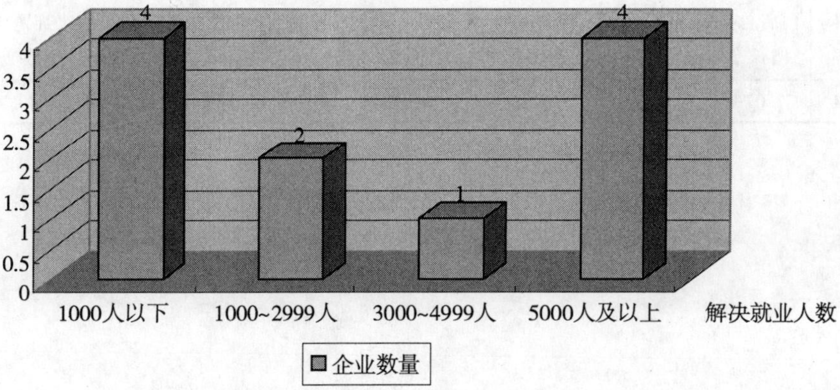

附图 5　就业贡献

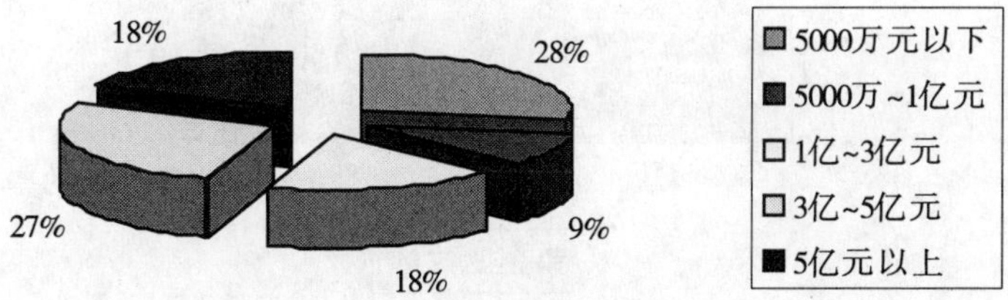

附图 6　销售规模

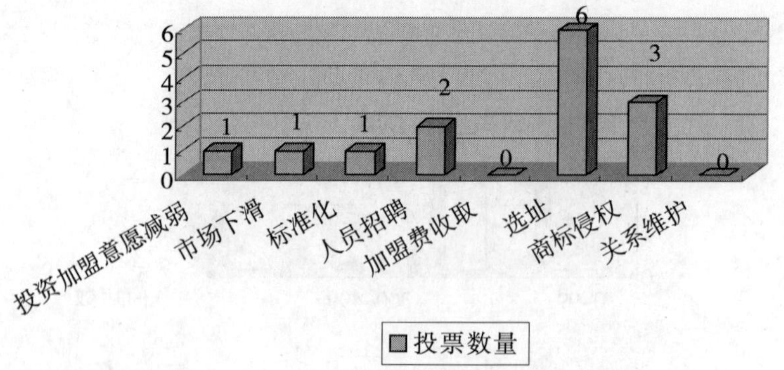

附图 7　企业发展中面临的困难

附表 1　　**与前一年相比各指标平均增长率**

销售规模增长率	门店总数增长率	营业总面积增长率	年末从业人数增长率	费用总额增长率	毛利率增长率	利润率增长率	加盟店销售额增长率	加盟店门店数增长率	加盟店营业面积增长率
38.06%	37.07%	41.95%	37.62%	19.41%	0.84%	-1.96%	61.27%	49.73%	51.18%

附二：餐饮连锁业之中式正餐

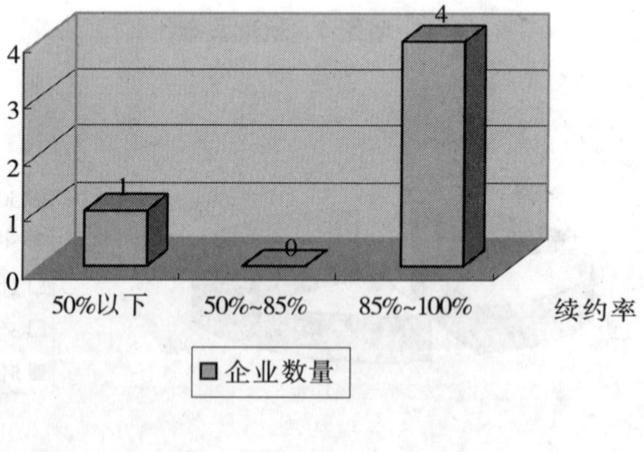

附图 8　诚信度

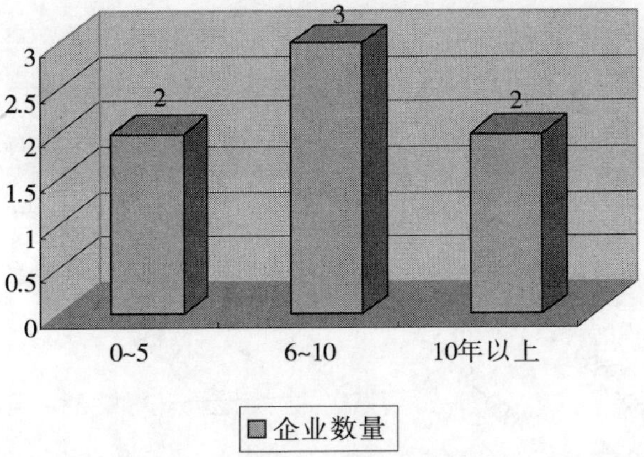

附图 9　成熟度

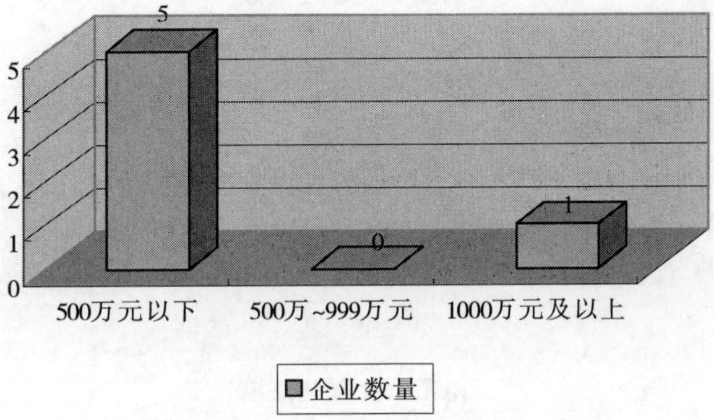

附图 10　投资额分布

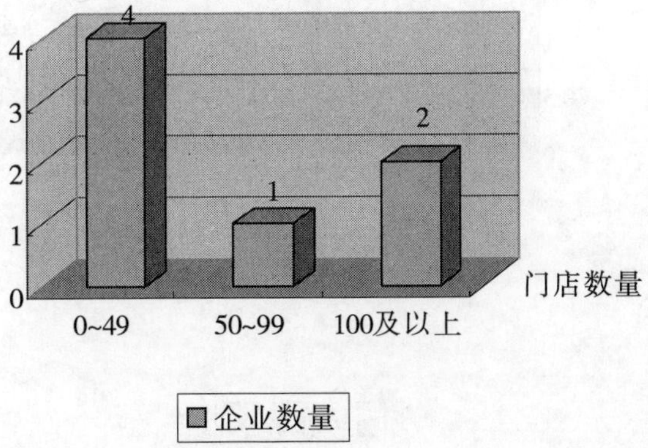

附图 11　创业贡献

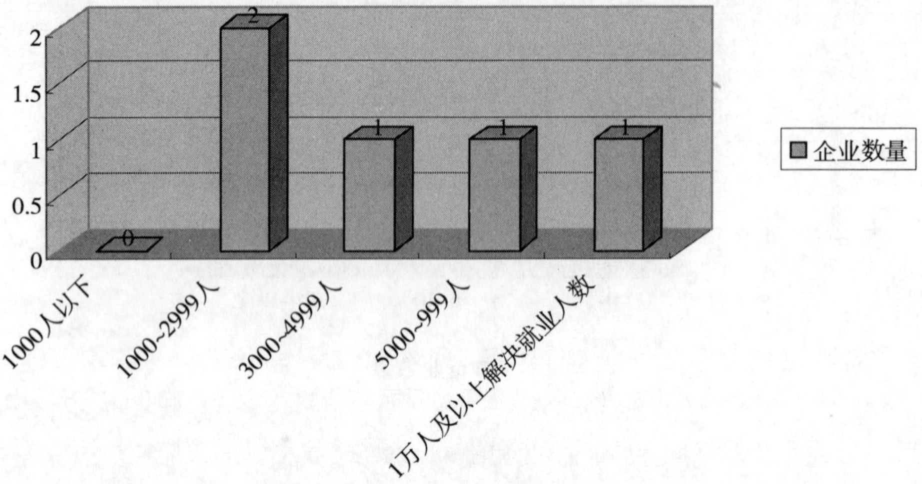

附图 12　就业贡献

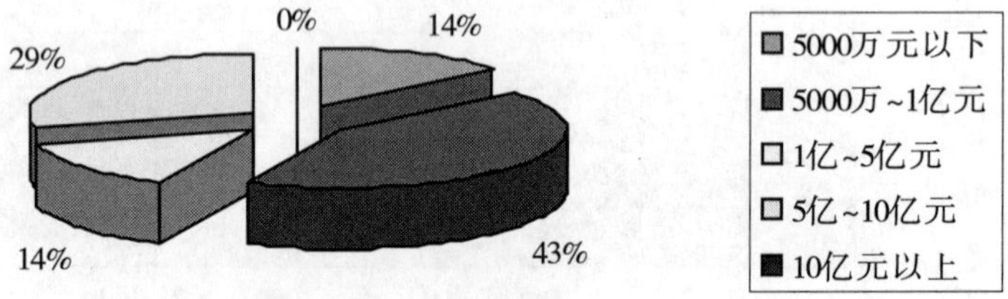

附图 13　销售规模

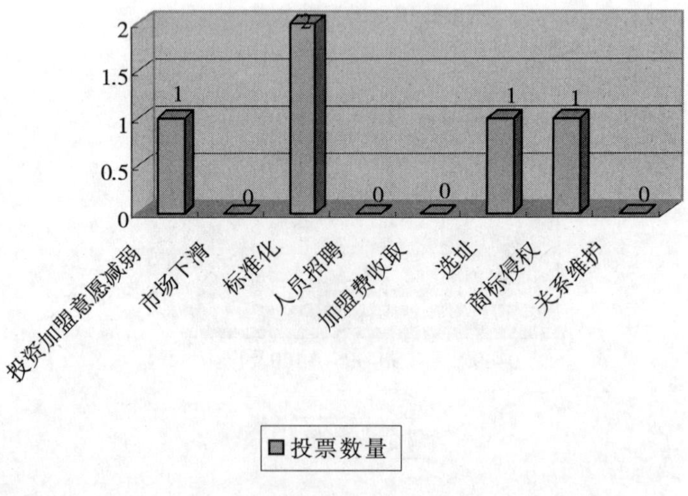

附图 14　企业发展中面临的困难

附表 2　　与前一年相比各指标平均增长率

销售规模增长率	门店总数增长率	营业总面积增长率	年末从业人数增长率	费用总额增长率	毛利率增长率	利润率增长率	加盟店销售额增长率	加盟店门店数增长率	加盟店营业面积增长率
42.96%	40.29%	40.82%	32.66%	57.75%	0.54%	20.59%	55.02%	56.31%	202.13%

附三：餐饮连锁业之火锅

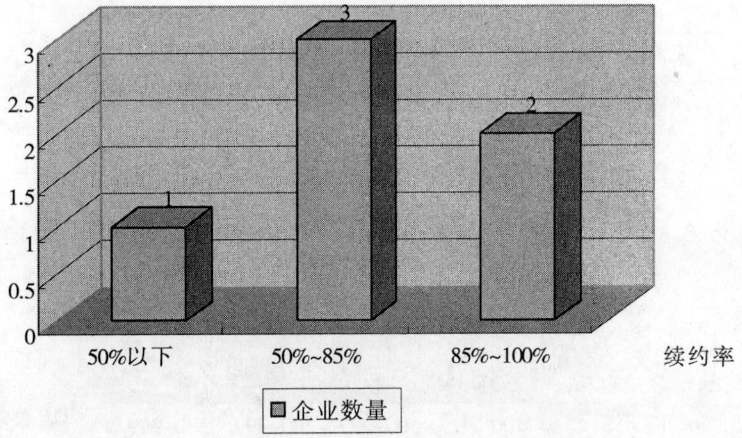

附图 15　诚信度

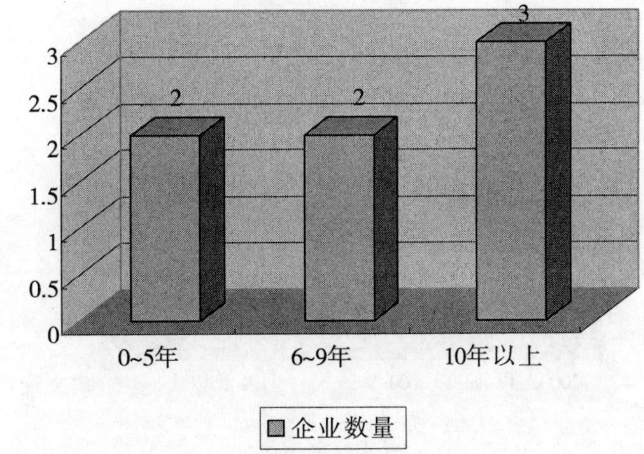

附图 16　成熟度

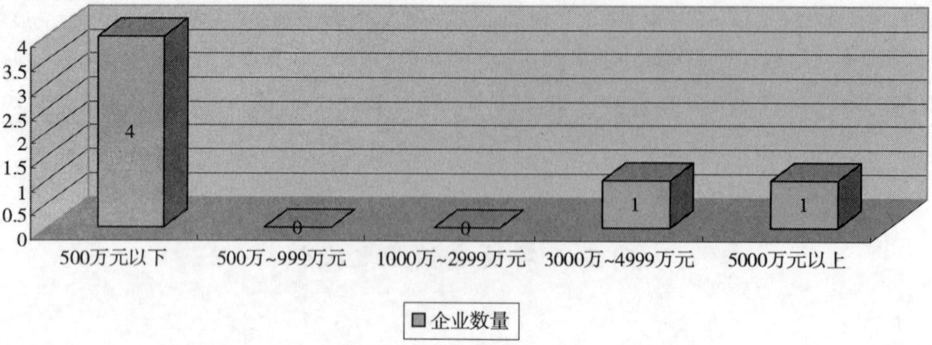

附图 17　投资额分布

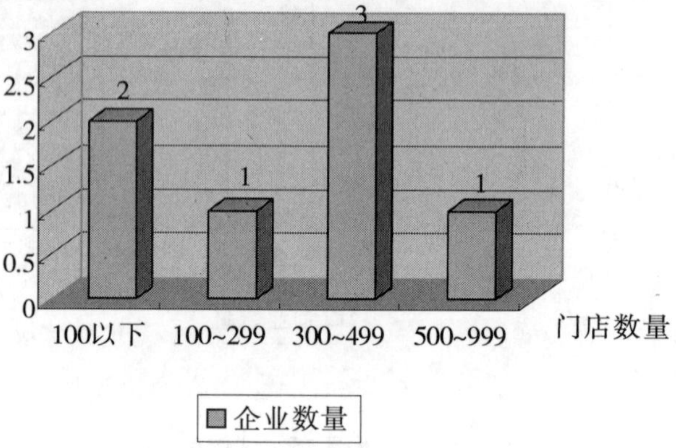

附图 18　门店数量

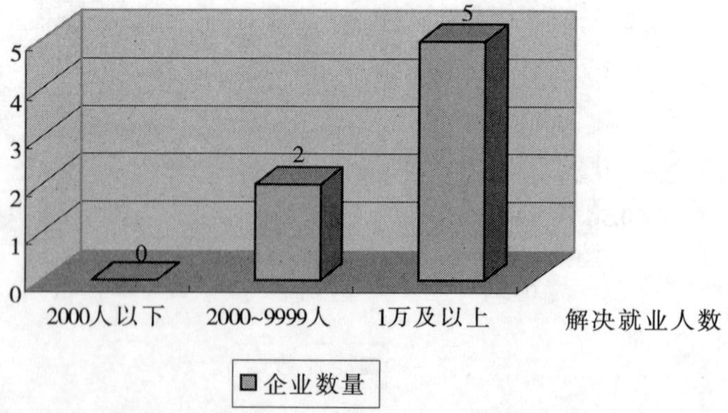

附图 19　就业贡献

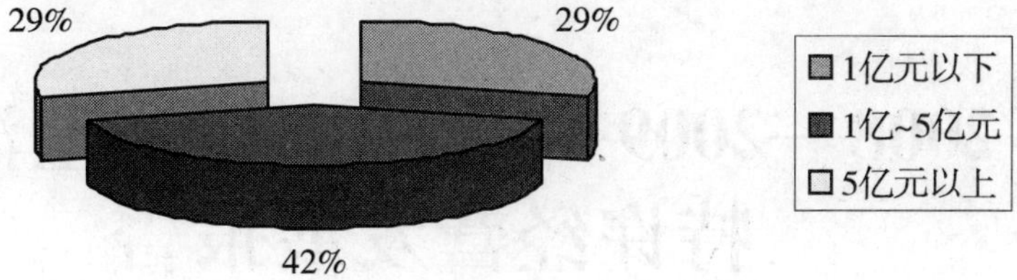

附图 20　销售规模

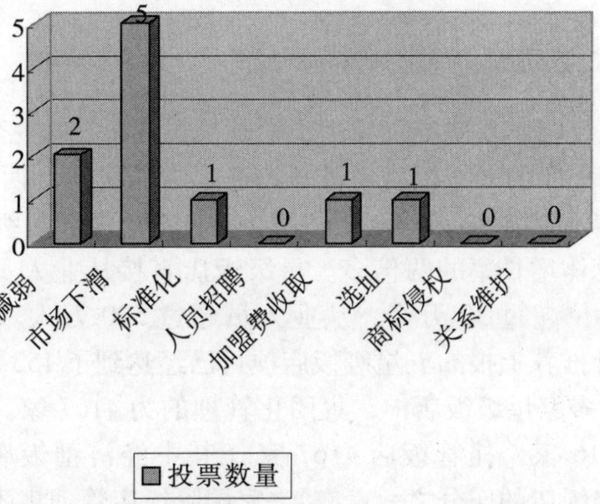

附图 21　企业发展中面临的困难

附表 3　　与前一年相比各指标平均增长率

销售规模增长率	门店总数增长率	营业总面积增长率	年末从业人数增长率	费用总额增长率	毛利率增长率	利润率增长率	加盟店销售额增长率	加盟店门店数增长率	加盟店营业面积增长率
6.87%	3.90%	9.26%	3.11%	7.20%	-0.84%	-1.11%	1.57%	2.57%	6.69%

（中国连锁经营协会）

2008—2009 年度中国经济型酒店特许经营发展报告

一、中国酒店住宿业发展现状

（一）星级酒店

近年来，星级酒店发展突飞猛进，尤其是长三角、珠三角区域的民营高星级饭店大量出现，国际饭店集团的豪华饭店项目开始进军内陆腹地（西藏、云南、陕西等地）。2006 年至 2008 年星级饭店数量平均年增长率为 8.3%，而五星级饭店数量平均年增长率达到了 16.6%，为总体增长率的两倍多。星级饭店直接从业人员超过 160 万人。全国共有饭店及旅游住宿单位超过 30 万个，从业人员超过 500 万人。绿色旅游饭店有 2000 多家。2009 年各地预计推荐上报的五星级饭店项目已经达到了 153 家。

全国 15000 多家星级饭店中，集团化管理的为 4167 家。中国饭店市场上共有国内外饭店管理公司 316 家，托管饭店 4167 家（其中经济型饭店 567 家），连锁化经营饭店 3600 家，占星级饭店的四分之一。有 41 家国际饭店管理集团、67 个饭店品牌进入中国市场，管理了 516 家饭店，目前世界排名前 10 位的国际饭店管理集团均已进入中国市场。其中，国际饭店管理公司 10 强托管饭店 480 家，房间 161974 间，平均托管饭店 48 家，平均拥有房间 16197 间。本土最具规模的 30 家饭店管理公司托管饭店 1532 家，房间 303506 间，平均托管饭店 51 家，平均拥有房间 10117 间。其他 276 家饭店管理公司共托管 2027 家饭店，平均托管饭店 7 家。

（二）经济型酒店

中国经济型酒店行业在短短几年时间内呈迅猛增长的势头。来自某调查机构的报告显示，截至 2008 年年底，中国经济型酒店数量达到 2805 家，中国经济型酒店的客房数为 312930 间，分别为 2000 年的 122.0 倍和 96.7 倍，占酒店总量的比重为 10% ~20%。该报告还称 90% 的住客为国内游客，其中 65% 的国内住客为商务旅行。

中国市场上的经济型酒店被归结为三大板块：第一是全国性的经济型酒店品牌，例如如家、锦江之星，因为起步早，一直名列行业前茅；第二是区域性的经济型酒店品牌，例如上海的莫泰连锁、广州的 7 天酒店连锁等，大多于 2005 年前后成立并在区域市场立足脚跟；第三是国际酒店管理集团旗下的经济型酒店，例如法国雅高（Accor）集团的宜必思（Ibis）、美国的速 8 酒店（Super8），基本上在 2004 年左右进入中国市场。

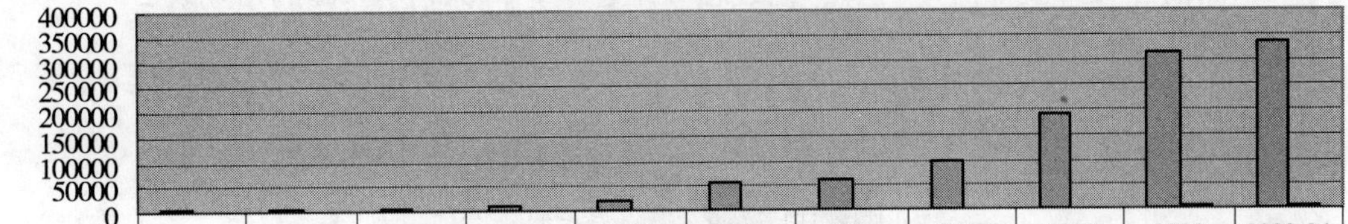

	2000	2001	2002	2003	2004	2005	2006	2007	2008	2009	2009.04
客房数	3236	4741	6048	10292	19199	56854	63277	98817	188788	312930	335791
酒店数	23	36	50	87	166	522	578	906	1698	2805	3028

资料来源：中国经济型酒店网。

图 1　2000—2008 年中国经济型酒店数量变化趋势

（三）2008 年金融危机下的中国酒店经营状况

2009 年 1 季度，受金融危机影响，我国入境旅游人数逾 3027.07 万人次，同比下降 7.15%，其中入境旅游者逾 1188.58 万人次，同比下降 11.33%。全国实现外汇旅游收入 87.65 亿美元，比 2008 年同期下降 15.38%。

2008 年金融危机的爆发从金融界一路波及到实业界，酒店业作为与金融实体关系最为密集的产业，影响在所难免。全球经济危机的影响已蔓延至亚太地区，星级酒店经营者在 2008 年下半年已开始感到经营压力。持续了数月的金融危机，通胀、油价上升导致的交通成本上涨，让不论是消费旅游还是商旅出行的人们都压紧开支。消费旅游和商旅客人的减少使得在这条产业链条上的酒店业切实进入了经营萧条期。国家旅游局对北京、上海等八省市 73 家旅游饭店经营情况监测数据显示，除经济型饭店保持 70% 左右的平均出租率外，四五星级饭店均在 50% 左右，其中上海五星级宾馆出租率为 40%，北京不到 30%，浙江、江苏不到 50%，春节过后，仅上海、广州的高星级宾馆出租率出现回升，其他城市仍在小幅下探。

总体而言，席卷全球的经济危机对中国经济型酒店行业影响有限，甚至机会大于冲击。经济危机虽然导致全球酒店业入住率持续低迷，但“高端向中端下移”也成为全球的旅游业趋势。许多国际大公司面对危机迫于削减成本的压力，在外派员工出差时，从高星级酒店，改选价格更低但服务品质仍有保障的经济型酒店。如家、7 天、汉庭、宜必思的入住率均保持在 90% 以上。值得注意的是，目前出现的高入住率一般只出现在品牌经济型酒店，而市场上相当部分的经济型酒店平均出租率只有 50% 左右。普通的经济型酒店本身的盈利率一般都会下降 10% 左右。相信苦乐不均的形势会加速市场的洗牌进程。

二、中国经济型酒店市场发展状况

目前中国经济型酒店行业发展主要以民族品牌为主。至 2009 年 1 月，以区域性发展为导向的莫泰、7 天、汉庭和格林豪泰四家市场份额合计 29%，与如家和锦江之星之和刚好持平，而前三大外资品牌（速 8、宜必思和维也纳）却只占有 5% 的市场。

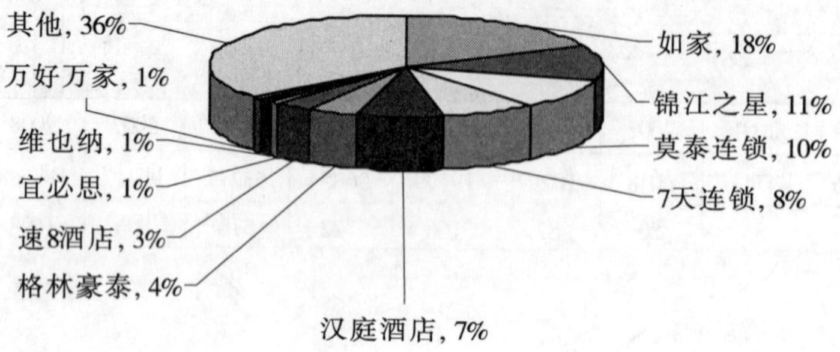

资料来源：中国经济型酒店网。

图 2　2009 年 1 月经济型连锁酒店品牌市场占有情况

中外经济型酒店的经营和发展差距源自不同的扩张路径。从本质上来说，国际与国内众经济型酒店在扩张路径上的区别是在差异化战略（differentiation）和成本领先战略（cost leadership）上取向的不同。国际品牌通过稳扎稳打塑造“高附加值、高性价比”的品牌形象，而如家、7 天等国内经济型酒店则通过高速扩张，攫取市场份额，力求规模经济。规模最大的如家连锁号称是目前中国市场上唯一赢利的经济型连锁酒店。

1. 中国前 10 位经济型品牌发展基本状况

表 1　　中国经济型酒店市场供应前 10 位品牌

序号	品牌	公司名称	成立时间	主要投资方	已开业客房数	已开业酒店数	平均房价
1	如家快捷	上海如家酒店管理有限公司	2002.6	首旅集团、携程旅游网	60043	516	197
2	锦江之星	锦江之星旅馆有限公司	1997.2	上海锦江国际酒店（集团）有限公司	36822	262	188
3	莫泰 168	上海莫泰酒店管理有限公司	2003.4	美林阁餐饮酒店管理公司、大众企业公司	32771	180	207
4	7 天	七天酒店（深圳）有限公司	2005.3	7Days Group Holding Limited Co.	27787	258	187
5	汉庭商务	力山投资管理公司	2005.2	力山投资管理公司	23571	194	228
6	格林豪泰	格林豪泰酒店管理有限公司	2003.11	美国 APH 公司、美国 George Realty 的股东、美国统一投资公司	15924	145	204

续表

序号	品牌	公司名称	成立时间	主要投资方	已开业客房数	已开业酒店数	平均房价
7	速8酒店	速伯艾特（北京）国际酒店管理有限公司	2004.4	天瑞酒店开发有限公司	8921	95	201
8	宜必思				5114	25	166
9	维也纳酒店				4351	19	216
10	中州快捷	中州快捷酒店投资管理公司	2004	河南中州国际集团	2850	22	153

资料来源：中国经济型酒店网。（根据已开业客房数排序，截止到2009年3月31日）

2. 经济型酒店区域分布和发展趋势

我国经济型酒店的发展一直存在区域不平衡的局面，主要集中在长三角、珠三角和京津唐区域。长三角区域的经济型酒店发展最为发达，2009年1季度，长三角区域已开业1043家，占全国经济型酒店总数的29.56%，同比增长45.06%。

2009年1季度，全国各大城市中，经济型酒店密集性的城市有上海、北京、深圳、杭州、南京和武汉，六大城市开业的酒店总数为1280家，占全国经济型酒店总数的36.28%，同比增长57.83%，客房总数为143849间，占全国经济型酒店客房数量的42.86%。

目前经济型酒店在沿海及一线城市市场的发展处于较饱和状态，开始转向中西部、二线城市的市场。如家宣布，未来如家将继续扩大在西北地区的投资力度，争取在2011年前在陕西的酒店数量超过40家，在整个西北地区拥有的酒店数量超过100家，在全国拥有酒店数量超过1000家。锦江之星也开始走向三线甚至四线市场，而在中西部将主打重点城市以及二线城市等。

3. 客源结构

客源结构方面，与2007年相比2008年基本保持稳定，并进一步优化。商务散客与公司协议户的比例达到70%。以内宾为主的市场结构基本不变，国内客人为95%，国际客人为5%。

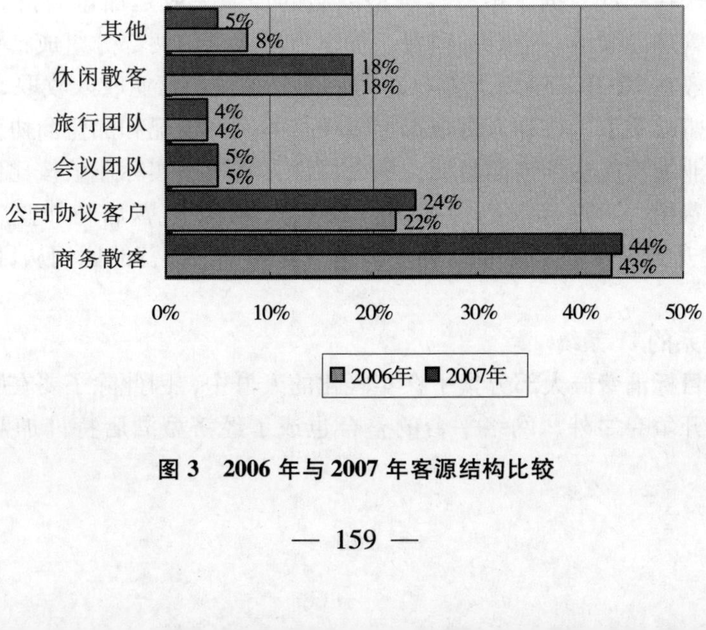

图3　2006年与2007年客源结构比较

就顾客从事的行业正态分布情况来说，也相当平均，没有任何一个行业的顾客比例高出其他行业一倍以上的情况，经济型酒店特许加盟不断发展，区域消费呈现受众面广、潜力大等特点。

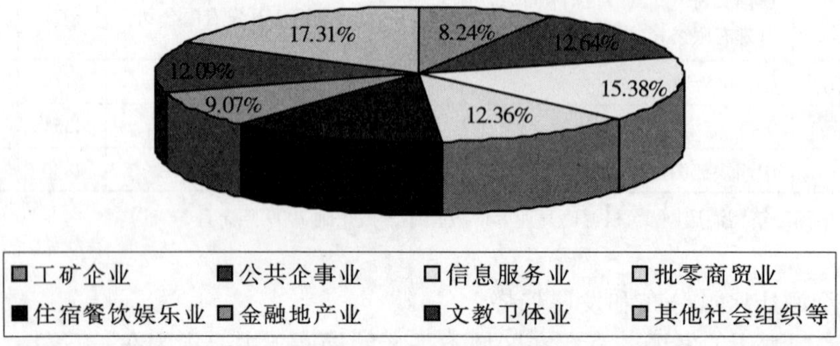

资料来源：中国经济型酒店网。

图 4　2009 年商旅顾客所从事行业

4. 特许经营快速扩张

（1）加盟模式不断变革

由于经济型酒店的快速发展，导致各酒店对物业的白日化争夺，2007 年和 2008 年经济型酒店物业租赁成本相比过去一年分别上升 40% 和 25%。外部资本的支持也使得兼并收购式的增长方式成为可能。例如，2007 年 10 月，如家以 3.4 亿元收购了同为经济型酒店的七斗星商旅酒店。经济危机的到来使得外部融资的难度加大，以上述方式扩张的难度也加大，作为应对之策，国内经济型酒店在 2009 年初又纷纷加大特许加盟方式扩张的比重，拉单体酒店入伙，进行新一轮的跑马圈地。

继锦江之星新推的百元酒店“百时”打出“免费加盟”的条件后，汉庭、如家也推出了新的加盟体系——捆绑式加盟模式。据介绍，该模式是通过将加盟费与酒店实际经营业绩直接挂钩，以品牌价值和管理能力直接关联的弹性收费方式，将使加盟业主和公司利益更为紧密地结合在一起。据了解，经济型酒店的加盟一般是加盟商持有物业并装修投资，同时向品牌管理商缴纳一定的加盟费。加盟费用通常由两部分组成：一部分是固定的品牌加盟费，一般在 20 万 ~30 万元左右；另一部分是按照营业收入收取 5% ~6% 的管理费。而在新的加盟政策下，特许方将根据加盟项目的实际情况和加盟商协商经营目标，如果加盟店的经营业绩没能达到预期目标，那么特许方将根据实际业绩按比例减免加盟管理费，直至不收取费用。2009 年汉庭将开新店 100 家，其中直营店与加盟店各一半，加盟比例也由 20% 提升到 30%。如家也计划逐渐把直营和特许经营的比例从目前的 7：3 调整到 6：4。

（2）特许体系的 IT 系统

经济型酒店目标消费群大部分集中在年轻化的人群中，因此除了要在物业选址、通过资本迅速布点展开争夺之外，网络平台的整合也成了经济型酒店特许加盟管理的另一战场。

例如“7天”一开始就采取“数据集成”的管理系统，也就是说，在系统开发上做了将数据库集中起来整体规划，建立起来一整套IT系统平台，包括中央预订系统（CRS）、物料计划管理系统（MRP）、店务系统（FO）、中央报表系统（REPORT）、企业内部门户网站（EIP）等，集网上即时预订、确认系统、呼叫中心、短信平台及店务管理系统为一体。在中央预订系统（CRS）的支持下，“7天”约有30%～35%的客房订单是通过网站直接来实现，这个比例在所有经济型酒店中最高。

就其他酒店而言，目前的IT系统，还更多的是仅停留在针对客户预订的服务，而没有全部涵盖酒店管理本身，通常每个店面会设置一个会计和一个出纳，“7天”则是每十家店设置一个会计和一个出纳。粗略估算，如果以100家店为基本单位，仅这方面每年至少会节省700万元到1000万元的成本。相信不久的将来，随着特许加盟队伍的日益壮大，经济型酒店将会考虑从运营管理的整个过程中，剔除所有因不必要的环节而产生的成本消耗，IT系统对特许体系的作用会变得越来越重要。

（3）会员管理

为了拥有更多的市场份额和稳定客源，主要品牌的经济型酒店实行会员俱乐部制度和建立大客户系统。目前“锦江之星”会员人数已发展到4万人左右，会员的入住率达38%，散客的入住率达80%以上，“锦江之星”已经形成了自已稳定的客户群体。持会员卡的旅客可在全国任何一家“锦江之星”连锁店享受九折房价和八八折餐饮的优惠，会员的消费总额已占公司总营收的30%以上。如家拥有十万忠实会员，其业务52%来自散客会员。

汉庭酒店是网络为主的整合营销传播，建立了自已的QQ群，已经有800多名的会员，这些客人可以通过QQ群获取酒店的促销和产品信息。从市场调研中发现，所有入住客人的40%是通过网络获知酒店的，30%是网络预定的。

（4）品牌经营突破经济型酒店特许发展困境

随着市场不断成熟和经验积累，许多企业也从单一的经济型酒店品牌发展的基础上，延伸青年旅社和星级特色酒店领域。如家的“和颐酒店”以精品文化缔造商务新领域。汉庭也针对不同客户分三个层级，2009年汉庭已经成为拥有三个产品，在全国50个城市，拥有250家盟店的企业。汉庭三个产品中，汉庭客栈是受到关注度最多的产品。汉庭客栈是发现目标客户的时候，也是源自于营销数据的分析，他们发现2007年以来，汉庭的整体客户平均年龄不断下降，特别是30岁以下的人群数量迅速增长，80后非常希望通过网络沟通。针对这些特点，汉庭产品进行了改造，设计了更为小巧的客房，整体装修格调非常轻松，提倡环保自助式的住宿理念，整体定价更低廉，从网络了解客栈的信息、订购客栈的产品。

5. 就业情况

据有关调查显示，酒店业人才流动一直高居各行业之最，创下了年流动率30%多的平均水平，甚至个别酒店在半年内，员工因各种原因离开的占酒店总人数的50%。于是，酒店行业性的人力资源“怪圈”就形成了循环。在这种无奈的现实中，已成惊弓之鸟的酒店管理层，更不愿花钱、花时间、花精力来培养自已的人才，“挖”人才、“跳槽”就成为酒店人力资源管理中一项频繁发生的活动。

就整个行业来说，很多酒店管理人员认为：一方面，饭店要大胆改革传统的饭店人力资源管理体系和观念，借助市场，引进竞争机制和科学评估机制，保持适度、良性的流动和正常的淘汰，以此不断优化人员结构，提高员工整体素质。另一方面，以动态管理制定应对人员频繁流动的措施和办法，不至于因人员过度流动而影响正常经营。如家从2002年的200多人到2005年的3600人再到2008年的10000人，为了满足企业的快速发展战略，确保企业的人力需求，如家通过对人才的复制，分裂和孵化为公司的人才需求提供了保障。

从酒店业的行业特点考虑，如家人力资源管理采取投资型与参与型相结合的战略。对于主管以上管理人员、业务骨干、熟练技工等视为组织的一项战略资产，采取累积型和投资型战略，以终身雇佣为原则，注重人才的培训，为其提供充分的发展空间，培养员工对酒店的忠诚感，形成企业与员工的“命运共同体”。对于一线基层员工则采取协助型和参与型战略，正确地认识人、使用人、培训人、爱护人、激励人、凝聚人，鼓励员工参与管理，增强员工的归属感，在组织内建立起一种以顾客为导向的企业文化。2004年，如家还专门成立了如家管理学院，聘用专门的培训师来帮助员工提高。此外，公司积极为员工创造与公司管理层进行对话的机会，使得员工能够参与到公司的管理中去。

在员工来源上，应届毕业生、城市下岗再就业和其他来源的比例比2007年有了一定程度的提高，显示经济型饭店的发展对解决城市新增就业人口的方面起了重大的促进作用。

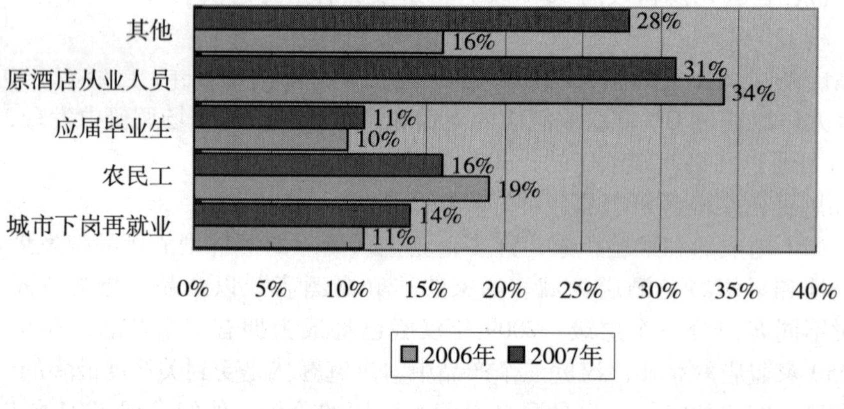

图5 2006年与2007年员工来源比较

6. 对外融资情况

尽管经济形势低迷，但在投资人眼中，经济型酒店仍属于抗风险能力强的行业。2008年，7天连锁酒店集团宣布获得6500万美元的第三轮融资，借助资本力量全线进入全国一、二线城市，并持续扩大7天在华南、华中、西南等多个区域的领先优势。

汉庭酒店集团董事长兼CEO季琦对外证实，公司2009年获得的第二笔5500万美元的融资已经到位。在资本的支持下，一些三四星酒店也成为经济型酒店收购的对象。汉庭2009年将新开100家店，其中直营店与加盟店各占一半。

如家将在2009—2011年间保持每年新开200家酒店的速度扩张，2011年底前开业1000家。

法国雅高集团旗下品牌宜必思2004年进入中国，2010年宜必思的酒店数量将达1100家，其中40%新开店将设在亚太地区。而不同于宜必思在欧美采用的特许加盟方式，中国宜必思尚未引入加盟方式。

三、特许加盟企业KPI平均值

1. 选址标准

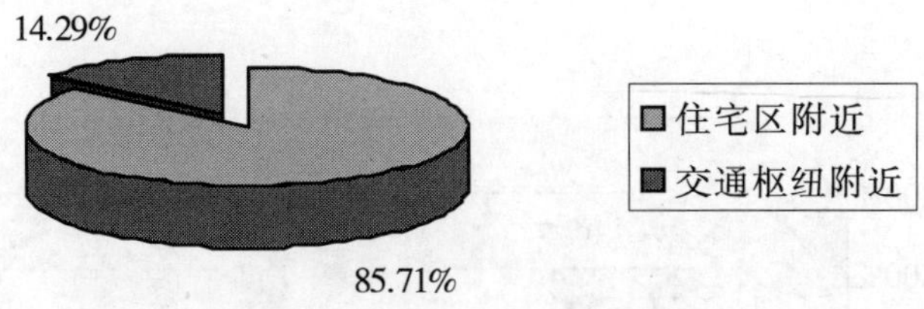

图6　选址标准

2. 投资总额

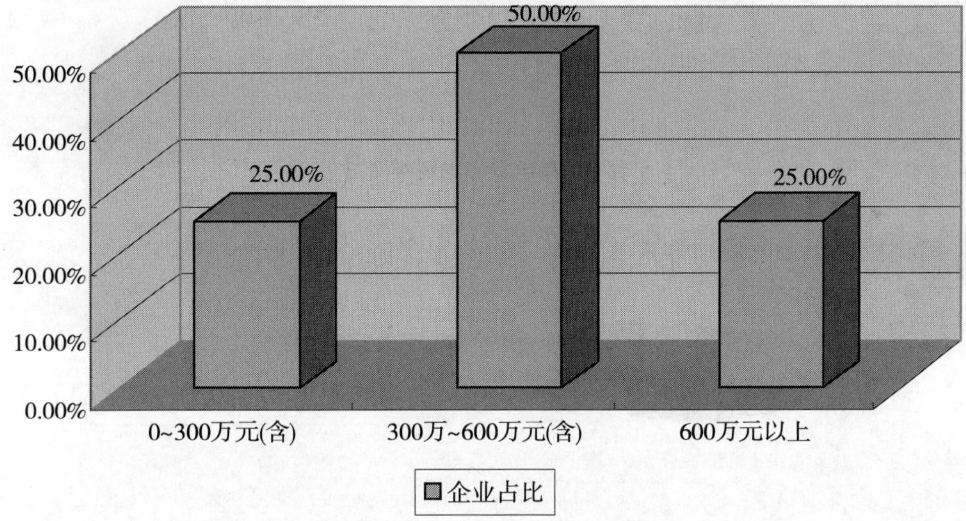

图7　标准店投资额

3. 加盟模式

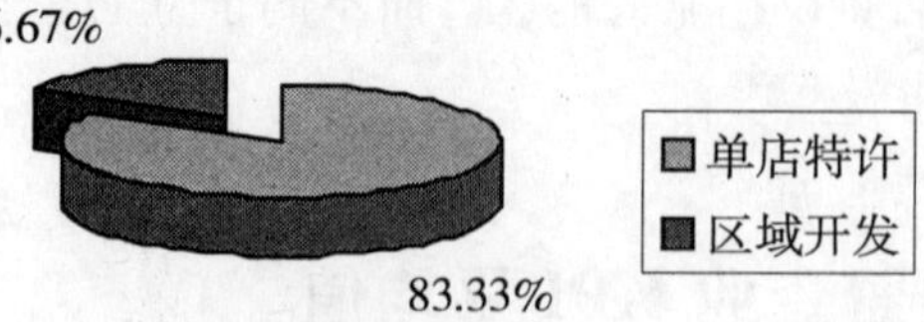

图 8　加盟发展模式

4. 加盟费

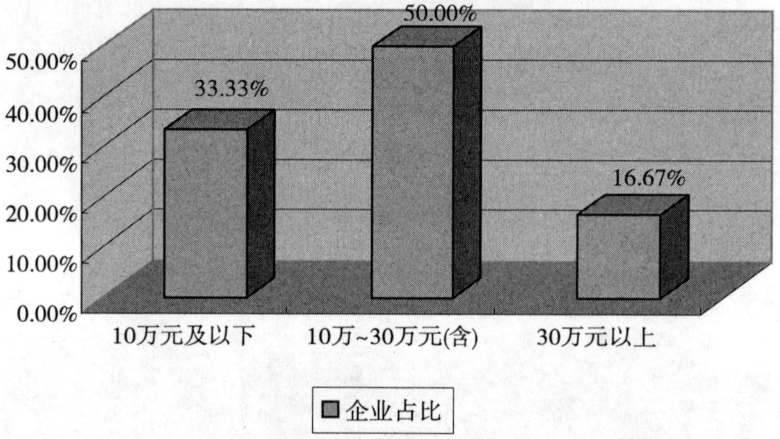

图 9　单电特许加盟费情况

5. 特许权使用费的缴纳方式

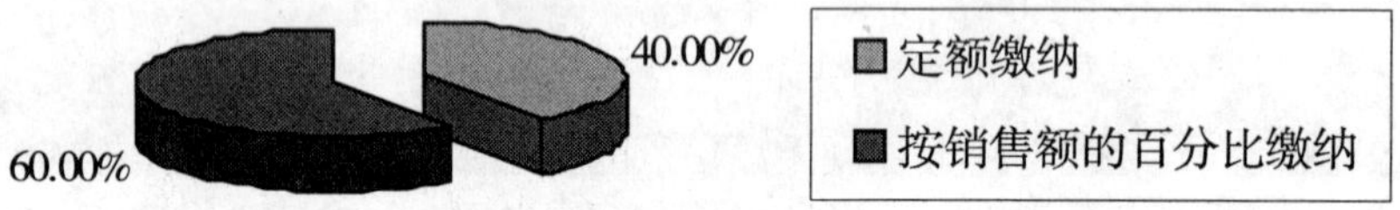

图 10　特许权使用费缴纳方式

6. 加盟期限

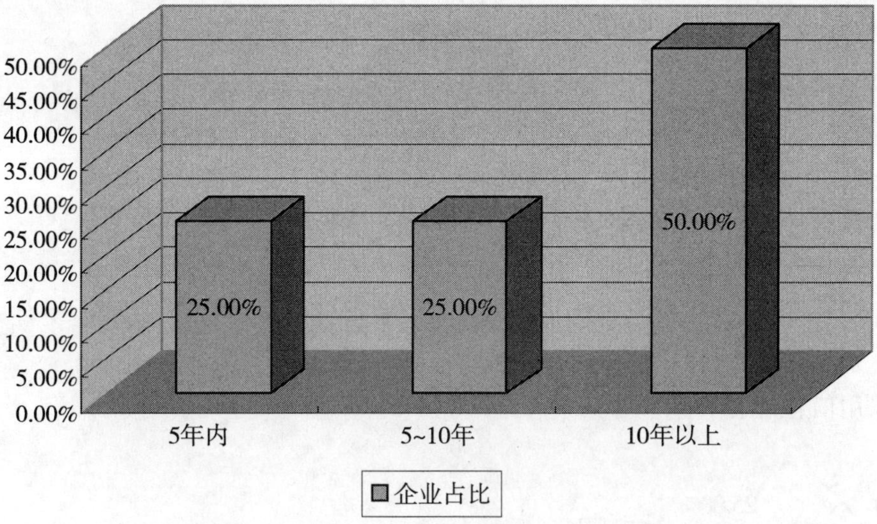

图 11　加盟合同期限

7. 新开店数量

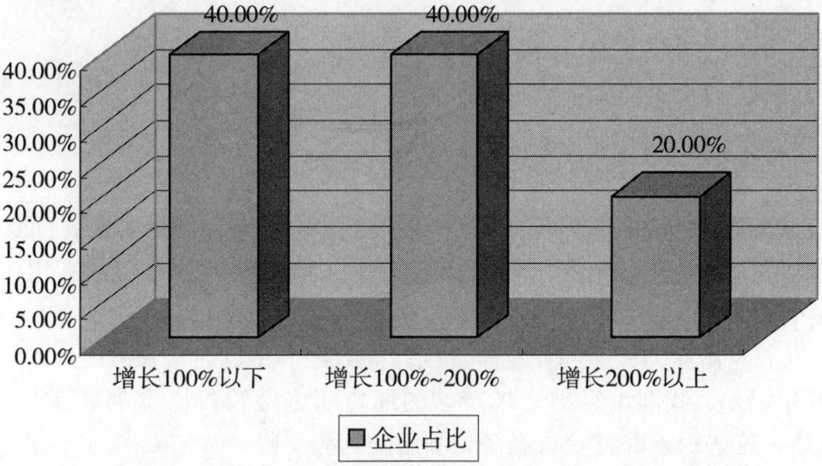

图 12　加盟店数量增长情况

8. 单店投资回报期

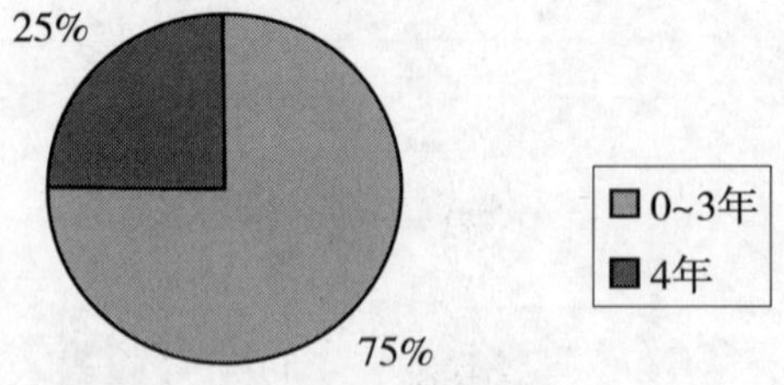

图 13　标准店投资回报期

9. 采用信息化水平

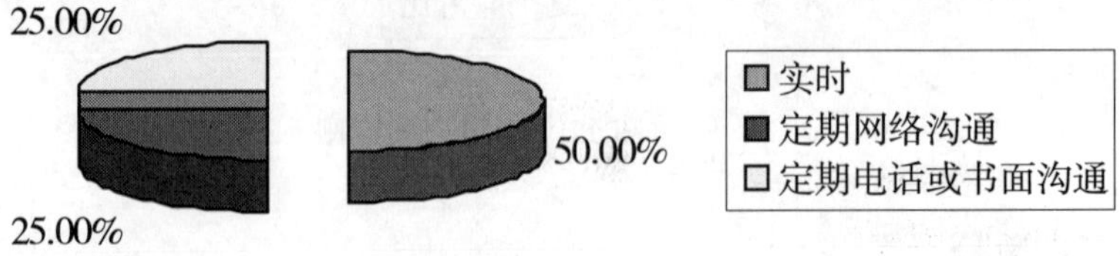

图 14　总部与加盟商信息交换

四、中国经济型酒店存在的主要问题

中国经济型酒店发展的前景是乐观的，发展的潜力和空间是巨大的，而且仍会延续相当长的一段时间。这主要是由于全国有 25 多万家住宿场所可供开发和利用，尤其是对 6 万家达到经济型酒店转型标准的潜在资源的利用。

1. 飞速发展、物业飞涨、同业竞争等问题导致经济型酒店增长减缓

自 2008 年以来，我国正经历一场严峻的通货膨胀考验，物价水平高升、物业飞涨、人员工资高启，这些因素都将导致经济型酒店的利润下降。

2. 美国“次贷危机”导致经济型酒店融资难度增大

中国经济型连锁酒店的发展，资本一直是主要推动力。除了如家和锦江之星实现上市融资外，7 天、莫泰、汉庭等其他经济型酒店的资金无一例外均主要源于风投支持。而在美国次贷危机中，美林、德意志等不少投行损失惨重，在进行项目考量时更加谨慎。海外资金不再唾手可得的同时，国内信贷收紧亦给行业带来更多变数。摆在经济型酒店面前的直接问题就是融资成本提高，难度加大。

3. 管理经验缺乏、人力资源不足

人力资源是每个企业的重中之重，对于服务行业更是如此。国内酒店经理人绝大部分是星级酒店出身，接受的是星级酒店管理培训理念。而国内经济型酒店由于发展时间短，行业没有标准，所以很难涌现大批管理人才，连锁品牌扩张速度极快，对中高级管理人才

需求很大，这直接促生了国内各大连锁巨头自行培训中高级管理人才的现象。然而这种培训更像是“快餐式订作”，流水线一样的程序，只能包装出快餐一般的管理者，而快餐吃多了会伤身的。创新是企业的生命力，经济型连锁酒店本身就是酒店行业创新的产物，以国内连锁店店长为例，据了解超过50%的店长没有过星级酒店中层以上管理经验。在成本控制、服务质量、培训机制、物流配送、企业文化等方面，需要继续改进。

4. 市场细分不完全，产品层次不清晰

经济型酒店在中国刚刚起步，尤其是一些民族品牌的酒店，还没有明确的目标市场，或者对目标市场的细分工作不够细致和完全，导致了市场重叠或者过于宽泛，产品设计没有层次，缺乏针对不同细分市场需求的产品和服务。根据国外的发展经验，经济型酒店有三种类型档次：有限服务酒店（Limited Service Hotel），经济酒店（Economy Hotel/Budget Hotel）和廉价酒店（Super Budget Hotel）。有限服务酒店在经济型酒店中属于高档次，经济酒店中档，廉价酒店则属于最低档次。这三种层次的酒店价格相差很大，其硬件设施的差距也非常大，有限服务酒店的客房硬件设施不亚于四五星级宾馆，而一些廉价酒店则在削减成本的思想指导下尽量简化设备，客房设施比较简陋。但是在中国，目前市场上还没有出现非常清晰的产品层次的划分。

5. 非理性资本的涌入给产业带来冲击

经济型酒店在国内的异军突起，单店投资低，回报周期短，回报率高等优势极大地吸引了一些人的眼球，导致各地经济型酒店投资过热，各类资本纷纷涌入，门店过多，恶意低价竞争、相互诋毁行为屡见不鲜，直接损害了行业利益。同时一些资本的真实关注点是地产，只想借经济型酒店之壳进入……这些现象都会搅乱这个产业原本就不是很稳定的秩序，导致一般民众对经济型酒店概念理解的混乱，并且为日后的价格竞争埋下隐患。

6. 市场营销手段缺乏，销售预定网络不全

与国外品牌相比，中国国内的经济型酒店品牌明显缺乏市场营销的意识和手段。尤其是一些区域性的品牌，知名度非常低，品牌形象构建也不够成功。尤其重要的一点是，除了锦江之星、如家快捷、速8和7天等少数几家酒店连锁建设了独立销售预定网络和电话中心以外，其他很多酒店都主要依靠专业的订房中心和旅行社来销售客房。即使是有预定网络的酒店，其预定技术和效率也不是很高，设计不够完善。

7. 行业标准和经营模式难以统一

长期以来从国际到国内由于经济型酒店的经营模式没有得到一致认同，所以一直被排斥在酒店行业各项标准之外，这就造成了经济型酒店没有一个统一的行业标准，直到近十年来，经济型酒店被消费大众广泛认可，增长势头迅猛，行业标准才被重新提及，但此时已经形成了多家经济型连锁酒店行业巨头相互角力、互不相让，争相推广自己的企业文化、品牌概念、服务标准的局面，行业标准的制定困难重重。

五、经济型酒店未来市场竞争

随着中国经济和旅游业的高速发展，大众消费需求的增加，经济型酒店将长期占据酒店行业的重要位置，并呈现以下发展趋势：

1. 持续并购，连锁化规模经营

由于经济型连锁酒店在我国兴起较晚，大部分都是从单体店开始，尝到甜头后陆续投资建立连锁店，还有部分企业集团属下有若干酒店，看到此趋势后集体转型，这就形成了某些区域内地方连锁酒店诸侯割据，并在本地获得了一定认同的现象。由于开店较早诸侯们大部分占据了该地区黄金地段，但区域性连锁酒店无论从品牌认知度、人力资源、管理能力、客源渠道、资金实力等各方面都不能跟全国性连锁酒店抗衡，而全国性连锁酒店因为急于扩张，需要较好地段和门面等各种因素，便会以加盟、代管、并购等手段兼并地方诸侯，用以扩大自己的连锁规模，保持品牌优势。而连锁化规模经营的好处显而易见，首先不具有空间局限性，客户随便在某个大城市或某城市的几个点上都可以享受到相同品牌和质量的服务，这大大方便了客户，也提升了客户对连锁品牌的忠诚度，同时显著提高连锁集团内各个店面的效益。可以预见，未来国内经济型连锁酒店发展格局一定是“大鱼吃小鱼”。

2. 品牌效益，差异化竞争

在现代社会中，企业对品牌的重视达到空前地步，一个良好的品牌也代表着良好的质量和服务，是企业的生命。在大众消费人群中，品牌的地位无可比拟，在某些程度上品牌能消除消费者的顾虑心理，增加消费者的信任度。连锁酒店尤其需要这种品牌的建设和支持，所以各个连锁酒店巨头们必定会在今后一段时间里持续增加品牌内涵，提高品牌认知度，树立品牌形象。国内经济型连锁酒店达到一定数量之后，必将加剧竞争，一些连锁品牌会在激烈竞争中思考出路，差异化竞争则将成为屡试不爽的一种手段，例如国内某地方性连锁酒店主打娱乐化，与当地著名连锁 KTV 结盟，客房设施和软件服务都是按照娱乐享受设置的，主要吸引偏爱娱乐泡夜店这部分消费群体，事实证明差异化竞争确实为这家酒店赢得了可观利润，该酒店营收在本地位列第一，这家酒店的名字（品牌）已经在当地代表了时尚娱乐和享受。所以品牌效益加差异化竞争一定是未来经济型连锁酒店选择的方向之一。

3. 管理标准化，控制渠道提高客户忠诚度

随着国内经济型连锁酒店的规模不断扩大，店面数量持续增加，一个亟待解决的问题浮出水面，那就是如何能让客户在不同的地点、不同的环境享受到相同的服务质量，得到相同的入住感觉，这就涉及到连锁酒店的管理标准化问题，包括各酒店软硬件一致，各种对客服务标准统一，这将直接关乎住客感受，也会直接影响酒店品牌和效益，甚至会决定酒店命运，所以未来连锁酒店仍将在管理标准化上持续更进一步的建设。客源渠道是酒店又一大事，目前酒店客源无外乎来自订房中心、旅行社、商务协议、上门客、各种会议等几个方面，这些渠道中，有部分分销渠道攫取了本就微薄的酒店利润，而且容易被渠道商控制进而压榨。未来社会是互联网的天下，连锁酒店必将借助互联网开辟自有独立的新渠道，结合传统渠道如手机短信预定、400 电话预定等，外加酒店自身覆盖全国所有店面的中央预定系统，提高同品牌下同城或异地店面互荐客源能力，经济型连锁酒店必将在未来大有可为。据统计，使用互联网选择旅游线路、预订机票、旅馆和餐馆的旅客已占全部旅客人数的 55%。

六、企业资金需求和对政府的建议

总体而言，企业对资金有一定的需求。一般来源是自由资金，私募资金和海外总部调拨等等。企业的资金将主要是用于对加盟商的培训和发展，以及企业自身的市场拓展方面，并希望得到长期贷款，约为5年以上。

随着经济型酒店龙头企业的日益壮大，商标审批和维权陷入困境，特别是在商标审批过程中，无关第三方恶意介入，备不了案。其次，政府对酒店用地性质要求，使得企业未来发展存在忧虑。另外，政府在推动上不够灵活，房产性质应有有效的推动，现在阻碍很多。营业税5.5%，还有企业所得税、房产税，都比较高。

企业希望政府能够出台一些优惠政策鼓励经济型酒店发展和就业，例如，增加员工补贴，免息贷，税收优惠等。

（中国连锁经营协会）

2008—2009 年度中国汽车后市场特许经营发展报告

一、2008 年发展现状及特点

（一）汽车后市场发展空间大，本土企业竞争力亟须提高

1. 金融危机中，全球汽车制造业显露颓势，汽车服务业却逆市而上

就美国汽车业来说，坏消息一直接连不断。2009 年 1 月份，美国汽车销售下跌 37%，创下 1982 年以来新低。其中，通用销量下跌 49%，福特下跌 41%，克莱斯勒连续第二个月跌幅在 50% 以上，就连丰田汽车在美国市场销量也下跌了 32%。不过，三大汽车巨头陷入危机，但并不意味着所有汽车行业都受到影响。以汽车零配件销售为主营业务的 AutoZone（汽车地带）公司却逆市上扬。自经济危机以来，汽车成为每个美国家庭节省开支列表中重要的一项，不要说买新车，即使是修车也都通过 DIY 来省钱。于是，AutoZone 这样的汽配超市的生意就红火起来。AutoZone 作为美国一家领先的汽车配件零售商和分销商，在北美地区拥有大约 5700 多家分店。根据市场研究机构 MSSI 的调查数据显示，2008 年，美国的新车销售量为 1.32 亿辆，下降了 18%。与此同时，顾客去 AutoZone 的次数却大大增加，从 2008 年 1 月开始以每月 18% 的速度增长。根据公布的 2008 年财报显示，AutoZone 销售额比前一年增长了 5.7%，达到 65 亿美元，净收入增加了 7.7%，达到 6.42 亿美元。汽车后市场的发展态势不容小觑。

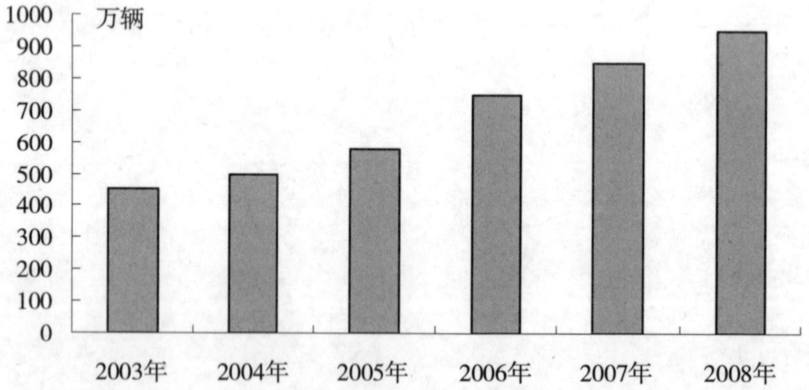

图 1 中国年度汽车销量

2. 我国整车市场发展迅速，汽车保有量上升空间巨大

受金融危机的影响，全球汽车制造业都收到了冲击，一直保持高速增长的我国汽车业

也不例外。2008 年我国汽车产销增速大幅度下降。据中国汽车工业协会发布的统计数据显示，2008 年全国汽车生产量 934.51 万辆，同比增长 5.21%，增速比上年同期回落 16.81 个百分点；销售量 938.05 万辆，同比增长 6.70%，增速比上年回落 15.41 个百分点。这是自 1999 年以来，国内汽车产销增速首次低于 10 个百分点。尽管由于消费者信心不足持币待购，汽车产销增速下降，但是随着 2008 年下半年国家推出一系列经济振兴计划，国内汽车行业消费信心得以提振，总体还是保持着相当长时间的高速发展。

3. 汽车行业的高速发展必将带来汽车后市场的发展机遇

随着汽车行业保持高速发展，汽车后市场也必将迎来历史性的发展机遇。据毕博管理咨询公司关于中国汽车后市场的调查报告分析，到 2010 年中国汽车后市场规模将达 230.17 亿美元，在亚洲将仅次于日本位居第二。

在一个完全成熟的国际化的汽车市场，汽车的销售利润占整个汽车业利润的 20%，零部件供应利润约占 20%，有 50% ~60% 的利润是在其服务领域中产生的。

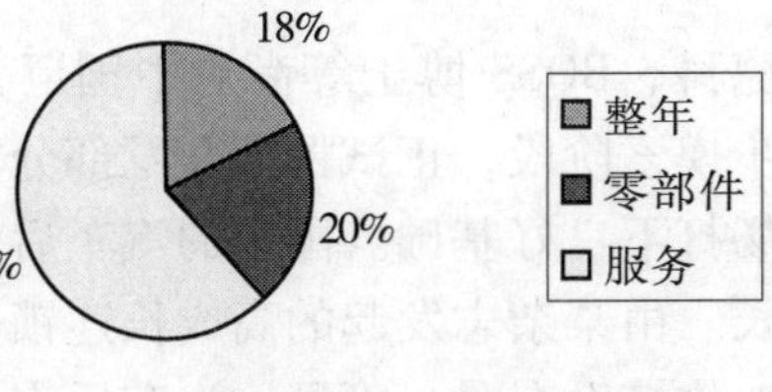

图 2　美国汽车产业利润结构

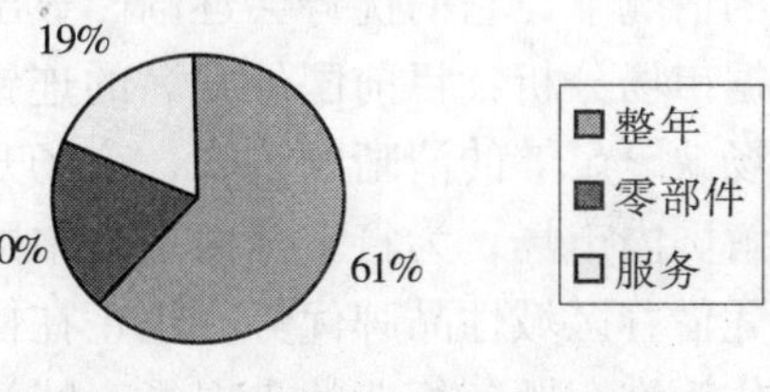

图 3　中国汽车产业利润结构

汽车后市场利润率高，未来中国汽车产业利润将逐渐后移。据一份市场调查表明：目前我国 60% 以上的私人高档汽车车主有给汽车做外部美容养护的习惯；30% 以上的私人低档车车主开始形成给汽车做美容养护的观念；30% 以上的公用高档汽车也定时进行外部美容养护；50% 以上的私家车车主愿意在掌握基本技术的情况下自己进行汽车美容和养护。据估算，一部价值在 10 万元左右的车一般要用 10 年，平均每年用于清洁、保养、美容和维护的费用在 4000 ~5000 元左右。如此巨大的空间，汽车后市场的潜力可见一斑。

4. 本土企业竞争力亟须提高

与强大的市场空间相对的是，汽车后市场还达不到相应的成熟度。国内汽车服务行业小店到处都是，没有形成经营规模，店与店之间低价竞争、互相拆台，严重的无序经营影响着这个领域竞争力的形成。当然，行业里也不乏有一些初具规模的连锁企业，像上海新焦点、广州新干线、杭州小拇指、北京爱义行等。这些企业在管理上具备了一定经验，在网点开拓上也有了一定的客户资源。然而，面对意图分食中国汽车后市场这块大蛋糕的国外大企业，这还远远不够。日本目前最大的汽车用品制造商 CARMATE（快美特）在广州宣布，把中国区首卖权交给占地面积达 2500 平方米的 AEC 汽车用品超市，全力打造中国汽车后市场流通领域的“航空母舰”；而美国通用汽车集团下属的维修连锁企业 AC 德科早在几年前就已进入中国，目前已在国内主要城市布好了局，并立志成为华东汽车快修的“大哥大”。相比国内相关企业而言，这些国外企业具有多重优势，比如资金、经营管理、品牌等。它们的进入，对于我国还没有成熟的汽车后市场来说，很容易在行业内造成影响，甚至会左右市场的一些变化。所以对于我国的本土企业来说，及时地调整战略目标，增强市场竞争力是当前的重中之重。

（二）连锁经营品牌意识越来越强

在“2008 年中国汽车后市场财富论坛”上，有关专家提出，连锁经营是中国汽车后市场发展的必然趋势。现在是发展全国性汽车连锁服务业的大好时机，也是国内企业汽车后市场发展的突破口。

我国现有的汽车服务体系已形成 4S 店、大量自生自灭的路边店和专业汽车后市场服务连锁店三足鼎立的局面。4S 店有汽车厂家的支持和监督，其优势在于整体形象好、服务周到、专业，人员素质高，维修、配件质量有保证，但服务费用昂贵，且维修的车型较单一。路边店占地少，投资低，多为临时经营性质，往往不注重整体形象，而且维修人员少，技术水平落后，维修质量难以得到保证。快修连锁店有强势的品牌作依托，因此整体形象好，通常有统一的服务收费标准、服务质量的承诺，而且连锁企业网点多，能靠近车主活动区域设置。因此，连锁化的、专业化的汽车后市场服务品牌，在市场经济竞争日趋激烈的情况下，它的优势会逐渐凸显出来。

据市场分析：目前国外知名的连锁品牌 AC 德科、BOSS 博士等尚对中国巨大的汽车后市场缺乏足够的清晰的认知，市场开发处于起步摸索阶段，正试探性开发部分客户，不断了解国内市场，为将来全面进入中国汽车后市场打下良好基础。国内的汽车后市场知名品牌凭借着区域性品牌优势，也正在快速逐步成长。由某杂志发起的高成长连锁企业评选中，作为汽车服务行业的小拇指、特福莱、施耐普均榜上有名。可见，汽车后市场的连锁经营品牌越来越受到媒体以及投资商的关注。

（三）细分市场有待进一步开发

连锁模式是风险投资企业能够快速扩张的保证之一。有着成功模式的品牌服务店面，通过风险投资的资金保证，能够将成功的模式进行复制，并在全国市场范围内迅速发展。在这方面，小拇指、米其林都是成功典型。

——“小拇指”，针对中国汽车服务业井喷式爆发的市场，自 2004 年在杭州首创了“汽车微修”的新模式，在短短几年的时间内，从自营到加盟连锁，从浙江走向江苏、广东、江西、湖北、山西……目前已经发展到拥有 200 多家连锁店的品牌。“汽车小擦小碰，找小拇指，多快好省”，小拇指在汽车表面微创伤快速修复上形成了核心竞争力。在技术工艺上，小拇指自主研发应用技术专利，在汽车玻璃修复技术和汽车 QSRS 车身快漆技术上拥有多项国家专利；在原料及设备上，小拇指与美国宣伟、荷兰 AKZO、德国 FESTOOL、SATA、3M 等国际行业巨头开展了战略合作，确保了原材料的高品质和新技术的快速应用；在流程体系上，小拇指拥有自己的人员培训、技术督导、现场管理等管理机制；在扩张策略上，小拇指先铺加盟，需要加盟商帮助搞定当地的一些关系，环保等等，再收购其中好的加盟店为直营店或者控股；在体系控制上，小拇指总部直接和油漆供应商合作拿货，利用规模效应降低成本，再通过油漆控制加盟商，而漆的每个品牌的色母不一样，因此一旦一家店选定了某个品牌的油漆的时候就很难换别的品牌了。小拇指的成功得益于其市场切入点合适，管理标准化、竞争差异化，以“快”错开与 4S 店的竞争。现在小拇指已经具备一定的规模和品牌知名度，它将未来的发展策略指向了沿海地区，比如福建、山东，以及一些内地的富裕城市，比如山西、甘肃一些能源开采的地方。

——“米其林”，轮胎专家，1989 年在北京设立第一个中国办事处，2001 又成立了米其林（中国）投资有限公司，现在其门店数已经达到600 多家。米其林专注于为消费者提供领先的专业轮胎及相关服务，并且与润滑油等领域的顶级零配件及设备品牌进行全方位战略合作。其模式是筛选一些销售米其林轮胎好的门店，用驰加做品牌，总部也不限制门店必须只销售米其林的轮胎，由分区的批发商统一给门店供货，物流由批发商自己负责。通过对消费者需求的了解和前瞻性分析，驰加充分发挥“国际品质、灵活性、适应性”的核心竞争力，发展出专业轮胎服务与多样化增值服务相得益彰的模式，夯实了消费者、合作伙伴、米其林之间的三赢格局。驰加在中国的推出，彻底改变了中国市场轮胎服务的传统概念。

在以服务为主的业务模式下，良好的硬件与标准化的服务产品能够很快地进行复制。但是相比于综合性的服务项目，细分市场更容易复制和发展，因而比较容易做特许连锁。以上这些成功的案例都给我们提供了借鉴。

那么何为汽车后市场？汽车后市场的分类又是如何呢？汽车后市场是指汽车销售形成以后，围绕汽车使用过程中的各种服务，它涵盖了消费者买车后所需要的一切服务。也就是说，汽车从售出到报废的过程中，围绕汽车售后使用环节中各种后继需要和服务而产生的一系列交易活动的总称。汽车后市场最早的分类是以汽车整车销售的前、后顺序进行分类的。一是汽保行业；二是汽车维修及配件行业；三是汽车精品、用品、美容、快修及改装行业；四是二手车及汽车租赁行业。进入 21 世纪，我国的汽车行业发展之快是任何发达国家都无法比拟的，在短短的十几年里走过了西方发达国家汽车市场上百年的历程。中国现在的汽车后市场大体上可分为七大行业：汽保行业；汽车金融行业；汽车 IT 行业；汽车用品、美容、快修及改装行业，又称汽车养护行业；汽车维修及配件行业；汽车文化及汽车运动行业；二手车及汽车租赁行业。

在国内，发展规模已经较大的汽车服务行业企业多采用大而全的发展模式，一个店几乎涵盖了汽车服务的各个环节。就目前北京市场来看，比较有名气的本土汽车服务连锁品牌有月福、爱义行等。它们从最基本的洗车、封釉到汽车美容装饰包括养护快修提供了完整的服务，爱义行还提供一站式车险服务。而特福莱、施耐普等则更专注于细分市场。特福莱的口号是“爱车身边的美容院”，面向中端的顾客群，定位十分明确。相比之下，专业化和标准化的服务更容易复制和控制，大而全的模式则存在诸多潜在的风险。

中国本土的汽车服务品牌还需要更专注，像小拇指，米其林这样，定位好细分市场，以小见大，以点带面，从市场中摸索出适合国情的行业模式。

（四）消费者越来越青睐高连锁高性价比的维修点

1. 车龄越长消费者越倾向于选择性价比更高的连锁店和普通维修点

总体上，4S 店把持着汽车维修市场的 76.5% 的市场份额。原因主要是由于：①中国大部分用户还是第一代使用者，车龄较低，较为依赖 4S 店的信息和服务；②目前公务轿车比例依旧比较高（占 40% 左右），价格敏感度较低；③中国汽车销售还处在高速增长阶段。

随着车龄超过厂商的保修期以及使用者对于汽车知识的增加，越来越多的消费者选择性价比更高的连锁店和普通维修点。

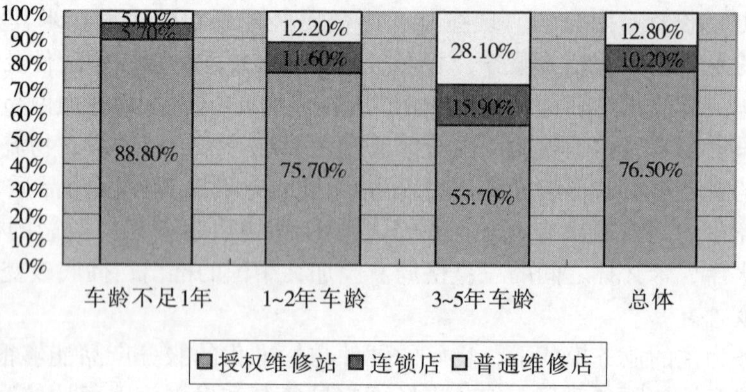

图 4　车龄不同的用户对维修点的选择情况

2. 服务质量、价格、服务速度是消费者的共性需求

消费者主要关注产品和服务的质量、价格、服务速度。此外，便利性、品牌、服务态度、服务透明度也在考虑范围。10 万 ~15 万元车主占 42%，该类车主比较缺乏汽车知识，更关注服务、产品的多样性，同时具备一定的价格敏感度。20 万元以上的车主占 39%，该类型车主价格敏感度较低，对于服务的专业性、便捷性要求较高。对于车龄不长的消费者，定损员对其影响较大，若在受保范围内，车主一般会依据理赔员建议的地点进行维修。对于车龄较长的消费者，他们一般会倾向于选择熟悉的、性价比高的维修店，具备一定的黏度。

二、行业存在的问题

（一）品牌店投资高，加盟门槛难跨越

连锁经营的特许商，要注重品牌建设，实现标准化、简单化、专业化、特色化、差异化经营，凭借连锁企业的产品与服务优势、网络优势和品牌优势，增加企业的市场竞争力，从而赢得消费者的认可，赢得市场和利润。但是品牌店投资高，夫妻店、路边店投入低，导致很多夫妻店还徘徊在特许加盟道路之外。

我们可以参考各种品牌连锁经营店，根据特福莱专业汽车美容连锁公司提供的各方面数据做一个估算：

1. 加盟费用：特富莱汽车加盟店标准的加盟费为 3. 98 万元，以及 9 万元的产品设备费用，总共需要 12. 98 万元。这样，加盟费 + 产品设备费用，总共需要 12 万元左右。

2. 店面租金：汽车服务店的选址地段并没有严格要求，主要看该区域的汽车流量大小而定。一般一个标准店的店面面积在 150 至 300 平方米，其租金一年约为 50 万元。

3. 装修费用：店面一般要求简洁大方，以特福莱汽车美容连锁店为例，其装修色彩以黄黑相间为主，强烈的色彩对比，突出了庄重时尚的效果。在灯光方面有一定的要求，

以达到明亮、干净的效果。一般而言，装修费用大概在每平方米 200 元左右，装修面积以 200 平方米计，装修费需要 4 万元左右。

4. 员工费用：标准店人数在 15 人左右，其中包括店长、技师、财务、导购、小工和杂工等。店长一般为投资者，技师大约需要 2 到 3 人，这些技师需要经过专门的技术培训才可以担任，有的大型加盟连锁店或大型品牌店会有自己的培训学校，可以为加盟方提供本校培训出的学生，或是作为增值服务，为店主和技师免费进行培训。一般而言，技师的工资大多是按底薪加提成算，每月全部工资支出大约在 3000 元左右。财务和导购的工资则在 1300 元上下，而小工和杂工包食宿大约为 1100 元左右。这样，汽车美容店的员工费用大概在 22000 元左右。

5. 广告费用：品牌效应十分重要，适当的广告宣传有一定的必要。品牌加盟店通常会在一些权威媒体上投放广告，其一个月的广告费用为 5000 元。在开业之初和举办活动时，需要送给消费者一些纪念品做促销用，这些费用大概需要 8000 元。

通过估算，我们可以看到加盟品牌连锁经营的投资并不是一个小数目。如何降低品牌连锁门槛，如何引进投资，是我们亟须解决的问题。我国相关的法规也指出："机动车维修连锁经营企业总部应当按照统一采购、统一配送、统一标识、统一经营方针、统一服务规范和价格的要求，建立连锁经营的作业标准和管理手册，加强对连锁经营服务网点经营行为的监管和约束，杜绝不规范的商业行为。"可见国家相关政策对于连锁加盟形式是比较支持的，但是，还需要进一步出台具体的政策法规来促进连锁加盟形式的发展。

（二）汽车物流配件市场不成规模

原材料及零配件是服务标准化的基础，但企业对采购、配送环节的管控往往不到位。这与我国汽车物流配件市场的混乱状况有很大的关系。汽车物流业是对有需求的所有汽车零部件进行配送，包含了对汽车 1 万多种零部件的供应链管理。但是当前，我国汽车配件市场深受假冒伪劣产品困扰，配件流通缺少形成规模化的生产经营企业，散乱与信誉差现象长期存在。

由于受经营方式的限制，汽配行业物流渠道系统混乱，制造商多渠道销售，经销商跨地域倾销，中小零售商不规范操作，制造商与经销商之间缺乏诚信度，未能形成科学合理的营销系统；制造商与经销商、零售商都在谋求建立各自的物流系统，造成高耗低能；汽配市场整体上缺乏统一的规划，重复建设现象严重，没有形成专业特色和竞争优势；汽配市场短期行为严重，缺乏长远规划；汽配市场内部的资源有效整合力度不够，经销商经营成本高；假冒伪劣产品充斥，赊销坏账严重，市场缺乏规范的监督管理，偷漏税现象严重，整个行业诚信度低下。

近年，北京、上海、山西、河南、江西等地相继出现了上规模的汽配物流配送体系运作方式，也有的在着手建立跨地区的物流服务网络平台。可以说，物流配送成为汽配流通要打的一张牌。但经过一段时间的运作，经营效果并不都很理想。有的上游供货商渠道畅通，而下游经销渠道没有很好连接起来，出现有物没"流"的尴尬局面。

物流市场的不规范和不通畅，直接导致了以销售配件带动业绩的总部越来越受制于批发商，物流和信息不如餐饮行业，很难实现专业化。汽车配件流通经营模式需要改革创新。

我国加入WTO后，许多旧有的物流模式为迎合发展需要悄然发生着各种变化。目前，北京、上海等地相继出现了上规模的汽配物流体系运作方式，也有的在着手建立跨地区的物流服务网络平台。比如，一些物流有限公司同许多零部件企业通力合作，共同改造旧的、原始的物资流通运行方式。结合科学的电脑管理，迅速发展汽配连锁经营，为名优产品发展物流配送，利用各地的汽配专业市场自身的实力和优势，设立就近服务的配送中心，减少中间销售环节，在低成本的前提下为分布在各地的零售经销商、连锁店实现快捷的短程精细物流配送服务。

如何按照现代物流的理念和模式，联合国内汽车零部件名优企业、汽车配件城和各地经销商，以连锁经营的方式，把汽配物流做大做强，是我们需要继续探索的问题。

（三）行业技术人员普遍流动性高

高薪酬、高流动、高稀缺已经成为汽车行业人才最显著的特点。汽修人才逐渐吃香，昔日的“修车工”如今“麻雀变凤凰”，身价将一路高涨。当越来越多的汽车企业向四位一体（整车销售、零配件销售、售后服务和维修）方面发展时，那些具有销售、管理和维修经验的综合型汽车维修人才便成了汽车企业之间相互“挖角”的对象。上海同济大学汽车学院倪计民教授表示，这种现象除了受益于汽车业“井喷”式发展的大环境外，还因为传统的汽车人才主要集中在研发和生产领域，服务人员、特别是能“诊断病因”的“汽车医生”严重断档。目前国内约有七成以上的汽修人员仅有初中文化水平，而真正具备现代知识体系和技能的人才占的比例很少。一流的技师对汽车厂商的发展意味着什么是不言而喻的，所以工艺精湛的保养和修理技师成了汽车厂商竞相抢夺的目标。

珠海欧亚汽车技术有限公司总经理刘晓冰表示，现在汽车后市场服务人员流动率超过20%，也就是说100个从业人员中就有20个人正在跳槽或者被其他公司挖走。行业的不稳定，使本来就十分短缺的高水平钣金技师、喷漆技师、美容技师非常难求。由此可见，要解决技术人员流动性高的问题，最根本的还是要培养更多更专业更高素质的汽修人才。

（四）法律法规建设滞后

汽车服务业法律法规建设滞后，缺乏统一有效的管理、监督、指导与整体规划，没有统一的服务标准和行业规范。不过，政府相关部门已经注意到了这些问题，并已制定规章制度规范汽车服务行业，促进行业良性发展。2008年4月份，天津公布了《天津市汽车配件营销企业经营规范》和《天津市汽车用品服务业经营规范》两个行业标准，以促进汽车服务行业走向规模化良性道路。西安市政府也对《西安市汽车维修行业管理规定》进行了修改，以便更好地规范和监督汽车维修行业的发展。

在国内其他省市，汽车服务行业规范也在陆续制定，以规范这个大而杂的市场，形成稳定、高附加值的多功能产业链。

三、行业发展趋势

产业内竞争将是未来连锁快修业走向的关键。在非连锁经营模式上，4S店仍将长期作为汽车销售的主要方式，会在定价、服务模式上进行改进以适应消费者需求。维修店未来有可能被连锁企业收购，时间点在于连锁模式在后市场得到成功验证时。而连锁经营模式尚处于跑马圈地的阶段，会迅速兴起，未来三年内将处于一、二、三线城市扩张阶段。专业连锁品牌将会在中国汽车后市场上大放异彩。中国汽车维修行业协会会长康文仲也对维修连锁经营的前景十分看好。他强调：维修连锁经营发展起来后基本上能够满足车主对维修市场经济实惠和方便快捷的要求，汽车维修行业因此会获得健康长足发展，消费者能够得到更多实惠，而这必将促进汽车产品的销售，对生产厂家也同样有利。

随着我国汽车后市场的发展，配件供应和技术信息的垄断经营格局将被打破，正宗的配件来源渠道不再单一，这将为汽车后市场的发展带来深刻的影响。通过配件资源和物流体系的重新整合，确立以维修企业为主要服务对象，同时，为车主提供质优、价廉、便捷的网络化服务，将成为汽车后市场发展的主导方向。

汽车后市场会在政府引导下走向成熟和标准化。也许金融风暴会促成许多行业的调整和整合，汽车后市场也会有所改善，以赶上汽车业的快速发展。目前汽修业所存在的最大问题就是整个行业发展滞后，没有跟上现在中国汽车的保有量。而且诚信问题也是制约其发展的障碍。随着行业的整合，脏乱差的路边店和不讲诚信的商家会在此次竞争中被市场抛弃，而那些讲诚信和服务的商家将在竞争中脱颖而出，最终随着连锁的发展成为市场的主体。

四、重点企业对行业的展望

（一）“米其林”——专注品质与服务的轮胎专家

2003 年，米其林首次将其全球专业化、标准化的驰加服务网络引入中国。五年以来，通过对消费者需求的了解和前瞻性分析，驰加充分发挥“国际品质、灵活性、适应性”的核心竞争力，发展出专业轮胎服务与多样化增值服务相得益彰的模式，夯实了消费者、合作伙伴、米其林之间的三赢格局，也为中国汽车后市场的可持续发展提供了可借鉴的实例。事实证明，“驰加”这一“舶来品”，不仅完全适应了中国的水土，通过对本土市场的深入了解在中国市场上茁壮成长，更成为其他快速成长型市场的样板。

米其林（中国）投资有限公司副总裁高安东表示：“‘国际品质、灵活性、适应性’是驰加的核心竞争力。驰加起步于米其林全球的先进服务经验，成长于对本土需求的灵活把握和适应。这对广大消费者而言，意味着无论大城市还是中小城市，无论是在市区还是城市边缘，都能够方便地获得专业、可靠、多样的驰加服务；对所有驰加的合作伙伴，意味着更广阔的商业平台和更多的财富机会；对驰加自身而言，则意味着驰加中国路已经成为其他快速成长型市场的榜样。”

（二）“小拇指”——开创中国汽车维修品牌

在谈到中国汽车维修行业的发展趋势和走向时，杭州小拇指汽车维修科技股份有限公司总经理兰建军表示：第一，要品牌化。中国维修行业的一大症结是诚信缺失，以诚信价值观为品牌基础的维修企业将获得消费者认同。诚信包括质量诚信和价格诚信，品牌化是向消费者承诺，企业愿意为不诚信付出高昂的代价。第二，要专业化。汽车维修行业是传统工业的结晶，机械、电子、化工、新材料等领域的发明和科技进步的速度越来越快，新技术的出现，需要有专业化的团队推广和实施，只有走专业化的道路，才能做到精，才能做到快，才能做到效率高。第三，要连锁经营。连锁经营的关键是总部对门店在“标准化”上要有掌控能力，掌控的方法很多，有植入品牌文化的培训体系，有加强品控和标准化的督导体系，有人力资源职业生涯发展体系等，而基础是单店盈利能力要令投资者满意，所以连锁总部一定要负责任地提供成熟的商业模式。在经历了地域扩张、购并整合后，中国未来将出现若干家专业的汽车维修连锁品牌，坚持“诚信、品质、效率”的消费者核心利益，在各自的专业领域培养人才，为车主提供服务，整个价值链的资源配置趋于合理，减少无效竞争和浪费，这也是未来汽车维修行业的大趋势。

目前中国汽车服务市场并没有强势品牌，行业服务现状仍处于“散、乱、差”的状况，在此基础上特许经营体系将是最有竞争力的商业模式。兰建军认为，“最终，汽车后市场服务的竞争是综合实力的竞争。技术、管理、人才、服务都是必不可少的竞争因素，而‘小拇指’目前遇到的最大瓶颈也是专业技术人才的缺失。”“‘小拇指’现已创出连锁经营的新模式，并已进入良好发展状态，在技术应用领域走出一种新的模式。由此开始，在未来五年里，‘小拇指’计划在中国最发达的100个城市里开1000家‘小拇指’连锁店，而‘小拇指’最大的目标是成为中国汽车后服务市场最受尊重的品牌。”

（三）“特福莱”——全球汽车美容装饰专家

在谈到中国汽车后市场面临的机遇和挑战时，特福莱汽车服务连锁总部董事兼总裁涂进军表示：这个市场目前正处于一个相当不错的阶段，私人汽车保有量持续高速上升。但是，困难也是我们不能回避的。其一，是行业的分散性。目前能占据这个市场千分之一份额的就是很好的企业了，如果能够占到百分之五就会是这个行业的老大。西方发达国家，乃至印度，行业集中度都比我们高。行业的分散性会导致行业的无序竞争。很多小企业会浑水摸鱼，扰乱市场。尤其是在目前缺少行业规范的情形下，更是如此。其二，是人才匮乏，这也是制约行业发展的重要因素。目前，中国汽车后市场最短缺的是中高档技术人才，以及优秀的管理人才。没有人才，企业很难得到好的发展，很难形成规模。

采用连锁加盟的形式对初次接触汽车美容养护业的创业者来说是一个不错的选择。涂进军表示，“特福莱”在中国近六年的发展中已开设近千家连锁店，并已形成连锁服务网络，这使得投资者很容易复制成功。“特福莱”连锁总部的服务从店面选择到装修设计，从产品订购到物流配送，从开店培训到上门技术服务支持，早已实现标准化和流程化的运作模式，可以很容易地复制给加盟商。而投资者在自身素养、经营理念、管理能力等方面要能和总部达到同步，要不断加强自身学习与提高，要整体上提升自身的经营管理能力。

（中国连锁经营协会）

2008—2009 年度中国房地产经纪行业特许经营发展报告

一、行业发展概况

（一）行业发展形式及投资情况

2008 年是国内房地产市场比较艰难的一年。伴随国际金融危机的蔓延，我国经济也受到一定影响，国内房地产市场经历了长达一年之久的超长观望期。

国家统计局公布的 2008 年国民经济和社会发展统计公报显示，全年我国房地产开发投资 30580 亿元，比上年增长 20.9%。其中，东部地区 18325 亿元，增长 17.1%；中部地区 6287 亿元，增长 31.7%；西部地区 5967 亿元，增长 22.7%。按工程用途分，商品住宅投资 22081 亿元，增长 22.6%；办公楼投资 1112 亿元，增长 7.4%；商业营业用房投资 3200 亿元，增长 14.9%。

2008 年，全国房地产开发企业房屋施工面积 27.4 亿平方米，同比增长 16.0%；房屋新开工面积 9.8 亿平方米，增长 2.3%；房屋竣工面积 5.9 亿平方米，下降 3.5%。其中，住宅竣工面积 4.8 亿平方米，下降 4.2%。

全国房地产开发企业完成土地购置面积 3.7 亿平方米，同比下降 8.6%；完成土地开发面积 2.6 亿平方米，同比下降 5.6%。

在金融危机以及国内收紧的房地产政策的影响下，2008 年全国各主要城市的二手房交易量也出现了明显的减少。全国商品房销售面积 6.2 亿平方米，同比下降 19.7%，其中商品住宅销售面积下降 20.3%；商品房销售额 24071 亿元，同比下降 19.5%，其中商品住宅销售额下降 20.1%。

截至 2008 年 12 月末，全国商品房空置面积 1.64 亿平方米，同比增长 21.8%，增幅比 1－11 月提高 6.5 个百分点。其中，空置商品住宅 9069 万平方米，同比增长 32.3%，增幅提高 9.4 个百分点。

（二）特许经营在中国房地产经纪行业的应用与发展

1. 特许经营模式的运用

（1）国内逾万家的房产中介大致可以分为四种经营模式

一是被大多数中介采用的市场化程度很低的单店经营模式；二是市场化程度不高，带有政府背景的房地产管理部门的下属企业；三是直营连锁模式，这种模式已经具有品牌竞争的含义；四是为外资企业广泛采用的特许经营模式，目前正被越来越多的国内企业接受并应用。

特许经营模式在国外已经被证明是一种很成熟也很成功的商业模式，非常适合房地产经纪行业依靠信息、注重服务、广泛分布的特点，在美国大约有45%的商品都是通过特许经营这种商业模式来完成的。在房地产行业这种体系所起的作用更大，虽然特许经营的公司数量只占到30%左右，但是交易额达到了行业总交易额的60%左右。

现时国内房地产中介特许经营产业，有数十个相对模式完整的品牌与机构在各地的房地产中介市场上开展特许经营。

（2）从特许商方面看，主体构成主要是三个方面

首先，为数不多的国际品牌携先进的理念、丰富的经验和成熟的体系在全国范围内开展特许经营，并居于领先之势；其次，一些港台品牌经过本地化运营后，开始尝试跨区域特许经营；再次，数量众多的地方性本土中介品牌在其各自所在地区范围内引入特许经营模式，开展中介加盟事业，初具规模。

目前国际成熟品牌的特许经营模式包含区域特许经营及单店特许经营两个层次，而国内品牌的特许经营受制于管理能力及体系的支持能力，更多的局限于在本地区范围内开展单店特许经营。

（3）从加盟商方面看，主体构成仍然以投资者为主，原有中介店翻牌数量仍然没有占据主流

投资者客户类型主要包括：

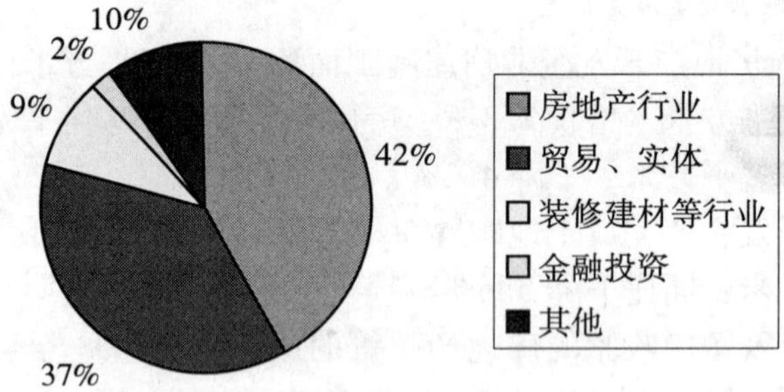

房地产经纪行业特许经营投资者客户构成

2. 特许经营模式的优势

（1）规范市场

一方面，政府有关管理部门通过加强房地产市场的制度建设，完善规章制度以规范从业企业的经营活动；另一方面政府的监管对于市场上众多的中小型中介服务商覆盖相对薄弱。而特许经营体系通过市场化运作模式，帮助中小服务商规范管理，并且通过商业合约方式建立有效的商业监督机制，对于提升、促进整个行业的规范经营发挥了重要的作用。

（2）增加行业诚信度

在政府“十五纲要”中就明确提出“严格资质认定，强化行业自律，提高中介组织的质量”。这是房地产中介服务行业诚信建设的指导方向，特许经营体系以“品牌运营”为核心的商业模式与这大方向完全吻合。而作为商业主体的特许商通过体系内严格的奖惩制度，强化的激励机制，以及企业（品牌）文化建设，从而大力推动房地产中介服务行业的诚信建设。

（3）提高行业准入门槛

随着行业市场的逐步成熟，越来越多的新进入者需要通过加盟成熟的体系，方能在竞争中求得生存和发展。从2008年特许商的发展情况来看，国际品牌由于其领先优势，纷纷提高了自身体系的加盟门槛，从资金、投资人背景、从业经验、经营者素质等方面均提出了更高的要求，而本土品牌在意识到特许体系的成功与加盟商的选择紧密相关的同时，也迅速摒弃了发展初期“来者不拒”的思路。基于长期商业发展考虑，多数特许商都建立了严格的加盟授权评审机制，较之政府管理的经纪资质、注册资本、经纪人资格等因素，特许体系对行业新进入者提出了更高的准入门槛，从而更好地保障了行业后续发展的动力。

（4）带动全国房地产市场平衡发展

目前，国内房地产中介市场已经初具规模，但是由于行业整体历程短，大规模的覆盖全国的中介企业屈指可数，各地区市场间的交流不畅，发展出现不平衡。特许经营体系由于其商业模式的特点，一方面可以充分利用各地企业的本土化优势，另一方面又通过特许总部的联结，将各地区间的信息、资源充分的共享，取长补短、共同创新。以国内目前最大的房地产中介特许体系21世纪中国不动产为例，截至2008年年底，21世纪中国不动产已经在全国范围内设立了33个区域分部，上千家门店、上万名经纪人在各地市场上为消费者及行业提供服务。21世纪中国不动产总部每年均有多次全国性的运营、市场、业务交流研讨会，以促进各地区间的交流与合作。通过这些信息的交流与经验的共享，帮助相对滞后地区的业务迅速赶上，促进体系内各地区的共同发展。而通过调研我们了解到，在各地市场，尤其是二、三级城市市场，特许经营体系在帮助政府主管部门整体把握行业全国发展态势方面起到了重要的作用。

（5）增强企业品牌意识

在中国现行的市场状况下，无论大、中、小型房地产中介机构都有生存空间和存在的必要，不一定就是越大越好，品牌意识才是促进这一行业进步的至关重要环节。2008年特许经营体系在中国房地产市场宏观调控背景下的持续发展，让更多的业内资深企业和人士意识到，品牌在房地产中介服务这一领域的价值所在，不仅可以像业务一样带来直接收益，更可以通过特许的方式分散企业完全直营的风险，当然这一切的前提就是——你的企业已经成功打造了品牌。特许体系的发展对于整个行业的品牌意识的建立、提升有着重要的作用。

（6）提高房地产行业对培训的重视

与直营中介企业相比，房地产中介特许体系的相当一部分客户来自于行业内中小企业，所以特许体系更注重参与行业整体的建设。在调研中，某二线城市房地局的领导甚至将该地区的特许品牌比喻为“行业规范经营的传播大使”。据不完全统计显示，2008年由特许经营体系在各地区举办的促进行业整体建设的论坛、讲座、研讨会、培训班等各类活动达1500次以上。大型特许组织纷纷与所在地政府主管部门、协会组织、教育机构联合办学，开展社会化的行业培训活动，对行业从业人员的整体素质提高起到了积极的作用。

二、行业发展特点

（一）政策逐渐放宽，楼市回暖初见起色

2008 年，随着管理层对国内宏观经济增速减缓的担忧，政策调控的重点也转为通过鼓励消费、降低存贷款利率和增加基础设施建设来保持经济的稳定，其中在 2008 年年底集中出台的一系列涉及房地产行业的税费减免政策在 2008 年年底和 2009 年上半年被证实确实起到了促进房地产交易的目的。

受 2007 年收紧的房产政策影响，2008 年全年房地产市场交易量迅速下滑，买卖双方互相僵持，但经过 2008 年 9、10 月份的多轮的政策调控，房地产交易量在 11、12 月出现了一定增长，并最终在 2009 年 3 月打破了沉寂，出现了有史以来二手房最高交易量。

（二）楼市萧条，中小经纪公司难逃淘汰厄运

随着金融危机的蔓延与加剧，资金缺乏成为房地产企业面临的普遍问题。房地产经纪企业也出现了同样的问题，尤其是一些企业对市场风险认识不足，在市场较好时盲目扩张，但管理水平的提升却相对滞后，造成在市场出现波动时，企业资金与管理的漏洞显露无遗，以至于无法应对，直至退出市场。但此轮市场调整被淘汰出局的房地产企业主要是规模较小、资金储备不足的中小企业，大的品牌企业则大多是通过缩减门店数量、减少日常开支等方式节约成本，挺过了楼市的寒冬。

（三）行业监管加强，市场运行有序

针对国内房地产经纪机构管理水平参差不齐，部分不法经纪机构利用监管漏洞损害消费者利益，扰乱市场秩序，中国房地产估价师和房地产经纪人学会于 2006 年年底印发《房地产经纪执业规则》和《房地产经纪业务合同推荐文本》，规范房地产经纪行为，提高房地产经纪服务质量，保障房地产交易者的合法权益，维护房地产市场秩序。随后建设部于 2006 年年底印发《关于加强房地产经纪管理规范交易结算资金账户管理有关问题的通知》，全面推行房地产经纪机构备案公示制度；严格实施房地产经纪人员职业资格制度；规范房地产经纪行为；加强房地产经纪合同管理；建立存量房交易结算资金管理制度；规范交易结算资金专用存款账户开设和资金划转等，两个政策在 2008 年得到完善和普及，为建立主体诚信、行为规范、监管有力的房地产经纪市场秩序提供了法律保障。

（四）品牌优势凸现

目前，经纪行业竞争日趋激烈，房地产经纪行业已经从粗放式的扩张“圈地”阶段进入到比拼管理与服务等内功修炼的品牌竞争时代。只有代表诚信与服务的品牌才能够获得持久的竞争优势，获得更多的客户信赖与市场份额，在竞争中立于潮头。2008 年品牌的力量得以展现，是在市场面临考验的时候，众多中小中介机构不堪重负纷纷退出市场，各品牌经纪机构却保持了企业的稳定经营。而品牌正是以 21 世纪不动产为代表的特许经营企业的核心优势之一，21 世纪不动产一直在倡导、提供给消费者一种不动产服务的理念，让不动产交易阳光化、专业化。21 世纪不动产的“特许经营”模式在行业内占据绝

对优势。庞大的全球网络支持、全球的市场运营经验的支持以及全球化的网络优势和服务理念，都成为21世纪不动产塑造品牌在行业中领跑的优势。

三、行业特许加盟KPI指标

由于目前国内房地产经纪行业中的特许经营企业的经营发展状况相差悬殊，无法用平均的特许加盟KPI值来反映行业的整体水平。我们用国外成熟特许经营企业的KPI指标为样本，以期反映行业的现状与未来发展。

（一）拓展与授权

1. 单店面积＆人数＆选址标准＆投资总额

单店面积：不低于50平方米；人数：5人以上；投资总额：人民币30万~50万元。

2. 加盟模式

两种模式：区域加盟、单店加盟。总部对城市、行政区域进行一级授权，获得授权的城市再进行单店加盟授权。

3. 加盟费

单店加盟合同的期限为5年，一次性收取加盟费人民币不低于15万元，单店加盟续约时加盟费的收取主要视届时的市场情况、特许方的发展规模及未来规划的情况而定。

4. 月特费

按月收取。收取金额按合同约定，按当月营业收入的6%~8%并不低于合同约定的月特费最低值收取；收取率超过95%。

5. 保证金

一次性收取，金额与加盟费相等或视情况高于加盟费金额（加盟期间如无合同违约，合同期满后返还）。

6. 加盟期限

区域加盟期限为20年，单店加盟期限为5~10年。

7. 招商方法

单店加盟主要以展览会、平面媒体、网络媒体、房源联合广告及不同形式的招商会议为主。

8. 新开店数量

加盟店数量超过1000家，每年新开店数量超过200家。

（二）营运

1. 投资回收期＆投资收益率

投资回收期1~1.5年，投资收益率75%~100%。

2. 单店平均利润率

加盟店平均年利润率15%~20%。

3. 加盟店盈利率

加盟店年盈利率在80%以上。

4. 加盟店续约比例 & 开二店比例 & 加盟店关店率

加盟店续约比例超过 90%；开二店比例大于 25%；加盟店关店率小于 5%。

（三）支持

1. 总部对加盟者中级以上管理人员开业培训时间 & 开业后培训时间

区域加盟商开业前培训 2～3 周，营业中培训频率 8～10 次/年；单店加盟商开业前培训 3～5 周，营业中培训频率 25～30 次/年。

2. 督导周期

区域加盟商每年不少于 15～20 次，单店加盟商每年不少于 20～30 次。

3. 采用信息化的企业占比，企业目前采用的信息化水平

总部管理、财务实现信息化，加盟店信息化比例 100%，特许体系内部采用自行开发的销售信息系统使用率达到 100%。

四、企业最关注的问题与难点

（一）金融危机尚未结束之时，房地产市场稳定性仍有待观察

随着全球金融危机的深化及蔓延，目前房地产行业虽稍有起色，但现阶段成交量的上涨主要是前期被抑制的需求的集中释放，至于这种需求的释放能否持续仍存在很多的疑虑。首先，金融危机带来的失业率增加、居民消费能力降低都有可能影响楼市的走势。其次，政府 2008 年下半年出台的楼市利好政策大多有效期仅为 2009 年 12 月 31 日前，至于这种短期政策是否会引发市场前期的需求透支，从而引发后市更加低迷仍有待市场的验证。

（二）行业门槛有待提高，竞争规则需要明确

房地产经纪行业在我国尚属新兴行业，相关的法律条文较少，虽然现在政府在加大力度整治此行业市场，但是由于法律条文的不完善，房地产经纪企业开办门槛低，成本、风险较小，故大部分城市中的房地产经纪企业虽然数量很多，但是规模小、管理差、收费乱，尤其是一些小企业经营短视，缺乏长远规划，寄希望于市场好时浑水摸鱼，势必会对消费者利益和市场经营秩序造成损害。

（三）特许经营方式被盲目复制

同很多其他服务行业特许经营企业一样，由于行业效仿者的大量出现，加上国内房地产经纪企业管理水平参差不齐，一些企业仓促希望借特许经营迅速扩大品牌影响力，盲目引入特许经营形式，即便是一些大中型房地产中介企业，也存在尚未将自身经营管理模式标准化、流程化，相应软件平台、培训体系、法律财务监管体系尚不健全的情况下，就急于开展特许经营的现象。后台方面管理的缺失直接表现在前台的管理终端上，品牌缺乏统一的文化，管理纵深程度低，体系内服务标准不明晰。

（四）房地产经纪行业特许经营模式法律法规亟待健全

国内的特许经营行业发展尚处在初级阶段，许多法律法规还需要建立和完善，因此造成目前特许经营的竞争环境恶劣，部分不正规的特许经营企业为了争抢客户，采取免收加盟费等恶性竞争手段，导致后续的对于加盟商的管理与支持无法保障。在极端的例子中，有不法企业打着特许经营的旗号，在收取加盟费的同时不按合同履行培训与支持的义务，造成加盟商的利益受损，破坏了特许经营行业的生存环境。随着特许经营在国内的快速发展，相应的法律法规亟待健全。目前政府对房地产中介服务，对特许经营行业的发展确实倍加呵护，毕竟住房是社会各界关心的焦点问题，因此各级政府都非常重视，正在积极寻找发达国家的成熟经验来规范和完善相关的法律法规。

2006年年底建设部印发《关于加强房地产经纪管理规范交易结算资金账户管理有关问题的通知》，建立了交易资金监管制度。这一制度对交易资金的使用与划转做出明确规定，有利于对加强行业自律，消灭了挪用购房交易资金的不法中介的生存空间，对于净化市场环境、树立房地产经纪行业的诚信起到了积极的作用。相信随着政策的落实，房地产经纪行业的发展将更加有序、健康。

（五）经纪行业人员流动性过大

目前，房地产中介服务领域的专业人才较以往几年相比虽然有所增加，但由于整个房地产经纪行业起步较晚、特许经营的引入时间也不长，行业整体收入水平不高，整个房地产中介特许经营领域普遍存在专业人才稀缺的局面。

在房地产中介领域，“招人才难，留人才难”是所有房地产中介从业者共同关注的话题，整个行业内的经纪人年流失率近80%，对中介行业店面的管理和运营都提出了重大的挑战。对于人才的招揽，21世纪不动产不同于其他经纪机构挖人的方式，而是主张自己培养新人，依靠体系内独特完善的培训系统对有潜质的新人进行切合实际业务的多种技能的培训，并且培训将伴随新人的成长，贯穿新人未来的整个职业期，在工作中成长是21世纪不动产对每位员工的承诺，也是对社会的责任。21世纪不动产的培训不但可以提高受训者的业务能力，而且能够产生激励的效用。通过培训中的不断激励，让受训者增强对职业的自豪感，并从职业中快速获益，这就最大程度地提高了保留率，避免人才流失。

在美国的经纪人大多数为女性，一般在同一家公司工作5年以上。大约90%的房产经纪有大学学历，而45%的人拥有学士学位，20%的人拥有私人助理，另外有19%的经纪人在工作上使用英语以外的其他语言。在美国2004年不直接参加销售工作的店长的年收入达到8万美元，而参加销售工作的店长的年收入则达到9万美元。经纪人的工作经验对于他们的收入有很大影响。1~5年工作经历的经纪人的年薪可以达到3万美元，而有6~10年工作经历的年薪可以达到6万美元，11~15年的年薪甚至可以达到9~10万美元，这比美国同期的医生、大学教师等中产阶级的年薪还要高。提高经纪人的绩效工资水平，加强对经纪人的培训是有效的解决途径。根据最新的美国房地产经纪人协会的调查显示，典型的美国经纪人的形象是，49岁以上，女性，从业时间在7年以上，佣金年收入在47700美元左右，相当于美国中等收入水平。这与现阶段中国的房地产经纪人形象形成了鲜明的对比。

五、行业发展趋势

（一）品牌整合乃大势所趋

随着调控政策的延续与深入，未来几年房地产经纪行业两极分化的格局将更为明显。一方面，大中型房地产经纪服务企业将向大型化、专业化、品牌化发展，通过其规模的不断扩大，不断加强企业的品牌形象，提高企业的专业化水平和服务质量。另一方面，一些小型的房地产经纪服务企业，以其较低的经营成本、具有竞争性的服务价格、灵活的服务方式以及区位上的便利条件，也会在其所在区域较低价格的存量房交易、尤其是房屋租赁业务方面有所作为。在优胜劣汰的市场环境中，中小规模的房地产经纪服务企业将面临更大的压力，大型企业则更需要通过收购兼并等方式迅速树立品牌、抢占市场、做大做强。

（二）品牌企业及特许经营模式渐成市场主体

同中小品牌相比，大品牌公司拥有更强的交易能力，也更能给客户安全感。一般大型品牌公司的置业顾问都会接受专业的市场、业务、权证交易、产权过户等方面的培训。公司往往会以雄厚的资金为保障，规范统一的管理模式，从规范业务流程上杜绝欺骗顾客、赚取差价的事件发生。有些品牌公司还为客户提供资金监管服务，给买卖双方带来了安全感。

（三）经纪行业服务内容将更加综合全面

在未来，房地产经纪服务企业会致力于寻求一切有利于自身发展的机会，除了提供传统的房地产居间和代理服务外，会向多元化经营发展，通过与银行、保险公司、律师事务所等的合作，为客户提供集过户、担保、评估、咨询、金融按揭、保险等于一体的“一站式服务”。而特许经营体系的总部与加盟商之间的分工则更好地适宜了这一发展趋势，对于实现业务、管理、服务的创新创造了更好的机制与条件。特许品牌企业在这方面已经显示其绝对的优越性，包括房屋置换、调差安家、按揭服务、保险等方面。

（四）特许经营企业总部对加盟店的支持将更加完善

支持与管理一直是特许经营企业在扩张中需要面对的问题之一，特许经营企业在追求扩张的广度与速度的同时，更需要增加对加盟者支持与管理的深度，夯实企业扩展的基础。21 世纪不动产很好地将支持与管理结合在一起，通过独特完善的经营体系向各加盟商业务发展提供了强有力的支持，在促进加盟商发展业务的同时加强加盟商间的协作，避免内部竞争的内耗，充分发挥团队协作的优势。因此加盟商愿意统一管理，步调一致地发挥团队力量共同开拓市场。21 世纪不动产特许经营支持体系共分为 8 大系统，16 个子系统，是依据国外成功的房地产特许经营经验结合中国的实际情况编制完成，对国内加盟商的不同发展阶段进行了针对性的指导。其中最为核心支持体系包括四大板块：电子商务、培训体系、品牌系统、衍生业务。

（五）信息化将使特许经营企业服务更加专业

如何最有效地收集、处理和利用信息，是房地产经纪服务在经营中要解决的首要问题，在高科技手段的基础上运用网络营销将会成为未来企业的首选。独立宽带网支持的内部网络平台、ERP管理系统以及全天24小时的网络客户支持服务将使房地产经纪服务企业突破服务空间和时间的限制，从而创造出更大的发展空间并实现信息的充分共享。从国外经验看，房产中介行业应该而且是最早应用网络技术实现电子商务的行业之一。信息化一方面可以使中介服务商的业务更加趋于专业化，另一方面更能够满足消费者选择的多样性。

（六）国外成熟市场经验将给我们的发展提供更多指引

国内的房地产市场尚未成熟，中介行业更是属于新兴的行业，因此无论是市场经营秩序与法律环境，还是在企业经营策略与服务理念上与国外成熟的市场和成熟的企业都有着很大的差距。我们在恐惧海外资金对于国内房地产市场的投机行为的同时，也应该看到引进国外市场与企业的先进经验，不仅可以带动内资经纪公司提升服务水平，而且对维护与推动国内经纪行业的健康发展起到了很大的作用。

（七）培训意识将深入每家加盟企业

中介行业的发展离不开员工素质的整体提升，培训正是解决这一问题的最佳工具。面对房地产中介行业从业人员综合素质较低的现状，全国房地产经纪人执业资格考试等国家职业资格考试在房地产中介行业内被广泛认可，更多的行业从业人员把国家职业资格考试培训作为自己职业发展的象牙塔。一些有实力有发展眼光的特许连锁企业在鼓励更多员工通过国家职业资格考试的同时，也不同程度地增强了内部培训的力量。不仅仅提高了公司员工对行业、对企业的认可度，也有志于培养和提升员工的综合素质和专业技能，培训对象和培训内容涉及的范围日益广泛，包括房地产基础知识系列培训、经纪人业务技能系列培训、金融按揭业务系列培训、业务管理人员系列培训等方方面面。企业大力发展企业内部的培训职能，将更敏锐地把握公司内部员工的职业发展需求，结合整体员工素质和企业发展目标，提供更及时、更有效的培训支持，为企业占领更多的市场份额打下坚实的基础。

（中国连锁经营协会）

2008—2009 年度中国社区商业特许经营发展报告

一、社区商业的概念及划分

（一）社区商业的概念①

社区商业，是以一定地域的居住区为载体，以便民利民为宗旨，以提高居民生活质量、满足居民综合消费为目标，提供日常生活需要的商品和服务的属地型商业。

（二）社区的划分②

1. 按规模划分

（1）大型社区：居住区，指大规模、公建设施配套完整的聚居地，人口规模 3 万人以上或用地规模 60 公顷以上。

（2）中型社区：小区，人口规模 10000~30000 人或用地规模 15~60 公顷。

（3）小型社区：组团，规模一般较小，人口 10000 人以下或用地规模 15 公顷以下，是单纯的居住形式。

2. 按社区建设时间划分

（1）老社区：指 2000 年以前建成，社区商业建设尚无充分规划的社区。

（2）新建社区：指 2000 年（含）以后建成，社区商业建设有比较完善规划的社区。

（3）在建社区：指已完成社区商业建设规划，且正在建设当中的社区。

（三）社区商业的划分

目前为止社区商业还没有非常权威的标准分类方法。出发点及目的的不同，使得社区商业的划分种类繁多。综合所有分类，可以将其归结为宏观和微观两个层面的划分方式，具体划分见表 1（参考阳光 100 资料和网络）。

对社区商业进行各种方式的类别细化，才能对社区商业更加系统和深入地认识，无论是对于政府、社区开发商还是社区零售、服务商都是开展社区各项工作的前提。例如，针对社区商业中必不可少的餐饮店来说，根据相关规定，餐饮开店需独立于住宅楼。所以在开店选址时，首先就会排除掉社区商业采用“住宅混建的裙房或底商”的社区。又如，有些洗衣店在社区开店选址时，首选的还是社区商业设置采用“沿街式”的社区。

---

① 社区商业：参见商务部《社区商业设施设置与功能要求》。

② 社区划分：参见《社区及社区商业业态划分说明》。

表 1 社区商业的分类

	划分方式	具体分类
宏观层面	社区商业的成熟度	①自发型社区商业 ②现代型社区商业
	居民文化和消费水平	①高档社区商业 ②中高档社区商业 ③中低档社区商业
	社区商业的集中度	①区域性社区商业（也可以称为社区商业中心） ②集中性社区商业 ③邻里性社区商业
	建筑形式	①围合式（封闭式）社区商业 ②离散型社区商业 ③步行街式社区商业 ④集中型社区商业
	特殊性	①年轻人社区 ②外地人比较集中社区 ③投资性社区等
微观层面	物业类型	①独立单体裙房或底商 ②住宅混建的裙房或底商
	所在区域	①住宅区内设置 ②住宅区周边沿街设置 ③住宅区分离独立设置
	布局形态	①街区条状 ②块状组团 ③条块结合
	商业布局	①沿街式 ②组团式 ③多点式 ④会所式
	服务对象	①内向型底商——服务小区内部居民②外向型底商——服务小区内部及周边居民
	开发目的	①短期道具型底商——促进楼盘销售②持续功能型底商——通过长久经营来获取利润

二、社区商业的发展

社区商业是城市商业的基础，是满足居民综合消费的重要载体，在我国具有良好的市场和潜力，政府的支持也为其发展创造了良好的政策环境。在市场出现波动，拉动内需成为经济发展主旋律之际，以满足居民日常基本生活消费需求的社区商业，迎来更大的机遇。

(一) 消费需求变化促进社区商业发展

随着城市居民生活水平的提升、工作节奏的加快、家庭小型化、人口老龄化，使得社区居民的消费习惯发生了明显变化，居民的消费开始更多的向可以提供就近方便、物美价廉、服务多样的社区商业倾斜。

(二) 城市化建设带动社区商业发展

中国城市化正处于加速发展时期。每年都有大量的外来务工人员涌入城市，涌进社区。根据国家统计局公布的初步统计结果，2008 年中国城镇人口 60667 万人，比 2007 年增加了 1288 万人。同时社区建设已经开始慢慢向郊区、农村延伸，此外，完备的社区商业服务，可以提升房地产价值。大量不同类型的新社区随之出现。每个社区的建设，开发商都会不同程度地规划出一定面积的商铺作为社区商业配套服务。2009 年，国家将投入 9000 亿元，发展保障性住房，可以预见商业地产的发展将有力带动社区商业的发展。

（三）政府政策扶持推进社区商业发展

社区商业的发展可以满足居民基本消费，还可以扩大就业量。政府一直对其甚为重视并给予诸多支持。2005 年，商务部发布了《关于加快我国社区商业发展的指导意见》，鼓励发展社区商业建设，并确定在全国范围内开展推荐示范社区工作；2006 年，商务部开始实施“便利消费进社区，便民服务进家庭”为主题的社区商业“双进工程”；2007 年，商务部将促进消费、扩大内需作为全国商务工作的重点。其中，大力发展社区商业、满足城市中低收入人群需要，是拉动城市居民消费的一项重要举措。

除此以外，政府在其他方面的很多政策，也在一同促进着社区商业的发展。如，2009 年 6 月 20 日，全国总工会下发《关于实施“家政服务工程”的通知》中提到，2009 年依托工会培训机构进行培训及大型家政服务企业自主培训并认证，再由企业安排就业的方式，扶持 20 万名城镇下岗人员、农民工从事家政服务，并由中央财政对家政服务人员培训经费予以全额补助。这对家政服务这个完全服务于社区居民，且一直存在人力紧缺的行业来说无疑是雪中送炭。

三、特许经营在社区商业中的应用

（一）社区商业发展多数以连锁经营为主

连锁店实行专业化、规范化、标准化经营，通过统一采购、统一配送、统一标识、统一服务规范、统一价格，使得门店的商品及服务安全得以保证，门店管理成本及商品进货成本大幅度降低。连锁企业均有独立的市场开发团队，负责分析市场、布局规划、店铺选址，有利于社区业态分布科学化。另外，连锁经营企业品牌信誉度高，深受大众信赖，更利于促进社区居民消费。

连锁经营分为直营连锁、加盟连锁（也称特许经营）、自愿连锁三种。其中特许经营方式在社区商业中应用较多。2009 年上半年，中国连锁经营协会首次推出的“2008 中国特许经营连锁百强”（以下称特许百强）的榜单中涉及 45 个不同的业态，其中有 23 个业态是主要围绕社区发展的，共涉及加盟店 3 万多个。原因主要有：

1. 资金投入少、发展速度快。依托社区进行市场拓展的特许经营企业，都能较好地适应社区商业的快速发展，迅速壮大，品牌认知度快速形成。

例如主要服务于社区的洗衣行业。其成熟度、发展速度、品牌知名度，在社区商业中都是发展最突出的行业之一。来自北京市福奈特洗衣服务有限公司的数据显示，作为中高端的洗衣品牌，现有的 600 多家门店中，90% 以上的店为社区店，其中 90% 为加盟店。

参与中国连锁经营协会 2008 年度行业调查的洗衣企业有 5 家。截止到 2008 年年底，企业的基本情况如表 2。

表2 参加调查企业的基本情况

序号	企业名称	门店总数	加盟店门店数	销售规模（万元）
1	北京市福奈特洗衣服务有限公司	603	544	35000
2	北京荣昌科技服务有限公司	436	432	36000
3	郑州市康洁洗涤有限公司	415	403	11531
4	上海象王洗衣有限公司	350	336	16195
5	北京尤萨洗涤设备有限公司	138	136	4522

2. 整合社区原有零散资源，有利于特许经营企业抢占市场。社区商业中一些“散、小、差”的个体门店，虽然有良好的店铺位置，却没有良好的经营能力。它们通过加盟的方式利用总部的品牌、专利技术、管理诀窍等提升门店盈利能力。

便利店行业是社区居民基本生活需求的保障业态。其加盟投资额较少，在整合社区商业业态资源、保障居民食品安全方面做出突出贡献。

3. 政策鼓励社区商业发展加盟连锁。《商务部关于加快我国社区商业发展的指导意见》中指出：“鼓励有实力的连锁企业参与社区商业建设。各地商务主管部门要采取切实可行措施，通过资金、网点等一系列支持政策，积极引导企业运用连锁经营方式，到城市社区设立超市、便利店、标准化菜店、餐饮店、洗衣店等各类便民利民的网点，并逐步搭载便民服务功能，满足社区居民多样化、个性化的消费需求。积极引导下岗失业人员进入社区，把社区创业就业与发展社区经济有机结合起来。鼓励企业采取收购、兼并、特许加盟等多种形式整合分散的社区商业资源，规范社区内的小型门店，实现资源共享，综合利用。”

商务部在全国范围内开展社区商业示范社区评审工作中，已把社区商业中连锁企业所占比例；是否制定鼓励企业进入社区开展便民利民服务的政策或措施，社区商业的卫生状况和食品安全管理情况，是否具有完善的管理制度等社区商业运营管理情况作为主要评审参考条件。据商务部统计，自2005年开展社区商业示范工作以来，培育并认定了364家全国社区商业示范社区和近千家省级示范社区。

地方政府也积极为引导连锁企业进社区制定了诸多扶持政策。政策类型主要包括资金扶持、贴息贷款、限期免减税收等。

（二）部分城市引导连锁企业进入社区给予的扶持政策列举

1. 杭州市政府2008年开始对进入社区的便民便利企业提供系列扶持政策。放心早点连锁店每年新增一家可获3万元商贸专项资金补贴；生活便利连锁店的补贴为1万~1.5万元资金补贴，洗染品牌连锁店进社区也能得到1万~1.5万元资金补贴。（浙江在线，2008－8）

2. 重庆市政府为了鼓励零售及其他服务连锁企业进军商业社区，制定了多种优惠措施。根据新出台的办法，对新办的独立核算连锁企业和社区连锁商店，经税务机关批准，可自开业之日起免征一年企业所得税。符合条件的连锁企业，经税务机关核准，在2010年前按15%的税率征收企业所得税。（网易，2006－11）

3. 西安市商贸局出台的《关于加快西安市社区商业发展的指导意见》，提出对进入社区新办的独立核算商业企业，根据财政等部门的有关规定，自开办之日起，报经税务主管机关批准，可减征或者免征企业所得税一年；对企业以连锁经营形式发展的中小超市、便利店、专业店等新型零售业态及城市社区服务网点建设为主营业务（且其当年主营业务收入占企业总收入70%以上），经省发改委审定及税务机关审核确认，可按15%的税率征收企业所得税。（西安腾讯网，2006－6）

四、社区商业的连锁化程度

（一）社区商业的级别与各级业态组合

根据商务部《社区商业设施设置与功能要求》，社区商业按居住人口规模和服务的范围可分为邻里商业、居住区商业和社区商业中心。

社区商业应该根据级别科学配置业态组合，才能达到网点齐全、业态合理、功能完备并有一定的服务水平。社区商业业态组合分为必备型业种及业态、选择型业种及业态。必备型业种及业态指为满足社区居民的基本需求应设置的社区商业的业态及业种；选择型业种及业态指为满足居民多样化消费需求，可因地制宜选择性设置的社区商业的业态及业种。

社区商业具体分级指标及应配置的业态组合见表3。

表3　社区商业分级表及业态组合①

分类	指标			业态组合	
	商圈半径（km）	服务人口（人）	商业设置规模（M^2建筑面积）	必备型业种及业态	选择型业种及业态
邻里商业	≤0.5	1～1.5万	≤0.3万	菜店、食杂店、报刊亭、餐饮店、理发店、维修、再生资源回收	超市、便利店、图书音像店、美容店、洗衣店、家庭服务等
居住区商业	≤1.5	3～5万	≤2万	菜市场、超市、报刊亭、餐饮店、维修、美容美发店、洗衣店、再生资源回收、家庭服务、冲印店	便利店、药店、图书音像店、家庭服务、照相馆、洗浴、休闲、文化娱乐、医疗保健、房屋租赁等中介服务等
社区商业中心	≤3	8～10万	≤5万	百货店、大型综合超市、便利店、药店、图书音像店、餐饮店、维修、美容美发店、洗衣店、沐浴、再生资源回收、家庭服务、照相馆	专卖店、专业店、旅馆、医疗保健、房屋租赁等中介服务、宠物服务、文化娱乐等

① 社区商业具体分级：参见商务部2008年7月3日发布，2008年11月1日开始实施的《社区商业设施设置与功能要求》（SB/T10455—2008）。

（二）社区商业的主要业态

商务部在“开展社区商业示范社区评审工作通知”中，针对新老及在建社区，提出不同的功能性及示范性要求，并对餐饮服务、再生资源回收服务、购物功能、家庭服务、维修服务、照相冲印服务、洗衣服务、美容美发服务几个重点项目做了比重分配。另外，还从社区商业业态中选出十二个主要业态进行划分说明，其中包括：社区商业中心、商业街，餐饮店，超市、大型超市，便利店，食杂店，维修店，洗染店，美容美发店，再生资源回收站，家庭服务店，书店、音像店，冲印店，药店。

（三）社区商业各业态的连锁化程度分析

本报告根据以下三项指标，对社区商业业态的连锁化程度进行了分级，并标注了加盟连锁化程度较高的业态。

指标一：政府评审社区商业示范社区的重点评估项目及文件中重点说明的业态；

指标二：中国连锁经营协会会员企业业态分布占比情况；

指标三：2008 年特许百强企业的业态分布占比情况。

表 4　　社区商业业态连锁化程度分级表

分业态的连锁化程度	业态名称
具有较高水平的连锁化程度	大型综合超市、超市、餐饮店特、便利店特、专卖店特、百货店
具有一定水平的连锁化程度	洗衣店特、房屋租赁中介服务特、美容美发店、药店特、医疗保健（康体中心）特、照相冲印店、专业店、旅馆（含经济型酒店）特、图书音像店、维修店、家庭（家政）服务
连锁化程度较低	食杂店、菜店、再生资源回收、洗浴、报刊亭、菜市场、休闲文化娱乐、宠物服务

注：表中，标注“____”的业态，为社区商业中的主要业态；标注“特”的业态，表示其所在行业企业基本采用加盟连锁的方式发展，即该业态的加盟连锁化程度较高。

五、社区商业发展面临的困难与问题

我国社区商业发展起步较晚，虽然发展空间巨大，但发展过程中却存在很多问题和困难：

（一）社区商业发展水平总体不平衡

我国各地区经济发展不平衡，新老社区的社区商业建设程度也不同。很多不发达城市的社区或一些老社区商业设施还有很多的不足，没有科学完善的布局规划，网点建设也处于企业或个人自发且无序的状态，业态发展不平衡，服务安全得不到有效保证，且恶性竞争严重。另外，多数老社区的交通条件欠缺，停车设施不足，疏导人流的空间也十分缺乏，致使消费人群的可进入性和可疏导性受到制约。这些都不同程度上对社区商业的发展造成一定的阻碍。

（二）社区开发商的局限性对社区商业发展产生的不利影响

我国的社区商业各自为政，导致社区商业存在诸多问题。

1. 开发商对社区商业前期规划不重视。很多开发商开发前期对市场研究包括对市场的需求了解不够，先建设，后策划、后销售、后招商。有的开发量过大闲置严重；有的开发量不足，租金上升，出现一铺难求的情况。

2. 商家投资成本上升。商业地产的快速发展，虽然创造了社区商业的发展空间，但存在发展商的短期收益与社区商业回报期长的矛盾。发展商多数将商铺出售套现，接手的小业主出于成本压力往往将租金提高到与实际市场脱节的水平。导致商家投资成本升高，大量微利的有低成本要求的生活保障型业态，只能望而却步。

3. 社区商业业态规划不可控。开发商对出租商铺的业态选择缺乏统一规划管理；售出的店铺都是由业主各自招商，对业态定位没有统一要求，经营极具随意性。经常出现1000~3000人的小区却拥有多家超市、便利店、洗衣店，引发恶性竞争，不利于社区配套服务的完善。

六、国外社区商业的先进经验[①]

尽管社区商业在中国发展迅速，也备受政府和零售业人士关注，但是毕竟我国社区商业发展起步比较晚，还处于发展的初级阶段，而国外社区商业发展历史比较悠久，也积累了一定的经验。因此了解国外社区商业发展的先进经验，对我国社区商业的发展将起到重要的借鉴作用。

在美国社区商业以购物中心为主，提供的商品包括各种类型的便利品和选购品，能够满足人们“一站式”购物的要求。购物中心都以一些知名连锁企业为核心，靠这些知名企业的号召力增加对社区居民的吸引力。除了这些主力店，还有各种专卖店、专业店，也多以连锁形式为主。

在社区商业开发方面，国外社区商业的开发大都是在政府的统一规划下进行的。社区商业的开发从一开始就有政府参与指导。如在英国、新加坡等国家，政府对社区购物中心的开发实行强有力的控制，开发者须与地方当局结成共同开发的伙伴关系。在日本，政府对社区商业发展更是持非常积极的态度，制定了相应的法律，将产业规划纳入城市的总体发展规划，使其形成具有刚性的政府法规。，商业的业种、业态均在政府的法规规章框架下设置，保证了商业规划的严肃性和社区商业发展的规范有序。

另外，国外社区商业租金是承租关系中非常重要的一个方面，由于承租面积的大小和承租的具体位置不同，以及各承租户经营的商品品种和利润不同，并非每个承租商都交纳同样的租金。收取的租金一般分两部分，一部分是按面积收取，称为保证租金；另一部分按总营业额的一定比例收取，总营业额的计算通常每年进行一次，对营业额收取租金的比例取决于承租商的平均费用、商品价格、利润率等相关因素。

---

① 参考商务部《社区商业报告》。

七、社区商业新模式探索——苏州邻里中心案例

苏州借鉴新加坡的经验，推出“邻里中心”社区商业新模式。邻里中心专注于“居住区商业中心”的开发运营，创立了“以房屋租售为经营基础、以市场需求作功能定位、以所有者身份进行行业管理”的特有模式，并创新提出“居住商业，品质生活”的企业定位。邻里中心摈弃了沿街为市的粗放型商业形态的弊端，也不同于传统意义上的小区内的零散商铺，而是立足于“大社区、大组团”进行功能定位和开发建设。邻里中心不是“社区内的商业”，而是“服务于社区的商业”，被业内人士誉为“区域性商业服务中心开发建设的一个新的里程碑”。

苏州工业园区一系列邻里中心都是连锁经营，经营者是成立于1997年11月“苏州工业园区邻里中心管理有限公司”。它是个自主经营、自负盈亏、产权明晰的经济实体，它的职责就是园区的社区服务功能开发与物业管理。邻里中心的投资来自于园区住宅建设开发中的配套费，这使得整个园区的社区服务与物业管理都高度集中。而作为一个经济实体中应有的利益机制，将驱动邻里中心有限公司使出浑身解数来为辖区居民服务。据公司总经理于宙接受东方早报采访时介绍：邻里中心与社区居民、地产开发商及加盟商家的关系都非常密切。对社区居民来说，尽量做到满足多层次的需求。如餐饮店，邻里中心里就包含由低端到高端的不同层次的品牌，与开发商是互惠互利的关系。如，每个靠近邻里中心的楼盘均能实现房价的大幅上升，而楼盘的热销又带动了邻里中心的人气。对于加盟商家，提供的低廉承租价格，仅仅是在开发成本的基础上加一点物业费，这就给了加盟商家们较大的发展空间，也使得他们乐于和邻里中心建立战略合作关系。目前公司已形成“邻里中心”、“邻里假日”、“邻里生鲜”、“邻里1+1”一主三副的品牌群格局。除此之外，公司还积极引进其他连锁品牌入驻邻里中心，如，肯德基、华润超市、雷允上、好利来、星巴克、东方爱婴等，使得邻里中心的配备更加完整。2000年4月在国家工商行政管理总局商标局对“邻里中心”品牌进行了注册，成为中国社区商业服务第一个注册品牌。

以苏州工业园区新城花园住宅区的第一个“邻里中心”为例：它的主体是一座4层1.8万平方米的现代建筑。一楼有银行、邮局、书店、超市、中外快餐和各式电器；二楼是各类品牌专卖店；三楼是社区的文化娱乐活动中心，电影院、阅览室、旱冰场、保龄球馆、游乐场、音乐茶座和书画廊一应俱全；四楼是拥有9个专科的医疗中心。紧挨着的是一座附楼：菜市场和大酒店。楼后是大片芳草地、网球场和塑胶跑道的小学操场；再过去便是小学和幼儿园。免费大巴士迎来送往一批批园区居民。总之，柴米油盐酱醋茶，你想得到的商品和服务在邻里中心都能找到。

根据规划布局，随着70平方公里的苏州工业园区的建设与发展，将逐步筹建一系列邻里中心。其中，将筹建17个邻里中心，每个邻里中心承担方圆1平方公里内约8000户居民的服务功能。为防止“邻里中心”成为一些路边店的简单堆积，房地产开发商要做好前期筹划，还需要商家的有效配合。

尽管邻里中心对于国内居民来说还有点陌生，但是这种能够集社区服务和商业功能为一体的新事物，受到了一些城市的青睐。据《连锁超市导报》报道，温州经济技术开发区用5万元从苏州引进“邻里中心”管理模式，并投资2000万元，建起了18000多平方米的“邻里中心”大厦。如今，开发区原本零乱的店铺不见了，道路整洁了。温州开发

区“邻里中心”已成为该区向外展示形象的一个窗口。

八、促进社区商业发展的建议

（一）有效指导社区商业建设工作

1. 政府应加大力度引导发展较落后或老社区的社区商业建设

致力于发展较落后社区及老社区商业的集中、整合及规范，制定扶持政策、吸引知名连锁企业进入社区，帮助其树立社区商业主导地位。

2. 应有效协同开发商进行社区商业建设的指导工作

政府应对社区商业开发前期进行设计指导工作。根据城市整体规划、社区周边情况，指导社区商业的整体设计，如位置、面积等。另外，对于社区商业的业态配备及招商应给予指导和支持。政府应根据社区情况，设定社区商业中各业态的占比，并辅助开发商引进知名连锁企业服务社区，设立主力店铺，以聚拢人气。对社区商业的后期运作应持续监督和管理。

3. 应对连锁企业进社区提供有效的扶持政策

政府应制定切实的扶持政策帮助企业解决其在社区发展中的困难。如，对能汇集人气、但需时日成长的新开发的社区商业企业，应实行定额或一定期限的税收减免等。

（二）开发商应认真做好社区商业开发工作

1. 开发商应该根据经验制定有效的社区商业开发流程

以“阳光壹佰”社区商业开发为例：“阳光壹佰①”社区商业开发不仅制定了开发流程，还采用在项目开发的不同时期，同步进行商业设施配套策略。

商业设施的发展与项目开发进度同步进行的策略如下：

近期——依据项目整体开发，分期逐一建立单点邻里中心，保证每期开发入住的社区居民都将享受邻里中心带来的生活消费便利。

中期——随着项目多个组团的开发，多个邻里中心的建立，以及一定数量社区居民的入住，在消费力的可靠保障下，将会吸引大量投资人、经营者进行沿街商铺/社区底商的经营。

远期——在本社区及周边社区开发进入中远期，并已拥有大规模常驻消费人口的情况下，进行大型区域商业中心的开发。

2. 开发商应认真做好社区商业前期定位、设计

与住宅不同，商业物业的成功与否很大程度还取决于前期的规划和定位。

---

① 阳光壹佰置业集团有限公司是一家专注于为中国新兴白领和中产阶层提供新式住宅及时尚生活方式，并在这一特定市场保持领先优势的开发商。

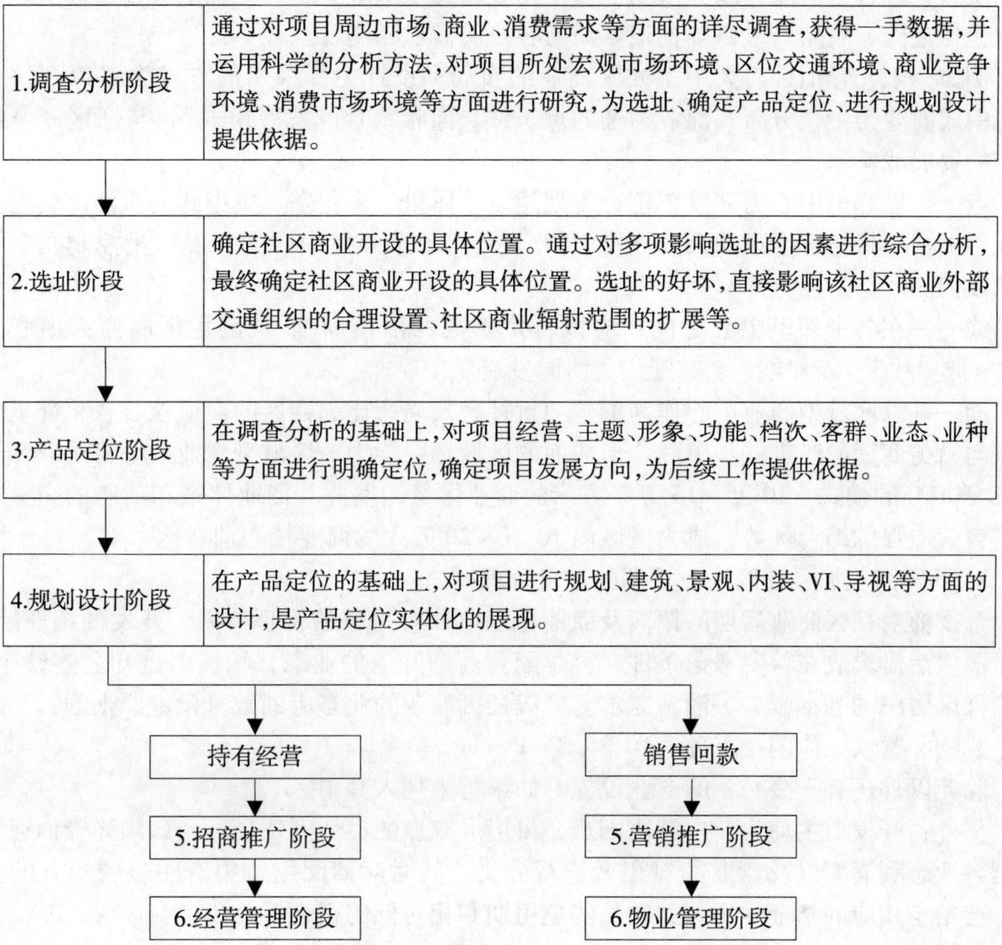

阳光壹佰社区商业的开发流程

定位：社区商业的核心消费群体应该是相关项目的入住业主，部分业态会辐射周边的社区外消费群体，即非业主。在社区商业开发前期，在计划定位的基础上，应作详尽的市场调查及研究，一般在调查结果中按照潜在业主对商业配套设施需求的强度不同，把不同的商业配套设施分为三个层次，即："强度需求商业设施"，需求的比重超过50%；"中度需求商业设施"，即需求比重在10%～50%之间；另把需求比重在10%以下的归纳为"弱需求商业设施"。对于潜在的业主对住宅不同档次需求的不同，商业配置需求也存在一定差异。开发商可以在调查分析的基础上，对项目经营、主题、形象、功能、档次、客群、业态、业种等方面进行明确定位，确定项目发展方向，为后续设计工作提供依据。

设计：开发商对于未来社区商业如何规划设计，直接关系到社区商业的成功与否及投资者的切身利益。开发商在项目定位的基础上，对项目进行整体规划、布局等。另外，开发商还应考虑硬件上的配置预留，如超市的货梯、卸货场、车位等，方便用家的选择和使用，在社区商业的买家未知的情况下，社区商业设计风格的灵活性便显得格外重要，起码要方便投资者进行改造，减少市场上商业物业的无效供应。这样，确定的社区商业经营内容，包括范围、商品、风格等，很容易与客户的需求相吻合。

例如，阳光壹佰针对大中型社区商业的布局和设计主要采用的方式为“以商住分离的集中式商业为主，分布式商业为辅的点、线、面相结合的发展模式”，与新区开发保持同步的发展战略。

点——以邻里中心为开发单位，规划建设小体量、多业态、集中式的生活配套型商业设施，根据项目开发形成的人口规模10万人计，单个邻里中心的开发体量控制在2万平方米以内。

线——在各个邻里中心之间，应以自发形成的沿街商铺/社区主街底商为串联，以“点”带“线”，以“线”连“点”，协同发展。

面——以区域型商业中心作为覆盖项目社区及周边比邻社区的商业核心，将邻里中心的点与沿街商铺的线进一步串联，形成面的区域辐射能力。区域型商业中心将采取SHOPPING MALL的模式，10万～15万平方米的商业体量，发挥其商业体系和功能的完整、商圈培育效应强的综合优势，成为区域内10万～20万人的商业核心消费地。

3. 开发商应加强社区商业后期的运营管理

开发商对社区商业后期的招商及商铺管理应该有完善的管理体系。开发商招商期间，把居民生活需求放在首要考虑条件，科学配置商铺开店的业态，积极引进知名连锁企业，保障社区居民的基本服务、消费需求。一般社区商业的业态店铺数量设定原则为：

购物：餐饮：休闲：服务=4：3：2：1

除此以外还有一些必备的商业设施，如银行未列入其中。

另外，开发商主动为商户解决困难，将形成双赢的良性循环局面。如阳光壹佰通常会根据各业态利润率以及营业额对租金进行分类。同时对商圈影响力有明显弱提升的主力店，会给予相应的租金优惠。如较长的免租期和相对低的租金等。

（三）社区中的连锁企业应积极创新，提升服务水平

社区中的连锁企业应该积极创新，为社区及周边居民提供更便捷、更贴心的服务项目。如在企业总部建立电话或网络服务中心，门店根据总部调度，开展上门取、送货等服务。不但可以刺激居民消费，增加营业额，还可以提高企业整体服务水平。另外，连锁企业还应研究社区消费人群，加强关注社区中的弱势群体，如老人、儿童的服务。

社区商业就是以便民利民为宗旨，提高居民生活质量、满足居民综合消费为目标。这需要政府、开发商及商家的共同努力，才能实现各方利益的共赢和社区商业的良性发展。

（中国连锁经营协会）

2008—2009年度中国农村连锁特许经营发展报告

在中国，发展农村连锁经营迎来前所未有的政策机遇。其一，近几年中央一号文件都是关于农业、农村和农民的“三农”问题，其中农村消费面临的“不方便、不安全、不实惠”难题，可通过有品牌信誉有经营实力的连锁企业来解决；其二，面对此次全球金融危机，外贸受挫，拉动内需被提到前所未有的高度，而我国13亿人口，农村人口占73%，达9.5亿多，市场之庞大；同时，近年农民收入有所增加，消费需求也随之增长。另外，在我国零售业市场全面开放后，县城以上城镇的商业布局基本饱和，扩大消费的空间有限，因此零售连锁企业存在向农村开拓市场的需求。

中国连锁经营协会现有会员企业中，有两大类别企业在发展农村连锁中表现出强劲势头，一类是以销售农村生产资料为主的零售企业，另一类是以生活消费品为主的零售企业。这两类企业在发展农村连锁店时基本采用特许经营模式。在此大背景下，协会首次在《中国特许经营年度报告》中引入农村连锁分行业报告。

本报告以2009年初协会开展的年度问卷调查为主要数据源，结合年中对重点城市代表性企业的访谈资料，汇总研究了农村连锁经营发展现状、主要问题和限制性因素，以及企业的操作实践和改进措施等。本报告分七部分阐述农村连锁特许经营发展。

一、行业发展机遇

（一）农村连锁的范畴

本报告调研的农村连锁主要涵盖在我国农村地区以销售生活消费品或农业生产资料为主的零售企业。

（二）农村连锁发展机遇与优势

1. 发展农村连锁的必要性与可行性

必要性：上世纪90年代开始，我国农资流通体制由计划经济向市场经济快速过渡，进入自由流通的市场领域。农资分销网络渐渐形成了以个体经营户为主要形式的网络格局。这种以个体户为主的分销模式存在诸如资金、信誉和规模等方面的很大风险，其一是中间环节繁杂，不能保证分销商对农资质量和品牌的维护，另外农村流通网络不健全，市场监管相对薄弱，假冒伪劣产品、“三无”产品、超过保质期和变质食品存在，农民的身体健康和消费安全难以得到保障。连锁经营门店实行统一店名店貌、统一采购配送、统一质量标准和统一经营管理等，有效地提高农村市场的商品质量，确保了农民安全消费。农村连锁的发展是提高农村居民生活质量的必然选择。

连锁经营是当今国际零售业的主流经营方式，运用连锁经营和统一配送等现代营销方式，可以降低农村商品的价格，减少农民支出；另一方面，可以有效地促进农产品流通，通过连锁网络销售省内外各大城市，促进农民增收，改善农民生活。

我国零售业市场全面开放后，县城以上城镇的商业布局基本饱和，扩大消费的空间有限，因此连锁零售企业有向农村开拓市场的需求。

可行性：农村市场的变化为连锁经营的发展提供了条件。

一是农民收入增加。一方面农业产业结构调整，经济作物增加，农产品价格提高等提高农民收入；另一方面，农业税减免，种粮、农机、农资和教育等享受国家补贴，减少了大量开支；再者，医疗和养老保险在农村开始推行，减少了农民的后顾之忧。

二是众多农民工将城市的消费方式传递到了农村。

三是电视的普及让农民了解和向往城里的购物方式和生活，同时增强了安全消费意识。

2. 发展农村连锁经营的优势

相对之前散、小的农村市场流通格局，发展连锁的优势很明显：

一是提高经济效益。利用核心零售企业的无形资产、现代化的管理水平、良好的商业信誉和高度的资源共享性，降低农产品与农资进入市场的成本，节省经营费用；通过企业的批量采购，统一配送，连锁网点销售的方法，降低农产品的采购成本、库存成本和流通资金占用，从而以最低的流通费用、最少的流通环节，加快农产品流通，降低销售成本；通过整合农村营销网络，实现低成本扩张和跨地区发展，实现规模效益盈利。

二是促进管理规范化。总部集中行使管理权力，集人事、财务、物流、营销、信息等管理于一身，有利于管理水平的不断提升，有利于企业的协调运作。

三是形成品牌效应。连锁门店可靠的商品质量、良好的购物环境和低廉的价格吸引越来越多的消费者；同时，连锁经营企业总部在严格品牌授权使用与管理制度的基础上，可以利用品牌发展特许经营，吸收加盟店参与，扩散品牌效应。

四是提高技术到位率。以往由于农技推广体系在乡镇以下力量薄弱，服务到田间地头有困难，通过连锁经营，依赖连锁总部在专业方面的研究能力，直接培训基层农技人员和农民，技术服务和优质农资可以直接到田间、到农户，从而大大提高了技术到位率。

（三）农村连锁发展历程

1998 年化肥流通体制市场改革化变革，中国的农资流通逐步打破了垄断、独家经营格局，开放了农资市场。“市场化”的原则已经成为各方公认的大势所趋。

连锁经营以众多优点既满足了政府部门规范农资行业的迫切需求，又满足了优势流通企业做大做强做规范的冲动，同时切合了市场后来者迅速打开局面的憧憬。2003 年 3 月，《农业部关于发展农产品和农资连锁经营的意见》发布，文件明确了“充分认识发展农产品和农资连锁经营的重要意义，从实际出发，积极引导和推动农产品和农资连锁经营，促进农产品和农资连锁经营健康发展”。

同年 12 月，农业部、工商总局、供销总社联合发布了《关于推进农资连锁经营发展的意见》，进一步明确，将培育农资连锁经营龙头企业，建立完善农资物流配送体系，搞好连锁经营规范化管理，培育农资连锁经营品牌，并强调了“为发展农资连锁经营创造良好的外部条件：简化行政审批手续，方便连锁经营企业登记注册；实行统一纳税，促进连锁经营跨区域发展”。

自2000年金色谷开始，从中农到中化，再到省级农资公司背景的苏农、广西富满地、浙江惠多利，再有生产企业发起的红太阳、福建浩伦、陕西亨通，还有曾名噪一时的山东德农等，是可谓“忽如一夜春风来，千数万树梨花开”。

（四）农村零售店的分类

目前，农村零售业态按经营模式划分，主要有独立自营店、直营连锁店与加盟连锁店。独立自营店目前仍占有最多的数量，直营连锁店受到连锁总部的人员输出、管理幅度等限制，发展较慢，而加盟连锁具备品牌优势，可形成规模化的营销网络，又能解决单体店的经营信誉、管理服务能力欠缺的不足，还可解决直营连锁中人员输出等问题，因此成为连锁企业发展农村店时广泛采用的模式，预计加盟连锁店将成为农村连锁店的主流。

农村零售店按店铺所在行政区域划分，可分为县级零售店、乡镇零售店及村级零售店。县级零售店规模较大，经营管理水平较规范，常可辐射到县城周围的几个乡镇。乡镇零售店是目前农资零售市场的主流，平均每个乡镇农资零售店数量在10~30家，单店销售额在10万~100万元之间。村级零售店经营的产品种类有限，主要为应季使用的农资产品，主要为方便农民就近购买，是乡镇零售在村级的延伸。作为农资连锁企业，一般也是按照这个行政区域分不同级别发展，如北京雷力连锁分三级网络体系，由总部、一级店（县级）、二级店（乡镇、村级）再到农民。

从目前农村连锁企业的总体来看，农村连锁企业受物流配送及区域性保护等因素影响，各连锁企业的区域性发展特征明显，主要以省内发展为主，无论是云南天盟农资，还是徽商农家福、苏农等，但发展全国性农村连锁经营是大势所趋。

二、行业发展现状

（一）农村整体市场销量，2008年好，2009年难

调研中企业普遍反映，从整体市场销量来看，2008年好，2009年难。2009年，农民购买意愿明显下降，主要原因有：一是农副产品的价格下降（农作物产品价格下跌达40%~50%）；二是外出务工的农民工返乡，家庭收入降低；三是受整体市场大幅下滑影响，经销商普遍亏损，导致观望气氛较浓；四是兼有农资产品出口的企业，受到出口下降的影响。

（二）农村社会消费品零售总额占比持续下降，尤其东南部地区更甚

尽管近年农民收入不断增长，农村消费品市场规模一直在扩大，县及县以下社会消费品零售总额持续上升，但与城市相比，其在全国社会消费品零售总额中所占份额直线下跌。一些地区特别是东部沿海地区，农村购买力分流和本地消费萎缩现象越来越严重。原因是多方面的，首先是我国城市化进程加速，一些农村人口农转非进入城市；其次是农村劳动力外出务工，其一部分消费转移至城市；三是农村基础设施的完善、交通工具的普及，导致有消费能力的农民进城消费。

（三）从政府支持与推动角度来看，力度加大

1. “万村千乡”市场工程

从2005年起，商务部开始实施“万村千乡工程”，商务部发布的《农村市场体系建设“十一五”规划》指出，要进一步推进“万村千乡市场工程”，2010年农家店要覆盖85%的乡镇、65%的行政村。

“万村千乡”市场工程是商务部2005年启动的一项惠农工程，主要是通过建立新型农村市场流通网络，用以改善农村消费环境，保障农民方便消费、放心消费。从2006年起，商务部扩大试点县市比例，东部地区试点比例由30%提高到70%，中西部地区由20%提高到60%；充分利用和改造供销社、农技服务站、粮店、邮政局等网络，具备条件的地方可采取“整县推进”方式，2007年中央1号文件《关于积极发展现代农业扎实推进社会主义新农村建设的若干意见》强调大力发展农村连锁经营、电子商务等现代流通方式。同时国家对“万村千乡市场工程”项目给予资金扶持，同时适当提高配送中心贷款贴息率，并向中西部地区倾斜，目前已发展网点26万个。

2009年，“万村千乡”市场工程稳步推进，新建和改造15万家农家店和便利店。支持建设200～300家农产品批发市场，1000家农产品配送中心，400～500家农贸市场。争取到“十一五”末，再建设改造25万家农家店，覆盖75%的乡镇，3000个区域性配送中心，覆盖50%的行政村，配送率达50%以上。

2. 新网工程

全国供销合作总社针对我国农村商品流通体系建设滞后，农村流通网络建设薄弱，商品双向流通不畅，农民买难、卖难问题突出的现状提出了一项为农服务工程——“新网工程”。它是“新农村现代流通服务网络建设工程”的简称，通过改造传统经营网络，建立起农业生产资料现代经营服务、农副产品市场购销、日用消费品现代经营和再生资源回收利用4大现代流通网。工程实施3年来，全国供销社系统已发展“新网工程”连锁配送网点47.76万个。

3. “家电下乡”

“家电下乡”启动了农村消费市场。从2009年2月起“家电下乡”在全国全面铺开，预计2009年拉动消费1500亿元。据测算，实施“家电下乡”4年可以使农村主要家电产品拥有率达到城市2000年水平，使城乡家电普及率差距由目前的近20年缩小到10年。

（四）从生活消费品与农资连锁两类连锁企业看

1. 生活消费品方面

从20世纪90年代开始，国内一些超市，如“苏果”，陆续进入农产品销售领域，涌现出一些比较成功的连锁经营模式：一是“连锁超市＋批发市场＋基地＋保险承诺”；二是“连锁超市＋基地”；三是“放心粮油专卖连锁店＋加工企业＋基地”。三种模式的共同点是，均以超市、连锁店为销售终端，以基地为供货源，中间或与加工企业合作，或与批发市场、配送中心合作，形成一个完整的产业链。例如，在无锡，由朝阳蔬菜批发市场牵头，将锡山、惠山等近郊的种植大户组成无公害蔬菜产销合作社，批发市场下辖的配送中心对来自放心菜基地、经检测合格的蔬菜进行加工整理、定量包装、定牌管理，每天配

送至33家天惠连锁超市，实行优质优价，同时由中国人民保险公司无锡分公司承担产品责任险，保险期限一年。消费者一旦发生食用意外，每次事故每人最高赔偿额为10万元，事前质量控制加上事后意外保险，让消费者吃了“定心丸”。盐城有12家粮油店、10家食品店和12个生产加工企业主动加盟“放心粮油”连锁经营，自2008年1月正式开业以来，销售量稳步上升。

农产品进连锁店能够成功的原因有：

——稳定可靠的供货源。连锁经营需要大批量采购，统一配送，必然要有规模化的供货源。如无锡的朝阳蔬菜批发市场、镇江的万方超市等，都是通过这种方式，赢得稳定巩固的“大后方”。

——良好的品牌形象。镇江的“万方”超市一方面设专柜经营基地的名特品牌产品，另一方面创立自己的品牌，在节假日还推出品种多样的“万方礼品菜”，不仅吸引了消费者的认同，而且迅速树立了企业的知名度。

——政府配套服务。如盐城的“放心粮油”连锁经营就是由该市农业质量标准办公室牵头，将当地的生产基地、加工企业和分散的粮油销售店有机整合起来。

另外，“万村千乡”工程的主要载体是连锁超市。近年来，一批立足城镇、面向农村的连锁经营企业，它们借助政府政策的支持力量，大力发展农村连锁门店，经营规模迅速扩大，并且发展势头良好。如江苏苏果超市等。

另外，邮政系统利用自身物流优势也尝试着农村物流。2009年5月专门召开了全国推广山东邮政发展农村物流经验现场会。会议总结推广山东发展农村邮政物流的经验做法，发展农村邮政物流，拓展服务功能，参与农资配送服务，形成产品、标志、配货渠道、产品价格、服务标准、经营“六统一”的管理模式，“连锁经营+配送到户+科技服务”的经营模式，“政府+邮政”的监管模式，“农民受益+企业增效+邮政发展”的战略模式。

但由于中国农村地域广阔、分散及现有的交通条件，目前农村连锁的统一配送无法全部实现。

表1　　商务部开展“万村千乡市场工程”取得的成果

全国村级店建设统计					
地区	2009年新增	2008年新增	2007年新增	2006年新增	累计（2005年至2009年3月）
全国	992	18400	85211	96584	250913
西部	394	10205	21599	21018	61231
中部	597	5920	33421	35535	92124
东部	1	2275	30191	40031	97558
全国乡级店建设统计					
全国	38	1509	8744	13301	31235
西部	26	1135	3077	4270	10765
中部	12	264	3559	5806	12326
东部	0	110	2108	3225	8144

续表

全国配送中心建设统计					
地区	2009 年新增	2008 年新增	2007 年新增	2006 年新增	累计（2005 年至 2009 年 3 月）
全国	0	41	251	226	595
西部	0	37	76	67	188
中部	0	2	125	78	260
东部	0	2	50	81	147

数据来源：国家商务部市场体系建设司网站。

2. 农村生产资料

2000 年成立的“金色谷农资超市管理有限公司”被不少人认为是农资连锁的序幕，随后农资领域的各种经济实体，从农资生产领域到农资流通领域，从老牌国有企业到新兴民营实体。

2003 年全国供销总社启动了以中国农业生产资料集团公司为核心企业的全国供销社农资连锁配送为农服务工程。一边与国内部分省级农资公司建立合作关系，一边加快对公司直营网络体系的改造步伐。全国供销社总社期望“中国农资”品牌遍布农村市场，占领 70% 的农村。

地方尤其是省级供销社对建立属于自己的农资连锁公司也表示出极大的兴趣，相当一些省、市供销社都正式注册成立了农资连锁经营企业：四川省农资集团有限公司组建了四川邦立达农资连锁有限公司，并逐步发展到在四川省内和省外长江以南的 13 个省、市（区）的农资商品集散地建立了 60 多个一级连锁配送中心，连锁经营门店达 2000 家左右，深入到农村的连锁网点实行 24 小时服务。新疆奥环公司则把眼光瞄准了西部畜牧业农资连锁经营。江苏苏农农资连锁有限责任公司、山西省供销社、福建省“龙得宝”、新疆供销社等以供销社系统为主的传统农村流通组织，正在重新整合，力求抓住机遇再创辉煌。各类民间资本，正在强力扩张农村流通市场。

调研中了解到，目前国内农资连锁经营主要形式有：

一是以生产企业为龙头，发展多层次的连锁销售网络（如：天盟农资连锁、四川九禾农资、辽宁锦禾等）。

二是生产企业加盟到现有连锁经营网络。

三是以经销企业为龙头，发展紧密型的连锁经营网络。即经销企业开设独资直营、直接控股或注资参与经营的连锁经营点（如：安徽徽农、浙江省农、江苏苏农）。

四是以经销企业为龙头，发展松散型的连锁经营网络（如：中农、中化、四川邦力达农资连锁等）。

（五）连锁经营模式给农村带来实际好处，促使农村市场对连锁的认可度稳步提升

加盟商对农资连锁的意识越来越强，正处于从量变到质变的过程。连锁企业并非一味追求规模，更强调服务。此轮经济危机对农民的影响也很大。由于竞争趋于激烈，而农村居民的生活单一，生产资料开支占主体，经营农资带来较好的赢利，导致竞争加剧。

三、行业发展主要特点

（一）农资产品季节性强，要求总部有强大的管理能力和预见能力

与城市消费品市场不同，农村流通领导消费中，生产资料是主要市场。因为农民消费最本质的特点是生产性消费，或者说投入性消费，这几乎占到农村消费总额的80%，余下的才是生活消费。由于农资产品是农民的必需消费，所以这块市场不仅稳定，而且逐年增长。

现实中的农产品与农资市场是一个非常分散的、地域性很强的、有着明显季节性的、且交通通讯较为落后的市场。农资产品包括的范围很广，不仅是种子、化肥和农药，还有农机具、农膜等其他农用生产资料，具有明显的品种多、规格多、占地大、不易陈列和摆放、技术含量高、季节性强、地域性强、易损易坏、售后服务难点多等特点。这些与众不同的特点给连锁经营中的货品管理、仓储、运输、陈列、销售、服务等业务环节带来很多挑战，如果不能进行恰当高效的管理，也将会出人意料地加大经营成本、增加经营风险。

（二）培训要求高，培训难度大、时间长，培训对象主要是农户和基层经销商，素质参差不齐

经销商的文化素质是信息系统建立和使用的最大障碍，必须先期进行必要的技能培训，使其掌握必要的技能同时接受你的企业文化。

农资零售与其他零售相比，一个重要区别或特点是，需要在产品销售前后给农民提供产品使用等方面的培训服务，及其后期结果的跟踪。

雷力在过去的一年有20%的市场增长，主要得益于给农民提供配套的服务，培训、指导农民。公司总部有近60人的培训团队，直接下到农村与农民沟通。

（三）农村市场交通不便，特别中西部地区物流配送实际操作实施难

表面上看，在农村市场开店成本较低，例如农村地区店铺的建设或门面租金都很低；农村的劳动力成本也大大的低于城市。但由于地理位置和长期经济发展滞后等因素的影响，使得在现有条件下发展连锁超市，就必须在物流、渠道建设等方面投入大笔的资金，这都造成在农村市场的经营成本实际上要高于城市市场。另外，农村连锁超市的销售额一直较低，无法实现规模配送，使经营成本提高。调查发现，农村超市商品的价格普遍高于其所属县城。

当前中国农资市场和农资连锁经营现状是（天盟农资公司访谈笔录）：

——产品种类多，以次充好，假冒伪劣更多；

——做农资连锁的多，真正成功的不多；

——买卖关系的多，终端控制的不多；

——物流配送的多，物流管理的不多；

——喊口号的多，做实事的不多；

——传统农资企业做连锁的多，做得好的不多；

——生产企业做农资连锁的少，真正做好的更少；

——赚钱的少，赚大钱的更少。

四、特许经营 KPI 指标

（一）拓展与授权

1．农村连锁店的单店面积一般在 100 平方米以下，货品以整齐码放为标准，店面不需要过多的装饰。单店的员工数一般为 3～4 人。

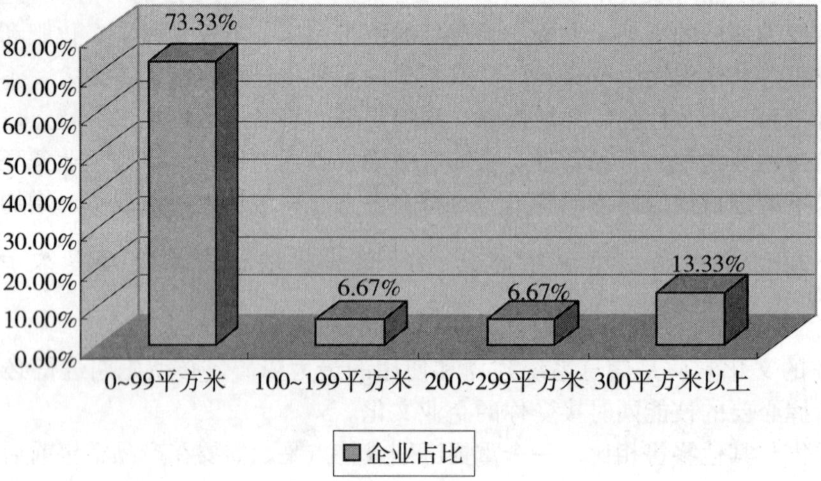

图 1　加盟店单店面积

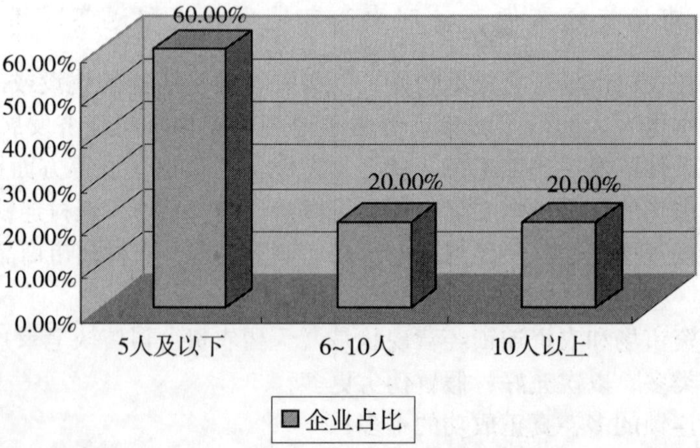

图 2　加盟店单店从业人数

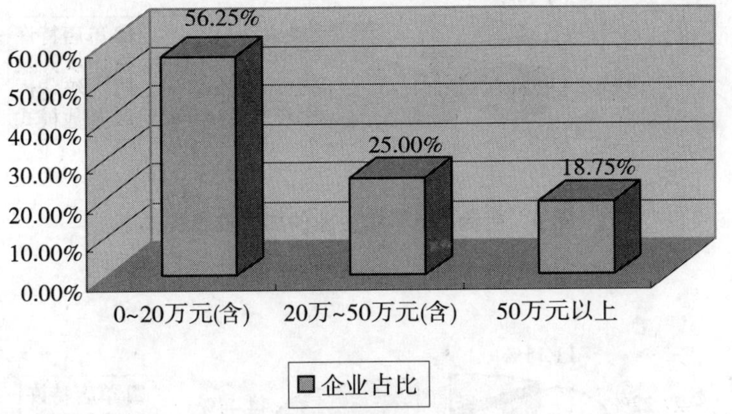

图 3　标准店投资额

店铺选址方面，销售生活用品的零售店与农资零售店标准差异较大。可对比图 4 与图 5。

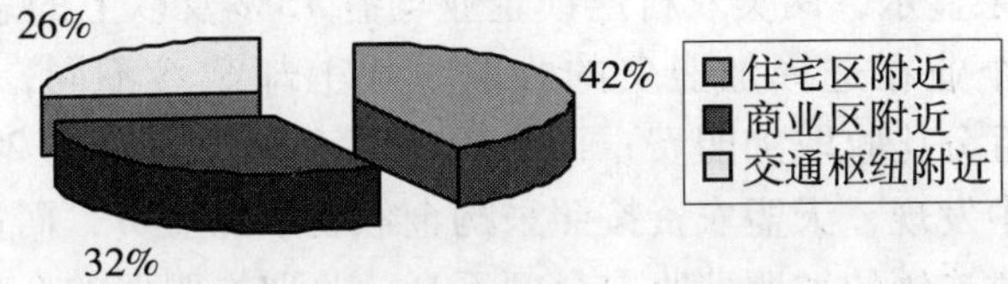

图 4　生活用品零售店的选址标准

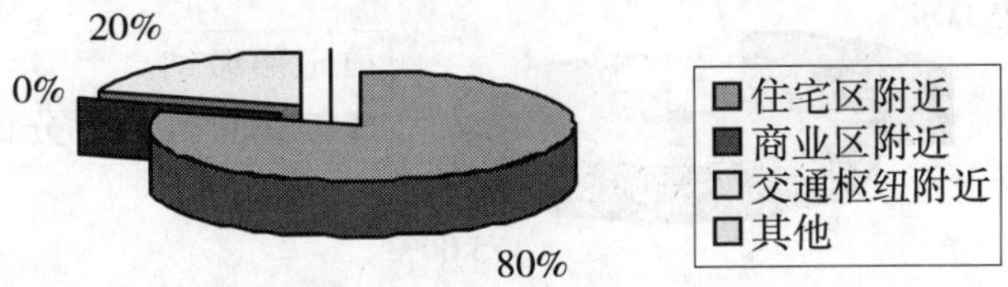

图 5　农资用品零售店的选址标准

2. 连锁企业在发展农村连锁店时半数左右是以单店特许加盟模式发展。访谈中了解到，即使是在有二级特许的连锁企业中，二级加盟店仍以单店特许加盟方式，直接与总部签约，目的是确保总部提供的产品和服务能直接到达最终用户农民。这两类农村连锁在加盟模式上，最大不同在于区域开发模式的选择。

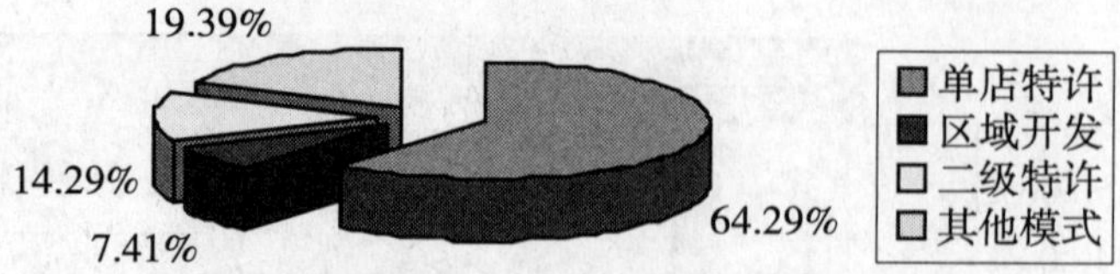

图 6　生活用品零售企业的加盟发展模式

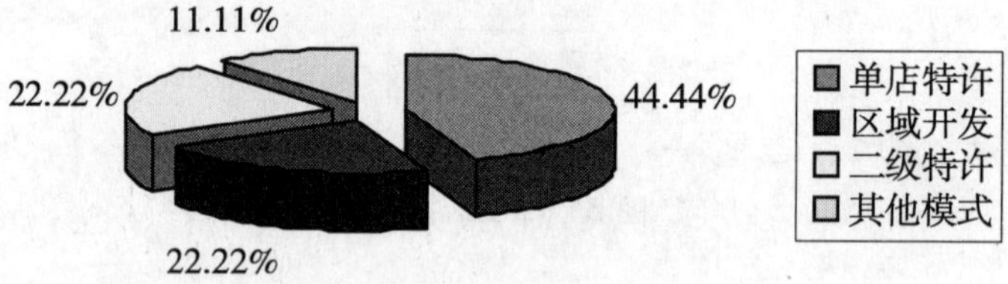

图 7　农资企业的加盟发展模式

3. 问卷调查结果显示，两类农村连锁企业均有 75% 及以上的总部采用的是定额收取加盟费。但剩余的企业在选择加盟费的收取方式上却截然不同，生活用品零售企业有 25% 是采用销售额百分比收取加盟费；而农资零售企业中剩余的 20% 是采取其他方式收取加盟费，如访谈中发现，天盟农资按照采购金额收取加盟费，而雷力公司目前仍不收取加盟费。总之，农村连锁的加盟费收取金额不高，收取加盟费的企业中，85% 不超过 2 万元；在收取特许权使用费的企业中，90% 每年的特许权使用费不超过 2 万元。

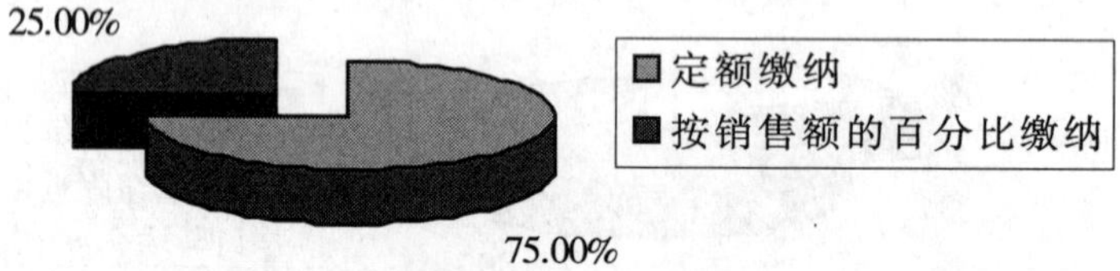

图 8　生活用品零售企业加盟费缴纳方式

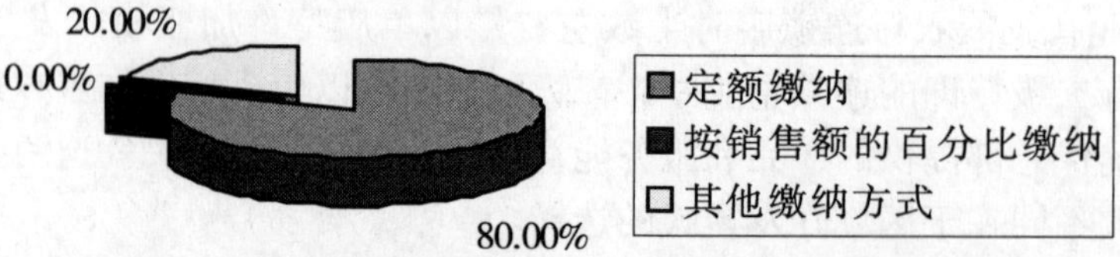

图 9　生活用品零售企业加盟费缴纳方式

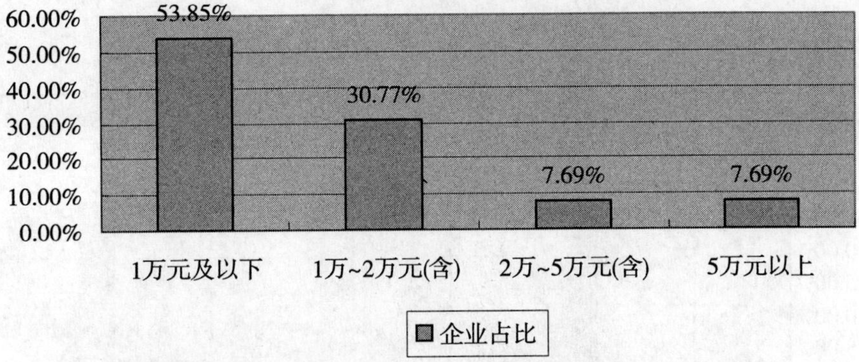

图 10 单店特许加盟费情况

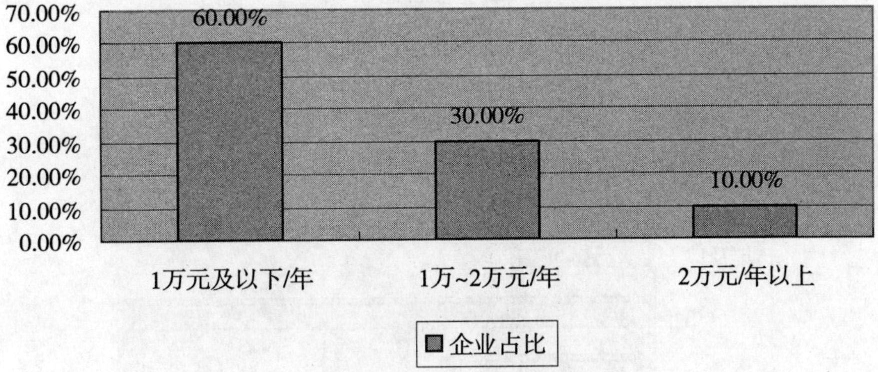

图 11 特许权使用费定额缴纳金额情况

4. 93%以上的加盟总部收取保证金，一是为了保护品牌形象，二是防止加盟商的串货现象。半数企业的保证金设定在1万元。

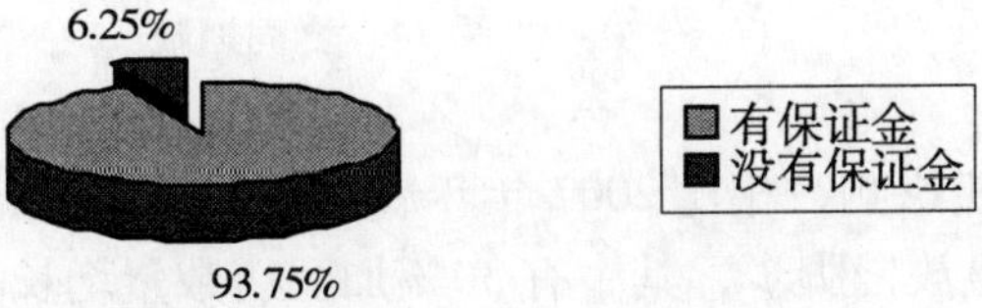

图 12 保证金

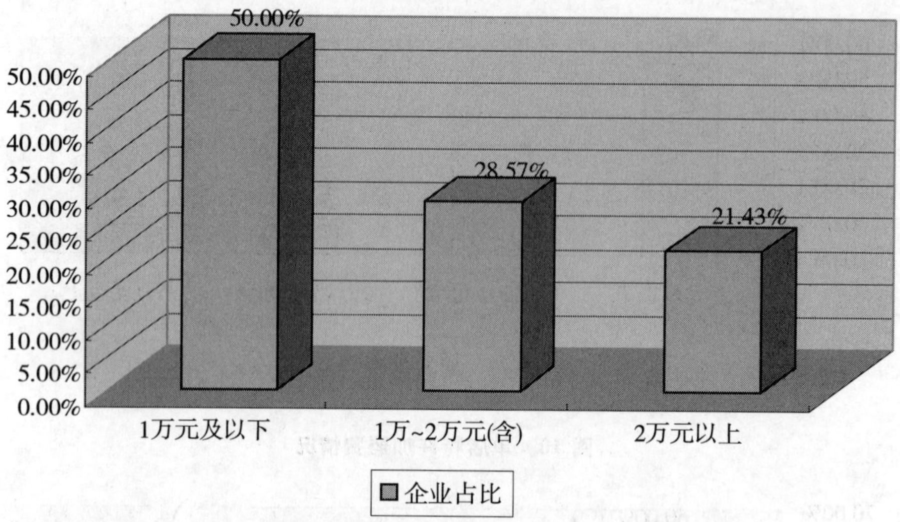

图 13　有保证金企业缴纳金额

5. 50% 的农村连锁加盟合约为三年。

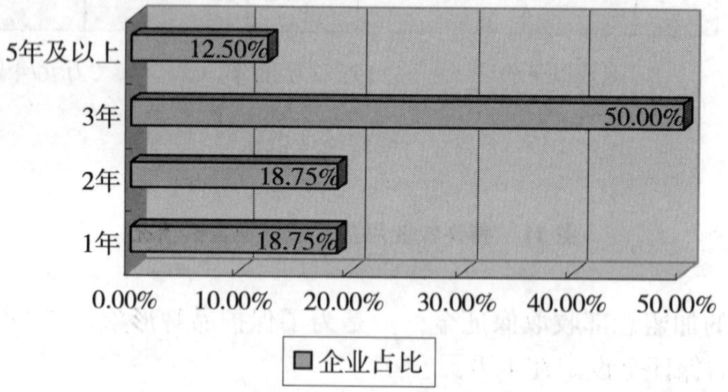

图 14　合同期限

6. 受金融危机影响，相比 2007 年年底，2008 年以生活用品零售为主的连锁企业在加盟店发展方面明显放慢脚步，其中有 30% 加盟店数量增长上为负。

相比之下，农资连锁企业在 2008 年未受影响，前面提到，2008 年农资企业的销售额普遍增长，同时图 15 显示农资连锁企业在加盟店的发展上也是一片向好。但在 2009 年农资连锁企业受到了较大的金融危机影响。

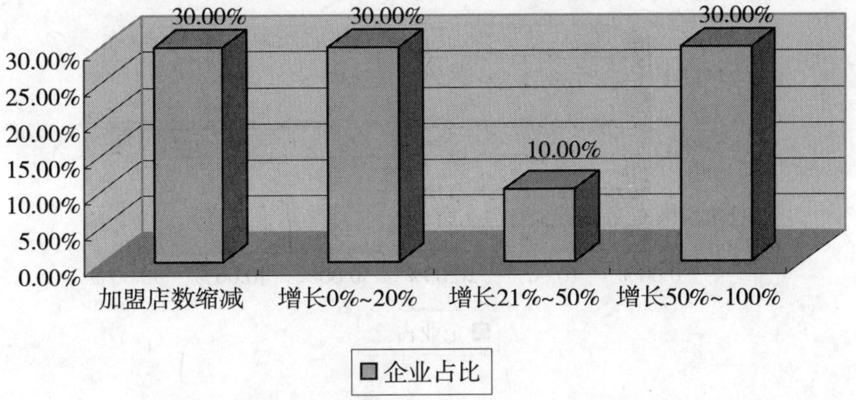

图 15　生活用品零售企业加盟店门店增长率

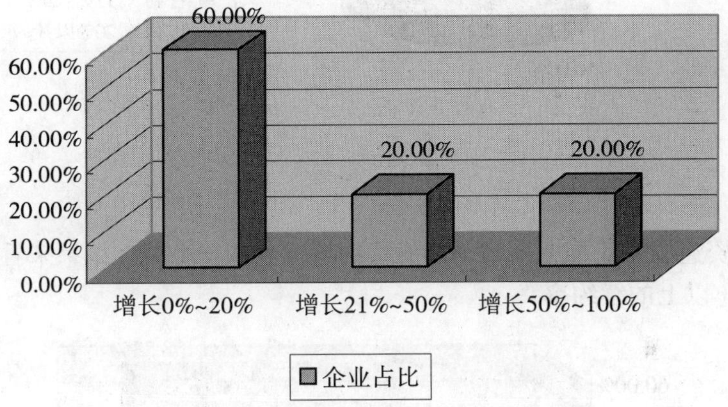

图 16　农资零售企业加盟店门店增长率

（二）营运

此次调查发现，农村连锁的单店收益率较好，绝大部分在 3 年以内可收回投资成本。一半企业的平均毛利能做到 20%。

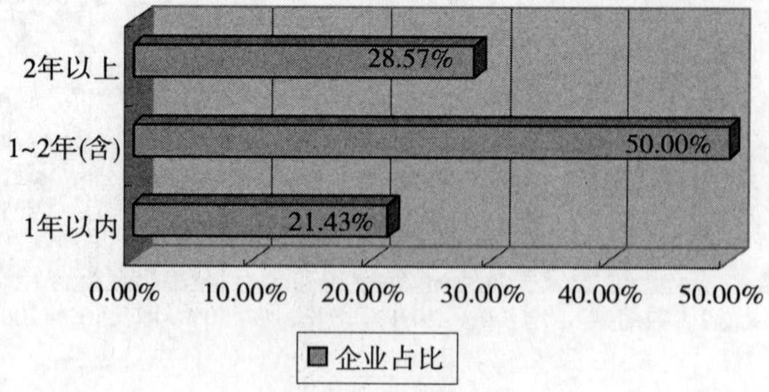

图 17　投资回报期

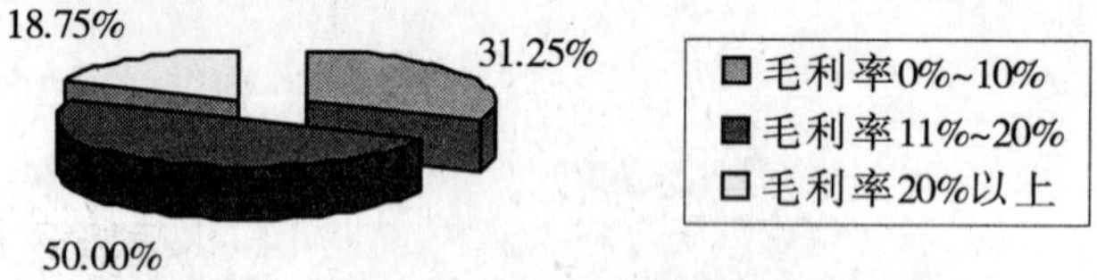

图 18　盈利率

图 19 为农资连锁企业加盟商与总部的续约情况。从这个统计结果来看，续约率很高，全部能做到 80% 以上的续约率。

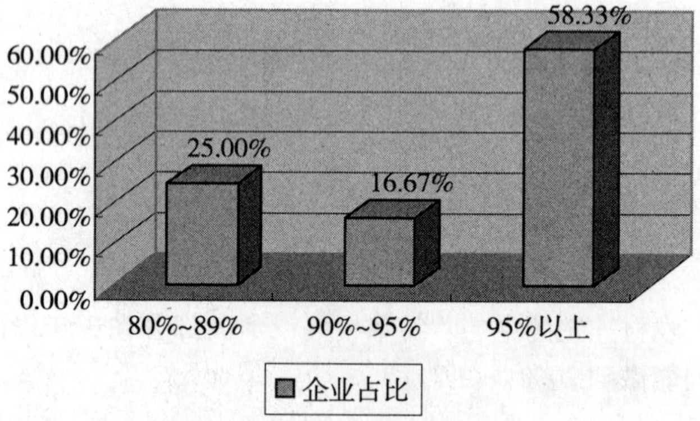

图 19　续约率

（三）支持

总部对加盟者中级以上管理人员开业培训时间绝大部分是 1 周以内；开业后每年的培训时间大约为 50 个小时。关于总部对门店的督导，一般情况下，每月实行一次督导。目前条件下，农村的 IT 网络普及率不高，因此总部与加盟店之前的沟通主要通过实时电话与面谈，或通过在总部提供的培训、会议等活动上反映情况。

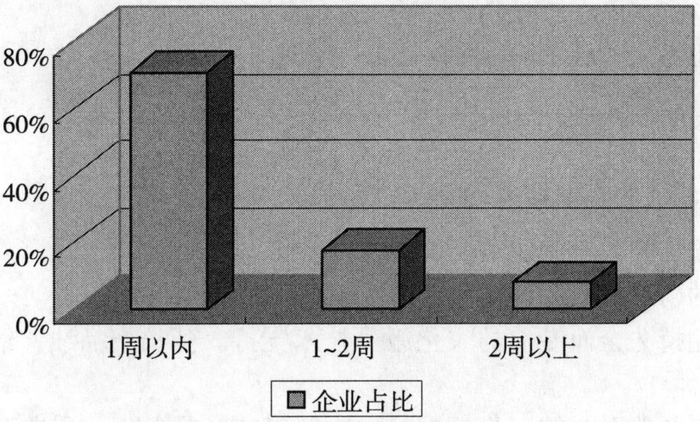

图 20　开业前培训时间

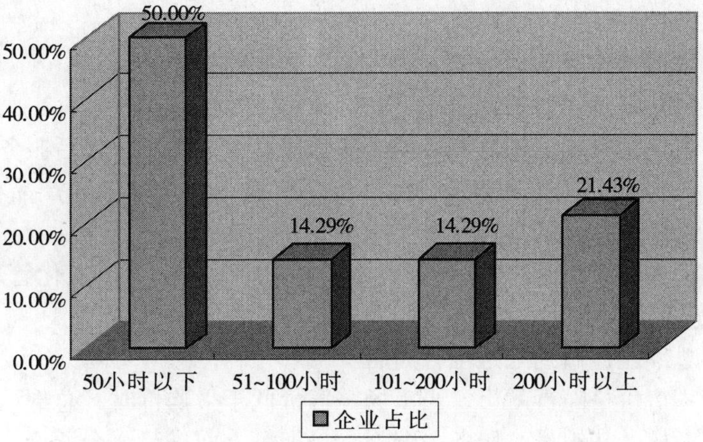

图 21　营业后培训时间（季度）

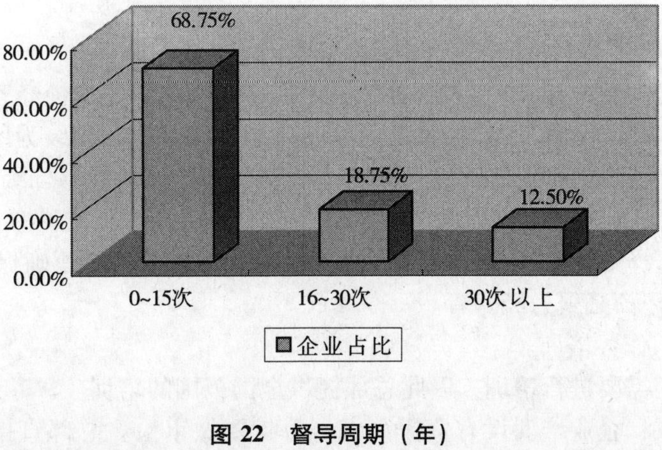

图 22　督导周期（年）

五、企业实践，案例分享

案例一：天盟农资连锁有限责任公司

1. 2005 年发展特许加盟，目前拥有 7000 多家加盟店，云南省的农资市场天盟占到 80%。

2. 加盟商反映加盟天盟的主要优势在于：

（1）大宗采购，降低采购成本，价格相对较低。

（2）有完善的营销战略和策略，营销促销有计划有组织。

（3）提供长期持久全面专业的农化服务技术支持。延长产品线，给农户的农化服务更全面深入。

（4）国有大型企业奉行的一贯标准，对所销售的产品负责，采购和销售的产品质量有保障。

3. 加盟模式：云南省内实行区域代理，并由区域代理发展一对一单店加盟；省外则通过经销商的方式销售产品。

4. 加盟费的收取：按采购量计算。

5. 总部提供的服务主要包括：

（1）培训，农化相关知识的培训，辅导加盟商、服务农民，售后服务。

（2）配送，三分之二以上的产品由总部统一配送，剩余非配送产品在进货前须报总部同意；加盟商由总部采购需先款后货。

（3）信息化，主要服务于乡村一级的农村地区，很难做到信息化管理，主要通过人员到店督导及农户现场培训。

（4）物流，总部能够做到配送至各门店。

（5）价格，零售价格随行就市，当市场零售价低于采购价时，总部承担价格损失。

（6）加盟店考核：从销量、服务、统一、培训等方面进行综合评价，优胜劣汰。

6. 总部管理的主要难题：防止串货。

案例二：北京雷力（集团）公司

1. 雷力连锁公司成立于2003 年9 月，是中国首家绿色肥业连锁经营企业，坚持“只做特色精品店，不做大卖场”。其加盟模式：以县为一级单位，县级为区域加盟商，负责区域内的经营和市场信息的收集反馈，承担着批发、督导的功能；二级加盟商为乡、镇、村一级单位，负责终端销售和即时服务。

加盟商可以选择专营店（总部支持力度大）或兼营店（必须确保同类产品上的专营）。公司要求加盟商必须为经营者。

2. 最重视的工作：培训。

（1）农民迫切需要进行培训，因此总部提供全国范围的培训。

（2）培训方式：企业培训设有资历证书，每年要做审检。总部直接培训到二级店店员，针对农民的培训由加盟商与总部人员共同来完成。总部给加盟商提供的培训有名额限制，既确保加盟商对培训的重视，同时为总部提供可持续性培训的经济基础。2006 年开始实施雷力品牌经理培训，经过系统培训、考试合格后上岗的品牌经理，成为了雷力连锁经营事业的中坚力量。

（3）总部提供加盟店的服务多少与业绩挂钩，每年设业绩指标。

3. 加盟费收取：无加盟费，无保证金。目前，正考虑如何收取保证金与加盟费。

4. 与加盟商关系：公司与加盟商共同组建连锁经营理事会，选举优秀连锁店店长代表参与公司发展规划、区域市场管理和市场营销策划的参政议政机构。目前有 15 人，按 3 人一组分专项管理，如经营组、产品组等，理事会每半年开一次会。为便于平时沟通管理，理事会在各区域内设分会。理事会的活动经费以 AA 制为主。

5. 公司加盟续约率 90% 以上，关店率 5%。

6. 发展中的困惑：如何甄选加盟商。

7. 门店的员工数量：一级店 10 人，一般店 4 ~ 5 人，个别店是夫妻店。

8. 为农民实施系统增值服务工作：针对农民用户，公司持续开展“雷力绿色科技巡讲活动”，让该活动制度化、经常化，深入农村解决农民生产中的实际问题，三年来直接受益农民 60 万人次以上；开展“雷力之星”种植能手等大奖赛活动，让农民在竞争中提升栽培管理技能。

9. 在有条件的连锁店成立农业协会、专业合作社并建立会员制度。如无锡店针对当地蜜桃种植面积大、管理要求高、效益高、风险大的特点，成立了桃友会，适时组织农民到桃友会进行技术指导、交流和田间指导。目前“雷力”命名的协会合作社已有二十多个，涉及到蔬菜、水果、优质稻米等。建立雷力农友之家，把雷力连锁终端店建设成农民学习知识、交流信息的场所，雷力连锁总部配套科技图书、光盘、报刊等资料，供农民闲暇时学习使用。

10. 品牌维护：建立了对连锁店形象、服务等经营标准的考核体系。如雷力连锁店农资产品质量承诺书、店长公约、800 免费热线等全部在连锁店上墙，既是对农民用户的承诺，同时也接受农民的监督。

案例三：中牧农业连锁发展有限公司

1. 中牧 2005 年成立连锁公司，主营业务为畜牧治病，业务流程为：看病——开处方——卖药——跟踪。

此行业进入门槛高，要求有许可证。另外，总部在仓储中心、物流方面投入较大，配套 GSP 系统。

公司要求完全的统一采购、统一销售渠道。加盟店的产品必须从总部统一采购，如加盟商销售非中牧产品，必须提前报总部，在许可后由总部负责采购，确保产品的品质且集中采购后获得更低的价格，在这部分非中牧产品上，总部不赚取任何差价。

目前，中牧品牌在农村兽药领域有较强知名度。

2. 加盟商选择：要求有行业销售背景，年销售额至少在 30 万元。

3. 加盟费收取：加盟费 3000 元，总部将此费用全部用于推广。保证金 10000 元，合同期 3 年。另外，总部给予 3000 ~ 40000 元资金用于加盟商所在区域的营销推广活动。

4. 开店计划：2009 年准备开 100 家店，上半年完成 2 家示范店、3 个加盟店。8 月后开始大规模发展加盟店。店以乡镇为主。

5. 与加盟商关系：体系内组建了会员之家。

六、发展中的主要问题

（一）特殊的农村市场环境

1. 农民收入低，购买能力低下，品牌意识薄弱，对假冒伪劣产品缺乏认识和鉴别能力，自我保护意识差，部分厂家的产品低质劣质等。

农民收入低，购买力弱，商业的集散作用不强，使连锁企业看不到商机，难以布点，这在客观上影响了农村连锁经营的发展。

2. 基础设施落后，物流成本高。山区、半山区，物流配送和农化服务难度大。由于农村交通条件落后，市场分散，商品的运输成本较城市要高，加上农村流通企业资金周转慢和经营成本高，大大地制约了农村现代流通网络的健康稳步发展。连锁网点覆盖高，投入巨大，管理困难；连锁网点覆盖低，则难形成规模优势。

3. 进入壁垒低，市场散乱。在农资产品的流通领域，特别是复合肥、农药和种子行业，进入壁垒非常低，市场风险较小，大量无证经营的销售网点产生，进一步导致了农资市场经营环境的恶化。据农业部门统计，全国登记注册的农药企业 2000 多家，合成氨企业近 1000 家，种子企业近 2700 家，农资供给市场实际已形成了一个条块分割、各自为营的格局。1 吨化肥的价格少则几百元，多则两千多元，农户可以自己采购并在自家门口摆摊设点，使得农资经营十分混乱。在农资流通领域经营农资业务的实体非常多，连锁经营实体不得不花大量的精力去对付市场的无序竞争。加上农民对产品质量识别的能力较差，导致坚持以质量为本的连锁经营陷于十分尴尬的处境。

（二）产品与商品的特殊性

城市消费市场主要是生活消费，而农村消费有生产消费与生活消费之分，农民在进行生活消费的同时，有时候更重要的是生产资料消费，他们要购买农药、化肥、种子和拖拉机。目前农村连锁店、超市大多以经营日常用品和生活物资为主，对农村实用、急需的农资商品却极少经营。很多农民仍有需求的高筒水鞋、猪油肥皂、传统糕点等在城市中已近绝迹，而在农村则很有市场，目前的连锁店很少经营。农村的生产资料购买行为地域差异较大，季节性强，旺销期短，连锁经营从采购到配送再到销售的周期长，往往跟不上市场节奏。而且农资连锁与生活品连锁在场地、规模、形式上就会有许多不同的要求，要因地、因时制宜，使连锁经营“统一”原则难以落实。

1. 农产品的季节性。农资产品具有品种少、规格多、占地大、不宜陈列和安放，技术含量高、季节性强、地域性强、磨损易坏、售后服务麻烦等特点。这些与众不同的特点将给连锁经营中的货品管理、仓储、运输、陈列、销售、服务等业务环节带来很多挑战。

2. 生活消费品的结构与城市差异大。生活消费品的连锁销售受传统购买习惯的制约。在农村地区，连锁超市作为新生事物很吸引当地居民，但这种吸引力还不足以使其改变对传统购买渠道的依赖，连锁超市只是走亲访友时购买礼品的首选场所。

经营者对固有习惯的影响认识不足，没有相应对策，致使杂货店、代销店、农贸大集等传统的零售业态仍处于主导地位。根据调查，农民在农贸大集的消费额占家庭消费的50%左右，购买商品主要有蔬菜、肉类、服装、鞋帽等；油盐酱醋等日常生活用品主要在附近的杂货店购买。

商品结构不合理，一方面表现为超市商品基本以日用百货为主，品牌众多，但很多商品从来就没有被顾客动过，例如咖啡产品包装盒上经常覆盖着一层灰尘；另一方面，农村居民随着生活水平提高出现一些新需求，如电视机、洗衣机、电冰箱等耐用消费品，以及服装、床上用品、通讯产品等。这些需求的满足途径还是要到城市大中型零售店中选购，连锁超市失去了与杂货店和农贸大集差异化经营的机会。

（三）连锁经营管理存在的缺陷

许多农资连锁企业，虽然做到了店名和店面的统一，但在其经营管理上仍然采用粗放的经营模式，对物流和信息流管理不到位，各行其道的现象较为普遍。甚至有些加盟商为图私利，私自购进劣质农资产品，妄图竞争价格上的优势，破坏连锁经营体系。

农资生产企业构建农资连锁经营体系一般通过成立子公司的形式进行，作为子公司的连锁经营企业处理不好与生产企业的接口、结算等问题会带来诸多利益纠葛。

一是硬件不足，在门店开发、配送设施、信息服务等方面还很不完善，主要原因是农资连锁加盟商经营人员的知识、技能水平较低和连锁经营企业督导不到位。

二是软件缺乏，连锁经营的管理、标准、制度、培训、人才和企业文化等还很粗放。

七、行业发展趋势展望

（一）总部服务意识的确立

农化产品的特殊性决定了服务营销才有生命力，连锁总部从单一的产品提供方转变为服务提供方，推出包括培训、管理、营销、策划等诸多方面的支持。农村消费者在购买农药和化肥这两种农资产品时，对于“知识培训”这种促销活动的需求度很高，但实际能够在购买过程中接触到的人则较少，有调查显示农村居民接触到农资产品“知识培训”活动的人群比例不足10%，而对这类促销活动感兴趣的人群比例则保持在三成左右，这种“供需失衡”的状态十分突出。

（二）持续赢利模式的构建

多数连锁企业的赢利单纯来自于产品，没有长期的赢利规划和发展方向。从长远发展出发，应对连锁加盟者的发展阶段和发展步骤进行详细的规划，并助力其发展，前期通过模式的植入帮助加盟者在产品销售上获益，同时持续丰富产品构成，避免因农资产品淡旺季带来的销售影响；订单农业、产品供应平台等都需在体系内运用和推广。如千村植保邯郸营运中心与华龙集团的订单农业合作，发展了50000亩的“高劲”小麦生产基地，保障了农民的增产增收，为连锁店和营运中心提供了更大的赢利空间。

（三）强化品牌力量

我国农资流通领域，缺乏类似沃尔玛那样的农资流通品牌。农产品流通层次多、品牌多，水平参差不齐，市场行为不规范，从而引起市场上一系列的不良现象，如果出现相当大区域内乃至全国性的农资流通品牌，取得农民的信任，认牌购买，既可帮助品牌企业快速发展，又可对所有农资经销商产生冲击。推动实施农资连锁，应该重其“形”，更应当重其“实”。

（四）在政策支持下，行业领先企业有望加速整合

一是对县及县以下的传统化肥、农药、种子、农机、农用柴油等农资经营网点按照连锁经营方式进行整合，形成以规模联购为基础，配送服务为支撑，横向联合，纵向对接，上联工厂，下联农民，辐射能力强，网络覆盖面广的新型农资经营体系；二是以新的农资经营网络为依托，进一步延伸经营领域，拓展服务内容，实现跨行业的联合，通过对分散于不同部门的技术推广、各种农业服务站进行整合，逐步建立全方位为农村服务的新型农技服务体系。

（五）食品安全法的出台促进企业规范发展

调研了解到，国家相关部门将以贯彻《食品安全法》为重要契机，采取更加有力的措施，确保中国的农产品质量安全。一是开展专项整治，着力解决当前农产品质量安全存在的一些问题和隐患，有效防范和遏制重大农产品安全事故发生。二是进一步加强检测力度，扩大检测范围，增加检测品种，采取更有针对性的措施防患于未然。三是推进标准化生产，引导生产者实施农业过程中的生产记录，从基地入手，以龙头企业和专业合作组织为骨干，带动农户合理施肥用药，从源头上保障质量安全。四是加强体系建设，特别是抓住当前的大背景和有利时机，全面加强农产品质量安全的监管、标准、检测和认证体系建设的工作，夯实工作基础。五是加强制度建设，做好《食品安全法》和《农产品质量安全法》的衔接，加快完善配套的规章制度。六是推进生产方式的转变，大力推进产业化经营，发展农民合作组织，推动诚信体系的建设和行业自律，不断地提升组织化程度和社会化服务的水平。

表 2　部分参加调查企业的基本情况

企业名称	业务	成立年限	销售规模（万元）	门店总数	加盟店数	就业人数
天盟农资连锁有限公司	农资	5	1200000	7586	7586	22758
江苏苏农农资连锁集团股份有限公司	农资	11	880605	1806	1737	5751
四川吉峰农机连锁股份有限公司	农机	15	79491.96	548	15	730
中牧农业连锁发展有限公司	兽药	4	5000	124	104	700
安徽徽商农家福有限公司	农机与农资	7	175930	1806	1700	5382
北京雷力绿色肥业连锁经营有限公司	海藻肥	6	14000	200	200	621

续表

企业名称	业务	成立年限	销售规模（万元）	门店总数	加盟店数	就业人数
联华超市股份有限公司	超市便利店类	18	5004726	3932	1119	48826
东莞市糖酒集团美宜佳便利店有限公司	超市便利店类	12	141445	2000	1980	12000
华联超市股份有限公司	超市便利店类	17	1501219	1946	1725	28951
浙江供销超市有限公司	超市便利店类	12	200000	1920	1820	4965
苏果超市有限公司	超市便利店类	13	3035800	1802	1081	57000
山西金虎便利连锁有限公司	超市便利店类	4	68824	832	385	3487
东莞市星瀚商贸有限公司	超市便利店类	7	19738. 94	813	807	3252
河北国大连锁商业有限公司	超市便利店类	9	76350	600	576	3500
天津劝宝超市有限责任公司	超市便利店类	7	61000	503	489	2749
上海捷强烟草糖酒（集团）连锁有限公司	超市便利店类	13	102951	394	267	2134

（中国连锁经营协会）

第三部分　专题篇

2009年中国超市食品安全调查报告

概　述

一、调研背景、目标和对象

1. 调研背景

中国连锁经营协会（以下简称协会）受商务部委托，在全国范围开展超市食品安全状况的调查。该调研已连续开展六个年度，这期间我国发生了多起影响恶劣的食品安全大事件。随着2009年6月国家《食品安全法》的施行，我国超市食品安全管理将进入有法可依、职责明确、科学有序、保障到位的新时代，鉴于此，协会继续开展本年度的超市食品安全状况调查。

2. 调研方法和范围

整个调研分为访谈、问卷、实地调查三部分。其中，问卷调查包括企业总部填报、门店填报和消费者填写。

调查覆盖25个省级地区的43家企业的大型综合超市、标准超市、便利店等共计3000余家。其中，就卫生状况深入调查了75家门店，就冷链状况深入调查了92家门店；访谈行政主管部门领导、行业协会及业内专家共计56人；消费者调查访谈5244人。

调查内容包括企业食品安全管理关注点分析、最新法律法规及法律法规的执行状况，连锁超市总部管理现状、门店卫生状况，冷链管理状况以及企业自律，消费者的食品安全意识等。

3. 创新和突破

改进问卷形式，提升企业管理。落实问卷调查是本调查的核心工作。从问卷形式上看，本年度调查全部改为选择题，既方便了企业填报，又提高了问卷的回收率和有效性；在其内容上，增加了管理层关注点排名和《食品安全法》实施情况调查；在其功能上，加强了知识和信息的传递功能。对于本年度问卷调查，即使企业不填报，其阅读问卷的过程，也会对企业的管理起到帮助作用。

深入门店一线，调查真实可信。为使调查数据真实有效，本年度对门店的调查采取深入门店一线的方式，如进入超市操作间直面了解其卫生管理状况，要求查看消费者难以目视到的员工实际操作场所管理状况等。

实施网络调查，拓展消费采样。目前，国内网民已超3.6亿人，基本覆盖了超市目标顾客。因此，本年度首次通过网络开展消费者调查。如此，既扩大了样本量的采集，又实现了数据快速筛选、剔除离散（排除背离真实情况的数据）的效果。

二、调查结果综述

（一）超市管理的现状和问题

1.《食品安全法》的出台对超市管理有明显的促进作用。超市在新法实施后开始有重点地提升和加强内部管理；部分超市提出新法中有 7 个条款需要政府尽快“补充完善”（占总条款数的 22%），以便企业落实改进。

2. 新法实施给企业带来某些困惑。新法实施后，负责超市（食品流通）的行政监管部门已明确是工商部门，但在实际工作中，监管超市的政府机构并没有减少；目前，执法的部门不仅多，而且常有同一地区不同辖区的执法标准差异性执行的现象。

3. 安全的食品是生产出来的。85% 的超市人员认为，供应商的管理是最重要的。选择哪家供应商销售什么商品，直接决定超市的食品是否安全。安全的食品是生产出来的，不是监管出来的，更不是超市抽检出来的。虽然部分超市会请第三方抽检商品，但决定食品是否安全的仍是生产商。

4. 超市食品安全管理，说和做之间存在一定差距。2009 年起，超市企业高层对食品安全的重视程度有非常明显的提高。调查显示“管理层很少过问，食品安全不出大问题就可以”的企业从 2008 年的 42% 降到 2009 年的零。同时，“资金投入不足”、“人员配备不足”以及“管理架构不完善”又是超市面临最严重问题的三个方面。就是说，企业管理层过问并重视食品安全工作，但仍停留在基本流程管理上，而配套资金、管理架构以及激励机制尚不足。重视但行动力不足，说和做之间存在一定差距。

5. 超市冷链的管控从收货检验环节开始。我国能做到全程冷链的易腐食品供应链非常少，做得好的超市从收货开始控制冷链。收货做得较好的超市（主要为外资）用红外温度检测仪检测车辆温度和产品温度，并用探针式温度检测仪抽样检测中心温度。没有一家超市有生鲜食品冷链管理培训。

6. 外资、国有和民营超市在食品安全管理上差距明显。从人员配备、经费投入、门店管理水平、冷链管理等几方面调查发现，外资超市的食品安全管理经验丰富，执行状况良好。相比之下，内资超市差距较大，其中认识不足和体系欠缺是内资超市最薄弱之处。

（二）消费者调查发现

78% 的消费者都知道国家《食品安全法》已在 2009 年施行，但知道新法中“一赔十”等条款的，只有不到五成（为 43%）。在已知《食品安全法》已实施的受访者中，90% 的消费者是通过电视、网络获得相关资讯的，他们中的 80% 相信《食品安全法》能够提升我国食品的管理水平。

2009 年消费者给我国食品安全管理的打分刚好及格——60 分（满分为 100 分），但低于 2008 年（为 67 分）和 2007 年（为 69 分）。

（三）建议

1. 推动从业人员专业知识的培训。

2. 完善《超市食品安全操作规范（试行版）》。

3. 推动农超对接工作中商品标准化的实施。
4. 发动志愿者宣传食品安全知识。
5. 增强全程冷链的管控，并提高冷链的可追溯性。

第一部分：2009 年推动超市食品安全管理提升的三个有利因素

一、《食品安全法》等系列法律法规出台

《食品安全法》的出台是 2009 年里发生的一件大事，标志着我国对食品的监管进入一个新阶段。随着新法的实施，各相关政府部门也出台了系列法规及管理办法，《食品安全法实施条例》、《流通环节食品安全监督管理办法》、《食品标识管理规定》等法规中的一些条款，对食品经营者提出了具体、明确的要求，这些要求促使超市行业要加强经营管理，保障消费终端的食品安全。为让超市行业更好地了解并执行相关条款，我们特意把这些条款进行整理，并对企业实施情况进行摸底调查，发现系列法律法规的出台，对超市食品安全管理起到了积极的促进作用。

（一）新法实施后加强监管，推动超市加强食品安全管理工作

通过对 43 家连锁超市总部负责人的调查表明，影响超市食品安全的各项因素排名中，法律法规位列第二。

100% 的受访超市认为《食品安全法》实施后，各政府监管部门加强监管力度，这对推动超市食品安全工作起着重要作用。同时，72% 的受访超市认为，新法的实施，使得全社会重视食品安全问题。超市的食品安全管理工作，不再是单一的应对政府检查，在接受政府监管的同时，来自消费者、媒体及全社会的多方监督让超市加强了对整个食品供应链的质量与安全的关注，让消费者买得安心、吃得放心成为企业应该担当的一份社会责任。

各超市负责人称法律法规的实施包括：给员工培训最新的法律法规、政策标准、规范等；积极配合政府执法；推进法律法规的落实；对法律法规中尚未明确的部分进行讨论分析并组织落实方案。

（二）《食品安全法》中超市相关条款实施状况良好

《食品安全法》中，与食品零售企业直接相关的条款有十一条共三十一款，我们对超市落实这些条款的情况进行了调查。

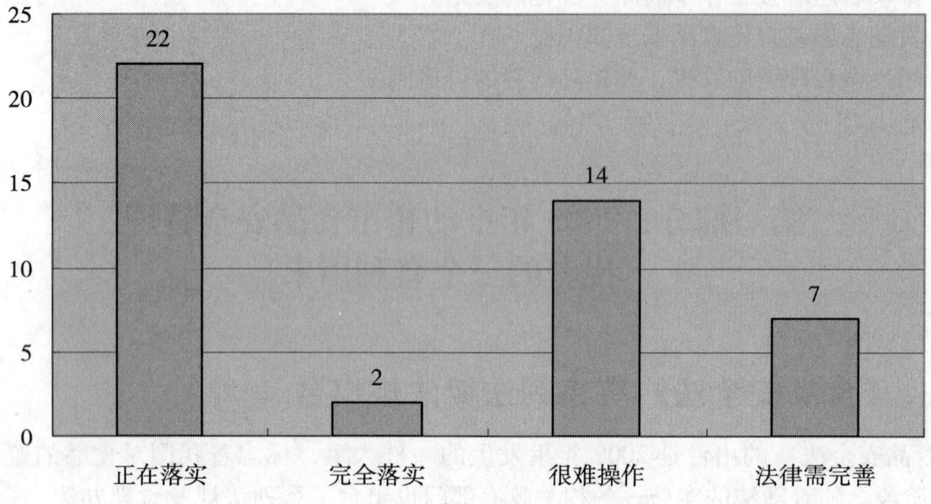

图 1　超市落实《食品安全法》条款情况统计

《食品安全法》中，超市应当知道与超市日常经营相关的条款有十一条共三十一款，而接受调查的 43 家连锁超市总部反馈，有两个条款已经完全落实，它们是：第三十四条“从业人员健康证的管理”以及第四十条“定期清理过期变质食品”。在新法出台前，针对以上两点，各超市在制度的建立、监督、检查方面都已经做了深入细致的工作。

受访的超市表明，三十一款中有二十二款是在新法实施后，超市开始有重点地提升和加强的，目前正在落实中。涉及的条款有：“第二十七条 ……符合下列要求：（二）具有与生产经营的食品品种、数量相适应的生产经营设备或者设施，有相应的消毒、更衣、盥洗、采光、照明、通风、防腐、防尘、防蝇、防鼠、防虫、洗涤以及处理废水、存放垃圾和废弃物的设备或者设施”；“第七十条　食品生产经营企业应当制定食品安全事故处置方案……”等。

还有少数超市提出新法中有十四个条款在实际工作中“很难操作”（占总条款数的 45%），无论是对于政府监管还是企业日常经营，都很难真正落实下去；部分超市还提出，新法中有七个条款不够明确，希望政府能够尽快“补充完善”（占总条款数的 22%），以便企业落实改进。

（三）政府、行业组织、企业共同推动行业自律，提高食品安全管理水平

在调查中，我们对超市就落实《食品安全法实施条例》和《流通环节食品安全监督管理办法》的情况也进行了统计。在《食品安全法实施条例》中，除《食品安全法》涉及到的内容外，与超市直接相关的条款有三条，第三、二十二、二十四条。《流通环节食品安全监督管理办法》是工商部门发布的，各条款都与超市经营相关，除《食品安全法》中提到的内容外，与超市直接相关的有四条，第十三、十七、十九、二十七条。这些有针对性的条款都会推动超市加强食品安全管理水平。

同时，《超市食品安全操作规范（试行版）》和《零售企业实施问题食品撤柜和公众

召回流程指引》作为超市食品安全管理的指导性文件，受访超市中五成企业反馈：本企业正结合新法的实施，“在按文件规定进行完善落实”。

二、农产品采购模式变化

农超对接带动超市加强对上游供应链管理，消费终端的食品安全保障被动变主动。

在调查可能给超市食品带来危害的各个因素中，供应商和产品的管理是最重要的因素，位列第一。来自43家零售企业总部的调查反馈显示，84%的零售企业管理人员认为，选择哪家供应商进行合作，在门店内销售什么商品，直接决定超市的食品是否安全可靠。供应商和产品的管理包括供应商证照、资质、管理体系审核；供应商和产品信息记录；产品的抽检和质量监控；商品运输条件和收货标准管理；不合格商品的处理；以及相关制度的建立、执行与检核。可以说，供应商提供的产品的管理对超市经营的食品是否安全起决定性作用。

近年来，在政府的大力支持下，让供应链更短更透明的“农超对接”在2009年快速发展，实践证明这种采购模式，特别是深入合作的定单农业，对生产流程实行监控，保证商品品质，可以提高生鲜食品的可追溯性，保障食品安全。据不完全统计，全国快消品百强企业中，40%以上的超市都开展了不同形式、不同规模的基地采购生鲜食品，并且在2009年中，基地采购的商品的品种和数量占比都有了大幅度提高。

农超对接缩短了供应链，带来了良好的经济效益，成为各超市的工作重点。同时，农超对接让超市加强对上游供应商的管理，进而加强对商品品质的控制能力，提升超市对生鲜食品安全的控制能力，进一步带动食品安全管理的提升。

三、竞争加剧促动企业加强食品安全管理

经过十几年快速发展，行业已进入重要的转型时期，零售业的经营正在从追求规模数量向追求效益和效率转变。竞争的加剧，一方面要求超市明确市场定位，加强自身管理，提升企业品牌形象，提高市场份额；另一方面，超市要降低经营成本，开源节流，以应对竞争。

表1　　超市最紧迫需要提升的项目排名（1~5，1为最紧迫）

排名	项目	权重得分
1	门店卫生管理	1.4
2	供应商管理	2.3
3	法律法规的贯彻实施	2.8
4	冷链管理	3.5
5	消费者培育	4.9

在加强自身管理、提高员工执行力方面，门店卫生管理水平是体现企业管理水平的重要标志。调查数据表明，72%的超市管理人员认为，现阶段门店卫生管理是最紧迫需要提升的工作，加强这部分管理，投入小，还能明显提升企业形象。因此，门店的食品安全管理工作，正是超市加强自修、自我提升、赢得消费者信任的一个关键点。可以说，食品安全管理工作中门店卫生的提升同员工执行力的提升是一致的。门店卫生管理涉及清洁消毒、保质期管理、员工个人卫生、虫害控制，包括制度的建立、执行与检核、责任的落实和培训等。

第二部分：超市食品安全管理现状

本部分包括超市总部报送数据和门店现场调查两部分。其中，总部部分是调查问卷反馈与访谈相结合；门店现场调查部分有重点地选择了 75 家超市门店，门店内实地调查与访谈相结合。调查还有重点地考察了外资、国有及民营企业的不同状况。

一、超市食品安全管理水平在稳步提升

表 2　　超市食品安全管理总体得分

四个方面	具体内容	加权平均得分（满分为 5 分）
管理层状况	岗位职责的明确	4.1
	管理层的重视程度	4.0
	管理规范的制定	3.7
	管理架构的组建	3.1
	人员配备	2.8
	资金投入状况	2.6
员工状况	内部沟通协调机制	4.4
	员工执行力	3.5
	培训	3.1
	员工激励机制	2.9
日常管理	撤架召回管理	4.2
	突发事件的管理	4.1
	供应商的管理	4.1
	各类信息记录	3.8
	门店卫生管理	3.6
	温度记录	3.6
	对外宣传	3.4
监督检查	各项记录、流程的检查	4.3
	商品保质期的检查	4.0
	商品检测	3.6
	总平均分	3.6

如表 2 所示，2009 年超市食品安全管理加权平均得分为 3.6。其中，对比往年的调查

反馈看，管理层的重视程度较往年有很大提升，超市食品安全管理水平继续保持稳步提升态势。

不难看出，在表2中，比较好的三方面工作集中在流程的管理。

（一）日常管理工作日趋完善

日常管理工作包括供应商管理、门店卫生管理、突发事件的管理、温度记录、各类信息的记录、对外宣传、撤架召回管理七部分内容。

超市调查数据表明，超市撤架召回和突发事件的管理工作落实情况较好。85%的超市有撤架/召回管理办法；87%的超市有突发事件的管理办法和明确的管理团队。由于2008年乳制品的撤回，超市有了实际经验。加上协会2009年4月发布了《零售企业紧急撤柜及召回指引》，使超市在操作上有了指导。因此，此项得分较高。

78%的超市严格执行供应商的证照审核；同时，对自有品牌和高风险生产厂家实施部分审核，对不合格厂商限期整改；对商品可能存在危害的，超市质量监管部门有“质量否决采购权”。

（二）监督检查工作逐步加强

超市食品安全监督检查工作涉及各项流程记录的检查、保质期的检查和商品的检测三个方面。这三个方面得分都高于平均分。

对各项记录的检查，超市整体状况良好。说明企业已经开始管理细化，完善了管理流程，加强对温度和时间的控制。

保质期的查验，在《食品安全法》“一赔十”政策出台后，更是引起超市的特别重视。

物美超市为避免门店出售过期食品，在原有的先进先出管理基础上，实行保质期检查责任制，以部门、小组为单位，落实到责任人，加强保质期自查工作，同时，不定期开展部门、小组间的互查工作。避免门店内出现过期食品。

（三）管理层重视且内部沟通协调顺畅

在各项管理工作中，企业自评“沟通协调”方面的整体水平得分最高，为4.4分。有95%的企业管理人员都认为该企业有良好的内部沟通机制，信息能够及时有效传递，沟通协调顺畅。

管理层的重视程度同样得分较高，为4.0分。某超市质量管理人员称，在该企业每周的晨会上，从原来的不提食品安全，到成为现在的每周必然讨论的话题，管理层的重视可见一斑。

（四）门店卫生基本符合要求

通过对超市门店八大项128小项的实地调查，我们看到受访门店的卫生基本符合HACCP对食品生产经营企业的要求。各项的总加权平均得分为4.08分。

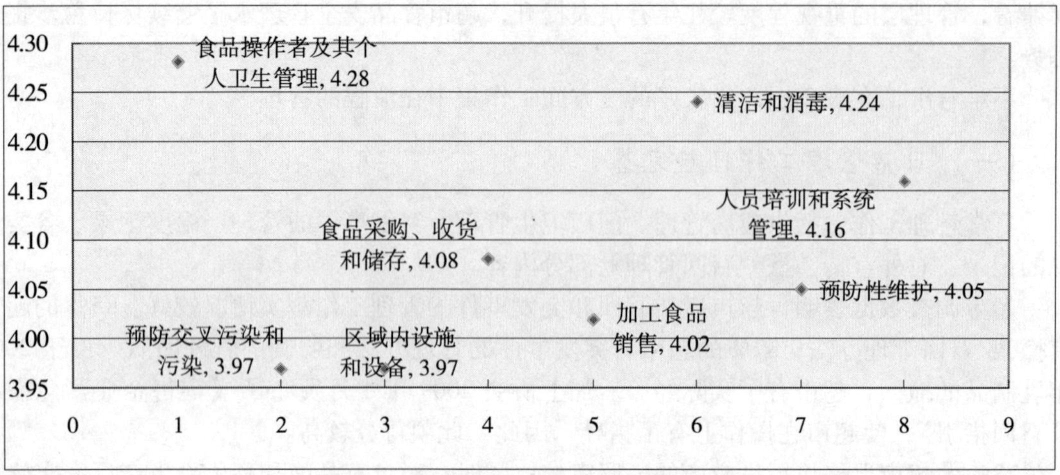

图 2　门店卫生八个大项加权平均分

食品操作者及其个人卫生管理、清洁和消毒与人员培训和系统管理是综合管理较好的三个方面，而预防性维护、加工食品销售、预防交叉污染和污染、区域内设施和设备实施情况较差，其中预防交叉污染和污染与区域内设施和设备这两大项显著低于平均值，未达到 4 分。

表 3　　门店卫生八大项分数汇总

项目	每大项加权平均得分
食品操作者及其个人卫生管理	4. 28
清洁和消毒	4. 24
人员培训和系统管理	4. 16
食品采购、收货和储存	4. 08
预防性维护	4. 05
加工食品销售	4. 02
预防交叉污染和污染	3. 97
区域内设施和设备	3. 97
总得分	4. 08

（五）门店卫生中完成较好的十项工作

从表 4 中可以看到，门店卫生管理工作完成较好的十项大部分与食品操作者及其个人卫生管理有关，说明超市管理者对基本的员工卫生管理政策贯彻较为重视，落实状况良好。

表 4　　门店卫生得分最高的十项

序号	项目	加权平均分
1	每个食品从业者均有有效的健康证明	4.72
2	所有食品储存、加工、售卖区域地面和柜台保持清洁、卫生，没有卫生死角，地面平整，没有裂缝	4.72
3	门店相应证照齐全，有效	4.57
4	管理人员知晓不能进行食物处理的相关疾病的基本知识	4.56
5	食品储存、加工、售卖区域内有虫鼠害控制措施，但没有固体药剂、鼠夹等禁止使用的防虫、防鼠药品和设施	4.56
6	有患病或受伤员工不能处理食物的相关管理政策	4.53
7	只接收来自合格供应商的、到货检查合格的产品，不合格和可疑产品有详细的退货记录	4.53
8	食品操作者的头发被有效保护	4.48
9	不重复使用一次性餐具和食品包装材料	4.48
10	食品操作者正确穿着干净的工作服，工作服上没有装饰物	4.45

二、超市面临的困惑

在了解政府管理部门执法情况时，不少超市表示，部分政府监管部门在执法过程中，存在与企业对新法的理解有偏差的现象。

（一）监管的政府部门仍较多，执法标准差异大

65%的超市负责人认为新法出台后，负责超市（食品流通）的监管部门已经很明确，就是工商部门，但在实际工作中，监管超市的政府机构并没有减少。超市内经营有新鲜的蔬菜水果、鲜肉以及现场加工的主食熟食，因此，农业、动检、质检到门店内执法的现象时有发生，这与新法第四条“国务院质量监督、工商行政管理和国家食品药品监督管理部门依照本法和国务院规定的职责，分别对食品生产、食品流通、餐饮服务活动实施监督管理”的规定不符。

超市还特别强调，目前，执法的政府监管部门不仅多，而且常有同一地区不同辖区的执法标准有差异、不同监管部门的执法标准不统一的情况。这与新法第六条“县级以上卫生行政、农业行政、质量监督、工商行政管理、食品药品监督管理部门应当加强沟通、密切配合，按照各自职责分工，依法行使职权，承担责任”的规定不符。

（二）商品抽检不够规范

38%的超市反映监管部门抽取样品仍不规范，没有按照法律规定执行。总体情况是一线城市均已实施抽检买样，二、三线城市抽检大多仍采用抽样单，不付费；工商部门实施抽检买样较好，其他政府监管部门实施的较差。这与新法第六十条规定不符：“县级以上质量监督、工商行政管理、食品药品监督管理部门……抽样检验，应当购买抽取的样品，不收取检验费和其他任何费用。”

对《食品安全法实施条例》第三十五条提到的“食品生产经营者对依照食品安全法第六十条规定进行的抽样检验结论有异议申请复检，复检结论表明食品合格的，复检费用由抽样检验的部门承担；复检结论表明食品不合格的，复检费用由食品生产经营者承担。”58%的超市称，目前对抽样检验结论有异议的，都是由申请复检单位承担，先付复检费后进行复检。这种方式，即使结论表明食品合格，也没办法按照法规实施，由抽样检验的部门承担复检费用。

（三）执法流程不够明确

新法第七十八条规定，“县级以上质量监督、工商行政管理、食品药品监督管理部门对食品生产经营者进行监督检查，应当记录监督检查的情况和处理结果。监督检查记录经监督检查人员和食品生产经营者签字后归档。”33%的超市负责人称，未见监管部门在监督检查后让超市签字。

同时，超市负责人表示，即使明知少数执法人员行为不符合相关法律法规的规定，超市也不会投诉政府公职人员。一般来说，超市只会加强自身检讨，提升公关工作。同时，超市负责人也表示，不知道这种问题向哪里反映能有效解决问题。

调查显示，各超市对新法出台后监管部门负责人解读条款的呼声非常高。在预包装食品的定义、标签标识管理、现场加工食品的管理等方面，各企业希望监管部门能尽快公开并明确监管办法，解决企业在实际经营中与地方监管要求不一致等多种问题。

三、超市管理中的问题和不足

表 5　　超市食品安全管理总体得分

四个方面	具体内容	加权平均得分（满分为 5 分）
管理层状况	岗位职责的明确	4.1
	管理层的重视程度	4.0
	管理规范的制定	3.7
	管理架构的组建	3.1
	人员配备	2.8
	资金投入状况	2.6
员工状况	内部沟通协调机制	4.4
	员工执行力	3.5
	培训	3.1
	员工激励机制	2.9

续表

内容	具体内容	加权平均得分（满分为5分）
日常管理	撤架召回管理	4.2
	突发事件的管理	4.1
	供应商的管理	4.1
	各类信息记录	3.8
	门店卫生管理	3.6
	温度记录	3.6
	宣传	3.4
监督检查	各项记录、流程的检查	4.3
	商品保质期的检查	4.0
	商品检测	3.6
	总平均分	3.6

（一）资金投入不足、人员配备不足、管理架构不完善

从表5中管理层状况来看，资金投入（2.6）、人员配备（2.8）、管理架构（3.1）是得分最低的三点，也是超市特别需要改进的三个方面。可见，这些百强企业的管理层已经非常重视食品安全管理，甚至在企业文化中也有所体现。但是，在人员配备和资金支持上，大多数企业投入非常有限。就是说，管理层已经意识到食品安全工作的重要性，但总体水平停留在基本的文案建立和日常工作中，配套的资金、管理架构以及激励机制还有非常大的提升空间。究其原因，在大部分超市管理者眼中，食品安全是企业的支出，不能给快消企业带来直接的经济效益。

可以预见的是，提升食品安全工作在人员配备不足、没有资金的大环境下，任重而道远。

（二）员工培训和激励机制不足

超市是劳动密集型行业，员工的执行力水平直接影响企业食品安全管理水平。执行力水平与员工培训和激励机制有直接关系。受访超市中55%的超市在入职时对员工有一些理论培训，涉及食品安全常识。员工入职后，不再进行定期的专业知识的培训。这些员工的操作会给食品带来物理污染、化学污染等潜在隐患。

而68%的超市，针对食品安全管理没有员工激励机制；有10%的超市是发生的食品安全问题给企业造成了经济损失后，才会对员工进行处罚。

（三）门店卫生中需要加强的十项工作

从表6中我们看到，以HACCP的基本要求来看，超市一些基础工作还不到位。设施和设备是亟待改善和提高的。另外，超市在加工食物的冷热温度的标准操作方面也需加强。

表 6　　门店卫生得分最低的十项

序号	项目	加权平均分
1	食品储存、加工、售卖区域内地面没有积水，干货储存区域保持阴凉通风，有防潮设备设施	3.72
2	所有食品冷柜、冷库内保持清洁、卫生，没有卫生死角，没有冷凝水或结霜	3.72
3	所有排水沟、下水道保持清洁、通畅、无积水、无异味，下水口有正确的水封装置	3.73
4	食品储存、加工、售卖区域上方设施、设备保持清洁卫生，没有积灰、虫网、冷凝水、漏水等污染源	3.73
5	切片机、绞肉机、锯骨机、开罐器、搅拌器、榨汁机、烤箱、炉灶等加工设备均有预防性维修计划及其执行记录	3.75
6	员工知道正确的热食冷却方法，热食冷却过程有有效的记录，热食冷却后有正确日期/时间标记	3.76
7	烹调食品的中心温度达到最低温度要求（70°C 以上，或按企业内部标准），并有效验证和记录	3.77
8	所有食品按种类不同分开存放或摆放	3.77
9	各个冰台设备有独自的自排水装置，融化后的冰水要直接进入排水系统，不能直排在地面或造成其他二次污染	3.81
10	所有食品储存、加工、售卖区域内没有虫、鼠、鸟类等生物的活动迹象	3.83

（四）相比外资超市，国有和民营超市有很大提升空间

通过表 7，我们可以清楚地看到外资、国有与民营超市在门店卫生方面，各个项目上的得分差距。这些差距清楚地表明，我国国有和民营超市的食品安全管理还有很大的提升空间。

表 7　　外资、国有与民营超市门店卫生得分对比

项目	外资	国有	民营
一、食品操作者及其个人卫生管理	4.71	3.63	4.31
二、预防交叉污染和污染	4.64	3.37	3
三、区域内设施和设备	4.62	3.28	3.2
四、食品采购、收货和储存	4.69	3.56	3.1
五、加工食品销售	4.57	3.44	3.4
六、清洁和消毒	4.66	3.52	4.5
七、预防性维护	4.59	3.42	3.57
八、人员培训和系统管理	4.56	3.76	3.67
总得分	4.64	3.48	3.47

外资超市在门店卫生与食品安全方面的经验较为丰富。它们的高得分很大程度上得益于以下几方面：

1. 在人员结构上一般都设有 QA（品控）经理的职位，专人负责。

2. 有第三方的机构进行日常的安全审核。

3. 在供应商如清洁剂供应商的审核方面较为严格。一般由总部按照严格条件选定供应商，并在全国范围内统一执行以达到各地一致的卫生标准。

4. 有一定的制度流程来保证实施。

5. 国有超市的门店卫生与食品安全意识正在不断加强，逐渐地借鉴外资超市的经验。但民营超市在门店卫生方面做得相对较为薄弱，直接导致了最终体现在门店卫生及食品安全各方面表现相对不佳。

第三部分：冷链管理现状

本部分调查对全国 10 家大型连锁企业中负责食品安全、生鲜品控和企业资产的 16 位管理人员进行了访谈式调研，并对 92 家超市门店进行了调查。涉及生鲜食品的冷藏供应链管理，包括冷链的设备、人员和流程等内容。

一、超市冷链概况

表 8　　生鲜食品冷藏供应链中的潜在危机

养鸡场	危生物感染/腐败
屠宰场	杀菌消毒不充分
	无可追溯性
包装加工厂	无可追溯性
	没有时间和批次标签
	操作流程不当和卫生情况差导致的微生物交叉感染
	等待时间长导致的腐败
运输到配送中心	等待时间长导致的腐败
	温度控制差
配送中心	先进先出操作流程不当
	温度控制差
	过多等待时间
配送到门店	等待时间长导致的腐败
	温度控制差
超市门店冷库	存货过多
	温度控制差

续表

养鸡场	危生物感染/腐败
门店内准备工作	操作人员和区域卫生情况差
	准备间与销售区域无隔离
货架陈列	过期货品没有下架
	温度控制差
	消费者破坏包装

超市作为生鲜农产品零售的一个重要渠道越来越为城市消费者所信任和青睐，而作为整个生鲜食品供应链的末端，也承担了生鲜食品冷链的最大风险，因为上游供应链的任何一个失误，可能是人为操作失误、设备失效、流程不当都可能导致最后送到消费者的食品安全出现问题。风险向来是与机遇并存的，零售企业同时是整个生鲜食品冷链的最大的驱动者。零售企业可以帮助促进上游种植养殖商、加工企业、运输物流企业的食品安全与冷链管理。最终实现“从农场到餐桌”的全程冷链来保障生鲜食品的安全。

来自麦肯锡的报告对全亚洲 11 个国家 17 个市场主导零售企业的 40 位管理人员进行调研发现，对生鲜食品而言，最大的三个威胁是：化学残留物、微生物交叉感染/腐败和动植物疾病。然而这些威胁是必然存在的，只有通过在整条生鲜食品供应链上的恰当管控，来降低食品安全的风险，提高对食品安全事故的响应速度。

目前在中国，完整的全程冷链的易腐食品供应链非常少。仅从零售企业这个环节来看，很多超市仅在收货环节就存在明显的断链现象。但一个可喜的趋势是，现在越来越多的大型连锁超市开始逐渐建立自己的生鲜配送中心，在生鲜配送中心里有温控的卸货区域。生鲜配送中心的出现大大减少了零售端冷链断链情况的发生。

二、影响冷链管理的四大要点

（一）冷链是否断链也要可控可追溯

“从农场到餐桌”的全程供应链中，任何一个环节发生问题都会导致最终的易腐食品的安全与质量。目前零售企业对生鲜食品上游供应链的管控主要还是基于相关文件的审核，对于超市而言，对冷链进行切实管控是从生鲜食品收货检验环节开始的。

受访的多数企业生鲜品是供应商送货到门店的，有些有生鲜配送中心的零售企业的生鲜品主要先由生鲜配送中心收货，再由配送中心送货到门店。目前很少有企业的生鲜配送中心能覆盖所有的门店。很多大型零售企业近几年正在逐步建立全国性的生鲜配送网络。

一般门店都是环境温度下卸货，经常出现 30 分钟左右的断链情况，在高温环境下这种断链对易腐食品的安全和质量影响相当显著。配送中心有温控的卸货区，并且收货验货速度通常比门店快，因为有较成熟的流程，能大大减少这个环节的断链情况发生。配送中心送至门店后，有的门店会再作检测，有的就不再作检测了。

调研发现，各个零售企业的收货标准和验货流程存在极大的差异，有的企业完全依靠感官目测，有的企业依靠较科学的红外温度计与探针式温度计，并会检测运输生鲜品的冷藏车的温度。

超市对生鲜产品的收货时间要求为不超过 25 ~ 30 分钟。要求在规定时间内必须进到冷库或者上货架。但有时会因为货品太多，而且人力不够不能及时完成，这就会造成损耗。通过调查显示，有 39. 56% 的超市规定生鲜食品收货后至送入冷库或货架期不得超过 20 分钟，而规定生鲜食品收货后至送入冷库或货架期要控制在 10 分钟以内与规定生鲜食品收货后至送入冷库或货架期不得超过 30 分钟的超市都占总受调查数的 21. 98 %，有 6. 59 % 的超市则将必须进到冷库或者上货架的时间定在 40 分钟以内。可见收货后进入超市冷链体系的时间有着较大的差别。

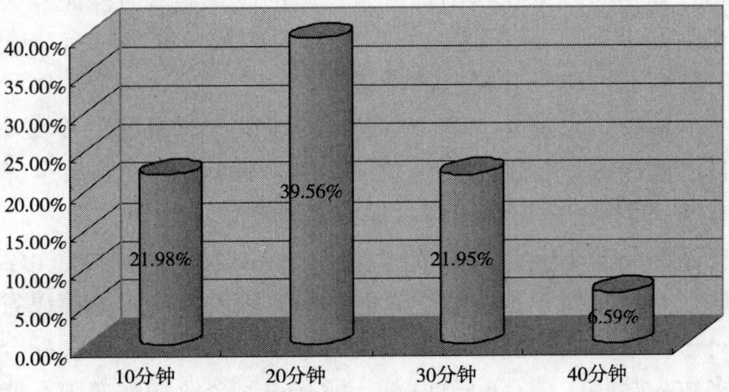

图 3　超市易腐食品的收货时间统计

做得较好的企业（主要为外资）收货时一般会用红外温度检测仪检测车辆温度和产品温度，并用探针式温度检测仪抽样检测中心温度。但有很多内资企业主要靠观感检测，并且非常自信用目测、手摸、嗅觉就能看出是不是有问题，比如判断鱼类，只要看鱼鳃就可以了。

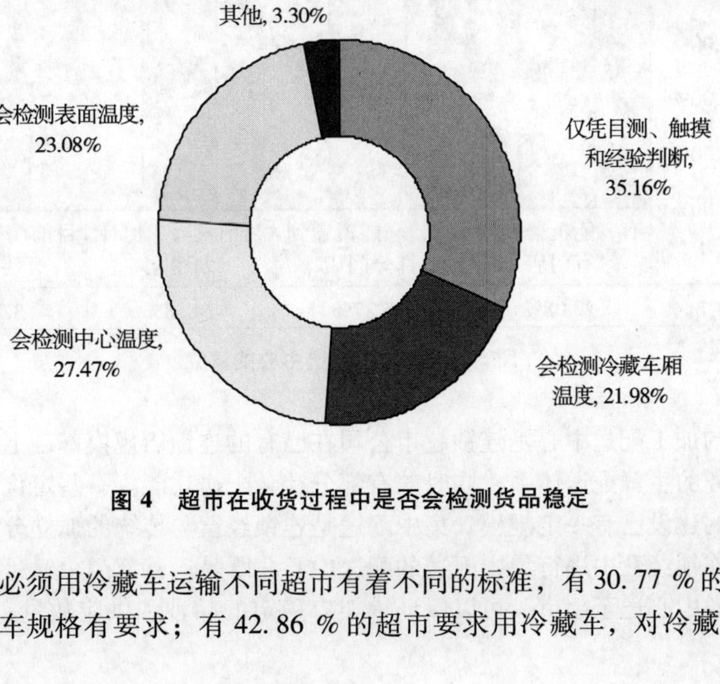

图 4　超市在收货过程中是否会检测货品稳定

对是否规定必须用冷藏车运输不同超市有着不同的标准，有 30. 77 % 的超市要求用冷藏车，并对冷藏车规格有要求；有 42. 86 % 的超市要求用冷藏车，对冷藏车规格没有要求；同时也有 14.29 %的超市没有要求用冷藏车。

通常验收货物时有商品部、防损部、收货部、厂商部等多方参与，共同确认验收。对于产品温度超出标准少许时，多数企业表示会当场拒收；也有部分超市表示会视情况而定，可以扣重的方式处理，即收了 10 斤就付 7 斤的钱。有的企业表示，当场拒收后，并要求在一定时间范围换一批好的货物过来，否则对其进行处罚。经调查发现，30.77%的超市一旦产品超过规定温度，全部拒收；42.86 %的超市规定只要温度波动在一定范围内，可接受；而有 14.29%的超市规定温度波动在一定范围内，以扣重方式接受。

目前送货至超市门店或配送中心的运输主要是第三方物流。有些零售企业在部分地区会有自己的冷藏车，如华润万家在华南地区有自己的冷藏车。有些企业会和第三方物流协议专用部分冷藏车，如 Tesco，从配送中心到门店的冷藏车都是打有 Tesco Logo 的第三方冷藏车。少部分生鲜食品供应商有自己的冷藏车。

对超市冷藏车的调查结果显示，有 29.67%的超市拥有自己的冷藏车，有 36.26%的超市是由供货商自己的冷藏车提供生鲜食品，有 13.19%的超市是由生鲜供货商自己寻找第三方物流，而有 53.95%的超市自己寻找第三方物流。

超市对生鲜食品的配送车辆是有要求的。但供应商对于不同的超市经常会区别对待，比如配送至沃尔玛就是用冷藏车，然后配送到华润万家就把冷机关掉以省能耗。销售业绩不太好的门店，对于供应商运输温度的管理就更难了，供应商经常会配合不力。

受访企业中多数在某些区域有配送中心，没有一家企业的配送中心能覆盖全国所有门店。所有受访企业都表示即将或者正在新建更多的配送中心，尤其是生鲜配送中心，所有生鲜产品通过超市自有的生鲜配送中心送至门店是一种趋势。

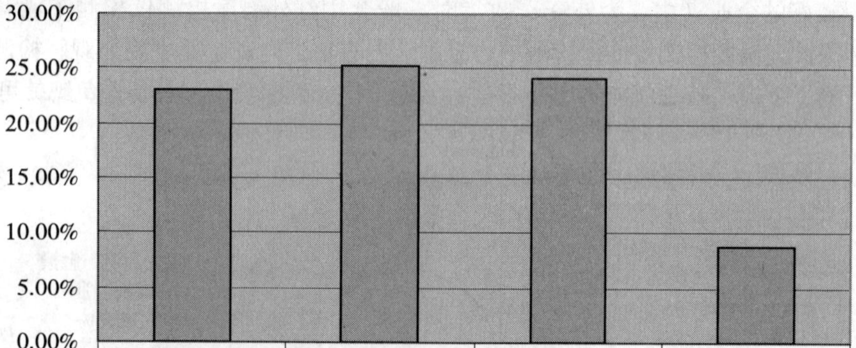

	有，能覆盖到所有门店	有，只能覆盖到部分门店	目前没有，但计划建立	目前没有，且没有建立计划
零售超市%	23.08%	25.27%	24.18%	8.79%

图 5　超市加工配送中心的建立

超市内部的加工配送中心是连锁超市公司在已有的连锁店规模基础上，自主建设的为连锁店经营服务的生鲜配送体系，同时兼有部分社会配送功能。一些定位于生鲜超市的企业对配送中心的建设已有一定规模。集中配送是连锁经营与传统的孤立分散各户经营的本质区别之处，连锁经营中进行集中配送的配送中心，既是运营部门，又是管理中心。生鲜食品集中由配送中心送至超市，可以保证货架有稳定的品种和供应数量，降低采购成本；

更重要的是可以对农产品的来源和送至零售终端进行溯源监控，更好地实施冷链加工、流通与销售。建立配送中心对于零售超市而言，有着重要的作用。

（二）冷链断裂会增加客户投诉

对超市来说，面临的变相食品安全风险是客户投诉、媒体曝光、政府惩罚。

食品质量产生投诉的原因有：过保质期没有撤架，温度时间控制不当。有可能供应商出问题，有可能是店里出现问题。有可能加热杀菌温度不够，杀菌后在常温下展示，在冷藏柜里展示温度没有达到，放置时间过长，杀菌加工间环境不好，空气中含菌量较高，落在食品上造成二次污染，生熟的交叉污染等。

一般而言，对于客户的投诉或退换要求，为了获取客户的满意度，超市都是接受退换的，即使是客户自己的原因造成的损坏。顾客提出合理化建议后，应有专人受理并找到相应的部门特别解决。要善于总结哪些问题比较突出，哪些是社会、政府的热点。实际上，接受顾客的投诉、意见和监督，对于公司来说，是一种与顾客间良好的动态关系，同时也会使公司得到应有的回报。

（三）流程管理与人员培训急需加强

零售超市中关于生鲜食品的管理流程主要包括：对生鲜食品供应商的审核管理流程；收货验货流程；生鲜食品在门店内部的流通流程。通过调查发现，这些流程标准在不同企业中的差异非常大，严格程度也大相径庭。甚至在同一零售企业中，不同地域的流程和标准也差异非常大。在所有受访的企业中，90%都表示企业在执行标准的过程中出现很大的阻力，主要由于流程的规定与员工操作的方便性相左，有时由于当地消费习惯的原因，还会影响门店的销售量。

在所有的受访超市中，没有一家企业有专门的生鲜食品冷链管理培训，主要是在食品安全培训中会有一小部分关于冷链的知识。超过60%的企业每年只有一次甚至没有相关的培训，这对于流动率相当高的零售行业是远远不够的。

1. 零售企业冷链标准的不统一

在我国，完整独立的食品冷链体系尚未形成。现在国内制定的一部分法律法规并不是从冷链物流全程的角度进行制约，即使有规范也缺乏统一、严格、科学的标准。调查显示，各家零售企业实行的冷链执行标准各不相同。甚至对于同一家零售企业在不同地区的标准也会不同，根据当地的消费者整体水平而定，统一标准在全国统一执行非常困难。比如华润万家在华南区的标准最高，在其他地区相对弱一些，在北方地区最弱。又如，沃尔玛明文规定“熟食不裸卖”，但到了沈阳就要屈就当地的消费习惯，当地消费者对于熟食不允许拿，就不买。

不同的零售企业对生鲜食品的冷链流程也有着不同的管理政策。例如，大型外资超市一般都有冷链管理政策，包括概念，需要冷链管理的商品的范围，收货检查的温度操作的标准，检查抽样的方法，包括使用什么样的登记表、温度计等，都有标准和操作步骤。

2. 零售企业内部培训标准执行存在的问题

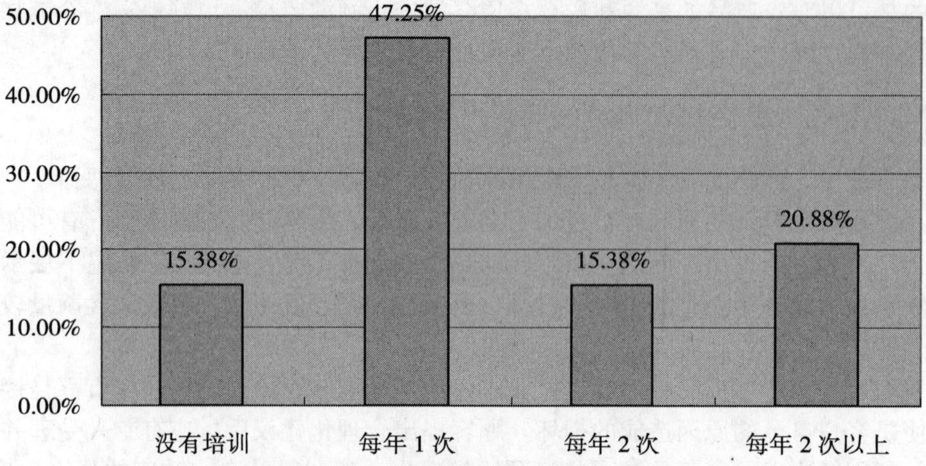

图 6　超市全体员工每年都接受过食品安全教育次数比例

由图6 可看到，47. 25% 的超市员工每年接受过1 次的食品安全教育，有接近36. 26% 的员工每年接受2 次及2 次以上的食品安全教育，较之2008 年以半年时间为周期，35% 的超市会对其员工进行至少一次食品安全知识培训而言，受食品安全培训人员及次数已大为增加。说明越来越多的超市已将食品安全问题不仅仅视为政府相关部门的行政职责，而更多意识到食品安全工作是超市企业积极配合政府工作的体现，更是企业社会责任的重要体现。但不可忽视的一方面是仍有15. 38% 的超市对其员工不进行食品安全培训，可以看到在这些超市管理层中依然认为“食品安全”不是管理层第一位关心的问题，在竞争激烈的环境下，如何提高市场份额、业绩和利润，如何赢得更多的消费者，远比食品安全问题更受管理层关注。

3. 企业内部标准执行的问题

随着国内外食品安全监管制度的日趋完善，以及对食品安全质量标准的深入研究。超市企业将冷链管理列入了管理制度中，且企业内部的标准通常都比国家标准高，但执行环节还是有很多问题：

＊ 人员流动性较强，超市整体员工素养不高，需要不断教导；

＊ 员工操作时希望尽可能简单，这与很多操作规范相违背；

＊ 食品安全方面的意识不强，经常犯规；

＊ 门店人手不够，不能完全执行规范操作；

＊ 很多食品安全的要求会和销售有冲突，如裸肉就是卖得比放在冷柜中的肉销量好，由于门店是独立核算，所以会经常不遵守规定。

（四）消费者教育对冷链同样重要

很多消费者本身只是停留于意识的增强，并不真正懂得有哪些要素影响生鲜食品。对于生物性危害产生的客户投诉有部分是客户自己导致的，比如客户在超市采购了需要冷藏的生鲜食品后回家并没有马上将生鲜品放入冰箱储藏或立即食用，而是在环境温度下又放了几个小时，最后导致生鲜品变质。

推行易腐食品“冷链”销售，若在消费者群体中进行一定的宣传教育，此类食品的安全性和可靠性会逐步被广大消费者所接受。最常见的方式是标签提醒，90%受访门店都做到了这一点。有些企业会在过年过节或者315日时组织一些大型的食品安全宣传活动，如通过展板宣传介绍食品安全小常识，然后做消费者满意度调查，有些企业还会联合消协、工商局、卫生局等国家执法部门一起做宣传活动。

受访企业中Tesco表示正在筹划长期的“质量大使”活动，每天将有生鲜员工兼职做质量大使。

第四部分：消费者调查

本部分调查覆盖全国七大区域（东北/华北/西北/华东/华中/华南/西南），调查对象为20岁以上的消费者，实际回收有效问卷5244份。调查内容主要包括三部分：第一，对《食品安全法》的认知；第二，对食品安全现状的认知；第三，食品安全相关购物习惯。

一、对《食品安全法》的认知

2009年6月我国实施《食品安全法》，已执行4个多月，经过调研我们发现：

（一）78%的受访者都知道《食品安全法》已实施

近八成（78%）的受访者知道我国2009年实施《食品安全法》。以地区而言，“东北”地区知道的比例较低，为73%，“华北”地区知道的比例较高，为81%。就城市级别而言，一线城市（81%）居民知道食品安全法实施的比例比二线城市（78%）高。

（二）对食品安全法内容的认知不高

针对《食品安全法》中的“一赔十”的条款，有近五成（43%）的受访者表示“知道”。东北（42%）及西北（34%）地区的受访者对内容认知度较低，华北（45%）和华东（50%）地区对内容的认知度较高。

一线城市居民（46%）对新法内容的认知，比二线城市居民（42%）高一些，但仍然只有约五成的人了解。

(三) 媒体是消费者了解食品安全法和相关知识的主要渠道

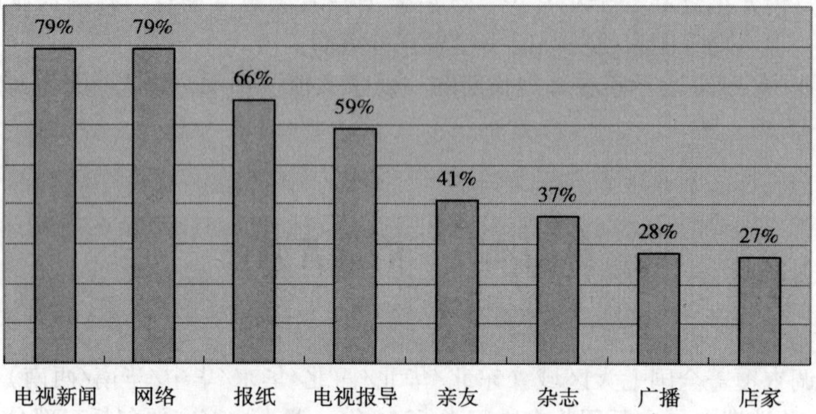

图 7　消费者了解食品安全法和相关知识的渠道

有八成的人通过“电视新闻”及“网络”来获取有关食品安全法的信息。其次是由“报纸”及“电视报导”获知。在不同的区域及城市级别上，其获取信息的管道到没有太大的差异。

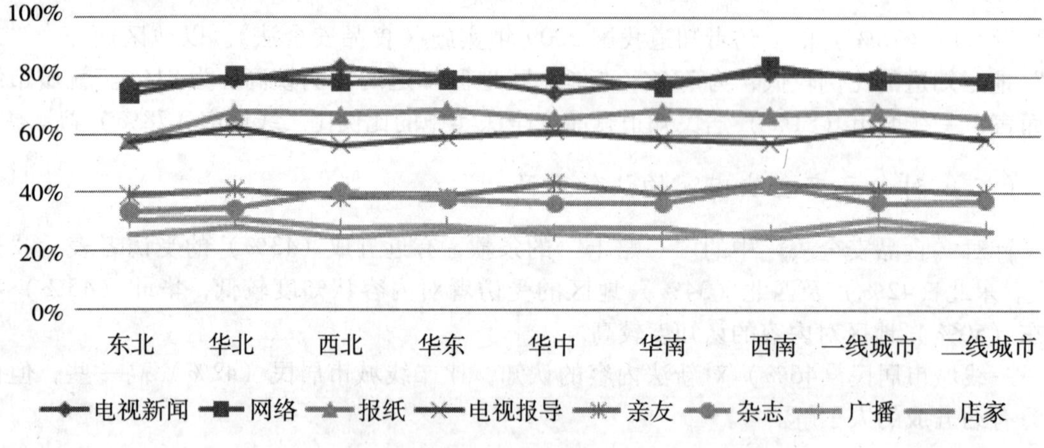

图 8　不同地区消费者了解食品安全相关知识的渠道分布

二、对超市食品安全现状的认知

该项调查主要了解消费者对不同类别食品，在不同购物场所中，对食品安全管理工作有怎样的认识。

（一）熟食的食品安全最需要提升

消费者在超市购买食品时，考虑的主要因素都涉及食品安全管理，包括保质期、食品干净卫生情况等。具体情况如表9。

表9　　消费者购买五大类食品时最关注的三个方面

生鲜蔬果	肉类	水产	熟食类	饼干/干果
制造日期	干净卫生	干净卫生	干净卫生	保质期
保质期	价格	价格	保质期	价格
价格	保质期	保质期	制造日期	制造日期

消费者对不同类别食物的重视度及满意度不尽相同，从图9可以看到，这五类食品都在“普通”及“满意”之间。相比之下，熟食的食品安全是最需要提升的。

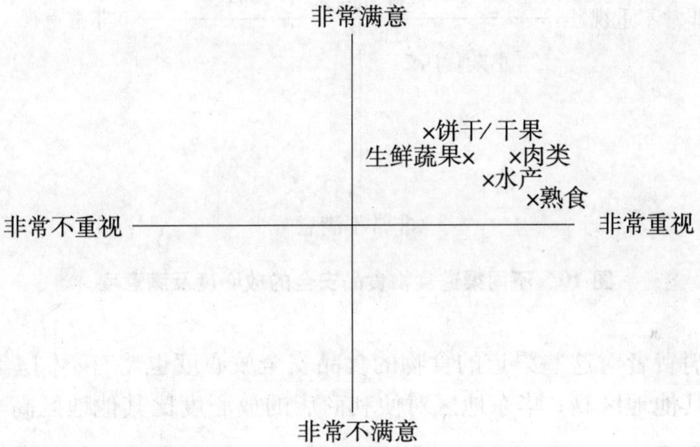

重视度：熟食＞肉类＞水产＞生鲜蔬果＞饼干/干果
满意度：饼干/干果＞肉类＝生鲜蔬果＞水产＞熟食

图9　不同类别食物食品安全的重视度及满意度

（二）消费者对大卖场的食品安全管理最满意最放心

在不同销售场所中，消费者对这些场所出售食品的安全放心度和满意度成正比。对部分品类的商品，虽然最常购买食品的场所是农贸市场，但消费者对大卖场的满意度及放心度都最高，小杂货店的满意度及放心度最差，农贸市场比小杂货店好一些。不同类别食品的前三大购买渠道不同。

表 10　　消费者购买五大类食品的场所

生鲜蔬果	肉类	水产	熟食类	饼干/干果
农贸市场	农贸市场	农贸市场	普通超市	普通超市
普通超市	普通超市	普通超市	量贩店/大卖场	大百货店/购物中心
量贩店/大卖场	量贩店/大卖场	量贩店/大卖场	大百货店/购物中心	量贩店/大卖场

从满意度/放心度来说，大卖场 > 普通超市 > 便利商店 > 社区店 > 农贸市场 > 小杂货店

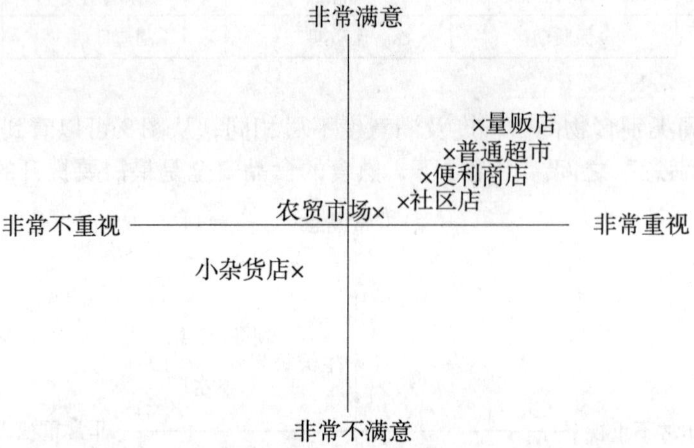

图 10　不同渠道食物食品安全的放心度及满意度

不同地区的消费者对这些渠道的食物的食品安全放心度也略有不同。华北地区对普通超市的放心度比其他地区高；华东地区对便利商店的放心度比其他地区高。

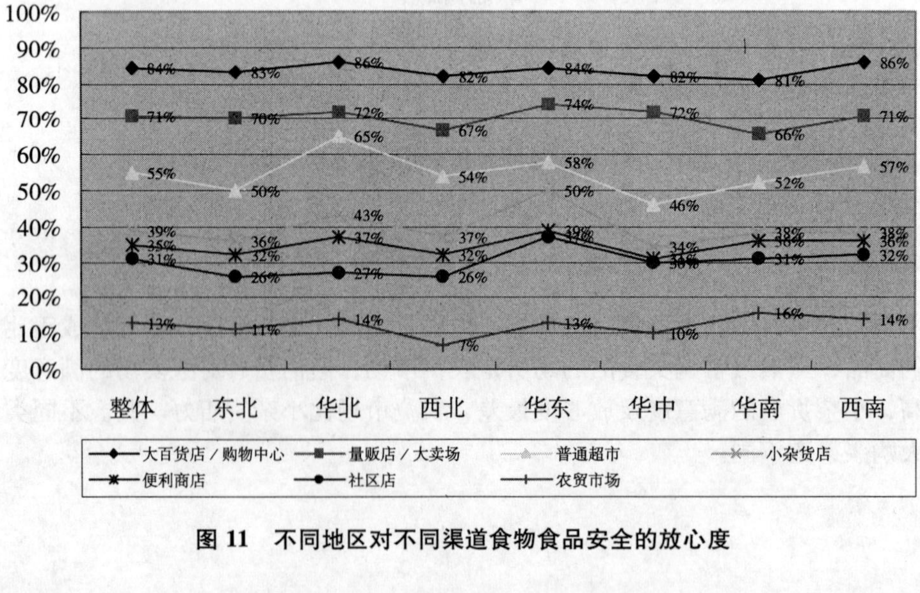

图 11　不同地区对不同渠道食物食品安全的放心度

（三）消费者给我国食品安全状况的评分

2009 年消费者给我国食品安全总体状况的平均打分为 60 分（100 代表最好，0 代表最差），低于 2008 年（67 分）和 2007 年（69 分）。

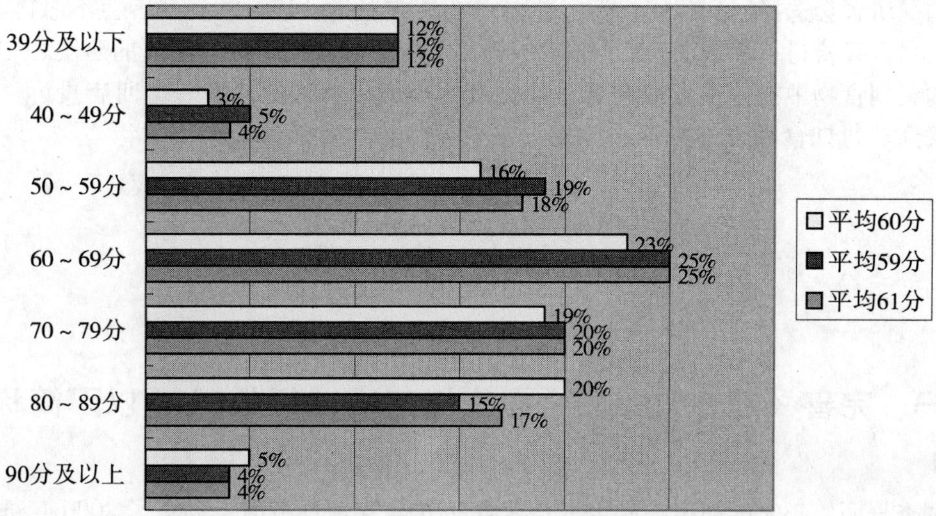

图 12　消费者给我国食品安全的打分

三、消费者食品安全相关购物习惯调查

（一）消费者选购食品会关注制造日期和保质期

购物时，消费者会特别关注食品的制造日期和保质期。食品的保质期是选购时的决定性因素，其次是价格、营养成分及保质方法。

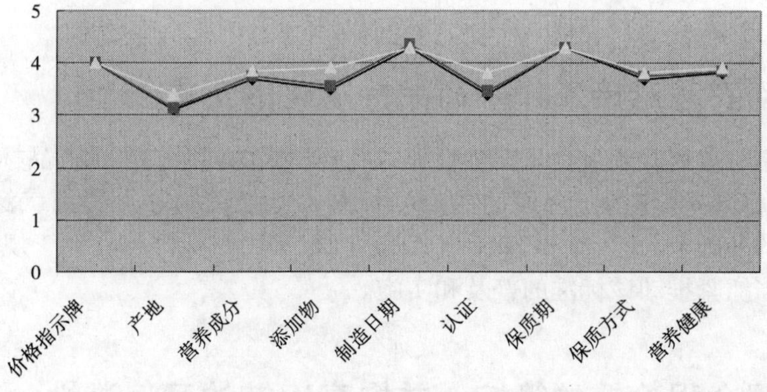

图 13　选购食品时的考虑因素

（二）购买到过期食品时六成消费者会要求换货

如果消费者不小心买到已过期的食品，而且是结账后，出了店门或回到家后才发现，63%的受访者会选择回到门店投诉，并要求换货或退货；17%的消费者会不愿再去投诉，而是加强自我检讨；少数消费者（6%）会要求店家道歉及“一赔十”的赔偿。

购买到食物中有“头发或杂质”的物理污染时，43%的消费者会回店投诉。比例略低于买到“过期食品”的投诉。

第五部分：建　议

一、完善《超市食品安全操作规范（试行版）》（以下简称《规范》）

调查表明，46%的超市在制定本企业食品安全管理规范时，参考了2006年部颁文件《规范》。本次调查中，有32%的超市对该规范的补充和完善有明确的需求。我们建议，结合新法实施，商务部完善并颁布适合目前超市发展需要的《规范》。

二、全面普及从业人员应知应会的专业知识

整体上，食品零售企业从业人员对食品安全工作的理解不到位，这些从业人员的意识和操作直接影响着食品的品质。调查发现，大部分超市（86%）并没有开展食品安全的系统培训；已经开展专业培训的超市，内容、形式和频率上差异也非常大。而超市从业人员的流动性又较大，因此，我们建议，商务部门引导企业，全面开展食品安全知识培训，进一步通过资格证或上岗证完善培训体系，提升超市从业人员的操作水平。

三、推动农超对接工作中商品标准化的实施

在探讨农超对接提升超市食品安全管理的经验模式的同时，推动商品标准化的实施尤为迫切。GLOBAL GAP作为国际通用的产品标准，已经在国际上得到广泛应用。目前，我国在该标准的基础上，制定了CHINA GAP系列标准，该标准将有助于规范农超对接商品的流通，应当抓紧推动该标准的普及和实施。

四、增强全程冷链的管控，并提高冷链的可追溯性

冷链的两个最基本的要素是“冷”和“链”，只有在“从农场到餐桌”的全程供应链中都保证生鲜食品处于恰当的温度下，最终才能实现减少生鲜品损耗、提高生鲜品到达

消费者时的价值，最终实现整条供应链上的运营企业都能提高利润，同时也提高了消费者的生活水平。而任何一处的断链都会导致整条链的失效，冷链的有效性取决于其最薄弱的环节。除此之外，增强冷链的可追溯性也便于一旦出现事故后的责任追踪，从而对事故快速反应和避免类似问题再次发生。

五、发动志愿者参与食品安全工作

超市在加强对供应商管理的同时，加强自律，可以请志愿者一方面参与企业的监督；另一方面，让志愿者参与到食品安全知识的宣传中。

附录一：本年度调查中消费者样本信息基本情况

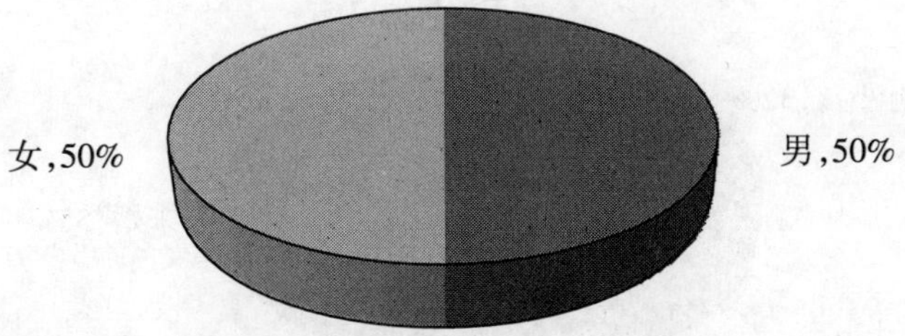

图 14 消费者性别占比

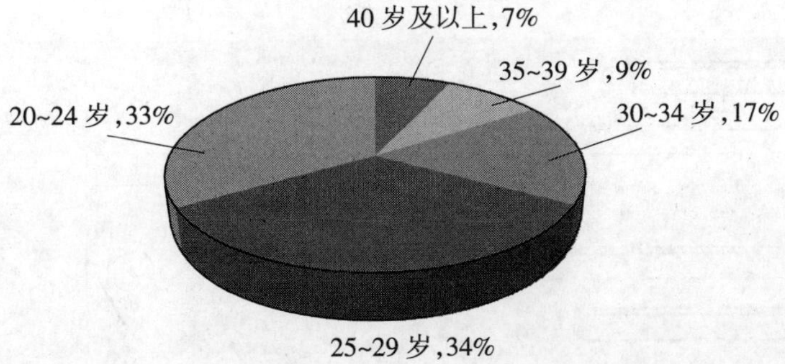

图 15 消费者年龄占比

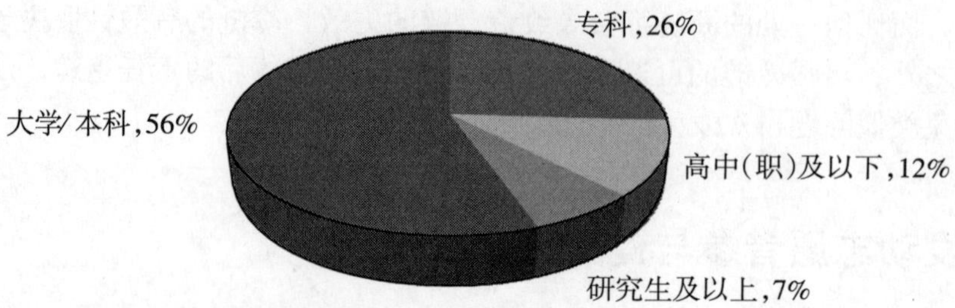

图 16　消费者学历占比

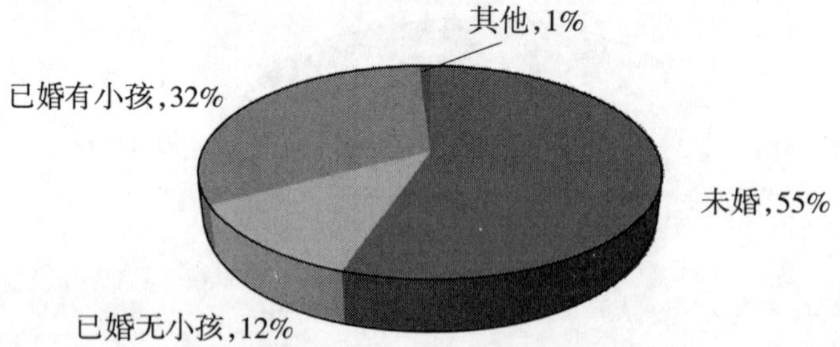

图 17　消费者婚姻情况占比

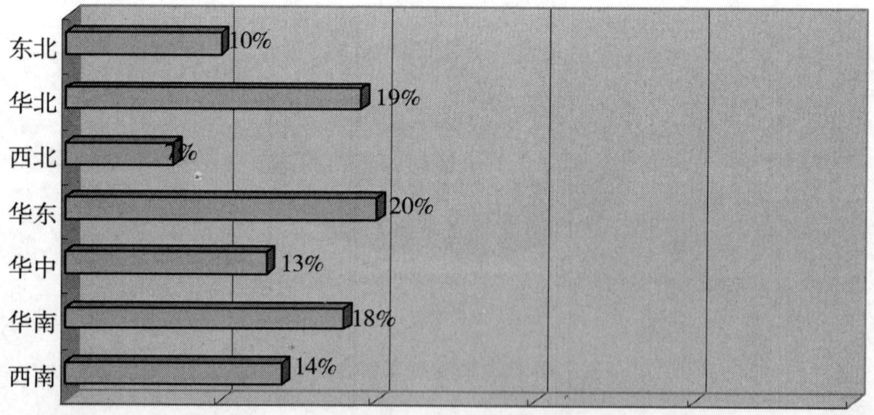

图 18　消费者居住区域占比

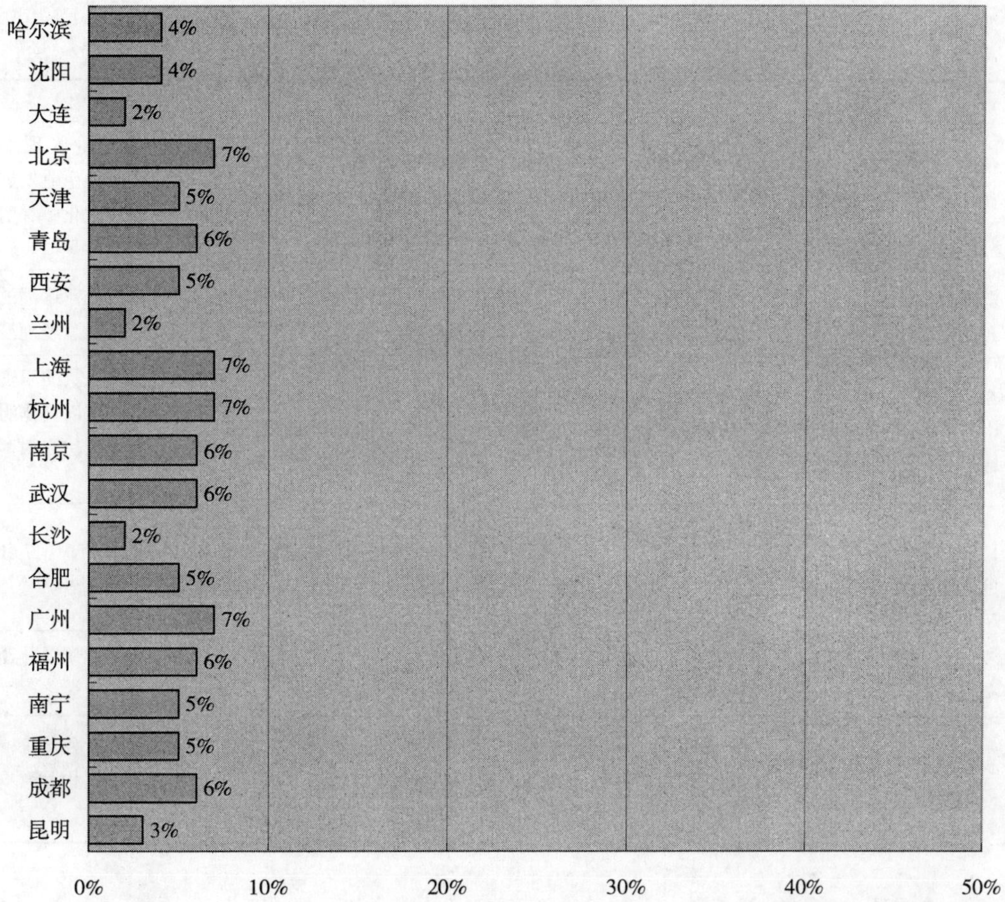

图 19　消费者居住城市占比

附录二：我国超市食品安全管理不同发展阶段

（一）管理层方面

	第一阶段	第二阶段	第三阶段	第四阶段
重视程度	企业管理层很少过问，食品安全不出大问题就可以	管理层较重视；着手开展体系建设和资金落实的具体工作	管理层非常重视；有具体明确的落实措施；在企业宣传中有体现	董事会下设专业管理委员会；食品安全是企业发展战略优势；企业文化中有明确体现
架构	没有食品安全专业管理团队或部门	有食品安全管理团队，由营运部门兼任	在采购或营运部门下，有独立的部门	有独立于采购或营运部的专业部门，直接向总经理汇报
岗位职责	在所有员工的工作职责中没有食品安全方面的要求	仅专职团队的岗位职责描述中有食品安全的要求	食品相关工作人员以及企业管理层的工作职责中都有明确的要求	企业每个工作人员的职责中都有食品安全方面具体明确的要求；随政策法规的调整不断完善
人员配备	总部和门店都没有专职的工作人员	总部有不超过 3 人的专职工作人员；门店有兼职人员	总部和门店共有 4 到 10 位专职工作人员	总部和门店共有 10 位以上专职工作人员
管理规范	没有明确的企业管理规范文件	有食品安全方面的标准、制度和管理文件	有符合法律要求的企业食品安全管理文件	有完善的管理规范和标准；标准高过法律要求
预算	在食品安全工作上没有专项资金预算	资金支持有限，需要特别申请；食品安全是企业的一项支出	供应商审核、员工培训、门店卫生清洁等多方面有专项资金支持	有多方面专项资金支持；经费随着企业发展壮大稳步提升

（二）员工管理方面

	第一阶段	第二阶段	第三阶段	第四阶段
执行力	没有执行标准；由主管指导和监督员工工作	有执行标准；由主管监督工作；员工执行状况一般	有明确、统一的执行标准；执行情况良好；内部有监督和评估机制	有明确、统一的执行标准；员工严格执行；请第三方机构进行监督和评估；员工能快速熟悉并执行新标准
沟通协调	没有明确的沟通协调机制	总部到门店沟通顺畅；对政府、媒体、消费者没有明确的沟通机制	总部与门店、门店间都有良好的沟通；对政府、媒体、消费者有明确的沟通机制	有良好的内部和外部沟通协调机制；各方面的沟通顺畅
激励机制	没有激励机制；给企业造成经济损失后，对员工进行处罚	有奖惩政策；仅针对员工；部门主管做评价	有明确的激励机制，内部审核评估和绩效挂钩；涉及门店工作人员	严格执行激励机制；第三方专业公司独立测评；涉及企业各层面工作人员
培训	没有食品安全专业培训	入职时员工有一些理论培训，涉及食品安全常识；会参加政府部门组织的相关培训	有规划地对不同层面的员工进行专业知识培训和现场操作培训，并进行考核	定期进行理论培训；有培训效果跟踪；随时进行现场专业培训

（三）日常管理方面

	第一阶段	第二阶段	第三阶段	第四阶段
供应商	仅对供应商进行证照审核	证照审核；对店内经营的部分高风险食品生产厂进行审核	证照审核；自有品牌和高风险生产厂家部分进行审核，不合格厂商限期整改；有“质量否决采购权”	证照审核；严格审核自有品牌和高风险食品生产厂家，其他食品生产厂抽检；根据质量决定是否采购
卫生	没有卫生审核；店长或主管不定期查看	总部专职人员、店长、部门主管都会审核；没有固定的周期	内审或请专业服务公司审核；有相对固定的周期	定期进行内审和第三方独立机构进行的外审
信息记录	有供应商和产品的基本信息记录	如实记录食品的名称、规格、数量、批号、保质期、供货者名称及联系方式、进货日期等内容	按照法律全面、如实记录信息，并按照法律要求保存信息	用先进的记录方法，按照法律要求记录并储存相关信息，方便随时查询
温度记录	没有冷柜或热柜温度、时间的数据记录	部分设备设施耗材有数据记录；记录内容包括时间、温度、耗材状况、检查人等信息	每个设备设施耗材都有数据记录；数据基本完整；定期总结汇总	每个设备都有完整有效的数据记录；根据汇总情况调整设备
宣传	除促销商品宣传外，没有其他宣传	店内在商品旁边有食品安全宣传	商品旁有知识介绍；不定期开展食品安全主题宣传	商品旁有知识介绍；定期进行食品安全知识宣传
突发事件	没有突发事件处理办法；参照其他企业	没有明确具体的管理办法；会临时组建应急管理团队	有管理办法和明确的管理团队	有管理办法、沟通机制和明确的管理团队；全体员工了解
撤架召回	没有撤架/召回管理办法；发生问题，直接办理退货	曾经实施过撤架以及召回工作；没有明确的管理办法	有撤架/召回管理办法	有撤架/召回管理办法，严格实施执行，并定期验证

（四）内部监督检查

	第一阶段	第二阶段	第三阶段	第四阶段
数据查看	没有专人检查温度、耗材更换等数据记录的情况	有专人检查数据记录的情况	有专人定期检查数据记录的情况	有专人定期检查数据记录的情况；能够及时根据记录数据进行调整
保质期	除了收货，没有商品保质期检查	员工不定期查看货架商品的保质期	员工定期检查货架和仓库商品保质期；质量部不定期抽查	门店员工定期自查、互查商品保质期；质量部按比例抽查；请专业服务公司抽查
检测	没有商品检测	有农残快速检测设备	每个门店的商品都可以进行农残快速检测；不定期送检	有快检设备；定期送检；聘用专业实验室抽检

附录三：超市应执行的最新政策法规

（一）《食品安全法》相关条款

具体条款
第二十七条 食品生产经营应当符合食品安全标准，并符合下列要求：（一）具有与生产经营的食品品种、数量相适应的食品原料处理和食品加工、包装、贮存等场所，保持该场所环境整洁，并与有毒、有害场所以及其他污染源保持规定的距离；
第二十七条 ……符合下列要求：（二）具有与生产经营的食品品种、数量相适应的生产经营设备或者设施，有相应的消毒、更衣、盥洗、采光、照明、通风、防腐、防尘、防蝇、防鼠、防虫、洗涤以及处理废水、存放垃圾和废弃物的设备或者设施；
第二十七条 ……符合下列要求：（三）有食品安全专业技术人员、管理人员和保证食品安全的规章制度；
第二十七条 ……符合下列要求：（四）具有合理的设备布局和工艺流程，防止待加工食品与直接入口食品、原料与成品交叉污染，避免食品接触有毒物、不洁物；
第二十七条 ……符合下列要求：（五）餐具、饮具和盛放直接入口食品的容器，使用前应当洗净、消毒，炊具、用具用后应当洗净，保持清洁；
第二十七条 ……符合下列要求：（六）贮存、运输和装卸食品的容器、工具和设备应当安全、无害，保持清洁，防止食品污染，并符合保证食品安全所需的温度等特殊要求，不得将食品与有毒、有害物品一同运输；
第二十七条 ……符合下列要求：（七）直接入口的食品应当有小包装或者使用无毒、清洁的包装材料、餐具；
第二十七条 ……符合下列要求：（八）食品生产经营人员应当保持个人卫生，生产经营食品时，应当将手洗净，穿戴清洁的工作衣、帽；销售无包装的直接入口食品时，应当使用无毒、清洁的售货工具；
第二十七条 ……符合下列要求：（九）用水应当符合国家规定的生活饮用水卫生标准；
第二十七条 ……符合下列要求：（十）使用的洗涤剂、消毒剂应当对人体安全、无害；
第二十八条 禁止生产经营下列食品：（一）用非食品原料生产的食品或者添加食品添加剂以外的化学物质的食品，或者用回收食品作为原料生产的食品；
第二十八条 禁止经营：（二）致病性微生物、农药残留、兽药残留、重金属、污染物质以及其他危害人体健康的物质含量超过食品安全标准限量的食品；
第二十八条 禁止经营：（三）营养成分不符合食品安全标准的专供婴幼儿和其他特定人群的主辅食品；
第二十八条 禁止经营：（四）腐败变质、油脂酸败、霉变生虫、污秽不洁、混有异物、掺假掺杂或者感官性状异常的食品；
第二十八条 禁止经营：（五）病死、毒死或者死因不明的禽、畜、兽、水产动物肉类及其制品；
第二十八条 禁止经营：（六）未经动物卫生监督机构检疫或者检疫不合格的肉类，或者未经检验或者检验不合格的肉类制品；
第二十八条 禁止经营：（七）被包装材料、容器、运输工具等污染的食品；
第二十八条 禁止经营：（八）超过保质期的食品；
第二十八条 禁止经营：（九）无标签的预包装食品；
第二十八条 禁止经营：（十）国家为防病等特殊需要明令禁止生产经营的食品；
第三十二条 食品生产经营企业应当建立健全本单位的食品安全管理制度，加强对职工食品安全知识的培训，配备专职或者兼职食品安全管理人员，做好对所生产经营食品的检验工作，依法从事食品生产经营活动。

续表

第三十四条　食品生产经营者应当建立并执行从业人员健康管理制度……食品生产经营人员每年应当进行健康检查，取得健康证明后方可参加工作。
第三十六条　食品生产者采购食品原料、食品添加剂、食品相关产品，应当查验供货者的许可证和产品合格证明文件；对无法提供合格证明文件的食品原料，应当依照食品安全标准进行检验；不得采购或者使用不符合食品安全标准的食品原料、食品添加剂、食品相关产品。 食品生产企业应当建立食品原料、食品添加剂、食品相关产品进货查验记录制度，如实记录食品原料、食品添加剂、食品相关产品的名称、规格、数量、供货者名称及联系方式、进货日期等内容。 食品原料、食品添加剂、食品相关产品进货查验记录应当真实，保存期限不得少于二年。 （说明：本条适用于超市制作现制现售的熟食，烘焙等产品）
第三十九条　食品经营企业应当建立食品进货查验记录制度，如实记录食品的名称、规格、数量、生产批号、保质期、供货者名称及联系方式、进货日期等内容。
第三十九条　食品进货查验记录应当真实，保存期限不得少于二年。
第三十九条　实行统一配送经营方式的食品经营企业，可以由企业总部统一查验供货者的许可证和食品合格的证明文件，进行食品进货查验记录。
第四十条　食品经营者应当按照保证食品安全的要求贮存食品，定期检查库存食品，及时清理变质或者超过保质期的食品。
第四十一条　食品经营者销售散装食品，应当在散装食品的容器、外包装上标明食品的名称、生产日期、保质期、生产经营者名称及联系方式等内容。
第四十二条　预包装食品的包装上应当有标签。标签应当标明下列事项：（八）生产许可证编号；
第七十条　食品生产经营企业应当制定食品安全事故处置方案……
第九十九条　预包装食品，指预先定量包装或者制作在包装材料和容器中的食品。

（二）《食品安全法实施条例》和《流通环节食品安全监督管理办法》相关条款

《食品安全法实施条例》
第三条　食品生产经营者应当依照法律、法规和食品安全标准从事生产经营活动，建立健全食品安全管理制度……
第二十二条　食品生产经营企业应当组织职工参加食品安全知识培训，学习食品安全法律、法规、规章、标准和其他食品安全知识，并建立培训档案。
第二十四条　食品生产经营企业应当……建立进货查验记录制度、食品出厂检验记录制度，如实记录法律规定记录的事项，或者保留载有相关信息的进货或者销售票据。记录、票据的保存期限不得少于2年。
《流通环节食品安全监督管理办法》
第十三条　实行统一配送经营方式的食品经营企业，可以由企业总部统一查验供货者的许可证、营业执照和食品合格的证明文件，进行食品进货查验记录，可将有关资料复印件留存所属相关经营企业备查，也可以采用信息化技术，联网备查。
第十七条　食品经营者贮存、运输和装卸食品的容器、工具和设备应当安全、无害，保持清洁，防止食品污染，并符合保证食品安全所需的温度等特殊要求，不得将食品与有毒、有害物品一同运输。
第十九条　食品经营者销售生鲜食品和熟食制品，应当符合食品安全所需要的温度、空间隔离等特殊要求，防止交叉污染。
第二十七条　鼓励食品集中交易市场的开办者、食品经营柜台的出租者、食品展销会的举办者和有条件的食品经营企业配备必要的检测设备，对食品进行自检或者送检。

（三）政府管理部门执法情况统计

法律条款	企业反馈
《食品安全法》	
第四条 国务院质量监督、工商行政管理和国家食品药品监督管理部门依照本法和国务院规定的职责，分别对食品生产、食品流通、餐饮服务活动实施监督管理。	65%的超市认为负责超市食品安全的监管部门已经明确，但监管的政府机构并没有减少
第六条 县级以上卫生行政、农业行政、质量监督、工商行政管理、食品药品监督管理部门应当加强沟通、密切配合，按照各自职责分工，依法行使职权，承担责任。	65%的超市认为执法的部门多，而且常有同一地区不同辖区的执法队伍执法标准有差异
第六十条 县级以上质量监督、工商行政管理、食品药品监督管理部门……抽样检验，应当购买抽取的样品，不收取检验费和其他任何费用。	38%的超市反映一线城市均已实施买样，二线城市抽检和异地抽检大多仍采用抽样单，不付费
第七十八条 县级以上质量监督、工商行政管理、食品药品监督管理部门对食品生产经营者进行监督检查，应当记录监督检查的情况和处理结果。监督检查记录经监督检查人员和食品生产经营者签字后归档。	33%的超市称，未见监管部门执行
《食品安全法实施条例》	
第三十五条 食品生产经营者对依照食品安全法第六十条规定进行的抽样检验结论有异议申请复检，复检结论表明食品合格的，复检费用由抽样检验的部门承担；复检结论表明食品不合格的，复检费用由食品生产经营者承担。	58%的超市称，目前复检费用由申请复检单位承担，先付复检费后进行复检，复检合格的不再处罚

附录四：门店卫生管理的最佳操作

针对门店卫生管理中得分较低的几个大项，根据食品安全风险分析超市应当有重点地进行调整。我们结合国内外最佳操作给出如下建议。

（一）国际、国内最佳操作和建议——洗手部分

洗手环节潜在的风险是致病菌交叉污染和病毒的交叉污染，是食品安全过程中非常重要而又最容易获得改善效果的一环。

表 11　　国际、国内最佳操作和建议——洗手部分

国际/ 国内最佳操作和建议（即控制措施）	监控
1. 对员工的警觉性培训和基本食品安全的培训。让所有员工意识到洗手的重要性：洗手是预防几乎所有食源性致病菌和病毒的最重要的和第二重要的有效措施。	1. 检查培训的有效性和正确性。
2. 培训员工如何正确地洗手： * 用温水 * 冲湿你的手 * 使用消毒洗手液 * 擦洗手 20 秒 * 刷洗手和指甲 * 用温水冲洗 * 用纸擦干手 * 将纸扔进垃圾桶 * 如有的话涂上免过水消毒液	2. 每天有专人和主管监控员工是否正确地洗手和在什么时候洗手。
3. 培训员工何时必须洗手： * 来到厨房工作前所有厨房员工都必须洗手和刷指甲 * 所有厨房员工在食品制备前必须洗手 * 所有厨房员工必须至少每隔 30 分钟或在下列这些任务后洗手： o 上厕所 o 制备生食品 o 整理，储藏食品 o 处理垃圾，化学品，清洁，维修设备，磨刀 o 离开一个高风险的地方，如肉房，休息和吃饭后	3. 检查洗手池是否在合适的位置和是否有足够的洗手池。
4. 在食品区域入口处和高风险区域安装洗手池。洗手池必须配备： * 温水供应 * 非手动电感应龙头来降低交叉污染的风险 * 每个洗手池旁张贴洗手指示 * 有消毒洗手液和指甲刷 * 有一次性纸巾 * 有存放用过纸巾的垃圾桶	4. 每天检查洗手池是否配备了相关的东西，如温水，洗手液，消毒洗手液和指甲刷，一次性纸巾，放用过纸巾的垃圾桶并及时补足。

（二）国际、国内最佳操作和建议——预防交叉污染和污染部分

表 12　　国际、国内最佳操作和建议——预防交叉污染和污染部分

——直接的致病菌污染：来自于生食品的致病菌直接污染到高风险即食食品和熟食品会导致食源性疾病和食源性疾病爆发	1. 员工的警觉性培训：让员工清楚地知道从收货、储存、制备，一直到服务和销售所有的过程中对高风险即食食品和熟食品要做好保护工作，以避免来自于生食品的致病菌直接污染。	1. 监控培训的有效性：员工知识的评估和对员工实际操作的观察。 2. 每天有专人和部门经理的监控以保证高风险即食食品和熟食品不被生食品污染。如发现此类现象马上丢弃被污染的高风险即食食品和熟食品，长期的整改行动是进一步加强培训和监控。
——间接的致病菌污染：来自于运送和储存的容器	2. 在整个过程的运送和储存时，规定专门的经清洁消毒和标示的不同的容器用于高风险即食食品和熟食品及生食品。 3. 在不同的区域制备和储存高风险即食食品和熟食品及生食品。 4. 原辅材料：供应商的控制。	3. 检查是否使用正确的容器。 4. 容器是否被有效地清洁和消毒。 5. 定期对用于高风险即食食品和熟食品的容器进行微生物的验证。 6. 定期的供应商评估。
——化学污染	5. 对员工进行警觉性培训：收货的检查和过程中正确使用化学品。 6. 原辅材料：供应商的控制。	7. 监控收货和化学品使用的操作。
——物理污染	7. 对员工进行警觉性培训：从收货的检查一直到服务和销售的全过程，以避免物理污染。	8. 每天有专人和部门经理的监控。

（三）国际、国内最佳操作和建议——区域内设施和设备部分

表 13　　国际、国内最佳操作和建议——区域内设施和设备

——致病菌污染：来自于非食品接触表面污染，如脏的厨房虫害出入；虫害滋生、虫害泛滥和相关的疾病传播（老鼠；蟑螂；苍蝇和其他飞虫）	——建立良好的有预防性的虫害控制程序和计划： 1. 设置障碍预防虫害进入食品场所：安装风帘和灭蝇灯（入口处）；粘鼠板和窗纱；进入场所的门有自闭装置，入口处和外围放置鼠饵等。排污沟有水封，场所内没有通向外面的洞和缝隙。 2. 保证厨房干净，没有死角，排污畅通，以杜绝虫害滋生的食品源。包括： ●培训员工随手清洁。 ●场所有便于配置化学品的分配器和清洁工具，便于员工随手清洁。 ●对非食品接触表面如天花板、墙面、地面和排污沟有规定的清洁消毒的程序，包括大清洁和技术清洁，如冷冻冷藏装置的冷凝器等。 ●食品垃圾及时处理，不过夜。使用合适的垃圾桶。 3. 发现虫害马上消灭它们。 4. 与有资质经专门机构批准的虫害控制公司合作。	1. 定期进行场所的卫生检查以保证相应的防虫害设施设备处于良好的工作状态。 ●检查是否有虫害的迹象； ●检查厨房卫生以保证没有食物残渣；无死角；无排污沟堵塞； ●检查对非食品接触表面如天花板、墙面、地面和排污沟清洁消毒的有效性； ●检查食品垃圾的正确处理。 2. 定期评估虫害控制公司的操作。 ●检查其计划是否是预防性的。 ●检查其虫害控制的有效性。
——物理污染：来自于区域内设施和设备冷凝水，铁锈，脱落的油漆瓷砖等碎片	对区域内设施和设备建立良好的有预防性的维护保养程序和计划。 5. 对非食品接触表面如天花板、墙面、地面、照明设施随时修补和保养。对相关的设备如冷藏冷冻装置定期进行保养，以避免相关的物理污染。	3. 经常检查区域内设施和设备的完好性来验证预防性的维护保养程序，计划的有效性和充分性。 4. 检查相关的记录。

（四）国际、国内最佳操作和建议——清洁与消毒部分

表 14　　国际、国内最佳操作和建议——清洁与消毒

——致病菌污染	1. 对餐具/厨具建立标准的清洁和消毒的程序。 2. 建立相应清洁和消毒 SSOP 计划，包括清洁和消毒的项目、方法、频率、使用何种清洁和消毒的化学品和谁做清洁和消毒。清洁和消毒的方法还应包括化学品的正确的浓度，温度及化学品和物品接触表面的时间。清洁和消毒的顺序：洗涤；过水；消毒；过水和倒置风干。 3. 所有化学品必须有来自于被批准的化学品供应商的物品安全数据（MSDS）并对相应员工进行培训，使员工清楚地知道在被化学品伤害时如何救助。 4. 有专门的对餐具/厨具清洁消毒的场所。	1. 每日检查餐具/厨具清洁和消毒的状况。 2. 检查相关的温度、浓度（专门的化学品浓度），测试工具和接触时间。 3. 检查相关的记录。 4. 定期对餐具/厨具进行微生物测试来验证清洁消毒的有效性。 5. 用 ATP 仪器经常快速测试食品接触表面的微生物情况。 6. 检查是否有 MSDS。 7. 检查相关的记录是否正确有效。
——化学污染	5. 清洁消毒时过水彻底和消毒剂浓度正确以避免化学污染。	8. 定期检查清洁工具的完整性。
——物理污染：来自于清洁工具的碎片和毛刷等	6. 使用正确的清洁工具，定期更换清洁工具以避免来自于清洁工具的物理污染。	

（中国连锁经营协会）

2009 年中国连锁企业人力资源调查报告

过去 3 年来，中国连锁经营协会每年都在行业中组织开展人力资源调研，内容主要涵盖招聘、培训、员工流失率和薪酬等业内连锁企业的基本情况。2009 年，中国连锁经营协会和韬睿咨询合作，选择了绩效管理和能力建设专题进行深入调查分析，旨在帮助连锁企业更好地了解行业绩效管理和能力建设的基本情况，借鉴有关企业的先进做法。

一、基本情况

调查内容主要围绕绩效管理和能力建设展开。

在绩效管理方面，本次调查主要考察以下几方面内容：绩效管理体系建设、考核架构、考核指标、考核目标值、绩效评估、结果运用等。

在能力建设方面，调查主要侧重于以下几方面内容：能力体系建设、关键能力、关键人群、提高员工能力素质的方法、能力管理应用等。

本次调研覆盖多个行业的 100 家连锁企业，其中：59% 为连锁零售业，23% 为连锁餐饮业，18% 为其他行业，包括连锁美容、农资连锁、培训、家居装修、服装、洗衣、酒店、钟表等。

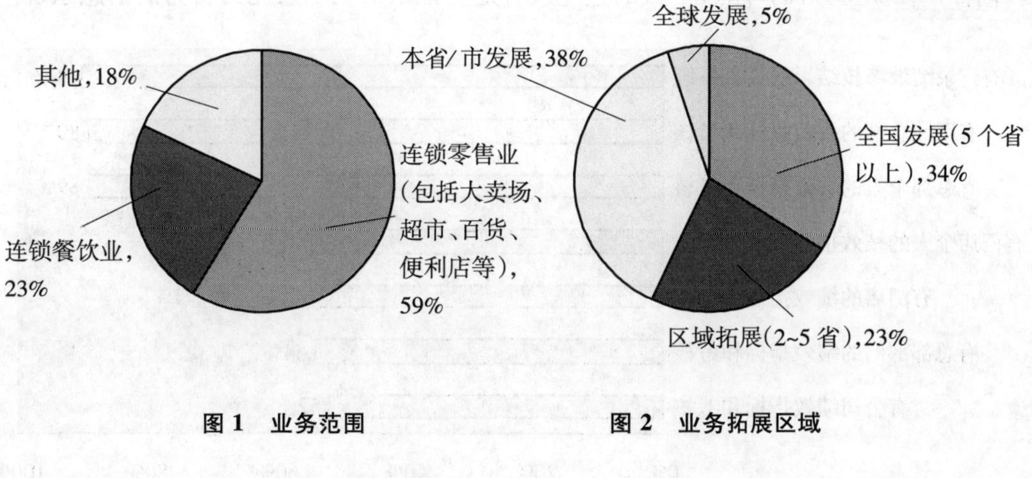

图 1　业务范围　　　　图 2　业务拓展区域

从总部定位情况看，参与调研的公司中，有 59% 的总部在近期将定位为管理型总部，会主动管理门店的运营，另外 34% 的企业总部定位为支持型，主要提供后台支持。

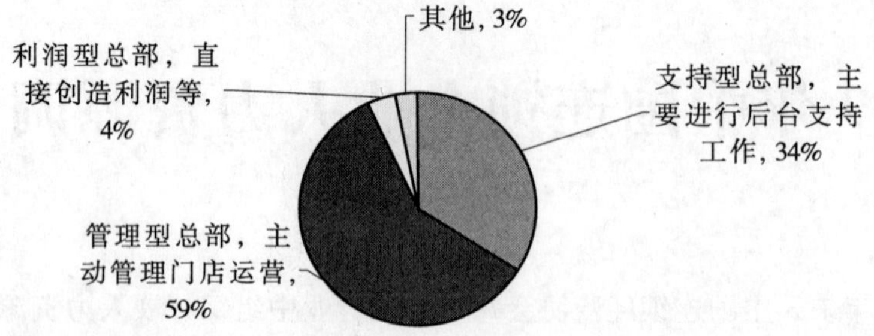

图 3　总部定位

二、主要发现

调研企业普遍认为本企业绩效和能力体系达到了要求，但员工流失率高、管理能力有待提高却仍是人力资源面临的主要问题。

调研显示，75% 的企业认为绩效考核具有客观性、公平性，并且获得了员工的认可；56% 的企业认为员工的能力素质基本达到了要求。但是，大部分企业的员工管理能力和基层员工流失率仍然是面临的主要问题，说明企业的绩效和能力管理仍然有提高的空间。

发现一：大部分企业建立了绩效和能力管理基础架构，但缺乏信息系统以保障发挥其最大效果。

调查显示，虽然大部分企业建立了绩效和能力管理基础架构，但缺乏信息系统的有力支持，难以发挥其最大效果。参与调研的企业中，90% 左右的企业都对公司、总部部门和门店开展了绩效考核工作。但是，仅有约一半的企业建立了记录绩效考核结果的信息系统。同样，在能力方面，超过半数的企业没有建立记录员工个人能力行为的信息系统。

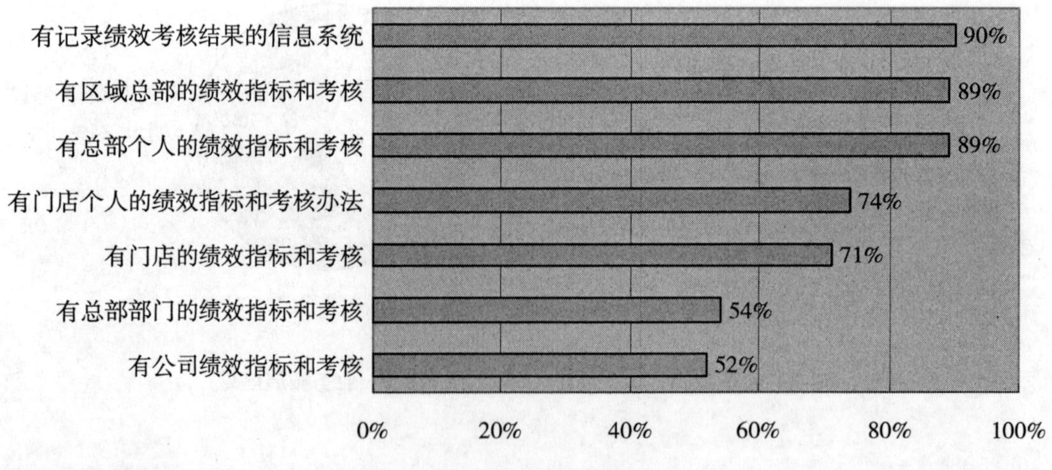

图 4　绩效考核工作开展情况

信息系统对绩效和能力管理起到支持作用。信息系统的缺乏限制了企业对员工的绩效和能力进行系统跟踪、分析，发现问题，寻找解决方案并进行实时管理。

发现二：大部分企业关注滞后性指标，而忽视了前瞻性指标。

以公司层面指标为例，大部分企业都考核财务方面的收入、利润类指标，此类指标是滞后性指标，是对考核截止日前的财务表现的衡量。

而对影响企业未来业绩的客户、运营和学习成长等方面的前瞻性指标仅有十几家企业进行了考核。

实际上，绩效指标在企业运营中通常会起到导向性作用。对前瞻性指标的忽视将可能导致企业为提高当期财务指标的一些短视性行为，影响企业的长期发展。

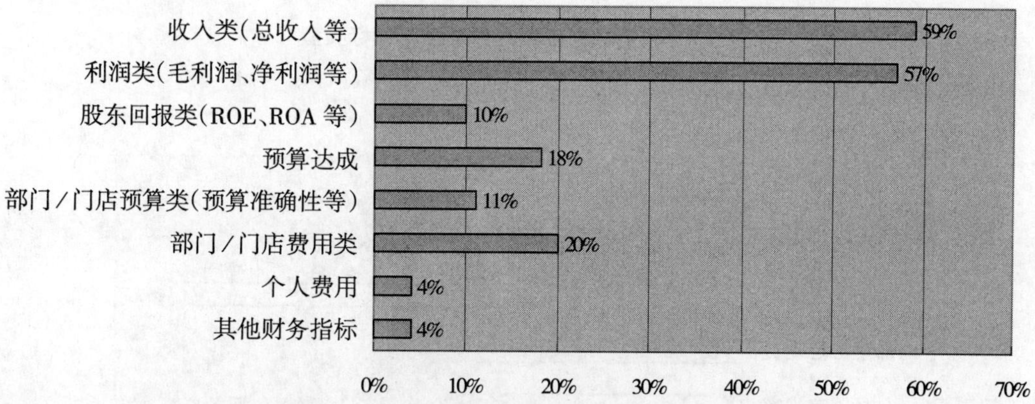

图 5　公司层面采用的主要财务指标类型

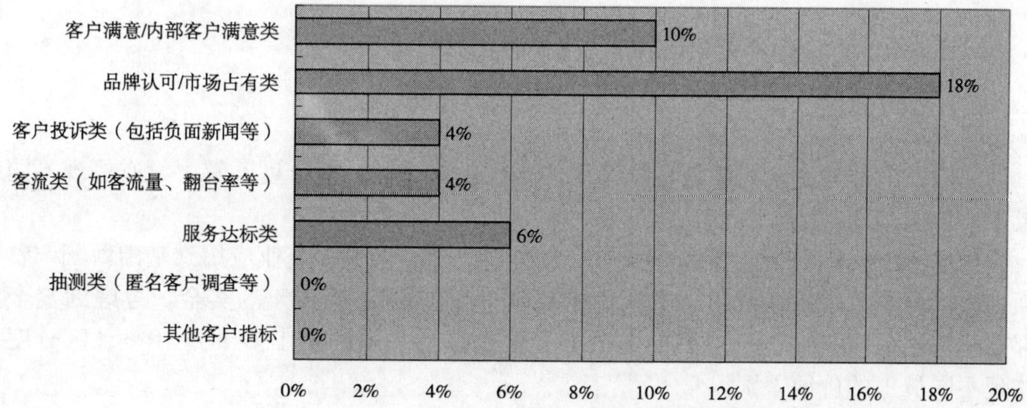

图 6　公司层面采用的主要客户指标类型

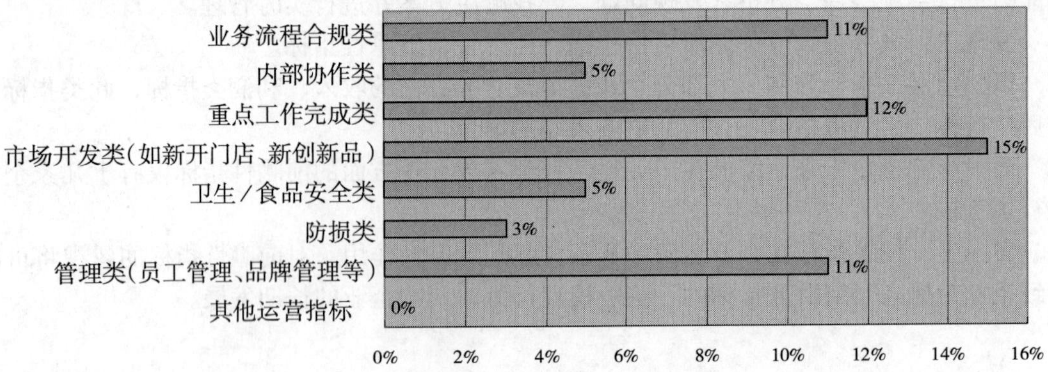

图 7　公司层面采用的主要运营指标类型

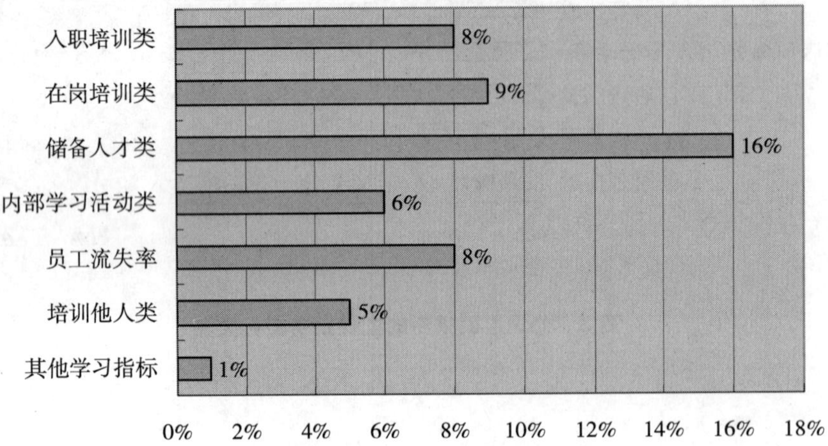

图 8　公司层面采用的主要学习指标类型

发现三：大部分企业在绩效考核结果的运用上对绩效的区分度不够，没有体现不同绩效员工的价值差别。

调查显示，68%的企业绩效考核结果会影响奖金，但较少企业应用到基础薪酬调整等方面；大部分企业绩效最佳的员工获得比绩效一般的情况多30%的奖金。考虑到奖金在全部薪酬中约占30%，即绩效最佳的员工全薪比绩效一般的员工多不到10%，区分度难以体现不同员工的价值差别。

绩效考核与薪酬的链接方式和区分度影响激励力度并体现绩效导向的文化。只有真正区分不同绩效并在薪酬等方面体现出差别，绩效考核才能起到引导作用，并更好地激励员工。

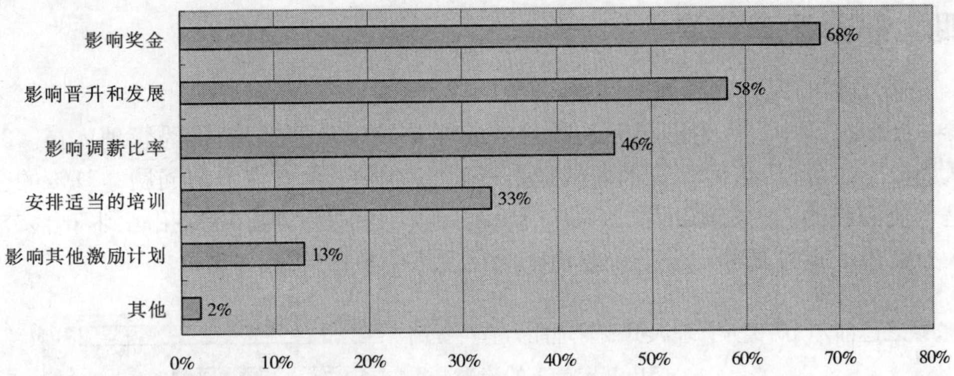

图 9 绩效考核结果的应用

三、绩效管理与能力建设对连锁企业的意义

1. 绩效管理是提升企业业绩的有效手段之一

绩效管理是提升企业财务表现的有效手段之一。绩效管理系统是将员工行为和决策与企业各层级业绩驱动因素链接的主要方法。

通过绩效管理，能够实现战略沟通，使组织与员工目标协调一致；能够提升员工的积极性，强化重点工作的开展并保留优秀人才；能够有效增加客户量，增进企业对客户的渗透和了解，改善客户满意度和忠诚度；最终实现公司销售、产品组合及利润等业绩的全面提高。

2. 对绩效管理理解的误区

绩效管理方式、手段多种多样。通过绩效管理，很多公司获得成功，但也有相当数量的公司对绩效管理存在误解，致使其绩效管理工作难于获得实质性的进展。主要误区如下（这些误区之间往往存在一定的因果关系）：

就绩效管理的目标而言，仅用于确定利润的增长和奖金的分配。

就绩效管理的职责而言，看做是人力资源部门的职责，是经理们用来管理员工的工具。

就绩效指标及目标设定而言，所有的目标都需要量化；越重要、越复杂的职位需要设定的目标越多；所有的目标都是上级为下级设定的。

而就绩效回顾而言，直接上级的看法直接决定考核的结果，绩效回顾等同于绩效考核。

3. 绩效管理的理念

绩效管理对任何企业都是至关重要的工作，绩效管理在很大程度上决定了公司业绩的成败，因为它是连接企业目标和执行的环节。绩效管理的目标是提高公司绩效，绩效管理是公司每个管理者和每个员工的工作之一，而人力资源部门是牵头部门，绩效管理的成功执行必须依靠全体管理者和每位员工的理解和推行。

四、部分调查结果

1. 企业面临的人力资源问题

参与调研公司中，人力资源面临的最大问题是缺乏总部/门店优秀管理人员。39%的公司认为缺乏总部/门店优秀管理人员是企业面临的第一大人力资源问题，71%的公司认为这是企业面临的人力资源问题之一；门店基层员工流失严重、难以招聘到符合要求的员工、人力资源成本过高等，也是企业面临的主要人力资源问题。

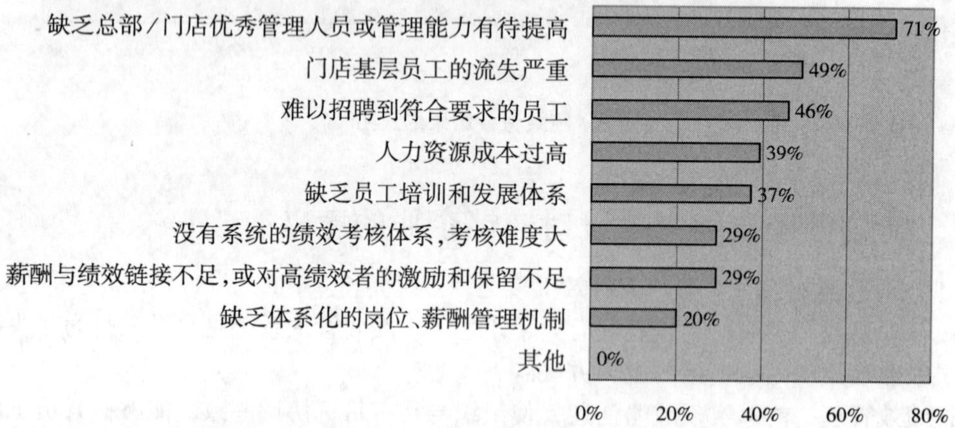

图 10　公司面临的人力资源问题

2. 吸引、保留和激励员工的因素

（1）吸引、保留和激励员工的因素——吸引员工

调查显示，在吸引员工的因素方面，42%的企业认为企业知名度是吸引员工的第一大因素；个人职业发展机会、企业知名度、企业文化、薪酬分别被超过半数的企业认为是吸引员工的前五大因素之一。

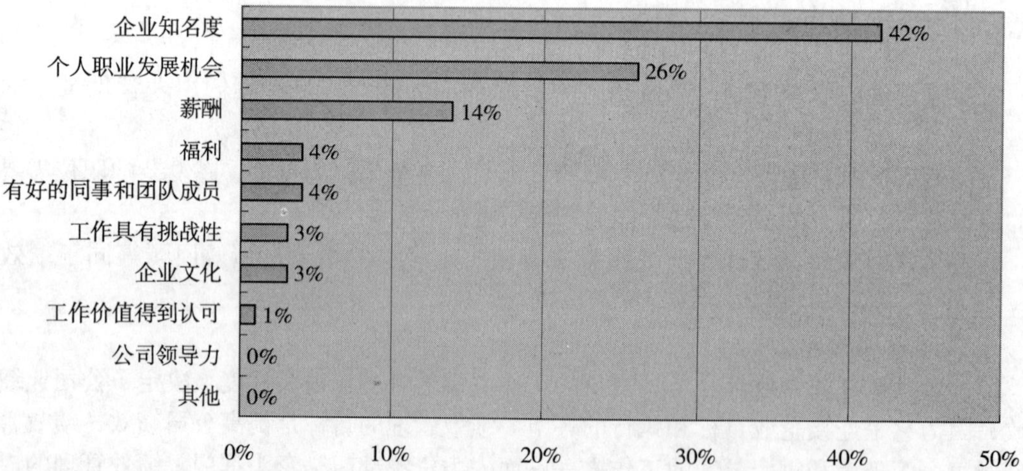

图 11　吸引员工的因素

（2）吸引、保留和激励员工的因素——保留员工

调查显示，在保留员工的因素中，77%的企业认为个人职业发展机会是保留员工的第一大因素；个人职业发展机会、薪酬、好的同事和团队成员、工作价值得到认可分别被超过半数的企业认为是保留员工的前五大因素之一。

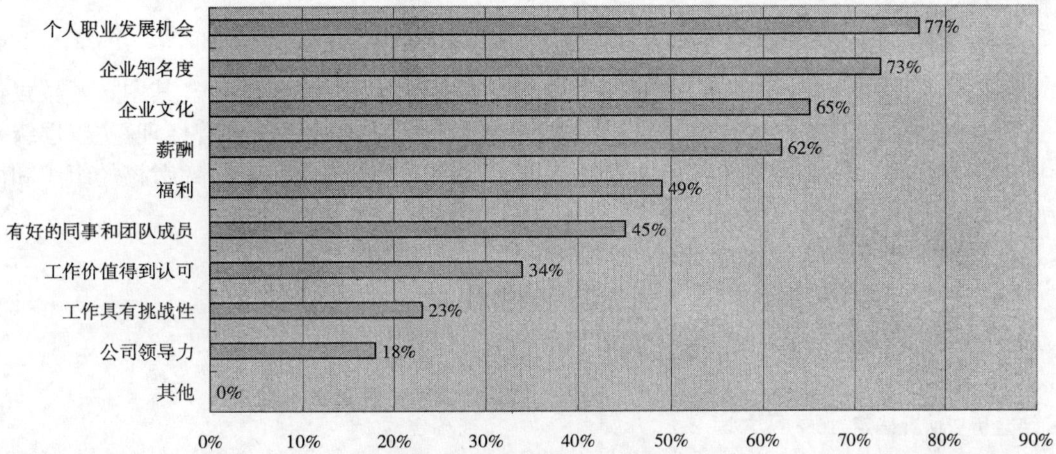

图 12 公司保留员工的因素

（3）吸引、保留和激励员工的因素——激励员工

在激励员工的因素方面，45%的企业认为个人职业发展机会是激励员工的第一大因素；个人职业发展机会、薪酬、工作价值得到认可分别被超过半数的企业认为是激励员工的前五大因素之一。

3. 公司增加工作效率的方法

参加调研的公司中，83%的企业采取了明确岗位职责来提高，是公司为提高工作效率采取的主要方式；超过半数的公司采用了具有凝聚力的企业文化、精细化的业务流程、科学的绩效管理体系，以及企业独特的奖罚体系或晋升机制来提高工作效率。

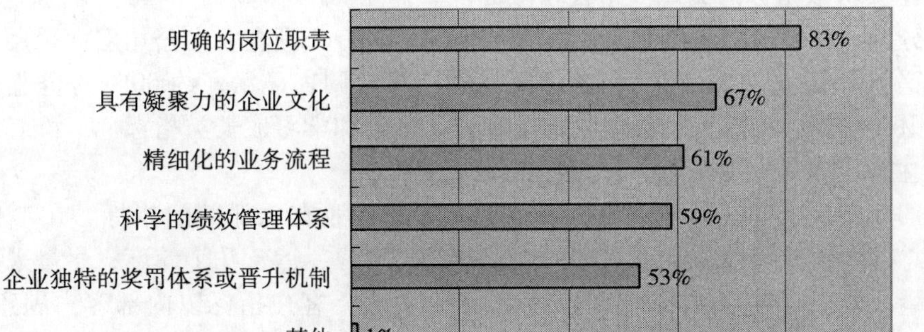

图 13 公司提高工作效率的方式

4. 绩效考核的开展情况

参与调研的公司中，90% 左右的公司都对公司、总部部门和门店开展了绩效考核工作。其中，对总部和门店员工个人开展考核工作的情况略少，约有超过 70% 的参与调研公司拥有对总部和门店员工个人的考核；此外，约有超过一半的企业建立了记录绩效考核结果的信息系统。

5. 绩效考核架构

超过半数的企业通过直线经理直接考核的方式来构架绩效考核体系。其中，考核以业务线为基础，通过总裁——主管副总裁——部门经理/门店经理——主管经理/主管层级来考核；调查也显示，人力资源部指定考核制度、政策，提供工具，是绩效考核的组织和协助部门。

6. 侧重采用何种方式制定绩效考核指标

63% 的公司根据预算和工作计划确定绩效考核指标。

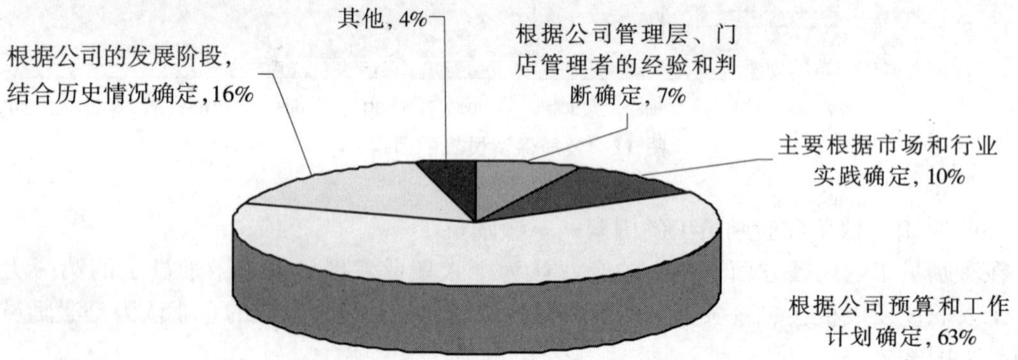

图 14　绩效考核指标的确定方式

7. 主要考核指标的类型

（1）主要考核指标的类型——公司层面

大部分企业在公司层面仍然采用财务类指标，只有个别企业在公司层面采用平衡计分卡方式设置了财务、客户、运营和学习成长类指标。调查显示，约 60% 的企业采用收入和利润类财务指标；约有十几家企业采用客户、运营和学习成长类指标。

（2）主要考核指标的类型——部门层面

对总部部门进行考核的企业较少，约有 1/3 的企业有总部部门指标。在考核内容方面，有对总部部门考核的企业通常都引入了财务、客户、运营几个纬度，尽量采用可量化指标来衡量。其中，财务指标以部门费用类指标为主，客户指标以内部客户满意度为主，运营指标以重点工作完成情况为主。

（3）主要考核指标的类型——区域总部层面

对区域的指标与对公司层面的考核类似，集中在财务的收入、利润类指标，约 30 家企业考核收入和利润类指标，考虑到拥有区域管理层级的企业有 48 家，拥有区域的企业中，超过 60% 的企业考核收入、利润类指标。调查显示：对区域进行客户、运营和学习成长方面考核的企业较少，有 10% 左右。与公司考核类似，对品牌认可和市场占有的考核在区域总部层面也相对较为突出。

（4）主要考核指标的类型——门店层面

门店考核以财务指标为主，超过40%的企业均考核收入和利润类。另外，门店费用、客户满意度和员工流失率也是较为普遍的考核指标，约有20～30家。

（5）主要考核指标的类型——总部员工层面

开展总部员工考核的企业家数相对较少，其中较为普遍考核的是重点工作完成类指标和内部客户满意类指标，有34%的企业考核重点工作完成情况，23%的企业考核内部客户满意度。

（6）主要考核指标的类型——门店员工层面

对门店员工的考核主要集中在客户满意度和服务达标考核。另外，客户投诉、收入、在岗培训和防损也是门店员工考核的重点。

8. 绩效考核频率

参与调研公司在不同层面开展绩效考核的频率有较大的不同，主要集中在按年考核和按月考核。调查显示，大多数公司在公司层面的考核频率为每年一次，占41%；大多数公司在部门层面、区域总部层面、门店层面、总部个人和门店个人层面的考核频率为每月一次，分别占47%、37%、63%、57%和73%。

9. 绩效考核目标值的设定

大部分企业绩效目标值的设定，采用较为科学、理性的方式，通过参考公司历史数据，内部讨论等确定。

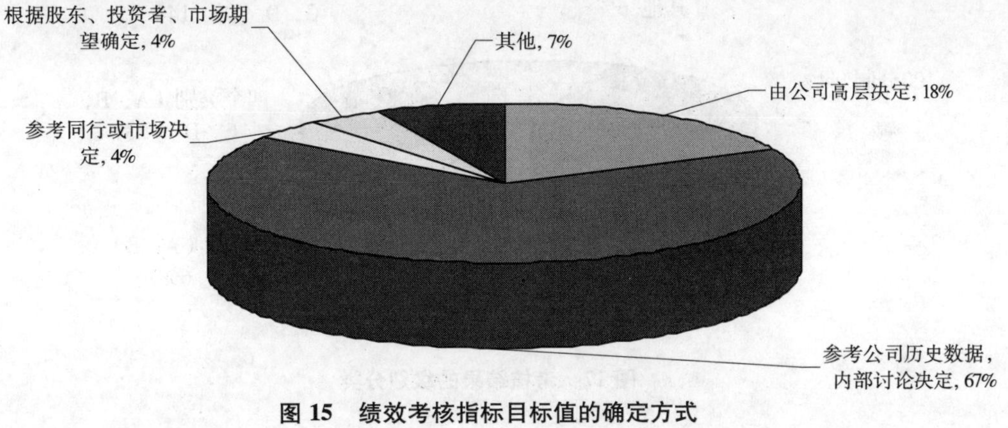

图15　绩效考核指标目标值的确定方式

10. 绩效考核目标设置的理念

在目标值设置的理念方面，76%的企业采用较为平和的理念，目标值设置在正常生产经营情况能够达到的水平，达到目标的概率约为80%左右。另外，11%的企业目标值设置较容易达到的概率在90%以上。还有7%的企业设置目标较高，需要非常努力才能达到，达到的概率较小，在50%以下。

11. 绩效考核侧重的形式

360度评估和直接上级评估是最广泛被采用的考核方式。调查显示，46%的公司采用了360度评估的方式，38%的公司采用了直接上级评估。

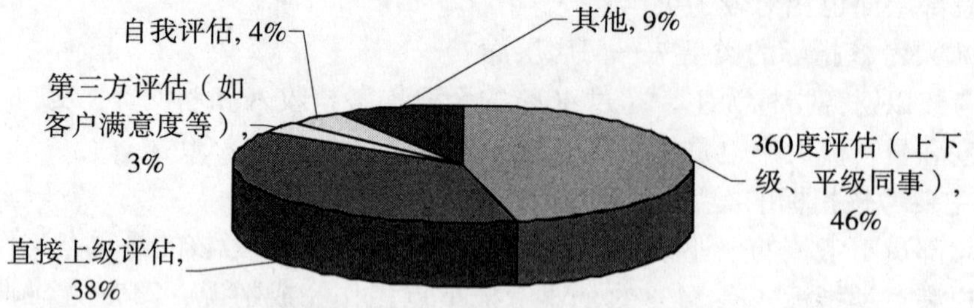

图 16　绩效考核的主要形式

12. 绩效考核结果的客观性和公平性

75% 的参与调研企业认为本企业的绩效考核是具有客观性和公平性的，并且得到了员工的认可。调查显示，企业普遍采取多重方式来保证绩效考核的客观性和公平性，最为广泛适用的（47% 的企业）是对直线经理进行绩效管理培训，对绩效考核的尺度提出统一要求；其次（45% 的企业）是设置专门的人员或机构/委员会，对考核结果进行比较和讨论，保证考核尺度的统一。

13. 绩效考核结果的级别分类

在考核结果分类方面，44% 的企业采用百分制，另外 23% 的企业采用 ABCD 四个级别。

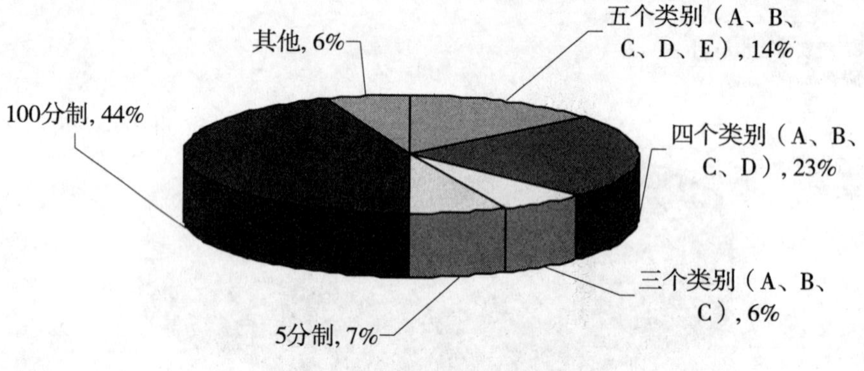

图 17　考核结果的级别分类

14. 绩效考核结果的区分方法

在考核结果的区分方法上，企业出现了两个极端。一方面超过 1/3 的企业采用了区分力度较大的强制分布，另一方面仍有超过 1/3 的企业不规定分布比例，按实际绩效表现归入相应的类别。

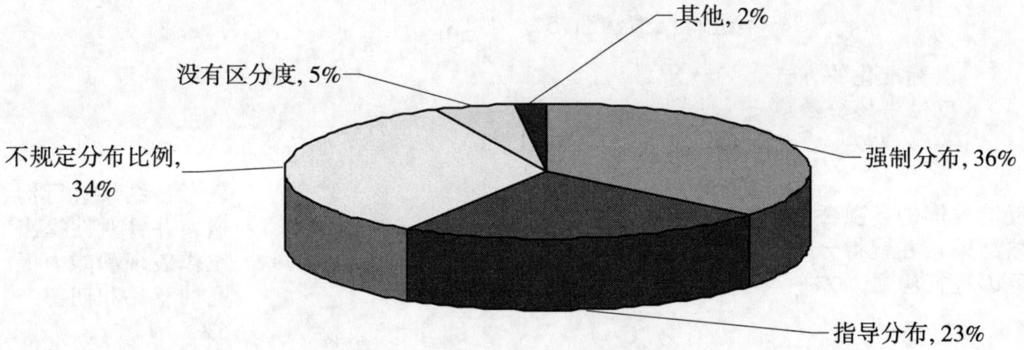

图 18 绩效考核结果的区分方法

15. 绩效考核结果的区分度

大部分公司认为公司考核结果的区分度集中在强和一般，其中门店考核结果区分最强，总部个人的考核结果区分度相对较弱。调查显示，68% 的公司认为门店绩效考核结果区分度强，部门和门店个人的考核区分度主要集中在强和一般，46% 的公司认为总部个人的考核结果区分度一般。

16. 绩效考核结果的沟通方式

直线经理和员工面对面沟通是最普遍的沟通方式，58% 的公司采用了这种方式。人力资源部与员工进行面对面沟通以及直接通过奖金体现的方式也被部分公司所采用。

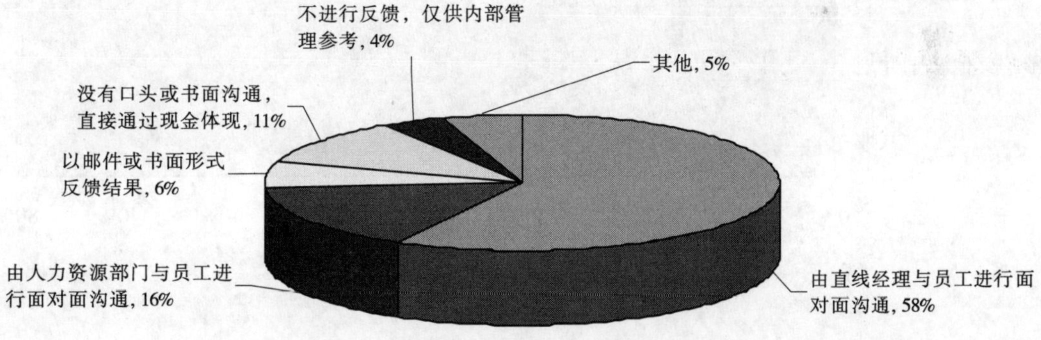

图 19 绩效沟通的方式

17. 绩效沟通的内容

大部分公司的绩效沟通比较全面，63% 的公司会就考核结果进行沟通，并针对性提出工作表现和能力提高的意见和期望，约 1/3 的公司会反馈具体的各项考核结果并就得分原因进行沟通，或以标准化的方式反馈考核分数或等级。

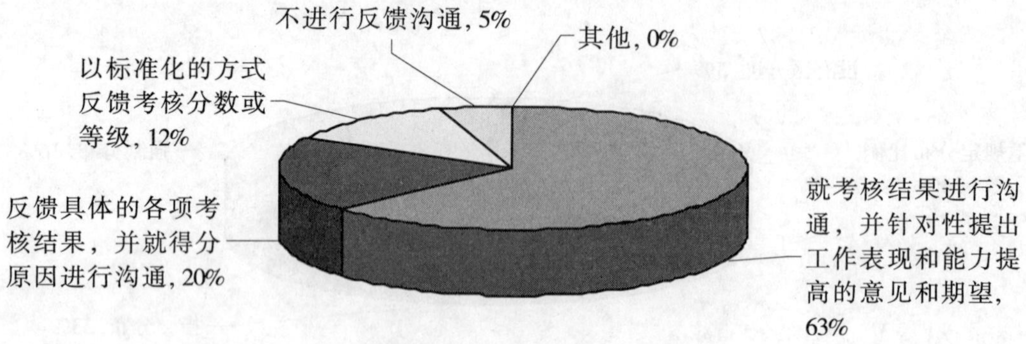

图 20　绩效沟通的内容

18. 绩效考核结果的运用

在绩效考核的运用方面，大部分企业（68%）都用于决定奖金方面，另外超过半数企业的绩效考核会影响员工的晋升和发展。

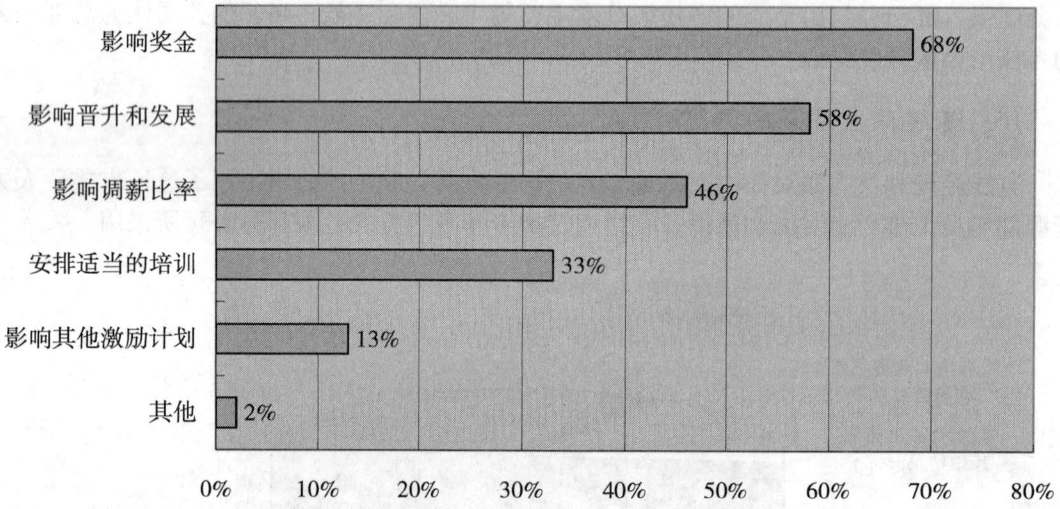

图 21　绩效考核结果的应用

19. 绩效考核结果与奖金的链接

与绩效链接的奖金方面，大部分企业的奖金在总现金薪酬上的占比约为 30% 左右。调查显示，总部员工奖金比例略低，为 20% 左右；门店管理层奖金比例略高，为 40% 左右。

参与调研的企业在不同绩效水平下的奖金区分度：绩效最佳时，奖金可为正常情况的 3 倍，中等水平也可达到正常情况的 1. 3 倍；绩效最差时，大部分企业仍有奖金，中等水平的奖金约有正常情况的 50%，并且个别企业仍可发放正常情况的奖金。

20. 员工能力素质是否符合企业要求

56% 的公司认为本公司员工的能力素质基本达到要求，但只有 1% 的公司认为员工的能力素质已经完全达到要求。

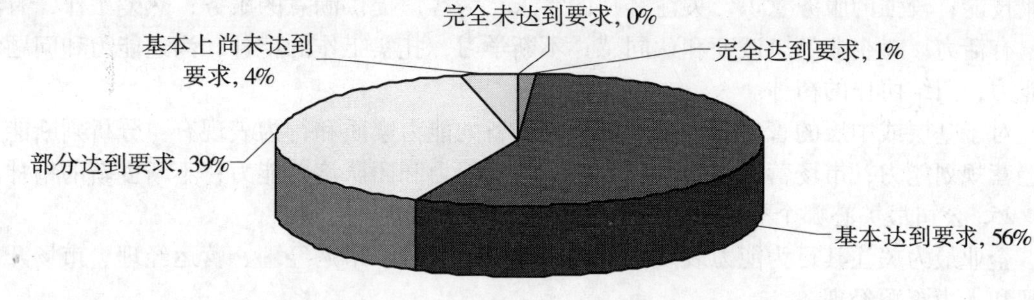

图 22 能力素质是否符合要求

21. 绩效考核指标审阅频率

大部分公司会对绩效考核指标进行定期或不定期的审阅。调查显示，60% 的公司会进行年度的审阅，29% 的公司会根据公司发展阶段进行不定期的审阅。

22. 公司不同层面的个人能力与行为标准和评估体系

调研显示，大多数企业在总部、区域、门店层面都设有个人能力标准和评估体系。将近半数的企业没有建立对员工个人行为的信息化管理。

23. 公司最关心的业务能力

运营管理能力、市场营销能力和成本控制能力是连锁行业企业最关心的三项能力。调查显示，93% 的企业关心运营管理能力，81% 的企业关心市场营销能力，64% 的企业关心成本控制能力。

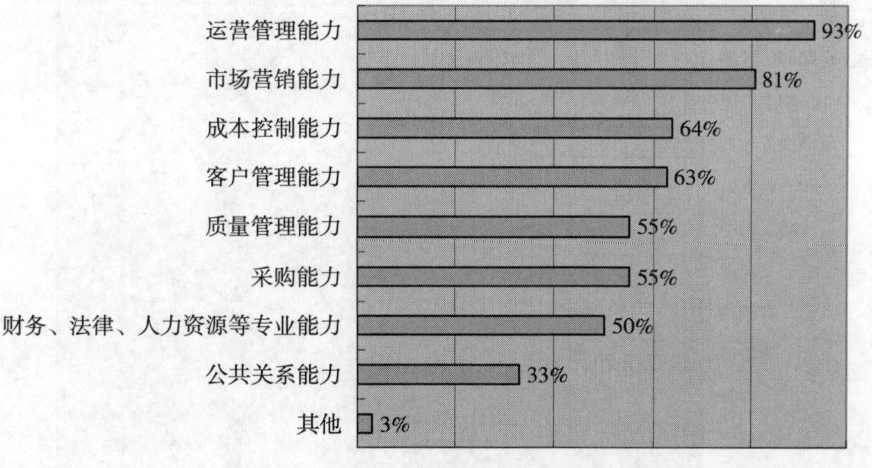

图 23 公司关注的业务能力

24. 公司最希望员工具备的能力素质或行为表现

调研显示，公司最希望员工具备的能力素质和行为表现有：良好的专业素质，过硬的专业技能；较强的服务意识，关注客户的需求，为客户提供满意的服务；热爱工作，有激情、有活力；对企业的忠诚度和认同感；不断学习，扎实工作的精神；沟通能力和问题解决能力；团结协作的精神。

对于基层或中层的管理者，企业期望其具备的能力素质和行为表现有：分析判断能力和经营规划能力；市场营销能力；执行力；管理能力和团队培养能力；不断创新的精神。

25. 公司最关心哪个类型员工的能力素质和行为表现

企业最为关注其行为能力表现的五类岗位是：店长、采购经理、营运经理、市场开发经理和人力资源经理。

26. 提高员工素质应该从哪些方面入手

内部培训和上级对下级的培养被认为是提高员工素质最主要的途径。87%的公司认为提高员工素质应该从内部培训入手，80%的公司认为提高员工素质应该从上级对下级的培养入手。

27. 员工能力素质的应用

调研显示，企业已在招聘、晋升、绩效考核方面对能力素质有了一定的实践和应用，企业在薪酬和培训方面也对能力素质有了一定的实践和应用。

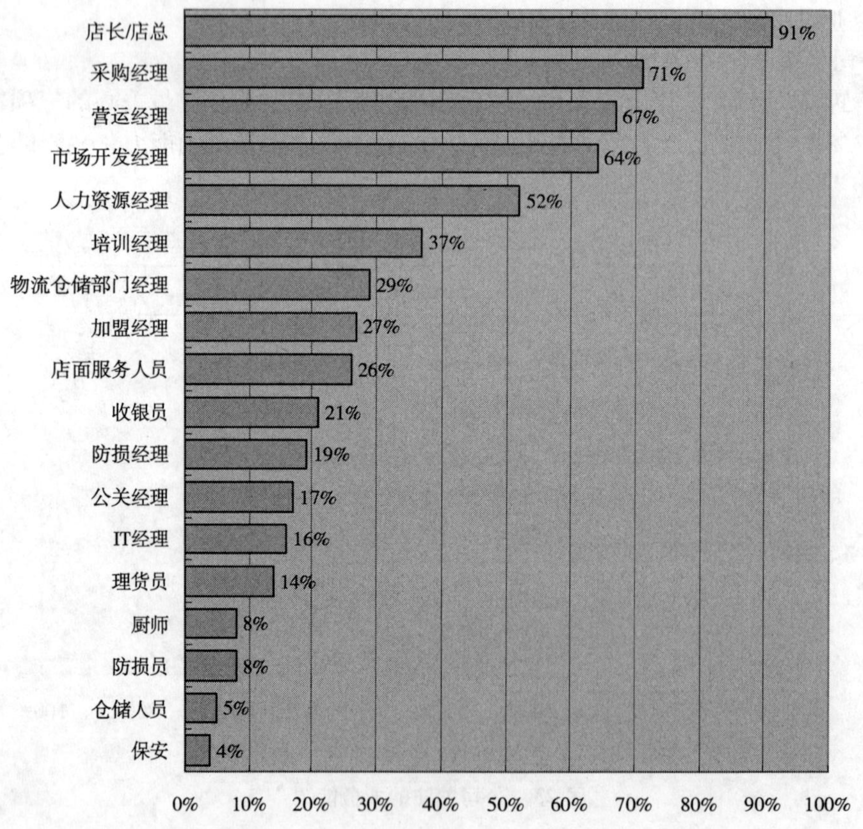

图 24 关注的能力素质或行为表现的人员类型

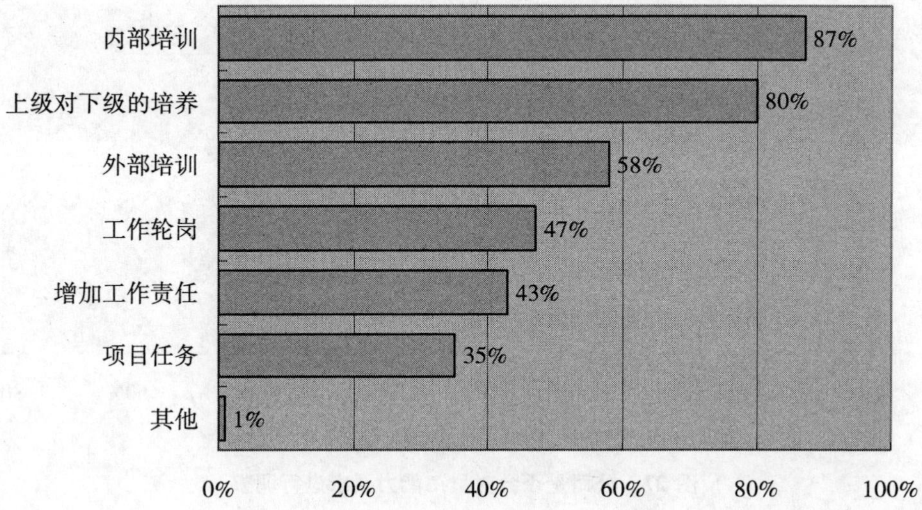

图 25　提高员工素质需要从哪几方面入手

28. 企业在员工能力管理方面遇到的挑战

调研显示，企业在能力观测/评估方面，在建立相应能力标准方面及能力相关的培训方面，仍面临着一定的挑战。

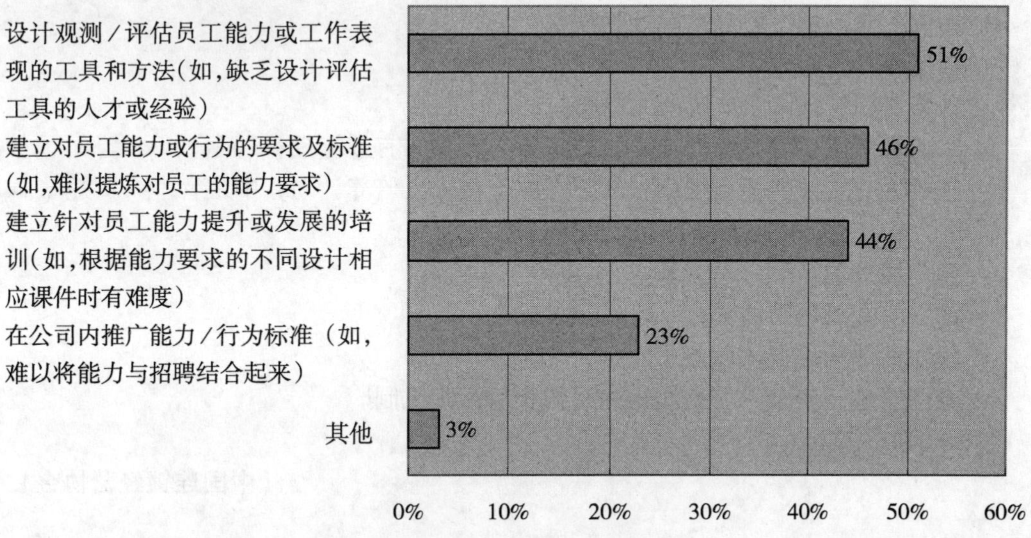

图 26　员工能力方面遇到的挑战

29. 公司是否会对员工能力要求进行调整

绝大多数企业表示会根据企业发展阶段不定期地对能力素质要求进行调整，一定程度上说明企业对能力素质的要求是由企业发展所决定的。

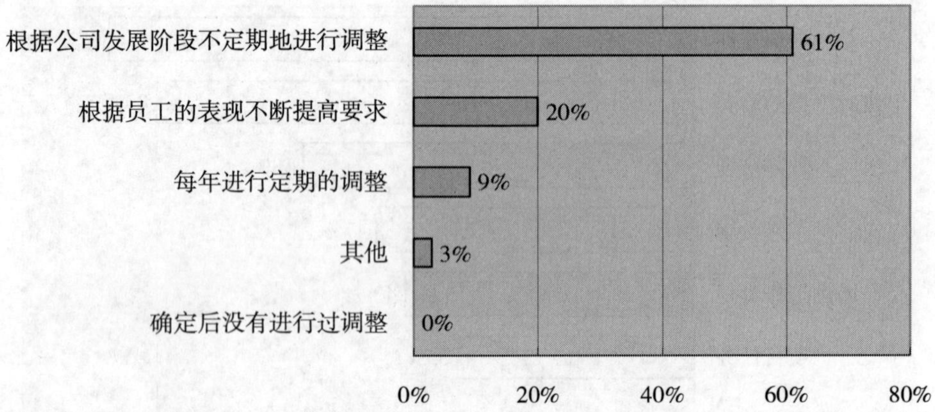

图 27　公司是否会对员工能力要求进行调整

调研显示，连锁企业面临的人力资源方面的挑战有：

* 人力资源成本的增加；
* 专业技术人才、中层管理人才的招聘、培养，员工专业素质的提升；
* 员工能力的提升和潜能的开发；
* 员工忠诚度下降，流失率高；
* 门店扩张过程中管理的标准化问题；
* 员工整体素质较低；
* 人力资源管理者素质及能力的提升；
* 缺乏绩效考核的有效办法，以及绩效与薪酬的有效链接；
* 缺乏人力资源的长期规划，缺乏高层管理人员培养计划，中层管理人员短缺。

同时，希望咨询机构在如下方面给予协助：

* 建立高效的绩效管理体系；
* 建立有效的招聘体系；
* 建立高效的培训体系；
* 建立合理、安全、与利润相联系的长效激励机制。

（中国连锁经营协会）

2009 年中国零售企业资金链风险研究

概　述

一、研究背景、目标和对象

（一）研究背景和目标

2008 年以来中国经济发展经受了各种考验。2009 年，国际经济环境更趋严峻，中国经济也承受着很大的压力，近年来高速发展的中国零售行业也面临严峻挑战。本次中国零售企业资金链风险研究（以下简称"研究"）就是在这样的背景下提出的。

本次研究由商务部市场体系建设司提出，并委托中国连锁经营协会（以下简称协会），会同普华永道会计师事务所（以下简称普华永道）共同开展的一项行业专项调研。

研究旨在帮助商务部掌握在目前经济形势下中国零售企业的资金链现状和问题，为促进零售行业健康发展的政策决策提供参考。

具体研究目标包括：

· 了解中国零售企业目前的经营和财务状况；

· 分析发现零售企业资金链风险问题所在；

· 就评价零售企业财务状况的指标体系提出相关建议；

· 分析国内外破产倒闭案例原因、教训及影响。

（二）研究对象

研究的对象主要为在中国的零售业上市公司。按照零售企业的营运和资金链模式，我们将研究样本企业分为三大类型：即百货商店和购物中心类（"百货店"）、食品日用品超市类（"超市"）和专业产品连锁店类（"专业店"）。

二、研究结果概述

（一）零售企业资金链现状和问题

1. 融资结构高度依赖短期营运负债

中国零售企业的资金来源在相当大的程度上依赖负债（负债率普遍较高），而且多为短期负债，主要包括应付各类供应商货款、消费卡预收款等营运负债。这一融资结构显现出一定风险。

2. 中小型企业面临的压力巨大

大企业和上市公司相对乐观，但数量众多的中小型零售企业，其业务规模较小，自有资金匮乏（尤其是非上市公司），所面临的压力要远远高于大型上市公司。它们的现状和资金链断裂的风险更值得关注和预防。

3. 零售企业盈利能力面临很大挑战

零售业务收入受经济形势影响，从 2008 年下半年起增长已明显趋缓。我们在调查中了解到，零售企业对于 2009 年零售业务能否增长并不持乐观态度。零售企业的利润率水平也出现较大幅度下滑。

4. 高速扩张势头明显减弱

零售企业资金主要都用于投资零售店面相关的房屋土地和设备资产，同时还有大量的收购和兼并活动。零售企业以往的业务扩张大大超出经营利润所产生的资金，很大程度上依赖营运负债等短期外部资金支持。在目前情况下，快速扩张将带来较大风险，许多零售企业放慢扩张速度甚至收缩规模。

（二）资金链风险指标

基于对零售企业的分析和研究，我们借鉴了一些国际上现有的研究方法和评估模型，初步确定了一系列零售企业资金链评估指标，为监测零售企业的资金链风险提供参考。

这些指标包括外部指标（7 个）和内部指标（28 个）。外部指标包括宏观经济相关指标以及企业相关外部指标（如股价）。内部指标则主要基于企业的财务数据用于直接分析企业的经营业绩和财务状况，以及抵御财务风险的能力，包括盈利能力、融资能力、资金用途相关的三大类指标。

报告还对主要中国内地零售企业的指标和世界 500 强中的零售企业，结合香港企业的指标，进行了一些比较分析。

（三）资金链断裂企业案例分析

报告还从战略和增长模式、经营和公司治理、财务和融资管理三个方面对资金链断裂的案例进行分析。报告认为，资金短缺是零售企业失败的最终表现形式，但是资金短缺通常不是孤立事件。它们很早就体现在了企业整个价值链中各主要驱动因素的错误管理上面。

（四）建议

针对目前零售业资金链的状况，报告提出了相关政策建议，包括：

1. 建立监控体系，及时行业预警。
2. 改善融资环境，拓宽融资渠道。
3. 创造有序环境，维护公平竞争。
4. 鼓励创新型经营，实现差异化竞争。
5. 加强行业指导，加大培训支持。
6. 拉动需求促进行业发展。

第一章　中国零售企业资金链现状和面临的主要风险

一、资金来源和资产构成

（一）零售企业资金来源构成

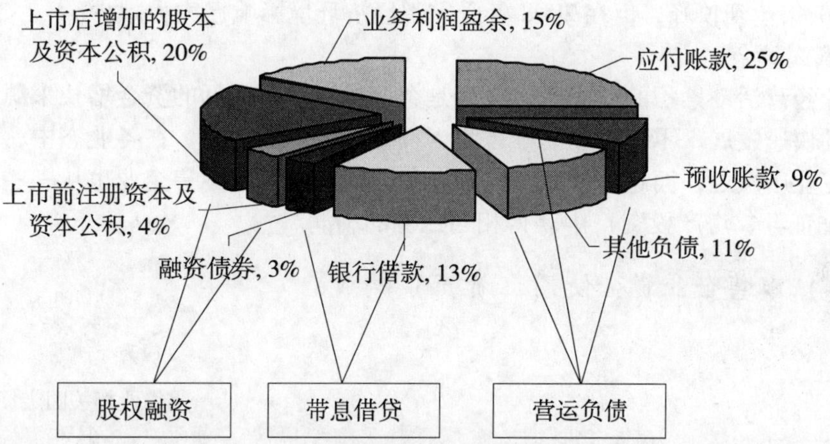

图 1　零售企业资金来源构成（2008）

主要来源于以下四个方面：

1. 营运负债

（1）应付账款。平均占到资金总来源的四分之一。在超市和专业店中，甚至是零售企业最大的现金来源。随着公司规模扩张销售增长，来自于应付账款的资金相应自然增长，零售企业常将其作为最持久稳定的资金来源。应付账款包含以下两种：

a. 供应商应付款：主要是超市及专业店（百货店也有少部分）直接向产品制造者或经销商采购而尚未结算的未付款项。超市及专业店的供应商周转天数平均分别为两个月及三个月左右。

b. 商户应付款：是指百货店为入驻店铺的销售统一开票收款后应与其结算的未付款项。其周转天数一般在 1 个半月到 2 个月。

（2）预收账款。一般是指零售企业向消费者发行消费储值卡而预收的资金，待消费行为发生时转为收入，购买者多为企事业单位及政府部门等，主要作为职工福利及业务招待支出。

发行储值卡不仅能达到促销的目的，更是零售企业获取资金的手段之一。我们看到，并非所有零售企业都由此获取资金，这常见于一些国有企业背景的大型超市及百货公司。

（3）其他负债。以上两大类之外的各项较小金额的营运负债，主要包括未付税金、应付职工薪酬、应付工程款及其他公司往来等。

2. 带息借贷款

银行借款及债券融资等带息借贷款总体大约占到资金总来源的六分之一，由于零售业三大业态资产状况不同，占比有一定差异。百货店、超市及专业店占比分别为20%、11%及10%左右。我们注意到，零售企业多采用短期银行借款。债券融资主要有：短期融资券、可转换债券等形式。

3. 股权融资

包括股本投入和资本公积。资本公积也主要是股本投入时的溢价。零售企业上市公司从资本市场上募集的资金占其股本的大多数。近年来零售企业上市步伐随着资本市场的繁荣在2007年达到顶峰，但在2008年受宏观经济环境影响已大大减少。

4. 利润盈余

企业经营活动累积的利润盈余应该是企业最根本和长远的资金增长来源。近年来随着零售业的快速发展，零售企业的零售收入都得到较快的增长。在各业态中，百货店利润率最高，专业店次之，而超市最低，另外，我们注意到许多零售企业也从一些非经营性业务活动（如证券、房产投资）中获得相当比例的利润。

（二）零售企业资金使用（资产）构成

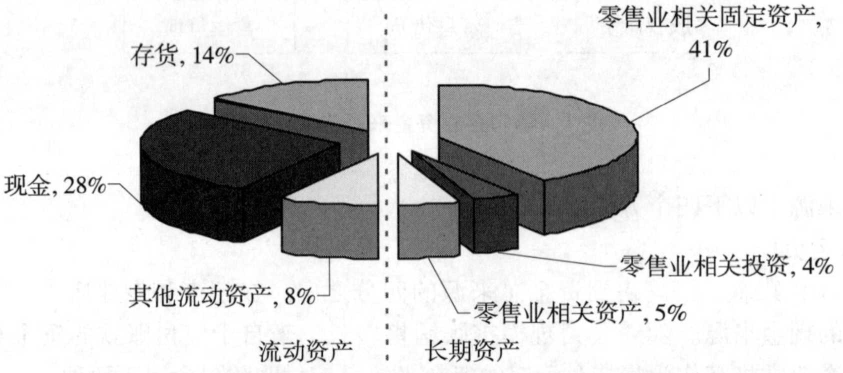

图2　零售企业资产构成

零售企业的资产构成主要有6个方面：

1. 固定资产

所占比例最大，主要包括店面和办公自用的房地产、土地使用权和设备。此类占比因业态不同具有较大差异，百货店、超市及专业店占比分别为50%、37%及25%。

2. 其他零售业务长期资产

主要是一些对其他零售企业的股权投资和预付租金等。

3. 现金

占总资产比例仍然较高，在样本企业中平均达28%。这里的现金包括库存现金和银行存款。随着近几年零售企业的高速发展，企业主要通过利润和营运负债的滚动增长，积聚了大量现金，用于未来扩张和发展。目前从我们对样本企业的观察来看，大部分企业的现金都尚能满足正常的经营需要。当然零售企业的资金链风险也是显而易见的，我们在后面会详细讨论。

4. 存货

在总资产中的比例不高，仅占总资产的 14%。零售业经营环节较制造业简单，无需储备大量存货，存货周转率平均在 1 个月左右（各业态不同：百货店在 20 天左右，超市在 35 天左右，而专业店在 45 天左右）。

5. 非零售业务资产

占总资产的 5%，主要包括股票投资，非自用房地产投资以及对非零售企业的股权投资等。虽然总体占比较低，但我们注意到部分零售企业非零售业相关资产占比较高，在经济下行期存在较大风险。（详见第二章第二部分（一）分析方法）

6. 其他流动资产

主要包括预付款、押金及公司往来等。

（三）高度依赖短期负债的融资渠道风险显现

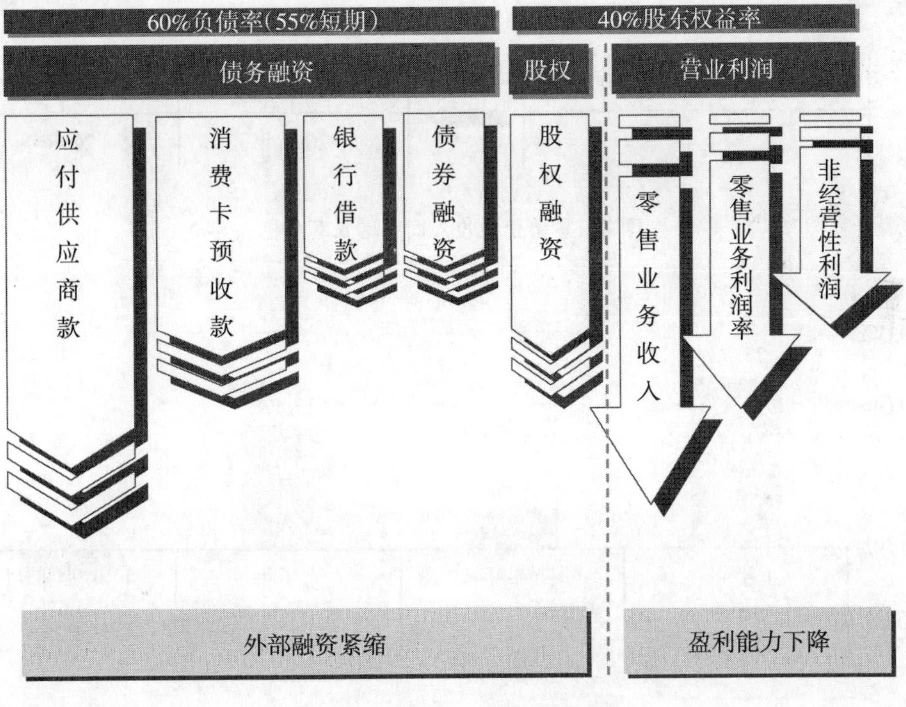

图 3　零售企业债务构成

零售企业负债率较高，且主要依赖短期负债。最大的资金来源是供应商账款。银行贷款不是主要的融资渠道。零售企业高度依赖短期负债的融资结构在目前形势下暴露出较大风险。

首先，零售收入 2008 年下半年起增长率明显放缓，企业对 2009 年能否增长并不乐观；企业盈利能力因大幅度促销和规模效益下降而变弱，大比例固定费用给经营带来较大压力。

其次，股票投资等非经营性利润曾贡献相当部分资金，目前也大受影响。

另外，零售企业近年高速增长，如果在经营利润下降的情况下继续大举扩张，将带来巨大财务压力。

最后，过去大量投资的房地产和金融资产占用大量资金，变现和收益都存在较大问题。

二、盈利能力

（一）大多数受访企业2009年营业额增长不乐观

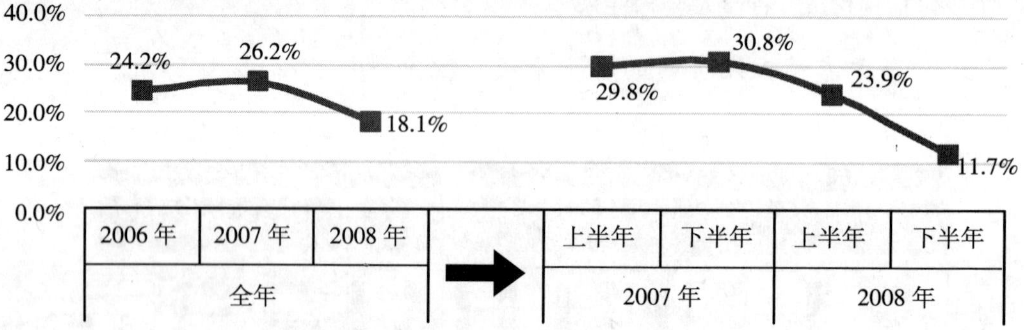

图4　零售企业收入同比增长率分析

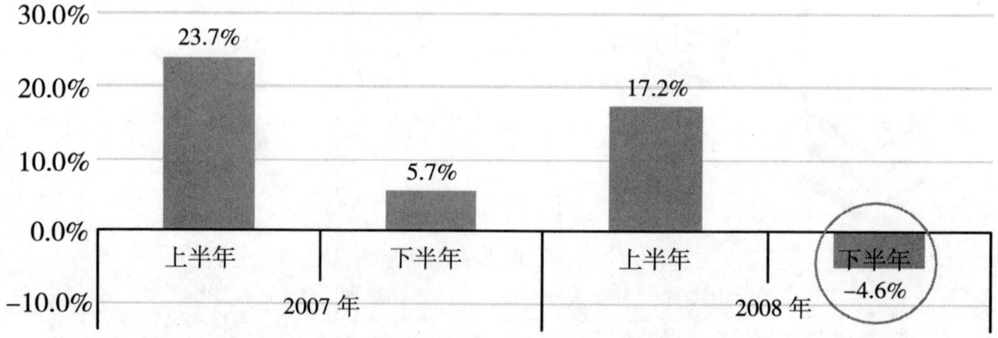

注：全年数据包含上市和非上市样本企业。半年数据仅为上市样本企业信息。

图5　零售企业收入环比增长率分析

1. 营业额增速整体放缓

通过对样本企业数据的分析，我们发现零售企业收入在2006年及2007年总体保持着25%左右的增长，但在2008年，收入虽然仍有18%的增长幅度，但比之前两年增速明显放缓。

通过对半年度收入数据的同比分析，我们注意到收入增长率在2008年有加速下滑的趋势。样本企业2008年下半年收入同比增长率甚至仅为上半年的二分之一。在访谈中我们也了解到，各企业在2009年1季度（特别是春节后）更加明显地感受到了经济低迷带来的销售下滑压力，许多企业1季度同比无增长或甚至出现负增长。受访企业对2009年的零售业务收入增长普遍不乐观。各零售企业都大力开展打折促销活动，尤其以外资企业的力度为大。零售企业也担心打折促销保持销售的作用不能长期维持，希望政府出台更多直接拉动消费需求的措施（如消费券，更多公共长假）。2009年年中以来经济似乎显现回暖，但还需要进一步的观察和分析。

2. 不同类型企业受影响不一

沿海型企业收入增长率相对于内陆型下滑更严重，中小型企业增长率也较大型企业下滑更严重。

而收入环比分析则显示，在2008年下半年零售业收入比上半年下跌了5%，并且三大业态皆出现了环比下跌。其中由于房地产行业2008年的持续低迷，以家电建材等为主的专业店销售收入受到更大的影响。

（二）利润率2008年下半年出现较大幅度下滑

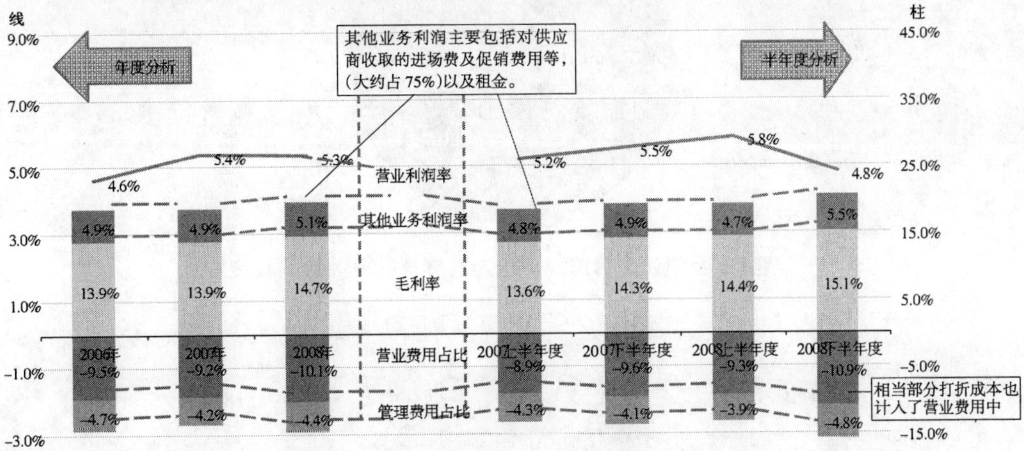

图6　零售企业经营利润率分析

1. 企业整体经营利润率由升转降

样本企业整体经营利润率从2006年的4.6%上升到2007年的5.4%，零售企业收入持续增长，通过规模效应降低了经营费用率（图6左）。样本企业整体经营利润率在连续三个半年度上升。然而2008年下半年各业态经营利润率都开始下滑，已低于2007年上半年水平（图6右）。

2. 多种因素导致利润率下滑

零售企业在2008年下半年度全球经济危机波及中国时已经纷纷开始采取措施，大力进行促销活动，使零售业经营费用率上升；另外，固定成本（如租金，人力成本及水电费等）由于营业额下降而使其相对比例上升（即规模效应下降）。为此，零售企业通过取得更低的进货价格以及争取供应商更多的费用支持等以维持利润率水平。但综合起来，仍无法阻止经营利润率的下滑。百货店经营利润率水平较高，但其下滑程度也更大。

3. 企业采取多种措施积极应对

我们在访谈中了解到2009年零售企业仍面临较大的盈利水平下滑压力。一方面，零售企业仍将加大促销力度。另一方面，进货价格下压空间已有限，供应商也开始要求减少（或想办法避免）有关费用支持。在这种情况下，零售企业采取了诸多措施来提高盈利水平，如减少中间代理商环节直接采购（包括农超对接）、调整商品结构、改变商业模式（用自己营销人员代替供应商销售人员主导销售），以及节能降耗等许多降低固定费用的措施。

（三）企业认为销售收入和盈利能力下降是最大挑战

90%以上问卷调查企业的业务已受到宏观经济低迷的影响，多数企业认为2009年的情况会恶化；销售收入和盈利能力的下降是企业最大的挑战。

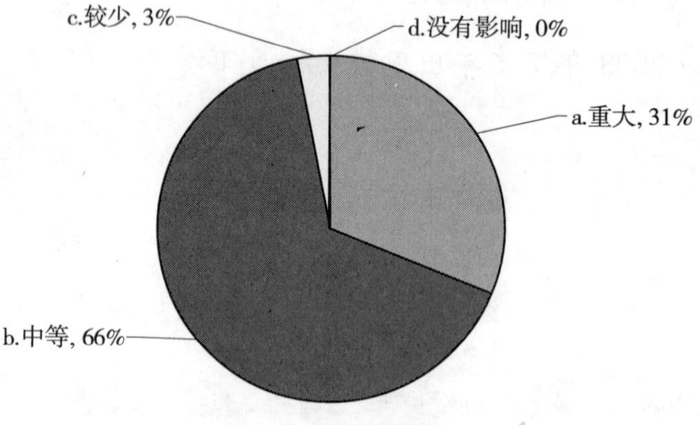

图7　企业认为目前经济低迷对零售行业的影响程度

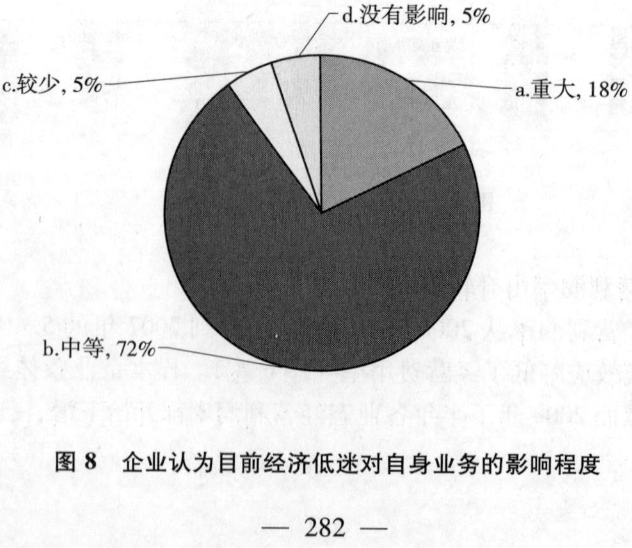

图8　企业认为目前经济低迷对自身业务的影响程度

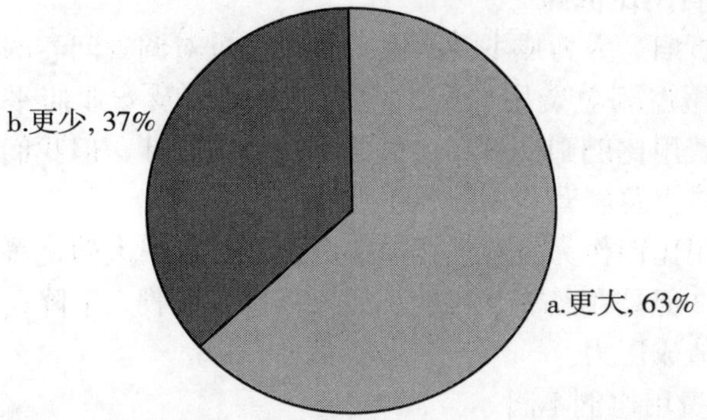

图 9　企业预计其业务在 2009 年可能会受到负面影响会

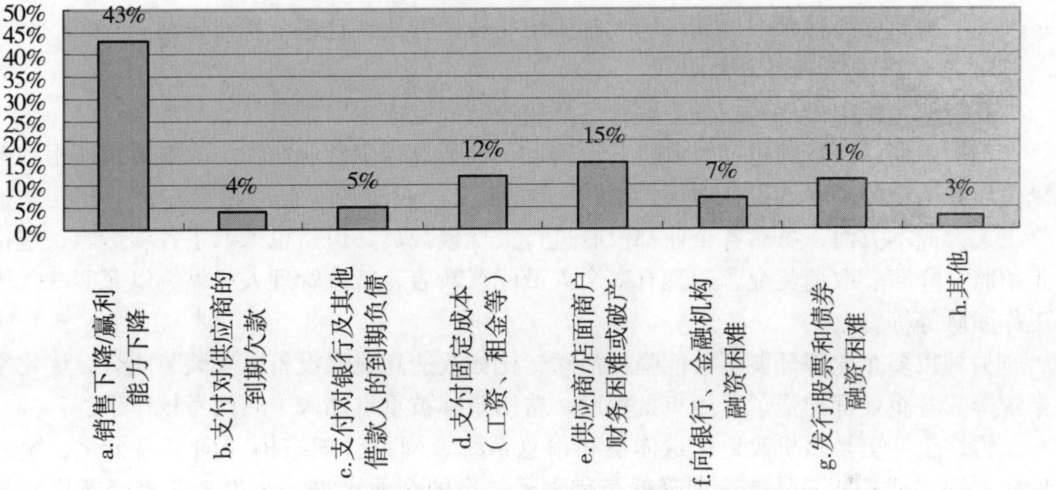

图 10　企业认为度过经济低迷时期几项最大的挑战

（四）高比例的固定费用对盈利能力造成压力

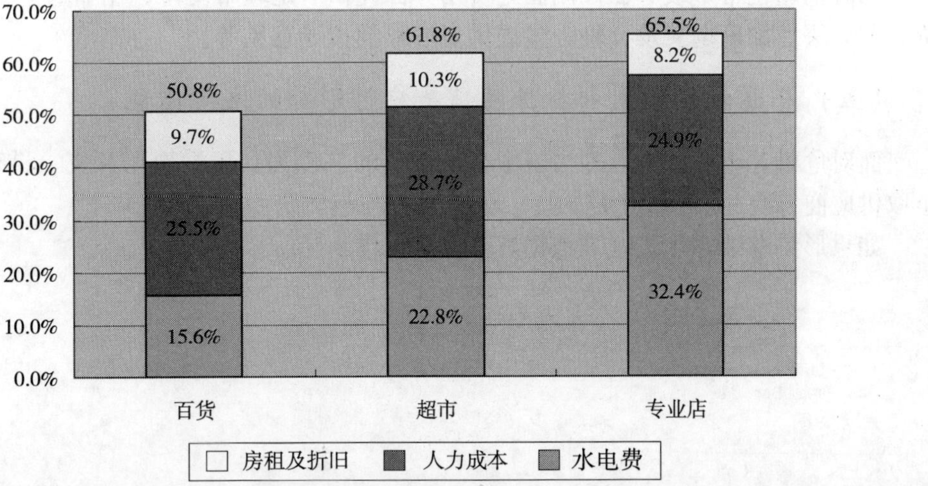

图 11　固定费用占比分析

1. 零售企业固定费用比例高

主要包括租金及折旧、人力成本及水电费等。通过对调查问卷的汇总分析，我们发现百货业的三大固定费用占到总费用的一半左右，而超市及专业店平均已达到60%以上。全部零售企业的固定费用比例则应更高，虽然无法详细统计，但我们了解到有的零售企业全部固定费用实际应该占总经营费用的80%以上。

这样高的固定费用比例作为经营杠杆在业务上升时有很大的优势，可以产生较大的规模效应提高企业效益。但是在经济下行期，如果零售企业收入下降，固定费用占比较高反而将对企业盈利能力造成压力。

2. 不同业态固定费用比例不同

百货店固定费用占比较低，主要是因为百货店拥有更多自有物业，无需承担较高的租金费用。而超市次之，最高的是专业店（注：样本主要是家电专业店，下文同）。它们近年来处于高速发展过程中，其门店大都采用租赁的方式，且租金相对较高。

3. 多种措施压缩固定费用

我们从访谈中了解到，各企业都已开始控制固定成本以维持其盈利水平。

租金方面，已签约租金较难协商下调，企业通过减少营业面积、改签更长期租约甚至以关店为商谈筹码降低租金费用。

人力成本方面，虽然各企业都没有进行大规模裁员，但是也采取了各项措施，包括停止招聘、降薪、取消奖金、用现有富余人员配置新店、行政管理人员缩编以充实一线店面工作团队等等。

另外很多企业都开展了节能降耗活动，比如改造高能耗设备、安装节能灯、优化空调系统等。各企业都加强了费用审批程序，费用指标被重点加入了店面考核体系。

许多企业更是藉机改造配送体系和信息系统、调整管理结构（向更扁平化、统一集约化发展）或是加强品类管理降低存货水平。有的企业则进一步提出要将经营模式从原先的采购驱动型转向门店经营驱动型，通过提高经营管理效率，以期实现零售企业可持续盈利能力增长。

同时企业也希望政府在控制固定费用方面提供一定政策支持，比如电费和工业用电同价、劳动法对加班定义及补偿方式提供更清晰的指导意见等。

（五）压缩经营费用和打折促销是应对形势的主要措施

面对危机，企业已采取的措施中，最主要的三项为：压缩费用开支、进行促销打折、争取供应商/商户更多费用支持。

如果形势继续恶化，这三项仍是最重要选择。

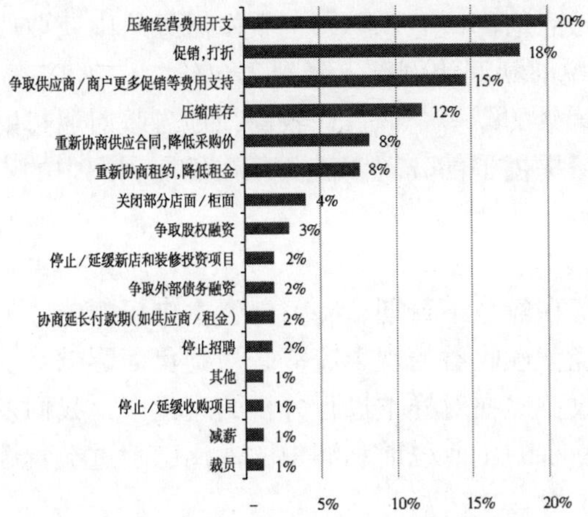

图 12　面对经济低迷零售企业已经采取的措施

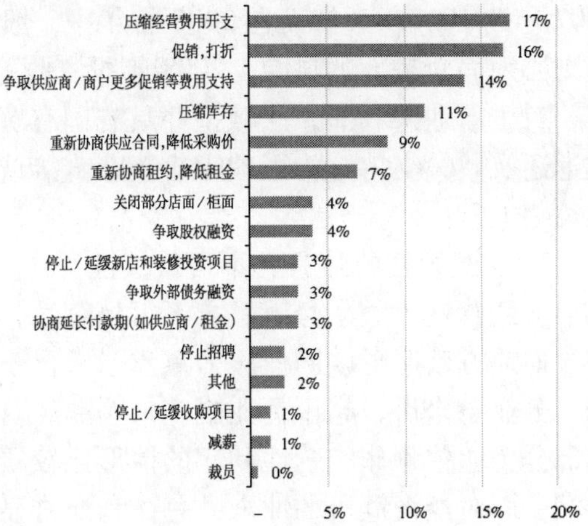

图 13　经济如继续恶化企业在 2009 年会采取的措施

（六）股票投资等非经营收益明显减少

受益于过去三年相对活跃繁荣的资本市场，以股票投资收益为主的非经营性收益占零售企业税前利润的比例在近两年都达到 10% 以上，为零售企业的发展提供了相当部分的资金。但在经济下行期，此资金来源总体上将势必受到重大影响。

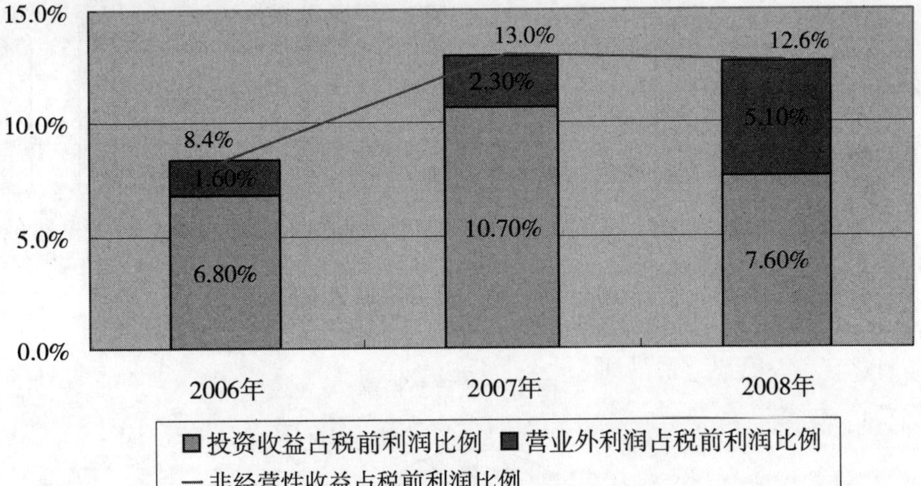

图 14　非经营性收益占税前利润比例分析

1. 非经营性收益的主要来源

零售企业的非经营性收益主要为投资收益和营业外利润两项。投资收益主要包括股票投资收益、股权红利以及处置其他股权投资所获收益等。营业外利润则主要包括政府补贴、处置资产所得以及债务豁免等。这两方面收益占税前利润比例在最近三年皆达到了 10% 左右。

自 2006 年至 2008 年上半年，中国股票市场总体都为上行趋势，为零售企业在资本市场谋取额外收益提供了良好的机会，投资收益占税前利润比例从 2006 年的 6.8% 增长到

2007 年的 10.7%。然而在 2008 年年中，股市行情急转直下，零售企业如仍想从中获取收益则必须面对较大的风险，2008 年投资收益占税前利润比例已下降到 7.6%。

对于营业外利润，区域型并具有国有资本背景的零售企业占比较高，地方政府通过财政返还及政策支持，为当地零售企业直接或间接提供了部分现金流。其在税前利润中的占比逐年上升。

2. 非经营性收益具有不可持续性

非经营性收益本身就具有不可持续性，而且在经济下行期，一方面资本市场低迷，另一方面地方政府财政同样压力重重，来自于非经营性收益的现金流势必受到负面影响。

分业态来讲，超市企业更多依赖非经营性收益。在对样本进行分析的过程中，我们发现部分企业依赖非经营性利润的情形比较严重，有的企业税前利润中的占比已超过经营性利润。面对经济危机的冲击，总体利润将显著下滑。

三、融资能力

（一）融资主要依赖于供应商货款和消费卡预收款

零售企业资产负债率较高。融资结构主要依赖于短期的流动负债，其中大部分是应付供应商货款和消费卡预收款。

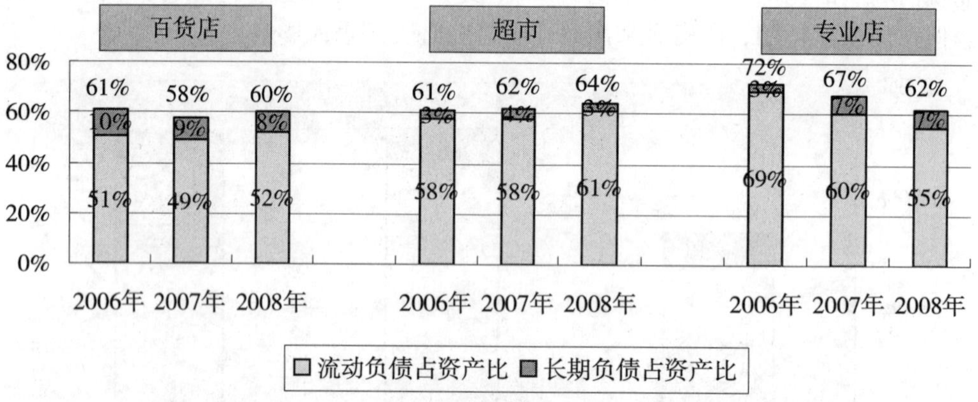

图 15　资产负债率

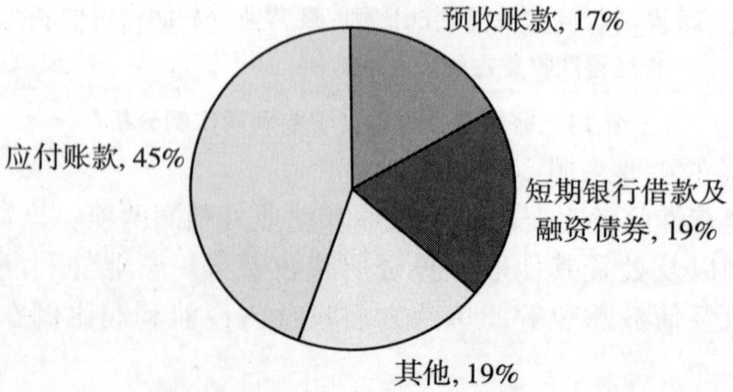

图 16　零售业流动负债构成

1. 供应商货款和消费卡预收款是主要营业负债

零售企业三大业态资产负债率均超过了60%，而专业店曾达到70%，在负债结构中基本以流动负债为主。

从零售业整体来看，流动负债中银行借款等带息借贷仅占五分之一，其余大多由企业营业负债构成，主要包括对供应商的应付货款以及通过发行现金储值卡从消费者处获取预收款。

在2008年下半年供应商也受到不同程度的冲击，供应商资金压力增大，使零售企业较难从供应商处获得更多融资。

同时，全球经济危机自2008年下半年起开始波及中国，消费者信心受挫，企业压缩福利支出，零售企业通过预收账款进行融资的渠道受到限制。（详见本章第四部分（一）开店与并购：快速扩张难以为继）

2. 银行借款并不是零售企业融资的主要渠道

零售企业（特别是以租赁店面为主的超市和专业店）因无大量可供抵押资产，无法获得大量银行借款。（详见本章第四部分（二）非主业资产：变现与收益存在较大问题）

部分企业也通过发行可转债、融资票据等进行融资，虽然融资成本较低，但是同样存在风险。

此外，能够在资本市场上进行低风险、长期性的股权融资，以改善其高短期负债比例的融资结构，对零售企业也非常重要。

（二）零售企业持有的现金不能覆盖全部流动负债

零售企业持有的现金足够偿还大多数银行借款等带息债务，但还远不能覆盖全部流动负债（以供应商账款和消费卡预收款为主的），存在一定的风险。

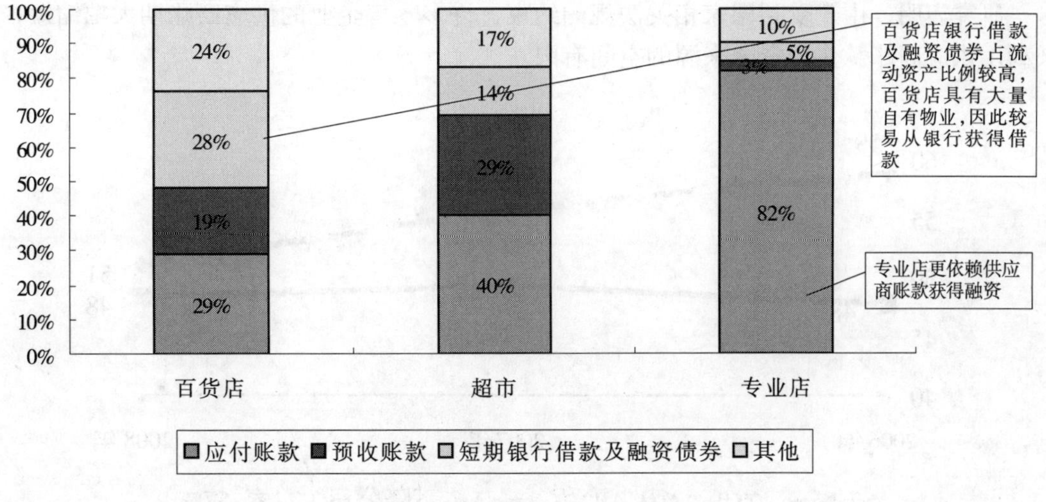

图17 三大业态流动负债构成

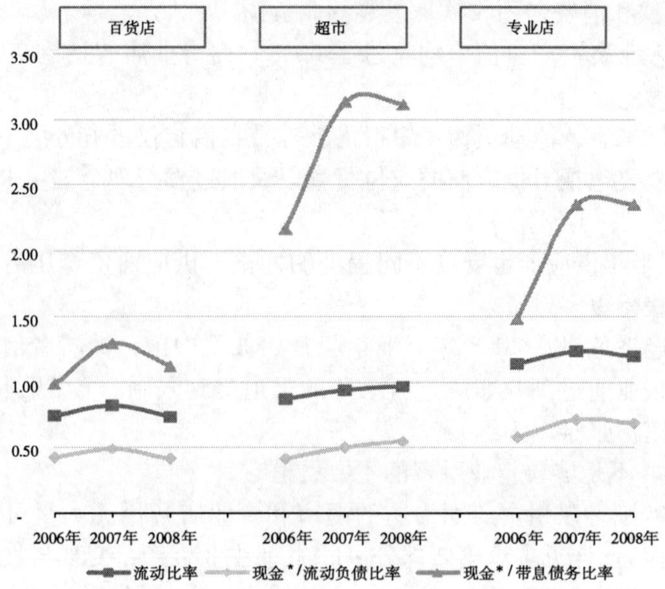

注：现金包括银行存款及可及时变现的短期投资。

图 18　偿债能力分析

由于零售企业借款比例较低，所以现金带息债务比一般都高于 1。但由于企业极大地依赖营运负债融资，现金对流动负债比率较低，抵御供应商或消费卡营运负债的相关突发状况（如挤兑）能力较弱。

（三）利用供应商账款作为资金来源的扩展空间有限

研究表明，由于受到国家相关法规的约束，许多零售企业的供应商账期大幅缩短，未来利用供应商账款作为资金来源的空间有限。

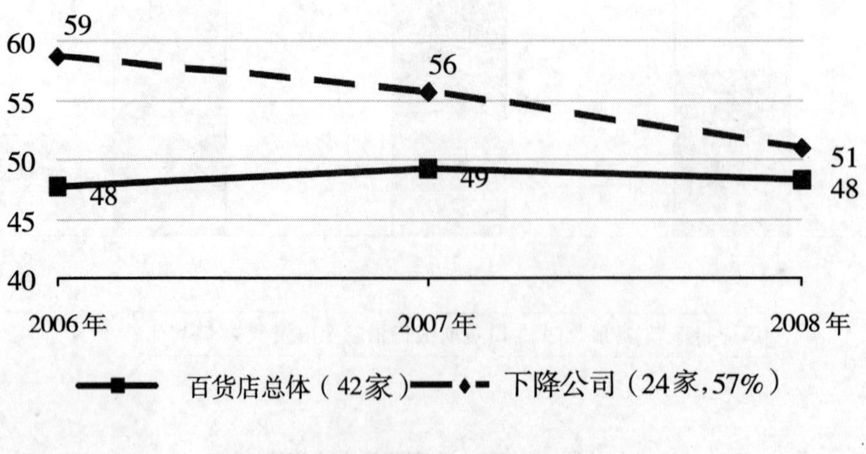

图 19　应付账款周转天数——百货店

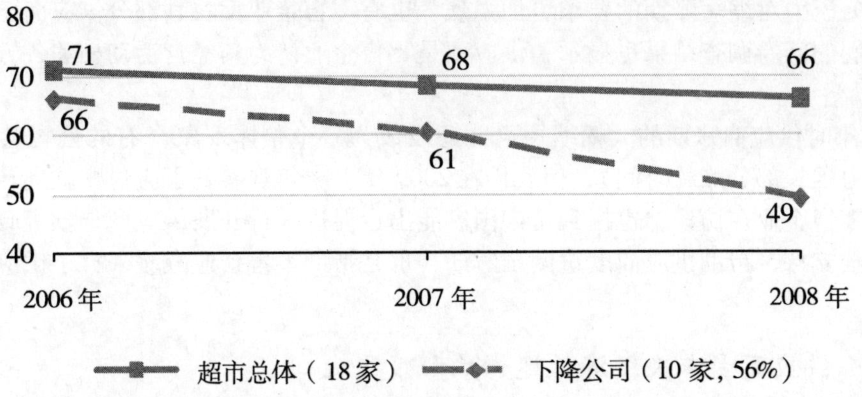

图 20　应付账款周转天数——超市

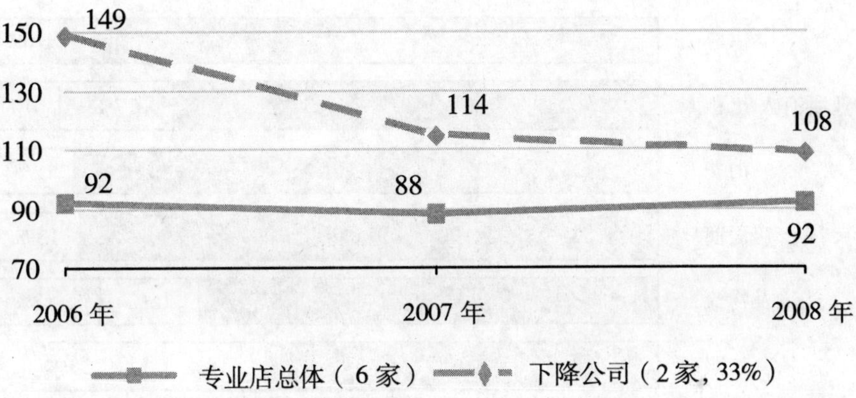

图 21　应付账款周转天数——专业店

1. 大部分零售企业的应付款周转天数明显下降

零售企业应付账款周转天数因其业态不同存在较大差异，百货店大约为一个半月，超市在两个月左右，专业店需要三个月左右。

如之前分析所述，供应商账款往往是零售企业最大的资金来源。而我们的分析中却发现，大部分零售企业的供应商应付款周转天数出现明显的下降情况，下降幅度都在 1 ~ 2 周，中小供应商较多的超市企业降幅最大。

我们了解到零售企业的供应商（百货店主要是商户）近年来一直在要求缩短结账期，我们看到一些应付账款账期较长的大型零售企业，近年来的账期却已大大下降，反映了大零售商依赖供应商账款提供资金情况减弱的趋势。

2. 制度和经济环境促使应付款周转天数下降

越来越多零售企业逐渐加快付款，在访谈中有华南的超市企业谈到它们的平均账期下降了约一半（30 天）。账期缩短一方面是来自于供应商的压力，一方面也是零售企业担心主要供应商出现资金问题。2008 年下半年随着经济危机影响深入，部分供应商因其自身经营及财务压力对缩短账期的要求更加强烈，也有零售企业反映其部分供应商已开始难以支撑。我们的问卷调查结果也显示，供应商是零售企业认为其经营活动相关各方中最受影响的。

2008 年时供应商账期的大幅缩短可能还没成为一个整体现象（有的公司甚至还能利用规模实力延长部分账款时间），但我们在 2009 年上半年观察到了应付账款周转期普遍缩短。部分零售企业在访谈中也提到希望国家能出台促进银行开展供应商贷款等政策对供应商提供资金支持，帮助供应商度过困难时期，也是帮助零售企业减缓来自于供应商的资金压力。

（四）供应商受本次经济低迷影响程度更大

问卷调查显示，零售企业认为其经营活动相关各方中，供应商受本次经济低迷影响程度更大，反映了零售企业对这一最主要商业伙伴和资金来源方的担忧。

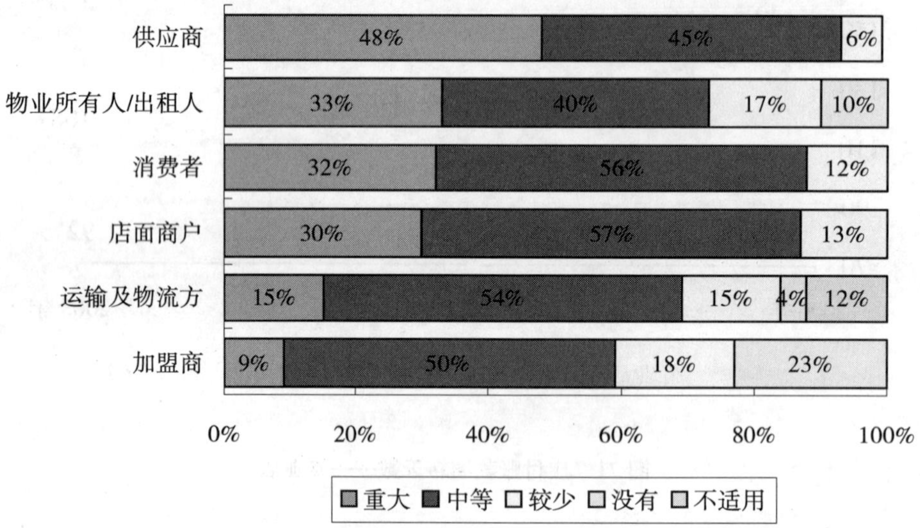

图 22　零售企业认为其经营活动相关各方受经济低迷影响程度

（五）储值卡发行增长趋缓

百货店及超市向消费者发行现金储值卡情况较为普遍，成为重要的资金来源之一，但其增长在 2008 年已明显趋缓。

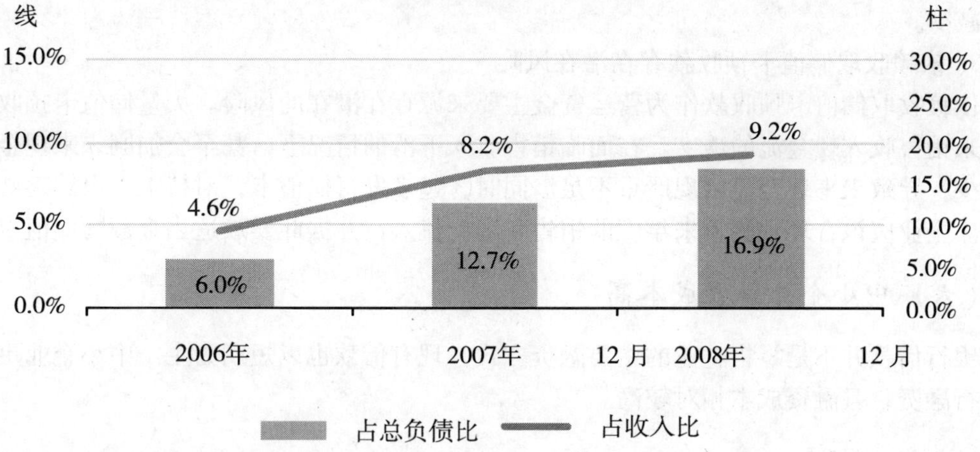

图 23 预收账款分析——百货店

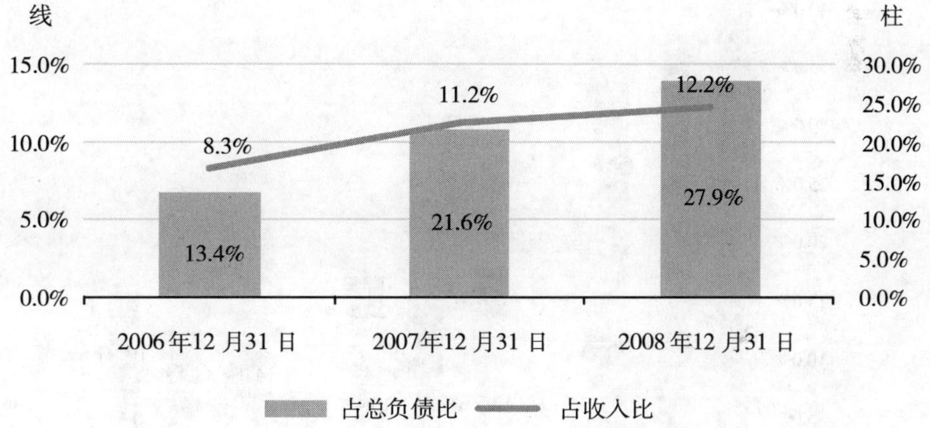

图 24 预收账款分析——食品百货超市

1. 储值卡也是重要融资渠道

零售企业发行消费储值卡不仅利于促销，更能取得大量经营现金流，这已经成为许多百货店及超市的主要资金来源之一。我们发现有的大型零售企业其消费储值卡余额已占其总债务的三分之一甚至一半以上。专业店由于其商品类别相对单一，现金储值卡用途受到限制，因此专业店预收账款较少，仅占总资产的 1% 左右。

从图 23、24 中可以看出，百货店及超市预收账款占总负债比例及占收入的比例在 2007 年曾大幅上升，而在 2008 年其占比增长则明显趋缓。

2. 储值卡需求量减少

我们了解到，储值卡的直接客户一般为公司及政府部门，用于职工福利及业务招待支出等。随着部分地区市场已渐趋饱和，零售企业从中获取流动资金增量的潜力已越来越小。并且，在经济下行期，公司减少了职工福利及业务招待支出以控制费用成本，将使需求量减少。

3. 依赖收取储值卡预收款存在潜在风险

依赖收取储值卡预收款作为营运资金主要来源存在潜在的风险。大量储值卡预收款是对未来销售收入现金流的透支。在面临销售收入下滑的情况下，甚至会加剧未来现金流入的减少，导致未来现金流出现严重不足。同时，过多发行储值卡，对持卡人也缺乏必要的保障。企业应该合理预测未来年度的销售和现金流入，并据此发放适当金额的储值卡。

（六）中小企业融资成本高

银行借款并不是零售企业的主要融资方式，现有借款也以短期为主。中小企业更难获得银行融资，且融资成本相对较高。

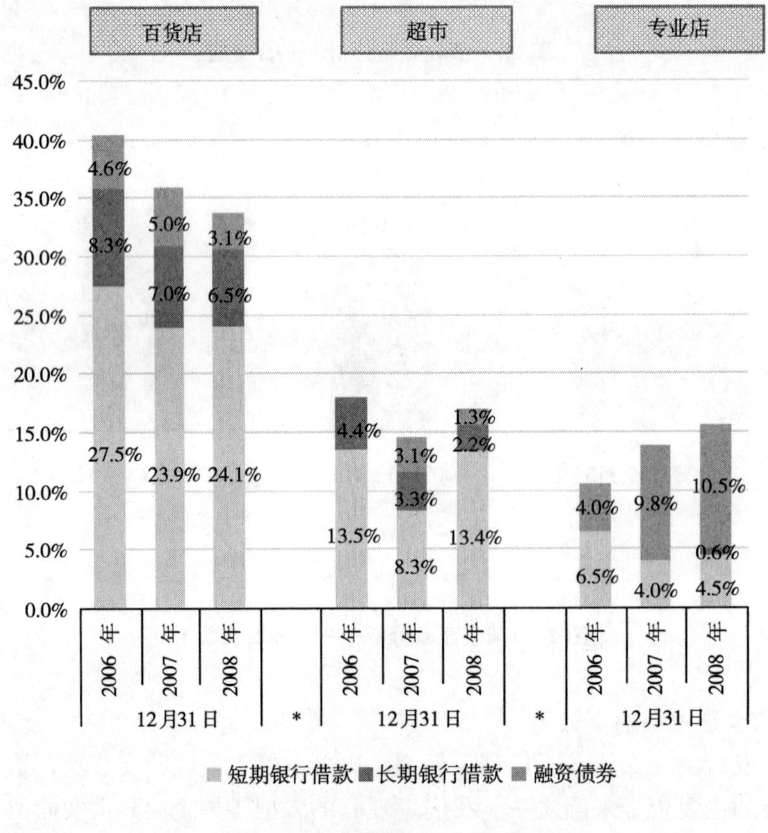

图 25　带息负债融资比总负债分析

1. 零售企业银行借款难，成本高

零售企业由于缺少可抵押资产，很难获得银行等金融机构的借款，对这项资金来源的依赖性较低。百货店相对拥有更多自有物业，因此相对超市和专业店，银行借款比例稍高。而且，零售企业的银行借贷以短期借款为主。长期借款门槛较高，融资成本也大。2008年，超市及专业店的银行借款仅占总债务的1/6，而百货店的金融机构借款也仅占其总债务的1/3不到。

访谈中了解到零售企业在困难时期比较希望获得银行支持，有部分企业已试图申请银行授信额度备用，以作应急。

2. 中小企业特别需要宽松的信贷政策

中小型企业相比大型企业更难获得银行贷款，而其融资成本也较高，在访谈中了解到，小型零售企业的融资成本有的达到近 10%（见图 26 分析）。这在一定程度上限制了小型企业通过金融机构进行融资以改善财务状况或扩张发展。因此它们也希望银行系统和国家政策（如贴息、担保等）能予以支持，为零售企业（特别是中小企业）提供宽松的信贷政策。

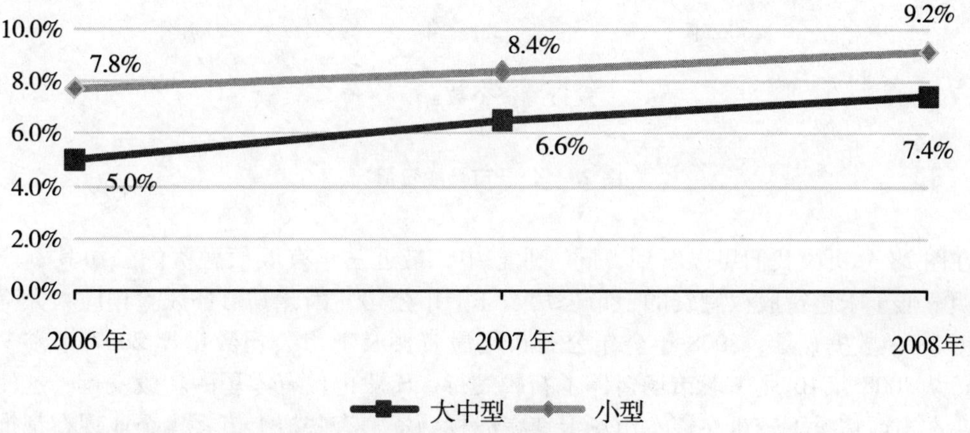

注：小型百货店是指 2008 年收入小于 10 亿元的百货公司。

图 26　实际利息率分析

（七）发行股票筹集资金以改善财务状况也非常重要

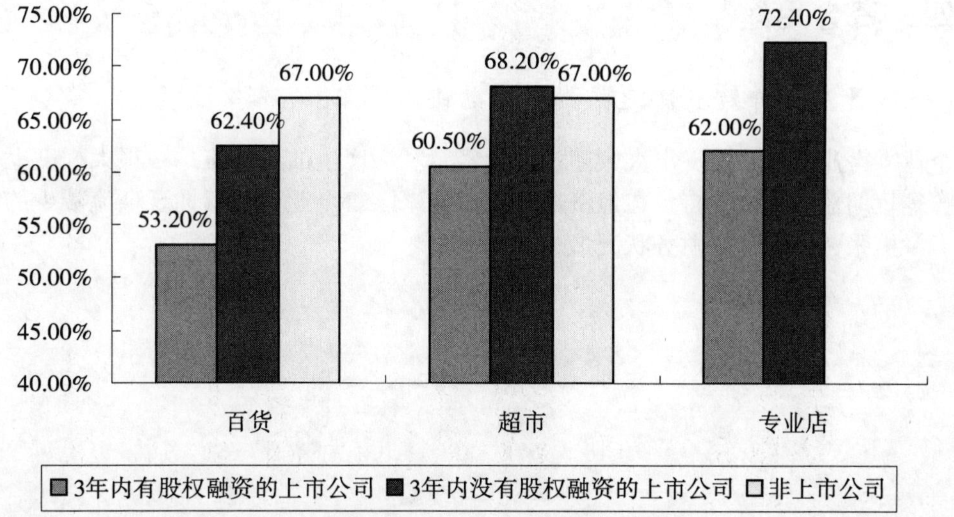

图 27　股权融资对资产负债率的改善

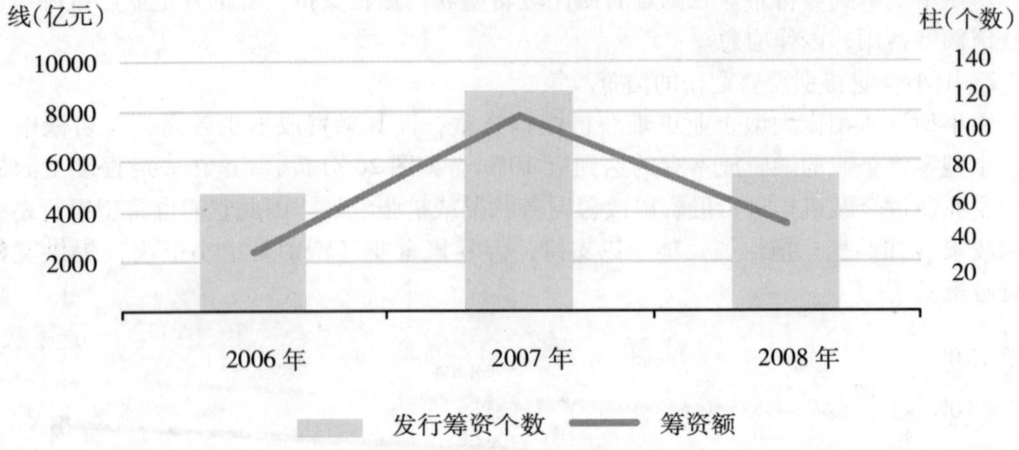

图 28 公开市场融资情况

在图 28 分析中我们可以看到，同一业态中，最近三年有股权融资的公司其资产负债率要明显低于未进行股权融资的上市公司及非上市公司，因此其财务风险相应大大降低。

图 28 中数据显示，2008 年全年公开市场融资额及上市公司数量比 2007 年减少了近一半。从 2008 年 10 月 A 股市场暂停了新股发行，H 股也仅有零星的新股发行，这使得零售企业在当前情况下较难在资本市场上获得股权融资。有些拟上市零售企业现在都推迟了上市计划，而当时却是这些公司最需要资金的时期。

2009 年 6 月，国内股票市场重新启动首次公开发行（IPO），伴随股票市场的恢复，众多零售企业重新看到市场融资的希望，同时也期望监管部门能够简化发行新股的审批流程，以利于企业通过股权融资改善财务状况，获得长期稳定的发展。

四、资金用途

（一）开店与并购：快速扩张难以为继

企业零售业务的扩张支出大大超过企业经营利润产生的现金流，在很大程度上依赖应付账款等短期营运资金支持。在经济低迷期，如果零售企业在经营性现金流减少的情况下继续大举扩张，将对公司财务状况造成巨大压力。

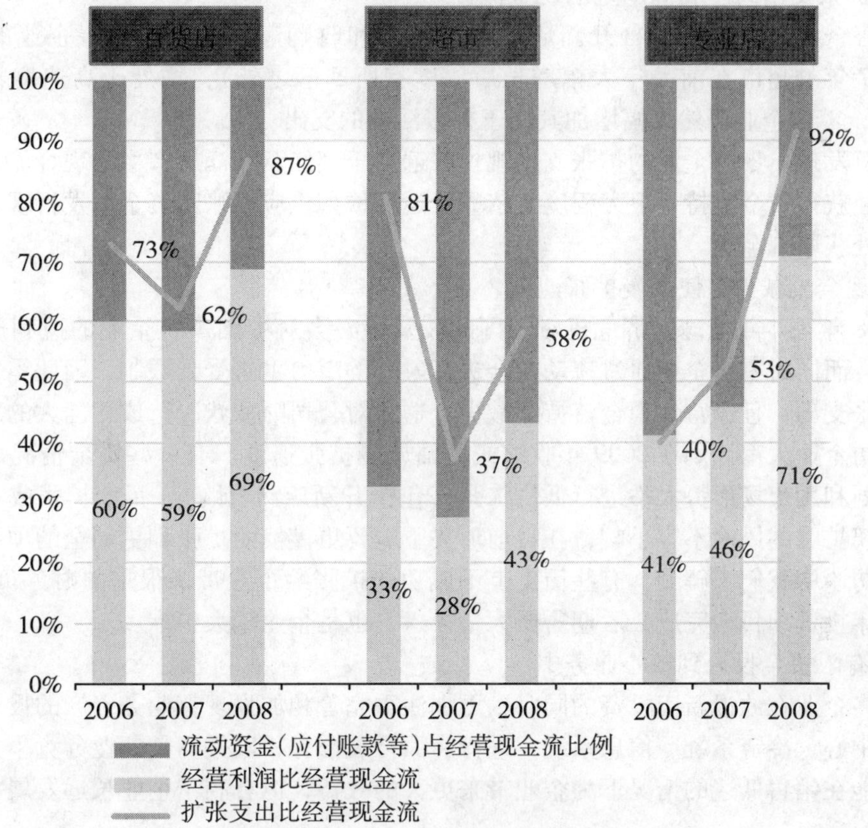

图 29 扩张支出对经营现金流比例分析

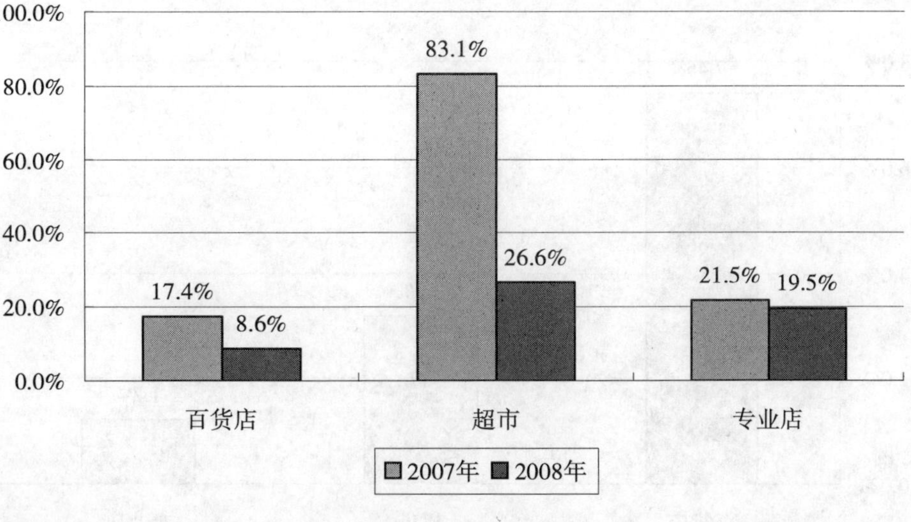

图 30 门店增长率

1. 扩张支出高于利润产生的现金流

零售企业的扩张包括自开新店的有机增长和收购兼并活动。零售企业的扩张支出(除2007年的超市在前一年大幅增长后一度有所回落之外),均处于高速增长状态。在2008年,零售企业仍然大幅增加其用于扩张活动的支出。

分析发现,零售企业的扩张支出规模普遍高于其经营利润所产生的现金流,需要通过其他途径获得资金支持,很大程度上依靠营运负债如供应商账款资金、发行现金储值卡从消费者处获取现金等。

2. 现金流减少迫使放慢扩张速度

2008年下半年全球经济危机对中国的波及势必会对中国零售企业的盈利造成一定负面影响,而同时零售企业通过流动资金进行融资的潜力也将受到限制,因此零售企业继续增加扩张支出,且经营性现金流持续减少,这将对公司财务状况造成相当大的压力。

受访企业大都计划在2009年收缩或大幅放慢扩张速度。有一些资金情况尚好的企业仍有计划利用市场形势大举进行低价扩张(包括开新店和收购)。目前扩张成本较低,但是大规模扩张的风险不容小觑,在目前形势下需要更谨慎的扩张和更周全的项目评估。

在访谈中我们了解到,有些历史上不成功的扩张给企业带来很重的财务负担。另外,许多往年投资项目未完成,后期需要大量投入,也是企业较大包袱。

3. 有限资金投入到核心业务中

很多企业在放慢新店投资的同时,更加注重完善和加强现有业务资产的投资,比如建立配送中心、冷链系统、信息系统,进行店面再装修等,以提高长期业务竞争力。这样的投资可能在销售低迷的情况下为企业带来更大的效益,也有利于企业长远发展。

(二)非主业资产:变现和收益存在较大问题

许多零售企业,特别是百货店大量投资于非主业资产,主要包括投资性房地产、长期股权投资以及可供出售金融资产。在经济下行期,这些资产的变现和收益都存在较大问题。

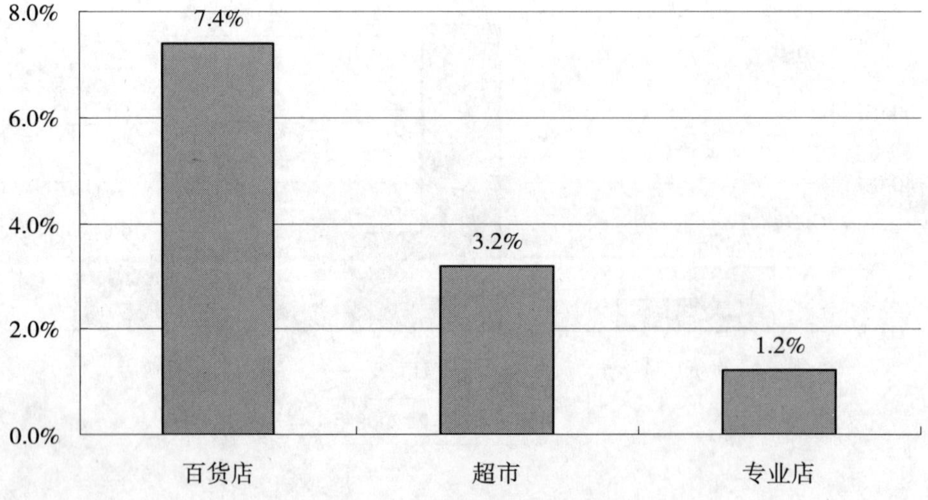

图31 非主业资产比总资产

零售企业相对于其他行业具有较充裕现金，因此利用富裕资金进行非主业投资成为其谋求利润快速增长的手段之一。

三大业态中，我们注意到百货业非主业资产占总资产比例最高，2008 年 12 月 31 日达到 7.4%。许多百货类企业有很高的非主业资产比例。投资性房地产及长期股权投资（投资对象为非零售企业）成为其主要投资方向。有些公司的非主业投资资产甚至达到了总资产的四分之一以上。

在经济低迷时期，这些非经营性投资资产的流动性急剧变弱，占用了大量资金，同时对于将来的变现也会带来较大的损失。

第二章　零售企业资金链状况评估指标体系

一、评估指标体系综述

（一）评估指标体系的确立和完善

评估指标体系需要考虑一系列影响企业财务状况和经营业绩的变量。总的来说，有效的分析应将影响行业和企业的定量和定性因素相结合。但我们这里的分析指标主要讨论定量因素。

定量分析指标总体应包括外部和内部指标：

1. 外部指标

外部指标包括行业/宏观经济相关指标以及企业相关指标（共 7 项）。

行业/宏观经济相关指标：主要指影响到零售消费品需求的因素指标，它们影响着消费者有多少钱和多大程度上愿意花钱。包括：人均可支配收入，消费价格指数，消费者信心指数，失业率。

企业相关指标：仅适用于上市公司。主要是指那些与外部各方（如股东和评级机构）如何评价企业相关的指标。包括：股价变动，市盈率，信用评级。

2. 内部指标

内部指标是更直接的分析指标。内部指标用以直接了解企业的经营业绩和财务状况，了解企业产生或筹集足够资金支持其自身发展、抵御财务风险的能力。按照我们的研究框架，内部指标（总数共 28 项）分为：

盈利能力指标：反映作为企业最根本资金来源可持续收入的增长和盈利能力，包括企业资产的使用效率。

融资能力指标：反映企业从外部融资的能力、短期和长期偿债能力、资产变现能力和承受财务状况恶化的能力。

资金用途相关指标：反映企业的支出（尤其是扩张支出）与其可持续资金来源的关系，以评价其发展的平衡度。

3. 企业规模相关度

目前评估指标体系更多的基于规模较大的上市公司的情况。应在获得相当规模中小企业数据和资料的基础上修正后，才能使指标体系适用范围扩大至更广。

4. 信息的质量

目前基础信息主要基于上市公司公开披露的资料。如能获得更详细的企业经营和财务数据，则将可建立更相关和更有分析深度的指标。

信息的时间性：信息的及时性（企业信息的立即获得）和时间频率（如，季度和月度报告对年报的补充）的提高可以改善分析的相关性和深度。

信息的可比性调整：基于更详细的数据信息，对指标中所应用的各企业数据进行调整以增强其可比性，使分析结果更有意义。目前报告中的指标数据由于资料局限未作这样的精细调整。

持续性的更新和完善：评估指标体系来自于对样本企业历史数据分析，需要通过广泛运用和实践，通过结果反馈来不断修正完善。随着零售业和经济社会的发展，有关评估指标体系也将需要相应地不断更新。所以，评估指标体系的更新完善是一项动态和长期的工作。对于企业的监控也是一项长期的系统工作。本报告中的一系列评估指标体系旨在抛砖引玉，为这样一项系统工作提供参考。

（二）指标体系架构

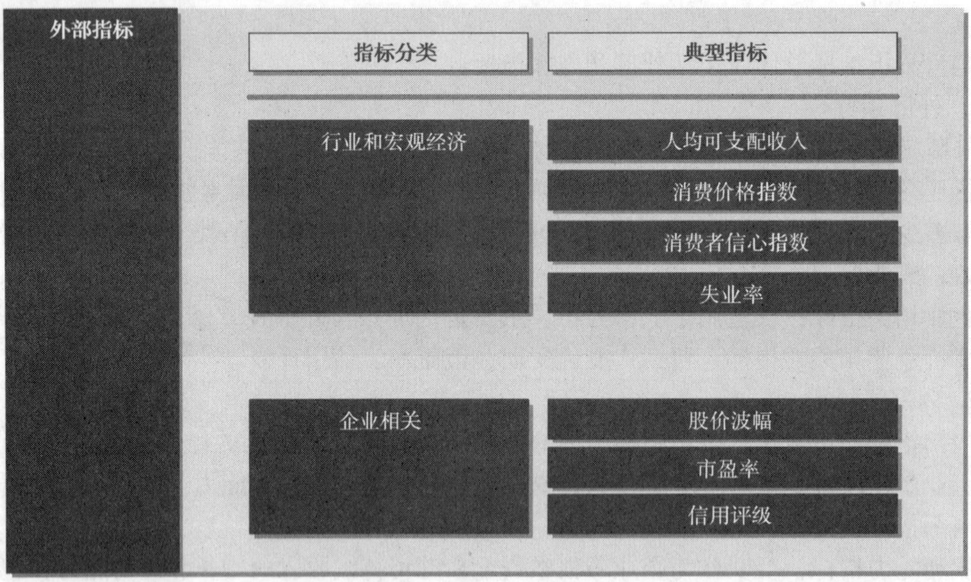

内部指标	指标分类		典型指标*
	盈利能力	企业收入成长	销售增长率
		盈利的增长和效率	税前利润率
			资产收益率
	融资能力	整体融资结构	资产负债率
		营运活动融资	流动比率
			供应商周转天数
			存货周转天数
		带息负债融资	自由现金流比净债务
	资金用途	投资支出平衡度	固定资产投资比经营现金流
			固定资产投资比折旧

*：本页架构中的指标为各类评估指标中较为典型的十大指标。

图 32　指标体系架构

（三）评估指标体系的应用

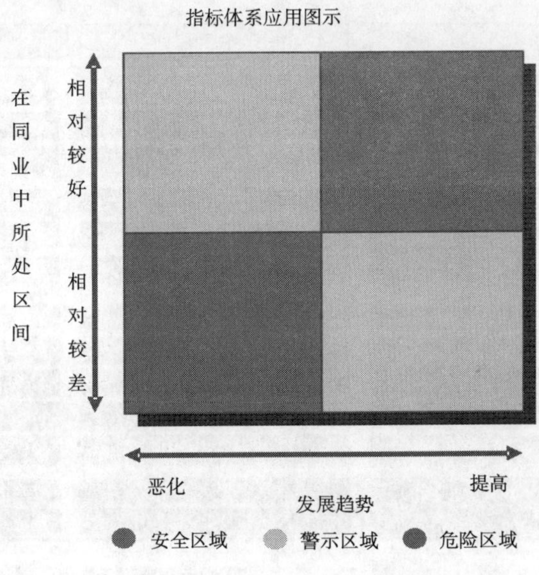

图 33　指标体系应用图示

1. 基础数据库

整个评估指标体系的数据基础，理论上是全体零售企业实际指标的集合，也即所有零售企业各自实际指标额所形成的区间（“指标区间”）。所以首先需要搜集覆盖面尽可能广的零售企业资料，形成全面而完善的基础数据库。

2. 二维评估

基于上述基础数据库，在用指标体系评估单个企业时，应用的是一个动态和相对的概念进行的三维评估，具体来说是看企业指标：

在同业中所处区间：单个企业的表现在同行业中属于平均水平之上，还是在平均水平之下。在基础数据充分的情况下，数据区间的划分可以更细，如三分位和四分位区间。

发展趋势：单个企业指标的近年/期以来的发展趋势，是在逐渐恶化还是改善提高。

如图 33 所示，指标体系的前两维（即同业所处区间和发展趋势）相互组合，形成了四个区域：

比行业平均好并在提高：定义为安全区域；

比行业平均好但在恶化：定义为警示区；

比行业平均差但有提高：也定义为警示区域；

比行业平均差并在恶化：定义为危险区域。

对于警示区域的指标应引起风险的关注，而危险区域的指标则应有立即的行动进行改善以防出现危机。

这样的动态和相对的指标体系考虑了零售行业整体和企业自身不断变化发展的趋势，使评估标准具有更好的时效性和客观性。

（四）评估指标体系的应用 —— 某零售企业指标评估示例

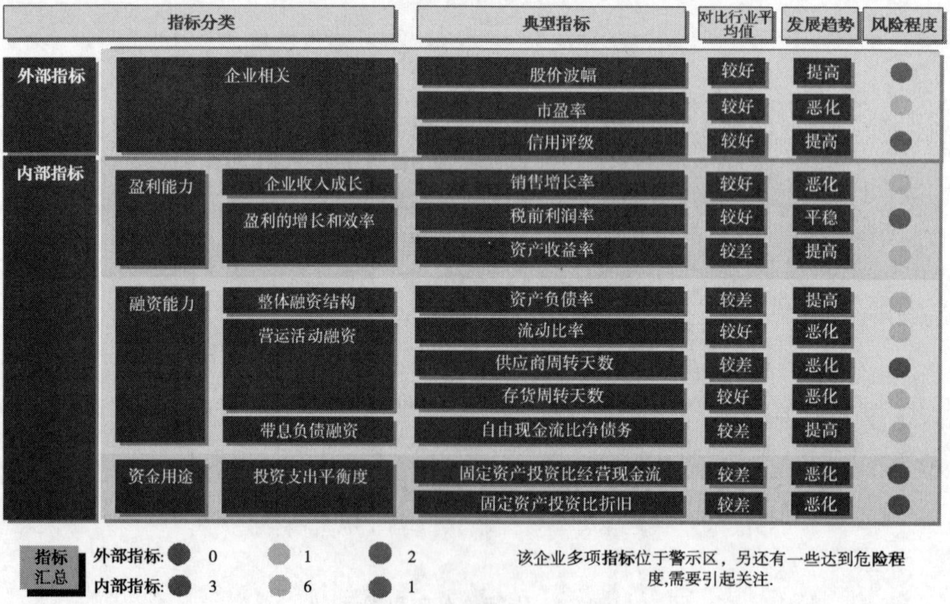

图 34　某零售企业指标评估示例

二、国内外企业比较

（一）分析方法

本节内容是就前述评价指标体系将中国主要上市零售企业与世界500强公司中的零售企业和主要香港零售企业进行比较分析。

所选取的样本公司包括：《财富》500强公司中零售企业32家，香港主要上市零售企业29家，中国内地主要上市零售企业52家。

我们汇总了上述公司的年度财务报表数据后，对三组企业进行了总体的分析比较（但不包括对企业具体数据的任何审核和验证），总结和归纳了一些分析发现点汇总于后。这里，我们列示的分析发现并未包括所有评估指标：由于企业的详细数据有限，我们选取了在现有信息条件下有可比意义以及有实际比较发现的指标。由于样本数量有限，我们的分析基于行业总体层面，未细分至各零售子业态。

在比较分析和参看分析结果中还有一些其他因素需要注意结合考虑：

企业规模和发展阶段：由于世界500强零售企业的规模和发展阶段与中国零售企业不同，500强企业的经营可能处于一个相对更成熟和稳定的阶段。

会计规范：不同的会计准则和会计处理规范标准有可能使三组企业的数据存在较大的不可比的差异。

商业行为惯例：由于地域和商业环境的不同，三组企业有着不同的商业行为惯例，也需要在作具体分析时考虑。比如，我们知道中国的百货店和美国的百货店的经营模式就不尽相同，中国百货店多为店中店的模式（即百货店实质上将店面租给商户），而美国的百货店是自营模式（即百货店完全自己进货并用自己的人员销售和经营店面）。

以下范例以销售增长率为例，列示了我们主要的分析方法和过程。此方法用于所有指标的比较分析。

1. 我们对世界500强零售企业的有关数据进行汇总，得出各年的销售收入增长率，将它们某年销售增长率进行排序，并做四等分，得出四个四分位区间，然后将它们归为三组区间，即：

高：最高的25%指标区间（包括大于500强最高值的区间）；

中：处于中间段的50%指标区间（中间的两个四分位区间）；

低：最低的25%指标区间（包括小于500强最低值的区间）。

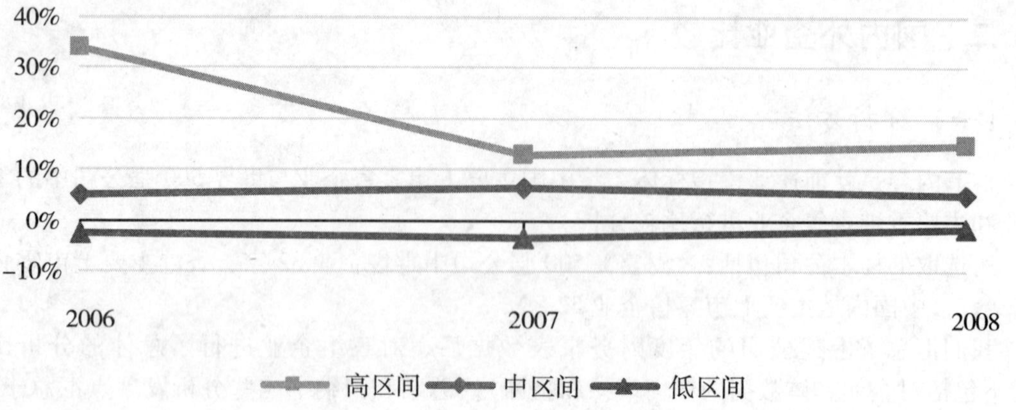

图 35 世界 500 强企业指标分级——销售增长率（2006—2008 年）

2. 计算汇总出中国内地和香港样本公司 2006 年至 2008 年的销售增长率指标。

3. 最后，我们将中国内地（和香港）企业的销售增长率数据与步骤一中归纳的三个区间进行比较。也就是说，用世界 500 强零售企业的标准来看，分别有多少中国企业属于“高”、“中”、“低”增长率区间。

比如在 2008 年，500 强公司“高”销售增长率区间的下限大约是 15%。我们统计出 82% 的内地样本企业和 64% 的香港样本企业属于这个“高”增长率的区间，即相比 500 强标准来看大部分内地企业属于高增长。从另一方面可以说，中国内地企业比它们的 500 强的同行们从销售收入增长上来说要快得多（也超过了香港企业）。

我们以此逻辑分析所有三年的各区间段数据。

区间	企业数量分布(%)	2006	2007	2008
高	香港	52%	83%	62%
	中国内地	56%	71%	73%
中	香港	41%	17%	24%
	中国内地	8%	13%	10%
低	香港	7%	0%	14%
	中国内地	37%	15%	17%

销售增长：中国内地零售企业的销售增长（特别是近两年世界大型零售企业更多受经济不景气影响情况下）普遍高于世界 500 强水平，但是企业资产利用效率（资产收入率）相比仍偏低。

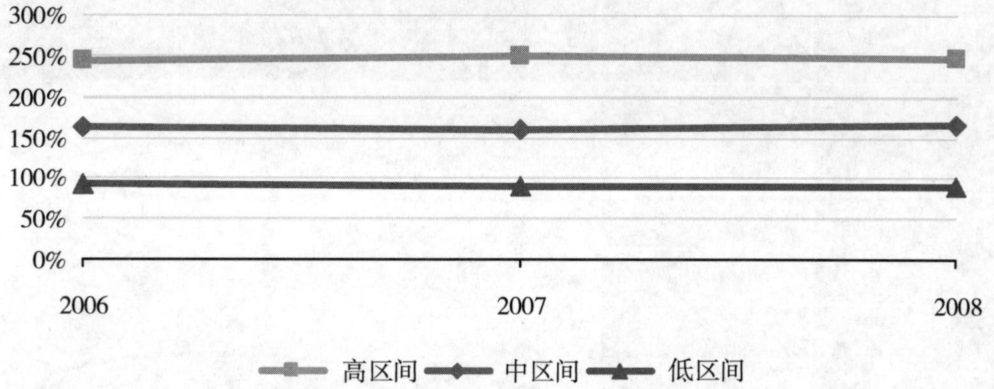

（资产收入率＝销售收入/总资产）

图 36　世界 500 强企业指标分级——资产收入率（2006—2008 年）

区间段	企业数量分布(%)	2006	2007	2008
高	香港	24%	21%	34%
	中国内地	15%	13%	19%
中	香港	31%	59%	41%
	中国内地	15%	25%	17%
低	香港	45%	21%	24%
	中国内地	69%	62%	63%

利润水平：与世界 500 强和香港零售企业不同，中国内地零售企业的利润并不主要依靠商品销售毛利，而是更多来自于供应商费用支持等其他渠道。

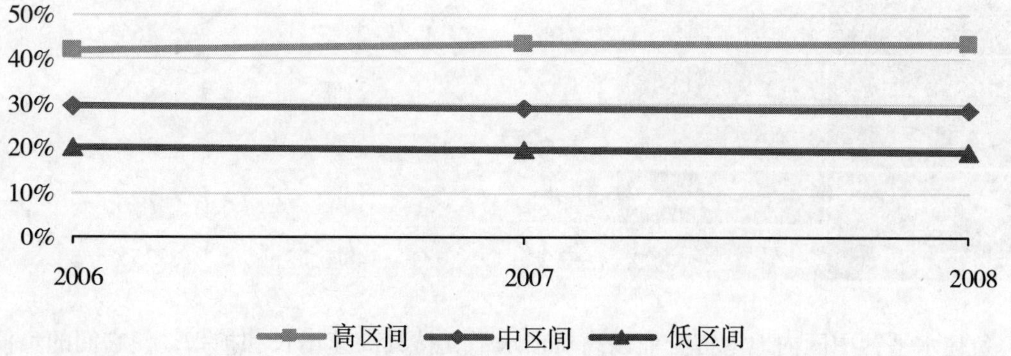

图 37　世界 500 强企业指标分级——毛利率（2006—2008 年）

区间段	企业数量分布(%)	2006	2007	2008
高	香港	48%	62%	66%
	中国内地	0%	2%	2%
中	香港	21%	10%	7%
	中国内地	0%	0%	0%
低	香港	31%	28%	28%
	中国内地	100%	98%	98%

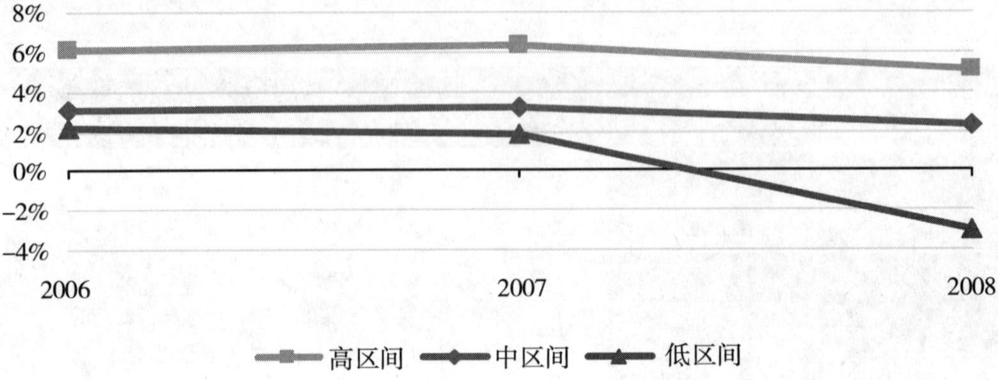

图 38　世界 500 强企业指标分级——净利率（2006—2008 年）

区间段	企业数量分布(%)	2006	2007	2008
高	香港	52%	69%	76%
	中国内地	21%	23%	46%
中	香港	21%	21%	17%
	中国内地	15%	29%	29%
低	香港	28%	10%	7%
	中国内地	63%	48%	25%

负债水平：中国内地零售企业以高负债水平支持其高速增长和扩张，使它们的负债率水平普遍高于世界 500 强零售企业。而且它们的负债更多是不带息的营运负债如应付供应商款，而非银行借款等带息负债。

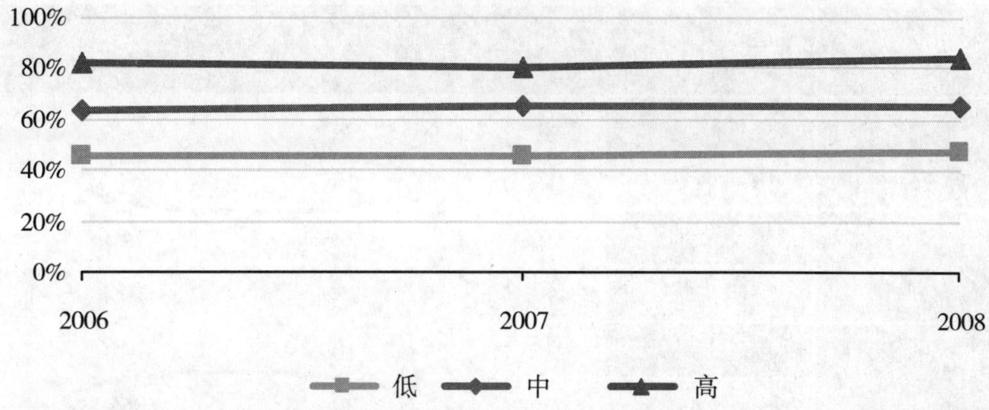

图 39　世界 500 强企业指标分级——资产负债率（2006—2008 年）

区间段	企业数量分布(%)	2006	2007	2008
高	香港	79%	86%	79%
	中国内地	38%	52%	62%
中	香港	10%	7%	10%
	中国内地	23%	17%	17%
低	香港	10%	7%	10%
	中国内地	38%	31%	21%

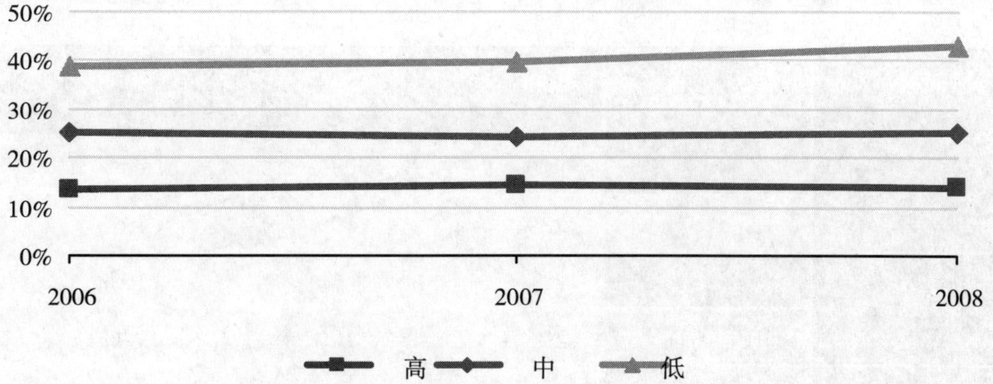

图 40　世界 500 强企业指标分级——带息负债比总资产（2006—2008 年）

区间段	企业数量分布(%)	2006	2007	2008
高	香港	52%	62%	72%
	中国内地	29%	13%	6%
中	香港	28%	28%	14%
	中国内地	4%	8%	10%
低	香港	21%	10%	14%
	中国内地	67%	79%	85%

短期偿债能力：从分析数据来看，在短期偿债能力方面，中国内地零售企业由于短期负债率高而比世界500强的同行企业要弱许多，比香港企业则有更大差距。虽然短期负债主要不是带息负债，但是利息覆盖率仍然低于香港企业水平。

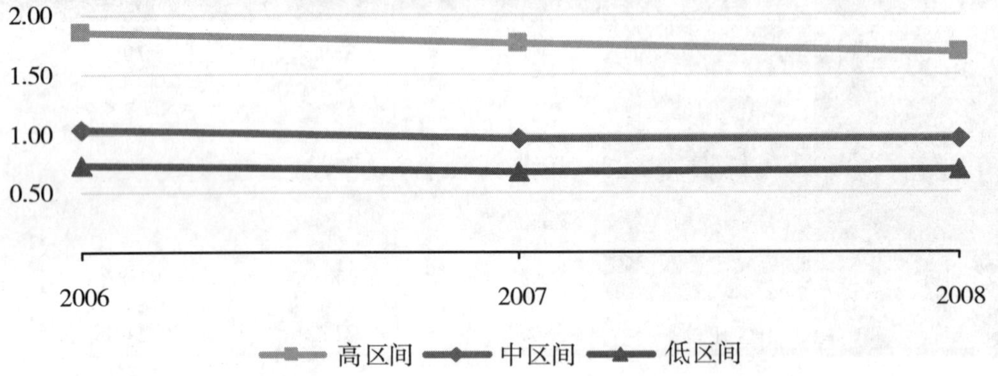

图 41　世界 500 强企业指标分级——流动比率（2006—2008 年）

区间段	企业数量分布(%)	2006	2007	2008
高	香港	90%	93%	90%
	中国内地	13%	19%	19%
中	香港	7%	7%	10%
	中国内地	2%	10%	14%
低	香港	3%	0%	0%
	中国内地	85%	71%	77%

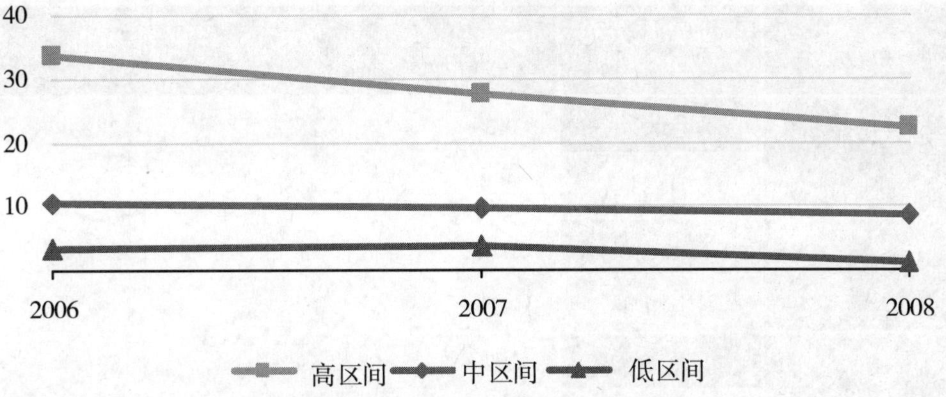

图 42　世界 500 强企业指标分级——利息覆盖率（2006—2008 年）

区间段	企业数量分布 (%)	2006	2007	2008
高	香港	34%	45%	62%
	中国内地	15%	21%	33%
中	香港	48%	31%	14%
	中国内地	6%	10%	15%
低	香港	14%	24%	21%
	中国内地	79%	69%	52%

营运资金周转：和世界 500 强零售企业相比，中国内地零售企业支付供应商的账期普遍较长，而存货周转水平却要慢许多，营运资金的来源应该另有潜力可挖。

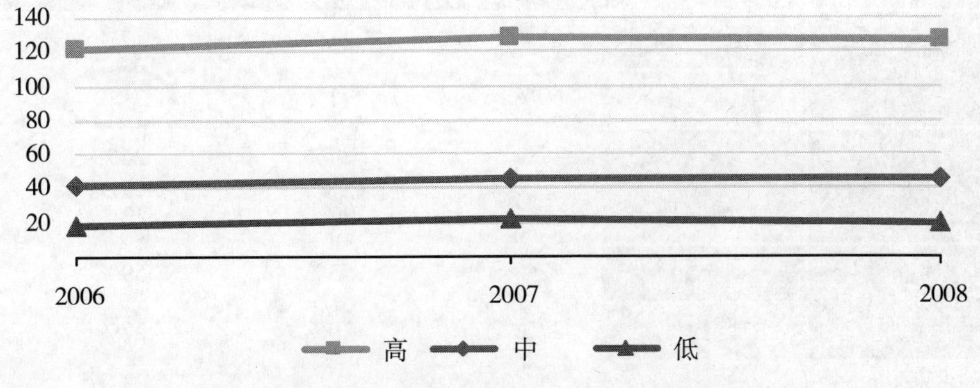

图 43　世界 500 强企业指标分级——应付账款周转天数（2006—2008 年）

区间段	企业数量分布(%)	2006	2007	2008
高	香港	38%	28%	28%
	中国内地	75%	75%	88%
中	香港	21%	14%	21%
	中国内地	19%	17%	8%
低	香港	41%	59%	52%
	中国内地	6%	8%	4%

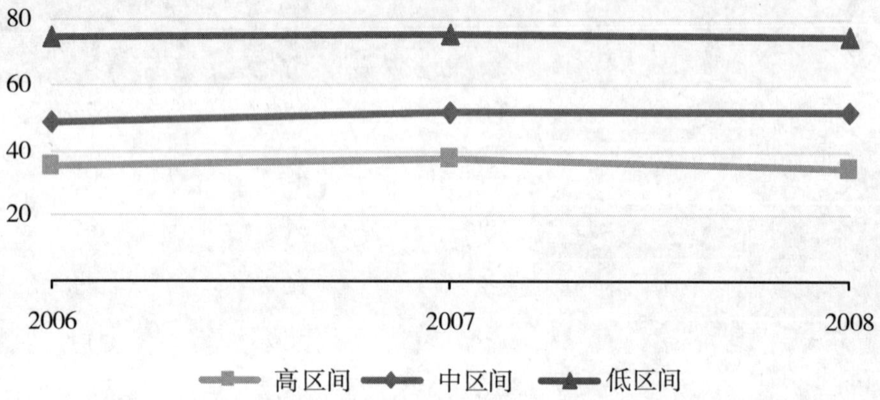

图 44　世界 500 强企业指标分级——存货周转天数（2006—2008 年）

区间段	企业数量分布(%)	2006	2007	2008
高	香港	21%	21%	17%
	中国内地	69%	71%	71%
中	香港	17%	24%	24%
	中国内地	4%	0%	2%
低	香港	62%	55%	59%
	中国内地	27%	29%	27%

营运资本/总资产：由于来自于应付账款等营运负债的融资，中国内地企业在营运资金上的投入相对于500强和香港同行企业都要小很多。来自于营运负债的经营现金流很大

程度上支持了企业扩张所需的固定资产投资。

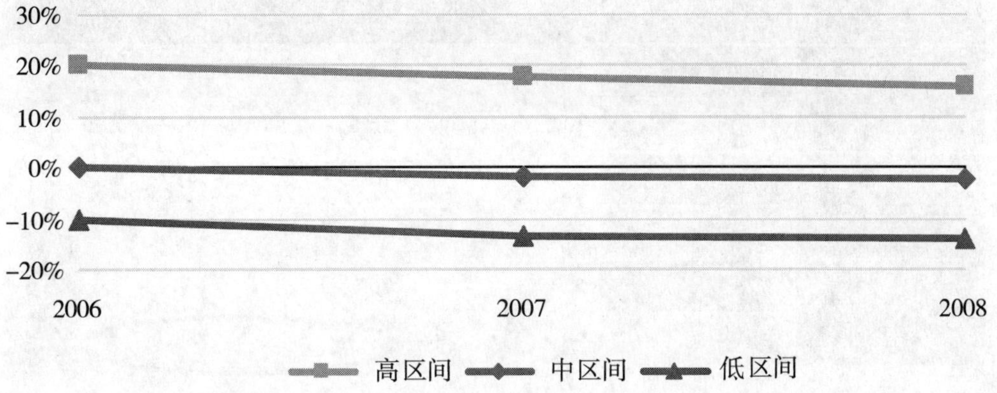

图 45　世界 500 强企业指标分级——营运资本比总资产（2006—2008 年）

区间段	企业数量分布(%)	2006	2007	2008
高	香港	90%	93%	90%
	中国内地	13%	23%	21%
中	香港	7%	7%	10%
	中国内地	2%	6%	2%
低	香港	3%	0%	0%
	中国内地	85%	71%	77%

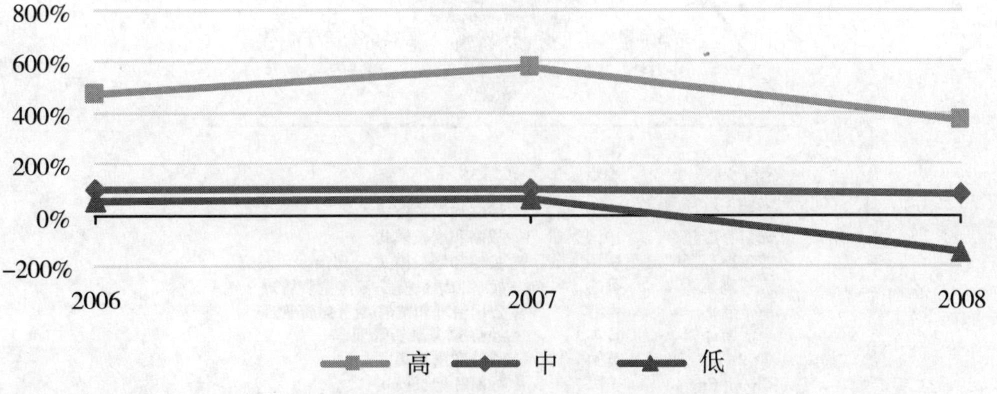

图 46　世界 500 强企业指标分级——固定资产投资比经营现金流量（2006—2008 年）

区间段	企业数量分布(%)	2006	2007	2008
高	香港	10%	14%	17%
	中国内地	10%	10%	21%
中	香港	31%	10%	41%
	中国内地	19%	19%	13%
低	香港	55%	76%	41%
	中国内地	71%	71%	65%

第三章　资金链断裂企业案例研究

一、资金短缺不是孤立的事件

资金短缺是零售企业失败的最终表现形式，但是资金短缺通常不是孤立的事件。事实上它很早就体现在了整个企业价值链上各主要驱动因素的错误管理上面。

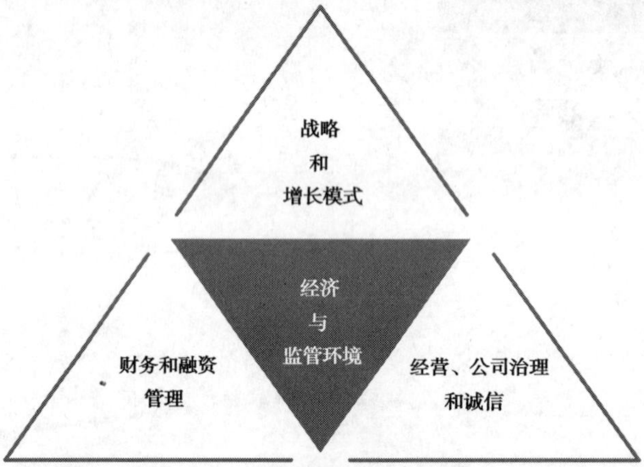

公司名称	地点	驱动因素
广州家谊超市	中国大陆	战略和增长模式
海口喜佳超市	中国大陆	战略和增长模式
普尔斯马特中国	中国大陆	战略和增长模式/公司治理和诚信
宜进利集团	香港	战略和增长模式/财务融资管理
恒丰金业	香港	公司治理和诚信/财务融资管理
八佰伴百货	日本	经营/财务融资管理
Woolworths	英国	战略和增长模式
Circuit City	美国	战略和增长模式
Kmart	美国	经营/财务融资管理

图 47　企业价值链上的主要驱动因素

零售行业失败案例在经济扩张和衰退时期都会发生，但是失败频率在经济衰退时期会更高。在经济衰退时期，零售企业失败倒闭会很自然地与销售下滑相联系。

从动态发展角度来看，销售的下滑剥去了零售企业在经济扩张时期所积累的自我保护外衣，从而揭露了零售企业的运营弱点。零售企业若没有调整好以下的主要驱动因素，则会暴露潜在风险和增加失败机率：

1. 制定合理的战略，控制适当的发展步伐；

2. 保持企业良好运营，有效管理业务风险；

3. 积极的财务管理，平衡业务风险与业务增长；

4. 主动应对经济和监管环境所带来的风险和机会。

通过对有关失败企业案例的研究我们发现以下三点非常重要：

1. 制定正确合理的战略目标并经常重新评估是零售企业生存发展至关重要的因素。

2. 零售经营尤其易受到经营管理、公司治理和诚信问题影响。存货盗损、虚假会计记录、债务违约甚至是舞弊在零售业也并不鲜见。

3. 财务和融资管理必须做到主动和实时。虽然大部分零售商有一些基本的财务和融资管理，但是我们发现它们的方法和策略往往过于被动和应付。在今天的商业环境和零售业这样不断变化的行业中，财务和融资管理必须做到主动和实时。

二、零售企业的失败倒闭将造成多种影响

（一）对供应商的影响

由于零售企业拖延付款期限，许多供应商，尤其是中小供应商，已经逐渐感了到压力。这种情况对那些主要依赖供应商账期作为融资手段的零售企业来说尤其严重。

同时，为了减少存货，许多零售商也已经减少了对供应商的采购。这也会影响到某些供应商的经营业绩和流动性。

如前文所述，有些供应商资金已经严重短缺，不停向零售商催收款项。在如今的经济形势下，供应商（特别是中小企业）寻求其他替代性的融资方式也非常艰难。如果零售商因资金链问题破产倒闭，则会引发中小供应商的财务危机。这种残酷的循环，将会带来更多的失业等社会问题。

（二）对消费者/消费市场的影响

如果零售企业破产倒闭，首先对消费者直接的影响来自于许多零售企业发行的消费储值卡。持有储值卡的消费者作为无抵押普通债权人在破产清偿中顺序非常靠后往往得不到清偿而蒙受损失。在美国销售大量消费卡的 Sharper Image 在破产后即告知顾客不再接受任何未用完的礼品卡，虽经部分抵偿但消费者整体仍损失 6 千多万美元。除此之外，国内还有更多的情况是一些中小企业在倒闭后未处理相关债务，其所有人和管理层就已潜逃消失。在单卡储值金额较大的情况下，对单个消费者的影响将更大。

众多零售企业倒闭对于消费渠道和消费市场的破坏也是不言而喻的。零售业多年蓬勃发展而形成的繁荣的消费市场，极大满足了大众对于丰富多样的商品和服务的需求，提升

了人们的生活质量。消费市场因零售企业的大量倒闭而萎缩无疑将大大影响到这些进步的步伐。

（三）对员工和就业的影响

中国社科院于2008年年底发布的城镇调查失业率达到9.4%，已经超过了7%的国际警戒线，预计在2009年内失业人数将继续增加。就目前经济状况来估计，全国已有超过67万家小企业破产，直接导致了超过830万劳动力失业。

当前的经济下滑已经严重影响到制造业，失业问题也首先出自制造业，特别是出口制造业。经济学家们预计这种影响会在接下来的几个月里渗透到零售行业。零售业的就业人数根据最近一次（2005年）经济普查就已达到600万人以上。零售行业本身是一个劳动力密集的行业，其衰退带来的失业问题值得重视。

（四）对商业地产的影响

零售业是商业地产使用的重要主体。零售业的繁荣也是商业地产发展的重要根基。

零售企业破产倒闭的直接影响就是使许多物业业主的租金债权难以收回，而长期租约提前终止使业主原来稳定的预期收益失去保障。这都会导致物业业主的经营和财务困难，对于房地产这样高杠杆的行业，其风险非常大。由此引发的债务危机的连锁反应可能会累及金融业在内的诸多行业。

（五）对银行金融机构的影响

虽然中国零售企业相对较少依赖银行贷款等金融机构融资，但是还是有相当部分企业拥有大量银行借款，特别是百货业。企业的破产给金融机构仍然会带来相当的损失，并且进一步减弱零售行业整体的融资能力。

（六）其他社会影响

这些影响到零售业相关各方的问题特别是就业问题也会间接影响其他经济和社会问题，比如：贫困人口增加，失业救济等社会保障增加政府财政支出，犯罪率上升和社会不稳定等。

第四章 建 议

针对零售业资金链的状况，我们建议：

（一）建立监控体系，及时行业预警

零售企业的破产倒闭，给经济和社会生活都将产生严重的负面影响。从国外企业的案例看，及早发现和解决困难企业的问题，将可以大大降低负面影响，有的企业甚至能够起死回生。

因此，建立起一套完整的对零售企业经营和资金链状况长期的跟踪监控体系和机制十

分必要。

初期，可以从主要零售企业（例如零售业上市公司）开始，在监测指标相对成熟后，逐步扩大监控面。

（二）改善融资环境，拓宽融资渠道

尽管目前我国实行适度宽松的货币政策，但零售企业融资困难依然是不争的事实，这与其承担拉动内需的责任不相符。政府应努力为零售企业特别是中小企业（包括零售企业的中小供应商）提供更好的融资环境，包括债权融资和市场股权融资。

政府主管部门可加强零售业融资环境和渠道的研究，引导企业，并协调相关金融机构，采取票据质押等方式进行融资。

改善融资环境，降低融资成本，可以使企业更好地专心经营。

（三）创造有序环境，维护公平竞争

在调研中，我们也了解到一些地方政府部门出于各种考虑，有对企业内外不一、地方保护等行为，对市场的公平竞争造成阻碍。

政策应为各业态和所有制形式的零售企业发展提供更加开放、自由，机会均等的市场和政策环境。

（四）鼓励创新型经营，实现差异化竞争

零售创新在应对危机中扮演着关键的角色。通过创新发掘潜在消费，实现以差异化求生存、谋发展，已经成为广大零售企业的共识。创新来自于零售业经营、管理的各个环节中，小到店铺装饰、顾客服务，大到零售业态的变革、IT 新技术的引进等，都是创新的源泉。同时，创新还要以获得经济效益为衡量标准，成功的创新会在提高销售额、毛利率等方面做出巨大的贡献。

政府部门应采取多种形式，创新现有运营模式（重视销售服务和门店经营），大力改善运营管理和信息系统。

（五）加强行业指导，加大培训支持

我国现代零售的发展仅有十几年的时间，在经营管理上与外资企业还有较大的差距，应对零售企业在经济低迷期的危机应对策略进行指导和帮助，强化国内企业的竞争力。

（六）以拉动需求促进行业发展

建议进一步加强以拉动需求为基础的消费刺激计划，包括短期措施，但更重要的是一些长期的推动政策。目前许多地方实施了一些短期措施如消费券发放和家电下乡等，而国家正在推行一些更长期的计划，如消费金融计划和社会福利体系建设都是释放消费需求的重要策略，很多政策措施的执行效果需要进一步观察。

2009 年中国零售业 IT 应用基准研究的主要发现

一、研究背景

经过十多年的发展，中国零售业的 IT 应用水平已经有了很大的提升，IT 在促进业务发展方面的作用和价值也越来越为企业所重视。

但在衡量 IT 的投入与收益方面，目前业内尚无可以参考的基准，这也是很多零售企业在进行 IT 投资决策时犹豫不决的重要原因——就我们的企业规模而言，什么样的投入是合理的，它能带来什么样的回报？作为 IT 部门的负责人，CIO 们也往往面临着来自管理层这样的质询。

基于这样的现实需求，中国连锁经营协会（CCFA）与埃森哲（ACCENTURE）自 2009 年度发起中国零售业 IT 应用基准研究，旨在为国内零售企业提供以实际应用为依据的、中国零售业 IT 应用基准，为零售企业的 IT 建设提供参考。

二、调研企业概况

1. 在 30 个有效样本中，涵盖超市、百货、药店三种业态。

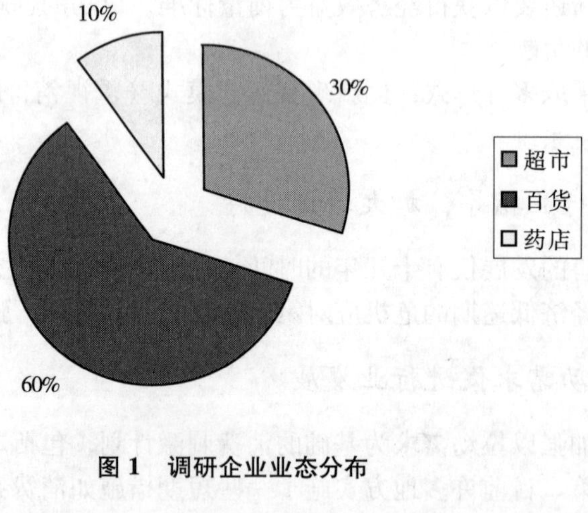

图 1　调研企业业态分布

2. 调研企业规模分布

样本企业中，小于 5 亿元的企业占 15%，5 亿 ~10 亿元的企业占 25%，10 亿元以上的企业占 60%。

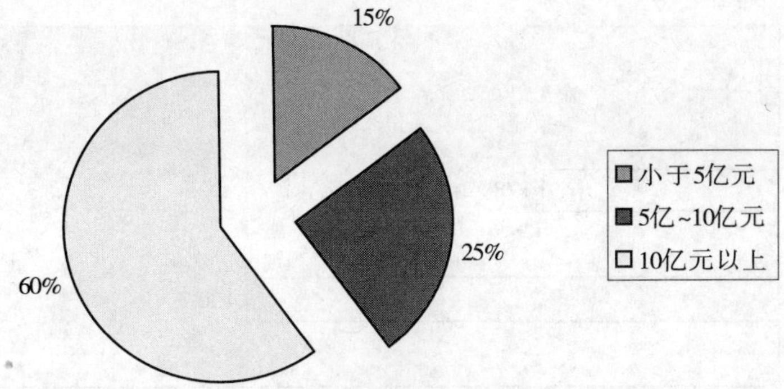

图 2　调研企业规模分布

样本企业总销售规模 816.43 亿元，其中超市销售规模 170.9 亿元，百货 610.53 亿元，药店 35 亿元。

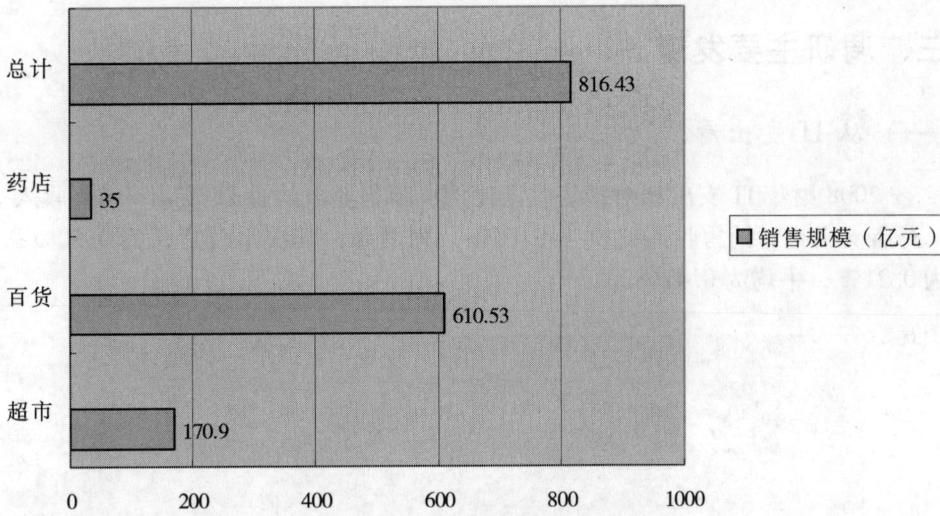

图 3　调研企业销售规模

3. 调研企业门店总面积

30 家企业门店总面积 591.8 万 m^2，其中超市 178 万 m^2，百货 400.3 万 m^2，药店 13.5 万 m^2。

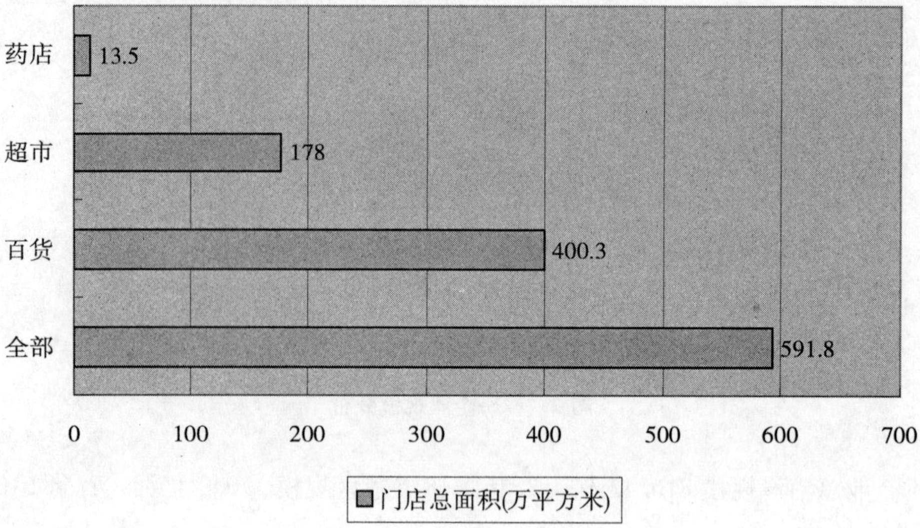

图 4 调研企业门店总面积

三、调研主要发现

（一）从 IT 支出看

1. 按 2008 财年 IT 支出相对销售收入比例 = 零售业务的总 IT 支出 /销售收入 ×100% 计算，药店支出相对销售收入比例为 0.70%，列最高；其次是百货，为 0.50%；超市最低，为 0.21%，平均为 0.47%。

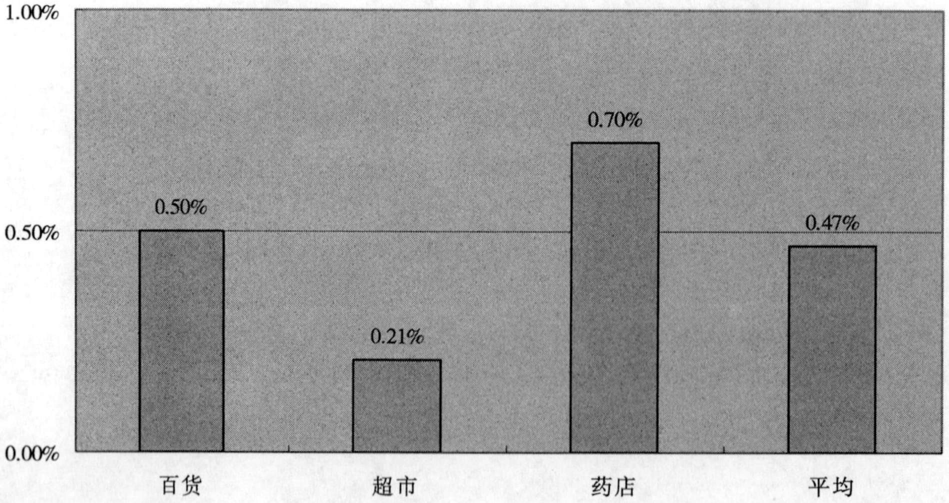

图 5 2008 财年 IT 支出相对收入比例

2. 按 IT 资本性支出 = 零售业务的资本性支出 /零售业务的总 IT 支出（资本性支出 + 营运成本）×100% 计算，60% 的企业，其 IT 资本性支出都超过了 20%，平均支出比例为 60%。这表明，2008 年在零售企业的总 IT 支出中，用于设备和长期服务等方面的费用占据了 IT 支出的绝大部分。这里，IT 资本性支出是指用于购买使用年限在一年以上的耐用品所需的支出，包括设备、长期服务等。

3. IT 资本性支出的构成。

首先，硬件在 IT 资本性支出中占据绝大部分，比例为 57.8%。其中，门店 POS 机及外围设备等占 18.4%，总部硬件/处理设备占 17%，数据中心的硬件/处理设备占 14.8%，门店的其他硬件/处理设备占 7.6%。

其次，软件开发费用占 15.2%，软件许可证及基础设施费用占 10%，电信通讯及网路费用支出占 5.2%，项目人力资源相关费用占 4.8%。

4. 按外包支出占总 IT 支出的比例 = 零售业务的外包服务支出/零售业务的总 IT 支出 ×100% 计算，在采用外包的企业中，73% 的企业外包支出占总 IT 支出的比例介于 1% ~ 10%，外包支出占比不到 1% 的企业只占 9%，而外包支出占比超过 10% 的企业占 18%。

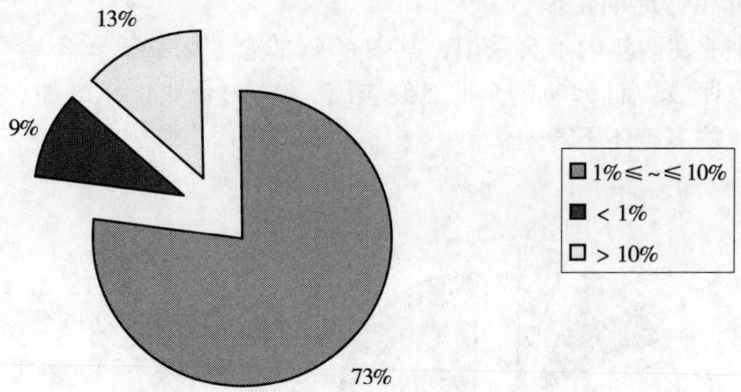

图 6　2008 财年外包支出占总 IT 支出的比例

（二）从 IT 机构看

从事项目维护/支持的 IT 人员比例过大：78% 的企业，其 IT 人员中从事项目维护/支持的人员比例占 30% 以上；22% 的企业，该部分人员占比在 30% 以下。这说明，日常的 IT 维护/支持工作，在 IT 部门的工作中占据相当大的比例。

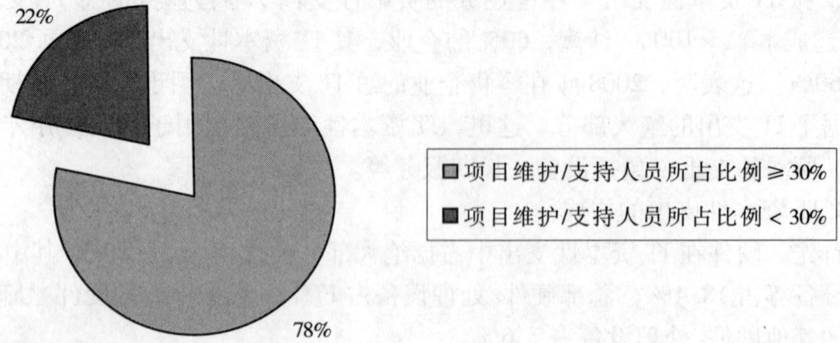

图 7　2008 财年项目维护/支持人员所占比例的企业分布

（三）从软件/技术的应用状况看

1. 零售业应用软件蓝图中 IT 的应用程度

（1）产品生命周期管理

62% 的企业在两年内不会采用，其中 43% 的企业明确表示不会采用，19% 的企业表示会考虑进行评估；而 32% 的企业已经应用，6% 的企业正在增加。这一状况表明，该应用目前在企业的实施还不普遍。

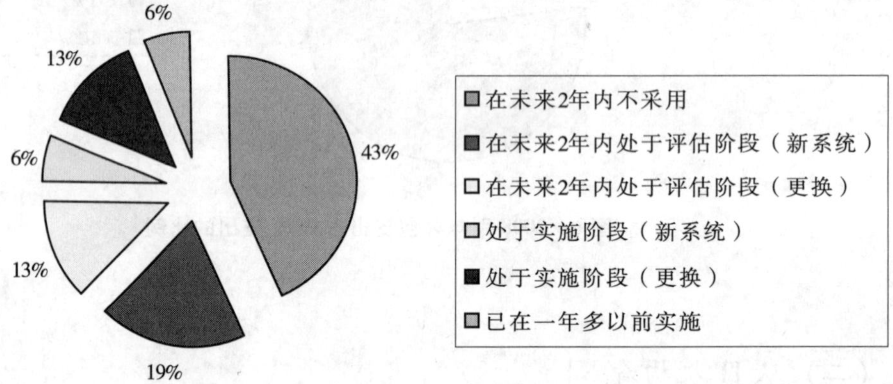

图 8　产品生命周期管理

（2）采购管理

89% 的企业已经实施该应用，其中 68% 的企业在一年前实施，11% 的企业表示未来两年内将会进行系统更换，5% 的企业上年实施并已使用，5% 的企业两年内将更换；其余 11% 的企业表示两年内将添加该系统。这充分说明采购在零售企业的重要地位，以及企业对这一应用的重视。

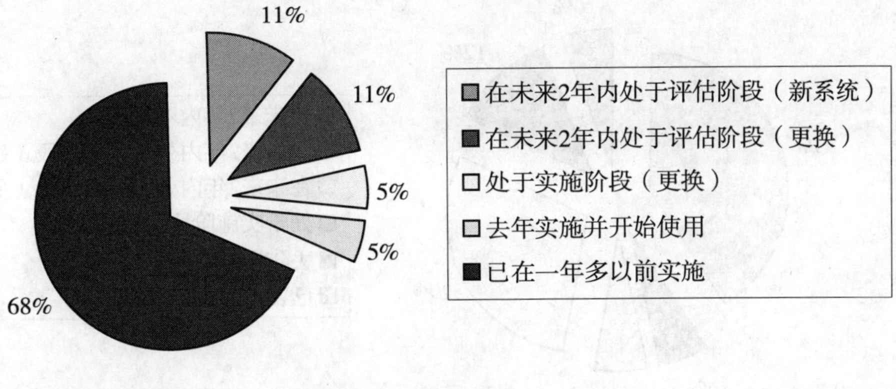

图 9　采购管理

（3）商品/财务计划

95% 的企业已经应用，其中 68% 的企业在一年前已经实施，17% 的企业上年实施并开始使用，5% 的企业正在进行更换，还有 5% 的企业两年内将更换；只有 5% 的企业还没有实施该应用，但会在两年内实施。

商品和财务作为零售企业的核心要素，在 IT 建设方面也得到了相同程度的重视和反映。

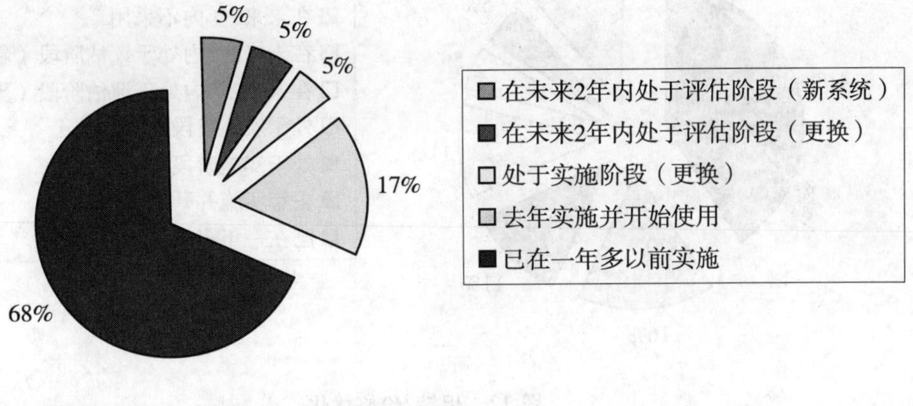

图 10　商品/财务计划

（4）空间/品种计划

76% 的企业已经实施，其中 41% 的企业一年多前实施，29% 的企业将更换，6% 的企业上年实施并开始应用；而 6% 的企业在增加该应用，另有 12% 的企业考虑两年内应用；6% 的企业表示近期不会进行该应用。表明大部分企业都通过 IT 手段进行商品的空间管理。

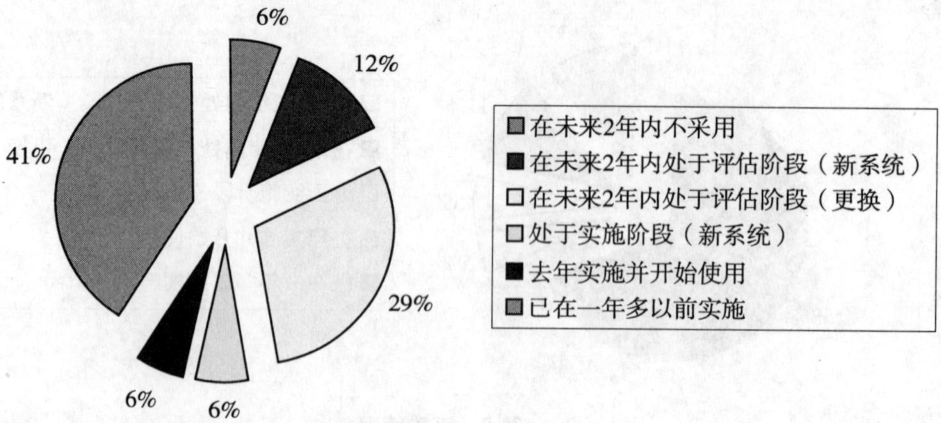

图 11　空间/品种计划

（5）促销/价格优化

73% 的零售企业已经在通过 IT 手段进行促销及价格优化，11% 的企业正在增加该应用，5% 的企业考虑两年内进行实施，11% 的企业表示未来两年内不会实施该应用。

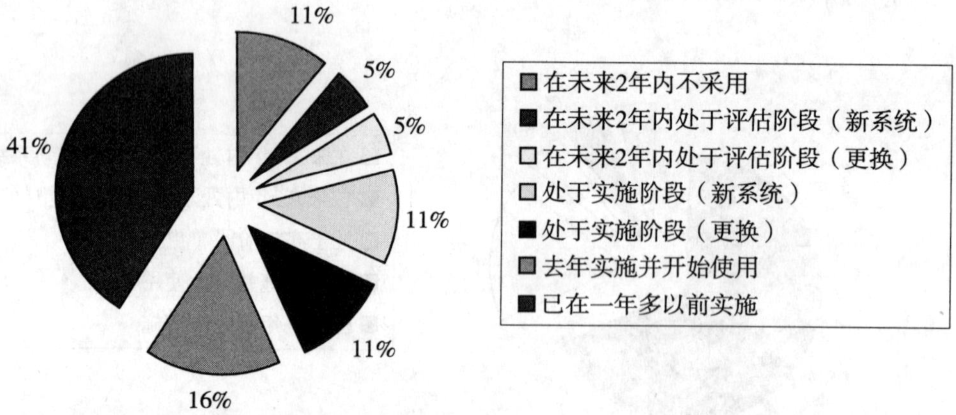

图 12　促销/价格优化

（6）商品运营管理

包括主数据维护，成本、价格、促销管理，订货、分配、库存管理，发票核对、库存分类账等。

90% 的零售企业已经实施了这种应用，其中 58% 的企业一年前实施，16% 的企业上年实施，还有 5% 的企业已经进入了更换阶段，11% 的企业未来两年内将更换；另有 5% 的企业正在添加该系统，仅有 5% 的企业表示不会采用。

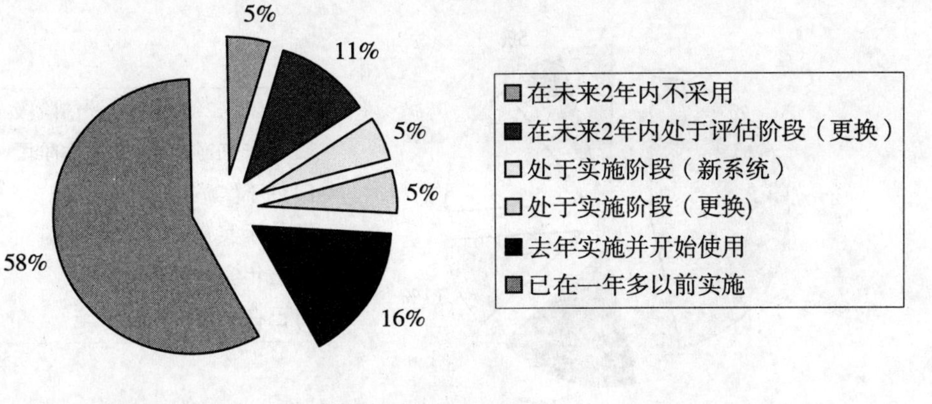

（主数据维护、成本/价格/促销管理、订货、分配、库存管理、发票核对、库存分类账）

图 13　商品运营管理

（7）批发管理

84% 的企业已经实施了该应用，其中 58% 的企业一年前已经实施，16% 的企业上年实施并已应用，5% 的企业正在更换，5% 的企业两年内将更换；还有 11% 的企业正在增加该应用；5% 的企业考虑两年内实施。

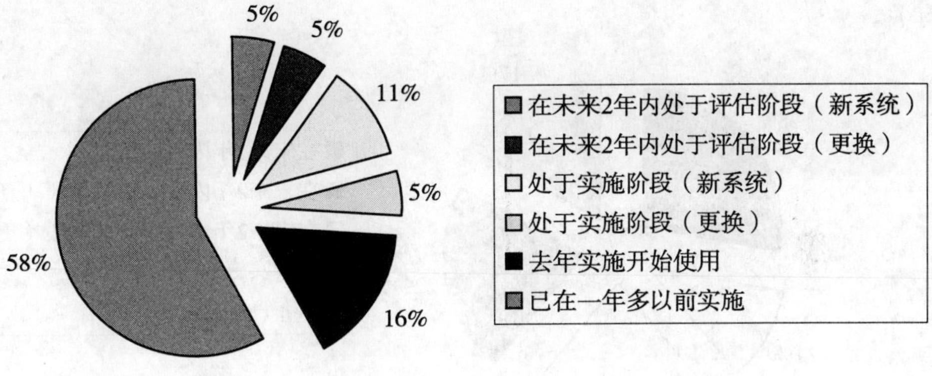

图 14　批发管理

（8）库存计划与补货

已实施此项应用的企业占 79%，另有 16% 的企业正在增加，还有 5% 的企业两年内拟考虑实施。这种状况反映了零售企业对库存计划与补货的重视与关注，也表明企业在这一方面的 IT 应用已经相当普遍。

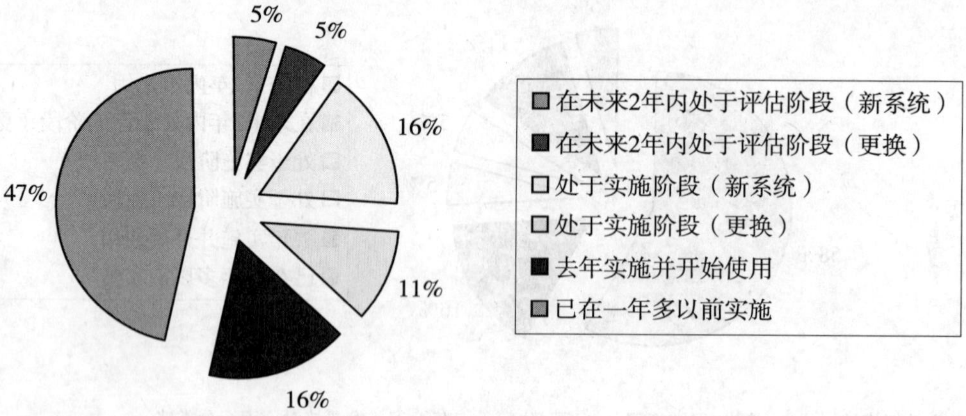

图 15　库存计划与补货

（9）需求预测

50%的企业已经实施了这项应用，其中28%的企业一年多以前实施，22%的企业两年内将更换；11%的企业正在实施；22%的企业还处于考虑当中；17%的企业明确表示两年内不会采用。反映了企业在这一问题上的状况相对分散。

一方面可能与企业的需求相对其他应用较弱有关，另一方面可能与技术和产品的成熟度有关。

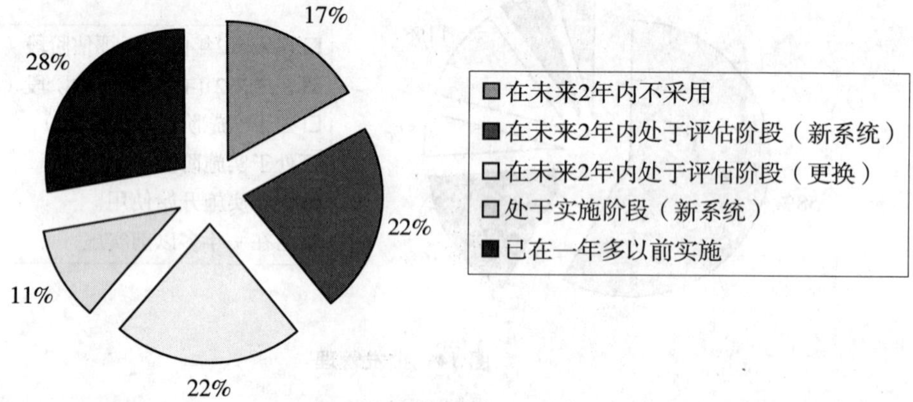

图 16　需求预测

（10）仓库库存运营

80%的企业已经应用，其中40%的企业一年前就已实施，25%的企业上年实施并已应用，10%的企业未来将进行更换，5%的企业正在更换；10%的企业正在增加该应用。

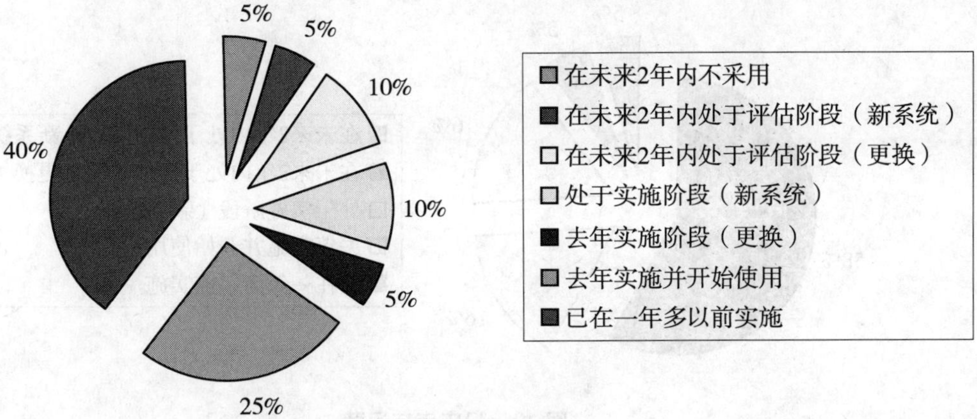

图 17 仓库库存运营

（11）运输管理

对于这项应用，41%的企业还在考虑中，29%的企业表示两年内不会采用，仅有30%的企业已经采用，其中18%的企业是一年前实施的，12%的企业考虑两年内进行更新。

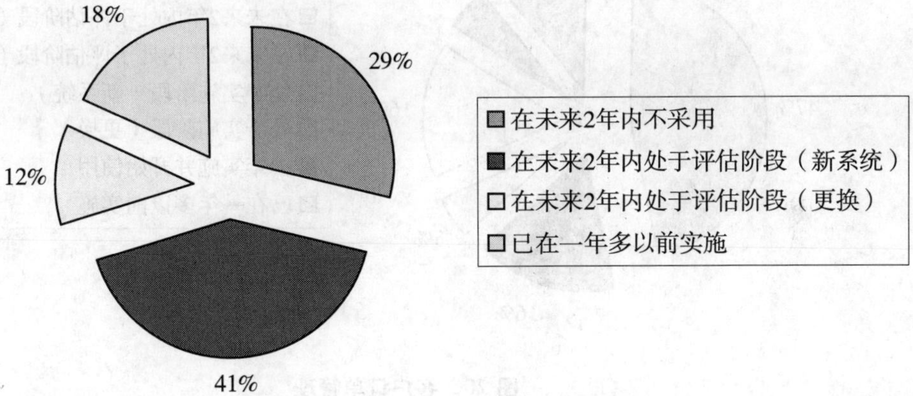

图 18 运输管理

（12）门店库存运营

79%的企业已经采用，其中58%的企业一年多前采用，16%的企业上年实施并已使用，5%的企业考虑两年内更新；而16%的企业正在增加该应用，另有5%的企业考虑两年内增加。说明，企业在这一方面的应用状况比较集中。

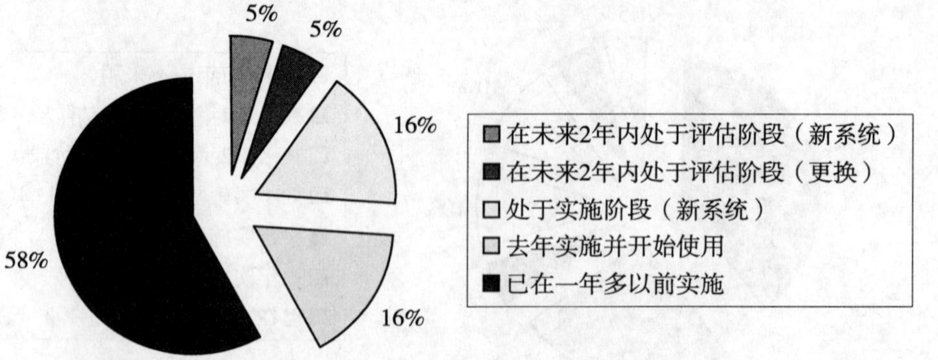

图 19　门店库存运营

（13）客户订单管理

73%的企业已经应用，其中47%的企业一年多前实施应用，16%的企业上年实施并应用，5%的企业正在更新，5%的企业未来将更新；而16%的企业正在增加该应用，11%的企业考虑两年内将增加该应用。

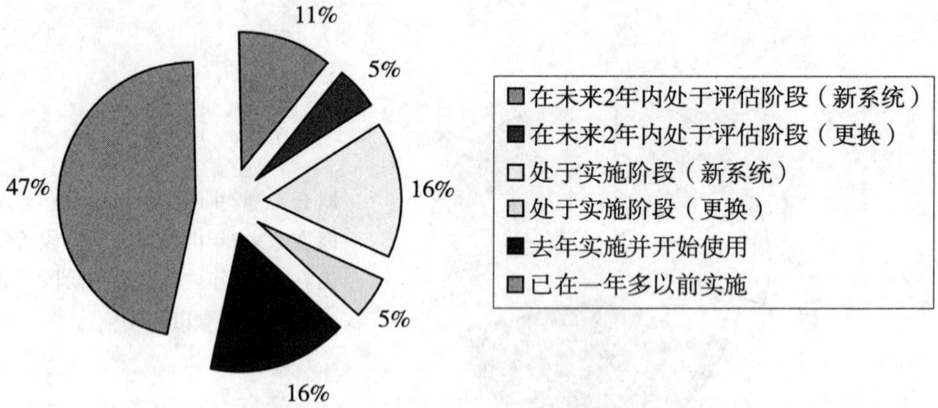

图 20　客户订单管理

（14）POS 系统及加标签系统

90%的企业已经应用，其中70%的企业一年多前采用，20%的企业上年实施并已开始使用；还有10%的企业正在增加该应用。

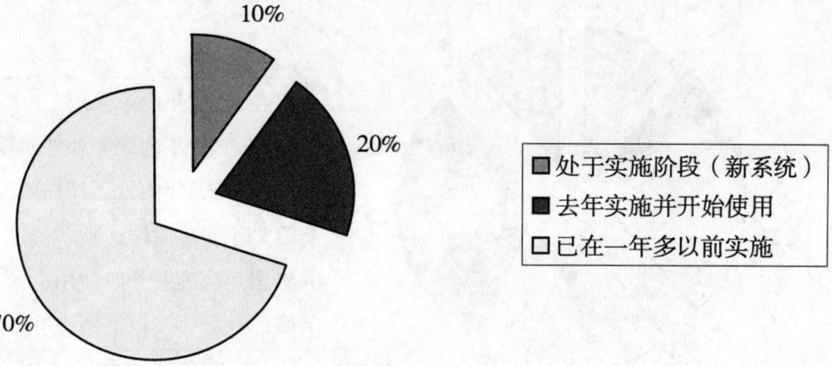

图 21　POS 系统及加标签系统

（15）电子商务（产品目录的内容管理和促销）

40% 的企业已经应用，其中 17% 的企业一年多前应用，6% 的企业上年应用，6% 的企业正在更新，11% 的企业将更换；而 17% 的企业正在增加该应用，32% 的企业正在考虑两年内增加；另有 11% 的企业两年内不会采用。

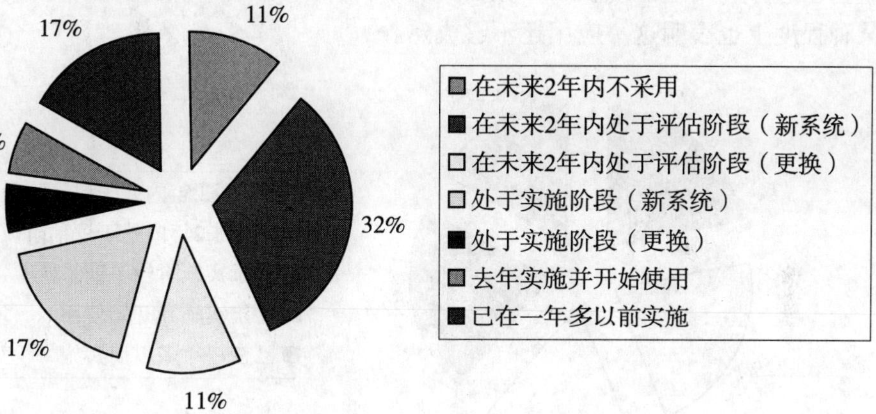

图 22　电子商务（产品目录的内容管理和促销）

（16）电子商务（涉及交易）

34% 的企业已经应用，其中只有 11% 的企业在一年多前实施并采用，6% 的企业上年实施，17% 的企业将更新；而 22% 的企业正在增加该应用，33% 的企业在考虑增加，11% 的企业两年内不会采用。这一状况也反映了传统零售企业在应用电子商务这种新的零售形式上，尚未取得很大进展的现状。

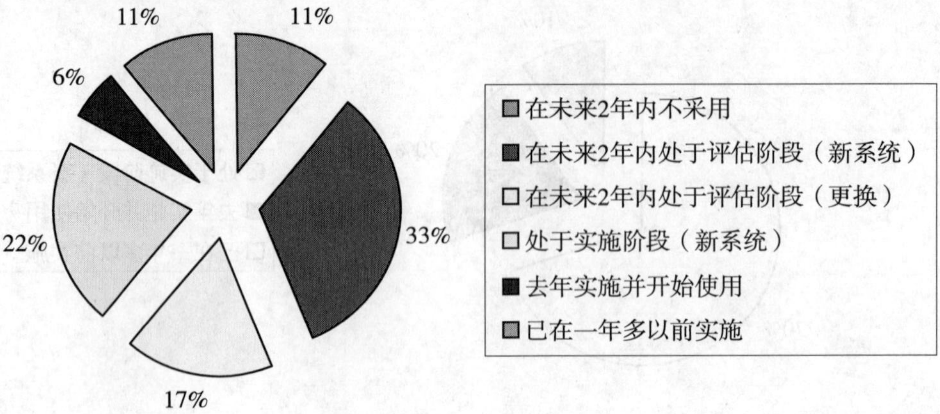

图 23　电子商务（涉及交易）

（17）客户关系管理

22%的企业一年多前已经实施，22%的企业上年实施并已使用，22%的企业将进行更新，17%的企业正在增加该应用，17%的企业正在考虑增加。

企业在这一应用上的现状，一方面反映了对客户关系管理的重视，另一方面，分散应用在某种程度上也表明这一应用还不够成熟。

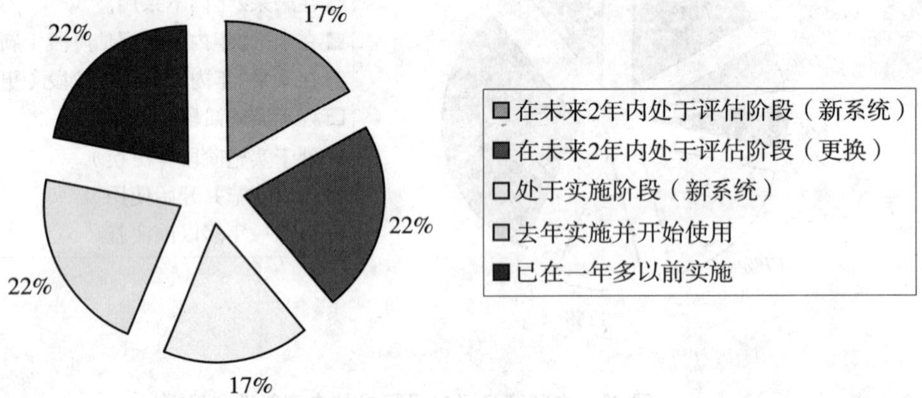

图 24　客户关系管理

（18）企业报告

52%的企业已经应用，24%的企业正在考虑采用，24%的企业两年内不会应用。

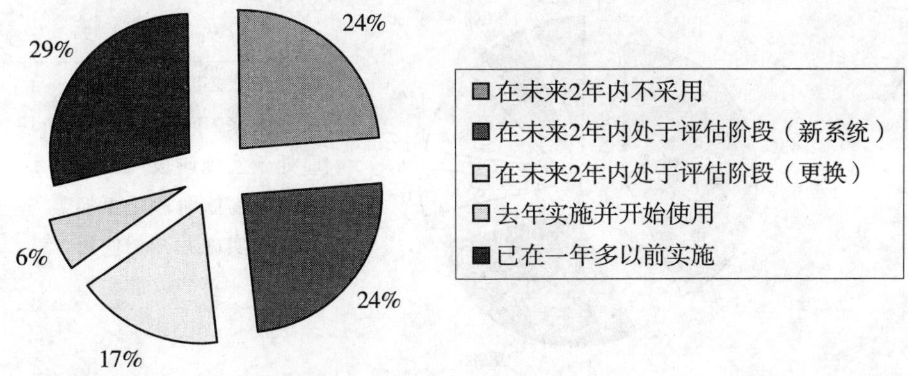

图 25 企业报告

（19）数据仓库

56%的企业已经应用，其中21%的企业一年多前已应用，16%的企业上年使用，19%的企业正在更新；而42%的企业正在考虑未来增加，11%的企业表示两年内不采用。反映了该应用在零售企业还不够普遍。

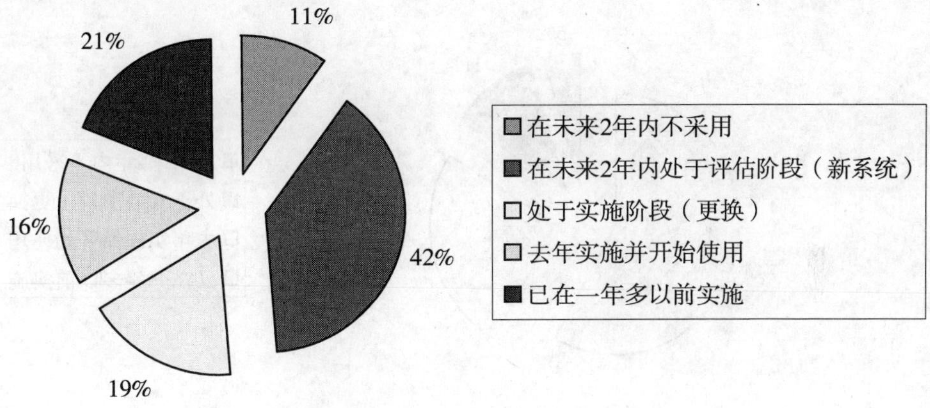

图 26 数据仓库

（20）人力资源及员工管理

76%的企业已经应用，其中43%的企业是在一年多前实施的，29%的企业是在上年实施使用的，6%的企业正在更新；而11%的企业正在增加该应用，6%的企业正在考虑两年内增加；另有6%的企业表示两年内不会采用。

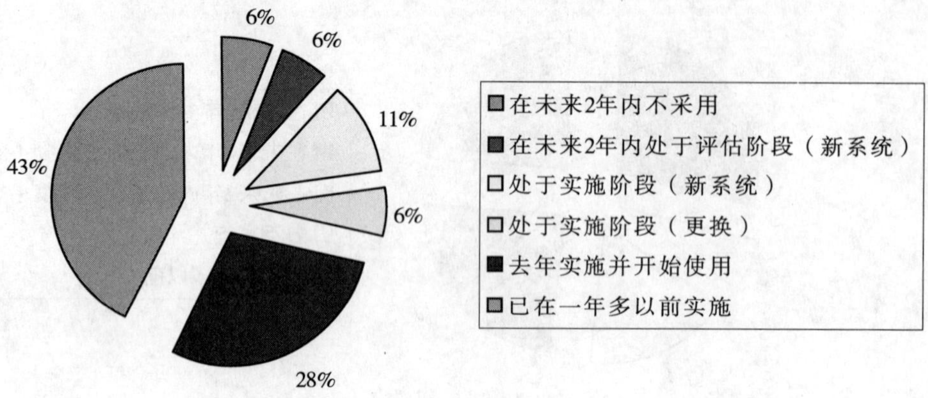

图 27　人力资源及员工管理

（21）财务管理

95% 的企业已经应用，其中 58% 的企业一年多前已经实施，26% 的企业上年开始使用，11% 的企业正在更新；仅有 5% 的企业两年内不会应用。这种应用状况也符合财务管理在企业中的重要地位。

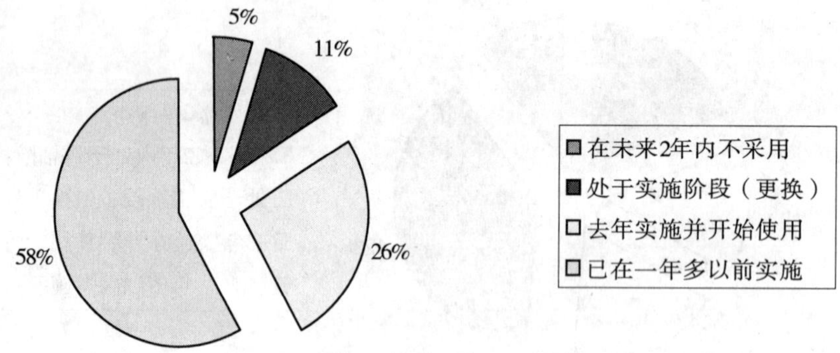

图 28　财务管理

小结：零售业应用软件蓝图中 IT 的应用程度。

——企业 IT 应用程度：

● 高于 80% 的 IT 应用：

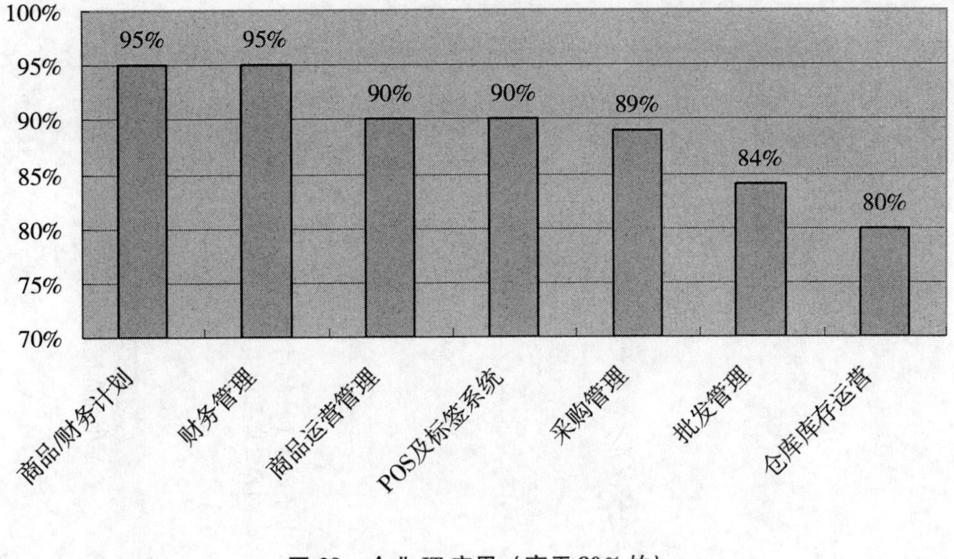

图 29　企业 IT 应用（高于 80%的）

● 50% ~80%间的 IT 应用：

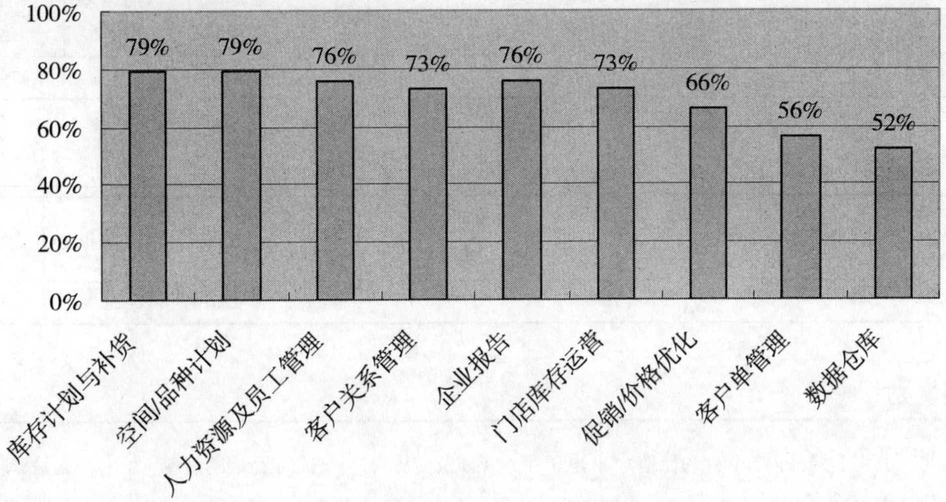

图 30　企业 IT 应用（50% ~80%间的）

● 低于50%的IT应用：

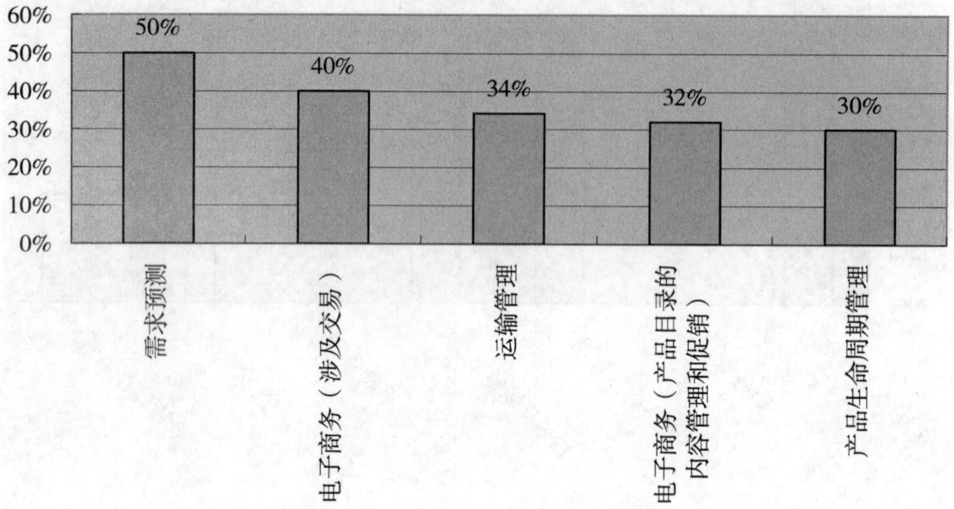

图31 企业IT应用（低于50%的）

——分析：

在零售业应用软件蓝图中，IT的应用程度依次如下：

商品/财务计划	财务管理	商品运营管理	POS系统及加标签系统	采购管理	批发管理	仓库库存运营	库存计划与补货	门店库存运营
95%	95%	90%	90%	89%	84%	80%	79%	79%

其次是：

空间/品种计划	促销/价格优化	人力资源及员工管理	客户订单管理	客户关系管理	数据仓库	企业报告	需求预测
76%	73%	76%	73%	66%	56%	52%	50%

再次是：

电子商务（产品目录的内容管理和促销）	电子商务（涉及交易）	产品生命周期管理	运输管理
40%	34%	32%	30%

2. 其他技术的应用程度

（1）条形码使用——仓库运营

73% 的企业一年多以前实施，16% 的企业正在实施，11% 的企业正在考虑两年内实施

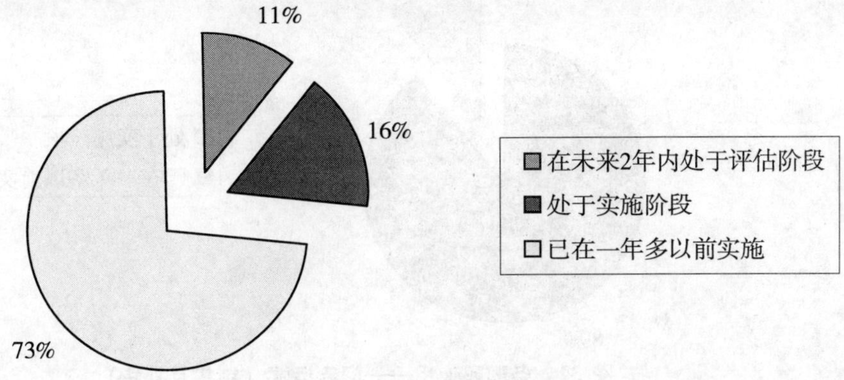

图 32　条形码使用——仓库运营

（2）条形码使用——运输

32% 的企业一年多前已实施，36% 的企业正在考虑两年内实施；32% 的企业两年内不会采用。

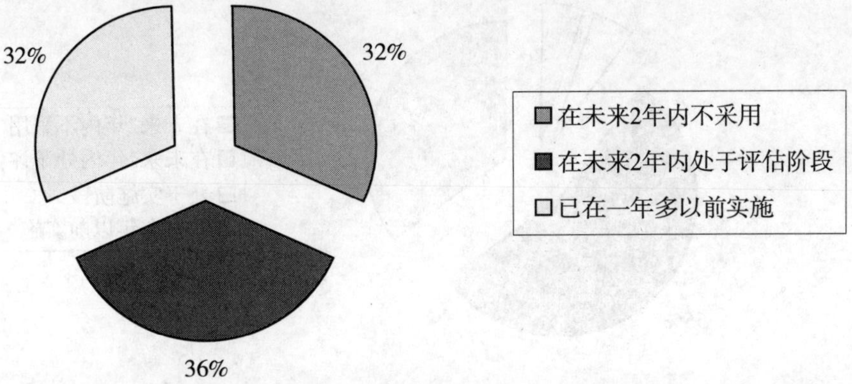

图 33　条形码使用——运输

（3）条形码使用——门店运营（销售及补货）

89%的企业一年多前已实施，11%的企业正在实施。

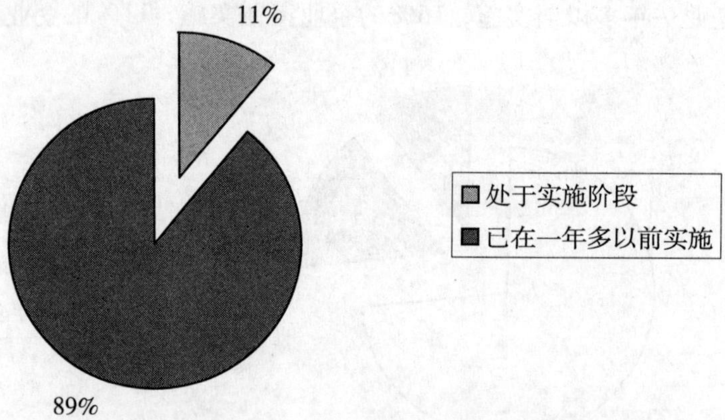

图 34　条形码使用——门店运营（销售及补货）

（4）无线射频识别

55%的企业未来两年内考虑是否实施；35%的企业两年内不会采用；5%的企业一年多前实施，5%的企业正在实施。

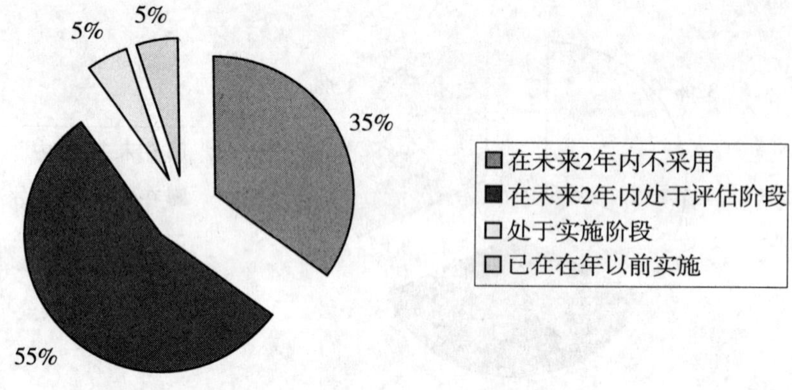

图 35　无线射频识别

（5）无线连接

35%的企业已经实施，25%的企业正在实施；25%的企业未来两年内才会考虑；15%的企业未来两年内不会考虑。

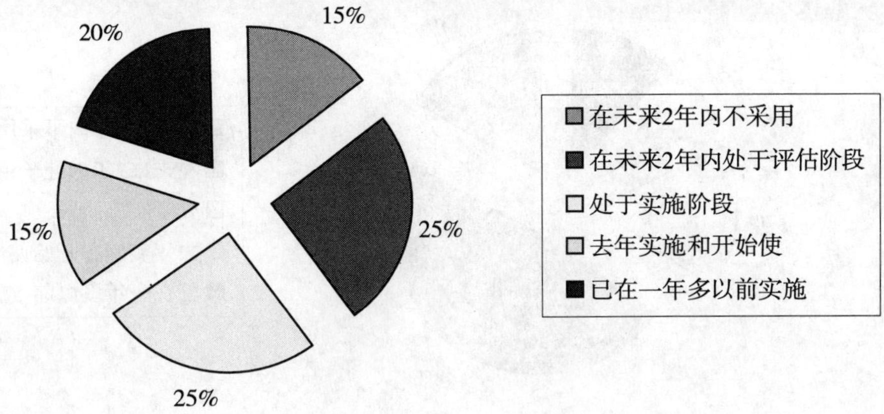

图 36　无线连接

（6）网络使用应用软件基础设施

52%的企业已经实施，12%的企业正在实施；24%的企业未来两年内会考虑；12%的企业未来两年内不会考虑。

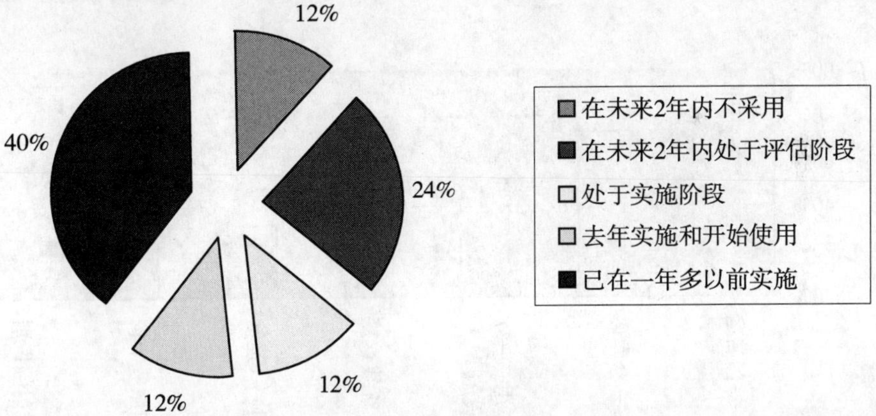

图 37　网络使用的应用软件基础设施

（7）面向服务架构

18%的企业已经实施，17%的企业正在实施；48%的企业未来两年内会考虑；17%的企业未来两年内不会考虑。

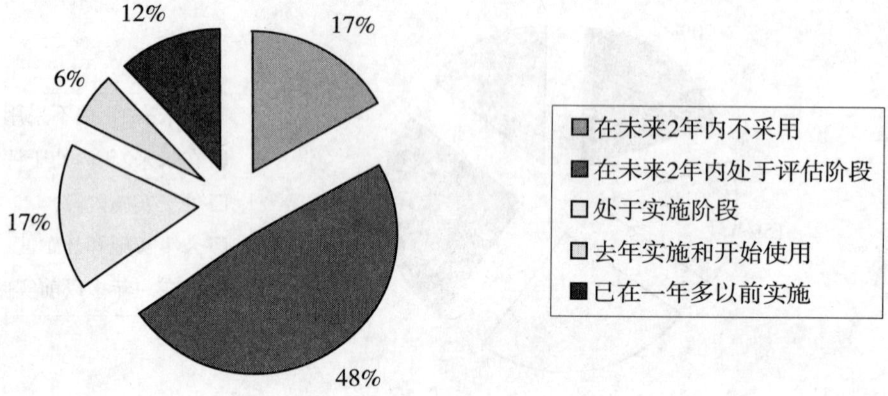

图 38　面向服务架构

小结：各种技术按所应用的程度比较依次为：条形码——门店运营层面（89%），条形码——仓库运营层面（73%），网络使用的应用软件基础设备（52%），无线连接（35%），条形码使用——运输（32%），面向服务架构（18%），无线射频识别（5%）。

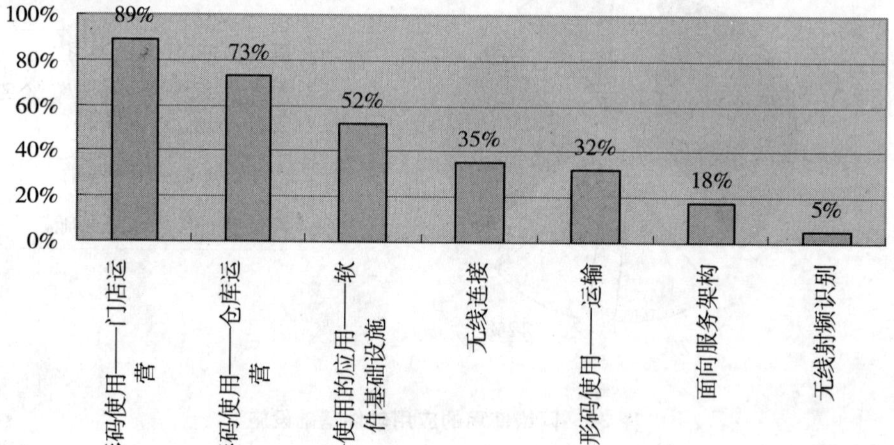

图 39　应用程度

3. 数据交换

（1）传真

94% 的企业已在一年多前实施，6% 的企业正在实施。

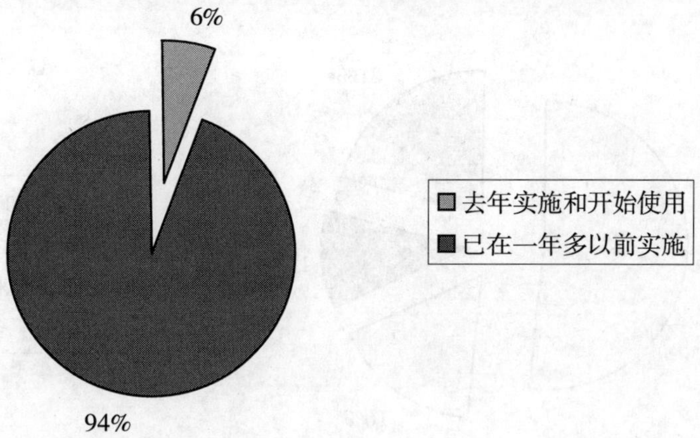

图 40　传真

（2）电子邮件

90% 的企业一年多以前就通过电子邮件来与外部进行数据交换，10% 的企业从上年开始实施。

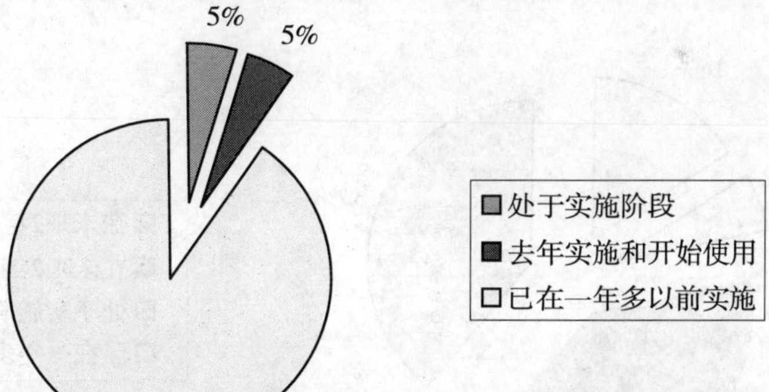

图 41　电子邮件

（3）通过标准协议（网络上传、文件传送协议）传送数据

68%的企业已经使用这种方式来传送数据；11%的企业两年内考虑实施；21%的企业表示两年内不会采用这种方式。

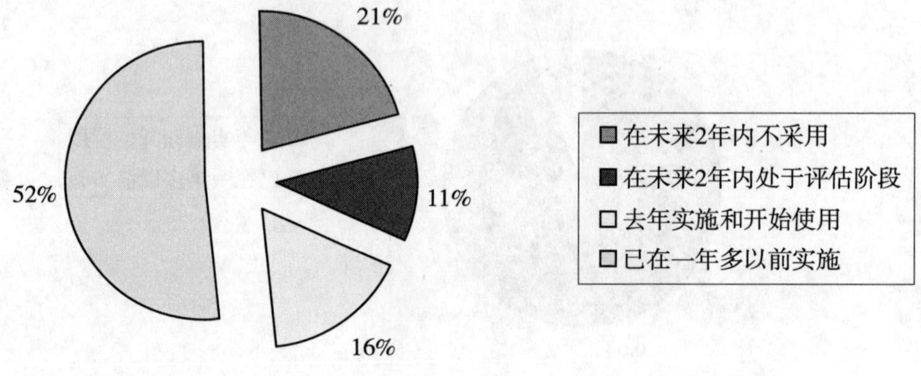

图 42　通过标准传送协议（网络上传、文件传送协议 FTP）传送文件

（4）通过 EDI 网络实现 EDI 信息交换

22%的企业已经通过这种方式来传送数据；39%的企业两年内考虑实施；还有 39%的企业表示两年内不会采用这种方式。

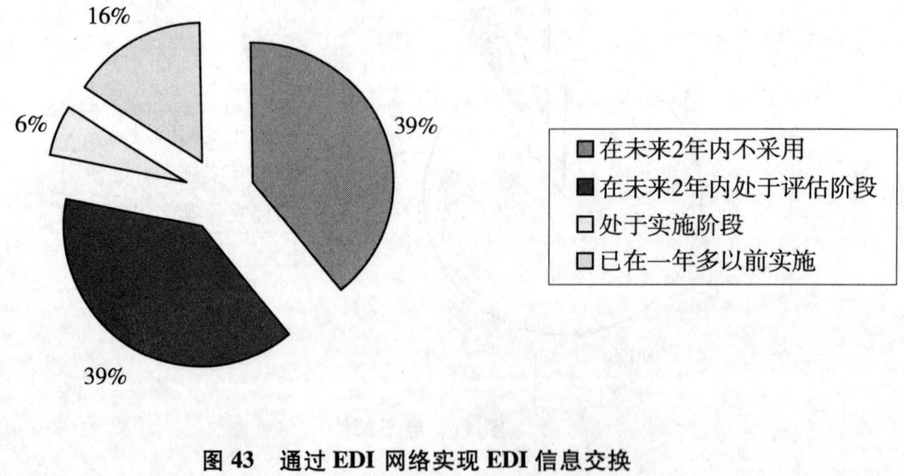

图 43　通过 EDI 网络实现 EDI 信息交换

（5）通过互联网实现 XML 信息交换

33% 的企业已经在一年多前实施这种应用；11% 的企业正在实施；39% 的企业两年内考虑实施；还有 17% 的企业表示两年内不会采用这种方式。

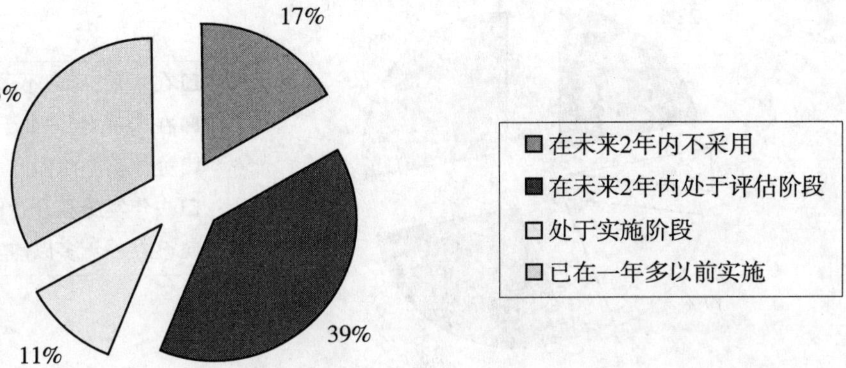

图 44　通过互联网实现 XML 信息交换

（6）应用软件集成

50% 的企业已经实施这种应用，11% 的企业正在实施；28% 的企业两年内考虑实施；还有 11% 的企业表示两年内不会采用这种方式。

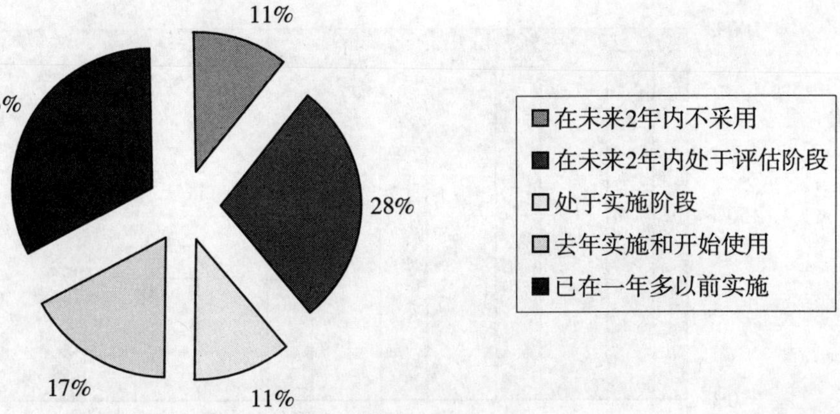

图 45　应用软件直接集成

（7）中间件集成

27% 的企业已经实施这种应用，17% 的企业正在实施；28% 的企业两年内考虑实施；还有 28% 的企业表示两年内不会采用这种方式。

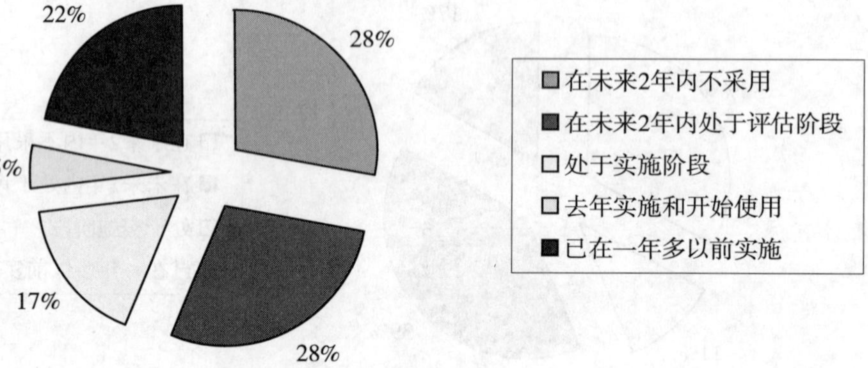

图 46　中间件集成

小结：按应用程度比较，在数据交换方面采用的方式依次为：传真（94%），电子邮件（90%），通过标准传送协议（网络上传、文件传送协议（FTP））（68%），应用软件直接集成（50%），通过互联网实现 XML 信息交换（33%），中间件集成（27%），通过 EDI 网络实现 EDI 信息交换（22%）。

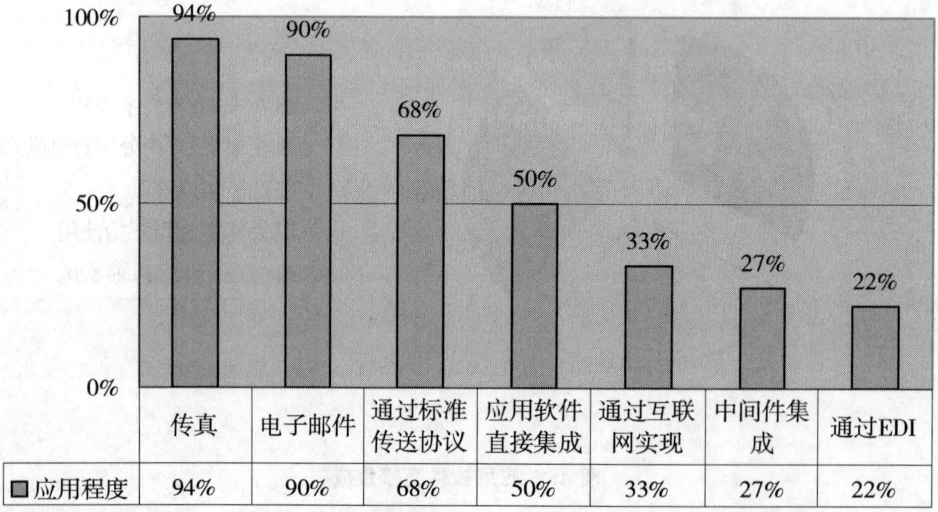

图 47　应用程度

（四）服务效率及稳定性

1. 2008 财年门店内 POS 机的相对数量（台 POS 机/千平方米）：药店最多为 10 台/千平方米，其次是超市为 3. 04 台 /千平方米，百货为 2. 32 台/千平方米，平均水平为 3. 41 台/平方米。

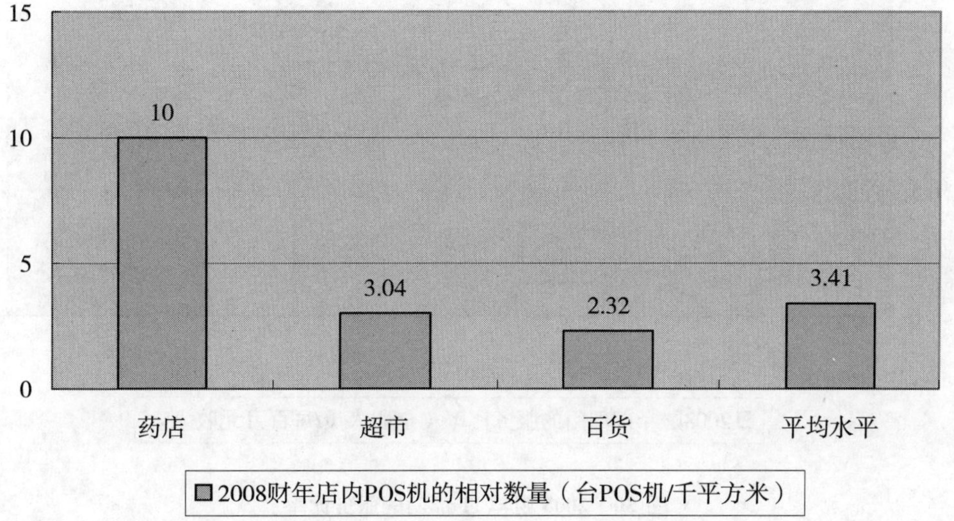

图 48　2008 财年门店内 POS 机的相对数量

2. 按 2008 财年的 POS 效率（张小票/台机 · 天） = 每年的交易小票数量/（2008 财年 366 天）×（POS 机总数）计算，超市为 627 张，百货为 212 张，药店为 300 张，平均 353 张。

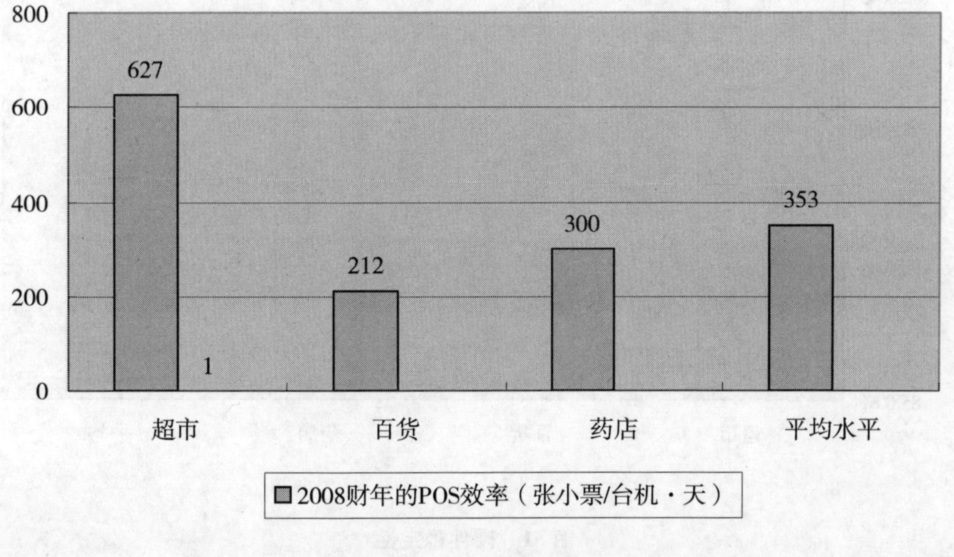

图 49　2008 财年的 POS 效率

3. 按 2008 财年 IT 部门的服务比率（全职人员/每百万元收入）＝零售业务的 IT 全职人员数目（内部和外部）/销售收入计算，超市为 0.028，百货为 0.132，药店为 1.01，平均水平为 0.191。

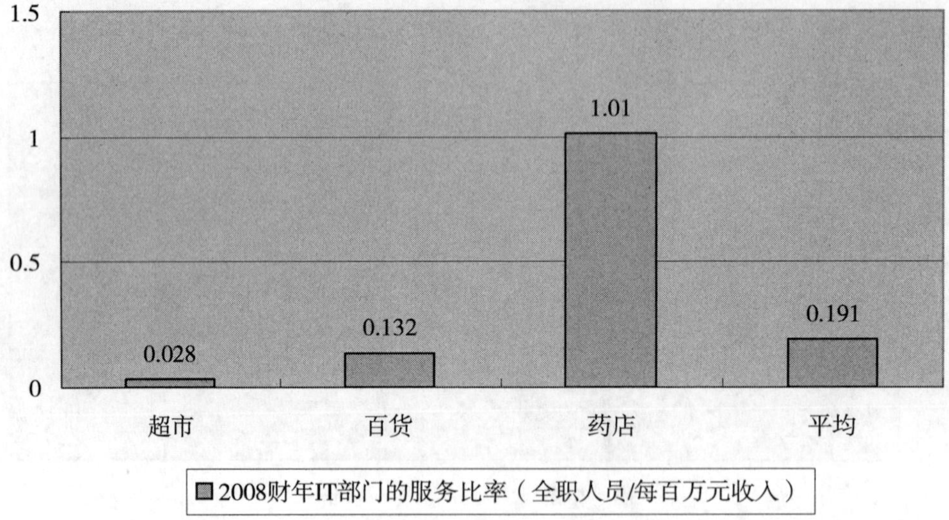

图 50　2008 财年 IT 部门的服务比率

4. 按稳定性＝（366 天×24 小时×60 分钟－宕机时间（分钟数））/366×24×60×100% 计算：

（1）硬件的稳定性

药店最高，为 99%；百货其次，为 98.82%；超市为 96.5%；平均 92.5%。

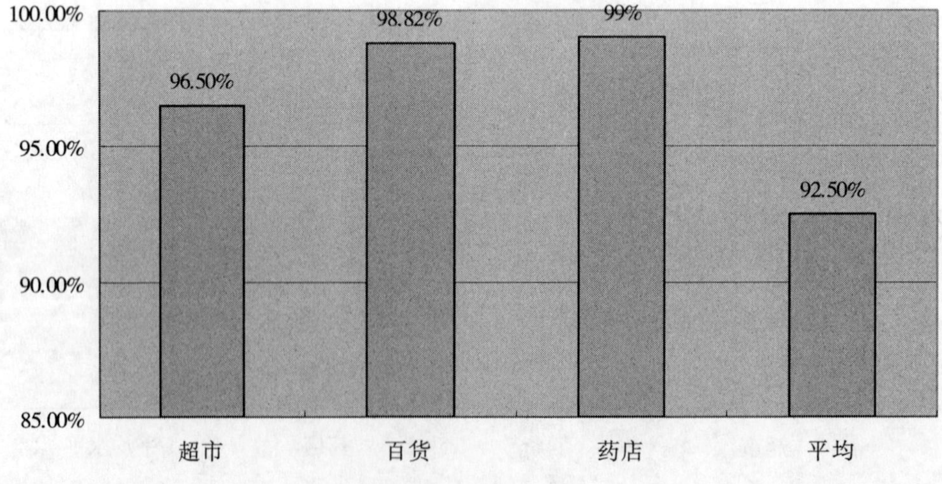

图 51　硬件稳定性

(2) 局域网的稳定性

百货为99.27%，超市为97.75%，药店为99%，平均为93.06%。

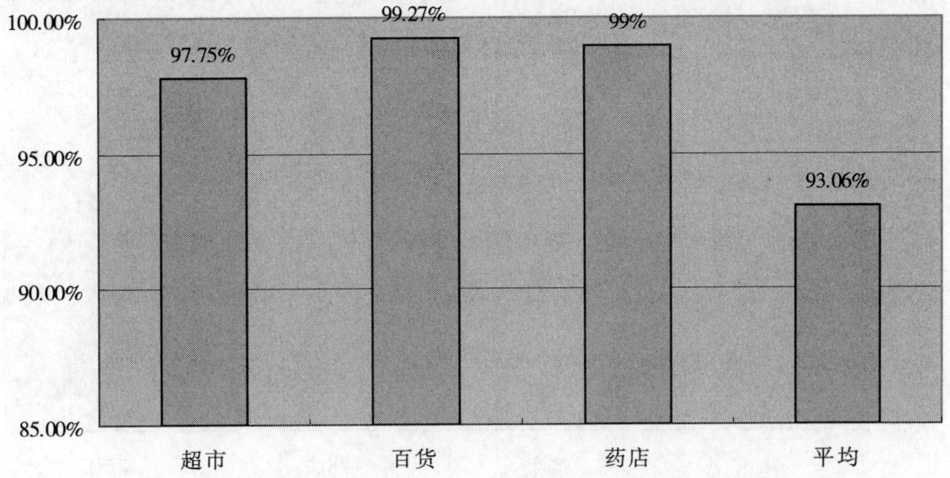

图52 局域网稳定性

(3) 广域网的稳定性（包括门店网络）

超市98.25%，百货96.7%，药店99%，平均97.27%。

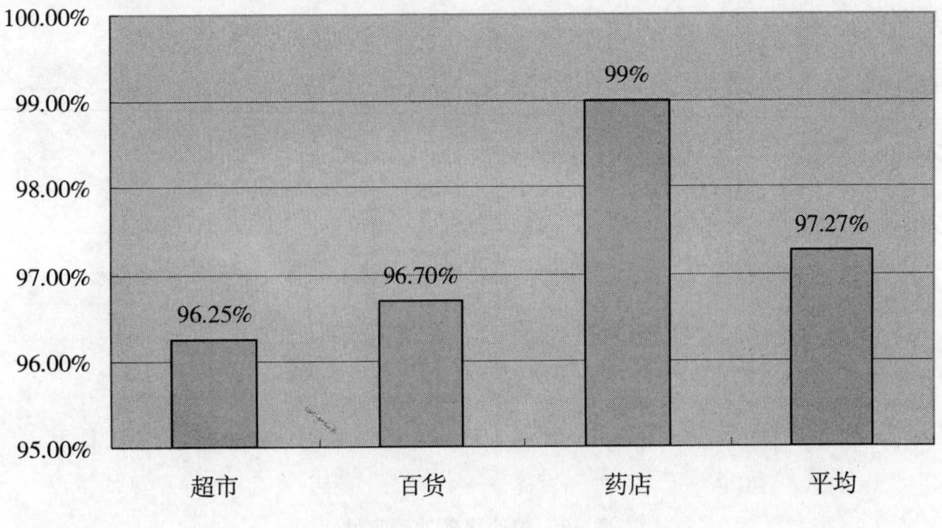

图53 广域网稳定性

（4）应用软件服务的稳定性

超市 95%，百货 98. 46%，药店 99%，平均 91. 88%。

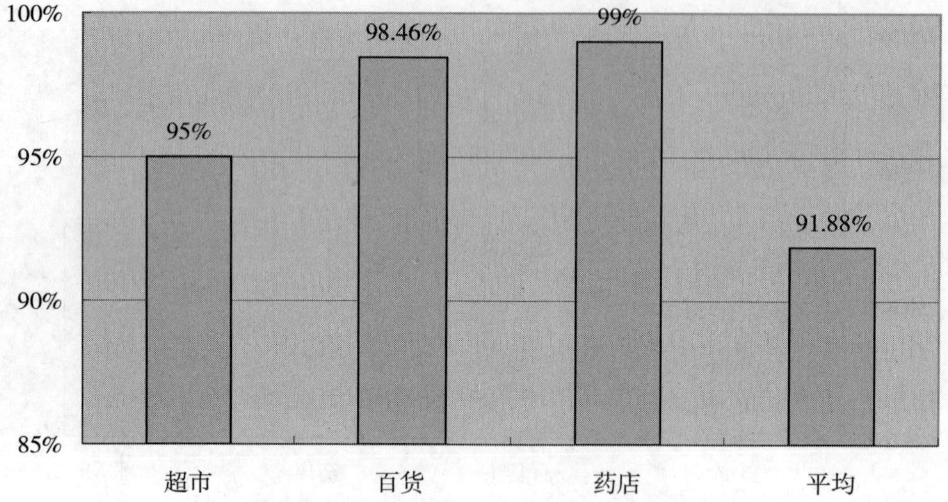

图 54 应用软件服务的稳定性

（5）邮件服务的稳定性

超市 96. 25%，百货 88%，药店 99%，平均 85. 06%。

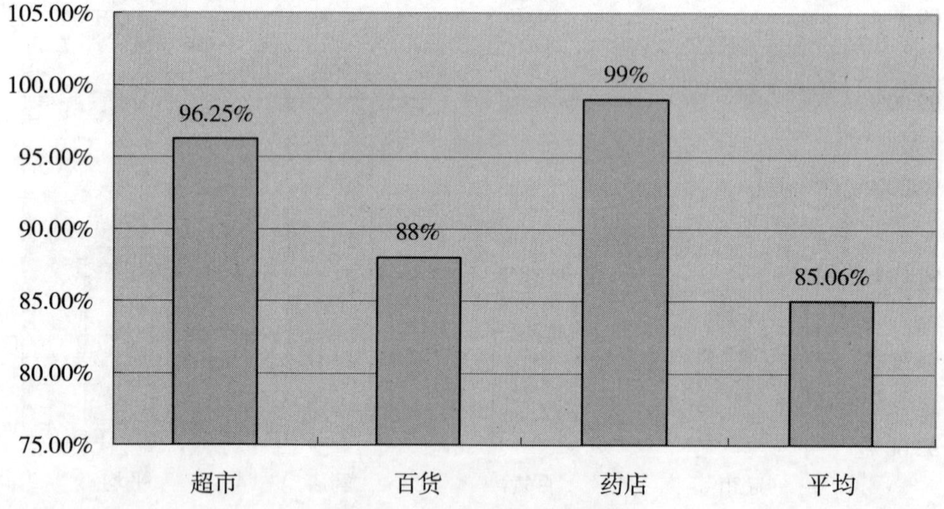

图 55 邮件服务的稳定性

零售企业 IT 应用稳定性综合分析：

（1）从应用来看，邮件服务的稳定性最低，广域网的稳定性最高。

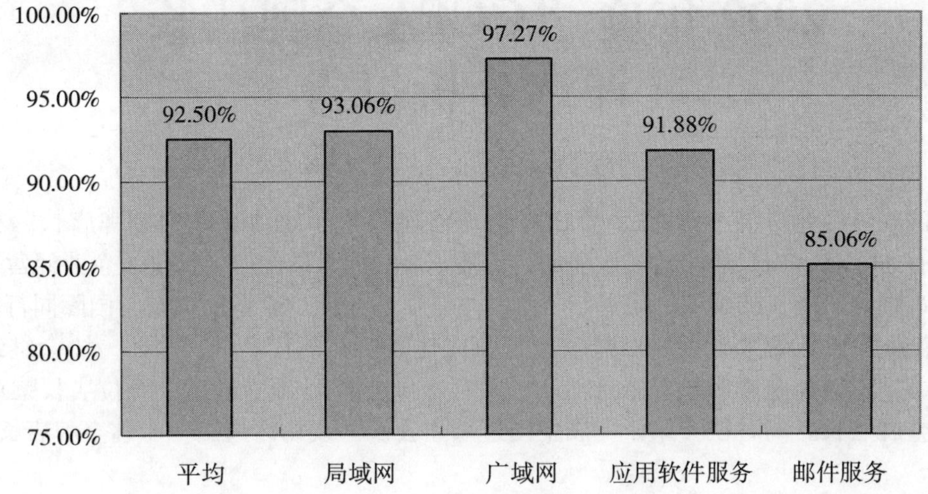

图 56　IT 稳定性对比

（2）从业态看，药店 IT 稳定性最高，超市与百货差别不大。

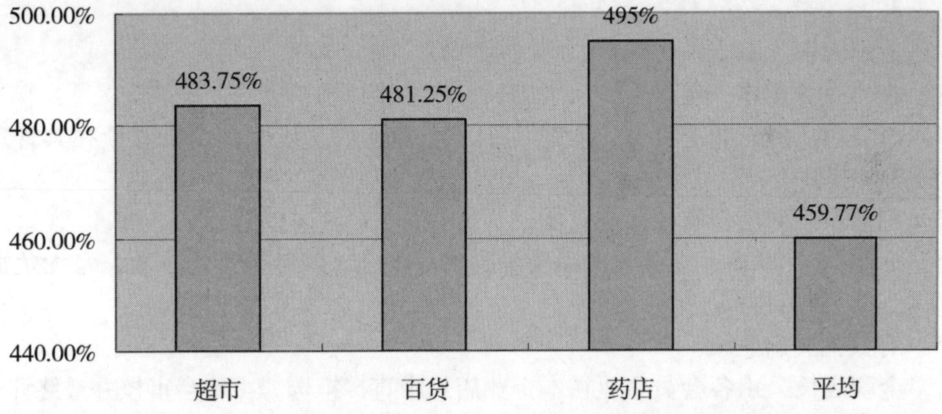

图 57　各业态 IT 稳定性综合对比

2009 年度“CCFA 金牌店长”评选分析报告

中国连锁经营协会（CCFA，简称协会）已连续 3 年成功举办“金牌店长”推选活动，共有 340 名店长当选。通过该活动，传播了金牌店长的经验，促进了企业经营与管理的改善，强化了店长的学习、培养与管理，增进了店长间、企业间以及与国际同行间的交流，“金牌店长”的荣誉称号已经成为行业内优秀店长的代名词。为此，协会继续推出 2009 年度“CCFA 金牌店长”推选活动，并有来自全国 85 家企业的 115 位店长荣获 2009 年度的金牌店长。同时在“第十一届中国连锁业会议”现场评选出“十佳金牌店长”。

一、金牌店长基本情况

（一）“金牌店长”评选范围、基本条件及评选方式

1. “金牌店长”评选活动在协会连锁零售企业会员中进行，由各企业在本企业店长中推选产生。

2. “金牌店长”基本条件包括：

（1）在本企业工作 3 年以上，从事店长工作 2 年以上。

（2）所在门店经营状况良好，业绩位于本企业前列，或所在门店业绩在其管理期间有显著改善和提高。

（3）门店员工对店长有较高满意度。

（4）所在门店 2008 年全年无商品质量、食品安全、服务等重大事故，且无负面新闻报道。

（5）有其他突出业绩。

3. “金牌店长”由各会员企业在本企业店长中直接推选，由协会审核并最终评选。

报送“金牌店长”基本数据包括：店长个人基本情况、所在店铺经营性指标、店长主要业绩和体会等。

（二）“金牌店长”基本状况

经过企业推选和协会审核，共有 115 位店长当选本年度的金牌店长。

1. 金牌店长总体分布及销售情况

115 位金牌店长来自于全国 85 个企业，其中有 95 位店长来自于 69 个中国连锁百强企业（含中国快速消费品连锁零售百强企业），占 83%。他们所在的 115 个门店业态包括大型超市、超市、便利店、百货店及各种专业店。

85 家企业 2009 年上半年销售额同比增长 15.23%，明显低于 2008 年上半年销售额同

比增长比例28%，85家企业2009年上半年平均单店销售额为821万元。

115个金牌店长门店2009年上半年销售额951508.5万元，平均单店销售8274万元，与2008年上半年相比增长10.86%。在经济危机环境下销售业绩不降反升，也彰显金牌店长的卓越营运水平。

2. 金牌店长业态分布

从业态看，115名店长包括便利店店长18名，超市店长（500~6000平方米）34名，大型超市店长（6000平方米以上）34名，百货店店长16名，专业店店长13名。

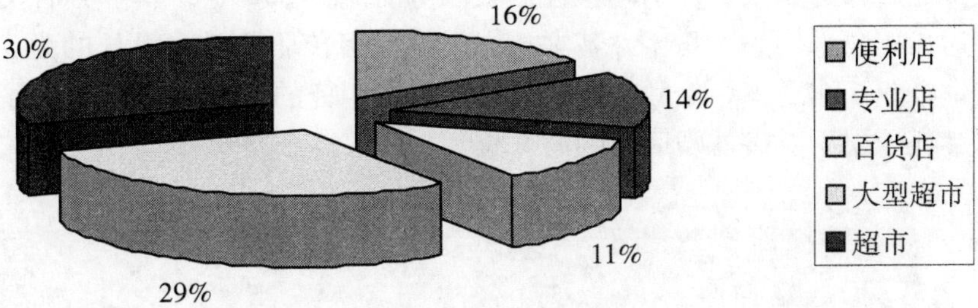

图1 金牌店长业态分布占比

从连续四年金牌店长评选情况来看，便利店店长数量占比逐年提高，说明消费者目前对价格的敏感度下降，对方便快捷的要求提高。

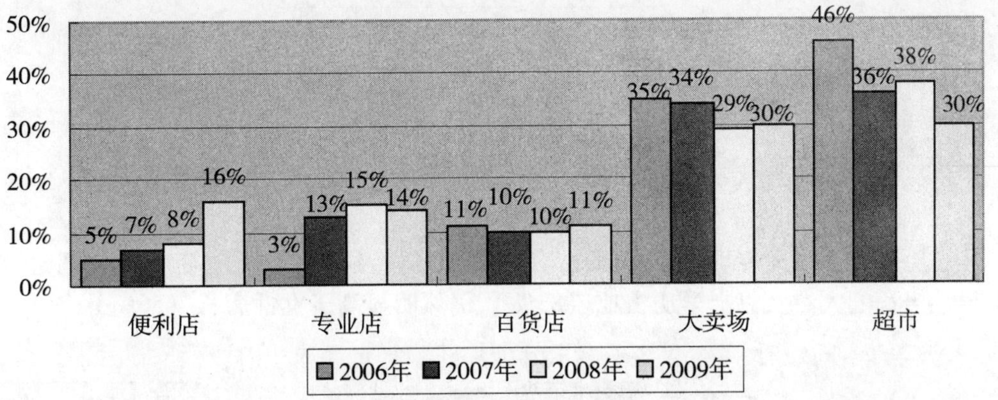

图2 连续4年金牌店长业态分布占比

3. 金牌店长性别、年龄及工作时间情况

从店长性别看，自2006年首次进行金牌店长评选起，女性店长的占比每年递增，今年女店长人数首次超过男店长，男女店长分别为53人、62人。

但从店长所在门店规模来看，男性店长所管理的门店的平均营业面积为10472平方米，远远大于女店长所管理门店的平均营业面积6064平方米，这也是男店长的总体收入水平高于女性店长的原因之一。

从年龄情况看，店长平均年龄为 39 岁，与 2007 年、2008 年金牌店长平均年龄相同，高于 2006 年平均年龄 2 岁；其中男性店长的平均年龄 38.5 岁，比女性店长平均年龄小 1 岁。年龄最大 60 岁，最低 27 岁。

4. 金牌店长工作年限及稳定度情况

从连续四届金牌店长工作年限看，店长在本企业平均工作年限逐年提升，115 位金牌店长在本企业工作年限平均为 11.5 年，说明零售行业越来越成熟，企业越来越重视人才，流失率降低。

从担任店长的年限看，平均担任店长职务时间为 5.8 年，其中男店长年限平均为 5.7 年，女店长年限平均为 5.8 年，基本相同。担任店长职务时间最长的为 31 年。64% 的店长是在本企业工作至少 3 年后内部提拔担任店长职务的，说明优秀店长需要长期积淀经验才可以胜任。属于直接外聘店长的有 8 位。

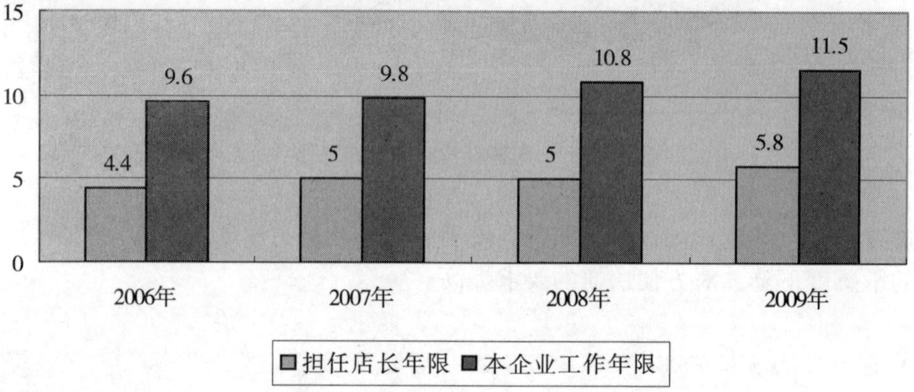

图 3　连续 4 年金牌店长工作年限及稳定度情况

5. 金牌店长学历情况

从学历水平看，大专学历的店长占有半数，本科及以上学历的店长占比超过 20%，其中男性店长的大专及以上学历占比（83%）仍然明显高于女性店长（56%）。

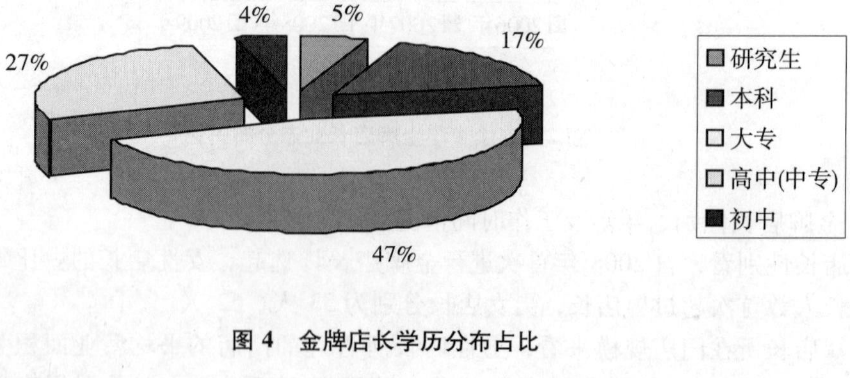

图 4　金牌店长学历分布占比

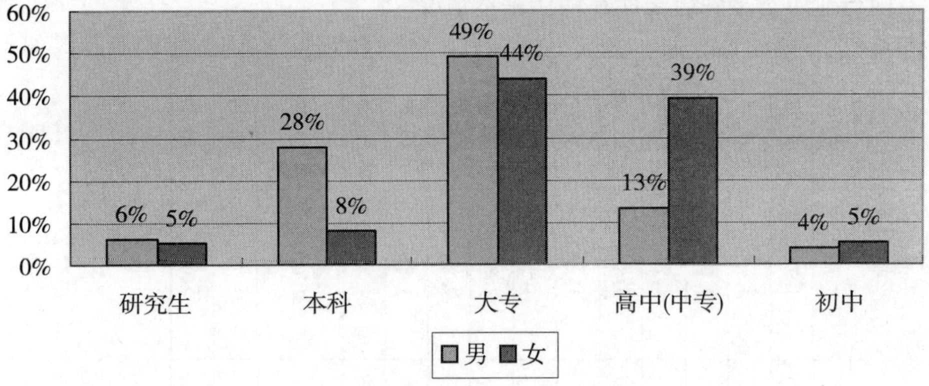

图 5　金牌店长性别、学历占比

6. 金牌店长薪金情况

从年收入水平看，年收入 8 万元以上的店长占比超过一半。男店长年收入 8 万元以上的占比明显高于女店长。

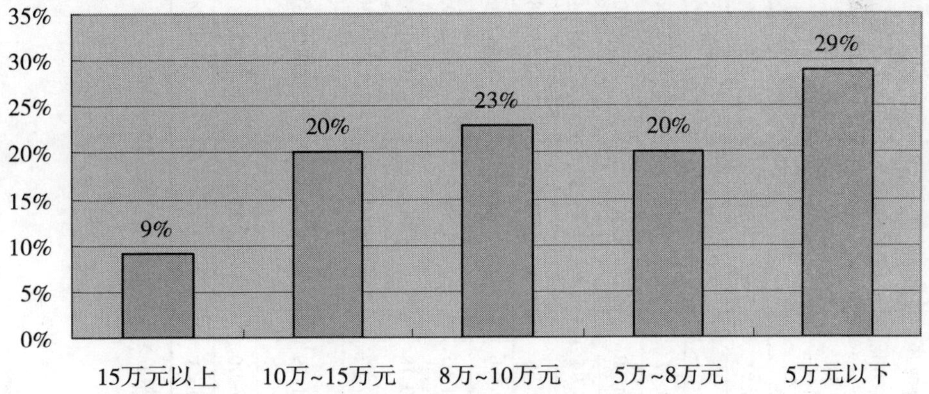

图 6　金牌店长年薪情况

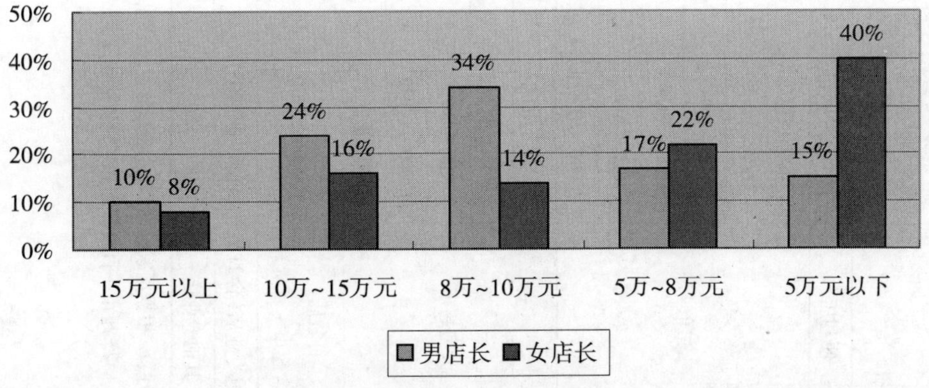

图 7　金牌店长性别与年薪情况

7. 不同行业业态金牌店长所在门店基本情况

不同业态店长所在门店基本情况表

业态	营业面积范围（平方米）	门店数	2008 年平均销售额(万元)	2008 年销售同比增幅%	2009 上半年平均销售额(万元)	2009 上半年销售同比增幅%	地效（万元/平方米）	劳效（万元/人）
便利店	35 ~ 480	18	703. 58	12. 15	399. 03	4. 90	3. 76	41. 3
超市	500 ~ 999	3	933. 58	10. 78	481. 40	0. 69	1. 72	41. 22
	1000 ~ 1999	7	3635. 91	10. 31	2092. 49	18. 70	2. 79	55. 34
	2000 ~ 2999	8	4317. 81	18. 00	2529. 45	12. 95	1. 74	46. 06
	3000 ~ 3999	7	6358. 12	13. 31	3347. 52	5. 47	1. 93	34. 56
	4000 ~ 4999	2	11754. 00	8. 12	6167. 00	3. 00	2. 88	23. 69
	5000 ~ 5999	7	9285. 74	19. 43	5786. 74	8. 90	1. 70	36. 96
大型超市	6000 ~ 7999	8	9371. 36	10. 73	5299. 08	8. 30	1. 41	31. 05
	8000 ~ 9999	9	19273. 89	22. 06	11057. 54	10. 53	2. 20	54. 68
	10000 ~ 11999	6	30701. 95	19. 56	16286. 95	7. 58	2. 86	77. 65
	12000 ~ 14999	6	23399. 18	8. 06	13740. 53	4. 82	1. 83	49. 29
	15000 及以上	5	22127. 07	15. 02	12563. 30	13. 75	1. 27	56. 93
百货店（含超市 + 百货）	10000 ~ 58000	16	42151. 79	23. 02	23818. 61	16. 16	1. 61	37. 28
家电专业店(含 IT)	1120 ~ 17590	6	19586. 70	12. 70	10500. 31	14. 98	3. 70	80. 75
其他专业店	80 ~ 18000	7	5559. 43	12. 67	2914. 54	15. 74	5. 67	88. 55

注:1. 根据国家标准《零售业态分类》,营业面积 6000 平方米作为超市和大型超市的分隔线。
2. 超市 + 百货业态并入百货店计算。

二、分行业业态金牌店长及门店基本情况

（一）便利店店长及门店基本情况

18位便利店金牌店长来自于13家企业，所属企业平均拥有门店641家。

18位金牌店长平均年龄36岁，平均在本企业工作8.7年，平均担任店长时间5.7年。女店长14位，男店长4位，性别差异较大。

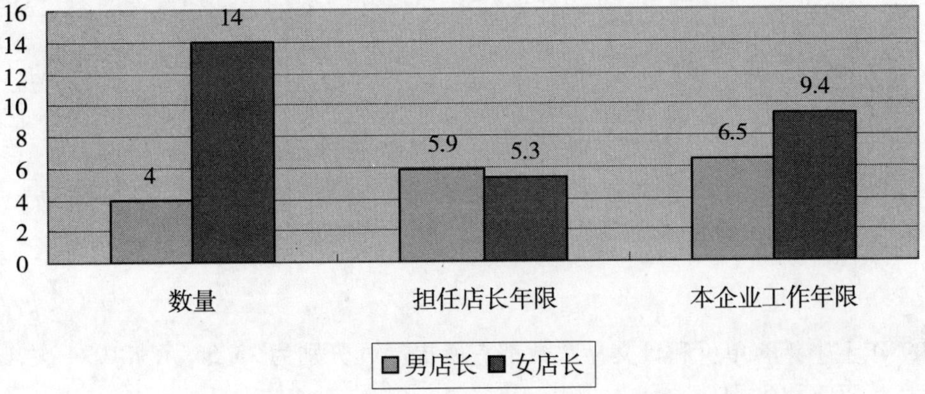

图8　金牌店长性别数量、工作年限与店长年限情况——便利店

18家便利店有14家位于住宅区，4家位于商业区，其中2家在医院附近。

18家便利店平均营业面积207.78平方米，平均有员工14人，2008年平均销售额703.58万元，销售同比增长12.15%，2009年上半年平均销售额399.03万元，销售同比增长4.9%。

2008年费用总额平均为59.32万元，2009年上半年费用水平基本不变，其中电费降低7.25%，工资增加1.08%，房租增加3.4%，塑料袋月使用量下降了15.14%。

平均损耗率由2008年的0.44%下降到2009年上半年的0.34%，不同门店间差异较大，2008年最高的达2.1%，最低的仅为0.06%。

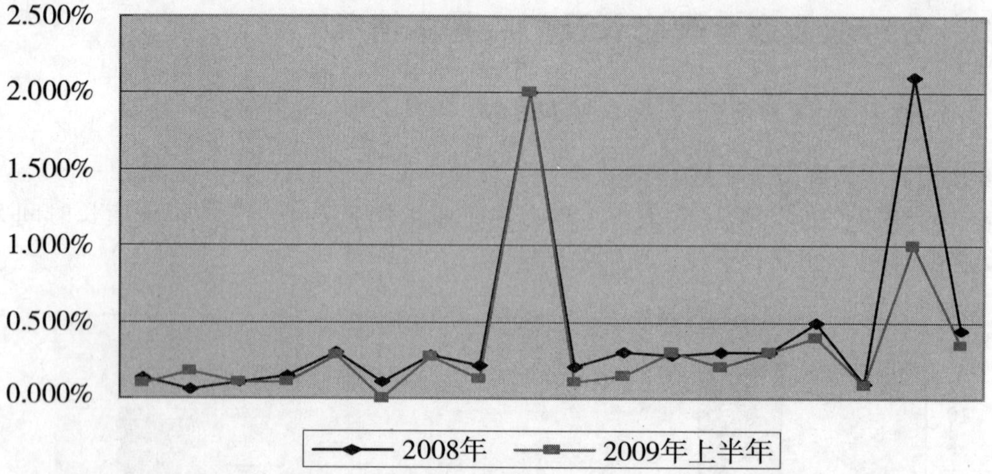

图 9　金牌店长门店商品损耗率分布情况——便利店

2009 年上半年客单价和日交易次数都有所提高，分别为 23. 55 元和 1094 次，同比增长分别为 4. 57% 和 5. 71% 。

平均库存周转天数 2009 年上半年同比上升了 7% ，为 23. 5 天。

平均毛利率 2008 年为 17% ，2009 年上半年为 17. 17% ，基本不变。

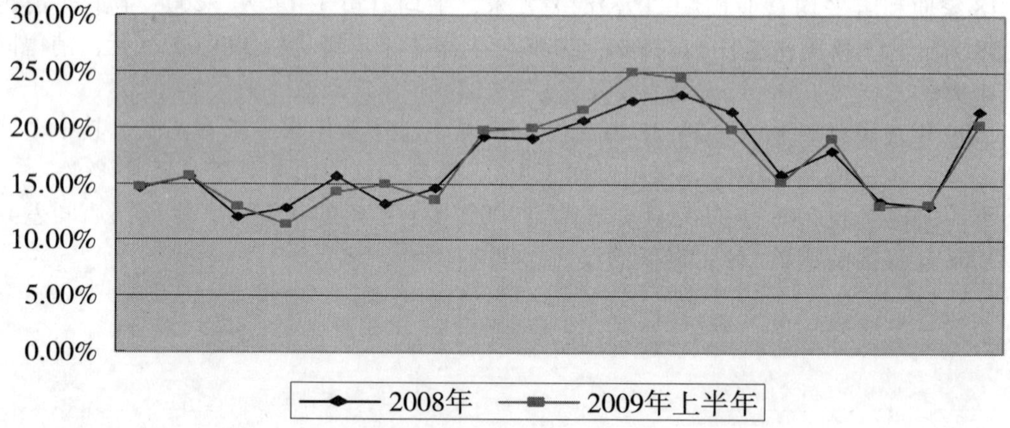

图 10　金牌店长门店毛利率分布情况——便利店

平均销售净利润率有了较大的提高，2008 年为 6.89%，2009 年上半年为 8.6%。

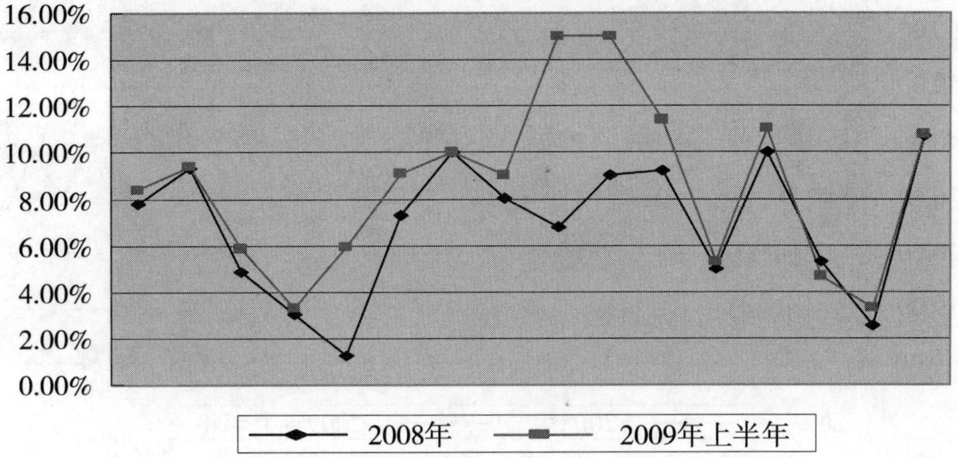

图 11　金牌店长门店销售净利润率分布情况——便利店

（二）超市店长及门店基本情况

34 位超市金牌店长来自于 29 家企业，所属企业平均拥有门店 256 家。

34 位金牌店长平均年龄 40 岁，平均在本企业工作 12 年，平均担任店长时间 6 年。女店长 19 位，男店长 15 位。

34 家超市有 24 家位于住宅区，10 家位于商业区，社区性超市比例较高。

34 家超市平均营业面积 2936.74 平方米，其中 26 家有对外租赁，平均有员工 162 人，2008 年平均销售额 5759.11 万元，销售同比增长 14.06%，2009 年上半年平均销售额 3311.79 万元，销售同比增长 11.62%。单月地效最高为 4517 元/平方米，单月劳效最高为 10.37 万元/人。

2008 年费用总额平均为 492 万元，2009 年上半年费用总额平均为 255.36 万元，其中工资增加 16.9%，房租增长 6%，塑料袋月使用量下降了 5.7%。

平均损耗率由 2008 年的 0.52% 下降到 2009 年上半年的 0.41%，不同门店间差异较大，2008 年最高的达 4%，最低的仅为 0.02%。

2009 年上半年客单价和日交易次数都有所提高，分别为 39 元和 3938 次，同比增长分别为 6.3% 和 8.9%。

平均库存周转天数由 2008 年的 32.9 天下降到 2009 年上半年的 31.3 天。其中 2008 年 74%、2009 年上半年 87.5% 的门店库存周转天数在 20 ~ 40 天之间。

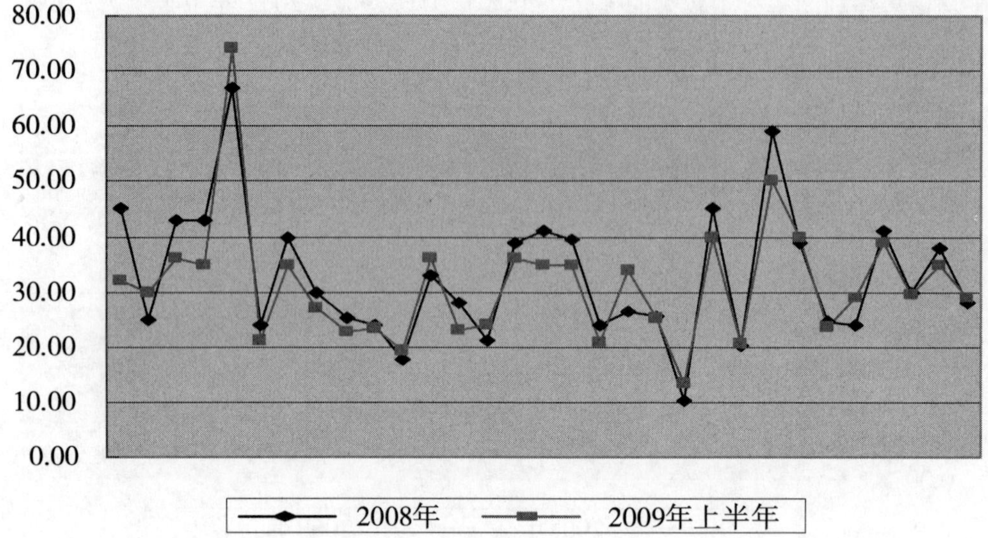

图 12　金牌店长门店库存周转天数情况——超市

平均毛利率2008 年为13. 41%，2009 年上半年为13. 40%，基本不变。门店间毛利率差异较大，2008 年最高为17. 64%，最低为9. 2%；2009 年上半年最高为17. 86%，最低为10%。

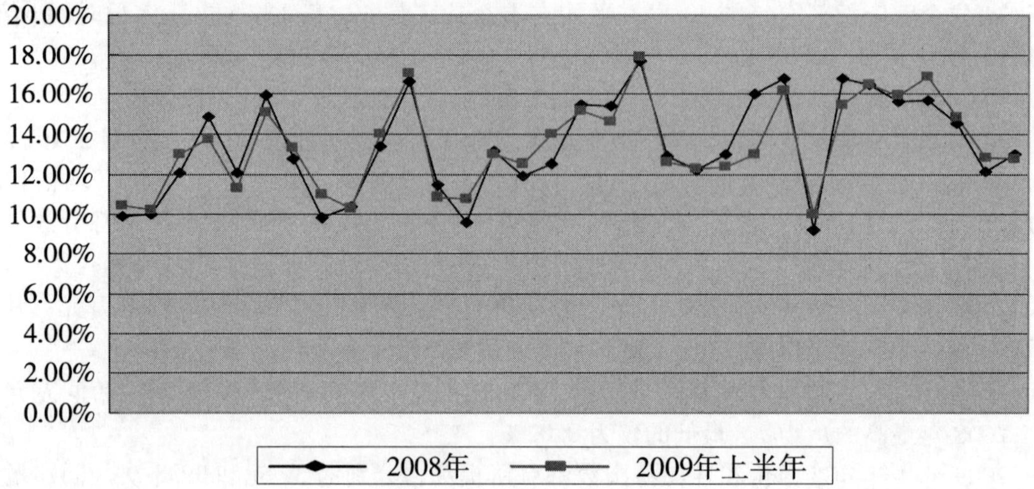

图 13　金牌店长门店毛利率分布情况——超市

平均销售净利润率2008 年为4. 52%，2009 年上半年为4. 40%，微降。

（三）大型超市店长及门店基本情况

34 位大型超市金牌店长来自于30 家企业，所属企业平均拥有门店149 家。多数企业经营多种业态。

34 位金牌店长和超市店长平均年龄、在本企业工作年限、担任店长年限基本一样，分别为 40 岁，11.5 年，6 年。女店长 20 位，男店长 14 位。

34 家大型超市有 19 家位于住宅区，15 家位于商业区。

34 家大型超市平均营业面积 10460 平方米，全部有对外租赁，或用于缓解房租压力或用于吸引客流，平均有员工 396 人，2008 年平均销售额 20108 万元，销售同比增长 16.2%，2009 年上半年平均销售额 11320 万元，销售同比增长 9.04%，单月地效最高为 6217 元/平方米，单月劳效最高为 14.47 万元/人。

2008 年费用总额平均为 1960 万元，2009 年上半年费用总额平均为 983 万元，其中工资增加 9.4%，房租增长 8.2%，塑料袋月使用量下降了 22.5%。

平均损耗率由 2008 年的 0.40% 微升到 2009 年上半年的 0.43%，不同门店间差异较大，2008 年最高的达 3%，最低的仅为 0.03%。

2009 年上半年客单价和日交易次数都有所提高，分别为 66.16 元和 8614 次，同比增长分别为 2.9% 和 8.2%。

平均库存周转天数由 2008 年的 32.7 天下降到 2009 年上半年的 29.6 天。

平均毛利率 2008 年为 12.58%，2009 年上半年为 12.43%，基本不变。门店间毛利率差异较大，外资门店平均毛利明显高于内资门店，2008 年最高为 18.05%，最低为 9%；2009 年上半年最高为 19.85%，最低为 8.29%。看来内资零售企业在价格带设置方面还需要改善，真正做到让消费者根据自身收入水平选择各自所需要的商品，同时也要重新梳理采购环节，以求改善价格形象。

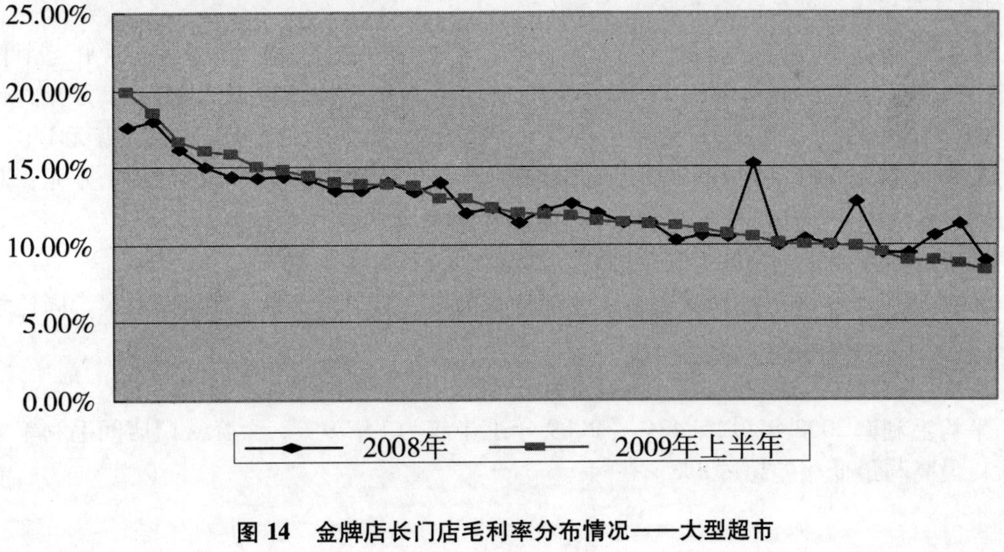

图 14　金牌店长门店毛利率分布情况——大型超市

平均销售净利润率 2008 年为 4.31%，2009 年上半年为 4.98%，微升。2008 年仅有一家销售净利润率为负的门店，2009 年已扭亏为盈。

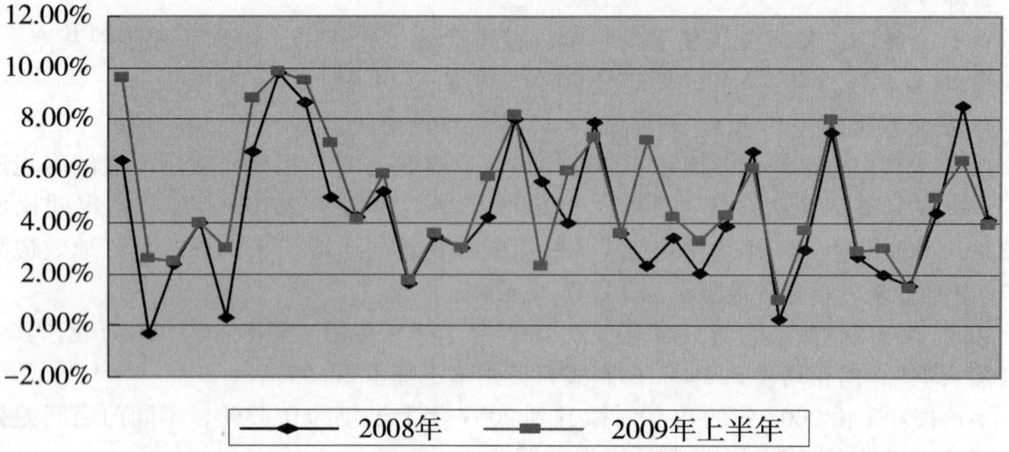

图 15　金牌店长门店销售净利润率分布情况——大型超市

（四）百货店店长及门店基本情况

16 位百货店金牌店长来自于 13 家企业，多数所属企业经营多种业态。

16 位金牌店长和超市店长平均年龄 40.3 岁，在本企业工作平均年限是各业态中最高的，为 16.8 年，担任店长时间平均为 5.6 年。女店长 3 位，男店长 13 位，性别差异最高。

16 家百货店全部位于商业区。

16 家百货店平均营业面积 26612 平方米，平均有员工 1238 人，2008 年平均销售额 42151.79 万元，销售同比增长 23.02%，2009 年上半年平均销售额 23818.61 万元，销售同比增长 16.16%，单月地效最高为 6917 元/平方米，单月劳效最高为 11.2 万元/人。

2008 年费用总额平均为 4000 万元，2009 年上半年费用总额平均为 2098 万元，其中工资增加 6.44%，房租增长 1.66%，塑料袋月使用量下降了 15.2%。

百货店业态的平均损耗率普遍较低，2008 年最高的仅 0.42%。

2009 年上半年客单价和日交易次数都有所提高，分别为 204 元和 5755 次，同比增长分别为 3.87% 和 6.28%。

平均库存周转天数较高，2008 年为 50.3 天，2009 年上半年为 43.3 天。

平均毛利率 2008 年为 15.42%，2009 年上半年为 14.79%，微降。门店间毛利率差异较大，最高与最低相差超过 8%。

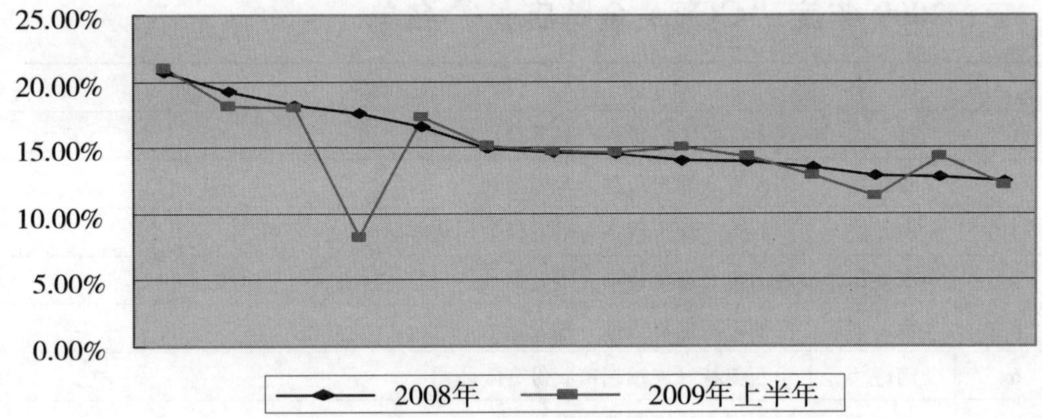

图 16　金牌店长门店毛利率分布情况——百货店

平均销售净利润率从 2008 年的 3.28% 升至 2009 年上半年的 4.73%。

（五）家电专业店店长及门店基本情况

13 位专业店金牌店长来自于 11 家企业，所属业态包括：家电、家居、农资、医药。其中家电业态 6 位金牌店长来自 5 家企业。

6 位金牌店长平均年龄 35.5 岁，在本企业工作平均年限为 9 年，担任店长时间平均为 4 年。女店长 3 位，男店长 3 位。

6 家家电专业店全部位于商业区。

6 家家电专业店平均营业面积 6877 平方米，差异较大，最高的 17590 平方米，最低的 1120 平方米。平均有员工 222 人，2008 年平均销售额 19586.7 万元，销售同比增长 12.7%，2009 年上半年平均销售额 10500.3 万元，销售同比增长 14.98%，单月地效最高为 6000 元/平方米，单月劳效最高为 13.79 万元/人。

2008 年费用总额平均为 1756 万元，2009 年上半年费用总额平均为 776 万元，其中工资增加 12.8%，房租增长 8.4%。

家电专业店的平均损耗率最低，多数门店无损耗。

2009 年上半年客单价和日交易次数都有所提高，分别为 1274 元和 505 次，同比增长分别为 0.9% 和 13.21%。

平均库存周转天数 2008 年为 27 天，2009 年上半年为 26 天。

平均毛利率 2008 年为 10.68%，2009 年上半年为 12.54%，上涨幅度为各业态之最。

平均销售净利润率 2008 年为 4.98%，2009 年上半年为 5.47%。

三、2009 年度“CCFA 金牌店长”名单

序 号	姓 名	企业名称
1	赵 彦	黑龙江省凌志数码产品连锁销售有限公司
2	王海莲	山西省太原唐久超市有限公司
3	黄志红	广西南宁康迈商业有限责任公司利客隆超市分公司
4	李立军	唐山市金客隆超市有限公司
5	徐 清	江苏汇银电器连锁有限公司
6	南耀兰	山西美特好连锁超市股份有限公司
7	师海霞	河北国大连锁商业有限公司
8	刘会燕	河北国大连锁商业有限公司
9	王炳芳	浙江供销超市有限公司
10	兰 磊	青岛维客集团股份有限公司
11	陈永军	大连经济技术开发区昌临旺客隆连锁有限公司
12	唐锦飞	苏果超市有限公司
13	温仁军	苏果超市有限公司
14	杨德爱	常州市信特超市有限公司
15	韩 琴	常州市信特超市有限公司
16	支光斌	成都伊藤洋华堂有限公司
17	赵玉红	山西金虎便利连锁股份有限公司
18	范美娟	山西鑫源兄弟实业集团有限公司福瑞特购物超市
19	吕雪莉	山西鑫源兄弟实业集团有限公司福瑞特购物超市
20	刘京平	华糖洋华堂商业有限公司
21	胡斌洲	东莞市星瀚商贸有限公司
22	黄小凤	东莞市星瀚商贸有限公司
23	胡培峰	利群集团股份有限公司
24	孟海卫	利群集团股份有限公司
25	刘 霞	成都红旗连锁有限公司
26	王佳景	华联超市股份有限公司
27	金 伟	华联超市股份有限公司
28	马永章	山东银座商城股份有限公司
29	黄冬青	天津劝宝超市有限责任公司
30	郭志美	北京京客隆商业集团股份有限公司

续表

序　号	姓　名	企业名称
31	李法光	北京京客隆商业集团股份有限公司
32	杨闽仪	江苏五星电器有限公司
33	林　强	重庆百货大楼股份有限公司
34	胡　广	邯郸市阳光超市有限公司
35	张艳铭	邯郸市阳光超市有限公司
36	楼少军	三江购物俱乐部股份有限公司
37	刘　静	武汉中百便民超市连锁有限公司
38	田　瑛	武汉中百便民超市连锁有限公司
39	卢继民	长春欧亚集团股份有限公司
40	敬翠华	长春欧亚集团股份有限公司
41	濮群英	江苏新合作常客隆连锁超市有限公司
42	杨玉华	江苏新合作常客隆连锁超市有限公司
43	马婵娟	加贝物流股份有限公司
44	刘南京	江苏雅家乐集团有限公司
45	孙　虹	山东新星集团有限公司
46	高　菊	安徽百大合家福连锁超市股份有限公司
47	钱　浩	安徽百大合家福连锁超市股份有限公司
48	张同祥	合肥百货大楼集团股份有限公司
49	王超玮	安徽百大电器连锁有限公司
50	史姣君	浙江华之友商贸有限公司 xx
51	张云雁	陕西民生家乐商业连锁有限责任公司
52	张春凤	陕西民生家乐商业连锁有限责任公司
53	卢晓峰	西安民生集团股份有限公司
54	刘建军	西安民生集团股份有限公司
55	郭　武	武汉中商集团股份有限公司
56	程继超	武汉中商集团股份有限公司
57	姚天帮	阜阳华联超市有限公司
58	刘玉红	唐山百货大楼集团八方购物广场有限责任公司
59	沙雪峰	北京华冠商贸有限公司
60	朱金福	河北惠友商业连锁发展有限公司
61	张晓明	安徽省台客隆连锁超市有限责任公司

续表

序　号	姓　名	企业名称
62	高永玲	北京美廉美连锁商业有限公司
63	黄葆春	北京美廉美连锁商业有限公司
64	王福康	北京超市发连锁股份有限公司
65	马彦菊	北京超市发连锁股份有限公司
66	阙丽平	上海雷允上药品连锁经营有限公司
67	魏　骏	上海华氏大药房有限公司
68	王　莉	天津市津工超市有限责任公司
69	刘益红	天津市津工超市有限责任公司
70	纪冬梅	江苏千百美超市有限公司
71	杨育红	河南正道思达连锁商业有限公司
72	施玲英	上海捷强烟草糖酒（集团）连锁有限公司
73	牟　斐	人人乐连锁商业集团股份有限公司
74	杨大伟	济南华联超市有限公司
75	冯　欣	济南华联超市有限公司
76	杨国伟	沃尔玛（中国）投资有限公司
77	赵克仁	宏图三胞高科技术有限公司
78	曹汝霞	上海良友金伴便利连锁有限公司
79	许广枝	安徽徽商农家福有限公司
80	闵自玉	安徽徽商农家福有限公司
81	郦国维	杭州联华华商集团有限公司
82	俞建勇	上海世纪联华超市发展有限公司
83	张素霞	辽宁兴隆大家庭商业集团有限公司
84	张文秀	山东统一银座商业有限公司
85	张永亮	四川吉峰农机连锁股份有限公司
86	郭瑞斋	河北保龙仓商业连锁经营有限公司
87	朱惠玲	秦皇岛市广缘商厦有限公司
88	郭洪涛	永城煤电控股集团先帅百货有限责任公司
89	梁　青	山东全福元商业集团有限责任公司
90	丁彩梅	淄博东泰商厦有限公司
91	褚双秀	武汉中百连锁仓储超市有限公司
92	宋卫华	武汉中百连锁仓储超市有限公司

续表

序　号	姓　名	企业名称
93	陈　涛	重庆中百仓储超市有限公司
94	王　芳	武汉武商量贩连锁有限公司
95	邢　锋	深圳百安居装饰建材有限公司
96	韩　艳	唐山家万佳超市有限公司
97	李东梅	唐山家万佳超市有限公司
98	杨勇惠	陕西三棵树超市商贸有限责任公司
99	张桂萍	陕西三棵树超市商贸有限责任公司
100	毕美云	山东家家悦集团有限公司
101	徐　莉	上海易初莲花连锁超市有限公司
102	张贤雄	特易购中国公司
103	李　滨	湖南家润多超市有限公司
104	袁志文	湖南家润多超市有限公司
105	夏良才	浙江人本超市有限公司
106	邓晓光	步步高商业连锁股份有限公司
107	刘宗涛	步步高商业连锁股份有限公司
108	黄彬彬	东莞市糖酒集团美宜佳便利有限公司
109	凌　静	苏宁电器股份有限公司
110	哈少军	苏宁电器股份有限公司
111	李新农	新一佳超市有限公司
112	姚淑荣	北京王府井百货（集团）股份有限公司
113	尚喜平	北京王府井百货（集团）股份有限公司
114	岳焕英	胜利油田胜大集团胜大超市公司
115	杨　洪	北京华普联合商业投资有限公司
共 85 家企业 115 位金牌店长		

（按报名时间先后排序）

（中国连锁经营协会）

2009 年中国零售与快速消费品行业工商协作调查报告

2008 年下半年开始的全球性经济危机给中国的零售和快速消费品行业带来了深刻的影响，也对工商协作关系提出了新的挑战。中国连锁经营协会和 IBM 全球企业服务部联合完成了 2009 年工商协作调查。该调查项目于 2003 年启动，已经连续开展了七年，在业界产生了广泛的影响。特别是 2009 年经济危机的宏观环境为该项研究赋予了特殊的内涵。

正在持续的经济危机对中国主要的零售和快速消费品企业带来了怎样的影响？工商企业对协作的关注度和满意度有怎样的变化？如何进行更好的协作？工商企业在各个关键的业务领域，如营销、供应链、客户服务、渠道管理等方面的现状如何？应该采取哪些措施应对挑战？如何在经济危机中抓住企业未来发展的机遇？这些都是工商企业管理者共同的困惑。2009 年工商协作调查报告通过一手数据解读经济危机对工商企业在各个关键业务领域，特别是与协作相关的业务领域带来的挑战，并为企业对未来的业务规划提出建议。

一、调研方法、领域和数据

1. 调查的研究方法

2009 年工商合作研究分为定量和定性两个部分。定量研究是通过问卷调查方式获取一定数量且有代表性的企业反馈；定性研究是通过企业访谈方式了解企业对合作关键领域以及相关行业热点问题的想法。

定量研究的对象，是零售企业负责产品采购，以及快速消费品企业负责销售的高级管理人员。定性研究的对象，是零售和快速消费品企业总监级以上的相关高层。

2. 重点研究的领域

定量研究问卷结构：经济危机对工商企业的影响；工商企业协作重点领域的关注焦点；战略合作；营销合作/零售前端合作；供应链合作；客户服务；工商企业对协作总体满意度和每个重点合作企业的满意度的互相评价。

深度访谈主要涉及领域：经济危机对工商企业的影响，包括对消费者、公司运营、市场营销、供应链等方面的影响；受经济危机影响工商企业合作中的主要问题；渠道拓展中的主要挑战以及如何与供应商/零售商配合；网络以及多渠道销售；消费者分析和顾客忠诚度管理。

3. 数据样本和分析

通过与连锁行业协会、领先的快速消费品制造商及其他行业专家讨论目前工商协作所涵盖的主要领域，本次调研主要关注“经济危机之下如何通过工商协作形成合力，共同抓住危机中的机遇”。

调查问卷分为“零售企业对快消企业评价”以及“快消企业对零售企业评价”两套

独立的问卷。

数据样本：

零售企业的样本选择：全国连锁业百强企业，包括综合性大型超市、连锁超市、便利店、仓储式超市等。

快速消费品企业的样本选择：快消品行业大型企业，包括食品、饮料、日化用品等。

回收68份问卷，包括34家零售企业和34家快速消费品企业。

同时，与10家具有代表性的企业进行了面对面的深度访谈。

数据分析：

采用专业统计分析软件SPSS，对问卷数据进行建模分析。其中：

——选取快消企业/零售企业最关心的指标，通过加总各样本对某家具体企业的评分，得出该企业在某指标上的总分；

——就某一指标，按分数高低进行企业排名；

——选取提名率最高的企业及美誉度最高的企业，进行综合排名。

2009年工商合作调查中，34家被访零售企业样本分布：

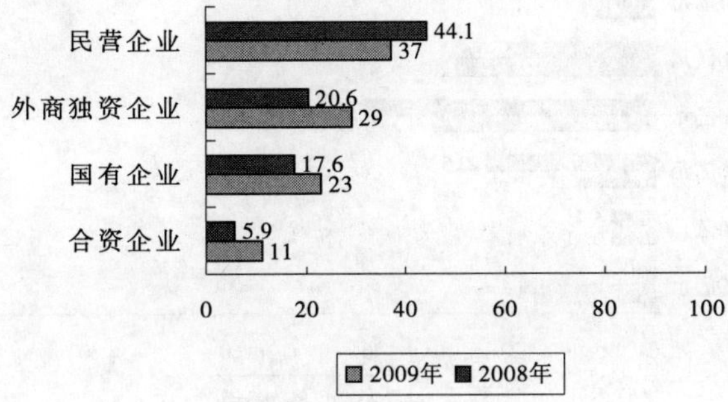

图1　被访零售企业按企业性质分（n=34）

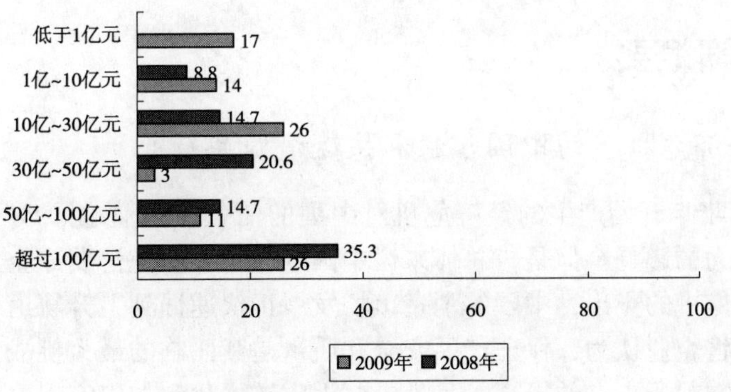

图2　被访零售企业按年度收入分（n=34）

2009 年工商合作调查中，34 家被访快速消费品企业的样本分布：

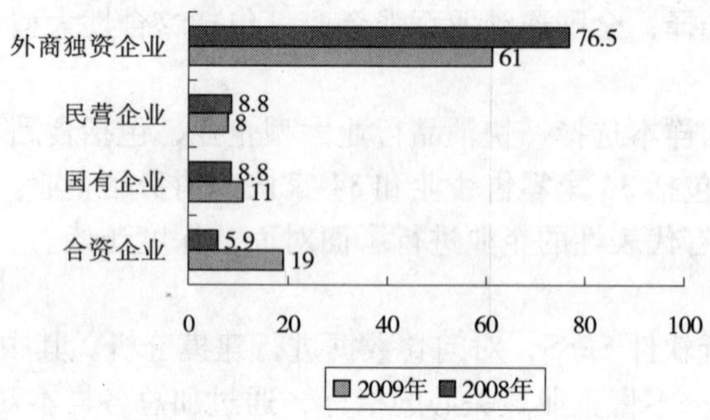

图 3　被访快消企业按企业性质分（n＝34）

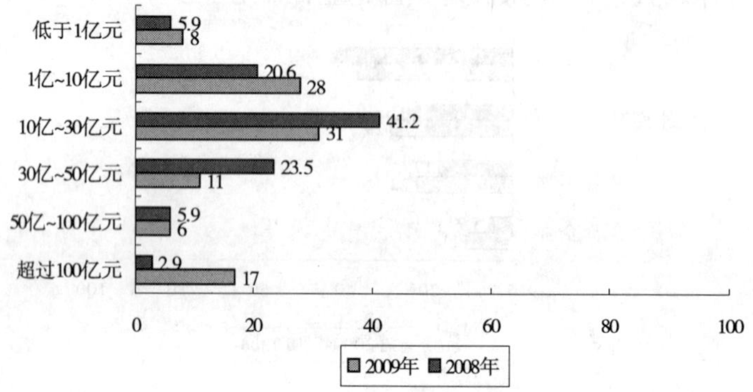

图 4　被访快消企业按年度收入分（n＝34）

二、调研概要

（一）经济危机下的中国零售和快速消费品行业

2008 年下半年开始产生的经济危机对中国的消费品行业也形成了冲击，主要体现在对消费者购买力的影响。但是，总体来说中国的零售和快速消费品企业对危机产生影响的感受并不如想像中的突出，中国的消费市场发展正快速回到上升轨道，前景依然广阔。

中国的零售企业认为，保证产品安全和质量是其面临的最大挑战，其与供应商加强合作的意愿也出现前所未有的提高。另外，对供应链优化和如何实现差异化竞争表示出高度的重视。

中国的快消企业将品牌建设视为经济危机环境下的最大挑战，对品牌表现出一如既往的重视和投入。另外，对如何有效地管理销售、促销、渠道等方面的成本，以及产品安全和渠道管理表示出高度重视。

（二）零售企业对工商合作的关注焦点和满意度

与2008年相比，2009年零售企业对各领域协作的重视程度均有上升，表示出在经济危机的环境下希望加强合作的强烈愿望。

在所有合作领域中，零售商最为关注的是与供应商建立战略合作伙伴关系。因此，供应商借此机会与零售商建立战略伙伴关系恰逢其时。同时，供应商帮助零售商进行消费者分析以及销售团队职业素养和能力的提升也是零售商最为看重的。

在所有合作领域中，零售商对与供应商战略合作和供应链合作的满意程度提高比较明显。而其对供应商销售团队客户服务能力的整体满意度却略有下降，说明零售商希望供应商进一步加强客户服务能力。

（三）快速消费品企业工商协作表现排名总体情况

2009年零售企业对16个实现选定的快消制造企业工商协作的满意度进行评价，与2008年相比波动不明显，外资企业依然占据绝对优势地位，部分领先的国内企业，如蒙牛、立白上升幅度明显①。

（四）快消制造企业对工商合作的关注焦点和满意度

2009年快消企业对协作的关注程度比2008年有明显下降，远低于零售商对协作的整体关注程度，值得所有供应商的重视。

快消制造商重点关注零售商在促销上的配合、付款信誉以及是否为双方创造共同价值。

2009年快消企业对战略合作的满意度有明显提高，说明有越来越多的零售企业与供应商开始建立战略合作伙伴关系，开展相应的合作项目。

在所有合作领域中，快消企业对与零售商在客户服务领域的满意程度非常低，说明零售商应该重点提高对供应商的客户服务能力。

（五）零售企业工商协作表现排名总体情况

2009年零售企业综合评价的11个企业中，总体排名变化情况不大，外资零售企业仍保持优势。

部分内资零售企业，如北京华联的排名上升明显。

（六）2009年工商协作行动建议

1. 综合调研结果分析，我们建议工商企业可以在以下6个领域加强合作，抓住危机中的机遇，为下一步发展奠定基础：供应链合作；品类管理合作；共同保障产品的安全和质量；品牌共建；新兴市场渠道合作；积极配合，发展网络和多渠道销售。

2. 工商双方各自需要重点改进的领域：

零售企业改进领域：提高付款信用；加强门店执行力；更主动分享数据等。

---

① 注：洋细排名请参阅中国连锁经营协会出版的《2009年中国零售与快速消费品行业工商合作调查报告》。

快消企业改进领域：加强经销商管理；更有效的促销管理；加强消费者分析能力等。

三、经济危机下的中国零售和消费品行业

1. 相比西方主要发达国家，中国消费品市场在过去 10 年中一直保持两位数字的稳定高速的增长势头。

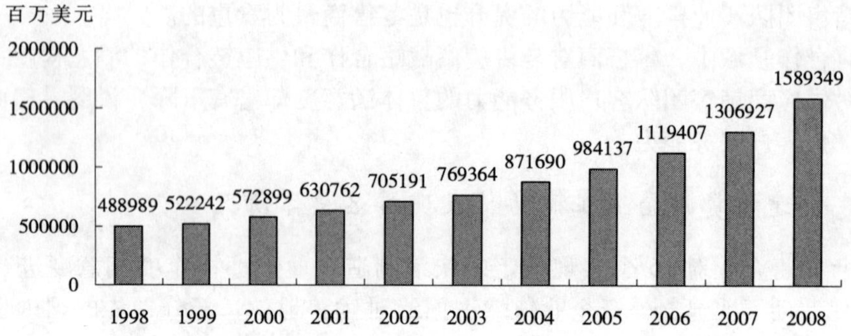

图 5　中国消费品零售总额（1998—2008 年，CAGR 12.5%）

表 1　　中、美、英、日四国消费品市场情况

国别	2008 年消费品零售总额（百万美元）	CAGR（1998—2008）
中国	1589349	12.50%
美国	3959957	4.30%
英国	462800	4%
日本	1858450	-0.70%

资料来源：中国、日本、美国、英国国家统计局。

2. 中国的消费品市场受到经济危机的冲击不如西方主要发达国家明显，并正以较快的速度回到上升轨道。

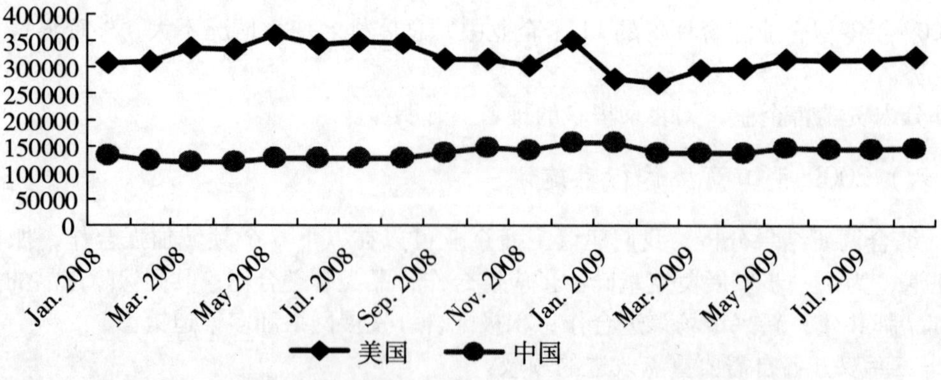

资料来源：中国国家统计局，美国国家统计局。

图 6　中国和美国消费品零售总额（2008 年 1 月—2009 年 8 月）

对于2008年下半年开始产生的经济危机，零售和快速消费品企业总体的感受是其影响并不如想像中突出，中国的消费市场发展前景依然广阔。

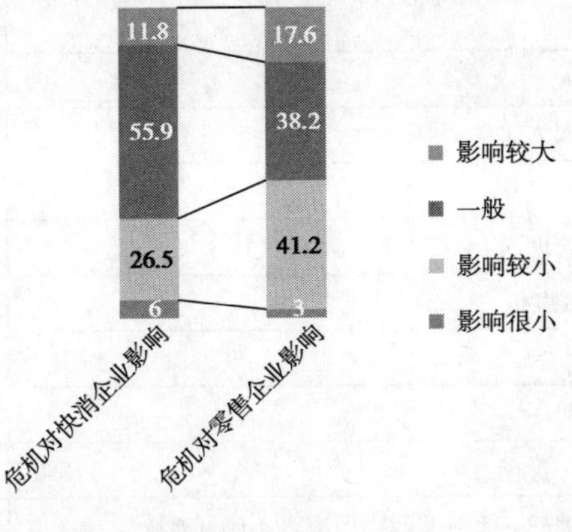

来源：2009年工商协作调查，2009工商协作深度访谈。

图7 经济危机对零售和快速消费品企业的影响

只有11.8%的快消制造商和17.6%的零售商认为经济危机对其业务产生较大的影响。

与大型快速消费品企业相比，零售企业对于危机的感受更为深切。因此，零售企业比快消企业采取了更加积极主动的措施应对危机的挑战。当然，相对于大型快消品企业，危机对中小快消企业也有比较明显的冲击。

零售企业认为危机对其产生较大的影响以及影响较小的比例都比快消企业高，对危机的感受呈现两级化趋势。这说明不同的零售企业对危机的感受很不相同。也从一个侧面显示了不同的经营管理水平对危机的应变能力会有较大的差距。

3. 中国的零售企业认为，保证产品安全和质量是其面临的最大挑战，其与供应商加强合作的意愿出现前所未有的提高。

表2　零售企业面临挑战情况

零售企业挑战排名	指标描述	零售企业挑战百分比	经济危机使哪些挑战更为加剧排名
1	保证产品安全和质量	85.3	5
2	与供应商的相互协作（补货管理，联合促销，排面管理，销售数据分享等）	82.4	8
2	产品、品类、摆放、店面设计、服务等同质化严重，如何进行差异化销售，避免价格战	82.4	5
2	供应链效率的提升，减少缺断货	82.4	6
3	经济危机使消费者购买力受到影响，对价格更为敏感	79.4	1
4	经济危机对销售毛利的影响	76.5	3
5	经济危机使客流减少，客单价降低	73.5	1
5	辅助性销售分析工具的运用（如管理信息系统等）	73.5	10

续表

零售企业挑战排名	指标描述	零售企业挑战百分比	经济危机使哪些挑战更为加剧排名
6	对成本控制的压力加大	70.6	2
7	对于顾客需求的及时深入了解不足	67.6	5
7	品类管理能力不足	67.6	7
8	多渠道零售的建设和管理	58.8	9
8	顾客的流动性强，忠诚度低	58.8	4
8	经济危机对现金流的影响	58.8	6
9	供应商要求降低合同费用	47.1	9
10	对供应商促销员的统一管理	44.1	/
11	来自其他渠道购物的挑战，如网上购物渠道等不断涌现	32.4	9
11	在向3、4线城市扩张过程中中央对地方的管理	32.4	10

经济危机之下，零售行业最为关注的几个关键词是安全、协作、供应链优化和差异化竞争。

——安全。零售企业将保证产品的安全和质量列为最重要的挑战。近年来多次发生的产品安全事件使零售企业视产品安全和质量为企业的生命线。在该领域与供应商的合作也将是工商合作的重点。

——协作。零售企业把与供应商的合作列为第二位挑战，显示出前所未有的加强合作的强烈意愿。经济危机使零售企业感到压力，因此加强与供应商的合作成为零售企业提高核心竞争力的重要手段。供应商应抓住这个机遇开展和零售商的合作计划。

——供应链优化。供应链优化一直是零售企业关注的领域。在经济危机之下，供应链优化以及加强与供应商在供应链方面的合作成为降低成本、提高效率的重要手段。

——差异化竞争。经济危机更加激化了零售商之间的价格战。打折促销的力度加大，压缩了原本已经很少的利润空间。因此，零售企业开始更加关注差异化竞争，强化对利润贡献度最高的核心消费群体的服务。

4. 中国的快消企业将品牌建设视为经济危机环境下最大的挑战，对品牌表现出一如既往的重视和投入。

表 3　　快消企业面临挑战情况

快消企业挑战排名	指标描述	快消企业挑战百分比	经济危机使哪些挑战更为加剧排名
1	公司在品牌建设和维护方面的投入，与市场营销部门的协作	85.3	1
2	销售成本的管理（包含促销员，促销等）	82.4	2
2	渠道和市场费用管理	70.6	4
2	保证产品安全和质量，产品批次的追溯管理	70.6	3
3	经济危机使消费者购买力受到影响，对价格更为敏感	70.6	6

续表

快消企业挑战排名	指标描述	快消企业挑战百分比	经济危机使哪些挑战更为加剧排名
4	有效的渠道管理及覆盖	67.6	6
5	有效的促销管理	64.7	3
5	与零售商的相互协作	61.8	6
6	消费者需求的及时深入了解	61.8	6
7	消费者对产品的忠诚度低	58.8	9
7	供应链效率的提升，减少缺断货	52.9	9
8	经济危机对销售毛利的影响	47.1	6
8	零售商要求增加合同费用	47.1	5
8	零售商之间的价格战对制造商的冲击	41.2	7
9	辅助性销售工具的运用（例如，手持终端等）	38.2	9
10	产品同质化严重，如何进行差异化销售，避免价格战	38.2	6
11	经济危机对回款的及时性及资金周转产生的影响	32.4	9
11	不同渠道之间的冲突，如新兴渠道对传统渠道的挑战	20.6	7

经济危机之下，快消行业最为关注的几个关键词是品牌、成本管理、安全和渠道管理。

——品牌。稳定强大的产品品牌形象对于企业对抗危机带来的影响至关重要。因此，在危机中快消企业把对品牌的建设和维护作为首要的挑战。大多数企业没有因为危机降低对品牌的重视和投入。这对于零售企业的启示是快消企业希望与其在品牌共建方面有所作为。

——成本和费用管理。危机使企业对于各种费用的投入管理以及产生的效果更加重视。因此，快消企业将对销售成本、渠道和市场费用的管理以及促销管理更加重视。

——安全。同零售企业一样，产品的安全和质量同样是快消品企业的生命线。因此，快消企业对产品的安全和质量给予了高度的重视，列为所有挑战的第二位。

——渠道管理。渠道管理的挑战主要体现在如何提高分销商各方面的业务能力，以促进与零售商的合作和产品销售，以及如何在三线以下城市建立渠道网络，并与零售商形成很好的配合。

四、2009 年工商企业关注焦点和满意度

（一）2009 年零售企业关注焦点和满意度

与 2008 年相比，2009 年零售企业对各领域协作的重视程度均有上升，表示出在经济危机的环境下希望加强合作的强烈愿望。

在几个重点合作领域中，零售商对战略合作和供应链合作的满意程度提高比较明显。而其对供应商销售团队客户服务能力的整体满意度却略有下降，说明零售商希望供应商进一步加强客户服务能力。

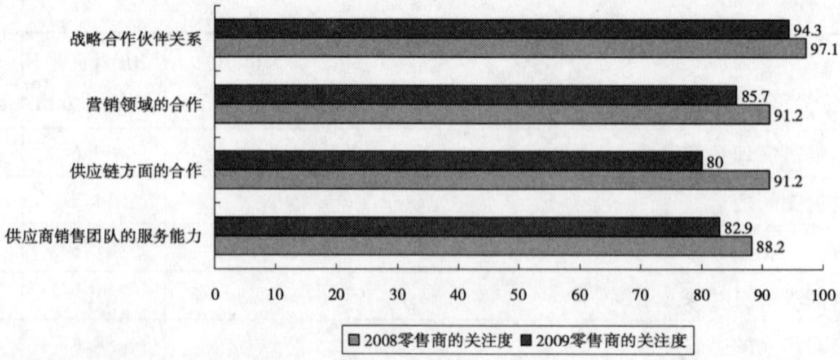

2008 年平均关注度 85.7%，2009 年平均关注度 91.9%

图 8　零售商对协作各领域关注度（2008 VS 2009）

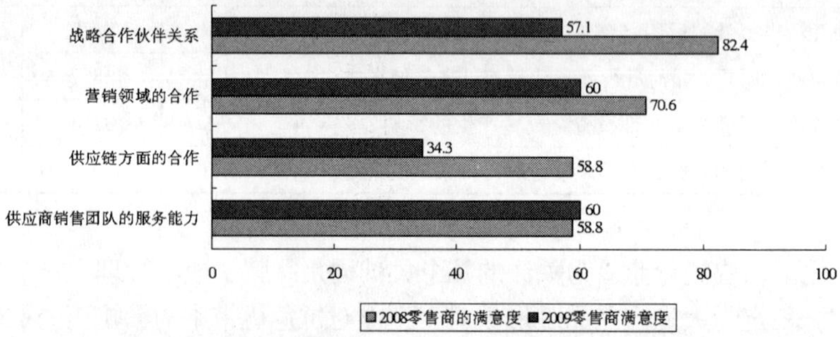

2008 年平均满意度 52.9%，2009 年平均满意度 67.7%

图 9　零售商对协作各领域满意度（2008 VS 2009）

零售商最为关注与供应商的战略合作，共同制定业务计划并开展合作项目，供应商与零售商结成战略合作伙伴恰逢其时。

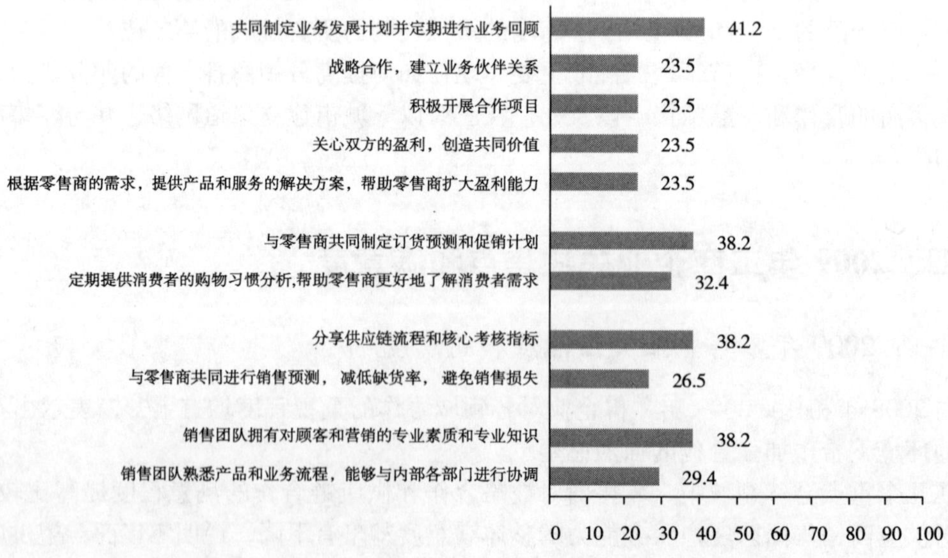

图 10　2009 年中国零售企业在各领域最关注的工商合作指标

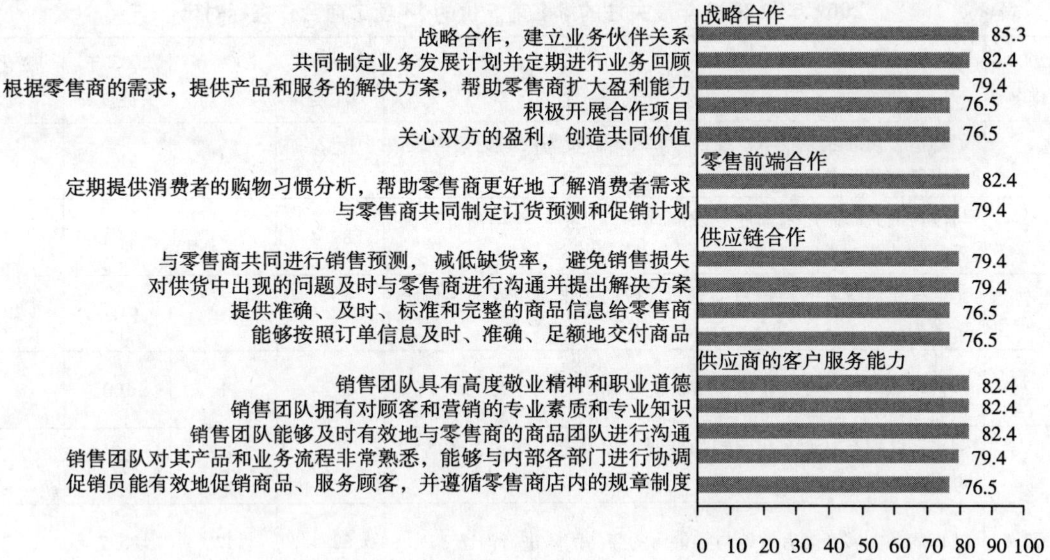

图 11　2009 年中国零售企业在各领域关注度高于均值的工商合作指标

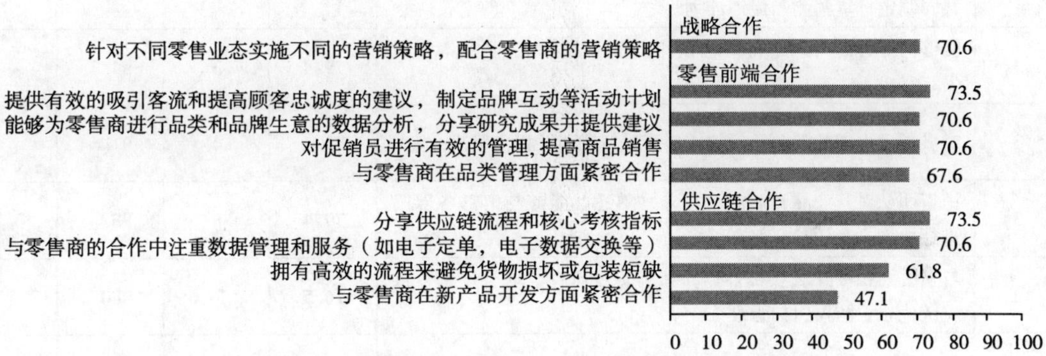

图 12　2009 年中国零售企业在各领域关注度低于均值的工商合作指标

与 2008 年相比，2009 年零售商重点关注的某些指标发生了较大的变化。上升幅度最大的几个指标包括帮助零售商扩大赢利能力、按照订单信息交付商品和提供有效的吸引客流的建议。

表 4　　2009 年和 2008 年最关注的排名前 5 位的 18 项工商合作指标对比

2009 排名	指标描述	2009 年关注度%	2008 年排名	2008 年关注度%	变化情况①
1	了解贵公司的业务战略，经常与贵公司进行高层的定期沟通，建立紧密的业务伙伴关系	85.3	4	91.4	↑
2	与零售商共同制定未来业务发展计划，定期与零售商进行高质量的业务结果回顾	82.4	8	88.6	↑↑
2	定期提供消费者的购物习惯分析，帮助零售商更好地了解消费者需求	82.4	4	91.4	↑
2	销售团队具有高度敬业精神和职业道德	82.4	1	100	↓
2	销售团队拥有对顾客和营销的专业素质和专业知识，了解零售商的流程和政策	82.4	2	97.1	→
2	销售团队能够及时有效地与零售商的商品团队进行沟通	82.4	12	85.7	↑↑
3	能够根据零售商需求，提供产品和服务的方案，帮助零售商扩大销售规模及提高赢利能力	79.4	24	74.3	↑↑↑↑
3	及时分享新品推出、价格变化和促销等销售计划，与零售商共同制定订货预测和促销计划	79.4	4	91.4	↑
3	能够与零售商共同进行销售预测，减低缺货率，避免销售损失	79.4	3	94.3	→
3	对供货中出现的问题及时与零售商进行沟通并提出解决方案	79.4	4	91.4	↑
3	销售团队对其产品和业务流程非常熟悉，能够与内部各部门进行协调，确保零售商的利益	79.4	8	88.6	↑↑
4	与贵公司积极开展项目合作，如消费者研究、联合促销、供应链优化、防损保护管理等	76.5	17	80	↑↑↑
4	关心双方的赢利情况，采取有效措施创造共同价值	76.5	12	85.7	↑↑
4	能够提供准确、及时、标准和完整的商品信息给零售商，实现商品信息的一致性和同步性。	76.5	12	85.7	↑↑
4	能够按照订单信息及时、准确、足额地交付商品	76.5	20	77.1	↑↑↑↑
4	促销员能有效地促销商品，服务顾客，并遵循零售商店内的规章制度	76.5	8	88.6	↑
5	提供有效的吸引客流和提高顾客忠诚度的建议，制定品牌互动等活动计划	73.5	24	74.3	↑↑↑↑
5	能够主动，充分地与零售商分享自己的供应链流程和核心的考核指标	73.5	17	80	↑↑↑

① 注：“↑”或“↓”表示排名变化在 5 名之内；“↑↑”或“↓↓”表示排名变化在 5 ~ 10 名之内；“↑↑↑”或“↓↓↓”表示 10 ~ 15 名之内；“↑↑↑↑”或“↓↓↓↓”表示变化在 16 名以上（下同）。

在战略合作方面，与2008年相比，2009年零售企业更为关注的是与快消企业进行定期沟通，建立紧密的业务伙伴关系。

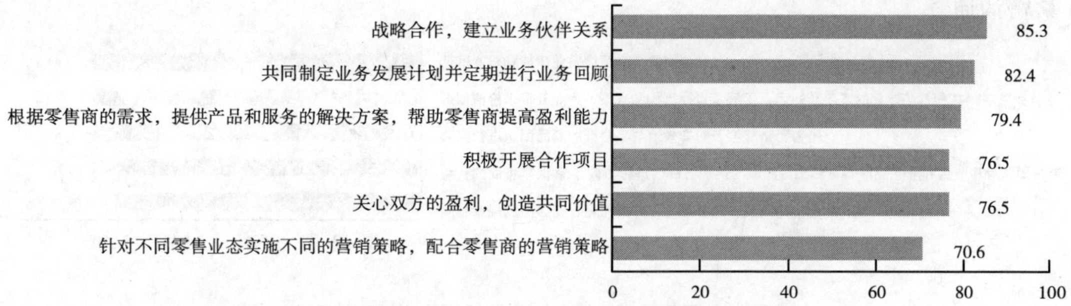

图13　2009年中国零售企业对快消企业的关注度

在营销合作策略方面，与2008年相比，2009年零售企业更为关注的是了解消费者的需求和与快消企业共同制定订货预测和促销计划。

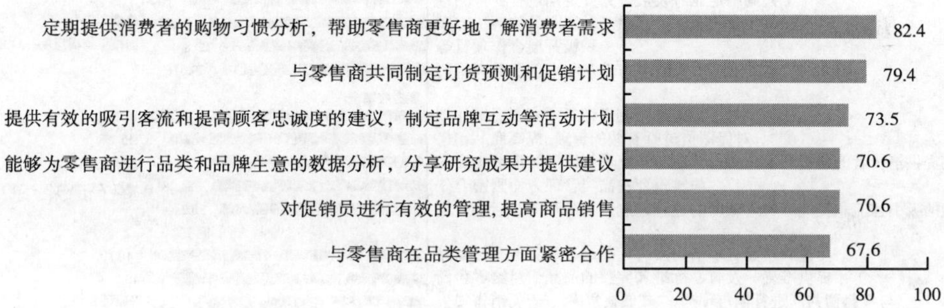

图14　零售企业对营销合作策略领域各指标关注度

在供应链管理方面，与2008年相比，2009年零售企业更重视与快消企业在供货问题上与零售企业紧密沟通，以及实现双方商品信息的一致性。

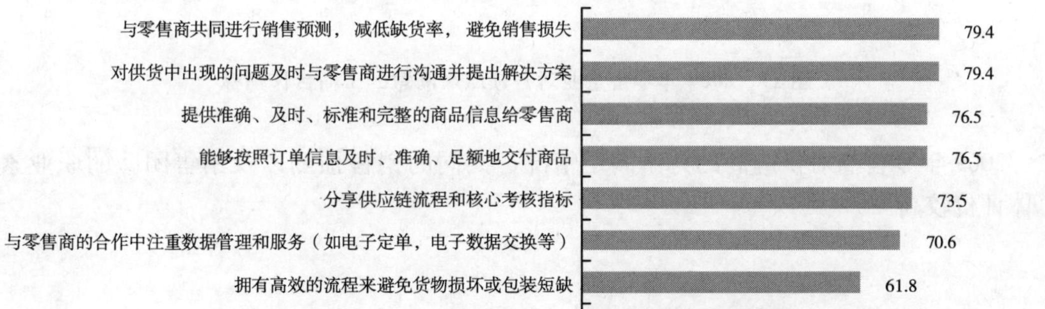

图15　零售企业对供应链合作领域各指标关注度

整体来看，快消企业的专业化客户服务能力特别是大客户服务能力依然是零售企业最为重视的。与 2008 年相比，2009 年零售企业更期待快消企业销售团队能够与零售团队进行紧密沟通。

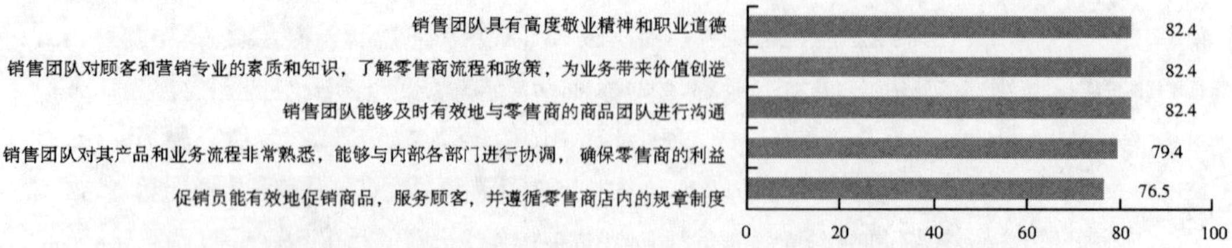

图 16　零售企业对客户服务领域各指标关注度

2009 年零售企业对工商合作指标的平均满意度，供应链合作部分仍有较大的提升空间。

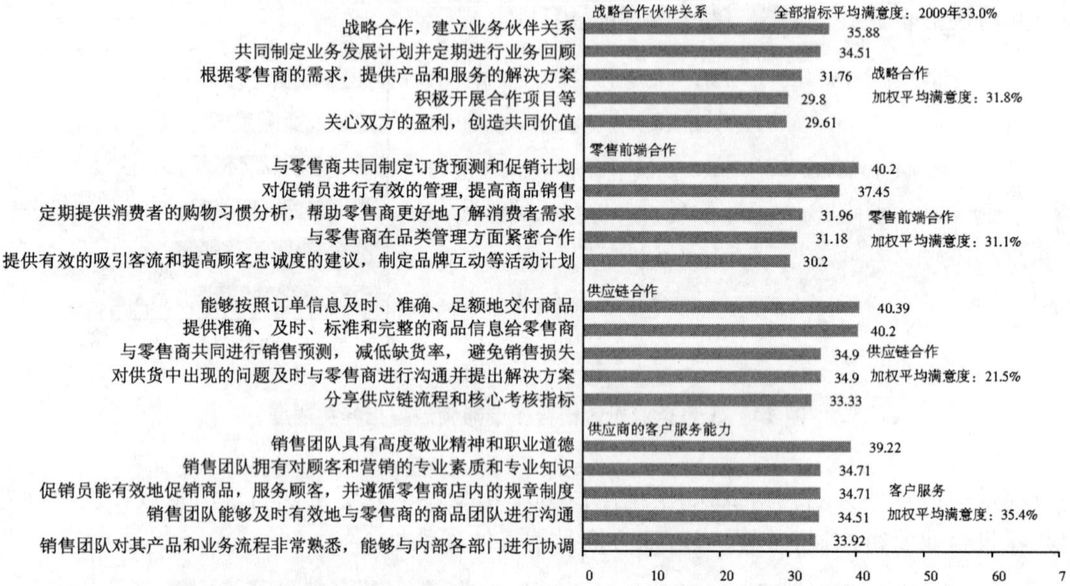

图 17　2009 年零售企业对各领域最满意的工商合作指标

2009 年零售商对供应商的订单满足情况、共同的销售预测以及销售团队的职业素养总体评价较高。

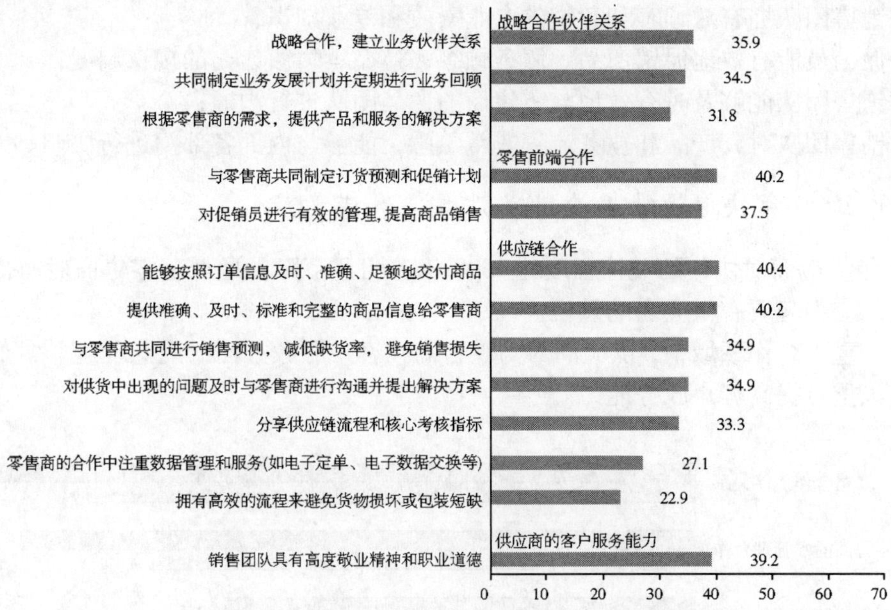

图 18 2009 年零售满意度高于均值的工商合作指标

2009 年零售企业对供应商帮助提供品类和数据分析以及配合进行差异化销售方面满意度较低。

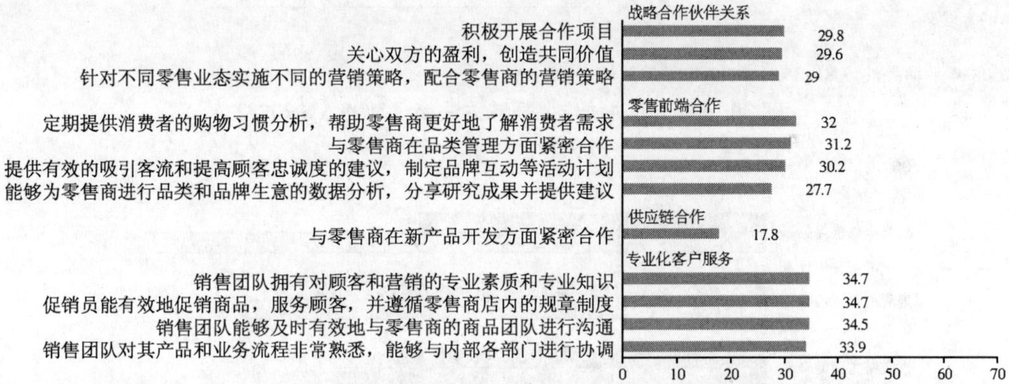

图 19 2009 年零售满意度低于均值的工商合作指标

快消制造商应特别重视与零售商开展合作项目，关心双方的盈利和价值创造，加强消费者分析能力和数据分享，提高供应商销售团队的整体素质。

零售企业关注度高但满意度低的指标（快消品制造企业应该重点提高的领域）：

——战略合作，积极开展合作项目；

——关心双方的盈利，创造共同价值。

零售前端合作：

——定期提供消费者购物习惯分析，帮助零售商更好地了解消费者需求。

快消品制造商的客户服务能力：

——销售团队拥有对顾客和营销的专业素质和专业知识；
——促销员能有效地促销商品、服务顾客、遵循零售商店内的规章制度；
——销售团队能够及时有效地与零售商的商品团队进行沟通；
——销售团队对其产品和业务流程非常熟悉，能够与内部各部门进行协调。

（二）2009 年快速消费品企业关注焦点和满意度

2009 年供应商对协作的关注程度比 2008 年有明显下降，远低于零售商对协作的整体关注程度，应引起所有供应商的重视。

在几个重点合作领域中，供应商对与零售商在客户服务方面的满意程度非常低，说明零售商应该重点提高客户服务能力。

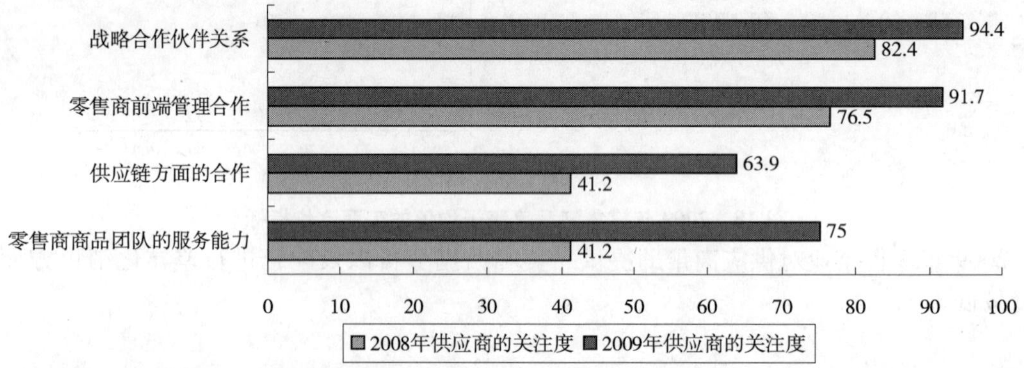

2008 年平均关注度 81.3%，2009 年平均关注度 60.3%

图 20　供应商对协作各领域关注度（2008 VS 2009）

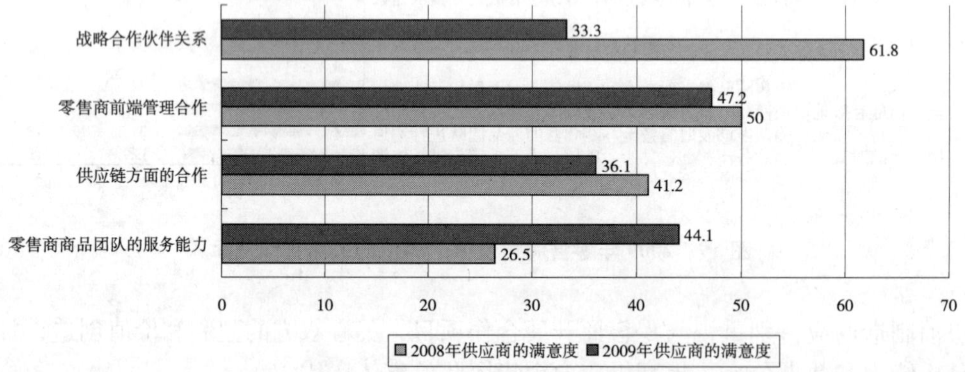

2008 年平均满意度 40.3%，2009 年平均满意度 44.9%

图 21　供应商对协作各领域满意度（2008 VS 2009）

快消品制造商重点关注零售商在促销上的配合，付款信誉以及是否为双方创造共同的价值。

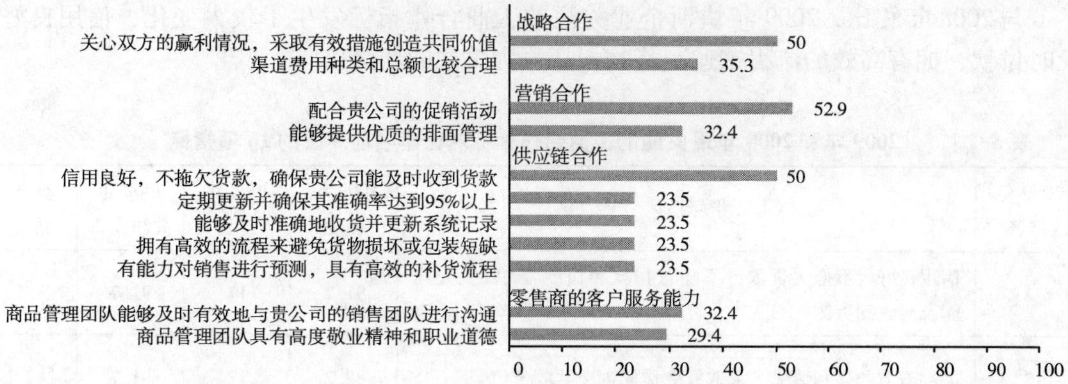

图 22　2009 年中国快消企业在各领域最为关注的工商合作指标

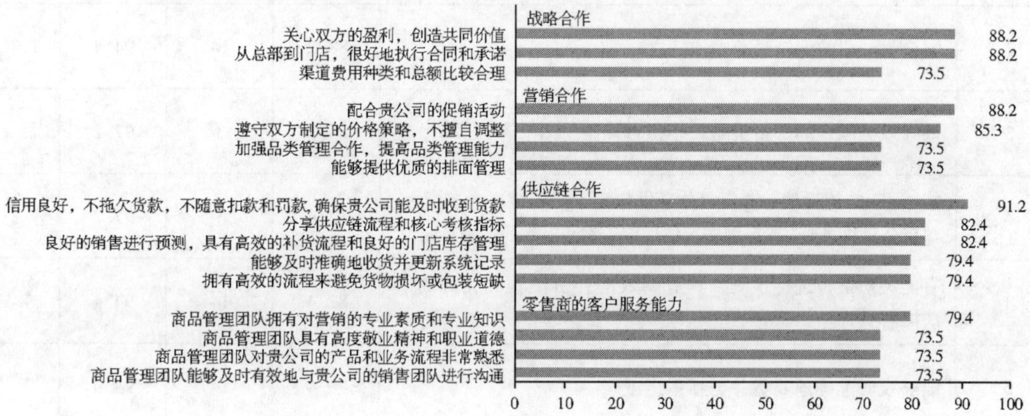

图 23　2009 年中国快速消费品企业在各领域关注度高于均值的工商合作指标

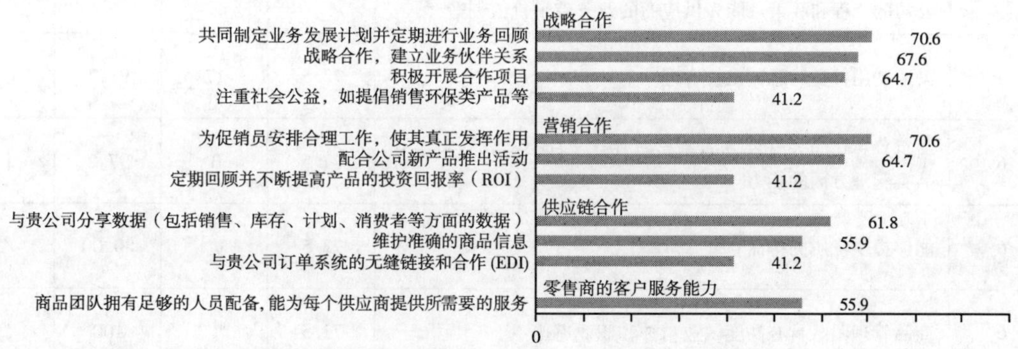

图 24　2009 年中国快速消费品企业在各领域关注度低于均值的工商合作指标

与2008年相比，2009年快消企业关注的工商合作指标发生了较大变化，信用良好、及时付款、拥有高效的流程来避免货物损坏成为关注的新焦点。

表5　　2009年和2008年最关注的工商合作指标对比排名前6位的16项指标

2009年排名	指标描述	2009年关注度%	2008年排名	2008年关注度%	变化情况
1	信用良好，不拖欠货款，不随意扣款和罚款，确保贵公司能及时收到货款	91.2	17	91.7	↑↑↑↑
2	关心双方的赢利情况，采取有效措施创造共同价值	88.2	17	91.7	↑↑↑
2	从总部到门店，很好地执行合同和承诺	88.2	3	97.2	↑
2	配合贵公司的促销活动	88.2	14	94.4	↑↑↑
3	遵守双方制定的价格策略，不擅自调整	85.3	3	97.2	→
4	能够主动、充分地与贵公司分享供应链流程和核心考核指标，与贵公司共同制定库存周转、缺货率、物流成本的控制目标	82.4	3	97.2	↓
4	有能力对销售进行预测，具有高效的补货流程和良好的门店库存管理	82.4	14	94.4	↑↑
5	能够及时准确地收货并更新系统记录	79.4	14	94.4	↑↑
5	拥有高效的流程来避免货物损坏或包装短缺，与贵公司共同制定“防损保护”的计划	79.4	28	86.1	↑↑↑↑
5	商品管理团队拥有对营销的专业素质和专业知识，了解贵公司的流程和政策，能为供应商的业务带来价值创造	79.4	3	97.2	↓
6	渠道费用种类和总额比较合理	73.5	17	91.7	↑↑↑
6	与贵公司在品类管理方面紧密合作，并且不断完善自己在品类管理方面的能力	73.5	3	97.2	↓
6	能够提供优质的排面管理	73.5	/	80.00	/
6	商品管理团队具有高度敬业精神和职业道德	73.5	1	100	↓
6	商品管理团队对贵公司的产品和业务流程非常熟悉，能够与内部各部门进行协调，确保贵公司的利益	73.5	3	97.2	↓
6	商品管理团队能够及时有效地与贵公司的销售团队进行沟通	73.5	3	97.2	↓

在战略合作领域，快消企业重点关注与零售企业双方的赢利情况，以及对合同的执行和承诺情况。

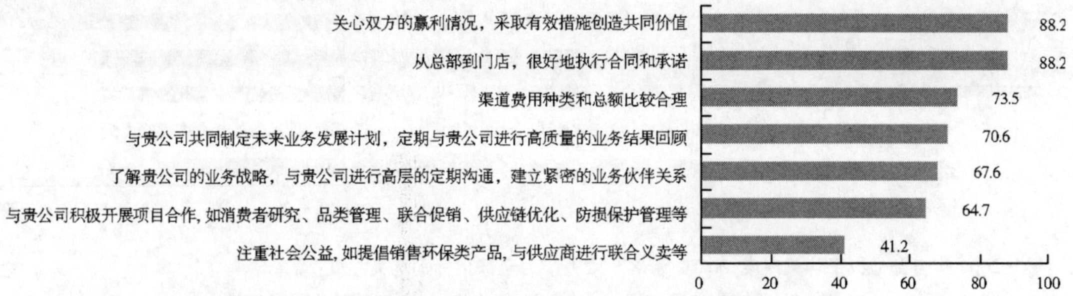

2009 年全部指标平均关注度 71.1%，战略合作领域全部指标平均关注度 70.6%

图 25　快速消费品企业对战略合作领域各指标的关注度

在零售前端管理领域，快消企业更加关注零售企业的产品促销能力，以及双方价格策略的执行能力。

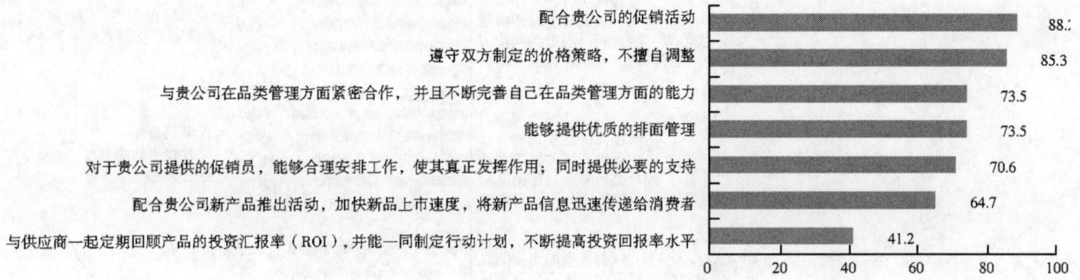

2009 年全部指标平均关注度 71.1%，营销合作领域全部指标平均关注度 71%

图 26　快速消费品企业对零售前端合作领域各指标的关注度

在与零售企业的供应链合作领域，快消企业最为关注的是零售企业的及时付款能力。

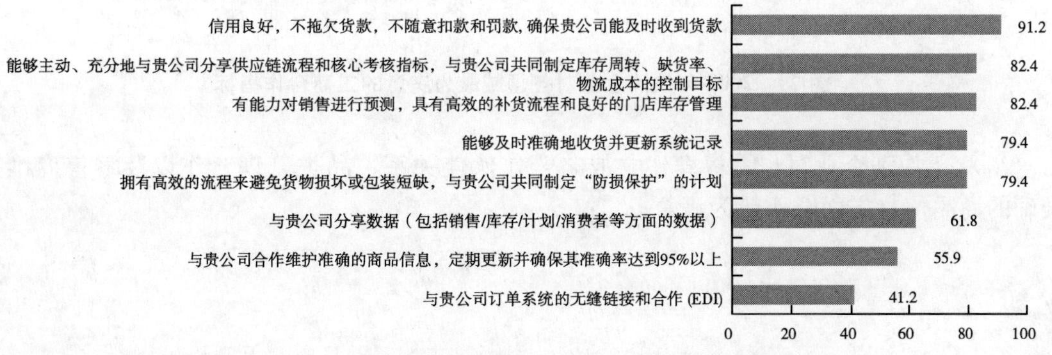

2009 年全部指标平均关注度 71.1%，供应链管理领域全部指标平均关注度 71.7%

图 27　快速消费品企业对供应链合作领域各指标的关注度

快消企业对零售企业客户服务能力的平均关注度高达 98%，其中最关注的指标是管理团队的高度敬业精神和职业道德。

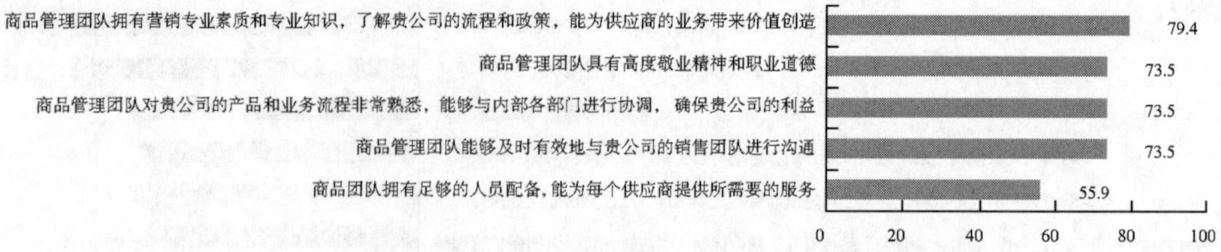

2009 年全部指标平均关注度 71.1%，客户服务能力全部指标平均关注度 71.2%

图 28　快速消费品企业对零售企业客户服务能力的关注度

2009 年快消企业对工商合作指标的平均满意度、客户服务和供应链合作是重点需要提高的合作领域。

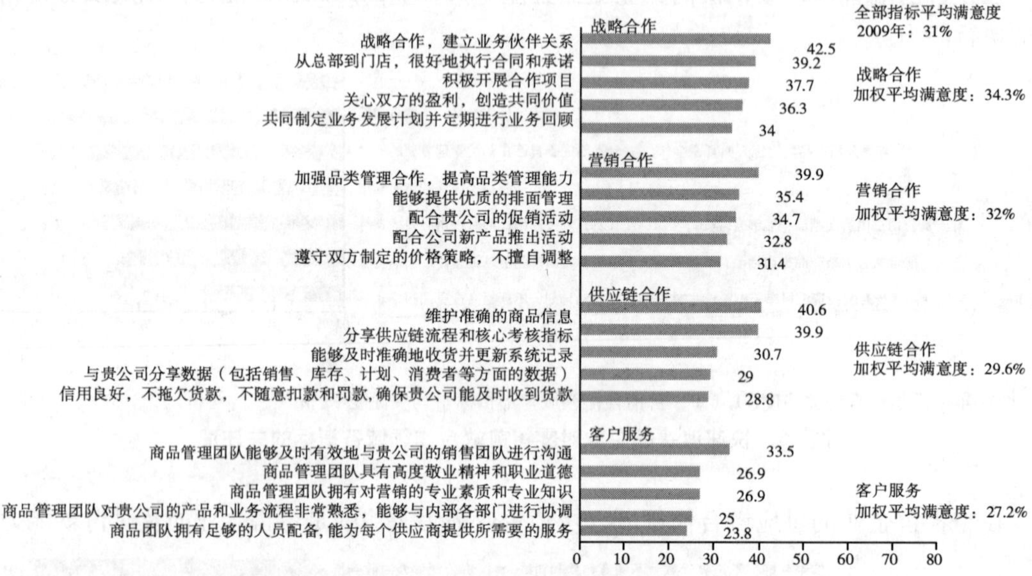

图 29　2009 年快消企业对各领域最为满意的工商合作指标

2009 年快消企业对与零售商建立战略合作伙伴关系、品类管理合作以及零售商维护准确的商品信息方面合作最为满意。

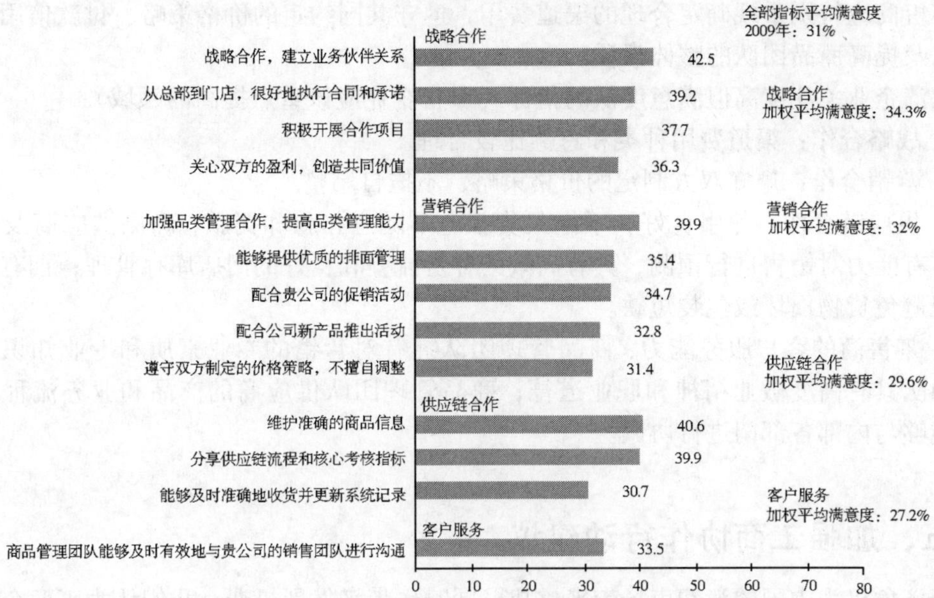

图 30　2009 年快消企业满意度高于均值的工商合作指标

2009 年快消企业对零售商对供应商投资回报的关注、电子数据交换以及零售商商品团队的人员配备和提供个性化服务方面的满意度较低。

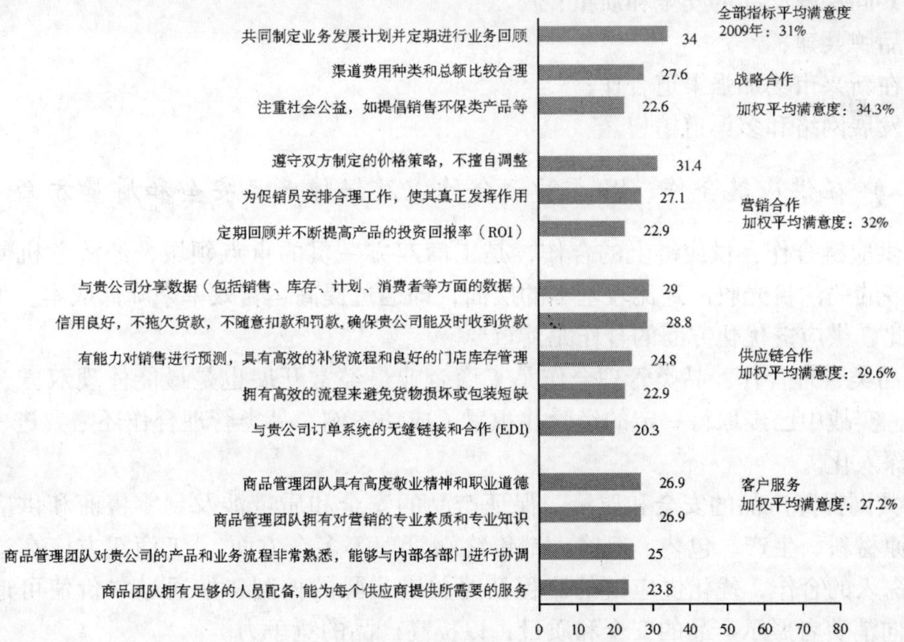

图 31　2009 年快消企业满意度低于均值的工商合作指标

零售商应特别重视确定合理的渠道费用，遵守共同约定的价格策略、付款信用、防损保护以及提高商品团队的整体素质。

快消企业关注度高但满意度低的指标（零售企业应该重点提高的领域）：

1. 战略合作：渠道费用种类和总额比较合理。

2. 营销合作：遵守双方制定的价格策略，不擅自调整。

3. 供应链合作：信用良好、不拖欠货款、不随意扣款和罚款，确保供应商及时收到货款；有能力对销售进行预测，具有高效的补货流程和良好的门店库存管理；拥有高效管理流程避免货物损坏或包装短缺。

4. 零售商的客户服务能力：商品管理团队拥有对营销的专业素质和专业知识；商品管理团队具有高度敬业精神和职业道德；商品管理团队供应商的产品和业务流程非常熟悉，能够与内部各部门进行协调。

五、加强工商协作行动建议

经济危机为中国的消费市场带来挑战，同时也带来发展机遇，我们认为工商企业应该在如下六个重点领域开展合作项目，为下一步更快更稳定地发展做好准备。

（一）战略合作项目（在考虑双方利益的基础上结成战略伙伴关系）

1. 供应链合作；
2. 品类管理合作；
3. 共同保障产品的安全和质量；
4. 品牌共建；
5. 在新兴市场加强渠道合作；
6. 发展网络和多渠道销售。

（二）在供应链合作、品类管理合作以及保障产品安全和质量方面

1. 供应链合作：供应链上的合作，是工商双方一贯的重点领域，经济危机使工商企业将更多的关注目光收回到比较基本的层面，即通过提高运营效率来降低成本，增强竞争力。因此，供应链优化方面的合作尤其重要。

2. 品类管理合作：品类管理合作是工商企业最经常开展也是最能体现双方合作价值的项目，实战中已经取得一定的经验并积累了成功案例。品类管理合作还需要进一步地系统化和深入化。

3. 共同保障产品的安全和质量：保证产品的安全和质量涉及到零售商和供应商的供应链从原材料、生产、包装、运输、销售终端管理等多个方面 。工商双方应在这些方面开展更深入的合作，优化供应链的流程及对关键步骤的控制。如通过“价值可追朔管理系统”向消费者展示产品的安全和质量，以提高产品的竞争力。

（三）在品牌共建、在新兴市场加强渠道合作以及发展网络和多渠道销售方面

1. 品牌共建：品牌建设是快消制造商在经济危机形势下更为重视的一个领域。因此，工商企业在品牌共建方面开展合作项目是大有所作为的。同时，品牌共建是一个涉及工商企业多个业务领域的系统工程，需要双方在战略层面达成共识，梳理相关业务领域和流程，并设定效果评测指标体系。

5. 在新兴市场加强渠道合作：新兴市场是相对于比较成熟的一、二线城市以外的市场。在新兴市场的开拓方面工商企业必须加强合作，以零售商为主导，供应商应全力配合；供应商希望零售商更主动地分享开店规划，以便于供应商提前调整资源，使总店和地区门店间保持信息畅通，并加强地区门店的执行力。而在促销方面，对不同级别市场和不同规模的门店应加以区分，以保证促销费用的投资回报。

6. 发展网络和多渠道销售：虽然在目前的消费品市场，网络和多渠道销售占比很小，但它是未来的发展方向。而在快消品领域，网络和多渠道的销售模式将以零售企业为主导，快消企业与零售企业相配合。因此，在合作模式形成的初期就应考虑将加强双方的合作立于重要的位置。

（四）在其他方面，工商双方也还有各自的行动重点

1. 零售企业行动重点：

——提高付款信用：付款信用是一个基本问题，但 2009 年供应商对其给予特别的关注。零售商应在付款信用方面给予供应商更多的保证。

——加强门店的执行力：门店的执行力特别是新兴市场门店的执行力是供应商非常关注的。零售商应采取措施使其总部与门店间信息畅达，门店对总部的计划执行高效到位。

——更主动的分享数据：供应商对零售商能够更主动的分享消费者数据非常期待。零售商可采取更主动开放的姿态分享消费者信息和销售数据。

2. 快速消费品企业行动重点：

——加强经销商管理：加强对经销商的管理对快消企业来说非常关键，特别是在其开拓新兴市场阶段，重点是加强经销商各方面的能力，以应对市场开拓的挑战。

——更有效的促销管理：促销费用在整体销售费用中占有较大比例，但效果很难测算。快消企业应采取措施更系统地进行促销管理，包括对促销费用管理、促销员管理以及促销效果跟踪评测等。

——加强消费者信息分析能力：在消费者信息分析方面，零售商的关注度很高但对现状并不满意。供应商应采取更有效的措施与零售商合作，加深对消费者的了解。

（IBM 中国商业价值研究院　詹颖　甘绮翠　中国连锁经营协会　杨青松）

2008—2009 年度中国零售业生鲜经营发展状况

2009 年 6 月，中国零售业生鲜经营高峰论坛在福州召开。本届论坛围绕“加强生鲜经营、提升企业盈利”的主题，探讨了生鲜经营涉及的企业战略、关键部门（蔬菜、水果、畜产、水产、面包等）运营、先进技术运用等几方面关键环节。

一、2008—2009 年度超市生鲜经营基本状况

根据中国连锁经营协会年度行业调查数据统计，2008—2009 年度超市生鲜经营有以下特点：

（一）多数零售企业生鲜经营业绩较低，少数区域性零售企业领先

快速消费品百强企业 2008 年生鲜类商品销售额占总销售额的比例平均为 12.44%，其中 50% 的企业生鲜销售占比在 10% 以下，35% 的企业生鲜占比为 10% ~20%，该比例最高值为 42.48%。调查企业反馈数据中，生鲜销售额最高的超过 28 亿元，最低的为 632 万元。从以上数据可以看出国内零售企业间生鲜经营水平存在较大差距，两极分化。

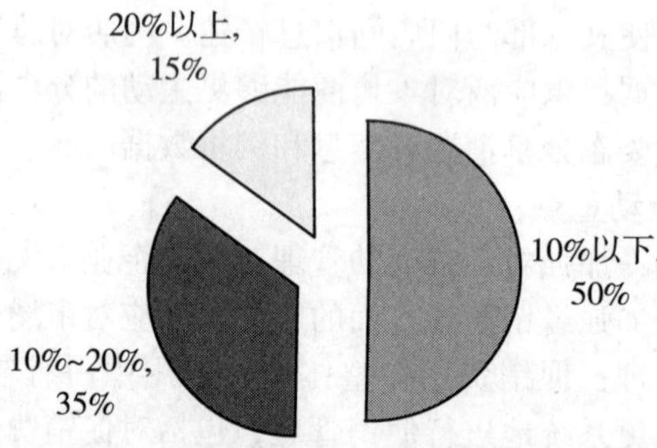

图 1　生鲜类商品销售额占总销售额的比例

（二）生鲜类商品结构特点

肉类销售占比最高，为 41.25%，水果和蔬菜占比分别为 23.66%、22.13%，考虑到猪肉价格波动大，出现连续近 20 周下降等因素，蔬菜、水果类今年将唱主角。水产销售占比 12.96%，其中沿海零售企业水产销售比例较高，平均为 20.58%，在店内普及水产品烹饪知识是拉动内陆消费者水产品需求最有效的方法。

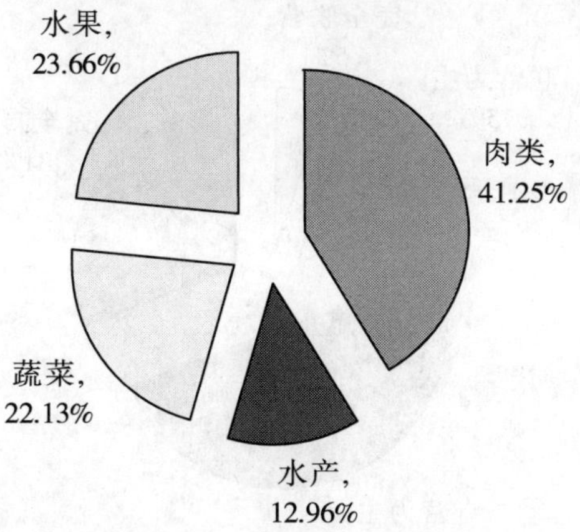

图 2　生鲜类商品销售结构占比

（三）生鲜产品普遍采用总部统一采购方式，蔬果自营为主

90% 的企业全部商品由总部统一采购，10% 的企业为门店自采或部分商品门店自采。更好地控制商品品质、降低进货成本是企业普遍采用总部统一采购的主要原因。具体到蔬果类采购渠道，29% 的企业以批发市场为主，16% 的企业以基地或产地为主，55% 的企业以上两个采购渠道的比重相当。批发市场采购商品总量超过 60%。

80% 的企业蔬菜水果完全自营或以自营为主，15% 的企业以联营为主，只有 5% 的企业完全联营。生鲜采用自营模式的主要基础是大量专业技术人才培养，激烈竞争的需要，存储与物流技术、尤其是损耗控制技术的加强。

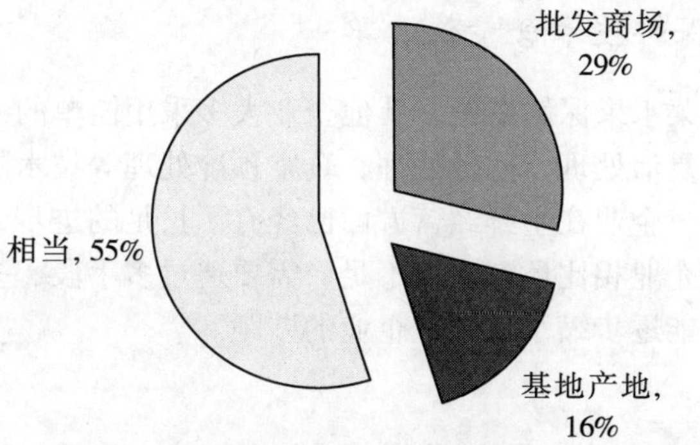

图 3　蔬果类采购渠道

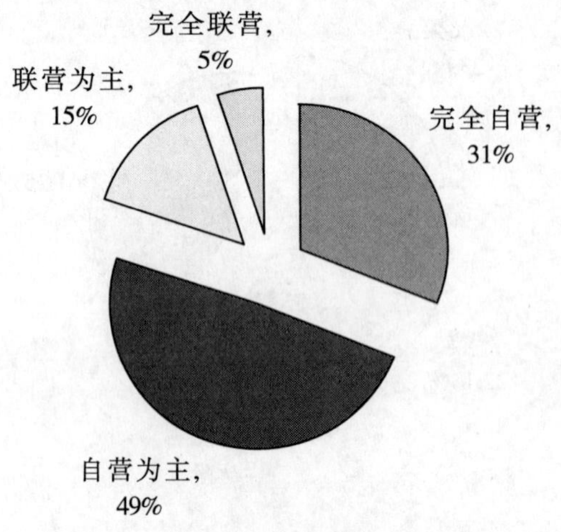

图 4　蔬果类经营模式

（四）建设和使用生鲜物流配送中心的比例大大提高，问题依然突出

70% 的快速消费品百强企业有独立生鲜配送中心，其中 80% 为自建，而 2005 年建设和使用生鲜物流配送中心的比例不到 10%。使用生鲜物流配送中心的大多数企业可以做到每天向门店配送一到两次。

生鲜物流配送中心的效率和管理还处于较低水平。55% 的超市生鲜物流配送中心面积在 5000 ㎡以下，负责配送的单品数量在 300 个以下的占比达 58.5%，500 以下的占 68%。温度检测装置在运输车辆中的使用率为 63%。生鲜物流配送中心的再加工能力不强。57% 的配送中心没有再加工，再加工品种 500 以上的仅有 10%。

（五）蔬菜水果保鲜技术含量低、单一

30% 的企业没有蔬菜水果保鲜措施，其他企业大多采用简单的人工喷水加湿法，运用冰冷水、冷盐水处理，复活处理，冰敷处理，真空预冷处理等技术的企业相对很少。

总之，虽然国内零售企业在生鲜经营方面已经有了长足的进步，涌现出一批生鲜明星企业，但是与国外先进企业相比还有诸多不足，需要通过多手段、多渠道、多方面地不断学习、交流和实践，才能逐步缩小与先进企业的差距。

二、生鲜经营管理先进企业案例分享

1. 生鲜经营——企业发展战略之关键（永辉集团有限公司）

永辉创造性地摈弃一般超市主营食品、非食、家电的模式，建立起以经营水产、蔬菜、水果等生鲜商品为特色的经营模式。永辉选址主要在居民区、次干道及城乡结合部。以社区为营，顺应政府城市发展规划，以“东扩南移西拓”为思路设立门店。

从 2000 年 7 月开设第一家“农改超”生鲜超市至 2004 年，永辉集团一直秉承“做强才能做大”的方针，以福州市为根据地快速发展。2004 年 7 月提出根植福建，拓展重

庆的战略，成立重庆永辉超市有限公司，这也标志着永辉区域发展战略迈出了关键的第一步，至今在重庆区域已有28家门店。

成功实现从福建到重庆的跨越之后，永辉又开始酝酿新的区域发展战略。聘请全球领先的战略咨询顾问贝恩公司对全国零售市场和竞争对手做深度调研，结合调研数据和企业自身的核心竞争力——有特色的生鲜经营，永辉做出挥师北上的决定。2009年1月北京首家永辉超市（六里桥店）开业，标志着永辉正式启动北京区域发展战略，总营业面积17000平方米的鲁谷店在2009年7月开业。

2008年12月永辉集团启动青年创业计划之“农产品直供基地”项目，并设立创业基金500万元，用于帮助创业大学生将新技术转化为商品，同时也为企业培养忠诚的供应商。

2. 以经营的思路探索生鲜人才管理（武汉武商量贩连锁有限公司）

（1）背景：

公司方面：2008年度，销售同比增长36.54%，利润同比增长26.07%；55%的生鲜人员晋升。2008年度，吸纳具有同业态经验的中高层管理人员18人，生鲜经营人员50余人；而员工流失率为：一般员工12.5%（行业平均水平为18.6%），生鲜员工不足5%。2008年度，一般员工的收入年递增10%~15%，而生鲜员工收入年递增20%以上。

同行人才市场情况：生鲜经营人员一般具有几个特点，即生鲜从业经历者多，但超市从业经历者少；能说不能做，能做不能说；就业容易，创业也不难；好似江湖人、手艺人，但不像超市人。

（2）武商采用的生鲜经营之道：

引进：引进同行、菜市场等有生鲜经营管理经验的员工，充分信任并放权使用。与高校达成协议，从食品加工、烹饪工艺与营养等专业中挑选优秀学生进行订单式培养，从源头提高员工素质。

培养：一方面创造机会，将技能好的生鲜员工推出去，让他们接触社会、开阔视野，丰富内涵；另一方面加强内功，通过公司内部专题培训，使员工得到锻炼和提高。同时坚持举办各种“技术比武岗位练兵”活动，用竞赛方式提升操作技能。

留人：关爱为先，对员工做到“工作上信任、荣誉上关注、生活上关心”，并通过“双通道模式”激励员工，打开生鲜员工成长的空间。

通过以上方式，武商量贩把“能做不能说、能说不能做”的生鲜人变成“既能说又能做”的专家型人才；把“就业容易、创业也不难”的生鲜岗变成超市最佳就业岗；把流动性强的生鲜人稳定成把工作当事业的超市人；把市场化、随意性强的生鲜操作手法变成统一规范的超市标准。

3. 用生鲜经营拉动销售的提升（北京超市发连锁股份有限公司）

（1）企业背景：

公司现有门店68家，包括综合超市、食品超市、社区便利店、菜市场等业态。以“绿色营销 关爱健康”为经营理念，以“千方百计服务千家万户”为服务理念，以“围绕消费者一日三餐做经营”作为市场定位，2008年实现销售23亿元。

（2）门店特点：

店铺全部为社区店，基本位于百姓居住密集的社区，地理优势明显，商圈成熟。由于建店时间较长，在社区居民中具有较高的知名度、影响力，形成在店购物长达10年以上的老顾客近50%，忠实顾客占70%以上，回头客占80%以上。同时，公司拥有一批多年从事商业工作的老员工，对顾客需求把脉准确，服务针对性强，而改造后的店铺，创造了更加宽敞、舒适的购物环境。

竞争取胜的法宝：招来顾客留得住。

（3）对生鲜经营的理解及收效：

生鲜日配品是消费者最基本的生活需要，家家户户每日每餐少不了，用生鲜日配品留住消费者，才能形成忠实顾客。满足社区百姓生活基本需要是经营的出发点和落脚点，忠实顾客是培育的，要用商品留住顾客，靠用心经营拢住顾客。走出联营，向自营拓展。有一批懂得蔬菜、水果的专业人，并且做好传帮带工作，加快培养年轻的后备专门经营人才。

——生鲜经营方式：立足社区、了解消费者需求。

做好“市调”，翔实把握社区商圈情况，了解社区居民所想、所需（包括心理需要），围绕消费者需求变化而变化，形成超市+菜市场、生鲜超市、菜市场等经营模式。

——果蔬引领，生鲜聚客：强化果菜配送中心功能，发挥规模优势。

从全国60家果、菜种植基地直采蔬菜、水果，不仅保证了质量，而且降低了采购成本，获得价格优势，让利于民。开办生鲜“早市”，推出“惊爆”特价菜，推出“早市+早餐”等活动，把“遛早、晨练”的老人拉进卖场。探索“超市+菜市场”经营组合。

——服务到位，拉进距离：根据顾客需要增加花色品种、服务项目。

例如，春节假期卖猪头（2009春节期间销售510个），改进小包装（三口之家），肉类绞馅、切段，为上班族准备快捷、易做的“半成品”、小菜，增加“随买即食”快餐，主食厨房、盒饭、关东煮等；开展受居民欢迎的“私家厨房”教吃教做活动；设立“科普知识宣传专柜”，发放《养生知识手册》；在外地人员居住集中的店铺引进家乡特产，设立专柜（山西专柜、四川专柜等）；在高收入地区（中科院等）增加有机蔬菜等。

——走进社区，融入亲情：主动参与社区活动，出人出力。

例如，春节开展“超市发送福福临门”活动，送“福”到社区居民家；为返乡农民、学生开办购物专场；重阳节慰问社区老人；每年组织“超市发消夏夜”活动；在社区放映露天电影、组织文艺演出；为少数民族小朋友、特定民族节日等举办专场购物活动。

自觉成为社区一员，如照顾空巢、残疾等特殊家庭，主动安置社区下岗人员再就业等，主动承担企业的社会责任。

上述努力赢得了超市发的客流同比始终在增加，带动了整体销售的不断提升，也让员工的收入稳定增长。

“生鲜聚客能力”得以实现主要体现在便利、便捷和价格实惠上，同时也对经营能力提出更高的要求。因此，探索生鲜经营，其路漫漫，必须要有各方面的充分准备，更要持之以恒，坚持不懈。

4. 创新——保证生鲜经营长青（武汉中百连锁仓储超市有限公司）

办企业没有固定的模式，没有永远的第一，只有永远的进取；做专、做强、做大、做长是企业发展不可颠倒的顺序。

业态创新分享1：超市百货化

——个人护理中心、内在美、生活厨房、婴儿健康会所、天下粮仓、糖果盒等。

业态创新分享 2："农 + 超"模式

——水果湖菜市场、祁家山店。改造前消费者担心价格贵、不新鲜、排长队，供应商怕乱收费、不结账、瞎退货；改造后在顾客体验区可以帮助顾客做菜，教顾客烹饪，在顾客摘菜区可摘菜、喝茶、休息，在顾客科普区可通过视频学习饮食科普知识。

商品创新分享 1：鲜花售卖

——鲜花当作白菜卖。

商品创新分享 2：净菜售卖

——白菜当作鲜花卖。

营销创新分享：快乐猪

——屠宰前十分放松，所以猪肉里不会产生毒素，人吃了十分健康。猪肉开市时，这些小猪就会随着音乐开始翩翩起舞和表演，并帮助卖场聚集人气和招揽生意。随着快乐猪的推行，将吃猪肉的快乐延伸到购买猪肉环节，并抓住猪肉中的快乐特色和元素，使猪肉生意有了新意。

营销的精髓就是要抓住特色，取得好的效果。

经营法则：

——采购链法则：菜采田头，瓜采地头，果采山头，货采源头；比质量，比价格，比付款方式，比售后服务；新商品的试销制，老商品的淘汰制，畅销品的必备制，敏感品的低价制。

——需求链法则：倾听顾客心声，回归经营根本；以顾客为导向，以消费为导向，以市场为导向；以 70% 精力经营现在，以 20% 精力经营未来，以 10% 精力经营未来的未来。

——营销链法则：多一点实惠，少一点优惠，多一点特色，少一点特价，多一点营销，少一点促销；传统 + 文化 + 现代生活定位 = 现实生命力；经营的最高境界是经营文化。

——服务链法则：要求员工——简单事情重复做，复杂事情简单做，一切事情用心做；要求干部——多琢磨事，少琢磨人；要求人才——把能办的事办快，把难办的事办成。

经营寄语：

——工作的态度决定事业的高度（多找主观，少找客观；多找方法，少找借口；多找出路，少找理由）。

——用心经营，这个世界是有心人的世界；细心管理，有原则就不乱，有计划就不忙，有措施就不怕；真心服务，真心就要着急，实干就要卖力。

——干则思变，不变不干。

5. 新鲜健康——消费者关注的焦点（山东家家悦集团生鲜物流中心）

（1）背景：

家家悦超市从 1999 年开始经营生鲜食品，自营为主，汇集了全国各地的名优土特产，以品种丰富、质优价廉、安全卫生、购物方便被消费者接受和喜爱。2008 年，超市生鲜商品销售额超过 20 亿元，成为超市稳定的经济增长点，增强了超市的差异化竞争力。

（2）10 年探索总结出的经验：

永远关注顾客的需求。企业真正的竞争对手不是同行，而是消费者不断变化的需求。顾客需求发生的变化：选择生鲜食品关注第一位的是新鲜健康而不是价格。保证生鲜的新鲜健康，首先要坚持自营；只有自营，才能对商品从采购到消费者购买进行全程掌控，保证商品质量。保证生鲜的品质，源头采购是关键。惟有源头采购，才能做到商品品质管理前沿化。

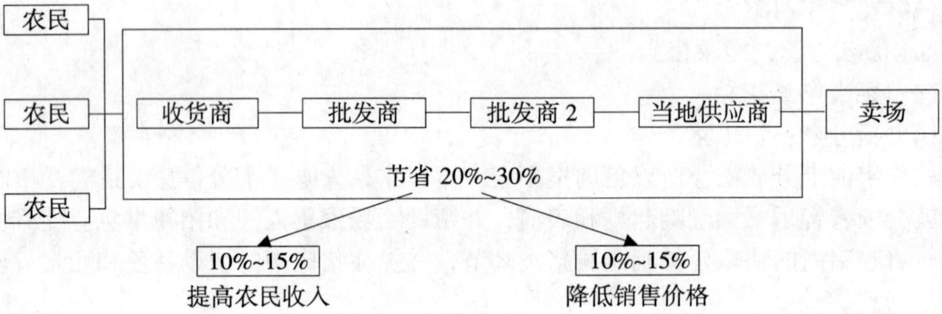

（3）经营管理：

● 基地采购

——生产基地全国化。按照“农副产品基地化”的思路，建立农副产品基地，实行源头采购，做到商品品质管理前沿化。同时，针对农产品资源的区域性特点，企业在建立农副产品基地的过程中，没有局限于本地市场，而是面向全国，按照“大基地”的理念，在山东、江苏、福建、广东、新疆、海南、黑龙江等省的 80 多个产区建立了 20 万亩基地，实现了全国特色商品的产地直达，丰富了商品品种，满足了消费。

——引导种植订单化。针对农产品信息不畅、市场供求不对称的现状，企业以消费需求为导向，根据超市销售数据分析，为农户提供种植信息服务，对销售呈上升走势、消费者喜爱的农产品（像地雷瓜、荷兰土豆、老面瓜、白玉春小黄瓜等）进行重点推广，引导订单农业生产。通过信息对接，引进优势品种和种植技术，结合当地实际，进行选择性推广；免费向农民发放种子，签订收购合同，按照不低于市场的价格进行统一收购，现金付款，在满足市场需求的同时，增加农民收入。目前，企业已经引进了 15 个玉米品种，发展基地 5000 多亩，平均每亩为农民增收 750 元。

——农业合作专业化。由公司牵头，成立农民专业合作社，以“公司 + 合作社 + 基地 + 社员”的模式，为社员提供农产品生产、加工、销售一条龙服务，合作社生产的农产品直接供给企业超市，确保农产品的销售。目前，已经成立 4 个专业合作社。例如文登绿图蔬菜种植专业合作社：合作社理事长于国庆原先只有 4 个蔬菜大棚，由于农产品卖难、价格不稳等情况，一直不敢发展种植亩数和种植品种。2006 年与家家悦合作，在销路和价格保证的前提下，由 4 个大棚发展到了 70 多个，品种也由原来 2 个发展到 8 个，基地发展到 300 多亩，同时带动周边 100 多农户种植，建立了无公害蔬菜基地 360 亩，无公害品种 2 个。

● 标准前移

通过实行标准前移，从基地品种的选择、各种标准的推广、技术培训、参与种植管理到采购验收，进行过程控制，建立农产品的可追溯体系，确保农产品的品质和安全。

模式化运营：确定品种→确定标准→确定基地→确定合作方式→组织技术培训→参与种植管理→采前验收→组织收购加工→推进标准化、规模化生产。

● 物流对接

针对农村市场比较分散，农副产品生产存在规模较小、组织化程度较低，而且农村交通运输不便，农产品交易方式单一、损耗高的实际，2004 年在威海兴建了 1 万平方米的生鲜配送中心，对农副产品实行“采购、加工、配送”三统一，减少了流通环节，实现了“早上在田里，中午在店里，晚上在锅里”，建立了稳定的农副产品流通渠道。2006 年在文登投资建立了 2 万平方米的生鲜物流中心，按照标准化生产、工业化管理、连锁化经营、社会化配送的要求，对农副产品进行统一集散、加工、储存、交易和配送，产品包括净菜系列、海产系列、主食系列、禽产系列、畜产及烤肠制品系列等六大系列的 1000 多种产品。中心配备高标准的“冷链”系统，对农产品从加工、仓储、运输到销售实行全过程、全封闭冷链控制，建立起食品安全可追溯体系，形成了从生产基地→交易中心→生鲜加工→冷链配送→店部销售的一条龙产业链，构建起农产品现代化流通体系，确保农产品的最佳品质和安全。同时，解决了农产品进超市的诸多问题：农产品流通难，损耗大，品质和附加值难以保障和提高，加工及包装无标准等，促进了农产品标准化、规模化种植，推广了订单农业，并且带动了周边地区农产品的规模化种植。

6. 蔬菜经营技术与经验分享（上海城市超市有限公司）

（1）背景：

生鲜品类占总类别的比例为 22.8%，生鲜商品销售额占总销售额的 39%，生鲜经营面积占总面积的 57%，进口商品占比为 50%。

（2）经营管理：

为确保品质，坚持“商品自己找，蔬菜自己种，咖啡自己炒，面包自己烤，家禽自己养”。采购方面，专业、高效、眼光独到的全球采购团队常年走出国门，主动出击，将最新最时尚的美食潮流带入上海，与美国、瑞士、德国、意大利、法国、澳大利亚等知名跨国企业保持良好的合作关系。

硬件服务方面，锁定成熟国际社区之特殊客户群，精确选址于市中心黄金商业区、顶级写字楼，提供交通便利舒适、便捷的购物环境；聘请国外专业设计公司进行整体策划，统一形象；融入更多人文风情，让购物成为享受。为解决部分居民买菜难，专为社区居民购买日常农副产品而精心推出新型生鲜便利店，延伸服务功能，一站式购物满足所需——休闲专区，英文图书，堂饮区域等。

软件服务方面，率先提供住家式购物服务，一个电话，送货到家；倡导诚信经营，实行货到付款，无条件退换货承诺。

对于蔬菜商品，通过陈列促进销售，降低损耗。对于蔬菜的质量安全，强调全过程监控，并追溯货源。

（3）对从供应商处进货的超市：把好进货验收环节，备好发票、进货单，保护好自己，做到有据可查。

基地模式	管理	安全风险
直营基地	管理细节复杂，适合小型规模基地	安全性好
公司+农户	相对简单	不可控
公司+合作社	通过合作社管理农户	不可控
公司+公司	现代经营模式	受法律约束，相对可控

7. 挑战中的机遇——超市冷冻系统的优化控制（丹佛斯中国）

丹佛斯致力于为食品在加工、贮藏、运输以及销售中一切需要低温保存的环节提供相应的解决方案，帮助零售企业降低运营成本。冷冻系统约占超市能耗的 40%，在冷冻系统上节能空间最高可达 33%。

冷凝温度每降低一度，系统能耗降低 2%。方法为根据室外温度和压缩机实际运行状况调整冷凝温度设定点，当室外温度降低时，可在满足系统正常运行的条件下降低冷凝温度。最多可以节能 30%！

（中国连锁经营协会）

2009年供应商满意度调查报告

（概要）

长期以来，零供关系一直存在着利益博弈，引发零供关系矛盾，曾出现霸王条款、拖欠货款等一系列破坏市场秩序的现象。近年来，政府、相关行业组织不断推行相关政策、措施，建立社会信用评价体系，积极促进零供关系的和谐发展。

根据上海商情信息中心供应商满意度测评办公室发布的《2009年供应商满意度调查报告》[①] 显示，在大型综合超市中，2009年上半年，大润发销售业绩首次赶超家乐福，在综合满意指数中首次登顶，在流程管理和营销指数中排名第一，在IT系统和补货配送这两项细分指标中也都排名第一。

年度供应商满意度调查主要通过信用指数、费用指数、流程管理指数和营销指数四个大类分别进行考核，最终汇总形成综合满意度指数。2009年度供应商满意度调查涵盖休闲食品、饮料、日化、调味品、糖果巧克力、乳制品、酒类、保健品、粮油、家居用品、针纺织品、冷饮、炒货、蜂产品等行业中市场占有率处于领先地位的百余家供应商，被访问对象均为销售总监或负责零售渠道的经理，调查具有较为广泛的代表性，而涉及我国长三角地区的连锁企业有65家，比上年增加8家。

一、供应商综合满意指数提高，大润发首次冲顶

综合满意指数反映的是各连锁企业在费用、信用、流程管理、营销等各方面的综合评价。

2009年供应商对连锁企业综合满意度提高，得益于政府相关部门与行业协会对零供关系的管理力度。在国家工商总局出台四项措施规范零售企业等促销行为后，2009年8月，中国连锁经营协会联合中国蔬菜流通协会、中国水产流通与加工协会、中国调味品协会、中国果品流通协会、中国电子视像行业协会等5家行业协会发布了《零售商供应商公平合作促销倡议》，进一步规范了公平交易环境。

1. 在大型综合超市（大卖场）中，大润发首次登顶

调查报告显示，大润发5年的努力得到了应有的回报，对于自身内功的修炼使其在2009年位列卖场业态综合满意度第一位，达到3.59分（最高分为5分，最低分为1分），管理和营销方面也都排在卖场业态的第一位，2009年一季度更是在单店和销售总额上超过了家乐福，这一点让人对其后续的表现更加关注。而国际连锁巨头沃尔玛由于在管理和

① 《年度供应商满意度调查》由上海商情信息中心供应商满意度测评办公室发布，至2009年，已连续开展七年。

营销上的微弱差距屈居第二。好又多和新一佳依旧由于管理混乱和销售不济排名垫底。Tesco 乐购排位继续下滑，供应商反映其内部存在一些问题，销售也不理想。

2. 在超市业态中，农工商蝉联第一

农工商依旧是精耕细作，集权式管理使得合同付款及营销方面都具有很强的执行能力，总体表现获得了供应商的一致认可，蝉联第一。屈臣氏此次上升 3 位，对于单品的细分管理以及特有的针对性营销被供应商进一步认可，独特的市场定位和产品组合使其获得 2009 超市业态综合满意度第二位。而家得利依靠其稳健的管理能力，与苏果并列第三。联华和上海华联并列第八位，相较 2008 年联华的位次下滑了 2 位，这主要由于生鲜超市转型仍在进行，受到过程中管理和销售问题的困扰，随着转型的逐步完成，加上与上海华联的合并，1 +1 能否大于 2，值得期待。

3. 在便利店及折扣店业态中，全家、7 – Eleven 和好德三甲得分相差无几，争夺十分激烈

全家以及 7 – Eleven 这两家颇有渊源的企业并列第一位，全家门店内的商品管理、人员培训以及每个月不同的主题营销活动都让供应商惊喜不已。而 7 – Eleven 虽然进入上海市场时间很短，但无论是管理和信用都得到了很高的评价。这两家便利店都十分注重对员工的服务意识培养和店铺统一化管理制度。2008 年的第一名好德，虽然管理、信用和营销部分都表现优秀，但是费用的上升降低了供应商的好感，以 0. 01 分的微弱劣势屈居第三。

二、费用指数，家乐福收费最高，位居“榜首”

费用指数是供应商对于连锁企业进场费、管理费、陈列费、促销费、节庆费、DM 费等诸多费用的综合评价，得分较高说明其各项收费较高。

调查报告显示，连锁企业收取供应商各种费用的增幅正在减小。费用问题依旧老生常谈，增长似乎无法避免，从整体来看，供应商反映费用增长的比例依旧占各业态之首。但是较 2008 年都有所下降，大卖场、超市、便利店分别降低近 21%、19% 和 11%。

费用增幅的比例相对 2008 年也有减少的趋势，主要仍维持在 1% ~5% 和 5% ~10% 这两个区间内，且增幅仅为 1% ~5% 的比例分别由 2008 年大卖场、超市、便利店的 56. 3%、70. 6% 和 63% 提高到 2009 年的 59. 6%、75% 和 75%，反映出零供关系正在走向换位思考，互相支持的双赢和谐的阶段。

1. 在大卖场业态中，家乐福收费仍居“榜首”

在大卖场业态中，家乐福的费用评分与上年相比下降了 0. 15 分至 3. 35 分，但仍高居 2009 年大卖场业态总体费用指标的“榜首”。Tesco 乐购和好又多由于收费较高及销售情况不理想，导致供应商认为性价比不高而评价较低，分列第二和第三位。值得注意的是大润发和华联吉买盛的费用得分相较 2008 年都下降了不少。苏果购物广场此次以 2. 64 分的低分排名末位，供应商对其合理的收费表示肯定。

2. 在超市业态中，浙系企业收费居高不下

宁波新江厦位列第一，华润慈客隆和联华并列第二位。上海华联超市从去年的第一位降至第八，表现抢眼。农工商此次排位上升仅次于三甲，费用问题成为2009年供应商对其不满的主要原因。屈臣氏2009年费用得分下降不少，仅排名第12位。

3. 在便利店及折扣店业态中，便利店及折扣店业态费用指标得分差距逐渐拉开

可的以3.51分高居第一，左邻右舍和十足便利店分列第二和第三位。7－Eleven、全家及光明便利分列便利店及折扣店业态总体费用指标的末三位，其中光明便利进步不少，位次下降了8位。

三、流程管理指数：大润发内功显现

流程管理指数是供应商对连锁企业的库存、配送和补货、市场信息的反馈、人员素质以及相互之间的沟通等方面的评价，得分越高，说明该连锁企业流程管理各方面做得越好。

1. 在大卖场业态中，大润发位列流程管理第一位

大润发位列大卖场业态流程管理总体指标第一，且在IT系统和补货配送两项细分指标中也都排名第一，其独特的每日刷新供货情况系统使供应商可以每天实时了解自己货品的销售情况。沃尔玛在流程管理总体指标上位列第二，商品管理细分指标第一。麦德龙则获得流程管理总体指标第三位及执行力最强指标的第一位。

2. 在超市业态中，农工商超市在管理各方面都表现优异

农工商超市采取总部集权制度，方便进行统一管理，可以保证供应商的短期促销计划经由总部确定后直接在分店执行，在IT系统、商品管理及执行力这三项细分指标排名第一，在流程管理总体指标也位列第一。家得利则获得了流程管理总体指标和执行力细分指标的第三位。

3. 在便利店及折扣店业态中，好德和可的在IT系统和补货配货方面并列第一

供应商表示，好德和可的IT系统能够提供详细的产品销售数据，并有简单的统计分析；对于冷饮、生鲜等供应商，建立仓库配送系统，及时补货配货。全家和7－Eleven秉持了中国台湾地区的管理特色，无论是商品管理和执行力上都受到了供应商的好评，获得这两项细分指标的第一和第二。总体而言，上海的连锁企业领先于江浙连锁企业。

四、信用指数：沃尔玛依然略胜一筹

信用指数是供应商对于连锁企业的合同履行情况、费用结算情况以及双方合作过程中其他一些涉及信用问题的总体评价，得分越高说明其总体信用情况越好。

供应商们觉得2009 年连锁企业在合同和付款部分多数做得不错，"基本都按照合同执行，年开头基本就谈好，到时间了直接转账，现在货款拖欠的情况只在少数连锁企业发生"。许多供应商都反映2009 年的信用状况有了很大程度的改善，这主要得益于政府及行业协会出台的零供双方相关公平交易与合作的政策和措施，以及连锁企业打造自身优质信誉品牌等重要手段。

但是，连锁企业给予供应商的货品结账期似乎随着经济危机的蔓延变得越来越长。供应商表示，2009 年合同账期虽然与上年基本一样，但或多或少由于某些原因，连锁企业会做错账从而延误账期，相对于 2008 年连锁企业各业态账期增长的比例分别增加了15%、18%和18%。

1. 在大卖场业态中，沃尔玛以4.01 的高分依然胜人一筹

沃尔玛继续以高得分位居第一，麦德龙和欧尚分列第二和第三，而大润发 2009 年信用方面全方位提升，由2008 年的第七升至第四。新一佳、易买得和好又多由于账期延误、乱扣款等原因排名垫底。

2. 在超市业态中，农工商超市排名第一

在超市业态中，农工商超市以高于第二名0.19 分获得2009 超市业态信用指数排名的第一位，其过硬的IT 系统以及集权式的管理使其做到准时、准确付款。家家乐今年表现抢眼，供应商评价颇高，信用得分为3.74，上升到第二位，城市超市依旧位列第三。江浙企业此次信用得分普遍较低，账期拖延及款项等问题较严重。

3. 在便利店及折扣店业态中，好德便利依旧称雄

在便利店及折扣店业态中信用指数排名首位的依旧是农工商旗下的好德便利。伍缘店和7 - Eleven 并列第二。2008 年仅列第九位的可的，与好德统一运作近一年后，已见管理改善的成效，本次调查信用指数排名第四。

五、营销指数：农工商蝉联超市业态第一

营销指数是供应商对连锁企业促销活动的创意及效果、出样、货架布置以及购物环境等方面的评价，连锁企业的营销指数越高，说明其在这方面做得越好。

在金融及经济危机影响下，卖场单次购物客单价呈下降趋势，在这种情形下，卖场和供应商选择抱团取暖，共同提振销售和人气。

1. 在大卖场业态中，大润发位列第一

在大卖场业态中，大润发对供应商给予物流以及后台 IT 等支持策略，控制成本，体

现更多货品的天天低价，尤其是周转率高的货品，促进了单店销售额的攀升，营销指数位列第一位。欧尚下滑一位，2009 年排名第二。苏果购物广场和家乐福并列第三。家乐福单店销售能力很强，单店具有独立营销权，大量商品促销和各种活动等方面都受到供应商的追捧。但也有供应商反映，过多引入低价大战并非上策，供应商对此颇有微辞。

许多卖场也都提出了供应商促销“主导权”问题，促销商品规划改由“供应商说了算”，以后将根据可行性销售预估而适当放权，以迎合厂商需求安排相应活动。

2. 在超市业态中，农工商今年蝉联第一

在超市业态中，农工商以其 IT 系统可以实时监控其商品在所有门店的真实销售情况，有利于供应商及时补货等蝉联 2009 年营销指数第一。屈臣氏凭借其依据购买习惯和行为模式对目标群体进行细分，进而对会员信息数据的深度挖掘，让其促销更加具有针对性而屈居亚军。联华超市则比 2008 年上升两位，排名第三。

3. 在便利店及折扣店业态中，迪亚天天以其特色销售赢得排名首位

在便利店及折扣店业态中，迪亚天天以其天天低价的特点，吸引消费者，从而实现了高销售，此次被供应商评为便利店及折扣店业态营销得分第一名。好德和伍缘店同属农工商集团，好德以营销支持及销售能力为主，排名营销指标的第二位；伍缘店则更多以折扣为其主打，与迪亚天天类似的低价策略使其也颇受供应商的好评，并列第二位。

六、苏果超市名列内资连锁企业综合满意指数榜首

报告显示，苏果超市满意度名列前茅，特别是在大卖场业态中，其费用、信用、流程管理、营销等各方面均赢得广大供应商的好评，稳居国内连锁企业首位。

供应商们认为，近年来随着苏果超市销售规模的不断提升，其逐步整合采购优势，建立统一采购平台，收费更为合理，性价比更高；在信用方面，苏果履行合同和款期支付等方面得到许多供应商的广泛赞许；同时，苏果采取总部集权制度，实施扁平化管理机制，门店执行力大幅提升；在营销方面，苏果摒弃价格战，以适应当地购买需求为主，采取个性化、差异化营销，受到广泛好评。因此，在综合满意指数评定上苏果位居国内连锁企业第一位，超过麦德龙、殴尚、家乐福等一批外资超市。

业内人士认为，苏果超市在此次调查中的优秀表现表明，国内本土连锁企业正从单一谋求规模扩张转向“内功修炼”，对标准化、流程化的管理模式有了更为深刻的认识和理解。

2009 年中国连锁餐饮业发展战略趋势调查报告

2009 年 3～6 月间，中国连锁经营协会以全球性金融危机下的消费行为为主题，联合上海速动市场信息咨询有限公司进行行业专项调查。调查内容主要分成两部分：第一，国际金融危机对中国餐饮业的影响及应对；第二，消费者餐饮习惯分析及需求趋势。

调查方式分成两部分：第一，对全国性大样本消费者的网络调研，将全国分为七个区，以 15～44 岁的消费者为调查对象，共收集 2520 份有效问卷，主要涉及金融危机下消费者支出形态的改变以及对不同餐饮趋势主题的关心程度。第二，对协会餐饮业态会员企业的调查，共收集 76 份有效样本，涉及中式正餐及快餐、西式正餐及快餐、火锅、咖啡、休闲饮品等不同业态的代表性连锁企业，主要涉及对未来经济景气的预测，采取的经营策略等。

一、国际金融危机对中国餐饮业的影响

自 2008 年国际金融危机爆发后，全球陷入一个低迷的经济景气中，许多大型的国际公司都陆续倒闭/重整。现在经过半年多的经济影响，我们的调研发现：

1. 相比其他行业，“餐饮”受金融危机影响有限

就食、衣、住、行、娱乐、奢侈品类别的产品消费中，消费者因金融危机影响而降低支出

预算的比例如图 1 所示。

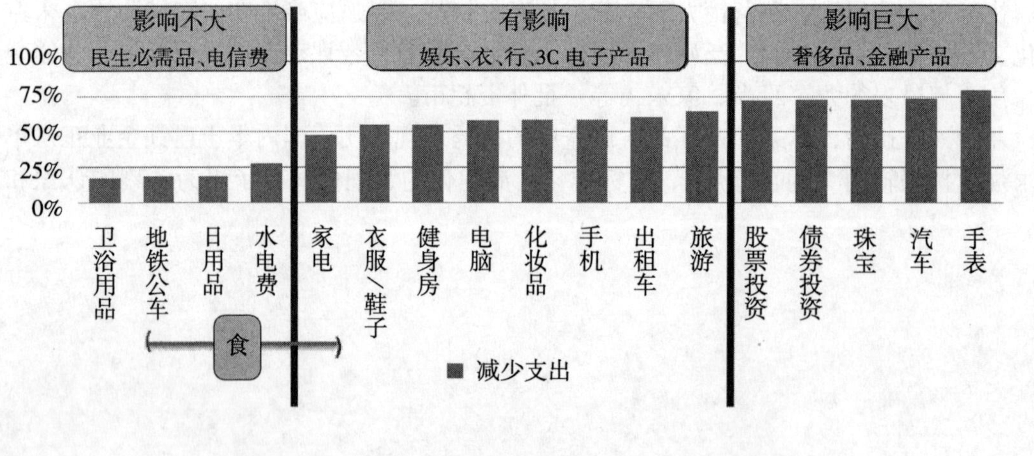

图 1　消费者受经济危机影响减少支出产品分布情况

其中奢侈品、金融产品影响最大，其次是娱乐、衣、行、3C 产品，民生必需品及电信影响不大。“食”的部分，因为不同类别的餐饮受影响程度不同，介于“影响不大”到“有影响”之间。

2. 西式、高价位的餐厅比中式、低价位的餐厅受影响大

从餐饮类型来看，西式餐厅受到影响最大，其次是有特色的异国料理，其三是咖啡饮料及中式餐厅。低价、有品牌的零售食品影响最小，高价位的商品受影响最大。

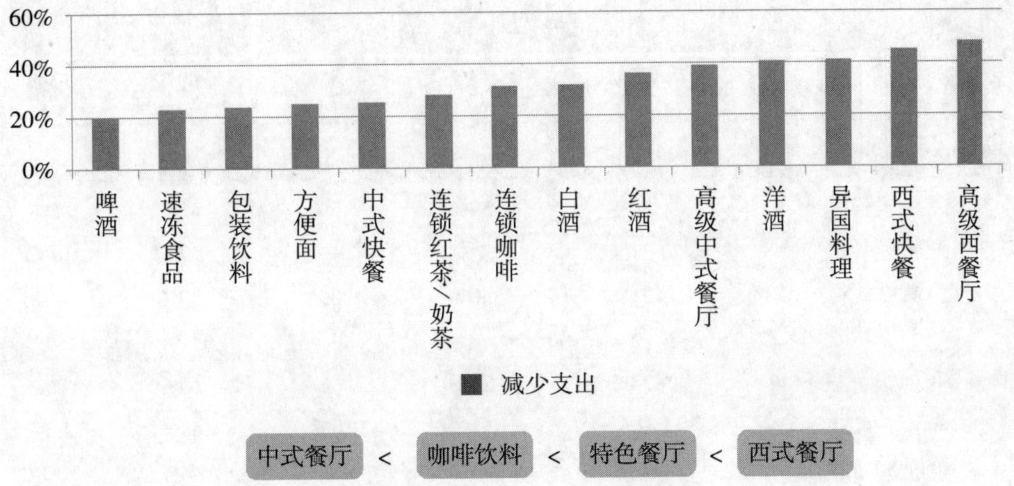

图 2 各餐饮业态受经济危机影响情况

3. 餐饮业在华南地区受影响最大，其次是华中、华东地区

以区域性来看，不论哪一种餐饮类别，华南地区受到影响最大，华中、华东影响次之。这与区域经济发展类型有关。东南沿海地区以外向型经济发展为主，受国际金融危机影响最大，中西部地区相对受波及较小。

减少消费	东北	华北	西北	华东	华中	华南	西南
所有餐饮	31%	31%	30%	36%	38%	44%	30%
西式餐厅	42%	36%	38%	43%	44%	49%	40%
中式餐厅	22%	26%	21%	32%	33%	41%	29%
特色餐厅	35%	32%	31%	37%	39%	46%	29%
咖啡饮料	26%	30%	28%	33%	34%	39%	27%

图 3 各区域餐饮业态受影响情况

4. 连锁企业以“稳固中档次消费群”及“餐饮组合的差异化”的方式渡过危机

对会员企业的调查显示，有36%和28%的特色、西式餐厅的经营策略是采取更积极的逆势投资方式，继续增开新店，提高销售额。反而受影响较小的中式、咖啡馆业态扩张趋势放缓，分别只有21%和14%。

但不论企业是采取积极或保守的扩张经营策略，面对经济危机大多是以“稳固中档次消费群”及增加“餐饮组合的差异化”来渡过难关。其中低价位的餐厅会更重视餐饮组合的差异化，高价位的餐厅则是着重固守既有的消费群，有些还会兼顾中价位的消费群体。

餐饮组合策略	加强低消费档次的选择	稳固中档次消费群	掌握高档次消费群	重视餐饮组合差异化	无改变
占被调查企业的比例	23%	54%	5%	50%	13%
西式餐厅	39%	39%	6%	33%	22%
中式餐厅	19%	59%	5%	48%	12%
特色餐厅	21%	54%	4%	57%	14%
咖啡饮料	21%	50%	0%	43%	14%
单价 20 元以下	23%	23%	0%	69%	8%
单价 21~50 元	30%	51%	0%	47%	21%
单价 50 元以上	6%	83%	22%	44%	0%

图 4　当前不同价位餐厅采取的经营策略分析

5. 受经济危机影响，企业销售额、毛利多数处于停滞或下降

调查显示，因受累当前经济环境影响，使八成原处于销售额快速增长的餐饮企业速度明显放缓或趋于停滞，甚至有约四成的企业呈现销售额下降的现象，只有不到二成的被调查者表示能维持销售额持续增长。与此同期，原材料、劳动力、房租等成本有所下降，但由于销售额下降幅度较大，使得毛利还是呈现下降的趋势。

销售额改变比例	减少 20%~40%	减少 20%以下	无改变	增加 20%以内	增加 20%~40%	增加 40%以上
2007	0%	0%	0%	47%	42%	11%
2008	11%	25%	46%	15%	3%	0%

毛利改变比例	下降 5%以上	下降 5%以内	基本不变	增加 5%以内	增加 5%以上
2007	0%	26%	47%	16%	11%
2008	8%	29%	52%	6%	5%

图 5　被调查餐饮企业销售额、毛利增长情况

6. 国内经济景气度已开始复苏

超过九成的被调查者认为国内此次金融危机已经到谷底了，今年下半年景气度应该会持平并逐渐回暖。其中64%的咖啡馆经营者最看好下半年的景气度，其次是西式餐厅、特色餐厅和中式餐厅。

二、餐饮组合差异化的方法

为应对金融危机影响，“餐饮组合差异化”可帮助餐饮连锁企业降低产品成本，并吸引消费者增加销售额。通常餐饮组合可根据食用时机、消费族群、流行议题等几个方向来强化差异性。

1. 食用时机

不论是何时食用，营养、卫生、价格是消费者的基本需求。除此之外：

早餐时，消费者会特别需要购买方便及烹调快速的产品，大多消费者都是外带早餐，不会在享受早餐上花太多时间。

午餐时，对上班族而言是填饱肚子，补充工作活力的泉源，因此，消费者特别重视午餐的分量及购买地点的便利性。

晚餐不同于早餐和午餐，消费者愿多花一点时间、金钱在晚餐上慰劳自己或朋友聚会，特色的产品提供更符合消费者需求。同时，消费者会要求晚餐要“色香味”俱全。

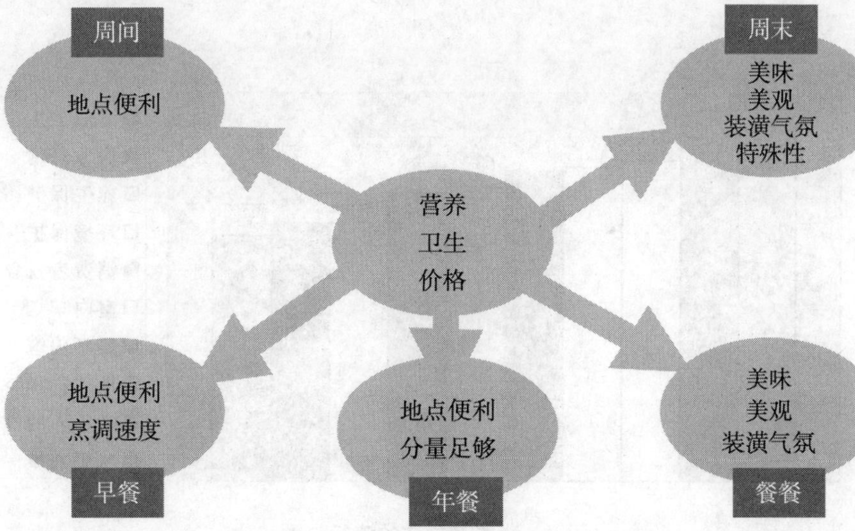

图6　消费者食用时机特点

2. 消费族群

消费者可分为四大族群：忙碌族（31%）、DIY族（25%）、享乐族（22%）、饕餮族（22%）。这四个族群特性分别为：

忙碌族：30~44岁的男性为主，喜欢在家用餐，不会花太多时间来吃一顿饭。

DIY 族：30~44 岁的女性为主，喜欢自己下厨，认为健康比美味重要。会花时间寻找美食，尝试各种不同的食物。

享乐族：20~29 岁的年轻人为主，喜欢外出用餐，会花时间来吃一顿饭，认为美味比健康重要。

饕餮族：15~29 岁的年轻人为主，常用美食犒赏自己，喜欢“自助餐”的餐厅，认为用餐时，联络感情、感受气氛比食物本身更重要，请客时浪费一点也无所谓。

根据这些族群的属性，其餐饮组合差异化特点如下：

享乐族：以“美艳新奇”为诉求的餐饮。

DIY 族：以“健康有机”为诉求的餐饮。

饕餮族：以“分量”为诉求的餐饮。

忙碌族：以“简捷快速”为诉求的餐饮。

3. 流行议题

（1）超过八成的消费者对餐厅的清洁卫生、服务员态度都越来越重视。因此，经营者除了关注产品品质外，还要更重视人员的培训。

（2）“有机食品”、“再生素材”、“绿能概念”的装潢设计是有潜力和吸引力的，因为超过七成的消费者对养生、环保的关注度持续增长。

（3）以“养颜、美容”为题材或针对“老年族”设计的餐饮也颇具潜力，因为有六成左右的消费者对这些议题的关注度在增长。

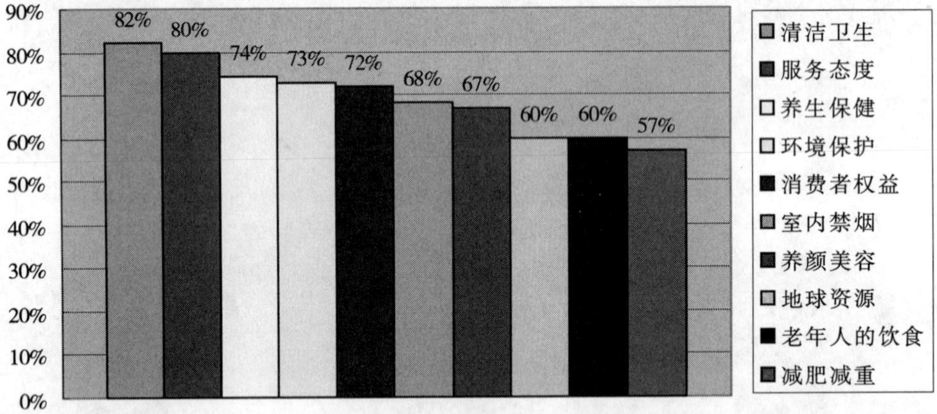

图 7　消费者关注的流行议题

三、调查总结

1. 相比其他行业，餐饮业受金融危机影响有限。其中西式、高价位的餐厅受影响比中式、低价位的餐厅大，华南地区受影响大于华中、华东地区。

2. 受经济危机影响，73% 消费者消费减少奢侈品、金融产品的支出，65% 消费者减少娱乐、衣、行、3C 产品支出，民生必需品及电信影响不大。“食”的部分，因为不同类别的餐饮受影响程度不同，介于“影响不大”到“有影响”之间。

3. 受累当前经济环境，餐饮企业普遍销售额、毛利率双双下滑，使80%原处于销售额快速增长的餐饮企业速度明显放缓或趋于停滞，甚至下降，只有不到20%的被调查者表示能维持销售额持续正常增长。

4. 餐饮连锁企业普遍放缓扩张，以“稳固中档次消费群”及研究“餐饮组合的差异化”方式渡过危机。

5. 超过90%的被调查者认为国内此次金融危机已经到谷底了，今年下半年景气度应该会持平并逐渐回暖。其中64%的咖啡馆经营者最看好未来经济。

（中国连锁经营协会）

2008—2009 年度生产型企业通过特许经营构建分销网络调查

——以浙江省为例

一、生产企业建立销售终端的主要经验

根据对浙江省部分生产企业自建销售渠道情况的调研，归纳出如下几点经验：

（一）制造业借助其产品品牌进入商业领域，其核心是要重新定位和梳理自己的品牌优势，找到品牌专卖的核心价值，并建立相应的服务渠道

在着手品牌建立的同时，还要注重终端运作的规范化与标准化，没有标准化，就没有办法去复制开店，没有复制自然也就没有真正意义上的连锁。

（二）商业模式连锁中，生产商需要直接面对终端，必须要有店面作为服务的载体。生产企业自建店面的成本、资金也是不能忽视的问题

生产型企业自建渠道，必然有个门店商圈成熟度的培养过程，要做好一定时间内亏损的准备，不断研究消费者心理，紧紧抓住消费者的需求，生产出适销对路的商品，把握市场实际需求。

（三）企业在自建终端的种类上，目前值得借鉴的几种方式

1. 完全自建：企业以全资形式在各地建立垂直经销网络、连锁门店或商超，如家电中的灿坤模式、食品中的双汇模式等。

2. 区域自建：企业根据自己的战略需要，在部分市场区域或特殊渠道采取自营方式，建立自己特殊的“超级终端”。现在，很多制造商开始在一、二级市场依靠“超级终端”，在三、四级市场则自行投资建设网络。如：TCL 两亿元打造面向农村的“幸福树”。

3. 合作共建：有些企业则联合区域经销商，共同设立股份合作企业。这种经销商原本就是当地的流通大户，通过共建连锁终端的合作，既让他分享了利益，更巩固了合作联盟关系。如格力就是利用股权的方式，将当地经销商与自己牢牢地捆在了一起。

4. 联盟共建：行业中不同厂家甚至是不同行业中的企业（如饮料与生鲜食品）结成投资联盟，共同建立连锁商超或便利店，以打造更全面的产业发展链。

5. 收购整合：为了更好地控制渠道终端，有的企业从资本层面对下游的商业流通企业进行收购。如三九集团大力挺进医药流通渠道，准备发展建立上百家三九连锁药店。

除以上五种传统模式之外，新兴的自建终端渠道也不可忽略。

——电子和互联网终端；

——特殊的渠道，如：团购、会议营销；

——直销终端；

——服务店模式，如“创维”2006年在全国打造4S服务店的全新服务网络，即集整机销售、售后服务、零配件供应和信息反馈于一体的服务中心。

（四）积极探索连锁加盟的方式，在较短的时间内用较少的资金，自建渠道，吸纳较多的加盟伙伴，铺开网点，形成规模效应

发展加盟对于生产企业建设渠道有如下优势：

1. 能够在实行集中控制的同时保持较小的规模，既可赚取合理利润，又不涉及高资本风险，更不必兼顾加盟商的日常琐事。

2. 由于加盟店对所属地区有较深入的了解，往往更容易发掘出企业尚没有涉及的业务范围。

3. 不必拥有加盟商的资产，保障资产安全的责任完全落在资产所有人的身上，不必承担相关责任。

4. 从事制造业的特许商可以借助特许经营建立分销网络，确保产品的市场开拓。

特许商可以利用特许经营的方式进行大规模的低成本扩张。

（五）从工厂到门店的革命不同于门店到工厂的建设，不能只求销售量的增加而附加服务却不多，最终要解决理念问题，潜心研究消费心理

经营门店，不仅要了解顾客的行为，还要分析他们的心理，他们付款的方式，以及他们对连锁企业的信任度。要提供好的顾客服务，需要改进服务质量，对员工进行商业培训，提高服务人员的素质，要营造一个良好的购物环境。

（六）生产型企业自建连锁渠道要解决品牌单一，产品线不够长的软肋

生产型企业自建渠道初期，往往产品比较单一，为了弥补这个先天缺陷，要尽可能投入研发成本，根据市场需求研发出更多的产品，满足消费者的差异性需求。

（七）尽早完成服务商标注册

生产型企业在产品制造阶段，一般都会考虑生产商标的注册问题，而进入服务流域和连锁领域，还必须考虑服务商标的注册问题，这点往往被很多生产企业忽视。注册商标一定要先行，才能保证渠道的长治久安。

（八）建立系统的合理的标准化的连锁经营物流

物流合理化可以降低物流费用，减少商品销售成本；其次，物流合理化可以压缩库存，减少流动资金的占用；更为重要的是，通过物流可以提高企业的管理水平。

连锁经营物流的标准化是一个大系统，这样一个大系统的管理是非常复杂的，系统的统一性、一致性和系统内部各环节的有效联系是系统能否生存的首要条件。标准化是物流管理的重要手段，物流标准化能加快流通速度，保证环节通畅，降低物流成本，从而较大地提高经济效益。

连锁经营的核心——配送中心。配送是指以客户的需求为先导，围绕商品组配与送货而展开的接受订货、预先备货、分拣加工、配货装货、准时送货、通货等一系列服务工作的总称。配送中心是承担物流专业化管理职能的组织机构，是连锁经营的核心。这是因为连锁经营的集中化、统一化管理在很大程度上是靠配送中心具体实施的。通过配送中心的作业活动，不仅可以简化门店的活动，从而降低连锁企业的物流总费用，而且还能实现商品在流通领域中的增值，并向门店提供增值服务。

（九）适时采取特许经营方式进一步扩建渠道

生产企业自建渠道的初期，往往会依赖经销商在当地先架设网络。采用这样的模式，对经销商十分依赖，不能输出管理，市场敏感度往往不够。

发展特许经营可以完善商业经营机制，提高工作效率和经济效益，增强企业的竞争力。

（十）传统销售渠道不应被完全放弃

一个不容忽视的问题是：自建渠道，专卖店成本投入并不低。在社会专业大分工的背景下，制造商和经销商不是营销中的矛与盾，本来没有根本的利害冲突，只要讲究科学的分工与合作，传统的销售渠道仍是生产型企业销售的重要生力军。零售商和供应商在今后会形成互相合作扶持的零供联盟。

要达到零供联盟的双赢，须注意以下几点：

1. 理想的零供联盟伙伴之间，应该在战略资源和竞争地位上互相匹配，匹配程度越高，联盟越稳定。

2. 要使零供双方优势得到有效融合，零供联盟应设计合理的架构，具体包括合作领域的界定及联盟管理方式的选择等。零供联盟管理模式和组织结构的设计应保持稳定性与灵活性的统一，找准平衡点；不同联盟管理方式各有利弊，适用于不同的联盟主体。

3. 零供联盟的设计应该尽量保证公平和双赢，事先就潜在问题商讨好解决方案。比如签订促销协议和订货合同时，应该规范化。

4. 零供联盟双方应该相互信任、遵守承诺，实现积极有效的沟通，从而便于双方进行资源和知识的交换。零供双方由于企业文化的不同以及成员素质的差异可能引发冲突，应通过高层互访、共建营销学院等活动进行有效的文化整合。

5. 零供双方应逐渐形成一定的反馈机制和冲突解决程序，共同推进联盟体制的完善。以供应链整合为例，需要经过长时间的调试才能使零供双方系统的对接达到最优。

6. 从零供双方的动态发展来看，联盟企业应该在战略资源建设的方向、水平和速度等方面保持一致。随着零供联盟双方技术、资源、能力的交换与更新，双方竞争地位的平衡格局可能被打破，使联盟面临分裂的危险，零供双方应在务实的基础上设立阶段性目标，同时随着双方发展的动态变化，不断修正目标，向深层次发展。

7. 产业外部环境的变化也可能会导致零供双方竞争地位的改变，从而影响联盟的发展。零供关系相关政策法规的出台，会对零供联盟产生一定程度的影响。为调和零供矛盾，政府有关部门近年来出台了《零售商供应商公平交易管理办法》等一系列管理条例。

二、调研案例

（一）方太、帅康的终端抉择

在包括方太、帅康在内的家电制造企业中，自建终端曾经扮演重要角色。主要表现为上世纪90年代中后期由家电制造企业投入铺设的品牌专卖店，其重要功能是通过专卖店全面展示自己的产品，在提升其品牌形象的同时，促进产品的销售。

进入21世纪，依托连锁经营这一先进组织形式的电器连锁卖场开始大规模兴起。它们通过大规模、跨区域的家电零售经营，形成低价格、高效率、专业化的渠道，快速抢占市场份额。特别是在国内一级市场中，电器连锁的市场份额已经超过60%，在北京、上海等特大型重要城市，甚至已经达到家电零售市场80%以上的绝对优势。于是在中国的家电一级市场，家电制造企业的专卖店的销售功能开始淡化，连锁卖场成为电器的重要销售渠道。家电产品能在很短的时间内迅速通过该渠道网点辐射全国，达到可观的销售规模，提高市场占有率。据了解，目前帅康和方太品牌产品的销售，分别有60%和43%是通过家电连锁卖场完成的。

连锁卖场在数量和规模足够壮大时，与制造商的谈判便拥有了更强的话语权，并能争取到更具竞争优势的价格。于是，各大厂家纷纷加快渠道终端自建的步伐：2004年，格力与国美轰轰烈烈地“离婚”；美的于2005年实施了100家4S店计划，2006年开展了以营销重心下沉为主题的“燎原行动”；TCL的“幸福树”计划等，都是为了避免被家电连锁卖场牵着鼻子走，家电制造企业开始重新考虑自建终端在企业未来发展规划中的重要作用。

由此可知，家电销售趋于走“回头路”，从当初的自建终端到依赖家电连锁，再到重新回归自寻渠道的道路。通过自建终端，一方面企业可以压缩渠道层级来改善渠道利润状况，另一方面，企业通过自建终端来形成独特的渠道价值链竞争优势。调研发现，方太、帅康两家企业不约而同地表示在未来发展中，自建终端将在渠道销售中逐渐占据更大的比重。

1. 渠道销售的分配

就目前状况而言，构成浙江厨卫家电企业终端销售的渠道有八种类型（见下表）。八个渠道又可细分成两大类，即包括家电连锁、百货、建材连锁、工程渠道及代理经销在内的利用第三方出售产品的销售渠道和包括自营专卖店、团购、网络销售在内的自建终端销售渠道。两种销售分支自构成之初到目前，一直是家电连锁企业选择的难题，有关两者孰重孰轻的问题也让家电制造企业焦头烂额。两者的博弈中，连锁家电卖场和自营专卖店成为矛盾的中心。因此，每个分销渠道在今后所占的比重以及结构的合理分配，还需要企业深思熟虑。

浙江省厨卫家电企业终端销售的渠道

渠 道	运作模式	占比 %
家电连锁	通过国美、苏宁、五星等销售（包括地方家电连锁）	58
建材连锁	通过百安居、东方家园等销售	4
地方百货	通过杭州大厦、杭州解百等销售	10
工程渠道	为万科等商业地产商提供工程装修，其中包括集团和个人团购	6
代理	通过二、三级市场的个体户代理销售	6
经销商	通过各地分公司销售	8
网络销售	建立网上商城	0.27
自营专卖店	以加盟为主，企业授权，加盟者投资	8

注：数据为各家企业综合而得。

通过表格，我们可以看到，家电连锁在方太、帅康的分销渠道中占了极大的比重。家电专业连锁的规模化、品牌化适应了制造企业的规模化、品牌化要求。激烈的市场竞争导致了家电制造企业的高集中度，大制造需要大销售，好品牌产品需要好品牌经销。随着连锁商业的进一步成长，其大规模采购、现款现货自担风险等先进的商业理念深得人心，具有传统渠道不可比拟的优势。有效利用专业连锁这一渠道来保证和扩大自身的市场占有率，是每个家电制造企业必修的一门课程。

在方太、帅康自建的专卖店中，主要是以加盟为主，企业授权，加盟者投资。帅康的品牌专卖店80%以上是由第三方开店，厂家提供装修补贴，第三方买厂家的货。据悉，帅康计划今年拓展250家到300家的专卖店。除此之外，由个体户自主经营的大到家电城，小到几十平方米的小店，都是目前方太、帅康在县级地区的销售主力。其中存在的电器专卖一条街，许多个体户会独立经营方太、帅康的产品。

2. 二、三级市场的终端诱惑

有资料显示，目前中国家电连锁产业发展极不均衡。一方面是行业高速增长，一方面是销售总量不足。一方面是大中城市竞争激烈，一方面是三、四级市场尚待开发。一、二线市场饱和以及竞争惨烈的现状下，特别是在金融危机大背景下，波及影响相对较小的二、三级市场显得尤为珍贵。

帅康总经理张晓钟介绍，帅康2009年除在一级市场继续巩固市场地位外，还要大作“家电下乡”的文章。其实，早在5年前，格力、长虹等在内的家电企业已经把目光聚集在国美、苏宁还没来得及进入的三、四级市场。目前，家电零售业53%的市场是在一线和二线城市，但仍有47%的市场在三线和四线城市。这些地方虽然消费能力不很高，但由于人口基数大，使得市场的容量总体较大。而大型连锁企业在一、二级城市的成功操作未必能在三、四级城市顺利复制。

3. 多渠道是出路

其实家电连锁和厨卫家电企业一样，双方的战术都是色厉内荏，都是在不完全激怒对方的情况下进行的。就目前态势看，双方是你中有我，我中有你，谁也离不开谁。而最终趋势，厨卫家电企业虽然会在渠道方面有所作为，但其主渠道肯定还是在家电连锁，这是大势所趋——就像如今的超市一样流行，无法想像百货企业都去建立自己的终端渠道。

目前，帅康、方太在渠道建设上，趋向于多种渠道并行发展。家电制造企业与连锁家电卖场间矛盾的显露从另一个角度讲也是一场及时雨，它促进制造业在多渠道建设方面进行更合理的调整，也给连锁家电卖场上了一堂规范终端行业的警示课。按照当前的成本承担和利益分配来说，家电连锁方面肯定要作出相对较大的让步，减慢扩建步伐，适当向家电企业让利，这是家电连锁的必然选择。而一旦减慢扩建的步伐，家电连锁必定会加强内功修炼，降低运营成本，获得更大的利润空间。家电企业与家电连锁的终极博弈，必然以双赢收场。

（二）森马集团虚拟生产和品牌连锁

森马集团有限公司创立于1996年12月18日，是一家以虚拟经营为特色，以系列休闲服饰为主导产业的跨区域集团。现拥有“森马”和“巴拉巴拉”两大在线品牌，国内连锁网点3800多家。2007年系统零售收入突破40亿元，预计2008年系统零售将超过60亿元。

1. 快速发展的关键是采取“虚拟生产、连锁专卖”的经营模式

虚拟经营的特点是两头在外：

生产在外——在珠三角和长三角两大区域整合了120多家专业生产厂家；

市场在外——在全国各地发展了3800多家连锁专卖店，公司把资源和精力集中投放在产品价值链中的核心环节，包括品牌建设、产品研发、市场营销、供应链整合、信息化建设等。

2. 作好虚拟经济，首先需要强劲品牌做保证

在品牌建设上，2002年森马开始聘请国际奥美广告公司担任品牌管家，全面导入“360度品牌管理”，分别从品牌定位、产品风格、企业公关、视觉识别、终端形象等方面提升森马品牌影响力。2003年森马聘请香港小天王谢霆锋和香港美少女组合——TWINS共同演绎“穿什么就是什么”的品牌休闲风格。2008年，森马又正式携手时下最具人气的当红偶像——罗志祥和中韩两地超人气偶像团体——Super Junior－M共同演绎“Never the same”的品牌风格，传播森马崇尚年轻活力、炫耀青春本质的品牌主张，使森马成为大众服饰的知名品牌。同时，森马坚持“有形产品无形化”的理念，勇于突破和创新，在休闲服装行业首次运用腾讯QQ进行网络销售，在森马集团成立十周年之际，力邀“同一首歌”合办大型演唱会进行事件营销，在温州乃至全国获得极高的声誉，使品牌更加深入人心。

3. 产品是企业生存和发展的根基

森马的所有设计工作始终坚持以品牌定位为根本，以国际、国内时尚潮流为参考的设计原则，围绕18～25岁的年轻消费群体追求时尚和个性表达的需求，并从各市场和渠道的差异性调整产品结构，始终保持走在市场前端；近年来，集团不断整合优势资源，先后与法国PROMOSTYLE公司、韩国色彩协会、上海东华大学、浙江理工大学等一批国内外机构结成战略合作伙伴，成立设计开发中心和技术中心，始终致力于国际化与本土化、时尚与流行的完美结合。目前森马产品已经覆盖T恤、衬衫、牛仔、夹克、羽绒（服）、羊毛衫等38大系列，5600多个品种。

4. 连锁经营模式下的做大市场

集团10多年的快速发展，离不开“连锁经营”的营销模式，即公司将市场经营特许权转让给加盟店，加盟店要统一使用森马公司的商标，统一进货渠道，提供标准化的服务方式，这使得渠道快速拓展。目前，森马专卖店全国已开出门店3000多家；近年来，随着市场竞争的加剧，森马始终秉承“共赢”理念和“小河有水大河满”的经营哲学，扶持代理商更好的发展。在突破市场、做大做强方面，森马鼓励代理商多开店、开大店，坚持把最好的服务和最优惠的政策向代理商倾斜。同时，森马拥有一支信息化、专业化的市场营销团队，能及时跟踪客户的经营状况，为客户盈利负责。

5. 信息网络建设为企业快速决策和经营效率提供保障

在信息化建设上，已经从ERP信息化建设进入智能化管理，融入国际上最为先进的管理理念，实现了生产、采购、物流、客户、专卖店等供应链中各个环节的统一管理、服务和全程监控与跟踪，建立快速反应机制，大大提高了企业管理的决策效率、运行效率，降低了运行成本和管理成本，提高了企业效益。与ERP相结合的还有产品生命周期管理系统、生产过程管理系统，在产品生命周期管理系统中，可以同步看到从设计师的服装创意概念设计、技术设计、面料开发、样衣制作和最后提交生产系统的整个流程，为供应链的整合管理、以及货品快速反应提供保障。

6. 供应链管理成为提升核心竞争力的主要手段

行业竞争的日益激烈和消费者对服装时尚要求的日益提高，对供应链的能力和零售商的快速响应能力提出了更高的要求。森马供应链管理将重新规划和整合企业的供应链流程，以充分满足客户需求；对所有供应厂家的制造资源进行统一集成和协调，使它们能作为一个整体来运作。同时，还将森马的企业文化和理论注入厂家或合作伙伴中，形成一个和谐的森马供应链管理体系。森马自创办以来，巧妙地将“借船出海”、“借鸡生蛋”的管理思想运用于企业实践，率先在珠三角和长三角整合了一大批生产能力强大、技术力量雄厚、产品质量过硬的生产厂家。从2001年开始，森马就已经开始着手在供应商体系内广泛推广ISO9002质量体系审核认证和ISO4000环境管理体系审核认证，使生产企业的质量管理水平与国际先进水平直接接轨。

近年来，森马仍保持快速发展态势，一是品牌推动，持续发力。在森马品牌强势背景下，代理商开店的热情，消费者的信心指数仍在增加。二是不断整合优势资源，根据市场情况调整产品结构，导入先进的设计理念和流行元素，走在市场前面；在突破市场、做大做强时出台一系列销售策略，鼓励代理商多开店、开大店；三是企业内部一直注重企业文化的传播，充分发挥文化的凝聚力、向心力和推动力，使森马拥有稳定的供应商队伍、代理商队伍和集团员工队伍。

（中国连锁经营协会）

2009 年中国特许经营行业比较突出的法律问题

2009 年是特许经营行业蓬勃发展的一年，伴随着行业的发展，相关的法律问题也不断出现。根据我们对众多特许经营企业服务的经验，特许经营行业在 2009 年涉及到的比较突出的法律问题主要包括如下几个方面：

一、被特许人签约主体与实际经营主体不一致的问题

在特许经营体系中，被特许人经常出现签约主体与实际经营主体不一致的情况，具体而言，又可大致细分为下列几种情形：

1. 被特许人签约人是自然人，但随后实际经营门店的是该自然人设立的公司。

2. 被特许人签约人为一家公司，实际经营门店的是另一家公司，这两家公司往往控股股东或实际控制人相同。

3. 签约时的主体已经注销，现在门店是由同一控制人新设立的主体在经营。

根据以往发生的案例，上述情况常会给特许人带来下列困扰：

1. 被特许人的签约主体与实际经营主体不一致时，是否算作被特许人发生了变化？这种变化是否构成被特许人违约？特许人是否要承认实际经营主体的被特许人资格？

2. 被特许人以自然人签约，以其后设立的公司经营时，由于该公司不是合同相对方，如门店发生违规行为，如何追究该公司的责任？

3. 在经营过程中，特许人发函的相对方究竟应是签约主体还是实际经营主体，如果发给实际经营主体是否就表示追认了其作为被特许人的法律地位？

如某一案例：国内某早教品牌与加盟商发生争议，委托律师解决。在解决过程中律师发现，当初作为被特许人签订特许经营合同的公司早已注销，现今的门店的签约主体是实际控制人以个体工商户的名义在经营。特许人希望解除特许经营合同，本来是可以依据合同签约主体已经不存在为由主张合同终止，但该特许人在经营过程中，多次致函对方的个体工商户，并向其出具以个体工商户为收款人的收取特许权使用费的发票。这就表明特许人已经知晓对方主体已变更，而收费和开票的行为更容易被认定为追认对方主体变更，承认了其作为被特许人的地位。这样就很难再以合同相对方主体已不存在为由主张合同已经终止，也使得处理纠纷的难度大大增加。

对于上述问题，如从维护特许人利益方面考虑，律师的建议是：

1. 被特许人以自然人签约，随后设立公司经营的，在该公司成立后应出具承诺书，表示继承被特许人的所有权利义务，且签约自然人应承诺与该公司承担连带责任。

2. 如签约人为一家公司，实际经营的为另一家公司，则该实际经营主体应出具承诺书，承诺对特许经营合同中被特许人的义务承担担保义务。

3. 为避免被特许人签约主体任意注销，在特许经营合同中应约定，未经特许人书面同意，被特许人的主体不能变更；同时特许人应在签约时将所有被特许人主体证明妥善存档。

二、特许人收购被特许人门店的过程中的问题

在中国大陆，特许行业已日益为风险投资和私募基金所青睐。随着大量外部资金注入特许企业，收购被特许人的门店已成为可能；而将来上市融资的计划，也使收购被特许人的门店成为必需。

在收购被特许人门店时，往往需要特许人与各被特许人逐一谈判。由于最初签订的特许经营合同，对于特许人的收购权只有笼统的约定，因此常常给谈判带来很大的困难。而融资条件下的收购与被特许人发生违约时的收购不同，往往并不能指出被特许人有明显的过失，这样通过诉讼或仲裁途径也未必能取得令特许人满意的结果。

在解决这类案例时，虽然通过律师的经验和谈判技巧，可以使问题的解决相对顺利一些，但律师还是建议，如果在特许经营合同中通过条款进行更详细的约定，将是更好的选择。例如，可以在特许经营合同中，对特许人收购加盟店区分为违约收购和融资收购。违约收购时，因被特许人有过错在先，所以特许人可以按净资产收购。这其中，经过几年折旧，加盟店净资产将会较低，因此按净资产计算收购价格对特许人是有利的；而融资收购时，可在特许经营合同中提前约定一个收购价格的计算公式，由于合同条款已经被双方所接受，这样收购时会相对顺利。

三、特许经营备案和信息披露问题

这是我国《商业特许经营管理办法》和《商业特许经营信息披露管理办法》所要求的一个老问题，但在律师办案实践中发现，很多特许企业由于长期忽视这一问题，招致了很大的法律风险。

如果特许人没有依照以上两项法规执行，在发生被特许人拖欠特许权使用费时，特许人诉讼的底气就有所不足，因为被特许人可能以特许人未进行信息披露为由，提出解除合同。

如果被特许人发生经营亏损，则其也往往会以上述两法规为由，提出解除合同并要求特许人赔偿损失。从以往办案经验来看，这对特许人的风险是很大的。所以，对于一个规范的、希望长期发展的特许经营企业，备案和信息披露是一定要做的。

四、打击仿冒店问题

随着特许经营企业的成长和知名度的日益提升，随之而来的就是仿冒者蜂拥而至的烦恼。2009 年，许多客户——知名特许经营企业，都出现了被第三者仿冒的情况，甚至还有仿冒店也在大量招募加盟商。这些仿冒店攀附特许人品牌，给消费者造成混淆，冲击了正常的特许体系。因此，特许人必须采取相应措施予以打击。

以律师解决这类案件的经验看，打击仿冒店通常要完成下列步骤：

1. 证据保全公证。特许人应当首先委托当地公证处对仿冒店店面设置进行证据保全公证，将相片等证据留存。必要时要委托公证处增加混淆公证。

2. 通过工商管理部门行政执法摘掉仿冒店招牌。需强调的是，如果仿冒门店和特许人不是非常相似，通过工商打击的难度较大，工商会持比较保守的态度，要求特许人到法院起诉。

3. 提起不正当竞争诉讼。这是一个通常的途径，也是特许人能够获得经济赔偿的途径。通过工商行政执法途径只能实现摘牌，特许人无法从仿冒店获得赔偿。

上述问题，是根据2009年特许经营行业典型性、多发性案例归纳整理的一些概要分析，仅供我们与业内人士更进一步的交流，并供特许经营企业参考。

（中怡律师事务所　周庆）

2009 年中小城镇零售连锁企业经营状况研究

一、概述

最近几年，农村消费与市场流通环境逐步得到改善。据统计，全国已建设 30 万家连锁化农家店，367 个农村商品配送中心，覆盖 80% 的县和三分之一以上的行政村。特别是近年来国家采取了一系列财政补贴措施，仅就在全国范围内实施“家电下乡”而言，初步估算可拉动消费 9200 亿元。这些措施在全国范围内能够有效地开拓农村市场，有利于改善农民生产生活条件，建立健全新农村现代流通体系。现在，汽车、家电、手机、电脑等中高档消费品正成为农民消费的热点。这意味着农村居民的消费已经由温饱生存型向小康享受型转型升级。

我国半数以上的人口在农村，任何商品的普及率只要提高一个百分点就会有巨大的销量，农民每人每月增加一次消费，其总量就相当可观。所以在商家有“农村人三天喝一瓶饮料要比城里人一天喝三瓶饮料来得多”之说。

从产品生命周期规律来看，产品的生命周期是一个不断向下游动直至消亡的过程。亦即从大城市消费者到中小城市消费者，再到农村甚至是边远地区的消费者，最后消亡的过程。因此，商家应尽量延长产品的生命周期，把产品向下游市场拓展，这是一种必然的选择。相应地，连锁零售企业也应该遵循产品生命周期规律，并积极响应政府的号召，把连锁网络编织得更大、更密，使其覆盖到广阔的农村市场。

近年，中小城镇发展零售连锁经营的环境有了巨大的变化。首先，中国城镇化发展进程加快，商业连锁经营发展空间扩大。其次，政府出台一系列政策和给予财政支持，大力扶持中小城镇商业零售网络的建设。再次，农民收入增加，消费增长，生活观念有了较大的变化。这些都为发展零售连锁经营提供了极佳的条件。

二、中小城镇发展零售连锁经营的环境基础

（一）中国城镇化发展进程加快，商业连锁经营发展空间扩大

2009 年中共中央经济工作会议提出，要把工作重点放在加强中小城市和小城镇发展上，放宽中小城市和城镇户籍限制。提高城市规划水平，加强市政基础设施建设，完善城市管理，全方位提高城镇化发展水平。此举被认为可以大量释放来自中小城市和广大农村的消费潜力。

2010 年中央 1 号文件将推进城镇化建设列为新一年“三农”工作的重要任务之一，突出强调中央将加大对农村地区和中小城市的财政投入力度，鼓励农民工在城市就业，促

进更多的农村人口迁居城市，并努力为农民工创造更多的就业岗位，更好地维护其合法权益。这也是为减小城乡收入差距，持续扩大内需而采取的重大举措的一部分，反映了中央政府发展经济的新思路。

2009年社科院发布的《城市蓝皮书》显示，截至2008年年底，我国的城镇化率是45.7%，城镇人口6.07亿，每年约有1500万的农村人口进入城市。来自住房和城乡建设部的统计数据显示，我国小城镇数量从1954年的5400个增加到2008年的19234个。改革开放30年来，我国的城镇化率稳步提升，从1978年的17.9%上升到2000年的36.2%(年均增幅0.8%)，再到2008年的45.7%（年均增幅1.2%)，累计提高27.8个百分点。在城市化进程中，第三产业将获得长足的发展，这不仅可以创造更多的就业岗位，也能够产生许多新的消费需求，并有效地拉动内需。城市的商业化与货币化程度比较高，住房、交通、通讯、教育等条件相对较好，农民进城后，只要获得稳定的工作和生活保障，其消费能力就可以得到有效的释放。有经济学家曾经算过这样一笔账：按照我国的人口规模，城镇化率每提高1个百分点，就意味着大约有2000万农村人口进入城镇，他们的居住、生活、就学、就业，都会创造巨大的经济需求。

城镇化是指人类进入工业社会时代，社会经济发展促成农业活动的比重逐渐下降，非农业活动比重逐步上升的过程。与此结构变动相适应，乡村人口比重逐渐降低，城镇人口比重稳步上升，转移出来的乡村人口的生活方式和思维方式也逐渐向城市文明转变。城镇化是人类文明进步和经济社会发展的大趋势，是由传统的农业国家向现代化工业国家转变的有效途径。城镇化有力地吸引了生产要素聚集，成为解决就业、实现市场扩展、推进新型工业化的重要途径。城镇承接大量的农村富余劳动力，在带动农民增收的同时，也在很大程度上缓解了农村人地紧张的矛盾。城镇化还有利于实施国家区域发展总体战略，统筹城乡区域协调发展，逐步缩小地区差别。

从世界范围来看，人类社会由农业走向工业时代的时候，大都经历了农弱工强、城乡失衡的转变过程。今天，英国农业人口只占总人口的2.6%，美国为3.9%，加拿大为6.7%，法国为10%，农民已转化为“农业工人”，农场转化为企业，乡村和城市的划分已经没有了太大的意义。

诺贝尔经济学奖得主约瑟夫·斯蒂格利茨（Joseph E. Stiglitz）曾说，美国的信息化和中国的城市化是21世纪影响世界发展的两件大事。纵观近十年来我国的重大发展战略，可以发现，城市化一直被予以高度关注。“十七大”报告中再次要求，必须坚持走中国特色城镇化道路；“十一五”规划纲要提出，要积极稳妥地推进城镇化，逐步改变城乡二元结构。

（二）政府大力扶持中小城镇商业零售网络的建设

政府为扶持中小城镇商业零售网络的建设陆续出台了诸多惠民政策和措施，主要有：

1. “万村千乡”市场工程。为运用现代流通方式，建立新型农村市场流通网络，改善农村消费环境，商务部从2005年起在全国选择部分县市开展了“万村千乡”市场工程建设试点。

主要内容是：引导城市连锁超市向农村延伸发展“农家店”。乡镇级“农家店”原则上以批零结合的综合性服务为主，鼓励其从事农资、日用小商品的批发与零售经营，以及政策允许的农副产品购销业务等。村级“农家店”以零售服务为主。同时，倡导大型流通企业与生产企业进行“工商联手”，研发并生产适合当地消费特点的自有品牌消费品。

“万村千乡”市场工程力争用三年时间，在试点区域内培育出 25 万家左右“农家店”，形成以城区店为龙头、乡镇店为骨干、村级店为基础的农村消费经营网络，逐步缩小城乡消费差距。具体建设方式是：引导各类大中型流通企业直接到试点县市的乡村投资建立、改造连锁“农家店”；鼓励各类大中型连锁企业通过吸引小型企业加盟的方式到乡村建立、改造“农家店”；支持各类中小型企业通过自愿连锁，即企业自愿结合，统一采购、统一建立销售网络的方式建设“农家店”。

2. 新网工程。“新网工程”是新农村现代流通服务网络建设工程的简称，力图通过改造传统经营网络，建立起农业生产资料现代经营服务、农副产品市场购销、日用消费品现代经营和再生资源回收利用四大现代流通网。这是全国供销合作总社针对我国农村商品流通体系建设滞后，农村流通网络建设薄弱，商品双向流通不畅，农民买难、卖难问题突出的现状而提出的一项为农服务工程。中央财政正式设立了“新农村现代流通服务网络工程”专项资金，以推动“新网工程”发展，支持新农村建设。

3. 家电下乡。家电下乡政策是深入贯彻落实科学发展观、积极扩大内需的重要举措，是财政和贸易政策的创新突破。其主要内容是，顺应农民消费升级的新趋势，运用财政、贸易政策，引导和组织工商联手，开发、生产适合农村消费特点、性能可靠、保证质量、物美价廉的家电产品，并提供满足农民需求的流通和售后服务；自 2007 年 12 月起在山东、河南、四川、青岛三省一市进行了家电下乡试点，对农民购买彩电、冰箱（含冰柜）、手机、洗衣机等家电产品给予一定比例（13%）的财政补贴，以激活农民的购买力，扩大农村消费，促进内需和外需协调发展。

家电下乡与汽车下乡、摩托车下乡，都是国务院作出的重要决策，既是实现惠农强农目标的需要，也是拉动消费、带动生产的一项重要措施。

4. 信福工程。自 2006 年启动的信福工程以切实为农民带来实际效益和提高农民商务信息化能力为目标，旨在为农民获取和发布商务信息服务，帮助农村逐步发展流通，帮助农民利用信息手段引福致富。

其发展目标是逐步建立覆盖全国农村的公共商务信息服务网络，将商务信息服务推广到农村基层，提供商品、市场商务信息，提供商务信息化能力培训，促进农村流通工作，推动农村经济发展。

（三）中小城镇市场变化为零售连锁经营的发展提供了条件

1. 农民收入增加，消费增长。近年来，我国经济持续发展，农村消费者已初步具备与现代零售业相匹配的购买力和消费观念。从以大连为例，2006 年大连农村人均收入为 8434.28 元，比上年增加1604.79 元，增长 24% 左右；2006 大连农村人均生活消费现金支出为 3756.11 元，比上年增加 311.85 元，增长 10% 左右。从上述数据可知，近年来农村经济持续发展，农民收入不断增加，手中资金积蓄增加，消费需求也随之不断增长，为零售业进军农村市场提供了经济调节。

统计显示，2009 年农村消费增速快于城市。这并非偶然，一方面，农业产业结构调整，经济作物增加，农产品价格提高等提高了农民收入；另一方面，农业税减免，种粮、农机、农资和教育等享受国家补贴，使农民减少了大量开支；再者，医疗和养老保险在农村开始推行，减少了农民的后顾之忧。还有，2009年度中央财政加大“三农”投入力度，大幅增加了农机购置补贴规模，从40亿元提高到130亿元，还安排了320亿元实施家电下乡、汽车和摩托车下乡以及汽车家电的“以旧换新”政策，这些扩大内需的举措让农村消费市场开始启动，农村消费更是出现“爆发式”的增长，连续10多个月增速都高出城市消费增长，这是中国消费结构的一个重大变化。

2. 为数众多的农民工将城市的生活观念、消费方式传递到了农村，农民的生活观念有了较大的变化。

3. 电视的普及让农民了解和向往城里的购物方式和生活方式，同时具有了安全消费意识。

三、中小城镇发展零售连锁经营的现状

（一）大中型连锁零售企业农村市场经营范围拓宽

资料显示，一些大中型连锁零售企业在农村市场发展态势良好。江苏“苏果”超市就是近年来具有代表性的企业之一。江苏苏果早在1998年4月就开始进军农村市场，注重开拓农村市场，是苏果坚持的重要发展战略。到2005年苏果60%的网点布局在县及县以下乡镇，在整个销售规模中，50%以上是在农村。

在大连地区，目前已有金玛、旺客隆等几家连锁零售企业在农村市场发展加盟店，全市农村地区的连锁店铺已达到110多个，经营范围涵盖食品、日用品、化妆品、药品、农业生产资料等多个行业和领域。

（二）农村社会消费品零售总额占比有所下降，中小城市、城镇消费增加

尽管近年农民收入不断增长，农村消费品市场规模一直在扩大，县及县以下社会消费品零售总额持续上升，但与城市相比，其在全国社会消费品零售总额中所占份额连年下跌。一些地区特别是东部沿海地区，农村购买力分流和本地消费萎缩现象越来越严重。其有以下几方面原因：首先是我国城市化进程加快，一些农村人口农转非进入城市；其次是农村劳动力外出务工，其一部分消费转移至城市；再次是农村基础设施的完善及交通工具的普及，导致有消费能力的农民进城消费。

（三）政府的支持力度更大

1. 中央将投资120亿治理农村环境

财政部消息，从2010年起中央财政进一步加大投入力度，在未来3年计划安排专项资金120亿元，重点支持农村环境整村连片治理，使“以奖促治”政策取得更大实效。届时，农村环境将大为改观。

2. “万村千乡市场工程”实施以来，农家店覆盖面不断扩大，农村商品配送体系逐步完善，消费环境有效改善，消费潜力进一步释放，但农村流通效率低、成本高等问题日益凸显，成为制约农村现代流通方式和流通网络发展的重要因素。为此，2009年9月，

商务部发出关于推进“万村千乡市场工程”信息化建设的通知。要求各地推广“万村千乡市场工程”信息化建设，提高承办企业、农家店及配送中心信息化管理水平，提高管理效率，降低流通成本，强化农村商品配送能力，确保商品质量，拓展服务功能，提升服务“三农”的水平。

“万村千乡市场工程”信息化建设的主要内容有：

(1) 承办企业经营管理信息平台。条件成熟的地区，应在配送中心、农家店逐步配置电脑、POS机、条码扫描设备和数字智能终端等信息化硬件设备，安装相应的商品进销存管理软件；通过互联网建立企业、配送中心与农家店之间的信息管理系统，通过系统的订单和库存管理、营销信息服务等各项功能，实现农家店的销售与订货、配送中心的配送与采购、承办企业的销售、库存与结算等作业的管理信息化，提高企业、配送中心和农家店的现代化管理水平。

(2) 配送管理平台。各地商务主管部门要运用网络手段及时采集各地农家店建设情况和经营情况，对农家店生存情况、经营情况、农村市场体系健康水平进行全面的统计分析，利用网络资源加强农家店建设监督管理力度，并制定科学的农家店发展规划，引导承办企业有序经营和健康发展。

(3) 服务信息平台。积极引导“万村千乡市场工程”承办企业，充分利用农家店信息化设施，为农民提供农资购买、农产品销售、外出务工、农业生产技术等各方面的综合信息服务，使农家店逐步发展成为农村综合信息服务中心。

3. 新网工程实施3年来，全国供销社系统已发展“新网工程”连锁配送网点47.76万个。

4. 从2009年2月1日起“家电下乡”在全国全面铺开。产品也从过去的四个增加到八个，除了之前推出的“彩电、冰箱、手机、洗衣机”之外，本次家电下乡又新增了摩托车、电脑、热水器和空调。它们和彩电等产品同样享受国家13%的补贴。各个省市可以根据各地区不同的需求在这四个产品中选择两个进行推广。

与上年同期相比，试点的三省一市家电销售量增长了40%，增长幅度提高了30个百分点。家电下乡试点产品已经成为农民购买家电的首选，改善了民生，受到了农民的欢迎。家电下乡为企业开拓了新的市场空间，为做好销售和服务，试点企业主动将工作重心转向农村，积极研究开发适销对路的产品，开拓和整合农村家电流通网络。不少企业反映，通过家电下乡试点，净化了农村的家电市场环境，有力地打击了假冒伪劣，原来松散的营销渠道变得紧密了，传统的家电夫妻店开始向连锁经营转变。

5. 目前中小城市、城镇市场主要有生活消费品与农资两类连锁企业，涌现出多种连锁经营模式。

(1) 生活消费品连锁企业：

国内一些超市如“苏果”陆续进入农产品销售领域，涌现出一些比较成功的连锁经营模式：如“连锁超市+批发市场+基地+保险合同”模式，“连锁超市+基地”模式，“连锁超市+企业+订单合同”模式，“连锁超市+协会+订购合同”模式，“连锁超市+联购分销”模式，“连锁超市+农户+订购合同”模式，“放心粮油专卖连锁店+企业+基地”模式。上述几种模式有一个共同点，均以超市、连锁店为销售终端，以基地为供货源，中间或与定点生产、加工企业合作，或与批发、配送商家合作，或与分销、专业农协等机构合作，形成一个完整的产业链。如在无锡，由“朝阳”蔬菜批发市场牵头，将锡山、惠山等近郊的种植大户组成无公害蔬菜产销合作社，批发市场下辖的配送中心对来自放心菜基地、经检测合格的蔬菜进行加工整理、定量包装、定牌管理，每天配送至33家天惠连锁超市，实行优质优价，同时由中国人民保险公司无锡分公司承担产品责任险，保险期限一年。消费者一旦发生食用意外，每次事故每人最高赔偿额为10万元，事前质量控制加上事后意外保险，让消费者吃了“定心丸”。江苏盐城有12家粮油店、10家食品店和12个生产加工企业主动加盟“放心粮油”连锁经营，自2008年1月正式开业以来，销售量稳步上升。

农产品进连锁店能够成功的原因主要有：

一是稳定可靠的供货源。连锁经营需要大批量采购，统一配送，必然要有规模化的供货源。无锡的“朝阳”蔬菜批发市场、镇江的“万方”超市等，都是通过这种方式，赢得稳定可靠的供货源。

二是良好的品牌形象。镇江的“万方”超市一方面设专柜经营基地的名特品牌产品，另一方面创立自己的品牌，在节假日还推出品种多样的“万方礼品菜”，不仅吸引了消费者的认同，而且迅速树立了企业的知名度。

三是政府配套服务。如盐城的“放心粮油”连锁经营就是由该市农业质量标准办公室牵头，将当地的生产基地、加工企业和分散的粮油销售店有机整合起来。

从目前农村连锁企业的总体发展状况来看，农村连锁企业受物流配送及区域性保护等因素影响，各连锁企业的区域性发展特征明显，主要以省内发展为主，无论是云南“天盟”农资，还是安徽“农家福”、江苏“苏农”等，但发展全国性农村连锁经营是大势所趋。

（2）农资连锁企业：

目前，国内农资连锁经营主要形式有四种：

一是以生产企业为龙头，发展多层次的连锁销售网络。如：天盟农资连锁、四川九禾农资、辽宁锦禾农资等。

二是生产企业加盟到现有连锁经营网络。

三是以经销企业为龙头，发展紧密型的连锁经营网络。即经销企业开设独资直营、直接控股或注资参与经营的连锁经营网点。如：安徽徽农、浙江省农、江苏苏农。

四是以经销企业为龙头，发展松散型的连锁经营网络。如：中农、中化、四川邦力达农资连锁等。

6. 大牌跨国零售企业加快农村市场布局。

2009年，在中国扩张速度一向不算太快的沃尔玛开始疯狂扩张，仅截至9月，其新开店数量已经达到35家，比之其往年年平均开新店10多家到20多家的速度，沃尔玛2009年的扩店速度起码提升了40%以上。

借着这股势头，沃尔玛2009年在华门店数量已经超越了家乐福，成为外资零售巨头中在中国区门店数量最多的企业。而在这看似“不寻常”的快速扩张背后，其实是沃尔玛酝酿已久的独资渗透二、三线城市，借金融危机“抄底”开店的深谋远略。

四、中小城镇发展零售连锁经营的问题分析

（一）受传统购买习惯制约

在农村地区，连锁超市作为新生事物吸引了相当一部分当地居民，但这种吸引力还不足以使其改变对传统购买渠道的依赖，相当一部分零售连锁企业对这种习惯的影响力认识不足，没有制定相应的对策，致使杂货店、代销店、农贸大集等传统的零售业态仍处于主导地位。根据调查，农民在农贸大集的消费额占家庭消费的50%左右，购买的商品主要有蔬菜、肉类、服装、鞋帽等；油盐酱醋等日常生活用品主要在附近的杂货店购买；连锁超市只是走亲访友时购买礼品的首选场所，因为商品结构没有与农民的生活息息相关，所以连锁超市的销售额一直比较低迷，无法实现连锁经营的规模效应。

（二）商品结构不合理

根据调查，大部分农村连锁超市的商品结构非常不合理，脱离农村居民的实际需求，也没有解决农民买东西难的问题。一方面表现为超市商品基本以日用百货为主，品牌众多，但很多商品从来就没有被顾客动过，例如咖啡等商品，包装盒上覆盖着一层灰尘；另一方面，农村居民随着生活水平提高出现一些新的需求，如电视机、洗衣机、电冰箱等耐用消费品，以及服装、床上用品、通讯产品等。如要满足这些需求，还是要到城市大中型零售店中选购，没能实现就近购买。这样不仅增加了农民的购买成本，而且与杂货店和农贸大集相比，连锁超市的价值没有能够体现出来。

（三）商家诚信意识不强

农村地区流通体系建设非常不健全，而且农民辨别商品真伪的能力相对较弱，这就使一些不法经营者兜售假、冒、伪、劣商品有了可乘之机。但随着农民收入水平和消费水平的提高，其商品质量意识也在不断提高。农村居民选择连锁超市消费的最主要原因是其认为商品质量有保证，但由于因客流量少不能实现规模经济和总部集中化管理不力等因素，致使一些农村连锁超市在经营中出现一些不规范的行为，如销售过期的产品甚至经营假货。这些不诚信的行为影响了农村居民的消费热情，使连锁超市丧失了降低购买风险的优势，其结果必然是使顾客流失。流失的顾客中，一部分重回杂货店消费，另外一部分因质量意识强而转向进城消费。这就使得农村连锁超市陷入尴尬处境。

（四）经营成本高于成熟城市

表面上看，在农村市场开店成本较低：农村地区店铺的建设或门面租金都很低；农村的人力成本也大大的低于城市。但由于地理位置偏远和分散，以及长期经济发展滞后等因素，使得发展超市连锁网络必须在物流、渠道建设等方面投入大量的资金，这就造成在农村市场的经营成本实际上要高于城市市场。另外，农村连锁超市的销售额一直较低，无法实现规模配送，经营成本自然提高。调查发现，农村超市商品的价格普遍高于其周边城市。因此，对价格比较敏感的农村居民更不愿意进入超市消费，这样就形成恶性循环，这是连锁超市难以在农村地区扩张的重要原因。

（五）业态选择失当

业态的选择要因地制宜。由于农村小城居民消费地域性较强，往往不像大中城市消费那样有许多共性，所以在大中城市经营得很成功的业态，复制到农村小城就不一定成功。如上海一家很有实力的连锁超市在安徽等地发展地、县级超市时，开的都是800～1000平方米的中型超市，由于不切合实际，经营普遍陷入困境。

（六）照搬城市营销模式

在营销策略上生搬硬套以前经验的情况时有发生。如武汉某连锁百货在进入湖北的二级市场黄冈时就有过教训。新店开业促销时，其套用在武汉用得很成功的方式：在当地报纸上刊登广告，言明居民剪下报纸的广告就可以到百货商场的门口免费领取可口可乐。没想到，开业当天门庭冷落。营销人员后来才发现，原来黄冈人没有形成经常订报和读报的习惯，因此，开业消息没有传递到居民中间。找到失败症结后，营销人员改用DM传播方式，很快就使黄冈店的生意好起来。

农村市场进入难，坚持更难。从前几年大型连锁企业开设的乡镇级超市来看，虽然耗费了大量资源，但目前仍处于艰难维持的境地。大企业的连锁门店面对当地小店，缺乏足够的优势。归纳来说，商品优化、组织优化、物流优化是三个主要内部问题，而外部问题中，增值税税制也是制约连锁门店发展的主要因素之一。

五、中小城镇发展零售连锁经营问题的对策探讨

（一）坚定不移地开发中小城镇市场

在过去较长的一段时间里，中国的一些经济政策过多地重视数字增长而忽略了民生保障，许多普通劳动者为中国经济增长贡献良多，但并未完全享受到经济成长的结果。这种经济发展模式使得中国经济结构严重失衡，表现为一方面内需持续萎缩，另一方面又对拉动投资和外需市场过度依赖。当前中国消费市场还处于启动阶段，特别是亟待开发的、潜力巨大的中小城市及农村市场。因此，促进消费的政策，包括相关配套政策势必持续加强，现行刺激消费政策的大部分还将继续施行。此外，中国的经济发展模式也在从根本上进行调整和完善，因为只有让更多的中国人享受到国家经济增长的成果，他们才会对未来有更多的期待和信心，中国扩大内需的国策才能真正得以实行。

（二）引导农民改变消费习惯

引导农民改变消费习惯，首先要解决的问题是帮助农民树立提高生活品质的观念，具体来说，可以先从普及商品质量和安全知识入手，增强农村居民的质量意识，引导他们到产品质量有充分保证的连锁超市消费。这就要求连锁超市首先要提高产品和服务质量，并做到持之以恒，杜绝假冒伪劣商品进入零售连锁网络。

其次，可以通过开展农民可以接受的多种促销活动，如赠送礼品、免费体验等等，吸引更多的农村居民尝试着进入超市消费，逐步改变原有消费观念和消费习惯。

再次，合理利用当地资源，通过扩大“超市+农户”、“超市+协会”等新模式，使当地的农副产品更快、更多地进入超市连锁体系，带动农业基地、农户与超市同步发展壮大，实现超市和农户的双赢。这一方面降低了超市的采购成本，一方面解决了农民卖农产品难的问题。增加了农民收入，才能刺激农民消费，从而带动当地经济的发展。这样既能培养超市的核心竞争力，又能得到当地政府和农民的支持，连锁超市才可以在农村深入人心。

（三）创新模式，实行本地化经营

在农村发展连锁超市不能把城市卖场“复制”到农村，而要根据不同地区的环境（地理环境及人文环境）设计不同的经营模式。

1. 要因地制宜地选择业态

业态与经营定位是相辅相成的。通常，经营者依据经营定位决定经营业态，而实际上，由于经营者的失误而造成业态选择的失当时有发生，使得业态的选择与定位不一致，而这必将导致经营失败。前面提到，上海一家很有实力的连锁超市在安徽等地发展地、县级超市时，开的都是800～1000平方米的中型超市，由于不切合实际，经营普遍陷入困境。而也有因地制宜正确选择业态而取得成功的例子：江苏“家世界”超市在一个消费水平低、人口比较少的小地方——三门县城开出2400平方米的大超市，就在小城引起轰动，生意出奇得好。这主要是因为在小县城开中小超市难以引人注意。同时，中小超市往往容易与当地的同等规模的单体超市同质化竞争，在政府、供应商、社区等关系不如当地单体店的情况下，难以显出大型连锁企业的品牌和规模优势。所以，在选址上，应首先到县城的中心商圈去开店，而且是开大店。因为小城镇的人口规模有限，不可能像大中城市那样可以再细分出几个商圈。小城镇的中心商圈一般是农村居民“赶集”的首选之地，可以最大限度地聚集农村的购买力。其次，小城镇的建设速度不像大城市那样快，新的购买力的形成和转移都比较慢，所以在城镇中心商圈以外的区域，尤其是城镇边缘，平时是没有什么客流的。

2. 设计符合当地需求的商品结构

在充分了解当地居民消费心理和消费水平的基础上，提供消费者真正需要的商品。与注重选择多样性和重视包装的城市消费者不同，农村消费者更喜欢简单、经济实用型的商品。其次，针对目前农民一般要进城选购电视机、服装等耐用消费品的现状，超市可以适当扩大经营范围，设立电器专卖区、服装专卖区。努力满足农民多样化的需求，实现连锁超市与农贸大集的差异化经营，减小竞争压力。在商品品类组合上，应针对农村小城顾客的购买力和消费习惯，努力做到：便宜商品多一些，而高档商品少一点；散装的商品多一些，精装商品少一点（据统计：在地、县级超市，散装商品的销售额占店面总销售额的10%～15%，特别是在北方地区，散装商品备受青睐）；小规格的商品多一些，大包装商品少一点（大包装商品在大城市销得快，在小县城就恰恰相反了）；民俗商品多一些，普通商品少一点。

3. 加强物流配送

对于连锁企业来说，物流配送是其核心竞争力之一，甚至可以视其为企业的第三利润源。对于连锁零售企业在农村小城镇发展而言，物流配送更是意义重大。连锁企业开在小城镇的店面由于地理位置相对偏远，一般地，因运输成本太高，厂家不愿意直接送货到农村分店，因此，连锁零售企业建立自己的配送中心依靠第三方物流来供货就成为必然。向物流要效益已经成为当今连锁零售企业必须遵从的原则。

4. 大力开发自有品牌商品

连锁零售企业应根据农村的消费特点与生产厂家合作，开发适合农村市场的多类PB商品。PB商品价格较低，质量有保证，兼有超市品牌的信誉，迎合了农村小城镇居民消费水平低的特点。在品牌认知度比较低的地方，PB商品会比一些全国性品牌商品更具竞争力。

连锁零售企业也应该充分利用网点广布农村地区的优势，开发禽蛋、肉食、水果、蔬菜等基地，将当地的土特产品按照产品标准化、规范化的要求开发自有品牌的生鲜食品。此举不但能够满足连锁企业在大中城市网点的生鲜卖场的供货需求，还能促进当地的农产品的产业化发展，增加了农民收入，使农村的居民的消费能力得到真正的提高，形成良性循环。

5. 加强对加盟商的培训与督导

连锁总部要对加盟商进行到位的培训，培训的内容以提高单店经营能力和公司的品牌经营理念为主。受农村加盟商的生活环境和受教育程度的影响，对加盟商的培训应有计划、有步骤、分阶段地长期进行。培训的方式可根据实际情况多样化地进行，公司应派出人员在新开加盟店里进行经营指导。

同时，连锁总部还应该加强对农村加盟店的监督指导，由专门机构定制度、设专人对加盟店实施分区划片督导。总部应采取措施对加盟店的经营管理进行全方位的监控。

6. 扩张方式要多样化

在农村发展连锁经营时，在采取直营连锁、加盟连锁之外，还可以采取并购、参股及联合当地的商业企业等多种方式。利用农村原有的供销社网络系统就是个多快好省的方式。首先，供销社曾经是农村地区最有影响力的零售商，有广泛的群众基础。其次，供销社网络系统本身就具有连锁性质，具备统一采购、统一配送的某些特征。

如上海华联与台州供销社合作，利用供销社原有的经营网络，迅速低成本地扩张。江苏苏果超市、浙江绍兴的超市都与供销社系统合作发展加盟连锁店，迅速壮大了连锁网络。温州等地还尝试采用合资和租赁的方式利用原有网点建店，已初见成效。

开拓农村市场还有简单可行的办法，那就是“大篷车下乡”，这也可称作流动的店铺。今后，如能在农村超市中发展目录售销，将电子流通、目录销售、特许加盟等营销模式组合起来或许可形成突破。

六、中小城镇发展零售连锁经营的趋势展望

未来20年，我国的城镇化建设仍处于快速发展阶段。在城市化进程推动下，无论从短期还是长期来看消费需求增长均有保证。稳健持久的消费增长将是较长时间内中国消费市场的主要格局。

农村是个黄金市场，扩大国内需求，最大的潜力在农村。目前，农村消费已经进入快速增长阶段，农村消费品零售总额由1994年的9235亿元增长到2004年1.98万亿元，登

上1万亿元增量台阶。2004—2007年，农村社会消费品零售总额年均增长率达13%，明显高于1994—2004年8%的水平。不仅如此，我国农村居民恩格尔系数（食品支出在家庭消费中的比重）于2000年下降至49.1%（城镇居民为39.4%），家庭人均纯收入于2004年达到2936元。有关研究表明，在现有条件下，农民人均纯收入超过3000元、恩格尔系数下降至50%以下，农村消费就将进入快速增长期。与目前欧美发达国家恩格尔系数只有8%左右相比，我国城市和农村恩格尔系数下降有着很大的空间。2008年我国农村居民恩格尔系数为43.7%（城镇居民37.9%），家庭人均纯收入达到4761元，农村居民恩格尔系数呈现急剧下降的趋势，并且伴随着农家子女义务教育、城镇就学、农村医疗、农民社保等更多惠农政策的实现（千百年来未曾实现），农民消费观念将彻底解放，进步了的农民群体将使农村消费全面提升。未来，农村居民恩格尔系数下降速率将高于城镇，并将在城镇居民消费趋向的引导下，大幅增加食品以外的如家具、健康、休闲、娱乐、旅游等方面的消费。

但是，我们也应正视未来农村消费市场的诸多问题，这也是我国经济发展中的深层次矛盾和根本性问题。一是与城市相比，农民收入增长缓慢，购买力水平仍然较低；二是农村社会保障机制、农民子女就学等问题未完全解决，农民消费预期不稳定，消费意愿不强；三是农村基础设施建设和市场管理滞后，与刺激农村消费的政策不相适应，影响农村消费环境和消费信心；四是农村流通方式和经营模式落后，部分农村地区的商业流通组织不健全，流通成本过高，商业经营能力弱小，不仅影响开拓农村市场，而且制约扩大农村消费。拉动农村消费，不仅是商家的事，同样牵连到社会和政府。

未来，大型连锁零售企业在进军中小城镇及农村市场时应着重几种能力的提升。

第一，创新能力。我们的生活环境是在不断变化着的，因此，市场环境也是在不断变化着的。经营者要应对市场的变化，就要不断创新。未来20年内，内资、外资零售企业将在一个混合、开放、互动的市场环境中竞争与发展，这将会是一个全新的市场空间。在这个空间中，最值得关注的并不是竞争格局的变化，而是来自消费者的更大的挑战。未来的营销创新将是基于责任的营销，基于长远战略的营销，基于核心竞争力的营销，其本质是重塑零售价值。未来创新能力的提升应该主要体现在对消费者的深度尊重、关注与研究上，不仅仅是帮助消费者采购到适销对路的商品，还需要为不同的消费群体提供适于新的生活方式的解决方案。

第二，控制能力。控制力是中国零售企业领导者领导能力的重要表现。今天，大型零售企业的领导者一般都具有较强的控制力，市场的风云变幻、企业的坎坷发展、供需关系的博弈造就了企业领导者的控制能力。过去20年，这种控制能力主要体现在其对企业发展方向的控制，对运营成本的控制，以及对企业人员执行力的控制上。今天，经济的快速发展像是把企业卷进了旋风中，在强大的外力作用下，企业领导者往往不能自持。从发展来看，企业领导者最重要的不是控制企业、控制他人的能力，而是控制自己的能力以及控制诱惑的能力。

第三，影响能力。影响能力的表现有三个方面：其一，品牌影响力。在消费者面前，企业的竞争就是品牌的竞争。连锁企业经营的核心产品就是品牌。其二，企业文化的影响力。企业文化的影响力对内影响本企业员工，对外影响终端消费者和合作者。企业文化影响着消费者对品牌的认知。其三，领导者的影响力。领导者的影响力不是仅仅表现为个人的威信，那样的话，其仍然是一种控制力。领导者的影响力是通过培育自己的人格魅力，把个人影响力转变为团队影响力，继而转化为团队执行力。领导者的影响力是企业领导者思想的延伸、传播与升华。

第四，资本运作能力。从投资因素来分析，内资零售在经历了快速发展时期以后，进入了“由快变慢，调整发展”的时期，表现为新开门店数量减少，关店数量增加。由于竞争加剧，顾客分流，很多零售企业的销售增加来自于新开门店的销售利润，当新店开发力度减弱以后，销售额的下降成为必然。我国农村市场的发展潜力很大，连锁零售企业的持续发展还是需要投资的拉动，否则很难推动零售连锁在中小城镇的大发展。而未来的投入规模与以往相比完全不在一个能量级上，因此，光靠自我积累是远远不够的。未来零售连锁企业在农村市场的发展势必寻求与资本市场的紧密结合。

（国际注册管理咨询师 CMC　崔霖　　中国连锁经营协会　李建中）

2009 年中国零售连锁企业资本运营状况分析报告

与 2008 年国内连锁企业资本运营呈现“波澜起伏”的状况相比，2009 年国内零售连锁企业的资本运营状况可谓是“波澜壮阔”的一年。

在这一年，国内零售连锁企业的私募股权融资活动逆市前行：B2C 网上零售强势崛起，成为主流的融资热点；在 B2C 网上零售的融资潮中，服装服饰成为融资的热门行业；餐饮食品业仍红火。

国内零售连锁企业的 IPO（上市）事件激动人心：国内创业板十年磨一剑终于推出，众多连锁企业蜂拥而至；国内创业板、中小板和香港，成为国内零售连锁企业上市的三个主要地点；上市零售连锁企业的行业分布开始多样化；零售连锁企业“整合型发展”的上市路径开始走通。

国内零售连锁企业的兼并与收购活动精彩纷呈：超市、百货两个传统行业的并购潮仍然在持续；国内连锁龙头企业开始跨国并购和境外并购；跨国公司并购国内领先企业的潮流仍然在继续。

与 2007、2008 两年相比，上市公司的再融资热潮是 2009 年国内零售连锁企业资本运营的一大亮点。再融资事件主要发生在家电零售、酒店、百货超市和服装等行业；再融资的金融工具多种多样；定向增发新股将成为未来零售 - 连锁类上市公司再融资的主流方式。

一、私募股权融资

（一）B2C 网站涌动融资新浪潮，餐饮食品业仍红火

据不完全统计，2009 年国内零售连锁企业私募股权融资案例数量为 20 例（见表 1）。这与 2008 年 30 例的私募股权融资案例数量相比下跌幅度很大。

如果考虑到 2009 年中国仍然处于经济危机和复苏并存的阶段，VC/PE 投资机构由于对未来的经济走势不确定性的判断和已经投资项目受到冲击，纷纷放缓了投资速度，2009 年国内零售 - 连锁企业私募股权融资的状况与其他行业相比，还算不错的状况。

表 1　　**2009 年国内零售连锁企业私募融资案例一览表**

项目方/卖方	投资方/买方	投资金额	投资时间	行业或细分市场
服装服饰行业				
歌力思服装实业公司	凯雷投资集团	1.5 亿元人民币	2009 年 3 月 25 日	中高端时装
乐淘族	联创策源基金等	约 1000 万美元/ B 轮	2009 年 5 月	鞋类 B2C 网络零售
好乐买	红杉资本	1000 万美元	2009 年 12 月	B2C 电子商务鞋业零售商
Masa Maso（玛萨 玛索）	红杉资本	千万美元级	2009 年 12 月	服装 B2C 网络零售
兰缪网	未公布	500 万美元/三轮累计金额	2009 年	服装 B2C 网络零售
试衣网		2000 万人民币/第三轮	2009 年 9 月	服装 B2C 网络零售
广州流行美公司	联想投资	千万美元级	2009 年 9 月	美妆美饰行业
家电数码行业				
京东商城	老虎环球基金领投/C1 轮	7500 万美元	2009 年 12 月	IT 数码 B2C 网络零售
腾创科技	联想投资	千万元人民币级	2009 年 10 月	电脑渠道商
餐饮食品行业				
老娘舅餐饮连锁集团	复星集团旗下平耀公司	5600 万元人民币/B 轮	2009 年 3 月	中餐连锁
煌上煌食品股份公司	达晨创投	3600 万元人民币	2009 年 7 月	食品生产与销售
“盛记一品锅贴”	美亚投资控股有限公司	3000 万元人民币/A 轮	2009 年 1 月	餐饮
唇齿香浓餐饮集团	未公布	累计 3 亿元人民币	2009 年 4 月	餐饮
甘肃兰州牛肉拉面餐饮股份有限公司	兰州城乡建设发展投资中心与东方富海、高特佳等四家投资机构	未公布	2009 年 5 月	餐饮
地产行业				
万达商业地产有限公司	建银国际、华控产业基金等多家投资机构	累计 40 亿元人民币/两轮	2009 年初和 7 月	地产
教育行业				
东方爱婴	祥峰投资集团领投	数百万美元/B 轮	2009 年 10 月	0－3 岁早期教育
睿稚集团	德同资本、华威国际以及智基创投	共同注资 800 万美元	2009 年 8 月	3－6 岁早教教育
医疗健康行业				
慈铭健康体检	天图创投	5000 万元人民币	2009 年 12 月	医疗体检和健康管理
	香港某投资基金	数百万美元/A 轮	2009 年 12 月	医疗器械连锁
其他行业				
上好便利店	FDS 中国资本	未公布	2009 年 9 月	超市

说明：上表中的连锁企业包括有连锁销售终端的“产销一体化”企业。

（二）2009 年国内零售连锁企业私募股权融资特征

特征一：B2C 网上零售强势崛起，成为主流的融资热点

B2C 网上零售成为 2009 年国内零售－连锁企业私募股权融资最抢眼的融资热点。

这一年，B2C 网上零售的融资案例数量达到 6 例，融资金额达到 1.1 亿美元。IT 数码网上零售领先者京东商城获得了老虎环球基金领投的 C1 轮 7500 万美元资金；网上鞋业零售领先者好乐买、高端男装网站 Masa Maso（玛萨 玛索）分别获得了红杉资本千万美元级的风险投资；兰缪网、试衣网等网站陆续拿到了融资。

事实上，2009 年 B2C 网上零售企业融资的强势崛起，是 2008 年的延续。在 2008 年里，多渠道零售企业麦考林拿到了红杉资本 8000 万美元资金，服装网上零售企业 VANCL（凡客诚品）在一年里拿到了三轮风险投资。

目前，国内零售业的渠道发展呈现出多元化和融合的发展趋势，出现了麦考林、乐友等“多渠道零售企业”，这些企业通过“实体店＋网络零售＋目录销售＋电话销售”等多个渠道更好地服务自己的消费群体；另一方面，线上零售商同时在发展线下实体店，比如麦考林就是先有了网络零售渠道，然后又拓展出线下实体店；而传统的线下连锁巨头已经开始大力拓展线上零售，比如苏宁、国美等传统巨头近几年都在大力拓展网上零售业务。

国内 B2C 网上零售企业融资潮仍然在持续。根据 2009 年中国电子商务研究中心对 100 位电子商务企业 CEO 的调查，30% 以上的电子商务企业有融资需求。

特征二：在 B2C 网上零售的融资潮中，服装服饰成为融资的最新热门行业

在 2009 年 6 例 B2C 网上零售融资案例中，服装服饰行业占据了 5 例，乐淘族、好乐买、Masa Maso（玛萨 玛索）、兰缪网、试衣网陆续拿到了风险资金，该行业成为最热门的行业。这是因为，服装服饰支出在城市家庭总支出中是最大的类别之一，而且服装服饰传统线下供应链的低效、落后给网上零售留出了巨大的发展空间和商业机会。

据了解，一些在国内知名电子商务企业工作过的人已经选择了离职，另起炉灶，加入到服装服饰网上零售的创业行列。

特征三：餐饮食品业仍红火

2009 年国内餐饮食品零售连锁企业私募股权融资的案例数量和融资金额，都远远低于 2008 年。这一年的融资案例数为 5 例，大大低于 2008 年该行业 11 例的数量。

在 VC/PE 投资机构纷纷放缓投资速度的情况下，2009 年国内餐饮食品零售连锁企业的私募股权融资状况，与其他行业相比仍然红火，依然是 VC/PE 投资机构关注的行业之一。

这表明了 VC/PE 投资机构看好餐饮食品行业的抗周期性，餐饮连锁企业在经济低谷时期同样具有投资价值，同样是很好的投资标的。

二、IPO（上市）

（一）三地点成上市目标，行业分布琳琅满目

2009年国内有19家零售连锁企业在海内外证券市场IPO，上市公司数量是2008年7家的将近2.7倍。究其原因，2009年世界经济开始复苏，中国经济率先走出低谷，国外证券市场回暖，国内推出创业板，证券市场门槛降低，资本市场快速发展，多层次资本市场的建立和完善，顺应了中国经济和产业发展现状，见表2。

表2　　2009年国内零售－连锁企业IPO情况一览表

公司简称	上市时间	上市地点	融资额度	行业或细分市场
爱尔眼科	2009年10月30日	深交所创业板	9.38亿元人民币	专科医院
吉峰农机	2009年10月30日	深交所创业板	9.38亿元人民币	农业生产资料
探路者	2009年10月30日	深交所创业板	3.37亿元人民币	户外休闲用品
服装、纺织品				
361度	2009年6月30日	香港	20亿港元	运动服装
匹克体育	2009年9月29日	香港	17.2亿港元	运动服装
星期六	2009年9月3日	深交所中小板	9.9亿元人民币	鞋类
罗莱家纺	2009年9月10日	深交所中小板	9.5亿元人民币	纺织品
富安娜	2009年12月30日	深交所中小板	7.8亿元人民币	纺织品
地产业				
宝龙地产	2009年10月14日	香港	21.756亿港元	连锁商业地产
世联地产	2009年8月28日	深交所中小板	6.3亿元人民币	房地产服务
IT数码业				
宏图三胞	2009年1月	上海证交所（注1）		电脑与电子产品零售
乐语中国	2009年12月17日	美国纳斯达克	2，170万美元	手机零售及分销
百货超市业				
巴黎春天百货	2009年12月15日	香港	29.3亿港元	百货
家润多	2009年7月17日	深交所中小板	9.79亿元人民币	日用百货零售业
酒店业				
7天连锁酒店集团	2009年11月20日	纽交所	1.111亿美元	酒店
富驿酒店集团	2009年12月30日	中国台湾（注2）	未获得	精品时尚酒店

续表

公司简称	上市时间	上市地点	融资额度	行业或细分市场
餐饮业				
湘鄂情	2009 年 11 月 11 日	深交所中小板	9.4 亿元人民币	连锁餐饮
其他行业				
齐心文具	2009 年 10 月 21 日	深交所中小板	6.24 亿元	办公服务与用品
谭木匠	2009 年 12 月 27 日	香港	1.395 亿港元	木制工艺礼品

说明：上表中的连锁企业包括有连锁销售终端的“产销一体化”企业。

注 1：宏图高科已于 2009 年 1 月采取定向增发的方式成功向三胞集团等 9 家特定投资者发行了 12500 万股股份，使得宏图三胞成为宏图高科的全资子公司，成功实现了宏图三胞的整体上市。

注 2：富驿酒店集团 2009 年 12 月 30 日向台湾柜台买卖中心递交上兴柜申请材料，并于 2010 年 1 月 14 日正式在兴柜挂牌，股票代码是 2724，股票简称是“KY 富驿”。

（二）2009 年国内零售 – 连锁企业在海内外市场 IPO 事件的四个特征

特征一：国内创业板终于推出，众多连锁企业蜂拥而至

在 2009 年国内首批登陆创业板的 28 家企业中，有爱尔眼科、吉峰农机和探路者 3 家零售连锁企业。这让国内众多期望上市的零售 – 连锁企业欢欣鼓舞，纷纷把国内创业板作为上市的目标之选。

在坊间流传的创业板企业“两高六新”（高成长、高科技，新经济、新服务、新能源、新材料、新农村、新模式）的标准中，连锁业态实际上占据了“六新”中的“新服务、新模式”。

深圳证券交易所副总经理陈鸿桥博士高度看好连锁业态，他在两年前曾说：“‘中国服务’将与‘中国制造’并驾齐驱，中国将成为世界上最大的服务业大国。商业连锁已经成为现代服务业主流，并将成为‘中国服务’最具含金量的价值所在，也对中国企业全面提升以精细化、标准化、数量化为核心的科学管理基本功提出了相当高的要求。国内创业板特别关注连锁类业态”。

特征二：国内创业板、中小板和香港成为国内零售 – 连锁企业上市的三个主要地点

2009 年国内有 19 家零售连锁企业在海内外 IPO，其中在国内创业板上市企业有 3 家，在国内中小板上市企业有 7 家，在香港上市企业有 5 家，美国纽交所、纳斯达克、上海证交所和中国台湾各 1 家。无可争议，国内创业板、中小板和香港成为国内零售连锁企业上市的三个主要地点。

这个统计结果和事实给国内计划上市的零售连锁企业指出了上市方向。

特征三：上市零售 – 连锁企业的行业分布开始多样化

2009 年国内零售 – 连锁企业海内外 IPO 的所在行业，百货、超市行业再不是“主力军”了，成了点缀，而服装、纺织品、地产、IT 数码、餐饮、酒店、专科医院、农机零售、工艺礼品、文具等行业分别出现了 1 – 3 家上市公司，行业分布真可谓琳琅满目。这表明，国内很多行业在经历过“连锁化”阶段之后，开始进入了“资本化”阶段，不同

行业的“资本化”程度在加深、“资本化”水平在提高。

谭木匠、齐心文具和此前味千拉面的上市，激发了人们的无限想像，消除了人们对上市的神秘感和距离感——是啊，一把木梳、一盒文具、一碗拉面都上市了，只要公司成长性足够，还有什么连锁业态不能上市的！

特征四：零售 - 连锁企业“整合型发展”的上市路径开始走通

众所周知，国内的零售连锁企业数量多、规模小，很多行业没有绝对的领先者，第一阵营企业不是非常明显。这直接导致了资本难以介入，依靠一家企业独立发展然后去上市不太容易做。还有一种情况：国内有些行业第一阵营的 1 - 2 家企业已经上市，但第二阵营中每家企业距离第一阵营企业都非常远，第二阵营中的企业又想快速发展，想上市，于是想出了“整合型发展”、“外生式发展”的上市路径。

很多行业的业内人士做过“整合型发展”的上市尝试，比如运动服装业的中国领跑体育股份公司（英文名 USG Sports，下称领跑），就是由国内的深圳龙浩、四川劲浪、浙江锐力、沈阳鹏达共四家体育用品公司在 2007 年 8 月联手组建的。它们的目标是联合起来去上市，借资本市场对抗同业的百丽、宝元两大巨头。然而，正当三足鼎立格局清晰地呈现在运动服装市场上时，一年之后的 2008 年 10 月，媒体却爆出“因风投公司资金不到位，领跑体育股份公司已正式宣布解散”的消息。

国内领先的手机零售商之一——乐语中国 2009 年年底在美国的上市，表明“整合型发展”的上市路径已经走通了。

乐语中国从 2003 年代理三星手机起步，2007 年年底引入战略投资者进入手机零售领域，先后并购了河北国讯、河南新亚、云南百老汇、湖南飞鸿、江苏冠芝霖、内蒙中域时代、上海协亨等七家区域性零售连锁企业，快速形成了全国性零售连锁网络并对并购后的零售业务体系进行了一系列的资源整合，搭建了集中管理的零售业务平台。通过统一采购、门店调整和新开门店，乐语加快了业务拓展和扩张的步伐；通过快速搭建统一的财务管理、人力资源管理和信息系统管理平台，乐语形成了能够持续满足业务发展需求的保障机制。截至 2009 年年底，乐语中国拥有手机零售门店近 500 家，覆盖 16 个省份、80 个城市，成为国内领先的专业通讯零售连锁企业，手机销量和门店面积均位列专业通讯零售连锁首位。由于“整合型上市”是一种创新的运作模式，上市的成功概率极低，“乐语模式”才具有了榜样价值。

“整合型发展”的上市路径是国内相当一部分零售连锁企业的现实选择。比如“兰州拉面”、“成都小吃”、“河南烩面”，等等。

据投资业内资讯，兰州牛肉面股份公司已经在 2009 年正式成立，这家股份公司由兰州城乡建设发展投资中心、深圳东方富海投资管理公司、深圳市高特佳投资集团有限公司、深交所四家风险投资机构在兰州共同发起设立，计划首先从兰州当地牛肉面店铺中筛选出 50 家店铺，通过详细具体的合作方案整合进股份公司，提升经营水平和店面形象，在条件成熟的时候在国内创业板上市，从而借资本之力做大做强兰州牛肉面。

三、上市公司再融资

（一）四行业是热门领域，定向增发渐成主流

上市公司的再融资热潮，是2009年国内零售-连锁企业资本运营的一大亮点。

据不完全统计，2009年国内共有9家零售连锁类上市公司实施了再融资行为，融资总额折合人民币高达140.8亿元（82.42亿港元+46.765亿元人民币+3.31亿美元，按照2010年2月17日汇率换算）；每家企业每次平均融资金额约15.6亿元人民币，见表3。

表3　**2009年国内零售-连锁业上市公司再融资案例一览表**

公司简称	融资时间	融资方式	融资金额	行业或细分市场
家电零售业				
国美电器	2009年6月6日	增发新股、可转债	32亿港元	电器零售
国美电器	2009年7月13日	向所有股东公开发售股份	14.67亿港元	电器零售
苏宁电器	2009年12月28日	定向增发新股	30.55亿元人民币	电器零售
酒店业				
如家酒店集团	2009年5月7日	向携程定向发行普通股	5000万美元	经济型酒店
百货超市业				
人和商业控股	2009年7月16日	配股	35.75亿港元	地下商场连锁
物美商业	2009年8月12日	私募股权融资	约2亿美元	超市业
王府井	2009年10月11日	发行可转换债券	8.21亿元人民币	百货业
服装业				
报喜鸟	2009年12月8日	公开增发新股	8亿元人民币	服装业
达芙妮	2009年5月25日	无担保可换股债券，来自美国德太（TPG Capital）	5.5亿元（约8100万美元）	鞋业

说明：上表中的连锁企业包括有连锁销售终端的“产销一体化”企业。

（二）2009年国内零售-连锁类上市公司的再融资行动的三个特征

特征一：再融资事件主要发生在家电零售、酒店、百货超市和服装等行业

根据上表统计发现，2009年国内零售连锁类上市公司的再融资事件主要发生在家电零售、酒店、百货超市和服装等行业，这表明国内这些行业的市场竞争在进一步加剧，对资金的需求在继续大幅增加。最近1~3年内，酒店、百货超市和服装、纺织品等行业的领先公司纷纷在国内外上市，同样是这些行业市场竞争加剧的征兆和反映。

除了通过银行进行间接融资之外，这些行业的上市公司纷纷通过证券市场作为主要融

资渠道。毕竟，直接融资的融资范围、融资金额、融资成本和财务负担，都比间接融资具有优势。

特征二：再融资的金融工具多种多样

研究发现，2009 年国内零售连锁类上市公司再融资的金融工具多种多样，既有在公开市场上的融资手段，比如配股、发行可转换债券、公开增发新股和定向增发新股；同时又有在私募市场上的融资手段，比如物美商业在私募股权市场上从 TPG（美国德克萨斯州太平洋投资集团）、弘毅投资及联想控股等投资团引入共约 2 亿美元的战略性投资（占投资后总股本的 10.9%）。一家在国际金融中心 - 香港上市的企业，没有从公开的证券市场进行再融资，而是从私募股权市场上再融资，物美商业的再融资举动耐人寻味，值得深入探究。

特征三：定向增发新股将成为未来零售连锁类上市公司再融资的主流方式

苏宁电器于 2009 年 12 月 28 日通过第三次定向增发，从大股东、机构投资者、境外机构投资者手中募资 30.55 亿元人民币，成为这一年国内零售连锁类上市公司最大的一笔再融资事件。

分析发现，苏宁电器的前两次再融资事件同样成功：2006 年 6 月 21 日第一次向机构投资者增发 2500 万股，发行价 48 元，募资 12 亿元人民币；2008 年 5 月 22 日第二次向机构投资者增发 5400 万股，发行价 45 元，募资 24.3 亿元人民币。苏宁电器在证券市场上的三次再融资，都是通过定向增发新股的方式实现的。苏宁电器从股市募资 4 次共 70.93 亿元（包括首次公开上市融资 4.08 亿元人民币），其中 66.85 亿元人民币都是通过定向增发新股募集得来的。

可以判断，苏宁电器对定向增发新股这一金融工具理解之深入、运用之成熟，已经达到炉火纯青的水平。苏宁电器的再融资路线代表了一个方向：定向增发新股是包括零售连锁类在内的中国上市公司最佳的股权再融资方式。

通过对配股、公开增发新股、定向增发新股等融资政策的比较发现，定向增发新股的融资标准比较低，有利于解决新股发行中的信息不对称问题，因此中国上市公司在选择股权再融资的具体方式时，首先选择定向增发新股，其次选择公开增发新股，最后才选择配股。在面临定向增发新股与发行可转换公司债券的融资方式选择时，中国上市公司更愿意选择定向增发新股的融资方式，而不是发行可转换债券融资。

同时，上市公司向关联投资者定向增发新股的宣告效应要好于向非关联投资者定向增发新股的宣告效应。在信息不对称的情况下，关联投资者比非关联投资者有着更高级别的信息优势，如果关联投资者愿意参与认购上市公司发行的新股，说明上市公司具有盈利可靠的好项目或公司的未来具有成长性，这个信息向证券市场传递了一个更高级别的信号。

值得注意的是，定向增发新股的折扣率越低，投资者获得的超额累积收益率越高。这是因为，在信息不对称的情况下，当机构投资者愿意以更低的发行折扣率认购公司定向增发新股所发行的股份时，表明发行公司有好的投资项目或前景，这也给证券市场传递了一个积极的信号。因此，更低发行折扣率的定向增发新股有着更高的宣告效应。反之，更高发行折扣率的定向增发新股有着更低的宣告效应。

定向增发新股的发行对象是影响中国上市公司定向增发新股折扣率高低的重要因素。一般而言，向控股股东及关联投资者定向增发新股的折扣率要低于向非控股股东及关联投资者定向增发新股的折扣率。

四、兼并与收购

（一）两传统行业并购高潮持续，境外并购浪潮来临

据统计，2009年国内零售－连锁企业发生的主要兼并与收购事件为29例，这个案例数量与2008年连锁企业并购案例数量基本相当，见表4。

表4　　2009年国内零售－连锁企业兼并与收购事件一览表

交易时间	交易双方	并购交易情况
超市行业（12例）		
2009年6月	联华超市和华联超市	前者以总代价约4.92亿元人民币收购后者华联超市全部股权
2009年7月	华西希望集团旗下的美好家园和云南民升商贸	前者把后者并入旗下
2009年9月	福建新华都和莆田市国货精品商贸有限公司	前者的控股子公司莆田万家惠购物广场以不超过人民币4301.39万元收购后者的4家门店
2009年	华润万家和无锡、西安、沈阳、深圳四地有影响力的零售企业	前者先后收购了无锡永安超市25家门店，同时展开对西安11家爱家超市的整合，9月又收购沈阳世纪联华2家门店，11月深圳民润100余家门店也进入华润万家门店改造阶段
2009年末	物美集团与正大集团	前者以净资产不超过2000万美元的价格，收购正大旗下业态易初莲花（卜蜂莲花）在天津的全部4间大卖场
2009年9月	物美超市与美廉美超市	前者以约7.99亿元人民币收购后者25%权益。收购完成后，后者成为前者全资子公司
2009年12月	北京华联综超与北京、河南两地超市	北京华联集团投资控股有限公司收购其全资子公司北京华联安贞购物中心、全资子公司河南华联商厦有限公司所属郑州二七广场店
2009年10月	乐天购物和时代零售	前者以48.7亿港元现金全盘接手时代零售全部已发行股份
2009年12月	北京泰沃德和美国购物中心	前者在美国威斯康辛州收购了一家建筑面积达8.2万平方米的超大型商业购物中心
百货行业（10例）		
2009年12月	重庆百货和新世纪百货	前者通过定向增发股份的方式购买后者新世纪百货100%股权
2009年4月	郑州正道花园百货和思达商业网络	前者以几乎零价格收购了思达商业网络100%股权
2009年2月	广百股份和广百电器	前者以总价837万元成功竞得后者49%股权后，前者持有后者100%股权
2009年9月	广百股份和广州新大新	前者花了1.84亿元，收购了广百集团所持新大新公司99%股权

续表

交易时间	交易双方	并购交易情况
2009 年 11 月	鄂武商和十堰人商	前者斥资 1.3 亿元全额收购十堰人商 100% 股权
2009 年 9 月	香港上市公司茂业国际和泰州第一百货	前者以 2.77 亿元人民币收购了后者 48% 股权转让及另外 533 位自然人总计 97.3% 的股权
2009 年 9 月	银座股份及山东省商业集团联合竞买石家庄东方城市广场有限公司	前者竞买后者 92.73% 的股权成功，总价款 9.25 亿元
2009 年 12 月	银泰百货与湖北仙桃供销	前者通过旗下全资子公司湖北银泰以 1.77 亿元的价格收购湖北仙桃供销 65.8% 的股权
2009 年 10 月	银泰百货（集团）和金华银泰	前者收购后者 40% 股权。收购完成后，金华银泰成为银泰集团的全资附属公司
2009 年 12 月	昆明百货与江苏百大	前者以 9，200.47 万元收购“江苏百大”25.47% 的股权，前者持有后者的股权增至 52.24%
家电行业（3 例）		
2009 年 2 月	百思买与五星电器	前者获得后者剩余股份，全资控股五星电器
2009 年 6 月	苏宁电器与日本零售商 Laox	前者收购后者 27.36% 股权后，苏宁电器成为这家日本零售商的最大股东
2009 年 12 月	苏宁电器与香港镭射	前者通过在香港设立的全资子公司收购镭射，支付对价 3500 万港元
餐饮行业（2 例）		
2009 年 3 月	百胜餐饮集团和小肥羊	前者出价 4.91 亿港元收购小肥羊 20% 股权。交易完成后，百胜成为小肥羊第二大股东
2009 年 10 月	百胜餐饮集团和小肥羊	前者增持后者 7.3% 权益后，持股量将由 20% 增至 27.3%，与第一大股东只有一步之遥
酒店行业（1 例）		
2009 年 12 月	锦江酒店和美国州际集团	前者以 3 亿多美元合并后者
医疗健康行业（2 例）		
2009 年 7 月	海王星辰与北京泽运行汤药店、温州人人好连锁药店	前者收购了北京泽运行汤的 5 家药店，收购了温州人人好公司在温州原有的 8 个药店
其他行业（1 例）		
2009 年 4 月	美国奢侈品牌 Coach 和中国零售业务	前者已完成对俊思集团中国零售业务的第二阶段收购，Coach 得以直接运营公司在中国地区的业务

说明：上表中的连锁企业包括有连锁销售终端的“产销一体化”企业。

（二）2009 年国内零售－连锁企业兼并与收购三个基本特征

特征一：超市、百货两个传统行业的并购潮仍然在持续

2009 年国内零售连锁企业发生的主要兼并与收购事件中，超市行业 12 例，百货行业，超过 10 例。

在超市、百货两个竞争激烈的行业，并购仍然是 2009 年行业领导者的既定战略之一。在这两个行业，主要是全国性连锁龙头区域并购区域企业，以及区域连锁龙头企业并购其他企业。同时，国内零售连锁企业之间的跨区域并购也在发生。

特征二：国内连锁龙头企业开始跨国并购和境外并购

国内连锁龙头企业迈开了资本国际化的步伐，是 2009 年国内零售连锁企业资本运营的一大亮点。

国内家电零售龙头企业苏宁电器 2009 年在日本和香港进行了共两次跨国并购、境外并购；国内连锁酒店业的龙头企业锦江酒店以 3 亿多美元合并了美国州际集团；一家在公众眼中并不闻名的北京泰沃德公司收购了美国一家建筑面积达 8.2 万平方米的超大型商业购物中心。

在中国经济崛起的大时局下，这些事件是经济、资本实力日益雄厚的中国企业“收购美国”、“收购日本”在零售连锁领域的反映，是把美国、日本等发达国家的部分优势产业转移到中国、提升中国企业全球竞争力的具体路径。

特征三：跨国公司并购国内领先企业的潮流仍然在继续

跨国公司、世界餐饮巨头百胜餐饮集团收购小肥羊的两次行动，并成为距第一大股东只有一步之遥的第二大股东，是 2009 年国内零售连锁企业中具有里程碑意义的一件大事。这标志着中国餐饮连锁企业的综合实力已经得到世界餐饮巨头的实质性认可，标志着国内很多传统行业企业的整体市场竞争力会得到更多跨国公司的实质性认可。

必须承认，包括零售连锁企业在内的中国领先企业，在规模、技术、管理、品牌和资本等方面的综合实力与世界领先企业还有不小的差距。但是，从长远来看，国内领先企业尤其是民营企业的归宿有两个，一个是独立发展、成为世界级的企业，另外一个是加入世界级企业、成为世界级企业中国市场的主力军，与世界级企业一起成长、共同发展。

（王方剑）

第四部分　地方篇

2009年北京市连锁经营发展状况

2009年是北京市商务工作的政策年、服务年和创新年。这一年，北京市商业服务业从增加值到税收等各个方面都对首都经济作出了重要贡献，体现了市委市政府的正确领导和首都商务工作者的辛苦努力。2010年，北京市要从北京的实际出发，着眼于世界城市建设的要求，积极谋划和加快推进首都商务的各项事业，做好2010年首都商务的各项工作。

一、2009年商务工作回顾

2009年是进入新世纪以来商务发展最艰难的一年。在市委、市政府的坚强领导下，商务部门围绕全市工作大局，以前所未有的干劲，超常的工作措施，积极应对国际金融危机，扩消费、促引资、保出口，有力拉动了全市经济增长；围绕服务建国60周年庆典，保供应、保稳定、促民生，精心组织，圆满完成了各项任务。

（一）攻坚克难应对危机，创新提升力保增长

1. 社会消费品零售额再次位居全国各城市之首

社会消费品零售额在高位基础上增长15.7%，突破5000亿大关，达5309.9亿元。被《福布斯》列为世界第15大“购物之都”、第8大“美食之都”。

政府出面，搭建平台，提振消费信心。提早下手，谋划全年促销活动，做到全年有安排、每季有策划、月月有活动。围绕节日、汽车、餐饮、农村四个重点领域，利用各种资源，开展主题促销活动。市、区商务部门直接组织购物季、点击消费、刷卡消费、特色街消费节、北京国际美食盛典等近50余项大型促销活动，全力营造消费氛围，有力拉动全市消费增长。14个区县社会消费品零售额增幅达到或超过年初预定目标，其中昌平区增幅居全市之首，达26.3%。继朝阳区2008年成为首个超过千亿元的消费大区后，2009年海淀区也跨入千亿元行列。率先开展内外贸对接。全年举办“外贸大集”6期，超过350家外贸企业参加，接洽商家约1500家次，80%的外贸企业找到国内商业合作伙伴，带动了周边商业、餐饮业的繁荣。商务部陈德铭部长称赞这是“统筹国内外两个市场的创新之举”。

聚焦品牌，强化特色，带动消费升级。引进国际知名品牌，丰富北京市场。在全年新引进零售外资店铺中，品牌专卖店占66.8%，达223家。2009年，在全球280家世界一流零售商中，已有101家入驻北京，零售业开放程度居内地之首；围绕前门大栅栏等特色商业街、蓝色港湾等时尚商业区，推动商业与旅游、文化结合，重点拉动特色消费、外来消费。市、区联手，精心培育的商业特色街——南锣鼓巷，被《时代》周刊评选为2009

年亚洲25处必去之地；首次组织北京“老字号”奥运城市巡展。开通“老字号”网店，99家品牌“老字号”实现网购。发行“京城老字号”信用卡，扩大影响，吸引年轻人消费。16家“老字号”新开连锁门店254家，超过历年累计门店的十分之一。重点监测的20家“老字号”零售额增长16%，高于全市平均增幅。为期3个月的拍卖季成交额突破百亿，达104亿元，增长147.6%。三个区举办汽车消费节，丰台销售34亿元。宣武区菜百首饰销售达45亿元，位居全国单店第一。

率先启动，创新服务，落实消费政策。在全国推广的各省市中，北京第一家启动“家电下乡”，第一家启动现场补贴。平谷在国家补贴13%的基础上，对电脑加补7%。全市共设立“家电下乡”销售网点697个，销售家电17.3万台，发放补贴3238.5万元，带动销售3.4亿元。家电“以旧换新”工作实现送新收旧一条龙服务，销售新家电42.1万台，销售额16.7亿元；回收旧家电49万台，收旧大于售新近7万台。

落实小排量汽车购置税优惠和“汽车下乡”等政策，拉动汽车消费。全市共销售机动车114.8万辆，增长30.8%；汽车、摩托车下乡销售额超过10亿元，其中顺义等四个区销售额均超过1亿元。

2. 利用外资逆势中保持“双增长”

全年实际利用外资增长0.6%，达61.2亿美元；合同外资增长1.6%，达83.2亿美元，增速高于全国平均水平。

强化政策措施，凸显总部优势。及时修订鼓励跨国公司在京设立地区总部政策。全年新认定跨国公司地区总部22家，超过历年累计认定总量的三分之一。朝阳区率先出台外资总部配套措施。26家在京企业进入世界500强后，北京跃居第3大500强全球总部之都。

提供个性化服务，实现引资突破。多方协调，外资参与土地转让实现突破，宜家成为全市首个通过招、拍、挂取得土地使用权的外国公司，促进了资本聚集；积极申报，外资生产经营资质实现突破，艾科泰公司获卫星电视接收设备生产资格、通用医疗公司获再制造资格，促进了产能聚集。

拓宽引资渠道，推进项目落地。与国际知名咨询公司等建立战略合作关系，借助其全球客户网络资源开展“以商招商”；市、区联动，组织大兴生物医药基地、CBD等，分别对美、日生物医药、跨国公司地区总部和节能产业，开展小规模、专业化、定向招商；将“出口推销、进口采购、招商选资”有机结合，组织工业园区和机构参加境外专业展会，德国商会在汉诺威信息及通信技术博览会与中关村电子城洽谈后，组织企业专程到园区考察投资；梳理外资大项目103个，设立“在批在谈大项目库”，对列入推进范围的大项目实行动态跟踪、全程服务，共有47个项目、28亿美元落地。

3. 对外贸易成功实现位次不退、份额不减

全市进出口2147.6亿美元，在国际金融危机背景下，创历史第二高点，在各省市中继续保持第4位。自2009年6月起，月度出口环比连续正增长；全年出口483.6亿美元，占全国比重提高0.1个百分点；机电产品占全市出口比重提高5.2个百分点，达63.7%。首都机场客运吞吐量6534万人次，增长16.8%；货邮运量146万吨，增长7.2%；成为全球第3大航空港，比2008年排名跃升5位。对外承包工程带动出口占10.1%，成为力保国际市场份额的新支点。

多部门协作合力支持出口。市政府与海关总署、中国出口信用保险公司分别签署合作备忘录，共促出口。北京海关、北京出入境检验检疫局、北京外汇管理局分别推出10项、12项、15项措施，力保出口。北京市国税局进一步优化出口退税审核流程，出口退（免）税审核时限缩短十天。与保险、金融机构合作，出口信用保险支持出口48亿美元，增长75%；企业保单融资6041万美元，增长近一倍。亦庄开发区强化服务，为区内企业出口提供多方便利。

不断拓展外贸发展空间。首次组织企业参加沙特建材展、贝宁商品展，开拓中东、非洲市场。参加国际专业展会数比上年增加54%，带动252家企业产品出口；举办第二届中国国际服务贸易大会，达成合作意向500余项，涉及金额15.4亿元。服务贸易结汇额首次超过货物贸易结汇额，凸显首都服务贸易优势；出台服务外包政策，支持企业扩大承接外包业务。全年服务外包协议额19.8亿美元，增长256%；执行额11.8亿美元，增长87.2%；离岸业务执行额10.5亿美元，增长93.5%。加快服务外包示范区建设。海淀区、昌平区率先出台示范区配套措施；北京天竺综合保税区一期围网通过了国家验收，“服务管理办法”起草工作顺利推进。

积极应对贸易壁垒。面对涉及我市贸易摩擦案件金额大幅上升态势，商务部门主动服务，帮助企业维护合法权益。应诉印度彩色显像管案首次获得市场经济地位待遇；有机硅反倾销申诉案终裁获胜。

4. 推动“走出去”快速发展

修订境外投资管理办法，核准境外企业（机构）140家，增长36%；其中民营企业占七成以上。出台北京市防范和应急处置境外劳务事件办法，并在投资项目咨询、保函担保等方面，支持企业开展跨国经营。全年新签一千万美元以上承包工程项目34个。对外承包工程和劳务合作完成营业额突破22.7亿美元，派出各类劳务人员突破1万人，均创历史新高，“走出去”步伐进一步加快。

（二）统筹发展促进民生，服务国庆彰显成效

1. 首都市场实现安全稳定

多措并举保障生活必需品市场稳定。加强市场监测，监测范围涵盖12大类71种生活必需品，提高市场调控的预警能力。增加应急储备，增加肉类、鸡蛋、小包装粮油等储备量，新增清真熟食等储备品种，试行储备蔬菜轮换机制，确保应急货源储备及时到位。密云等商务部门粮食清仓查库工作荣获北京市优秀组织奖。梳理投放渠道，完善城八区应急供应体系，确保236个应急投放网点企业责任到位。有效防止了雨雪低温等异常天气导致的市场波动，首都生活必需品市场供应总体稳定。

严防死守保持商务领域安全有序。认真落实安全、促销管理规定，规模以上零售和餐饮经营单位的安全生产、市场秩序执法检查达到100%。3000平方米以上商场开业前的执法检查达100%。全年共出动商务执法检查人员2.5万人次，检查1.2万家次，整改问题和隐患8000多起，工作力度超过奥运之年。国庆前后，市、区商务部门围绕安全生产、假日促销等工作，展开拉网式检查，对重点地区、重点单位、重点环节严密盯防，确保了商务领域安全稳定。大兴区实现商业、餐饮业安全监管的网格化、全覆盖，区商务部门被评为北京市国庆安保工作先进集体。

加大力度强化肉、盐、酒类商品安全监管。规范生猪定点屠宰企业行为，对猪肉无害化处理过程实施远程监控，推进“放心肉”服务体系建设试点。换发食盐批发新版许可证，加大监管力度，确保合格碘盐供应。怀柔区碘盐覆盖率、碘盐合格率等指标居全市前列。酒类备案登记和随附单使用等行业管理工作进一步加强，宣武、东城等区加大宣传力度，创新工作方法，酒类流通管理工作取得明显成效。

2. 城乡商业实现协调发展

农村流通网络和新城商业设施建设扎实推进。全年新建、改造郊区规范加盟店330家，累计达1273家。企业统一配送能力进一步提高，全年配送额达24.8亿元。完成25家农贸市场地面硬化、交易厅棚的建设改造，填补“一乡一集市”空白点15个，目前全市已累计改造建设集贸市场127家，具备条件的乡镇实现100%覆盖。房山区、延庆县、门头沟区农村现代流通网络迅速发展。十个新城启动5000平方米以上大中型商业设施建设项目20个，通州物美生活广场等11家商场已开业。

加快推进便民工程。规范改造41家菜市场，新增面积7.3万平方米。组织1.2万余名家政服务员开展培训，提高从业人员服务水平。落实商务部“早餐示范工程”试点工作，建设主食加工中心和早餐网点。崇文、西城等区出台政策措施，促进便民早餐发展。支持清真餐饮副食定点企业发展，补充完善全市199个规范化清真副食网点，方便群众购买清真食品。完成商业配套停车场改造33.8万平方米，改造停车位8000多个。全年完成102家大中型商场超市和餐饮经营单位无障碍设施改造，累计完成273家，改造率达78%。促进刷卡消费，新增特约商户2.8万家、POS机4.9万台。全市POS机刷卡交易额4889.3亿元，增长58%，创历史最高水平。刷卡消费占社会消费品零售额比例达到51%。

3. 商务发展实现节能减排

城八区新建350个再生资源回收站点，累计规范建设回收站点达3638个，社区覆盖率达70%。完成13个分拣中心建设，完善从收购到再利用的配套链条。崇文区、石景山区再生资源回收产业化取得新进展。全市家电“以旧换新”实现资源再利用4672吨。

组织企业更新改造开启式服装干洗机，城四区112家干洗店完成了调整、更新。配合淘汰黄标车，加快回收拆解工作。全市淘汰黄标车10.6万辆，回收拆解4.3万辆。

推动商场超市能源合同管理，实施节能改造。完成中央空调更新改造14项，电梯更新改造125部，年节电906万度。推进商场超市绿色照明工程，更换安装7万余只节能灯。执行“限塑令”，全市商场超市塑料购物袋销售量减少80%。

4. 有效应对甲型H1N1流感

认真落实市政府相关要求，成立商务领域防控专项工作组，建立日报、值守、应急处置等工作管理机制；认真做好北京市突发公共卫生事件应急指挥部物资保障组的牵头工作，协调有关供应企业，向患者定点观察饭店、入境监测组等单位及时调配20批次、14种防控物资，其中消毒液1.9万瓶、消毒剂7.5吨、垃圾周转箱9000个、行军床和床上用品630套；北京口岸现场排查1.1万人，转送1993人，确诊168人，有效支持了全市的防控工作。

5. 积极帮助兄弟省市开拓北京市场

发挥首都市场优势，积极为少数民族地区和灾区经济发展服务。与四川省什邡市政府签订农产品及特色产品进京销售合作框架协议，帮助什邡农副产品和特色产品在京销售；为奥运食品供应单位内蒙古武川县在京销售土豆1万吨，合计1.6亿元；响应商务部号召，拓展广西香蕉销售渠道，在京销售近2万吨；7月份启动新疆农产品在京促销工作，共销售新疆果品14万吨，销售额突破4亿元。2008年起连续两年为拉萨举办4期招商培训班，培训112人次。

6. 出色完成国庆阅兵等重大活动服务保障工作

做好新中国成立60周年庆祝活动服务保障工作，是奥运后我们面临的又一项光荣而艰巨的重大政治任务。自2009年4月份阅兵村正式开村以来，为两个阅兵村、44个方队的2万余名受阅官兵，提供了粮、油、肉、蛋、菜等十大类商品，累计供应9500余吨，产品合格率100%，供应量是奥运会的1.65倍。设立阅兵村自选超市，供应各类商品1000余种，日均接待受阅官兵万余人，服务满意率100%。按时完成受阅女民兵服装设计组织工作，在阅兵方队中，女民兵方队成为一道靓丽的风景线，赢得国内外一致好评。

2009年，商务部门不断深化学习实践科学发展观，深入开展加强领导干部作风年建设，全面推进“一岗三责”廉政风险防范管理，严格执行领导干部廉洁从政的各项规定；全年新下放2项行政审批权限、减少3项行政办事工作环节、32项办事时限合计缩短177个工作日，努力提高办事效率，服务工作得到社会认可。商务系统在政府部门政风行风社情民意调查中排名第三，在政风行风网上问卷测评中排名第一。市商务委荣获国务院“民族团结进步先进集体”称号。

2009年，全市商务战线砥砺奋进，成绩来之不易。这离不开市委、市政府的正确领导，各部门的密切配合，区县商务部门的扎实工作，行业协会、各类商务企业的开拓进取，更是商务领域全体干部职工奋力拼搏、埋头苦干的结果。

尽管过去一年的工作取得了令人瞩目的成绩，但也应该清醒地看到，北京商务与科学发展的要求相比，在统筹、协调、规范、安全发展上仍有不少需要完善的空间；与发达国家主要城市相比，在居民生活便利、商务服务配套、总部企业规模和国际影响能力上，仍然存在不同程度的差距，需要我们在今后的工作中，认真加以改进。

二、2010年商务工作总体安排

经过改革开放30年的发展历程，基于成功服务2008年奥运会和新中国成立60周年庆典中的提升和完善，以及应对国际金融危机冲击过程中呈现的逆势成长，北京商务工作取得了长足的进步：商业流通规模、服务贸易规模和进出口规模均居国内各城市前列，总部经济优势凸显，商务领域深度开放，综合实力不断增强。站在新的起点，面对新的考验，全力打造国际商贸中心，为北京实现世界城市战略目标而不懈努力，成为今后一个时期首都商务战线的历史使命。

建设国际商贸中心，要在坚持对外开放、统筹“两个市场、两种资源”的基础上，更加突出高端化、国际化；要在坚持满足多元需求、提升居民生活品质、城市运行质量的基础上，更加突出市场供应稳定性、商务服务配套性；要在坚持特色商务发展、巩固重点产品优势地位的基础上，更加突出高端组织聚集力，国际市场开拓力。

2010年是国际商贸中心建设的起步之年。全市商务系统要按照中央经济工作会、全国商务工作会、市委十届七次全会精神，以建设国际商贸中心为主线，全力提升现代化、规范化、特色化和国际化水平，推动首都商务科学发展再上新台阶。2010 年全市商务工作的主要奋斗目标是，确保社会消费品零售额增长 12%，力争 16%；确保对外贸易不下降，力争好于全国平均水平；确保实际利用外资 50 亿美元，力争 60 亿美元；确保对外承包工程劳务合作营业额增长 10%，力争 20%。

（一）提高居民生活便利度

创建规范、安全、便利的消费环境，是提高居民生活品质的内在要求，是全面提高首都城市服务功能的重要基础，更是实现国际商贸中心建设目标的首要前提。

1. 以人为本，促进便利消费

继续推进市级商业中心功能的完善提升，壮大购物消费的空间载体。合理规划新城商业设施，引进发展集购物、娱乐、休闲为一体的新型消费业态，满足多样化消费需求。

继续推动无障碍设施改造，大中型商场、超市无障碍设施改造率要达 80%。进一步提高二环以内大型商业设施停车引导系统的改造率，推动通州、顺义等新城大型商业设施停车引导系统改造。

完善社区便民商业服务网络。继续按照商务部“早餐示范工程”的要求，市、区（县）两级推动，在人口密集社区、商务办公区增设早餐服务网点。引导美容美发、家政服务等生活服务行业连锁经营、规范发展。以城市发展新区和新建小区为重点，新建、改造规范化菜市场 30 家。

推进郊区现代流通网络建设。引导大型零售企业向郊区连锁发展。支持京郊连锁企业联合采购，提高配送能力。完成 6 家以上大型连锁超市与京郊农产品生产基地的对接，为本地农产品进入超市创造条件。完成 20 家农村集贸市场改造，全市“一乡一集市”覆盖率达到 75%；在面积较大、人口较多的乡镇，鼓励改造建设第二个集贸市场。

2. 创新方式，发展新型消费

大力发展网上商城，打造首都网上零售品牌，促进网购消费。继续开展网上整体促销活动，网上零售额增长 30% 以上。以“老字号网店”、“京城老字号信用卡”为平台，组织开展优惠促销活动，扩大“老字号”商品和服务消费。

积极推进信用消费，适度发展商业赊销。加强商贸与金融服务互动发展，推进信贷消费，鼓励商家与商业银行扩大信用销售的合作范围和商品种类。以首批试点消费金融公司设立为契机，增加居民有效消费需求。

3. 营造氛围，促进居民消费

落实国家关于小排量汽车购置税优惠和汽车“以旧换新”政策，引导汽车消费。继续办好春季和秋季汽车消费节，扩大汽车销售。鼓励汽车用品连锁化经营，扩展汽车文化等多重消费。朝阳、海淀、丰台等区县要发挥汽车销售企业聚集的优势，鼓励厂商推出更多新车型和优惠促销措施。

公开招标确定第二批家电“以旧换新”销售和回收企业，增加回收和销售一体化网点，提高“以旧换新”的便利性。

加大“家电下乡”政策宣传力度，支持企业开展“大篷车”下乡、“家电下乡赶大集”、“家电下乡到山村”等多种形式促销活动；引导企业在 42 个重点小城镇和网点空白地区增设一批家电销售和售后服务网点；重点做好即时兑付、即时补贴工作，方便农民购买。

整合市、区促销活动资源，打造更多市级整体促销活动。引导商家创新促销方式，鼓励文化促销、品牌促销。重点开展北京购物季、京城美食系列餐饮活动等大型促销活动，继续举办“快乐家装”、“新婚消费”等推广活动，加大对家居、音像制品、化妆品、金银珠宝等商品的促销力度，培育消费热点。鼓励加油站开设连锁便利店；以药品流通行业发展规划为抓手，规范药品销售渠道，提高消费便利性。

4. 强化监管，保障安全消费

完善市场监测体系，及时、准确提供市场调控决策依据；尝试采用物联网技术，提高政府储备商品监控和管理水平，确保政府储备“储得住、管得好、调得出、用得上”；健全生活必需品应急投放网络，全市 12 个应急投放集散地、236 个应急投放网点，在做到企业责任到位的基础上，进一步做到“责任到人、响应及时”；增强应急储备小包装商品供应能力；力保首都生活必需品市场供应不出现大的波动。

固化“平安奥运”、“平安国庆”行业安全保障成功经验，推动商务行业安全监管信息化、程序化和制度化。全面落实政府职能部门、企业、从业人员的三方责任。发挥行业安全志愿者作用，推广“邻里守望”、“网格化管理”、“双员制”等群防群治管理模式。规模以上商业零售和餐饮经营单位的行业安全生产监管和执法检查，要继续实现全覆盖，整改率要达 100%。创新安全监管工作，将安全生产监控体系向规模以下商业零售、餐饮经营单位延伸，借助基层综治队伍的力量加强行业安全监管工作。建立商业企业促销活动评价机制，探索制订消费者监督促销秩序制度。

做好“放心肉”体系建设试点工作，重点支持企业低温仓储、冷链配送等物流设施建设。支持试点企业以投资入股等方式建设生猪养殖基地和品牌连锁销售网络，力争品牌连锁销售达到试点企业屠宰量的 90%。加强酒类流通执法，酒类备案登记新增 1 万户以上，使用机打随附单的试点批发企业新增 30 户。在巩固合格碘盐销售率的基础上，低钠碘盐在小包装食盐销售中占 10%。

（二）提高市场品牌丰富度

丰富首都市场的商品和服务品牌，提升购物和消费服务功能，增强城市的吸引力。

1. 引进国际品牌，融入国际时尚

依托中心商业区和多功能购物中心，引进国际知名品牌。年内引进 6 家以上国际知名品牌零售企业来京发展，力争顶级品牌在京入驻率达到 40%。

组织“北京国际美食盛典”、“第六届北京西餐国际文化节”、中国餐饮食品博览会等系列活动，引进国外知名餐饮品牌落户北京。

吸引更多国际知名展会在京举办，拓展品牌引进渠道。汇集不同国家特色产品，组织“外国商品节”；鼓励进口更多一线品牌消费品，进一步繁荣首都消费市场。

2. 汇聚国内品牌，经营中国特色

举办 15 期各地商品大集，加大国内品牌交流力度，为名特优商品进入首都市场搭建平台，集中展示全国商品和服务的最高水平。在购物季中打造“品牌消费节”，组织各地知名品牌商品，集中开展优惠促销。举办中华“老字号”博览会，促进全国“老字号”

荟萃北京。

3. 发展自主品牌，引领北京创造

支持有实力的在京商贸企业创立和经营自主品牌，倡导商家自有品牌开发、营销相关商品和服务，逐步建立目标消费群体的品牌认知度和品牌忠诚度。在海外市场保护、发展本市传统外贸品牌和“老字号”品牌。

推进“老字号”与文化创意产业相结合，创意制作“老字号”特色产品；将“老字号”商店和餐饮品牌企业纳入北京文化旅游线路；支持以传统手工技艺为核心，运用现代技术和装备，对服装、鞋帽等商品开展个性化定制服务，带动京味“老字号”品牌创新发展。

促进参展、办展方式的多样化，调整、优选国别，促进电子、医疗器械、汽车、新能源、软件等本市优势出口产业开拓国际市场。依托中关村自主创新示范区优势，支持“双自主”产品出口，推动“北京制造”向“北京创造”提升。

与侨务、投促、贸促部门联合举办侨商北京贸易洽谈会，依托华人华侨的境外资源，宣传北京品牌产品，把北京品牌推向世界。

继续组织好北京拍卖季活动，打造全国古玩艺术品交易中心，树立北京高端拍卖市场的品牌形象。

推进家政服务企业等级评定和评定体系建设，培育和宣传家政、美容美发等品牌企业，打造北京生活服务业品牌。

（三）提高特色企业集中度

打造特色商务平台，促进特色企业聚集，提升特色行业品质，扩大特色消费。

1. 加快特色街区改造提升，形成商业服务消费平台

注重挖掘内涵，深化特色街改造，培育具有北京特色、享誉国内外的知名商业街和餐饮街，进一步引导特色企业聚集。2010 年重点改造建设石景山北京台湾街、崇文鲜鱼口民俗特色街。各区县至少要选择 1 条初具规模的商业、餐饮街，进行规划和提升。

继续推动雅宝路外贸产品特色街区改造提升，引导企业和商户参加国内外知名展会。筹办 2010 年雅宝路国际服装节，展示服装自主品牌，吸引更多外商前来洽谈采购。

2. 加快电子商务园区建设，形成新型消费服务平台

依托北京电子商务产业优势，与通州区合作，推动电子商务园区建设，吸引电子商务企业集群式发展。建设高效、快捷的电子交易、结算体系，推动第三方电子交易平台发展。鼓励传统企业采用电子商务交易方式，提高本市现代流通的集聚、辐射能力。

3. 加快特色产业园区建设，形成对外开放发展平台

推进本市服务外包示范区建设。建立量化考评机制，引导示范区健康快速发展，巩固服务外包全国领军城市地位。充分利用生物技术大会、软件高峰会和中国（香港）服务贸易洽谈会等展会平台，支持本市企业承接跨国公司业务、引进国外高端客户，引导服务外包高端发展。推动服务外包人才培训中心建设，全年培训各类人才 5000 人，增加外包人才供给。

探索我市与美国马萨诸塞州在生命科学、清洁能源等领域开展合作，构建政府牵头，多方参与，多层次、全方位合作的整体招商模式，推动本市新兴战略性产业发展。

4. 加快特色企业发展，强化商贸人才优势

加大“老字号”企业再造力度。弘扬传统技艺与创新发展相结合，更加适应当代消费需求，增强“老字号”产品和服务对消费新生代的吸引力。

发挥我市建筑行业的竞争优势，支持龙头企业在承接更多大型工程的基础上，逐步拓展进入总包、设计等领域的能力。鼓励不同类型企业发挥各自优势，联合协作，提升“走出去”的整体实力。

推进商业、服务业、国际商务等领域人才队伍建设。开展一线员工培训、技艺能手选拔、顶级大师评审；年内继续选拔认定中华传统技艺技能大师20名，发挥传帮带的作用，构建行业发展梯次型人才队伍。

（四）提高总部经济聚集度

总部经济是城市产业高端化发展的重要标志，是提高城市影响力和市场辐射力的主要载体。

1. 吸引更多的跨国公司地区总部入驻北京

认真落实地区总部政策，重点促进跨国公司在京设立研发中心、运营中心、采购中心、结算中心，开展实体经营。全年力争新引进跨国公司地区总部20家以上，继续扩大在全国的领先优势。

继续筹办市领导与在京跨国公司高管座谈会，听取企业意见、建议。主动服务总部企业，使在京跨国公司地区总部“进得来、留得住、发展好”。

2. 吸引国内大型商贸企业总部入驻北京

发挥首都优势，依托国家部委和在京央企，设立、发展各类大宗商品市场企业总部和进出口企业总部，增强首都商务辐射国内外市场的能力。

充分利用各地商品大集等平台，搭载对接活动，促进国内百强商贸企业，特别是知名商业连锁企业与本市商业地产商对接，加快各地商贸企业地区总部入驻北京。

各区县也要采取有针对性的工作措施，加大力度吸引外地民营企业总部进京落户。

（五）提高商务服务完善度

商务服务、公共服务发展的完善程度，是实现企业总部和特色企业聚集的重要基础，是实现国际商贸中心服务功能的重要支撑。

1. 实施商务服务业产业振兴规划

商务服务业是主要服务于商贸、商务活动的产业群。要大力吸引国际知名商务服务企业落户北京，扶持内资商务服务企业做大做强。全年新引进国际知名商务服务企业10家，在内地同行业居于领先地位的本市企业新增10家。打造主题示范楼宇，增强商务服务企业的楼宇集聚效应，重点培育主题楼宇15个。

2. 发挥功能区的政策优势

协调相关部门落实各项配套措施，尽快发挥北京天竺综合保税区政策功能。综保区要实现“封关、运营、效果”的三统一，全年力争引进外资2亿美元，实现进出口总额240亿美元，完成关税80亿元以上的目标。

加强口岸建设，继续推进朝阳口岸平移、西客站口岸开通和平谷国际陆港建设，营造

"安全、高效、文明"的通关环境，提高贸易便利化程度。

完善物流基地基础设施和功能，吸引物流企业向基地聚集。建立物流基地发展评价机制，引导五大物流基地错位发展。引进国际知名和国内百强物流企业，发展物流总部经济，强化物流枢纽地位。推进保税物流中心（B 型）的申报工作，为加快国际物流发展创造更好条件。

3. 改进工作方式，提高公共服务水平

推进服务型政府建设，进一步精简外资、外经等领域行政审批事项和审批环节。落实执法责任制，规范执法行为，改进执法方式，提高依法行政的质量和效率。

继续坚持重点企业联系制度，深入企业调研，及时了解企业需求，在提供个性化服务的基础上，将共性问题上升到制度层面，帮助企业解决实际困难。

努力为企业争取公平贸易环境。完善产业损害预警机制，监测、分析异常情况；响应企业贸易救济诉求，维护企业合法权益；配合、支持企业应对国外"两反一保"案件。

加强应急机制建设，调动各方力量，增强处理境外劳务纠纷及突发事件能力，保障"走出去"工作平稳健康发展。

（六）提高国际排名美誉度

国际排名美誉度既是居民生活便利度、市场品牌丰富度、特色企业集中度、总部经济聚集度、商务服务完善度不断提高的必然结果，更是北京商贸国际影响力扩大和整体形象提升的综合反映。

1. 增强商务发展的话语权

吸引商务领域顶级国际会议、高层次的商务展览活动在京举办；筹划国际组织、企业、机构来京活动，增强国际商务交往的影响力。

规范发展大宗商品交易市场。坚持积极、稳妥、有序的原则，引导棉花、化工、钢铁、木材等已有的大宗商品交易市场在北方地区甚至全国保持优势地位；相关部门联手加强监管、服务，推动千亿元规模大宗商品电子交易市场规范发展，提升在国内外市场的影响力。

整体策划，统筹安排，加大对外宣传力度，扩大北京国际商贸中心的全球影响力。

2. 赢得发展方式的主导权

深化商务发展方式转变，坚持低碳发展道路，推动商务可持续发展。

推进再生资源产业化发展。进一步提高再生资源回收站点社区覆盖率，重点推进郊区县再生资源回收站点建设。全年新建 300 个再生资源回收站点，支持新建两个分拣中心，提高现有分拣中心的加工能力；全年组织 12 次"再生资源回收日"活动；组织"商业科技周"，传播绿色生活理念。

继续支持餐饮、零售业节能降耗。重点选择 20 家以上具备一定规模和条件的餐厅开展节能试点，为下一步的全面推广奠定基础。推进零售业节能工作，开展合同能源管理工作，推进零售业绿色照明工程。

全面推进服装干洗行业开启式干洗机专项治理工作；配合淘汰黄标车和汽车"以旧换新"工作，重点支持两家报废汽车回收拆解企业进行升级改造。

3. 争创商务发展的主动权

创新是商务发展的不竭源泉。2010 年，四个重点业务领域要取得突破。引资项目新突破：争取外资进入中小企业担保公司；促进外商投资企业重组并购，创造条件，引导企业产能在本市集聚。引资方式新突破：与国际知名产业投资基金、私募基金对接，推进股权投资基金等利用外资新方式；利用中介和国际展会招商，扩大新的引资对象，实现以商招商。供应链金融服务新突破：支持金融企业和商业企业合作，做好供应链金融试点工作，年内推广至3家以上零售企业。引导有实力的商家尝试小规模买断经营，增强商业自身经营能力和商品保障能力。国际分拨业务新突破：吸引知名跨国公司在综保区发展国际分拨业务，设立国际分拨中心。

做好“十二五”规划编制工作，进一步谋划新的突破。按照科学发展观的要求，加强对首都商务发展全局性、前瞻性问题的研究，拓展国际视野，推动建立商务科学发展的长效机制，更加注重现代化、规范化、特色化和国际化，为国际商贸中心建设注入新的活力。

4. 全方位展示首都商务发展新形象

打造国际商贸中心，要求我们以更高的标准、严谨的作风加强自身建设。商务部门要认真学习党的十七届四中全会和市委十届七次全会的精神，进一步转变政府职能，改进工作作风，推进政务公开和办事公开，提高工作透明度，提升公共服务水平，不断优化首都商务发展环境。深入开展廉政教育，深化业务、安全、廉政“一岗三责”风险防范管理工作，认真实行“三重一大”制度。运用廉洁奥运的成功经验，全面落实党风廉政建设责任制，深化源头治理，重在风险防范，切实推进党风廉政建设，为国际商贸中心建设保驾护航。

打造国际商贸中心，要求我们以全新的理念、开阔的视野审视商务发展。各级商务部门、行业协会、企业，都要注重国际横向比较，比照世界城市的标准以及本领域的国际最新进展和权威机构的有关排名，围绕商务发展的重点、热点，提高工作的针对性，为国际商贸中心建设增添新亮点。

打造国际商贸中心，要求我们以昂扬的斗志、过硬的本领提高工作水平。商务部门全体工作人员都要树立终身学习的观念，不断提高自身素质，把学习成果转化为谋划工作的思路、促进工作的措施。我们要大力推进“人才强商”工程，为建设国际商贸中心提供强有力的人才保障。

新春伊始，万象更新，站在新的起点，面对新的考验，首都商务发展新的航程即将开启！艰辛成就伟业，奋斗铸就光荣，我们要在市委、市政府的领导下，增强忧患意识，不断锐意进取，奋发有为、不辱使命，以国际商贸中心建设的优异成绩，为北京建设世界城市做出更大贡献！

（摘编自北京市商务局《2010 年商务工作会议报告》）

2009 年天津市商务工作主要特点暨 2010 年商务工作总体安排

一、2009 年商务工作主要特点

（一）商贸流通业引领全市第三产业快速增长

天津市商贸流通服务业按照市委、市政府“保增长，渡难关，上水平”的总体要求，围绕“搞活流通、扩大消费、繁荣市场，保障民生”主题，大力推进商贸载体建设，进一步完善市场体系，积极营造繁荣繁华，千方百计促消费、保民生，商贸流通服务业主要经济指标继续保持较快增长的良好势头。全年社会消费品零售额预计实现 2415 亿元，同比增长 20. 8%；商品购销总额预计实现 1. 87 万亿元，同比增长 13. 6%；商业增加值预计完成 826 亿元，同比增长 16. 3%。经济总量和增长速度均居第三产业之首，对全市第三产业贡献率达 33% 以上。全市亿元批发市场和超 10 亿元批发市场已分别增加到 75 家和 40 家，批发市场全年成交额突破 2000 亿元，同比增长 25%，辐射范围覆盖全国绝大部分省市，显著提升了本市集散辐射功能；全市累计新建、完善和提升社区商业中心 209 个，全市社区商业覆盖率已达 95%。本市组织了“2009 元旦春节欢乐购物节”、“津彩纷呈——2009 天津商旅嘉年华”、“天津之夏——欢乐嘉年华”、“天津购物节”、天津卫风味小吃节、饺子文化节、大悲院文化旅游庙会、杨柳青民俗文化旅游购物节、意式风情节、五大道国际风情旅游节、京津老字号联展、海河音乐啤酒节等一系列主题鲜明丰富多彩的大型商旅文化活动，为繁荣市场、繁华市貌发挥了积极作用。

（二）商贸旅游精品项目开发建设取得明显成效

按照“一年见亮点，两年大变化”的要求，本市规划设计了 40 项商贸旅游业精品项目，总投资 104 亿元。2009 年完成 25 个，2010 年“五一”前后完成 15 个；按项目业态划分，以特色商业街区为主的项目 25 个，以旅游观光为主的项目 15 个。其中，已经建成开业的津湾广场、意风区、小白楼 1902 欧式风情街、滨江道商业步行街等已经成为津门商贸旅游时尚标志性区域。

（三）成功举办多项大型国际展会

中国 · 天津第十六届投资贸易洽谈会、第九届中国 · 天津国际啤酒节、第六届 PECC 生态城市建设博览会、国际汽车展、国际自行车展、融洽会等一系列国际大型会展在天津成功举办。其中，“津洽会”有 30 多个国家和地区、国内 22 个省市自治区组团参展，实现签约项目118个，内资协议额560亿元人民币、合同外资额50.2亿美元，现场零售额3.4亿元。“啤酒节”有数十万游客参与各场馆活动，啤酒销售近2万箱，销售金额超过400万元。PECC博览会有来自加拿大、美国、巴西、法国、荷兰、丹麦、西班牙、德国等22个国家和地区、国内19个省区市以及天津市的近300家政府机构、行业协会和专业企业参展参会。

（四）引进外资再创历史新高

在金融危机的严峻形势下，2009年全市利用外资取得新突破，再创历史新高。实际利用外资90.2亿美元，同比增长22%。实际利用外资增幅保持全国第一，引资总量排名全国第五，较2008年提升三位。其中9000万美元以上项目20个，5000万美元以上项目86个。一大批总部型企业和研发中心纷纷入驻津门。

（五）实施多项促进外贸发展的措施

全年实施开拓国际市场活动45项，比2008年增长1倍，累计带动1060家企业走向国际市场，促进贸易成交20亿美元。签署了《天津市政府与中国出口信用保险公司战略合作协议》。全市全年承保出口信用保险25亿美元，同比增长70%；信保融资40亿元人民币，带动本市30多家中小企业出口近1亿美元。商务委与市、区两级有关部门联手深入企业办实事、解难题，走访外贸企业116家，有针对性解决企业实际问题200余件。《天津市国家汽车及零部件出口基地管理暂行办法》、《天津市国家汽车及零部件企业项目库管理暂行办法》、《关于认定天汽集团美亚汽车制造有限公司等14家企业为第一批市级汽车及零部件出口基地企业的决定》相继出台。市商务委与中国国际电子商务中心合作共建了“天津市国际电子商务应用平台”等。

（六）两国总理共同为天津承建的中国—埃及苏伊士经贸合作区授牌

2009年11月7日，中埃两国总理共同为苏伊士合作区授牌，标志着合作区建设取得阶段性成果。天津市副市长任学锋率天津政府代表团参加了授牌仪式。目前，苏伊士合作区已完成了1平方公里“起步区”基础设施建设。建成6栋总计5万平方米的标准厂房和4.4万平方米的生产、生活配套设施。合作区入区企业18家，注册资本总额1.8亿美元，实际投入超过7000万美元。

（七）与商务部共建部市合作机制，全面加强宽领域多层次合作

2009年4月7日，本市与国家商务部在北京签署了建立部市合作机制协议，双方通过建立促进商务事业发展的合作机制，将全面加强在商务发展战略研究、滨海新区开发开放、直接利用外资、外贸进出口、对外经济技术合作、商贸流通、开发区建设、人才培养和干部交流等领域的合作。市委副书记、市长黄兴国和商务部部长陈德铭代表双方在协议书上签字。

（八）津港投资合作项目签约

2009 年 12 月 14 日，由天津市人民政府主办的“津港投资合作项目签约仪式”在香港会展中心举行。共有 44 个合作项目现场签约，合同港资额达 54.2 亿美元，涉及商贸地产、制造业、金融、港口建设等行业。这些项目的签约，将促进天津与香港开展更加广泛的合作，共同为经济社会可持续发展做出贡献。

（九）全面推进服务外包工作

截至 2009 年年底，全市共有各类服务外包企业 146 家，比 2008 年增加 59 户企业，从业人员 2.8 万人。全年完成新入职和在岗培训 1.2 万人次；累计完成服务外包接包合同额 4.1 亿美元，同比增长 1.7 倍，接包合同执行额 1.05 亿美元，同比增长 54.5%。在一系列政策的强力扶持下，天津市国际服务外包产业呈现出快速增长势头并步入新的上升期。

（十）融资租赁业总量及增速均居全国首位

2009 年本市融资租赁业务总量达 150 亿元，同比增长 4.5 倍，总量及增速均居全国首位。截至目前，本市融资租赁公司已达 8 家，总注册资本已近 85 亿元。渤海租赁公司 2009 年上半年承办了天津保税区投资服务中心办公大楼 8 亿元售后回租的融资租赁项目，11 月中旬又承办了天津空客厂房 36 亿元融资租赁项目。尚邦租赁公司二季度与国电集团吉林江南热电厂进行了电力设备设施的直接租赁合作，融资租赁额达 23 亿元。

二、2010 年商务工作总体安排

2010 年是实施“十一五”规划的最后一年，也是天津商务发展的决战决胜之年。商务发展外部环境总体趋于改善，但挑战仍十分严峻。世界经济有望恢复性增长，但全面复苏基础并不稳固，国际市场需求仍然疲软，贸易保护主义明显加剧，资本流动性依然不足。我国经济呈现向好趋势，但经济回升的内生动力仍显不足，进一步扩大内需难度加大，区域竞争更加激烈。天津市商务委既要看到国内外经济形势的严峻性和复杂性，又要看到滨海新区体制改革带来的新的政策和机遇，进一步增强忧患意识、机遇意识、责任意识，保持清醒头脑，保持进取精神，保持拼搏勇气，奋力开创商务工作新局面。

2010 年商务工作的指导思想：全面贯彻党的十七大、十七届三中四中全会、中央经济工作会议和市委九届六次、七次全会精神，以邓小平理论和“三个代表”重要思想为指导，深入贯彻落实科学发展观，按照市委构筑“三个高地”、打好“五个攻坚战”的总要求，紧紧围绕商贸大发展、出口保份额、引资超百亿的核心任务，大干三百天，攻坚克难，决战决胜，实现商务发展的新跨越。

（一）促繁荣保民生，推动商贸服务业大发展

全面形成攻坚发展新态势。把实现商贸服务业上规模上水平作为商务工作首要任务，整合资源，攻坚发展，打造繁荣繁华新亮点、城乡一体新格局，扩内需促消费，加快北方

商贸中心建设。

加快载体设施建设。以海河商贸带、和平路—滨江道—南京路中心商业区“一带一区”建设为着力点，加快商贸集聚发展。建成一批高水平载体设施，重点推动万达商业广场、大丰路水游城、意风区二期等重点项目和特色街建设，打造津湾广场、小白楼、时代奥城等商贸集聚区，抓好华北工业原料城二期等10个新建和改扩建大型批发市场，推动新南马路五金城、大胡同批发市场年成交过百亿，提升大型农副产品批发市场，建设保税区大宗商品电子交易市场集聚区。完善商业地理信息系统，做好载体布局规划，策划推出一批新项目。

做大会展节庆经济。突出展节促市，创造商机，拉动消费。以梅江国际会展中心建成为契机，推进会展主体、机制和环境建设，引进和培育国际化、大型化、高层次会展活动。精心组织夏季达沃斯论坛，提高津洽会、中国北方国际自行车展、天津国际汽车贸易展等展会的知名度。突出营造海河·滨江道商业氛围，办好海河仲夏狂欢节、天津服装节、魅力津湾之夜、洋楼西餐文化节等商旅文结合的系列活动。增强天津国际啤酒节、天津购物节、天津汽车文化节等传统节庆活动的影响力。做好中国2010年上海世博会天津参展工作。

推进新兴和便利消费。引导消费模式，拓展便民功能，着力扩大内需。促进循环消费，加快再生资源回收网络建设，推动天津旧物交易中心建设，兴建跳蚤市场，推进新车、二手车、汽车租赁及回收拆解产业链整合。拓展品牌消费，推动百货、餐饮、休闲等行业引进一批国际化企业和知名国内外品牌，加大老字号品牌资源开发。提升便民消费，完善社区商业中心功能，实施万名家政服务员上岗培训计划，新建改造提升20个标准化菜市场，推进早餐工程。继续抓好家电汽车下乡和以旧换新。推进“三绿工程”，抓好绿色农产品专业店经营试点。

推进城乡一体市场建设。统筹城乡发展，推动农村城区、镇、村流通网络建设，搞活农产品流通。提升农村“三进”网络化水平，推进配送中心建设。探索“农超对接”，推动连锁超市与农产品生产基地直采直供。

抓好药品流通行业管理。理顺工作机制，加强基础建设，促进行业发展。制定并组织实施加强药品流通行业管理工作方案，明确市及区县机构职能。研究制定行业发展规划和促进政策，推动行业统计体系建立。积极配合国家基本药物制度的组织实施，开展流通领域药品安全专项整治。

加强市场监控与规范。提升市场监测智能化，扩大信息采集覆盖面，提高运行分析质量。完善市场应急供应预案，健全生活必需品和重要资源性必需品的储备机制，增强应急调控能力。推进农产品质量追溯系统建设。加强生猪定点屠宰和肉品质量安全管理。推进诚信兴商，建设12312投诉举报中心，打击商业欺诈。完善行业管理标准，提高服务质量。

（二）保份额调结构，打好外贸发展攻坚战

力保发展好于全国平均水平。动员全市高度重视外贸发展，集结力量，形成合力，促存量拓增量，转变增长方式，扩大在全国对外贸易中的份额。

大力开拓国际市场。实施开拓国际市场行动方案，安排活动100项，组织企业不少于

2000 家，扩大成交 25 亿美元以上。突出展会平台，重点抓好欧盟、美国等 52 个境外专业展会和广交会、东盟博览会等 10 个国内展会。邀请国外采购商来津举办 10 场对接活动。再扩大 1000 家企业加入天津电子商务交易平台。

狠抓出口基地和示范区建设。加大产业资源整合，搭建服务平台，重点培育 4 个出口基地和示范区。做大做强国家级汽车及零部件出口基地，巩固提升核心区和西青、武清两个分基地。扶持发展蓟县等新兴出口区域。提升天隆科技兴贸创新基地。加快培育自行车、医药等产业出口示范区。推动有条件的示范工业园区建设产业出口示范区。

着力优化贸易方式。优化存量，引导增量，推动外贸可持续发展。做强一般贸易，扶持品牌商品和自主知识产权产品扩大出口，培育出口超千万美元自主品牌企业 20 个以上。提升加工贸易，推动落实放宽外发加工政策，促进“三自三高”和深加工产品出口。扩大进口贸易，鼓励先进技术、关键设备、节能环保设备进口，支持重要储备物资和大宗资源性商品进口。发展服务贸易，建立统计体系，扶持国家文化出口重点企业及项目，支持文化创意、动漫产业及自主技术出口。

全力帮扶企业扩大出口。服务促进，政策支撑，壮大出口主体。强化出口百强企业帮扶，“一企一策、量身服务”。加大中小企业服务力度，制定解决市场开拓和融资难问题的促进政策。吸引出口型大企业落户，增加新项目中出口型企业的比重。

下大力提升贸易促进水平。综合运用市场、行政、经济等手段，整合服务资源，强化贸易促进。支持扩大信保和担保融资，放大出口信保、融资平台，扩大出口信保规模和承保企业覆盖面，建立中小外贸企业融资担保中心。积极应对贸易摩擦，及时做好各类案件应对工作。完善贸易促进机制，解决便捷通关、便利结汇和快速退税等关键问题，降低口岸物流成本。进一步发挥外贸中介服务机构作用。

（三）拓展广度深度，提高使用外资水平

确保实际使用外资超百亿。抓住后危机时代产业调整的机遇，坚持规模与质量并重，狠抓项目和载体，创新招商方式，拓展引资领域，完善服务机制，继续保持引资全国先进水平。

狠抓大项目好项目。突出抓好以中心城区和滨海新区核心区为重点的服务业项目，推出商贸、物流、基础设施和房地产业 100 个重点招商项目，引进总部经济项目 10 家以上，吸引落户一批有实力的运营中心、物流中心、研发中心，建立与津湾广场、意风区、文化中心等区域的联合招商机制。继续抓好制造业项目，重点促进凯发等超亿美元项目落地和力神电池、三星 LED 等 30 个重点增资项目，梳理一批航空航天、新能源、新材料、精密机械等产业配套项目，建立与西门子、GE 等全球产业龙头企业及风电、光电协会的招商合作。

强化载体建设。统筹服务、重点促进，提升载体招商活力。引导龙头项目向滨海新区功能区聚集，推动与临港工业区、南港工业区、滨海旅游区、于家堡金融服务区等重点区域的产业研究和大项目招商。推进国家级开发区扩区和市级开发区升级。培育节能、环保、新材料等产业示范区。加大对 31 个示范园区的产业招商指导和人才培训、招商活动的扶持力度。

加快发展服务外包。把握全球服务外包市场整合发展的新趋势，加大引资和接包力

度。完善服务外包产业发展促进政策，加快引进国内外知名服务外包企业，积极培育服务外包龙头企业。全市服务外包企业力争达到200家，全市服务外包接包合同额和执行额分别增长30%。拓展以美、日、英为重点的目标市场，扩大金融、电信和医药等领域的国际接包业务。加快推进示范园区和公共服务平台建设。加大人才培训力度，打造高端人才培训基地。理顺产业管理机制，建立目标考核体系。

高水平抓好招商活动。精心策划，突出重点，提升招商的有效性。搭建平台，促进津台、津港、津新项目对接。抓好达沃斯论坛、津台投洽会、厦洽会招商活动。办好日本东京、大阪大型招商活动。组织好中欧论坛、天津墨尔本友好城市30周年纪念等会议活动中的商务交流。组织开展欧美航空航天和生物医药、日韩装备制造和节能环保、中东港台商贸旅游等产业招商活动。搞好开放型经济服务月活动。

（四）深化“走出去”战略，扩大对外经济合作

加快外经事业发展。推动“引进来”与“走出去”均衡协调发展，加大政策扶持，完善促进机制，以市场多元化、主体多元化、对外合作方式多元化，扩大对外经济合作规模，提升开放水平。

突出抓好重大项目。用项目推进“走出去”战略深入实施。进一步推进埃及苏伊士经贸合作区建设，以中埃两国总理授牌为契机，建立有效协调和治理机制，力保3万平方米生活设施建成开业，入区企业30家，实际投资1.5亿美元。加快中铁十八局沙特麦加高铁、龙威粮油印尼棕榈种植加工、俊安集团泰国焦化等大项目的建设。提升华勘公司、国际公司、物资集团等境外矿产资源合作开发项目的水平。推进本市与东盟签署合作项目加快实施。

推动“走出去”多元化发展。扩大对外承包工程规模，扶持更多企业获取资质，推动以组建联合体方式承揽境外大型工程项目。拓展境外营销网络，支持在重点市场设立仓储、分拨及售后服务中心。加大境外投资和资源能源开发引导推动力度。提升对外劳务合作水平。促进外经外贸联动，带动更多天津产品进入国际市场。完善境外突发事件应急机制。

（五）推进环境建设，更好服务经济发展

努力营造良好环境。适应完善社会主义市场经济体制和加快商务发展的客观需要，以推进职能转变、建设服务型政府为着力点，打造环境竞争力，提高服务商务经济又好又快发展的水平。

提升引导水平。加大政策引导，用足用好国家和地方各项政策。继续保持本市商务促进政策的连续性和稳定性，积极争取和统筹协调各项商务促进资金，加大对重点工作、重点项目、重点区域的倾斜。加大政策宣传，充分发挥政策效应。加大对区县商务工作的引导力度，促进区县联动发展。加强部市合作，争取更多支持。科学编制商务发展“十二五”规划。

强化行政效能。综合治理，规范建设，创建效能型机关。建立健全工作绩效评价考核体系。提升政务公开水平。加强在线办事系统建设，推进无纸化办公。严格公文审核流转管理制度，提高文电处理的时效性和准确性。规范行政审批队伍，严格“一审一核、现

场审批”制度。完善督查落实反馈机制。健全应急管理、信访工作机制。落实安全生产责任制。

坚持依法行政。推进立法执法，不断完善商务发展的法治环境。推动《天津市促进展览业发展办法》出台，力争《天津市酒类流通管理条例》纳入全市立法计划。建立商务综合执法队伍，加强行政执法。健全依法行政体制机制。加强商业贿赂等专项治理工作。加强规范性文件制发法律审核。

推进人才强商。创新思路，加大扶持，全力开发商务人才资源。着眼商务领域的特殊需要，开展有针对性的专业培训，提高全市商务人才的专业素质。支持商务领军型人才、管理团队及营销、招商等专业人才的引进。全面完成区县商务领导干部培训工作。建立全市商务人才库。

（六）加强党的建设，为商务发展提供有力保证

提高领导商务科学发展的水平。以加强党的执政能力建设和先进性建设为主线，巩固深化学习实践科学发展观活动成果，抓好党的建设各项工作，为商务跨越发展提供坚强的政治思想、人力资源、舆论引导和作风保证。

加强领导班子和干部队伍建设。加强思想政治工作，丰富理论学习内容，完善党组议事规则和领导班子民主生活会制度。落实深化学习实践科学发展观活动成果长效机制。坚持正确用人导向，强化竞争择优机制，建立政绩考核评价体系。加大干部交流力度，探索干部队伍的“菜单式”培训。加强基层党组织建设。加强党对工会、共青团和统战工作的领导。做好离退休老干部工作。

进一步转变工作作风。巩固深化“改进工作作风、全面提高素质、创一流工作水平”活动成果。弘扬求真务实精神，深入开展调查研究活动。切实改变文风会风，最大限度地精简合并有关会议和文件。畅通民主渠道，广泛开展谈心交心活动。坚持勤俭办事，努力形成艰苦奋斗、厉行节约的风气。

深入推进党风廉政建设。健全党内监督机制，加强和完善反腐倡廉体系建设。加大宣传教育力度，推进反腐倡廉教育经常化、制度化。严格落实党风廉政建设责任制，不断强化领导干部“一岗双责”的意识。加强行风建设，坚决纠正损害群众利益的不正之风。加强行政执法和效能监察，确保行政执法、监管部门依法履职。

（摘编自：天津市商务委《2010 年商务工作会议报告》）

2009 年石家庄市消费品市场运行状况及 2010 年市场展望

2009 年，石家庄市各级各部门各商贸企业克服金融危机的影响，深入落实国家、省、市一系列扩大内需、促进经济增长的政策，积极开拓城乡消费市场，全市消费品市场呈现出平稳较快增长的态势。统计显示，2009 年，全市社会消费品零售总额累计实现 1190.6 亿元，比上年增长 18.4%，总量和增速均列河北省首位，增速比全省平均高出 0.3 个百分点，比全国平均高出 2.9 个百分点。

一、2009 年消费品市场运行的主要特点

（一）城乡市场共同发展，城乡增幅差距缩小

随着国家一系列支农惠农政策逐步落实，及“新农合”等一系列农村社会保障制度的建立与完善，加之“家电下乡”、“汽车下乡”等一些促进农村消费的活动在广大农村蓬勃开展，大大增强了农村居民的消费能力和消费意愿，促进了农村居民消费。2009 年，我市城市社会消费品零售额实现 685.5 亿元，同比增长 18.7%；县及县以下零售额实现 505.1 亿元，同比增长 18.1%。城市市场增幅比农村市场高 0.6 个百分点，城乡市场增幅差距比去年减少 1.6 个百分点。

（二）批零贸易业仍占市场主导地位，其中零售业主导市场快速发展，住宿餐饮业保持较快增长

面对金融危机对市场的影响，2009 年以来，我市各类商贸企业积极调整经营策略，加强市场营销，大打各种促销牌，全市批发和零售业总体保持了平稳增长态势。2009 年，全市批发零售业累计实现零售额 1053.1 亿元，同比增长 18.0%，占社会消费品零售总额的比重为 88.5%，仍为消费品市场的主导力量。

零售业主导市场快速发展。从行业分组看，零售业实现零售额 857.5 亿元，增长 20.3%，增速比平均高出 1.9 个百分点。零售业占社会消费品零售总额的比重为 70.2%，主体地位不断加强，带动了全市消费品市场的提速。

住宿餐饮业继续领涨。住宿和餐饮业实现零售额 122.8 亿元，增长 23.9%，增速比平均高出 5.5 个百分点。尤其是限额以下企业和个体商户实现零售额 110.4 亿元，增长了 26.4%。

（三）基本生活类商品平稳增长，消费升级类商品增势强劲

消费结构升级类商品消费逆势攀高，消费热点不断涌现。在城市以汽车和住房消费为主导、在农村以家用电器升级换代为标志的消费结构升级，已成为推动全市消费增长的最大动力。2009 年，我市消费升级类商品增幅较高的主要有两种，一是汽车销售屡创新高，汽车类商品实现零售额 56.3 亿元，同比增长 32.8%；二是在“家电下乡”政策的促进和产品升级的推动下家用电器类商品旺销。

（四）假日经济拉动明显

黄金周市场繁荣火爆，节日消费频掀高潮。据市商务局抽样监测，2009 年“元旦”、“春节”、“清明”、“五一”、“端午”、“国庆”和“中秋”假日期间，销售同比增长分别达到 27%、36.8%、21.9%、20.4%、27.9%、18.2%。

（五）商品交易市场稳步发展

据了解，去年全市商品交易市场达 690 个，其中消费品市场 630 个，生产资料市场 60 个，商品交易市场总成交额达到 1616.0 亿元，同比增长 9.5%，其中亿元市场达到 56 个，比上年增加 3 个。目前，全国十大商品交易市场我市占有两席，即新华集贸市场和石家庄市南三条小商品市场，2009 年成交额分别达到 381.8 亿元和 352.6 亿元。

同时，就石家庄商务工作整体而言还有如下成绩：

一是“20 + X”重点商贸服务业项目发展到 42 个，完成投资 50 亿元，联邦明珠广场、中石油总部、正定小商品城一期等 3 个项目已竣工投入使用，勒泰中心（原远洋城商业广场）、东方·曼哈顿城市广场、正定国际物流园等 19 个项目正在加紧建设，其余 20 个项目正在抓紧拆迁和办理前期手续。

二是在市内 5 区开展了新建、改建 60 个便民综合市场的建设任务，新增经营面积 22.3 万平方米，增加 2.8 个就业岗位，新建、改建社区快餐大排档 21 家，使石家庄市大排档总数达到 83 家，建设总面积近 4 万平方米。

三是全市外贸进出口总值完成 55.1 亿美元，同比下降 21.2%。

四是全年批准外商投资项目 31 项，总投资 6.42 亿美元，合同外资 2.8 亿美元，总投资和合同外资同比分别增长 51.9% 和 75.2%。实际利用外资完成 5.6 亿美元，同比增长 10.2%，其中实际直接利用外资 5.43 亿美元，同比增长 18.6%。

五是全年共查处肉品违法案件 46 起，取缔私屠滥宰黑窝点 40 个；查处酒类违法案件 3401 起，没收假冒酒 13566 瓶，取缔制售假酒窝点 5 个。

二、消费品市场快速发展的主要原因

（一）宏观政策措施得力，为消费品市场平稳较快发展提供了动力源泉和良好的发展环境

为有效应对国际金融危机，自 2008 年第四季度以来，国家、省市相继出台了一系列

扩内需、保增长的政策措施，取得了积极成效。2009年，石家庄市“家电下乡”经营网点已有1679个通过备案，家电下乡累计销售达6.11亿元，补贴额6385.9万元。全市发放粮食直补、农资综合直补等惠农资金12.96亿元，相应增加了农民的收入，形成了一定的购买力。

（二）投资保持快速增长和三年大变样工程快速推进，为消费品市场的持续繁荣奠定了坚实基础

全市城镇固定资产投资完成2228.7亿元，增长41.3%。石家庄市建市以来最大规模的城建改造工程强力推进，“三年大变样”的任务目标已完成70%，全年累计完成投资916亿元。城市商贸服务业基础设施建设继续加快，“20+X”重点商贸服务业项目达到42个，项目累计投资745亿元，其中2009年完成投资50亿元，部分项目已竣工投入使用，推动了城市家居和集团购买力的形成和释放，拉动了消费的快速增长。

（三）城乡市场环境进一步改善，为消费品市场平衡发展提供了保障

2009年新建、改建便民综合市场60个，新建、改建社区快餐大排档21家，组织全市350多个社区开展了商业示范社区达标活动，城市便民商业服务设施进一步完善。继续加强“万村千乡”配送中心建设，对各县（市）区的30个农产品市场实施标准化建设改造，4个农产品市场被推荐为国家“双百”市场建设项目，农村流通网络体系不断完善，城乡消费环境进一步改善。

（四）居民收入增加和社会保障的全面发展，为消费品市场形成即期消费解除了后顾之忧

2009年，城市居民人均可支配收入16607元，农民人均纯收入5977元，分别增长10.3%和9.3%。养老、医疗、失业等五项社会保险覆盖面进一步扩大，安居工程和城中村拆迁、回迁进度不断加快，与人民群众生活密切相关的38件实事基本完成，食品安全最放心城市创建活动扎实开展，全市食品安全水平进一步提高，为拉动消费持续增长提供了有力支撑。

三、2010年市场展望

纵观国内外形势，2010年石家庄市消费品市场发展环境总体上将好于去年，诸多有利条件将支撑石家庄市消费品市场继续平稳较快发展。同时，影响石家庄市消费品市场发展的不利因素也不容忽视。预计2010年石家庄市居民消费的刚性需求仍将继续延续，消费市场继续保持快速增长的乐观态势，能够完成市委、市政府确定的全年实现社会消费品零售额1393亿元、同比增长17%左右的目标。

（一）消费品市场持续快速发展的有利条件

1. 国家继续实施扩大消费的调控政策。2010年国家将继续加大促进消费的相关政策。

中央经济工作会议已明确指出“要以扩大内需特别是居民消费为重点，增强消费对经济的拉动作用”，在继续实施家电下乡、汽车下乡、农机具购置补贴基础上，将进一步加强困难群众和农民消费能力的支持。“扩消费、拉内需”的宏观调控政策的连续性，有利于促进消费增长。

2. 消费者信心不断增强。随着世界宏观经济环境不断改善，我国继续实施积极的财政政策和适度宽松的货币政策，经济回升向好的基础逐步巩固，各项社会保障制度逐渐完善，改善民生的政策效应也将进一步显现，有助于增强消费者的消费需求信心和动力，稳定消费增长。

3. 城乡市场建设加快。2010 年，我市将继续实施强化省会战略，加速推进城镇化、工业化进程，三年大变样也进入决战之年，新农村建设在稳步推进，发展夜经济提上日程，商业服务业设施建设和发展迎来黄金机遇期，市场需求潜力会进一步释放，必将有力拉动消费增长。

4. 居民消费结构升级加快。当前我市居民正处于消费水平快速增长和消费结构转型升级时期，农村居民需求开始向耐用消费品迈进，城镇居民对汽车、娱乐休闲等高端产品和服务的需求也越来越大，为扩大消费提供了内在动力。

（二）影响消费品市场发展的不利因素

1. 城乡消费环境有待进一步改善。在城镇，商业网点规划还不够健全，部分商业设施存在重复建设和档次偏低现象，市场诚信体系建设缓慢，违规经营现象时有发生。在农村，商业服务体系不够健全、基础设施落后、产品质量尤其是食品安全较差等问题相对突出，为安全消费带来隐患。

2. 社会保障制度还不够完善。由于我国社会保障体系仍在不断完善当中，居民的住房、医疗、教育等大项消费支出不断增加，新增就业人口尤其是高校毕业生的就业压力增大，很大程度上制约了居民的即期消费。

3. 居民增收压力较大。城镇居民的工资性收入连续几年高增长后面临压力，影响财产性收入的不确定因素增加，部分行业和企业生产也还比较困难。农民面临“小生产”与“大市场”的矛盾，部分大宗农产品“卖难”现象时有发生，影响了城乡居民的持续增收。

4. 市场应急管理机制还不够完善。面对频繁出现的灾害性天气、疫情等各类公共突发事件，生活必需品市场波动的机率较大，而有关部门在监测预警、物资准备、应急处置等环节调控手段较少，将给生活必需品市场平稳运行带来挑战，需要进一步研究、改进和提高。

而就石家庄市 2010 年商务重点工作而言，围绕扩内需、促消费，继续开拓城乡市场，加快重点商贸和便民商业服务设施建设，大力发展夜经济、假日经济和会展经济，是发展石家庄市现代服务业的重点环节；围绕发展现代产业体系，着力加强国内外经济技术合作，不断创新招商方式，积极有效地利用外资，是进一步提高全市对外开放水平的重要举措。2010 年，石家庄市商务工作主要预期发展目标是：全市社会消费品零售总额同比增长 17%，外贸进出口总值同比增长 7.5%，实际利用外资完成 5.9 亿美元。

此外，2010 年石家庄市商务工作期待着三大亮点的如期闪亮：

一是加强商贸基础设施建设，提升商贸服务业整体服务的功能和档次，实现城市三级商务服务网络体系全覆盖。增强中心商贸区、区域性商业中心、社区商业的服务功能，形成定位准确，特色突出，功能互补，全面覆盖的城市三级商务服务网络体系。加强对42个“20 + X”重点商贸服务业项目的督导调度，协调项目建设中出现的问题，确保项目建设顺利完成。

二是市区新建改造60个标准化菜市场。建设60个标准化菜市场，同时建设国家级、省级商业示范社区。以服务范围2平方公里为标准，以800～1000米为设计半径，确定2010年市区新建改造60个标准化菜市场，总面积27万平方米，总投资3亿元。其中长安区12个、新华区11个、桥东区10个、裕华区11个、桥西区14个、高新区2个。同时，力争创建2个国家级、16家省级社区商业示范社区。

三是在每个区建成至少3条特色街。深入挖掘省会夜经济，石家庄市各区要在3月份开始动工建设，到7月1日前，每区建成3条以上特色街道，高新区建成1条街道。同时，以大型商贸服务设施为依托，延长营业时间，开展多种形式的促销活动，打造“北国—先天下”和“新百—东购”两个夜消费主商圈。

同时，以文化创意产业、研发设计和后台服务外包产业、“夜经济”等休闲产业、物流产业、金融和总部经济为重点，开展现代服务业项目对接，引进投资额5000万美元以上的项目，打造现代城市建设和现代服务业发展的新亮点；各县（市）要以特色主导产业为重点进行项目对接，引进投资3000万美元以上项目；省级以上开发区、产业聚集区要引进投资5000万美元以上的产业支撑项目。要重点办好综合性、国际性、国内合作重点招商活动，搭建引资平台。

（石家庄商务网）

2009 年山西省连锁经营发展状况

2009 年是山西发展史上极不平凡的一年。面对国际金融危机的冲击，全省人民在省委、省政府带领下，认真贯彻中央决策部署，紧紧围绕“三个发展”目标，着力保增长、保民生、保稳定，团结拼搏，砥砺奋进，实现了经济由下滑到较快增长的重大转变，推进结构调整和发展方式转变取得重大进展，在改善民生和构建和谐社会进程中迈出坚实步伐。

经核算，山西省全年实现生产总值 7365.7 亿元，比上年增长 5.5%。其中，第一产业增加值 477.6 亿元，增长 4.2%；第二产业增加值 4021.2 亿元，增长 2.3%；第三产业增加值 2867 亿元，增长 10.3%。按核算数据，2009 年山西省人均地区生产总值 21544 元，按 2009 年平均汇率计算，突破 3000 美元，达到 3154 美元。

2009 年，随着“扩内需、促消费、保增长”等一系列政策措施的到位，国际金融危机影响的减弱，居民消费信心逐步恢复，消费市场日渐活跃，消费水平不断提升，消费的平稳较快增长为全省经济企稳回升作出了积极贡献。2009 年全省实现社会消费品零售总额 2808.97 亿元，比上年同期增长 19.2%。

一、2009 年消费市场呈现五个特点

2009 年，全省商务事业经受严峻考验，面对国际金融危机的严重冲击，商务系统广大干部职工坚定信心，迎难而上，扎实工作，共克时艰，全省消费快速增长，同时对外贸易环比回升，利用外资结构优化，开发区发展逆势上扬，外经合作稳步推进，商务事业不断取得新的发展。

（一）市场向好，增速平稳，消费扩大

从全年的发展走势看，社会消费品零售总额增长较快、增速平稳，消费市场积极向好，消费需求不断扩大。从 2009 年月度运行的变化态势看，1 月份，受“两节”影响，山西社会消费品零售总额各月同比增速和累计同比增速水平较高，均为 23.4%。2 月至 4 月受金融危机波动影响，呈逐月下滑态势，月度增速由 2 月份的 17.5%，下滑至 4 月份的 17%，3 月份最低，为 16.7%。随着全省经济逐步企稳回升，5 至 8 月的增幅逐步上升，到 9 月份零售额的增幅达到 20.1%，比 8 月份提高 0.6 个百分点。12 月份增长 20.5%，增幅比 11 月份提高 1 个百分点。累计增速一直保持着较高水平，速度都在 18% 以上。

（二）城乡两旺，城市市场继续担当拉动消费主导

从城乡市场发展看，两大市场稳定增长，城市市场继续担当拉动社会消费品零售总额

增长的主导力量。其中，城市市场回暖较快，农村市场销售旺盛，增速快于城市。而随着国家和省内一系列“扩内需、促消费”措施的出台，特别是在国家“家电下乡”和“汽车下乡”等各项刺激农村消费措施的推动下，农村消费潜力逐步被释放出来，农村市场保持较快增长。

（三）批零稳定增长，住宿餐饮快速发展

从行业发展看，批零贸易业稳定增长，住宿餐饮业快速发展。2009 年全省批发业实现零售额 299.1 亿元，比上年同期增长 16.8%，零售业实现零售额 2071.5 亿元，增长 19.1%，整个批零业零售额占社会消费品零售总额比重达到 84.4%，呈现稳定增长的态势；住宿和餐饮业实现零售额 362.3 亿元，增长 23.3%，占社会消费品零售总额比重为 16.7%，所占比重超出上年同期 0.2 个百分点，保持快速发展的势头；其他行业实现消费品零售额 76.2 亿元，比上年同期增长 12.7%。

（四）大型商企领跑市场，销售增速明显放缓

从企业规模发展看，限额以上批零贸易企业市场优势进一步显现；中小型商业企业凸现活力。具体看，限额以上批零贸易企业全年保持稳定增长。2009 年，大型商业企业以其消费环境、品牌商品、服务质量等优势领跑市场。但受国际金融危机的影响，大型商业流通企业销售额增速明显放缓。我省限额以上贸易业虽一直处于较低迷的状态，但也保持了稳定增长态势。1～6 月份的增幅为 8.3%；1～9 月份，全省限额以上批零企业实现零售额 541.6 亿元，同比增长 13.5%，比 1～6 月份快 5.2 个百分点；1～12 月份限额以上批零企业实现零售额 773.3 亿元，同比增长 19.9%。2009 年全省限额以下贸易企业和个体累计实现零售额 1597.3 亿元，同比增长 18.7%。

（五）城市消费市场平稳增长，重点城市凸显危机影响

从山西省各城市发展看，消费市场呈平稳增长，但危机对重点城市的影响较大。从全年社会消费品零售总额增长看，朔州增速最快，增长 23.1%；吕梁增长 22.4%；运城增长 22.0%；临汾增长 21.7%；晋中增长 21.7%；阳泉增长 21.%；长治增长 21.7%；晋城增长 21.4%；忻州增长 18.4%；太原增长 16.4%；大同增长 16.3%。社会消费品零售总额位居前三的依次是太原市、运城市和临汾市，分别实现社会消费品零售总额 721.7 亿元、328.2 亿元和 272.6 亿元。

例如，受金融危机影响，太原市消费品市场运行呈现四个特点。

太原市统计局发布数据显示，2009 年太原市实现社会消费品零售总额 721.70 亿元，比上年同期增长 16.4%。

从月度发展趋势看，社会消费品零售总额增速整体平稳，呈现前低后高。上半年，受金融危机波动影响，月度增速均较低，但随着经济逐步回暖，6～10 月的增幅也逐步上升，10 月份受“十一”黄金周拉动，当月实现零售总额增幅 20.6%，为全年最高，11 月、12 月有所回落。

从城乡市场看，随着金融危机影响的逐渐减弱和居民消费结构的稳步升级，城市消费市场回升较快，充满活力。与此同时，随着政府一系列“扩内需、促消费”措施的出台，

特别是在“家电下乡”和“汽车下乡”等各项刺激农村消费措施的推动下，农村消费潜力逐步被释放，农村市场呈现稳定加速增长态势。

从行业发展看，批零贸易业仍占太原消费品市场的主导地位，保持较快增长。2009年，面对金融危机对市场的影响，各类商贸企业积极调整经营策略，加强市场营销，全市批发和零售业总体保持了平稳增长态势。2009年，全市批发和零售业实现零售额656.61亿元，同比增长17.1%，占全市消费品零售总额的91.0%。2009年，全市住宿和餐饮业实现零售额63.16亿元，增长10.8%，占全市社会消费品零售总额的8.8%，位居“老二”。

从太原市各县区发展看，2009年全市13个县（市）区消费品市场均呈现稳定增长势头，社会消费品零售额总量位居前三的依次是小店区、迎泽区和万柏林区。

二、2010年重点工作

2010年全省商务事业发展面临的国内外环境总体上将好于2009年，但仍将十分复杂，面临的困难和矛盾依然很多，形势依然严峻，积极因素和不利因素同时显现，短期困难和长期矛盾相互交织，不确定和不可预料的因素较多。我们要切实把思想和行动统一到中央对形势的分析判断和决策部署上来，统一到省委、省政府的工作要求上来，坚定信心、锐意进取，既要增强忧患意识、风险意识，又要把握好各种机遇，努力实现全省商务事业平稳较快发展。

2010年的商务工作，要全面贯彻党的十七大，十七届三中、四中全会以及中央和省委经济工作会议精神，以邓小平理论和“三个代表”重要思想为指导，深入贯彻落实科学发展观，服务全省“三个发展”、十大产业调整振兴规划和保持经济平稳较快发展的大局，坚持促消费、稳外需、调结构、上水平，努力实现全省商务工作平稳较快发展。要重点抓好八个方面的工作：

一是继续完善扩大消费政策，充分发挥消费的拉动作用；二是提高流通现代化水平，为消费的可持续发展奠定基础；三是稳定外需政策，保市场调结构，促进对外贸易稳步复苏；四是服务全省经济结构调整，提高利用外资规模和质量；五是大力推进晋非经贸合作区建设，拓宽山西经济发展空间；六是总结经验，认真编制山西“十二五”商务发展规划；七是精心筹备第三届能源博览会，打造对外开放新平台；八是加强队伍建设，为商务事业科学发展提供保障。

（山西省连锁经营协会）

2009年呼和浩特市消费品市场运行状况

在呼和浩特市进一步贯彻落实中央扩内需、保增长的政策措施下，呼和浩特市宏观经济环境逐步向好，居民消费信心进一步增强，消费品市场继续保持良好发展势态。据统计，1~10月，实现社会消费品零售总额522.46亿元，比上年同期增长18.8%。预计全年零售总额达634.56亿元，比上年同期增长19.0%。

一、市场分月份发展概况

2009年以来，呼和浩特市消费品零售额继续保持快速发展的良好势头，各月零售额增速均保持较高水平。从各月增长来看，除2月份因春节错月因素影响，零售额增速较低仅为16.8%外，其他月份增速均在17.0%以上。

二、消费市场主要特征

（一）农村市场逐渐升温

随着国家“家电下乡”政策的稳步推进，呼和浩特市农村居民消费能力、消费层次的提升空间明显增大，农村消费市场潜力正在逐渐显现。1~10月，该市农村市场实现零售额19.51亿元，比上年同期增长15.6%，城镇市场实现零售额504.95亿元，比上年同期增长19.4%。从各月城镇市场和农村市场零售额增长情况来看，农村市场正逐渐升温。

（二）限额以上企业继续保持高速增长

限额以上企业的蓬勃发展，推动着消费品市场的快速增长。1~10月，限额以上批发和零售业249家，住宿和餐饮业204家，共实现零售总额185.61亿元，比上年同期增长18.7%，拉动该市社会消费品零售总额增长0.9个百分点。其中，批发和零售业实现零售额170.63亿元，比上年同期增长26.7%，拉动全市社会消费品零售总额增长1.42个百分点；住宿和餐饮业实现零售额14.98亿元，比上年同期增长28.1%，拉动全市社会消费品零售总额增长1.5个百分点，限额以上企业继续保持高速增长。

1~10月，限额以下企业和个体经营户实现零售额332.85亿元，比上年同期增长15.0%，拉动全市社会消费品零售总额增长0.8个百分点。其中，批发和零售业实现零售额215.24亿元，比上年同期增长13.1%；住宿和餐饮业实现零售额117.61亿元，比上年同期增长 18.6%。

（三）批发和零售业发挥主导作用

分行业看，批发和零售业呈现较快的增长态势。1～10 月，批发和零售业实现零售额 385.86 亿元，比上年同期增长 18.7%，占全市消费品零售总额的 73.9%，拉动社会消费品零售总额增长 1 个百分点，成为消费品市场快速增长的主导力量。其中，批发业实现零售额 107.63 亿元，比上年同期增长 22.5%；零售业实现零售额 278.22 亿元，比上年同期增长 17.3%。

住宿和餐饮业增幅仍居各行业之首。1～10 月，住宿和餐饮业实现零售额 132.59 亿元，比上年同期增长 19.62%，占全市消费品零售总额的 25.4%，拉动社会消费品零售总额增长 1.35 个百分点。

其他行业加快发展。1～10 月，其他行业实现零售额 4.01 亿元，比上年同期增长 3.8%，占该市消费品零售总额的 0.7%，拉动社会消费品零售总额增长 0.2 个百分点。

三、消费市场主要热点

随着居民收入的增长和市场商品供应的丰富，加速了以住房、汽车为主要消费点的居民消费升级进程，市场销售热点频现。根据全市限额以上批发和零售业零售额统计，1～10 月销售热点主要集中在以下几个大类商品：

——作为生活的必需品，食品类、服装类和日用品类持续快速增长。据限额以上企业统计，1～10 月，食品、饮料、烟酒类实现零售额 25.39 亿元，比上年同期增长 68.9%；服装鞋帽、针纺织品类实现零售额 28.24 亿元，比上年同期增长 38.5%；日用品类实现零售额 4.66 亿元，比上年同期增长 24.4%。

——带动消费结构升级的热点商品消费增长明显。据统计，1～10 月，汽车类实现零售额 52.77 亿元，比上年同期增长 26.2%；与汽车销售相关的产品石油及制品类实现零售额 29.48 亿元，比上年同期增长 0.3%；与住房消费相关的家用电器类、家具类和建材及装潢材料类分别实现零售额 10.75、0.72 亿元、3.21 亿元，比上年同期增长 13.6%、36.8%、58.9%。

——奢侈品备受青睐。随着人们生活水平的提高，对奢侈品的需求越来越多。据统计，1～10 月，化妆品类实现零售额 1.58 亿元，比上年同期增长 69.6%；金银珠宝类实现零售额 2.49 亿元，比上年同期增长 47.2%。

（呼和浩特市统计局）

2009 年辽宁省消费品市场运行状况

2009 年，面对国际金融危机给市场运行带来的不利影响，辽宁省各级服务业部门锐意进取，陆续推出 37 项“促消费，保增长”系列主题活动，千方百计搞活流通、扩大消费，使辽宁省消费品市场呈现逆势增长并稳步加快发展的良好态势，实现了年初确定的“两个不低于”的奋斗目标。辽宁省全年社会消费品零售总额实现 5812.6 亿元，比上年增长 18.2%，高于振兴以来平均增幅的 4.4%，高于全国增幅的 2.7%，扣除价格因素，实际增长 18.4%，高于上年实际增幅的 2.5%。

一、2009 年市场运行主要特点

（一）区域消费齐头并进

1. 主动融入沈阳经济区、辽宁沿海经济带开发建设和突破辽西北三大战略，区域流通活力增强。2009 年，三大区域社会消费品零售额分别比上年增长 18.3%、18.2% 和 18.1%。

2. 依托城市辐射功能，积极扩大展会消费。年内共举办各类展会 529 个，成交总额达 2046 亿元，比上年增长 27.7%。

3. 城区消费加速放大，社会消费品零售额同比增长 20.1%，高于辽宁省平均增幅的 1.9%。大型商业企业领军作用凸显，全年限额以上批发零售企业实现商品零售额 1620 亿元，比上年增长 18.8%。

（二）农村消费快速提升

1. 家电下乡推广进展顺利。截至 2009 年 12 月 31 日，辽宁省累计销售家电下乡产品 93.7 万台（部），销售额 17.7 亿元，每百户农民购买量达 13.4 台。

2. 农村现代流通体系加快推进，全年新建“万村千乡”连锁农家店 2020 家，改造和建设商品配送中心 50 个。截至 2009 年年底，辽宁省连锁农家店总数达到 17100 家，覆盖辽宁省 98% 的乡镇和 80% 的行政村。

3. 6 个农产品批发市场和 15 个农贸市场纳入“双百市场工程”并予以重点扶持，年交易额实现 125 亿元。农商对接深度拓展，先后举办了面向辽西北的农商对接采购活动和 3 次“网上对接会”，实现农产品交易额 15.3 亿元。

4. 各项惠农举措有效拉动了农村消费。2009 年，辽宁省县及县以下农村市场社会消费品零售额实现 1001.6 亿元，比上年增长 18.5%，增幅高出城市 0.4 个百分点。

（三）节庆消费流光溢彩

黄金周市场繁荣火爆，节日消费频掀高潮。据省内重点商业企业监测显示，春节 7 天假日销售同比增长 23.1%，国庆 8 天长假销售增长 20.8%，分别高于全国增幅的 9.3% 和 3.8%。“清明”、“五一”、“端午”、“中秋”等小长假消费各具特点，重点监测的大型商业企业销售额增幅均达 20% 以上。据测算，几大节日消费拉动全年社会消费品零售额同比多增 0.7 个百分点。

（四）便民消费方兴未艾

“早餐示范工程”取得突破，辽宁省全年共建设培育主食加工配送中心和早餐连锁龙头企业 26 个，规范发展早餐经营服务网点 1530 个，8 家企业成为全国早餐示范工程建设试点企业。2009 年，辽宁省住宿和餐饮业零售额同比增长 22%，高出全省消费品零售总额增幅的 3.8%。社区标准化菜市场建设全面启动，辽宁省重点改造建设的 50 个社区标准化菜市场，正成为便民消费的新亮点。

（五）车房消费逆势攀高

2009 年，辽宁省房地产开发投资同比增长 28.1%，商品房销售 5375.1 万平方米，销售额 2168.3 亿元，分别增长 31.4% 和 41%。汽车消费形成热点，全年限额以上批发零售贸易业汽车类商品实现零售额 440 亿元，比上年增长 54.5%；销售汽车摩托车下乡产品 17.2 万辆，其中汽车 5.4 万辆。

（六）服务消费稳步扩展

2009 年，辽宁省城镇居民服务性消费支出突破 3000 元，同比增长 14%。特别是旅游、信息、文化等高端服务性消费日益升温。辽宁省旅游市场入账 2225.1 亿元，比上年增长 27.8%；全年共接待旅游者 2.4 亿人次，增长 22%。辽宁省电信业务总量 909 亿元，比上年增长 16%。移动电话用户达到 2882 万户，增长 19%；互联网用户达到 503 万户，增长 21%。文化、娱乐、健身消费渐成时尚，其中本山传媒股份有限公司营业收入超过 1.5 亿元。

（七）安全消费得到保障

有关部门协同，重点开展了生猪屠宰加工行业的专项整治，全省出动执法人员 10 万余人次，查处违规企业 127 家。其中依法取缔 60 家，端掉私屠滥宰、非法注水、注胶等窝点 52 家，查获病死猪、病害猪、注水猪和未经品质检验的猪肉 30 余吨。加强酒类流通管理，组织开展检查活动 332 次，查处违法案件 780 起，吊销酒类批发许可证 183 份，查处假冒伪劣酒 35032 瓶，捣毁酒类黑窝点 5 个，处罚金额 140 万元。

二、2010年消费市场发展趋势

2010年，随着各国稳定金融和刺激经济增长政策效应进一步显现，我国经济回升向好趋势将有所巩固，市场形势总体将会好于上年。从有利条件看：

一是2010年我国将保持宏观经济政策连续性和稳定性，实施积极财政政策和适度宽松的货币政策的总基调不会改变，财政政策将更加注重“调结构”和“惠民生”，货币政策将更加注重“适度”。增加居民消费，特别是农民消费，仍然是扩大内需的重点。

二是辽宁省各级党委、政府高度重视发展服务业，产业政策的重心将进一步向调结构、促升级转变，物联网、软件业、服务外包、科技服务、创意设计、现代物流等新兴产业和高技术服务业的快速发展，必将扩展新的消费空间，创造新的消费增长点。

三是2009年我国粮食总产量达到53082万吨，比上年增长0.4%，连续6年增产。粮食、油类、肉类等主要农产品供求总体平衡，库存充足，市场供应有保障，为确保市场平稳运行奠定了良好基础。

四是城乡居民收入持续快速增长，2009年辽宁省城镇居民人均可支配收入15800元，比上年实际增长10%；农民人均纯收入6000元，实际增长8%。2010年辽宁省将继续加大民生方面的投入力度，重点完善社保体系、支持教育事业、推进医疗改革、支持涉农工程，增强居民消费预期。

五是辽宁省企业经过金融危机洗礼，创新能力有所增强，生产经营进一步向好。2009年1—4季度，辽宁省企业家信心指数分别为102.3、112.3、121.0和124.6，连续四个季度攀升；四季度辽宁省有34.4%的企业认为宏观经济环境乐观，比三季度提高1.5个百分点，同比提高13.1%。

但是，市场发展仍然存在诸多不确定因素，从不利因素看：

一是国内外经济发展形势仍很复杂，不稳定、不确定因素依然较多。随着国际和国内市场彼此影响日益加深，宏观经济政策国际协调难度加大，各种贸易摩擦会对国内消费市场造成影响。

二是各项拉动内需、扩大消费的政策尚需进一步落实到位，特别是涵盖广泛的低收入群体消费能力亟待增强。

三是2009年下半年以来，经济形势走好带来了物价恢复性上涨，各地水、电、气等公共产品价格相应调高，加之近期蔬菜等农产品市场波动较大，使社会对通胀的预期增强，给稳定市场带来难度。

四是农产品“小生产”与“大市场”的矛盾仍很突出，白菜、香蕉等大宗农产品“卖难”现象时有发生，影响农民持续增收。

五是市场应急管理机制还不够完善，面对频繁出现的灾害性天气、疫情等各类公共突发事件，在监测预警、物资准备、应急处置等环节，尚需改进和提高。

因此，2010年消费品市场仍将保持较快发展态势，如无大的突发事件发生，辽宁省社会消费品零售总额有望增长16%以上。

（辽宁省服务业委员会）

2009 年黑龙江省连锁经营发展状况及 2010 年展望

在风云变幻的 2009 年，我省零售业以发展的蓬勃生机和惊世成就，似亮丽的风景线横空东方。回眸 2009 省内市场行业发展态势，可概括这样几句话：多方投资抢占市场，强势企业开店迅猛，二三线城市燃烧战火，业态发展更趋多样化。

2009 年外来资本走马灯似地出没于黑龙江市场，虎视眈眈地注视着市场每个空隙和每个弱势企业。除外资资本，还有不可小视的南方民间资本的大资金流涌入，短时间内在各市县迅速开店跑马占荒。此外，还有周边省份高端百货的强势进入。

2009 年庆客隆在美国 OTCBB 成功转入纳斯达克主板，先后融资 5550 万美元，让这个全省业界公认的最大民营企业携资本之力开始了新一轮的扩张，仅 2009 年就新开 7 家门店。

为避开与大城市外资超市的正面冲突，省内的多股投资势力都选择先在大城市以外范围发展，这样很多企业已先在二三线城市，尤其是以往比较安静的县级城市展开了正面交火。例如同江是 6 ~7 万人口的边境小城，目前已开出 2 ~3 家 2.5 万平方米左右的百货和超市。类似情况在绥化、安达、绥棱、肇东、海伦、宝泉岭等地也有上演。

适应个性消费需求变化和市场竞争需要，2009 年零售业态的变革也进入了空前活跃期。除了开始将较大规模发展的标超向生鲜化转型之外，又出现了许多零售业态形式。如省城哈尔滨近一二年有很多企业投资于便利店连锁化发展，有些企业在城市中心商业聚集区尝试开高端超市。百货店市场更是面临着“山雨欲来风满楼”的竞争形势，为了适应竞争和发展，企业不断增加现代百货店因素，并开始小范围尝试商品自营。随着“大众消费时代”逐渐向“个性消费时代”的转移，除大型专业连锁店（如家电、家居）继续高速发展外，中小型专业专卖连锁店以更多业种和业态发展起来，其中以服饰类和化妆美体类的专业专卖连锁店发展最为兴盛。

展望 2010 年的市场走势：

一是强者愈强，企业间的差距愈加拉大。几年下来，那些注重打好管理基础、注重人才培养和储备、注重管控能力提高的企业的竞争优势越发显现出来。管理基础打的好，控制能力强的企业，将在下一轮的竞争发展中更有斗法的空间和施展舞台，将在竞争较量中占居上风，店铺数量会越来越多，规模优势会越来越大，市场话语权会越来越强。

二是购并重组的好戏将在行业不断上演。一方面资本的驱利性导致企业的加快扩张，一方面网点资源的稀缺性必然导致购并好戏的不断上演。

三是随着百货店数量的急剧增多，特别是高端百货的强势切入，将促进百货业加快变革目前这种不承担风险的“食利性”经营模式和盈利模式，向自营方向转型。

四是竞争的紧迫态势，将促使那些想把企业长久做下去，并且能够保持一定发展优势的聪明经营者进行带有自我否定和自我完善的调整，包括组织的重新架构、流程的梳理和再造、信息化管理的强化，品类管理的推广与运用，以及配送功能的匹配等。

五是经营方式上不仅已有超市百货化的变革，而且购物中心这种集餐饮、休闲、娱乐、购物于一体的“一站式的”经营场所，不仅在大城市存在，在县城也将出现。做得成功的话，凭其影响力和杀伤力，将对其他零售业态形成“通吃”局面。

（黑龙江省连锁经营协会　李远志）

2009 年上海市服务业发展报告

2008 年是很不寻常、很不平凡的一年。面对外部严峻复杂经济环境的不利影响和自身发展转型的严峻考验，上海市深化完善产业发展政策，大力推进产业结构优化升级，经济发展方式转变取得了新的进展。全面落实国家关于加快发展服务业的政策意见，从土地、规划、资金、审批等方面支持现代服务业发展，推动现代服务业集聚区和生产性服务业功能区建设，金融保险、现代物流、信息服务和旅游、会展、商贸等服务业发展态势总体平稳，第三产业增加值占全市生产总值的比重达到 53.7%。

2008 年上海服务业呈现平稳较快发展。第三产业增加值为 7350.43 亿元，比 2007 年增长 11.3%；第三产业增加值占全市生产总值的比重为 53.7%，比 2007 年提高 1.1 个百分点。服务业产业结构趋向均衡。商品市场流通规模进一步扩大，社会消费品零售总额增长加快，商业扩大内需作用突出；同时，商业对全市 GDP 增长、对扩大就业、对固定资产投资的贡献均有提高，成为经济发展重要支柱和建设和谐社会的重要"稳定器"。随着上海加快建设国际金融中心，金融业对上海经济发展的推进作用日益重要；物流业稳步发展，国际航运中心建设取得新进展；信息产业贡献率上升，显示出技术密集型产业的支柱地位；专业服务业不断深化和完善，成为集聚总部经济的重要支撑；电子商务和网上购物等新型商业业态高速发展；与制造业密切相关的生产性服务业增长较快，对经济增长贡献率大幅提高；旅游业发展水平不断提升，旅游业相关设施得到长足发展；服务业布局结构日益优化，郊区服务业发展速度更快，与中心城区服务业差距逐步缩小，涌现出一批独具特色的服务业知名企业和功能区域。以现代服务业集聚区、服务外包园区、创意产业园区等为代表的新兴服务业载体得到长足发展，综合效益逐步显现。服务业对外开放水平进一步提高，全年服务业新批外商投资企业数量占全市的 87.5%；吸收合同外资占全市的 73.3%，上海吸引外资日益呈现出以服务业为主的结构特点。

2009 年是世界经济近十年来最为困难的一年，国内外经济不稳定、不确定因素仍然很多，对上海服务业发展有挑战也有机遇。从内部来看，上海服务业的发展如何更有效支持经济发展，促进上海经济转型和产业结构升级，将对 2009 年上海经济"保增长"起到至关重要的作用。2009 年 3 月，国务院常务会议正式通过了《关于率先形成服务经济为主的产业结构，加快推进上海国际金融中心和国际航运中心建设的意见》，这给上海服务业，尤其是金融业、物流业、商贸流通业等发展带来重大契机。年初，市委、市府提出要大力推进上海国际贸易中心建设，一系列后续措施也将有力带动商贸等服务业发展。2009 年面临迎世博关键之年，这将推动上海消费服务业发展走上新台阶。预计 2009 年上海服务业将保持较快增长，服务业利用外资程度不断加深，结构进一步优化，服务业领域实现更多突破。全年服务业增加值超过 8100 亿元，按现价比 2008 年增长 10% 左右，服务业增加值比重占全市生产总值比重进一步提高。2009 年，上海将以推进国际贸易中心建设为抓手，以提高市场开放度、贸易便利化程度和市场化水平为核心，围绕平台建设、贸易主体、贸易功能和贸易环境等基本问题，促进产业转型升级，加快形成以服务经济为主的经济结构。围绕“扩内需、调结构、保增长”的经济发展要求，抓紧制定具体办法和实施细则，切实发挥政策效应，促进消费流通发展。进一步优化贸易结构，大力发展服务外包和服务贸易，优化进出口产品结构，推进加工贸易转型升级；加强政府服务力度，支持中小型企业创新发展；加快推进服务业对外开放，加大引资工作力度，稳定利用外资规模，支持各类有条件的企业对外投资和开展跨国并购，充分发挥大型企业在“走出去”中的主力军作用。

一、2008 年上海服务业发展总体概况

（一）服务业呈现平稳较快发展

2008 年全年、2009 年一季度上海服务业总体保持平稳较快发展，服务经济为主的经济结构正在进一步调整中。2008 年上海第三产业增加值为 7350. 43 亿元，比 2007 年增长 11. 3%；第三产业增加值占全市生产总值的比重为 53. 7%，比 2007 年提高 1. 1 个百分点。2009 年一季度第三产业增加值为 1893. 8 亿元，同比增长 13. 1%；由于工业增加值呈现下滑，第三产业增加值占全市生产总值的比重达到 60. 1%。

受国际金融危机和经济刺激政策影响，2008 年服务业发展速度呈现先下降后回升的态势。2008 年 1 ~ 3 月、1 ~ 6 月、1 ~ 9 月及全年服务业增速分别为 10. 2%、9. 3%、9. 5% 和 11. 3%。随着国家四万亿投资计划和扩大内需政策不断推进落实，服务业发展速度继续回升，今年 1 季度达到 13. 1%。

受金融、地产等周期性行业影响，服务业发展势头有所放缓，服务业对经济发展贡献率略有下降。与 2007 年相比，2008 年服务业发展速度下降了 5. 8 个百分点，对经济发展贡献率下降了 0. 6 个百分点。其中主要是金融、地产等周期性行业受国际金融危机影响增速放缓甚至负增长所致。

（二）服务业产业结构趋向均衡

商贸业、信息产业贡献率上升。2008 年批发零售贸易业和信息产业增加值分别占全市生产总值的 9. 3% 和 4. 3%，比 2007 年分别提高了 0. 4 和 0. 2 个百分点；两大产业对经济增长的贡献率分别为 10. 5% 和 7. 8%，比 2007 年分别提高了 2. 9 和 2. 8 个百分点。显示出以内需为基础的产业和技术密集型产业的支柱地位。

生产性服务业等其他服务业增长较快。商务服务和居民服务的门类进一步多样化，微观经济主体活跃度不断增强，服务创新意识日渐提高，服务业功能日趋完善。2008 年其他服务业增加值达到 2286. 51 亿元，比 2007 年增长 22. 2%；占全市生产总值比重为 16. 7%，比 2007 年提高 1. 3 个百分点；对经济增长贡献率达 34. 2%，比 2007 年大幅提高 15. 6 个百分点。

逐步摆脱对金融、房地产业增长的依赖性。由于国际金融危机的冲击，2008 年金融、房地产业增加值分别为 1442. 6 亿元、747 亿元，占全市生产总值比例分别为 10. 5%、

5.5%，金融、房地产业对经济增长贡献率分别大幅下降了4.8和14个百分点，但服务业总体仍保持了稳定较快增长。显示上海服务业发展正逐步摆脱对金融、地产业的增长依赖，扮演着兼有经济发展引擎和稳定器的双重角色。

（三）重点产业保持稳定发展

1. 商业扩大内需成效显著

商品市场流通规模进一步扩大，流通先导型经济初步确立。2008年实现商品销售总额26798.44亿元，比2007年增长31.4%。商品流通规模历史上首次超过工业生产规模；增长速度在全市主要经济指标中列第一。标志着流通现代化不断加快，上海作为国际化大都市的贸易和消费功能得到进一步提升。

市场销售增长加快，商业扩大内需作用突出。2008年实现社会消费品零售总额4537.14亿元，比2007年增长17.9%。在拉动全市经济增长的“出口、投资、消费”三大主力中，社会消费品零售总额增速高于全社会固定资产投资总额增速9.6个百分点，高于外贸出口商品总额增速0.2个百分点。消费成为引领经济发展的首要因素，显示上海商业扩大内需成效显著。其中热点的消费领域有：餐饮业实现零售额669.54亿元，比2007年增长20.3%；家居类商品实现零售额569.67亿元，比2007年增长21.7%；通讯类商品实现零售额118.94亿元，比2007年增长19.9%；轿车类商品实现零售额287.84亿元，比2007年增长25.1%。

商业对全市GDP增长贡献明显，成为经济发展重要支柱。2008年批发和零售业实现增加值1266.37亿元，比2007年增长11.6%；住宿餐饮业实现增加值246.89亿元，比2007年增长4.3%。商业合计完成增加值1513.26亿元。在其他主要行业增速减缓、占比下降的情况下，商业增加值占全市和第三产业比重分别达到11.0%、20.6%，均比2007年提高0.4个百分点。商业继续保持第三产业增加值行业第一，在第三产业中占主体地位。

商业对全市扩大就业的作用日趋明显，成为建设和谐社会的重要“稳定器”。一是商业吸收就业率居第三产业第一。上海商业从业人员超过200万人，约占同期全市从业人数的23%，占第三产业从业人数的近40%，是第三产业中提供就业岗位最多的行业。二是商业为扩大就业做出新贡献。在2008年全市提供的60万个新增就业岗位中，商业占50%以上。

商业投资对全市固定资产投资贡献提高，成为推动经济可持续发展的重要因素。一是商业投资加快增长。2008年上海商业固定资产投资总额完成254.45亿元，比2007年增长6.9%，增速提高5.8个百分点。二是2010年上海举办世博会，7000万参观客流的商机催动了餐饮业、酒店宾馆业的投资建设。2008年房地产商业设施、住宿业、餐饮业完成投资分别比2007年增长8.6%、27.2%、2.7%。三是新落成的商业设施成为2009年扩大消费的新增长点。2008年新开工房屋面积、施工面积分别比2007年增长43.2%、7.6%；竣工面积中，批发业、住宿业分别增长1.7倍、1.4倍。

2. 金融业加快发展

随着上海加快建设国际金融中心，金融业对上海经济发展的推进作用日益重要，2008年实现金融业增加值1442.6亿元，比2007年增长15%。

金融机构加快集聚。2008年新增各类金融机构82家。到2008年年末，全市有各类金融机构 689 家。其中，银行业机构 124 家，保险业机构 291 家，证券业机构 94 家。在沪经营性外资金融机构达到 165 家。在沪经营的外资银行及财务公司（不含外资银行同城支行）93 家。外资银行及财务公司资产总计 7606. 98 亿元。

存贷款规模继续扩大。到 2008 年年末，全市中外资金融机构本外币各项存款余额 35589. 07 亿元，贷款余额 24166. 12 亿元。2008 年金融机构现金收入 27410. 94 亿元，现金支出 28263. 65 亿元，收支相抵现金净投放 852. 71 亿元。

2008 年通过资本市场筹资 3294. 91 亿元，比 2007 年下降 53. 5%。到 2008 年年末，证券市场上市证券数 1184 只。2008 年上海证券交易所各类有价证券成交金额 27. 18 万亿元，比 2007 年下降 28. 5%。上海黄金交易所成交金额 8995. 48 亿元，比 2007 年增长 1. 7 倍。上海钻石交易所成交金额 13. 07 亿美元，比 2007 年增长 30. 5%。2008 年保费收入 600. 06 亿元，比 2007 年增长 24. 3%。

3. 物流业稳步发展

2008 年实现交通运输、仓储和邮政业增加值 769. 64 亿元，比 2007 年增长 1. 8%。

国际航运中心建设取得新进展。2008 年上海港货物吞吐量达到 5. 82 亿吨，比 2007 年增长 3. 6%，连续第四年保持全球第一。2008 年港口集装箱吞吐量达到 2800. 6 万国际标准箱，增长 7. 1%，继续名列全球第二位。其中，洋山深水港区完成 822. 7 万国际标准箱。洋山深水港国际标准集装箱水水中转比例达到 49. 8%。货运保持稳定增长。2008 年各种运输方式完成货物运输总量 8. 43 亿吨，比 2007 年增长 7. 3%。航空货邮量达到 305 万吨，增长 5%，其中浦东机场的航空货邮量居世界第三位。

重点物流园区综合服务功能进一步提升，深水港物流园区加快推进洋山保税港建设，已完成项目三期建设并投入使用，为发展国际中转物流奠定基础。2008 年，外高桥物流园区跨国配送和国际采购以及国际中转货值比重已达 65%，实现进出区货值 550 亿美元，比 2007 年增长 43. 6%。浦东空港物流园区依托机场第三跑道和西货运区建设，吸引 UPS 上海国际航空转运中心项目落地并建成启用，大大提升往来欧洲、美洲和亚洲等地的快递和大宗货运处理效率。西北综合物流园区已建成陆上货运交易中心，拥有 80 个公路货运中转口，300 个交易席位，实现了物流交易、城际货物中转、城市配送、物流信息一体化运作，使物流市场有了突破性发展。

4. 旅游业发展水平不断提升

2008 年实现旅游产业增加值 958. 5 亿元，比 2007 年增长 7. 1%。

旅游业相关设施得到长足发展。到 2008 年年末，全市已有星级宾馆 310 家，其中五星级宾馆 37 家；旅行社 901 家，其中国际旅行社 55 家，国内旅行社 846 家；A 级旅游景点 24 家，其中 5A 级景点 2 家，4A 级景点 21 家；红色旅游基地 26 个，其中全国红色旅游基地 4 个；工业旅游示范点 15 个，农业旅游示范点 16 个；旅游咨询服务中心 27 个，旅游集散中心站点 5 个。

受国际金融危机冲击，2008 年国际旅游入境人数有所下降，但受人民币升值等因素影响，国际旅游外汇收入保持稳定增长。全年接待国际旅游入境人数 640. 37 万人次，比 2007 年下降 3. 8%。其中，入境外国人 507. 4 万人次，下降 5. 5%；港、澳、台同胞 132. 97 万人次，增长 3. 2%。在国际旅游入境人数中，过夜旅游人数 526. 47 万人次，比 2007 年增长 1. 2%。2008 年国际旅游外汇收入 50. 27 亿美元，比 2007 年增长 6. 1%。

国内旅游继续保持旺盛。2008 年接待国内旅游者 11005.67 万人次，比 2007 年增长 7.8%。其中，外省市来沪旅游者 7842.05 万人次，增长 1%。国内旅游收入 1612.41 亿元，增长 0.1%。

5. 信息产业继续保持较快发展

2008 年实现信息产业增加值 1670.52 亿元，比 2007 年增长 14.2%。其中，信息产品制造业增加值 944.61 亿元，增长 11.2%；信息产品销售业增加值 35.27 亿元，增长 21%；信息服务业增加值 690.64 亿元，增长 18.4%。全市用于信息化建设的固定资产投资 278.69 亿元，占全社会固定资产投资总额的比重为 5.8%。

信息基础设施服务能级进一步提升。到 2008 年年末，集约化信息管线累计敷设 4007.14 沟公里，比 2007 年年末增加 876.14 沟公里；互联网用户达到 1160 万人，增加 80 万人；宽带接入用户 418.6 万户，增加 54.6 万户。

信息技术应用水平继续提升。2008 年完成电子商务交易额 2758.17 亿元，比 2007 年增长 13.7%。口岸税费电子支付系统入网企业累计 3500 家，2008 年实现电子支付金额 1004 亿元，比 2007 年增长 14.1%。

信息化发展环境不断完善。到 2008 年年末，数字证书累计发放 138.65 万张。社会信用体系持续完善。到 2008 年年末，个人信用联合征信系统覆盖 1047 万人的信用信息，比 2007 年年末增加 118 万人；个人信用产品提供量达到 1008 万份，增加 100 万份。

（四）服务业布局结构日益优化

2008 年，上海各区、县服务业快速增长。其中，郊区服务业发展速度更快，与中心城区服务业差距逐步缩小，涌现出一批独具特色的服务业知名企业和功能区域，服务业在郊区和中心城区间布局结构逐步向均衡优化方向发展。其中增长最快的三个区县分别是南汇区、奉贤区和青浦区，其服务业增加值分别比 2007 年增长 24.5%、21.2% 和 19.5%。上海郊区随着城市化进程的加快，交通基础设施日益完善，产业结构不断提升，新城、新市镇和产业园区的商务、商业环境逐步优化，加上土地等资源硬约束远小于中心城区，郊区服务业的发展具有更大的空间和潜力。

2008 年，上海以现代服务业集聚区、服务外包园区、创意产业园区等为代表的新兴服务业载体得到长足发展，综合效益逐步显现。其中，20 个现代服务业集聚区全面启动，全年启动和在建的重点项目 47 个，总投资达到 700 亿元左右，商务楼宇及商业文化综合设施建筑面积合计逾 638 万平方米。这些集聚区为总部经济发展营造良好的环境，吸引龙头企业总部入驻，从而产生集聚效应，带动促进相关专业服务业和生活服务业的配套发展，已呈现产业集群、总部集聚、资源集约、效益集中的良好趋势。同时，一些集聚区还成为促进消费、应对国际金融危机、拉动区域经济发展和转变经济发展方式的龙头。

（五）服务业对外开放水平进一步提高

2008 年，服务业新批外商投资企业 3281 个，占全市项目数的 87.5%；吸收合同外资 125.51 亿美元，比 2007 年增长 30.9%，占全市合同外资的 73.3%。上海吸引外资日益呈现出以服务业为主的结构特点。

批发零售和住宿餐饮业利用外资合同项目占全市“半壁江山”。2008 年利用外资合同项目1892项，分别占全市和第三产业合同项目总数的50.5%、57.7%；利用外资合同金额23.97亿美元，比2007年增长19.9%。在国际金融危机全面爆发的情况下，外商进一步看好世博会来沪客流大幅增加的商机，看好上海商业的发展前景，增资扩资数量明显加大。

房地产吸引外资增速出现较大反弹，2008年共批准房地产项目124个，合同外资43.23亿美元，比2007年增长60.9%；服务外包企业规模和业务范围不断扩大，2008年新批准设立从事服务外包服务的外商投资企业38家，吸收合同外资1.53亿美元；金融服务业增长较快，2008年金融服务业合同外资达5.53亿美元；物流领域保持平稳发展，2008年共批准物流项目125个，吸收合同外资8.41亿美元。

总部经济发展继续保持良好势头。2008年共认定40家跨国公司地区总部，有13家投资性公司获得商务部批准，空气化工产品（中国）投资有限公司被商务部认定为国家级地区总部。截至2008年年底，全市共认定了224家地区总部，批准了178家投资性公司，其中国家级地区总部17家。2008年投资性公司增资十分踊跃，共有33家投资性公司增资，增资额达22.8亿美元。

二、2009年上海服务业发展环境分析

（一）国务院通过“二个中心”建设，给上海服务业发展带来重大契机

2009年3月25日，国务院常务会议正式通过了《关于率先形成服务经济为主的产业结构，加快推进上海国际金融中心和国际航运中心建设的意见》（以下简称《意见》）。会议提出，到2020年，将上海基本建成与中国经济实力和人民币国际地位相适当的国际金融中心，具有全球航运资源配置能力的国际航运中心。主要将完成以下五项任务：一是建设比较发达的多功能、多层次金融市场体系。二是优化现代航运集疏运体系，实现多种运输方式一体化发展。三是发挥先进制造业优势，为服务业发展提供有力支撑，以服务业发展带动先进制造业的更大发展。四是坚持以改革促发展，以改革解难题，以改革建制度。推进企业改革和改组，特别要加快政府职能转变和管理创新，为经济和社会发展营造良好环境。五是加强上海与长三角地区以及国内其他中心城市的相互协作和支持，加强与香港的优势互补和战略合作，形成分工合理、相互促进、共同发展的格局。

在此背景下，上海服务业发展将迎来新的重大发展机遇。首先，当前上海经济正处于经济发展转型的关键时期。在应对国际金融危机的形势下，国务院正式通过上述意见，对于推进上海加快发展现代服务业，发挥上海的比较优势和示范带动作用，更好地服务长三角地区、服务长江流域、服务全国，具有重要意义。其次，从发达国家经济发展经验来看，金融业和航运业是现代服务业发展的重要主体，具有产业规模庞大、门类复杂、带动力强等多种特点，发展金融业和航运业，对于提高服务业发展的总体水平具有极大的推动作用。再次，上海建设国际金融中心从国家层面进一步明确，将更有效地推进上海金融生态环境建设，更有利于解决企业产业升级和产业结构调整中的资金瓶颈问题。第四，上海建设国际航运中心，将有利于强化上海作为航运枢纽中心的地位，更好地满足周边地区和全国的国际航运要求。同时国家明确积极稳妥发展航运金融服务和多种融资方式，也给上

海发展航运金融等高端服务业创造机会，推动上海积极发展船舶融资、海上保险、资金结算等业务，从而掌握行业制高点和话语权，通过发展高端服务业提高航运“软实力”。随着对《意见》的进一步深化和实施，上海服务产业（包括金融业、物流业、商贸流通业、信息产业、各类商务服务业等）将迎来新的重大发展契机。

（二）上海国际贸易中心建设今年破题，有力带动商贸等服务业发展

2008 年年底，市委、市政府把上海国际贸易中心建设提上重要议事日程并要求今年破题。2009 年年初，市十三届人代会第二次会议上，韩正市长在作《政府工作报告》时提出：“要大力推进上海国际贸易中心建设”，作为“四个中心”之一的国际贸易中心建设再度成为上海经济发展的热点。

通过与世界主要国际贸易中心城市的比较研究可以看到，上海已基本超越了传统国际贸易中心的阶段，正处于建设现代国际贸易中心的初级阶段，今后几年将是上海建设国际贸易中心的关键时期。就硬件而言，上海建设现代国际贸易中心的条件已经不比国际上著名大都市差，如长三角地区发达的制造业基础、背靠极具潜力的国内市场、优越的地理位置、良好的空港海港和陆路运输基础、日趋繁荣的金融业等。然而，在软件上方面上海尚有不小差距，主要是城市综合服务能力较弱，产业服务体系和功能不全，服务层次和创新能力都有待提高。因此，上海在建设国际贸易中心的重点主要是大力提高“软实力”：一是加快内外贸一体化进程，形成统一的内外贸市场；二是加强长三角区域合作，形成合作共赢的新格局；三是大力吸引跨国公司，形成万商云集的新局面；四是培育本土的国际跨国公司，带动国际贸易的发展；五是确立服务贸易发展重点，推动服务贸易发展；六是加强会展行业管理，推动上海国际会展中心建设；七是加大品牌培育力度，积极培育一批品牌产品和品牌企业；八是加强信息化建设，大力推进电子商务发展；九是构筑市场化、社会化的贸易和投资推广、促进和服务体系。通过上述一系列措施，上海将不断完善贸易环境，推动提高市场的开放度和便利度，降低交易成本，提升市场化水平，促进产业转型升级，有力带动商贸流通业及其相关服务业的发展。

（三）面临迎世博关键之年，上海服务业发展有压力更有动力

2010 年上海世博会召开在即，2009 年世博会筹办进入临战状态，是迎世博的关键之年。世博会将迎来 7000 万参观客流，既带来巨大商机，同时也向零售、餐饮、休闲娱乐、旅游、酒店等消费服务业提出全面系统的新要求，是检验上海消费服务业发展水平的重要契机。根据《迎世博 600 天行动计划》、《上海市迎世博 600 天窗口服务行业行动纲要》的要求，上海消费服务业将全体总动员迎世博，在服务质量、服务水平、服务效率、服务标准、服务环境、服务功能等方面全面提升与提高，从而推动消费服务业发展走上新台阶。同时，抓住迎世博的重大契机，结合传统节庆消费和重大活动，商贸流通企业、消费服务企业也将创新营销方式，加大促销力度，进一步扩大内需启动市场。

迎世博关键年也是各项基础设施建设的关键年。2009 年上海将继续加快枢纽型、功能性、网络化重大基础设施建设，完善城市功能，迎接世博会举办。以服务世博为主线，积极有序推进重点地区开发。这些重大基础设施的建成和重点地区的开发，将为消费服务业发展带来新的市场机会，并对消费服务业布局带来重大影响。同时，世博会也带动上海

商业投资保持稳定增长，为商业可持续发展奠定基础。受全球金融危机影响，全市固定资产投资增速趋缓，但商业投资受益于世博的格局基本不变。2009 年一季度，全市固定资产投资增速进一步下滑，但商业固定投资总额 58.5 亿元，同比增长 9.5%，比全市增速高出 7.8 个百分点。

（四）国际经济增长放缓，上海服务业发展有挑战也有机遇

2009 年是世界经济近十年来最为困难的一年。国际金融危机的影响仍在延续，对全球实体经济的影响还未见底，世界经济不稳定、不确定因素继续增多。外部需求明显减弱，我国经济下行压力明显加大，发展中的困难与问题明显增多。但是，经济全球化深入发展的趋势不会改变，世界科技进步日新月异的脚步不会停止，国际生产要素重组和产业转移的态势不会逆转。

上海经济外向度较高，国际经济形势变化对上海二产、三产都具有重大影响。国际经济走势的不确定性，给上海服务业发展带来的既有机遇，也有挑战。挑战主要体现在全球经济增长放缓导致服务业需求下降带来的负面影响。其中包括，国际贸易总量下降导致贸易、航运、港口、物流及各类相关服务业需求下降；制造业产能过剩导致各类生产性服务业需求下降；商务活动活跃度下降导致各类商务服务及相关服务业需求下降；失业率上升、预期收入或现实收入下降导致消费服务业需求下降等。机遇主要表现为，经济全球化发展的重点已从制造业要素的全球化配置转向服务业要素的全球化配置，而上海由于较强的城市综合竞争力和较为完备的城市服务功能，在承接国际服务业转移上具有比较优势。

（五）国内宏观经济政策效应初显，上海服务业将发挥“保增长”作用

我国仍处于重要战略机遇期，经济发展的基本面和长期发展趋势依然良好。国际金融危机发生以来，党中央、国务院及时果断调整宏观经济政策，把扩大国内有效需求特别是消费需求作为促进经济增长的基本立足点，陆续制定和实施了一系列政策措施（包括 4 万亿经济刺激计划、十大产业振兴规划等），形成了系统完整的促进经济平稳较快发展的一揽子计划，目前政策效应初显。

从上海的情况看，2009 年初政府工作报告就提出，要审时度势，采取果断有力措施，千方百计保增长。把保持经济平稳较快发展作为全年经济工作的首要任务，把扩大内需作为保增长的根本途径。由于工业生产短期内难以止跌，上海服务业的发展如何更有效支持经济发展，促进上海经济转型和产业结构升级，将对 2009 年上海经济“保增长”起到至关重要的作用。其增长路径包括：着力扩大消费尤其是居民消费，进一步鼓励和促进住房消费，促进房地产市场稳定健康发展。积极培育新的消费热点，支持扩大文化娱乐、教育培训、体育健身等消费，发展社区商业、物业、家政等服务性消费，促进节假日和会展消费，健全流通网络，推动消费结构升级等。

三、2009 年上海服务业发展趋势预测

（一）服务业总体保持较快增长

2009 年适逢建国六十周年，是推进“十一五”规划实施的关键年，也是上海服务业

继往开来，实现产业升级和跨越发展的机遇年。

三十年改革开放和现代化建设为推动上海服务业发展、经济增长方式转变，加快形成以服务经济为主、三二一产业融合发展的经济结构，提供了良好的环境和基础。而国际金融危机带来外部冲击影响的同时，也从客观上为上海服务业提高产业能级，提高国民经济贡献度，实现产业升级和跨域发展提供契机。随着“金融中心”和“航运中心”的政策破题和2010年上海世博会的日近，上海服务业发展面临良好的环境。预计2009年上海服务业将保持较快增长，服务业利用外资程度不断加深，结构进一步优化，服务业领域上实现更多突破。全年服务业增加值超过8100亿元，按现价比2008年增长10%左右。根据上海2009年地区生产总值增长9%左右的增幅，服务业增加值比重占全市生产总值比重进一步提高。服务业吸引外资规模快速增长，继续巩固在上海吸引外资结构中所占主导地位，比重超过70%。

首先，上海推进“四个中心”建设取得重大突破，“国际金融中心”和“国际航运中心”建设获政策破题。国务院发布《关于推进上海加快发展现代服务业和先进制造业、建设国际金融中心和国际航运中心的意见》，涉及70多项有关国际金融中心和60多项有关国际航运中心的政策性项目，而其中众多关键政策，实则是上海“四个中心”建设的共性突破。通过金融中心、航运中心和贸易中心的互动发展，将直接带动金融、航运、商贸服务、生产性服务、信息服务等现代服务业发展，发挥产业的规模集聚效应，推动服务业从较低层次逐步向更高层次跃升。

其次，当前经济形势下，消费对经济增长的促进作用进一步凸显，国家和上海为扩大内需，相继出台了一系列搞活流通扩大消费的政策措施。这些政策措施内容丰富、涵盖面宽、针对性强，有望进一步提高作为服务业第一大组成部分的商贸服务业的经济贡献度。

第三，2009年上海世博筹备工作将逐步向运营阶段转换，从而实质性拉动餐饮、宾馆、会展、旅游等服务业，一定程度上缓解国际金融危机对这些行业的负面冲击。第四，尽管证券和房地产市场继续理性调整，价值评估回归基本需求，增速可能放缓；但短期市场仍处于供不应求，放松性措施等救市政策将逐步活跃市场，有助于恢复市场参与各方的信心。此外，消费升级将带动产业进一步融合，无论是金融创新还是信息技术进步，作为消费创新的动力和消费升级的保障，将使金融、信息技术、商贸等服务行业在更高层次、更广领域里实现融合发展。

（二）商贸业继续保持快速增长

从消费市场看，总体上2009年将保持较快增长。其中，高档商品销售增速趋缓，但生活消费保持增长格局基本不变。首先，大力度政策措施刺激消费市场持续增长。2009年，根据国务院部署，“扩内需”成为“保增长”最重要的手段，年初上海出台40项扩大消费的政策举措，着力于扩大居民消费，培育新消费热点，住房消费、文化娱乐、教育培训、体育健身、物业、家政等服务性消费项目都不同程度受惠于政策鼓励和支持。其次，消费创新推动消费升级和产业加速融合。一方面，金融服务创新促进消费增长。消费金融公司在沪试点，标志着支付手段的创新、银商合作的加强、金融和商贸的互相促进。另一方面，信息业发展促进消费升级。2009年，电信3G业务正式商用，通信技术的革命将拉动信息消费的变革，消费习惯和消费模式也将随之发生改变，可以预期手机支付模式将迅速推广。2009年，世博会筹备进入最后阶段，由其引发的消费热点将成为带动市场发展的重要因素。此外，“人口红利效应”也将继续发挥作用，婚庆市场和孕、婴儿市场的需求仍然强劲。换一个角度看，2009年上海消费市场的走势同时受到三大制约因素影响。其一，预期居民收入增长放缓，在一定程度上抑制了高档消费品市场消费增势；其二，证券、房地产市场持续振荡调整，其引发的负财富效应抑制了消费倾向的增加，建材、装潢等市场增长趋缓；其三，零售价格目前呈现负增长，全年增长速度比2008年会有较大幅度下降。2009年第一季度，上海社会消费品零售总额实现1244.80亿元，同比增长14.1%。预计全年上海社会消费品零售总额可达到5060亿元，比2008年增长12%左右，增速有所回落。消费热点将集中在电子商务、休闲娱乐、食品、婚庆、婴幼儿等大众消费领域。

从批发贸易看，2009年商品购销总额将继续保持稳定增长。一方面，世博会带动长三角地区交通设施进一步完善，为构建区域大物流格局奠定基础。依托长三角地区通江达海、东联西进的区域优势，随着河道、港口、铁路、城际高速公路网络以及洋山深水港仓储基地、物流园区、配送中心等物流设施的完善，长三角商贸业进一步联动发展。另一方面，“国际航运中心”建设已由国务院通过，“国际贸易中心”建设规划及指导意见也已提上议程。国际航运中心和国际贸易中心的建设的联动推进将促进内外贸一体化进程，有助于上海建成面向海内外两个市场的国际枢纽港，通过多式联运、水水中转等立体运输方式，打造口岸型多功能全方位强辐射网络化的商贸平台，建立现代商品流通体系，进一步扩大批发贸易的规模。2009年第一季度，上海商品销售总额实现7343.51亿元，同比增长18.9%。预计全年上海商品销售总额可达31000亿元，增长幅度为15%～16%。

（三）服务外包快速发展

服务外包是继制造业之后，发达国家向广大发展中国家转移的重要服务产业，也是经济全球化背景下出现的国际经济分工协作的一种新形式。现代服务业以信息技术为产业支撑，通过中间服务的标准化和规模化裂变分工更细的中间服务产业，这些服务产业下的企业对于最终服务商或制造商来说就是服务外包企业。具体而言，服务外包是指企业将价值链中原本由自身提供的基础性的、共性的、非核心业务及流程剥离出来后，外包给企业外部专业服务提供商来完成的经济活动。服务外包具有信息技术承载度高，附加值大，资源消耗低，吸纳就业能力强等特点，属于人才和知识密集型产业。服务外包的发展必须以信息技术和外包人才两大要素为支撑。

上海的服务外包产业起步较早，凭借独特的信息技术、人才等方面优势，通过引进外包人才、扩大市场份额，服务外包产业发展非常迅速。作为上海服务业的重要组成部分，服务外包产业对上海经济发展转型、产业结构升级、“四个中心”和国际化大都市建设意义重大。大力发展以服务外包为重点的服务经济，是上海在国际新一轮产业转移机遇中增强国际竞争力的战略机遇。

2009年，在两大有利因素的推动下，预期上海服务外包将加速发展。一方面，国际金融危机诱发更多企业采取手段，削减非主营业务开支以控制成本，企业拓展新市场的愿望也更加强烈，对技术转移的限制相对宽松，高新技术、服务外包向外转移的可能性将增加；国外企业大量裁员也提供了引进服务外包优秀人才的机会。从这个意义上说，金融危机可能成为推动上海服务外包加速发展的动力。另一方面，经国务院发文明确，上海成为20个全国服务外包示范城市之一，并申明在财税政策和政府服务等方面对服务外包企业予以支持。2009年年初，上海市政府提出，加快将上海建设成为具有国际竞争力的服务外包集聚地，同时以《上海市关于促进服务外包产业发展的实施意见》的形式推出一揽子支持服务外包的意见，包括率先推进技术先进型服务企业试点政策；设立本市服务外包发展专项资金；支持金融服务外包在岸业务的发展，加强对服务外包产业发展的保险服务，设立“服务外包外汇业务绿色通道”等，从财政、税收、工时制度、人才培训、融资、电信服务等各方面加大了对上海服务外包产业发展的政策支持力度。

（四）零售和消费服务业在创新中调整优化

从零售业发展的历史看，零售业态的创新时代总是和重大的经济变革或经济变动相伴生。如工业革命催生出大规模销售的百货商店；20世纪30年代经济危机孕育出以低价和快速发展为特点的连锁超市。可以预期，当前的国际金融危机将推动零售业业态创新，改变业态转型方式，促进零售商业结构性调整和优化。

在零售商业的结构性调整中，首先是主要商圈的业态结构调整。通过推进标志性项目实施，南京东路、南京西路、淮海中路、徐家汇、浦东新上海商城、五角场等主要商圈的业态经营结构将进一步调整，进一步集聚国内外知名品牌企业和品牌商品，形成各商圈经营特色。引进高端商业的同时，更注重商业多元化发展。商业特色街和重要支马路开发也将有序推进。其次，零售业业态转型可能呈现两种趋势，或者定位专业化目标市场，或者向市场提供性价比更高的商品。如，大型综合超市百货店化，通过商品结构调整（包括品牌和品类调整），进一步扩大质优价廉的品牌和品类，以贴近消费需求的变化。再次，基于互联网、信息化而生的无店铺销售、网上购物、目录店等新兴业态加速发展。网络销售的便利性和价格优势日益凸显，网上商店的数量和销售规模大幅增加，与实体业态的竞争加剧。第四，零售业整合规模加大，外资并购加速。外资零售企业凭借资金、品牌、管理优势，以及较强的抗风险能力，借机加大并购力度，加快低成本市场扩张及人才的吸纳。

餐饮业方面受金融危机影响比较明显，2009年餐饮市场的增速将放缓，主要体现在：宾馆餐饮可能下降，休闲餐饮增速减缓，而特色餐饮凭借品牌优势呈微增态势。餐饮业发展呈现几种趋势：一是适当调整业种结构，即高端餐饮向中端转化，中端餐饮向大众化转化；二是开发二线品牌、特色品牌规避风险；三是逆势低成本扩张或翻新改造，2009年一季度餐饮业施工面积同比增长达120.8%。

住宿业方面，在世博效应的带动下，供给将继续增加，但增量小于前两年的黄金扩张期。受金融危机影响，高档酒店和经济型酒店的入住率都可能出现下降，但随着世博会的临近，逐步回调可期。

2009年浙江省连锁经营发展状况

受2008年国际金融危机影响，浙江经济遭遇近十年来最严峻的挑战。2009年，浙江省连锁企业在应对危机中奋力开拓，大胆创新，不断提高应对市场变化的综合能力，既促进了企业健康发展，也为全省扩大内需、解决就业、拉动经济增长做出了积极贡献。在不平凡的2009年，浙江广大连锁企业面对困难，迎难而上，取得了巨大的发展。

一、基本状况及特点

2009年，浙江全省生产总值22832亿元，比上年增长8.9%，人均生产总值44335元（约合6490美元）。其中，第一产业增加值1162亿元，增长2.3%；第二产业增加值11843亿元，增长6.8%；第三产业增加值9827亿元，增长12.5%。三次产业比例从上年的5.1：53.9：41变化为5.1：51.9：43，第二产业比重下降2个百分点，第三产业比重提高2个百分点。全年全社会投资10742亿元，比上年增长15.2%，扣除价格因素，实际增长19.1%，为近5年来的最快增速。全年外贸出口1330.1亿美元，比上年下降13.8%；进口547.2亿美元，下降3.7%，降幅分别比前三季度收窄4.5和8.8个百分点；进出口总额为1877.3亿美元，下降11.1%，降幅比前三季度收窄5.6百分点。全年社会消费品零售总额8622.3亿元，比上年增长15.9%，扣除价格因素，实际增长17.3%，实际增幅比上年提高4.6个百分点，呈稳步上升势头。而浙江省连锁经营企业销售总额占销售总额的21%左右。连锁业的发展主要体现在以下几方面：

（一）积极拓展省外、国际市场

浙江省是中国市场经济发展最快的地区之一，商贸流通业也较为发达，近几年连锁企业经营管理水平不断提高，区域化优势逐渐显现。为了不断提高企业的核心竞争力，浙江连锁企业抓住机遇，加强企业管理，使管理更加精细化、集约化，同时加强人才培养力度，为企业拓展打好基础。随着自身实力的不断壮大，部分连锁企业也加紧拓展省外市场。由于城市建设步伐加快和民众消费水平的提高，中西部市场成为中国急需开垦的一块热土。国家政策的倾斜和当地政府的欢迎更是为浙江企业的进驻增加了信心。餐饮行业中的温州“拉芳舍”在2009年9月启动了成都市场的开拓；百货行业中的新起之秀“雄风”百货进军大西南，开始在西部重点发展；在安徽发展势头良好的“台客隆”继续在皖南发展，并将眼光投向了河南商丘地区，不断扩大自己的商业版图；而足浴行业的“佳优子”把门店开到了内蒙古，“姗娜娜”不仅把分店开到安徽，而且进驻美国旧金山，“足熙缘”保健足浴在德国哥廷根市的第一家分店也于10月底正式开张；“恒晟图文”也在新西兰开设了三家门店，成为图文行业的领头羊。除了在国内做强，浙江连锁企业更有信心在国外市场立足。

（二）特许经营发展迅猛

特许经营作为连锁业的一个重要组成部分，主要集中在与老百姓生活密切相关的服务性行业，能更好地满足老百姓的各种潜在服务需求，真正起到扩大内需的作用。特许经营在促进创业、吸纳就业方面发挥了巨大作用。金融危机下，投资者对炒房、炒股更加谨慎，转向关注投资实业，促使特许加盟行业逆势火爆。如“话机世界”2009 年在浙江、上海、安徽等地区发展了 63 家门店，营业额达到 22.5 亿元；小拇指去年在全国 24 个省市开出了 100 多家加盟店，加盟店数量达到 320 家。2009 年 6 月 26 日举办的第三届浙江省连锁加盟展览会上，五芳斋、小拇指、名庄传奇、启路文具等近百家连锁加盟企业在展会亮相，涉及行业广、品类多，吸引了众多投资商洽谈合作。同时，有很多生产型企业也都开始探索销售通路的连锁体系建设，并逐渐把目光从国外市场转向国内市场。

（三）连锁餐饮逆势而上

作为金融危机的幸免者，浙江连锁餐饮业经过七到八年对连锁模式的探索，从树立品牌、拓展规模、标准化建设等方面进行多业态、连锁化、集团化发展。与其他行业相比，餐饮业特别是以中低档消费为主的连锁餐饮逆势而上，拉动内需明显。同时，危机也带来了机遇。餐饮行业面临场地房租、原材料成本、运营成本降低的机遇，同时劳动力充足、人工成本降低，兼并费用降低带来了低成本扩张机遇。尤其是近年来人民生活水平的提高、生活节奏的加快以及消费理念的改变，促使快餐行业加快发展，“简餐时代”悄然而至。众多餐饮企业在良好发展势头下，也开始在自己的领域做强做大。以“外婆家”来说，不仅立足于“外婆家”，而且发展了“指福门”、“第二乐章”等多个品牌餐饮连锁；“刘家香”旗下也拥有“土灶馆”、“宴铭园”、“老杭州”、“好江南”等 8 个品牌的餐饮店；“名家”系列包括有“名人名家”、“名家厨房”、“口味堂”、“海鲜工坊”、“粤浙会”等品牌。“严州府”在杭州发展 7 年之后，将公司重心重新搬回建德，在建德购买近 100 亩土地，成立杭州严州府食品有限公司，筹建农产品配送和食品开发，准备建立统一的加工配送体系。还有部分餐饮企业在立足浙江的同时，抓紧开拓省外市场。餐饮业在快速发展的同时，也面临人才紧缺、管理粗放的问题。由于发展速度加快，很多餐饮企业人才培养力度相对滞后，企业管理标准化建设尚未成型，这些都成为餐饮业发展的瓶颈。

（四）生产性服务业加速兴起

金融危机导致许多浙江连锁企业外销之路受阻，各大制造企业开始在生产优势上作文章，诸如食品制造商祐康、家电制造商方太、内衣制造商婀茜等一大批浙江省内制造企业开始自建终端，创品牌、铺网点，发展连锁店。近年来，生产性服务业总量规模不断扩大，新兴行业大量涌现，以及随着信息技术等大量新技术在生产领域的广泛应用及产业分工的不断细化，一大批新兴服务业随之催生和发展起来。其中，电信和其他信息传输服务、计算机服务、软件业、证券业、现代物流业、现代会展业、咨询业、创意产业以及商务服务业的发展尤为迅速。大量新兴行业的涌现，加之一些传统生产性服务业经过现代技术的改造和提升，使得生产性服务业的结构得以不断改善和优化。同时，与制造业相比，生产性服务业普遍具有较好的经济效益。

二、存在问题

2009年，浙江省连锁业发展收获颇丰，但也存在许多亟须解决问题。

（一）连锁经营人才缺乏

统计数据显示，依据浙江省连锁业今后3~5年的发展目标，连锁业至少短缺30万专业人才。浙江省连锁经营协会于2009年开展了“2009浙江省连锁业优秀店长”评选活动，在当选的179名优秀店长中，高中学历占49.72%，成为优秀店长主体；大专及以上学历占40.11%，其中本科仅占5.65%；而高中及以下学历则占10.17%。从上述数据可清晰看出，店长学历普遍偏低，提升店长学历学识水平刻不容缓。同时，目前省内连锁企业还面临招聘人才及其职业发展规划问题，以及受教育程度高的员工与受教育程度相对较低员工在彼此融合与发展中的相互关系问题。

（二）企业信息化建设滞后

随着经济的发展，浙江省连锁企业规模越来越大，相应的管理机构也越来越大。管理机构庞大、管理层次过多、信息化手段落后、信息沟通渠道不畅等导致企业内外部经营信息传递失真、市场反应速度慢。由此间接导致企业重复采购、库存臃肿、生产管理不规范、组织流程混乱。同时由于信息化水平较低，许多连锁企业市场信息不灵、预测不准，在制定计划、组织生产、实施经营等方面都具有一定的盲目性。连锁门店的信息化主要应用在财务、库存等方面，由于浙江省相当大比例的连锁企业都在乡镇开设了门店，而信息化建设又相对滞后，因此部分乡镇门店商品价格、配送等环节也存在诸多问题。

（三）供应链管理薄弱

供应链管理是在满足服务水平需要的同时，为使系统成本最小而采用的把供应商、制造商、分销商、零售商、客户有效结合成一体来生产商品，并把正确数量的商品在正确时间运送到正确地点的一套方法。目前浙江省零售企业中的大部分企业尚不能运用供应链和供应链管理，甚至根本没有设置供应链管理部门，而对于小部分设置了供应链管理部门的企业而言，也多留于实质上的物流管理部门，主要负责产品的采购、仓储和运输等，而不具有统一协调整个企业的物流、信息流和资金流的管理能力。其次，零售企业与供应商的伙伴关系尚未建立，双方在价格上进行博弈，把渠道伙伴作为产生利润的来源，导致双方无法建立相互信赖的协作关系。另外，虽然在零售终端对全部商品都采用条码标识，但在储运单元和货运单元，条码技术的运用却不够，依然实行人工点货，极大地降低了仓库管理的效率，增加了差错率，使物流系统效率整体低下。

（四）企业经营模式转变缓慢

超市未来的发展可能存在两个方向，一个是便利店，另一个是大型商业中心。而浙江本土超市多为面积在200~500平方米的标超，是大卖场的微缩版，无法与大企业抗衡。

在传统菜市场或大卖场购买新鲜食品已经成为普通老百姓经常性的必修课。通过向消费者提供大量品种繁多的新鲜食品或小包装食品，大型超市同传统菜市场及普通超市间针锋相对的竞争正日趋白热化。而大型超市拥有更大的消费流量，食品销售速度更快，能为消费者提供最新鲜的农产品和肉制品。因此，什么样的经营模式适合自身企业发展，需要本土超市经营者深思。对浙江超市企业而言，如何挑选更聚人气和商业氛围的黄金店址位置，是另一重大挑战。

附：

浙江省部分优秀连锁企业发展状况简介

1. 银泰百货：越做越大

2009 年 11 月 15 日，银泰武林店 11 周年店庆促销引来全省各地，乃至上海、江苏、安徽等地数十万消费者，一天销售额即达 1.2 亿元。银泰百货在浙江连续 6 年稳居全省连锁百货业第一。目前，银泰百货在浙江已营业的百货店和购物中心达 7 家，包括杭州武林店、杭州西湖店、杭州庆春店、宁波一店、宁波二店、温州世贸店、金华福华店等，杭州湖滨二期、城西店、富阳店都将陆续开工及开张。根据银泰密布浙江、连锁全国的战略，未来三到五年，银泰在浙江的门店将达 30 家，数量增长一倍，其中浙北地区将增加 10 家店。2009 年 3 月，银泰台州店拉开进驻大幕，预计 2011 年全部工程完工。9 月 27 日金华银泰天地旗舰店开业，基本完成金华、义乌“双城四店”，密布浙中的战略布局。

纵观银泰百货的发展轨迹，可明显看到其在快速开店的同时，新开门店面积越来越大。能在商圈立足已不能满足银泰的发展胃口，其更倾向于创造属于自己的大商圈——2009 年 12 月 23 日杭州城西最大的商业购物中心银泰天地正式奠基，以银泰都市综合体为中心的新城西核心商圈，将于武林商圈、吴山商圈一起，在杭州形成“三足鼎立”之势。

2. 话机世界：升级促发展

2009 年中国消费电子零售商 50 强排行榜中，话机世界数码连锁集团有限公司以销售额 25.03 亿元（2008 年）位居全国第 23 位。这个从余姚走出来的电子产品零售商，如今拥有“话机世界”、“众泰数码”、“浙江省余姚市第四中学”三个子品牌，连锁门店总量超过 300 家，横跨全国 9 省，日销售业绩增长 30% 以上。

早在 2008 年，话机世界董事长赵伯祥就表示 2009 年至 2010 年，将是话机世界大规模兼并收购的大好时机，集团全面启动“新话机新世界”战略，并借助产品升级和服务创新来完成漂亮转身。据不完全统计，仅 2009 年，话机世界已经成功完成对温州永乐、话机及嘉兴平湖地区 4 家手机零售企业的收购。2009 年 3 月，话机世界培训学校正式成立，内设 3 间教室，2 间样板门店，不定期组织新员工及子公司经理进行新产品、礼仪、形象等多项培训。另外，话机世界对旗下门店进行装修升级，进一步提升消费环境和服务环境，增加体验区。物流方面，由原先的物流托运，转变为更快捷的直接派送。而 3G 手机的兴起和消费者对更高生活品质的追求，是话机世界对内部软件和硬件改革的依据。话机世界正因势而动。

3. 外婆家：多品牌经营

2009 年 8 月 18 日，浙江外婆家旗下第四餐饮品牌——第二乐章在银泰庆春店开出首家门店。第二乐章比外婆家的客单消费再低 30%，180 个餐位在开业当天喜迎宾客 900 多人次。第二乐章计划在杭州开设 30 多家门家，从选址看，其已看好“商场路线”。和街面店铺相比，商场餐馆与商场营业时间一致，用餐高峰时段可以延长；加之商场配套的设施、高密度客流，都是餐饮业的制胜法宝。至此，外婆家共拥有外婆家、第二乐章、指福门、速堡 4 个品牌。虽然单一品牌也能发展足够数量的门店，但发展门店过多过密，势必形成自家竞争局面。而外婆家因为在杭州本地市场实行多品牌发展策略，已经寻找到新的利润增长点。目前，公司正在酝酿“童忆”、“运动会”等特色品牌，定期举办 2009 超级食神大奖赛，并借此推广新菜和品牌宣传；与招商银行联合推出联名卡……外婆家在经营管理上同样贯彻特色化。

自 2008 年定位长三角扩张之后，外婆家已在无锡、绍兴、上虞、嵊州等地陆续开出新店；2009 年 10 月底，外婆家在上海的首家门店正式开业；11 月初，外婆家在苏州也开出新店，并在开业当天招徕排队人潮。据外婆家最新投资计划，2010 年投资方向将主要集中在江苏地区，并实现 10 家左右的扩张。如此，外婆家又将在新的地区复制“第二乐章”品牌。

（浙江省连锁经营协会 王钧耀 宋可华）

2009 年合肥市消费品市场运行状况及 2010 年市场展望

2009 年以来，在国家搞活流通，扩大消费等各项政策的支持下，合肥市消费品市场商品供应丰富，居民需求旺盛，城乡市场同步发展，消费品价格稳中有降，市场规模继续发展壮大。2009 年，全市实现社会消费品零售总额 703.7 亿元，同比增长 19.6%。

一、市场主要特点

（一）消费品市场保持快速增长，各市区均衡发展

2009 年 1～11 月，合肥市消费品市场增幅均保持较高增幅，除 2～4 月三个月增长幅度稍低，其余 8 个月增幅均在 19% 以上。从各个区完成情况看：1～11 月份，7 个区实现社会消费品零售总额 564 亿元，同比增长 19.1%。其中：瑶海区、庐阳区、蜀山区、包河区的增速在 20% 以上，三个开发区增速在 12% 以上。

（二）城市市场繁荣稳定，农村市场日趋活跃

随着城镇化发展进程的不断加快和商业基础设施投入的不断加大，社会主义新农村建设全面推进，农村商品流通网络逐步健全，农村消费环境日渐改善。同时，随着“家电下乡”工作的推进，各项惠民政策措施的逐步落实，城乡居民收入稳定增长，购买力显著增强，形成城乡消费市场共同繁荣的局面。1～11 月，全市市区实现社会消费品零售总额 564 亿元，同比增长 19.1%，占全市社会消费品零售总额的 88.6%，城市市场仍占据主导地位。农村实现零售额 72.24 亿元，同比增长 23.6%。

（三）批发零售业仍占主导地位

随着流通产业化程度的不断提高，批零贸易业行业规模日益扩大，行业优势日渐显现。2009 年以来，全市批发零售业实现零售额 555.4 亿元，同比增长 19.9%，占全市社会消费品零售总额的 87.4%，其中限额以上批发零售业实现零售额 309.6 亿元，同比增长 28.7%，限额以下及个体批发零售业增长 10%。

（四）消费品价格相对稳定

2009 年，合肥市城市居民消费价格相对低位运行。前 7 个月 CPI 均低于 100，11 月为 102.1。其中，食品、烟酒、家庭设备用品、医疗保健品的价格指数分别为 102.3、

101.2、101、102.7，其他类商品的价格同比也有所下降。

（五）多数商品销售增长

2009年以来，在国家多项扩大内需、拉动消费的政策刺激下，合肥市各商场积极采取措施扩大商品销售，消费品市场购销两旺。

一是作为生活必需品的食品类、服装类和日用品类商品销售持续增长。据限额以上企业统计数据，1~11月，食品、饮料、烟酒类实现零售额40.89亿元，同比增长20.2%；服装鞋帽、针纺织品类实现零售额33.7亿元，同比增长24.9%；日用品类实现零售额7.84亿元，同比增长18.7%。

二是消费结构升级带动消费增长明显。1~11月，汽车类实现零售额96.91亿元，比上年同期增长32.9%；与汽车销售相关的石油产品及制品类实现零售额27.65亿元，比上年同期增长45.9%；与住房消费相关的家用电器类实现零售额22.78亿元，比上年同期增长11.4%。

三是奢侈品备受青睐。随着人们生活水平的提高，对奢侈品的需求越来越高。据合肥市商务局对重点商场监测，化妆品类销售同比增长21%，金银珠宝类销售同比增长25%。

（六）扩大消费效果显现

合肥市“家电下乡”工作自2008年12月30日启动。截至2009年6月30日，全市已备案销售网点652家，“家电下乡”产品销售11.4万台（件），销售总额2.3亿元。2009年合肥市继续实施“万村千乡”市场工程，新建农家店480个，全市累计建设农家店1280个，农家店覆盖了全市100%的乡镇和60%的行政村，新增农村就业人员2600多人，年扩大农村消费近3亿元。

二、市场较快发展的主要因素

（一）经济社会发展促进了消费市场规模扩大

近几年来，随着合肥市实施“工业立市”战略和现代化滨湖大城市建设，城市建成区面积逐年扩大，人口集聚明显加快。城市扩张、人口聚集效应的逐渐显现，为消费品市场的发展注入新的活力。

（二）政策效应支撑消费市场的稳定发展

自2008年下半年起，国家陆续出台了一系列扩大内需的政策，特别是启动汽车、摩托车、家电下乡及汽车以旧换新等活动，有力地拉动了消费需求的增长。同时，国家将加大固定资产和基础设施建设投资力度，扩大国内需求。据测算，投资总额的40%将转化为消费，这将进一步扩大社会的消费需求。

（三）社会保障制度不断完善增强居民消费信心

近年来，合肥市优先实施民生工程，构建城乡社会保障体系。全力推进全民创业，扩大低保覆盖面并不断提高低保、退休金标准，协调发展城镇职工居民基本医疗保险、新型农村合作医疗，加快保障性住房建设。民生投入稳步增长，居民消费信心得以增强，为消费品市场的发展奠定了基础。

（四）消费结构升级带动消费品市场持续繁荣活跃

近年来，随着城乡居民收入稳步提高，生活水平大幅提高，消费热点不断向中高档商品转换，加快了消费结构升级的步伐，消费结构向提高生活水平、提升生活品质等方面转变，消费需求日益多样化、多元化、个性化，由此带来消费结构升级将持续成为消费增长的主要动力。

三、对消费品市场发展的几点思考

当前，扩大内需尤其是提振消费需求的重要性日益凸显，要努力提升消费对经济增长的拉动力，加快向以内需为主导的经济发展方式上转变。

（一）着力提高居民收入，特别是增加农民和城镇中低收入居民的收入，建立城乡居民收入的稳定增长机制，是扩大消费需求的关键所在

首先，要努力扩大就业，加快发展就业容量大的劳动密集型产业、服务业、中小企业和非公有制企业；其次是积极鼓励创业，大力推动民众创业、自主创业、艰苦创业；第三，逐步培育和扩大中等收入阶层，不断提高低收入人群的持久收入水平；第四，大力提高农民收入水平，坚持“多予、少取、放活”的方针，加大对改善农村生产和生活条件的投入力度，以农业规模化、产业化为重点提高农民经营性收入，以加快农村劳动力转移为手段提高农民务工收入，全面推进农村全面小康社会建设。

（二）健全社会保障体系，增强消费信心

建立公平、合理和完善、健全的社会保障制度，可以明显地降低居民对未来不确定性的预期，降低居民在养老、医疗、失业等方面的预防性储蓄动机，有效缓解居民对未来的支出压力，从而增强居民的消费能力，促进消费率的提高。

首先，要做好宣传引导工作，把消费需求引向国家鼓励发展的消费热点和消费领域，在农村借着“家电下乡”政策，促进农村家电更新换代步伐加快；目前，汽车消费已成为新的消费热点，因此要在城市培育新的消费热点，要利用城市居民边际消费倾向，加大宣传力度，出台鼓励政策，提高居民的购买欲望。二是要根据各地区、各层次居民不同的消费需求结构，组织各种档次的商品和服务，以满足不同消费者的需求。三是要加强市场的监管力度，营造让人民群众放心、安全的购物环境，以促进消费品市场健康发展。四是创新消费模式，刺激消费。根据各行业的特点，适时开展各类促销活动，刺激消费。

（三）培育新的消费热点，加快消费结构升级

随着降低小排量汽车购置税以及家电下乡等政策的出台，给消费市场带来新的消费增长点。近年来，全市已初步形成以汽车、住房、电子产品、医疗保健、餐饮旅游等为主的

消费热点，整体上推动了全市消费结构升级。今后，应当继续培育和扩大消费热点，引导个性化、差异化、时尚化、品牌化消费；积极开展“名品进名店”、“品牌产品下乡”等活动；积极开展以酬宾让利、换季购物、休闲购物、名优特新产品展销等为主要内容的营销活动；努力发展新型商业业态，发展新型消费模式，大力发展电子商务。

（四）加强政策引导，做大做强商贸流通企业

大型商贸流通企业是市场消费的主要载体，大型商品流通企业的发展与繁荣，对增强区域消费品市场的带动力和辐射力至关重要，这不仅能提升本地区居民消费欲望，抑制购买力外流，还能有效吸引外地购买力涌入。目前，合肥市商贸流通企业仍以中小企业为主体，企业规模较小，市场竞争力不强。因此，要加强政策引导，积极培育大型龙头企业，促进优势资源向重点商贸流通企业集中，实现企业规模快速扩张，培育出一批拥有自主品牌和知识产权，初步具有国际、国内竞争力的大型商贸流通企业。同时，加大对中小企业的培育和扶持，做大主业，做强品牌，提高组织化程度和竞争力，拓展企业发展的空间。

四、2010 年消费品市场展望

近期召开的中央经济工作会议提出，2010 年我国继续实施积极的财政政策和适度宽松的货币政策，2010 年经济工作要把保持经济平稳较快发展与结构调整结合起来，把扩大内需特别是消费需求与稳定外需结合起来，对消费品市场的发展将起到积极的作用。

从当前经济运行状况和 2010 年宏观经济形势分析，2010 年合肥市消费品市场将继续保持快速增长的态势，居民消费需求将持续增长，商品价格将保持平稳。从城乡市场看，2010 年国家调高家电下乡产品限价、推动“农超对接”、构建城乡市场商品流通体系，农村市场发展速度将高于城市。从商品需求看，市民消费需求以食品饮料烟酒类、服装鞋帽类、针织品类、生活电器类、音像器材类、体育娱乐用品类、黄金饰品类商品为主，平板彩电、洗衣机、电冰箱、手机、电脑、数码相机、汽车商品销售将继续增长。

（合肥市商务局）

2009 年福建省连锁经营发展状况

2009 年，在全球金融危机的大环境下，福建省连锁经营企业受到了不同程度的影响，但总体来说仍保持了稳健快速的良好发展态势，优秀连锁企业不断成长壮大，龙头企业作用增强，带动整体连锁经营管理水平的提高。超市、便利店、专业店、购物中心、仓储式商场、快餐等业态发展迅速，大型商贸零售企业向生产领域延伸，将一批中小企业纳入供应链，形成了商业自有品牌。2009 年，全省销售额亿元以上批发零售企业达 1013 家，销售额百亿元以上企业 2 家；全省实现社会消费品零售总额 4480.99 亿元，比上年增长 16.5%；其中，批发和连锁零售业零售额 3819.11 亿元，增长 16.0%；限额以上住宿餐饮连锁企业实现营业收入 154.01 亿元，比上年增长 12.7%。

一、中国连锁百强——福建企业发展现状

（一）永辉超市——根植福建、走向全国

永辉超市是福建“流通及农业产业化”双龙头企业，是福建百强、中国连锁百强企业，在福建、重庆、北京、安徽、贵州等五省（市）拥有 200 多家连锁超市，连锁经营面积超过 100 万平方米，2009 年实现营业总额逾 100 亿元，上缴税费逾 3.2 亿元。永辉超市已被列为福建省上市后备重点企业，力争 2010 年第三季度于沪市主板上市。

2004 年以来，永辉超市大力实施“根植福建、走向全国”的发展战略，在东部以海西经济区的主体“福建”、在西部以成渝经济区的龙头“重庆—四川”、在北部以京津冀都市圈和环渤海经济区的中心“北京”、在中部以泛长三角经济区的腹地“安徽”作为五大重点战略区域。

“福建”——永辉超市在福建省内九地市拥有 104 家大中型连锁超市（其中已开业 79 家），稳居区域强势领先的龙头地位，按照“全省流通一体化”的战略构思，坚持以福州为中心，着力拓展闽西南、闽东、闽西北等城市联盟市场，打造成为海西零售航母。

“重庆—四川”——永辉超市走出福建、迈向全国的第一站，经过四年的不懈努力，永辉超市在重庆从主城区到外围成功发展 71 家大型超市（其中已开业 42 家），跻身重庆零售行业前三甲。

“北京”——永辉超市走向全国的第二站，2009 年 1 月 10 日，位于北京市丰台区六里桥的首家北京永辉超市（六里桥店）正式开业，经营面积逾 8000 平方米；2009 年 6 月 26 日，位于北京市石景山区鲁谷大街的永辉超市鲁谷店隆重开业，经营面积逾 20000 平方米。同时，永辉超市尚有 4 家大型超市即将完成筹建，分布于丰台、海淀、大兴、朝阳等区域。

“安徽”——2009年9月，永辉超市签约入驻湖滨新区，标志着永辉超市启动长三角经济区“安徽”发展战略，安徽也成为永辉超市继福建、重庆、北京之后的第四站，从而形成永辉全国战略东南西北的商业格局。

未来几年，永辉超市将继续保持艰苦创业的拼搏精神，继续发扬永不满足的创新精神，继续坚持互利共赢的合作精神，在牢牢根植福建、重庆核心区域的同时，着力拓展北京、安徽区域，以稳健快速的步伐走向全国，力争至2014年销售总额逾500亿元，发展成为全国性生鲜超市龙头企业，跻身中国连锁企业前列。

（二）新华都——稳健不忘发展、发展不忘稳健

福建新华都购物广场股份有限公司是福建省最大的商业企业之一，中国连锁百强企业，其主营业务为大卖场、综合超市及百货的连锁经营。自1999年12月创立福建省第一家大型综合超市——新华都购物广场福州五四店以来，依靠先进的经营理念，脚踏实地，稳扎稳打，一步步发展至今。

新华都购物广场本着“天天平价、为您省钱”的经营宗旨和“真诚服务、追求完美”的服务理念，稳健经营，于2008年7月31日，在深交所成功上市（股票简称：新华都；股票代码：002264），成为国内A股上市民营连锁超市的先行者，也是福建第二家商业上市公司。目前，新华都已在福州、厦门、漳州、泉州、三明、龙岩、莆田等七个地市拥有了大规模优质的门店网络。到2009年年末门店总数达到75家，经营总面积超过40万平方米，2009年销售额达35亿元。

2009年，是新华都快速发展的一年。在以闽南作为重点发展区域的同时，也向闽东、闽西及闽北等地辐射，大力收购超市及门店。2009年，新华都斥资5000多万元，收购莆田最大的连锁超市万家惠购物广场70%股权，随后又收购惠安岛内价、漳州岛内价及莆田国货，经过这4项收购，一举增加门店14家。2009年年底，新华都发布公告，旗下全资子公司泉州新华都购物广场拟以5750万元，收购泉州奇龙物流有限公司下辖的奇龙超市5家门店，以及商场房屋租赁权及除商场房屋所有权之外的全部有形资产。

2010年，新华都将继续坚持“顾客第一、保证满意”的服务承诺，在满足广大顾客需求的基础上，结合当前“稳健不忘发展、发展不忘稳健”的管理理念，不断壮大自己，在巩固海西商业龙头地位的同时，加快向省外拓展的步伐，努力使门店数在2010年底达到100家，并致力成为中国最优秀的民族商业品牌之一。

二、福建省连锁经营发展现状

（一）本土连锁企业逆市而上

2009年，永辉超市通过在重庆、北京、安徽、贵州等外省市场的渗透，实现门店数超过200家，营业总额逾100亿元；新华都通过对莆田万家惠等省内4家企业的收购，将门店数增加到75家；中闽百汇、捷龙超市等也纷纷加快开设新店步伐；轻工电器对连锁门店进行重装；诺奇、宝达先后推出了“零库存”加盟新模式，大举扩张连锁店；福州明视、宝岛等眼镜连锁企业掀起逆市扩张潮；惠好医药、鹭燕大药房等纷纷在厦门“跑

马圈地”。

（二）外资和国内大的连锁公司大举扩张抢商机

金融危机使福建零售业发生急剧变化，多重压力让零售市场充满挑战，但也是各大零售商“抄底”势头正猛之时。各大品牌的扩张计划亦在福建紧锣密鼓地拉开战幕。2009年，洋快餐巨头们一方面大幅降价，一方面又逆势加快布点速度，抢占商机，麦当劳在福建新开20个门店，其中有10个门店布点厦门；国美、苏宁两大家电巨头，针锋相对忙布点，开店势头迅猛；特易购福州金山店项目于年初开工，并计划在福建开设10个门店。

（三）农家连锁店发展迅速，惠及农村消费者

2009年，福建省出台了一系列关于发展“万村千乡市场工程”农家店的政策，如：《关于报送2009年“万村千乡市场工程”建设规划和新增承办企业材料的通知》、《关于下达2009年度“万村千乡市场工程”农家店建设规划和实施方案的通知》、《关于做好2009年万村千乡市场工程项目验收工作的通知》、《关于共同推进农村商务信息服务体系建设的通知》等等，正是这些政策的实施，大大促进了福建省农家连锁店的发展。2009年，福建省新建“万村千乡市场工程”农家店3000个和配送中心30个，至年底累计建成农家店14187个，覆盖97.7%的乡镇和72.5%的建制村。在全省范围内开展农村商务信息服务体系建设，组织开展5000个农村商务信息员培训，构建了250个乡（镇）商务信息服务站、4000个村级商务信息服务点；全省“双百市场工程”有8家流通企业实施了9个项目的建设，支持欠发达地区县乡建设和改造100个集贸市场，进一步改善农村消费环境，搞活农村商品流通。农民不出村就能逛超市，商品价格比城里还便宜，能同时提供多项便民服务，这样的农家店自然受到了广大农民的欢迎。

（四）连锁便利店快速发展

2009年，福州便利店的经营模式正在悄然生变，连锁化经营模式的便利店正在四处扩张，兼并单体店，进驻社区开店，部分路段出现不同品牌的连锁便利店交叉布点……当前福州连锁便利店之所以快速发展，其一是本土连锁便利店加大力度，通过品牌授权模式，把一些原本属于个体的便利店纳入联盟经营体系，如万嘉；其二，部分大型超市开始对业态进一步梳理，在原来大型超市经营基础上，开始大力发展子品牌的连锁便利店，如永辉。其三，外来便利店开始大规模进入本土市场，其开店势头异常迅猛，其经营模式独特，经营理念新颖，短期内还有扩展门店的预期。另外，厦门的倍顺、88、悦士、见福等连锁便利店企业瞄准了厦门可开500家便利店的巨大商机，纷纷加快开店速度；莆田易太、南平好当家等各地市龙头便利店也不同程度地新增了门店数。随着连锁便利店模式越来越成熟，竞争加剧，便利店的服务功能正在完善，经营门槛正逐步提高。

（五）“百货+超市”模式愈发在福州盛行，福建整体百货发展良好

继东百东街店、东百元洪店、新华都东街店、天虹百货万象店配套有中型规模的超市后，福州最主流的两家百货东百集团跟大洋百货再一次较上劲，东百东街店与大洋百货冠

亚店不约而同开起超市，东百东街店引进的是永辉超市，大洋百货冠亚店开设的是自营的精品超市。随着社会消费习惯的改变，消费者对购物的需求也在不断增加，市场需要百货商店除了原有的百货零售业态外，还增加超市业态、餐饮、娱乐与休闲等更多功能。另据厦门市统计局公布的厦门社会消费品零售调查数据显示，在一浪高过一浪的打折降价促销狂潮中，各大百货、商场销售业绩不俗。上半年，华联、新世界、信达免税、来雅、巴黎春天、天虹 6 家大型百货零售额净增 2.58 亿元，比上年增长 25%。除此之外，作为专业运营孕婴童产品的新兴百货，天下福娃百货在 2009 年在省会连开数家卫星店；莆田凤凰百货也开数店进行招商。

（六）"铁观音"依旧红火，红茶开始走俏

在福建，流行一种说法：宁可三日无粮，不可一日无茶。可见，茶对于福建人的重要性，在闽南，在柴米油盐等生活必需品后又加上茶。近两年来，铁观音市场逐年扩张，一线品牌如八马、中闽魏氏、日春、感德龙馨、茗山等 2009 年的销量均比 2008 年有不同程度的增长。当然，销量的增长离不开门店数的扩张：理想茶行在 2009 年布局中，将从原来近 200 家发展到 350 家左右的连锁加盟店；八马茶业在河北、新疆、河南等地新开了一百多家，连锁店规模在国内茶行业中排名第二；四进茶业在 2009 年扩张中，立足于南安，向大泉州延伸，辐射厦门地带；四井茶业、长和茶业等都扩张了 10 家以上连锁店。

福建作为世界红茶的发祥地，由于种种历史原因，无奈沉寂多时，市场认知度不能与铁观音、武夷岩茶同日可语。不过，在宁德市政府大力实施品牌战略下，"坦洋工夫"这个公共品牌的知名度不断提高，红茶得到越来越多人的认可，随着人们对红茶文化的关注，福建红茶再次焕发出青春。自 2007 年首家红茶专卖店元泰茶业落户福州后，正宗的英式下午茶——古典玫瑰园也来到榕城，以红茶为主题的征文更是热闹红火……越来越多的茶行加入到红茶推广队伍里来，福建红茶的销量是不言而喻的，特别是坦洋工夫红茶的销量出现了较大幅度的上涨。据不完全统计，仅 2009 年，福建红茶品牌数量就暴增近百种。

（七）新型业态出现——旅行社网点连锁经营

为了更好地承担起社会责任，建立一个平台鼓励大学生创业，福建中旅集团公司试水连锁经营，第一家连锁服务网点已于 2009 年 11 月底正式在福州挂牌运营。福建中旅计划利用 3 年的时间在省内开设 100 家连锁服务网点，与此同时，推出大学生创业扶持计划，应届大学生毕业生申请连锁经营服务网点，享受首年免连锁经营管理费的政策。福建中旅对连锁服务网点采用责任制经营管理方式，实行统一管理、统一财务、统一招徕和统一咨询服务规范，并提供产品特点、服务标准、营销技巧、规章制度等方面的培训，力求让福建中旅和连锁经营对象共同发展。

（八）市场认可度不高，福州海鲜连锁店接连倒闭

从 2008 年年中开始，福州出现海鲜连锁店经营形式，一时间外来、本土海鲜连锁店开始大面积布点，但好景不长，至 2009 年年底，外来、本土的海鲜连锁店都出现闭店现象。福州街头的海鲜连锁店大致有三种经营方式：一种是外来连锁，即一些来自省外的经

营者组织当地海鲜资源到福州开设专卖连锁；一种是本地连锁，由福建当地一些水产经营大户设立专卖渠道；第三种是迫于竞争的需要，福州本土水产批发市场商户走上街头开设专卖店。虽然海鲜连锁店经营模式填补了海鲜专卖销售渠道的空白，这一“创举”原本被认为是另辟蹊径，但在培育市场的初期就出现闭店情况，这从侧面证明市场对海鲜连锁店认可度不高。海鲜连锁店在榕出现闭店现象应引起同业的重视，今后无论以哪种方式经营海鲜连锁店，业者都要充分考虑到布点的潜在风险。

（九）连锁网吧有望得到发展

从省文化厅在2009年4月举行的“福建省文化市场和文化产业工作会”上得知，为规范网吧市场，福建省2009年起新增的网吧数指标，将全部用于网吧连锁企业直营门店布点，鼓励网吧企业走连锁化、品牌化、规模化。两年内，福建省将组建、做大连锁网吧企业，实现每个设区市都有一家连锁网吧企业，连锁网吧覆盖率达60%。相关部门还将对网吧连锁机构制定相应的行业标准，对网吧连锁企业所属门店违规经营的，省文化厅将按照有关规定进行处罚，直至取消连锁经营企业的连锁经营资格。另外，省文化厅还在探索实行网吧分级管理的制度。

（十）行业协会在服务企业、促进企业做大做强方面发挥了积极作用

2009年，福建省连锁经营协会在主管部门的指导下，秉承“为企业服务”的宗旨，在服务企业、促进企业做大做强方面做了大量卓有成效的工作。一是积极走访连锁企业，了解连锁企业在金融危机下的影响及状况，分析问题，反映诉求；二是对连锁企业开展培训、咨询工作；三是组织企业参加9·8中国贸易投资洽谈会暨品牌连锁项目对接会、首届海峡两岸大学生创业投洽会暨特许经营连锁加盟推介会、106届广交会、粤（深）港外贸内销商品展销会等各类对接会、研讨会、采购会，搭建交流平台，促成合作；四是开展福建省优秀连锁企业、连锁业优秀人士的推荐表彰活动，让连锁企业在实施品牌活动中发展壮大，让连锁业优秀人士为社会、为行业做出更大贡献；五是在福建商业网、协会会刊《福建商业通讯》上对“一例两法”及已备案企业进行大力宣传，积极指导企业准备相关备案材料，并协助有意愿来大陆开展特许加盟的台湾企业开展特许经营备案咨询、辅导等工作；六是举办第二届“福建省连锁业、零售业应届毕业生供需见面会”，以缓解企业尤其是连锁、零售类企业招聘员工难的压力，同时，也为高校的应届毕业生提供一个就业实习的机会；七是提供企业急需的行业政策、行业动态、经营管理指南等信息服务，进一步加快了福建省连锁经营行业的发展。

（福建省连锁经营协会）

2009年河南省连锁经营发展状况

2009年，是新世纪以来河南省经济社会发展最为困难的一年。受国际金融危机严重冲击，年初我省经济增速大幅下滑，不少企业陷入困境，大量农民工返乡，财政收支矛盾加大，加之严重自然灾害的发生以及长期积累的体制性、结构性矛盾集中显现，经济社会发展面临严峻挑战。面对困难局面，在党中央、国务院和河南省委、省政府的正确领导下，全省人民深入贯彻落实科学发展观，认真执行中央应对国际金融危机一揽子计划，齐心协力，拼搏进取，克难攻坚，扎实工作，取得了保增长、保态势、保民生、保稳定工作的重大胜利，在逆境中迈出了中原崛起新步伐。

据统计，2009年河南省GDP总量达19367.28亿元，比上年增长10.7%。继续保持经济总量全国第五。农业生产保持稳定，粮食生产在遭受50年不遇特大干旱情况下，产量再创新高。全年粮食总产量1078亿斤，增产0.5%，产量连续4年超千亿斤。为国家粮食安全做出重要贡献。

2009年，河南省广大商贸企业职工认真贯彻中央确立的“扩内需，保增长，调结构，上水平，抓改革，增活力，重民生，促和谐”的大政方针，把扩大内需，保持经济增长作为工作重中之重。大力度的政策支持，比黄金和货币更宝贵的信心和大手笔的救市举措，让商贸行业扩销有了雄厚的市场基础和触手可及的政策保障。全年河南省消费品市场运行平稳。2009年，全省社会消费品零售总额6746.38亿元，增长19.1%。是全国第五大消费品市场。

2009年，河南省商业连锁行业锐意进取，直面挑战，扎实工作，化危为机。全省连锁业努力开拓创新，不断完善供应链管理，人力资源进一步优化，开源节源降耗已成共识，门店升级趋于普遍，经营者整合多方资源，有效地提高了市场竞争力，使行业发展水平进一步提高。这一年，力度空前的促销浪潮席卷连锁行业，使市场销售普遍增长，为拉动内需、扩大消费做出了贡献。

为树立典型，表彰先进，促进全省连锁行业的发展，河南省商业行业协会与大河报社共同举办“第五届河南连锁商业风云榜”推选活动，活动的主题确定为“金融危机下的商业领导力量”，用百姓的口碑做标杆，探究绚烂背后的付出，囊括了家电、建材、家居、超市等连锁商业业态。在企业自荐报名的基础上，结合社会各界的推荐，经专家评议，第五届河南连锁商业风云榜获奖情况如下：

第五届河南连锁商业领袖人物

丁　宁　　河南永乐生活电器有限公司总经理

张　峰　　河南省国美电器有限公司总经理

战　卉	河南五星电器有限公司总经理
朱长杰	大商电器河南分公司总经理
吴大伟	郑州欧凯龙家具广场有限公司执行总裁
王　星	河南家得宝家居建材超市有限公司总经理
崔　涛	河南世纪联华超市有限公司总经理
李运强	河南新家园建材家居有限公司董事长
杨旭东	大商集团河南超市总公司总经理
陈施霖	迪信通手机连锁河南分公司总经理
刘军岭	河南新亚通讯器材有限公司总经理
蒋维刚	红星美凯龙郑州商场总经理；
孙国敏	赛博数码广场曼哈顿店店长
杨宏宇	新家居建材商场总经理
李　进	河南佳和家居有限责任公司董事长
卢　全	富丹尼斯集团大卖场总经理
闫　波	八方数码总经理

第五届河南连锁商业领航企业

凤凰建材城；河南省国美电器有限公司；河南苏宁电器有限公司；河南永乐生活电器有限公司；河南五星电器有限公司；居然之家家居建材市场有限公司郑州分公司；河南家得宝家居建材超市有限公司；郑州好百年家居有限公司；郑州悦家商业有限公司（家乐福）；河南世纪联华超市有限公司；河南华润万家生活超市有限公司；赛博数码广场；郑州迪信通电子通信技术有限公司；河南新亚通讯器材有限公司。

2009 年河南省连锁行业十大新闻

凤凰城北城开启天天假日时代
大商电器联合工厂以旧换新
苏宁电器认购日本 LAOX 定向增发股份
首个 3G 体验厅落户迪信通
欧凯龙北环路国际家具采购中心开业
全美式家电卖场永乐花园店开业
赛博数码试水百货商圈
国美电器 1 积分 = 1 元钱
五星电器捐助 14 名郑大川籍学子
新亚手机所属乐语中国海外上市

（河南省商业行业协会）

2009年武汉市连锁超市发展状况

2009年是不平凡的一年，武汉市连锁经营超市面对金融危机，以变应变，狠抓调整，在危机中找商机，在逆市中求发展，取得了较好的成绩。截至2009年年底全市共有门店767个（其中新增门店98个），较2008年增加11.33%，全年完成销售额273.72亿元，较2008年增长12.45%。仅武汉中百仓储、武商量贩、中商平价、中百便民及丽红超市5家本土超市公司就实现利润3.89亿元，较2008年增长10%。回顾2009年超市行业发展情况，主要有如下五个特点：

一、调整经营门店，提高单店效益

2009年面对全球金融危机的影响，绝大多数超市公司进一步突破连锁超市在城区发展的常规思路，运用现代流通方式加速门店发展并对门店进行改造与整合。

1. 逆市扩张，狠抓门店发展。中百仓储和武商量贩在扩张市内门店的同时，将发展的重心放在省内二、三线城市，全年创下开店新速度，不仅填补了市场空缺，而且在部分城市形成了强势力量，为区域扩张打下坚实的基础。中百便民发挥优势，实施了“分类设置，加密外扩”的发展模式，做到居民小区建在哪里，门店策划就安排在那里，全年开辟社区店、便民店51家，既增强了企业实力，又方便了市民生活。为提高单店效益，中百仓储、武商量贩、中商平价及中百便民对原有门店进行了调整，25家门店由于“扭亏无望”或其他原因，实行了关、停、并、转。

2. 乘势而入，整合区域优势。下半年，随着国家相关政策的出台，武汉市大型超市公司对省内区域门店管理结构进行了调整，武商量贩区域门店进行整合后，按区域成立了5大经营公司，各区域公司内人员、商品可以统一调剂，商品、价格实行统一调配，从而提高了区域营运质量，丰富了市场，较好地满足了当地消费者的需求，使公司所属超市在省内部分地市成为“龙头企业”。中百仓储整合公司资源，推行市外片区化管理模式，发挥企业片区门店的规模优势，使门店毛利率、商品适销率、门店到货率得到很大提高。

3. 提档升级，改变门店形象。根据业态的发展，武汉市很多超市因地制宜，采取不同模式进行改造。中商平价采取店面形象、营运设备、动线布局等硬件与商品结构、景点化布局、区块设置等软件相结合，对所属门店进行提档升级，如公司用5个月的时间对黄石区域店进行调整，使黄石店完成了由传统超市向超市百货化的转变。改造后的黄石店空间规划更加合理，品种更加齐全，服务设施更加完善，稳居区域“龙头”的地位。中百仓储开创超市细分“先河”，将大卖场、标超、生活剧场、农贸市场及农加超市场等不同业态纳入旗下。如水果湖超市借助其商品“庙会”留住了消费者的脚步；沙湖店创新架构现代超市与民间农贸市场相结合的经营模式，成为全市乃至全国超市业的一朵“奇葩”。公司按照百货 + 超市的模式建成常青超市后，由于其门面设施新颖、经营品种齐全、服务方式完善，吸引了周边地区的消费群，销售、利润稳居公司第一，成为公司的新亮点。

二、调整经营模式，抓好特色经营

随着业态的发展，实行差异化经营，已成为超市增强企业核心竞争力的重点，各家超市公司采取措施狠抓不放。

1. 加强直采力度，从源头保证商品特色。中百仓储、武商量贩、中商平价、家乐福及沃尔玛等几家大型超市公司采取“坐商”变“行商”的办法，对部分商品实行直采，扩大自营商品份额，加大进口商品比重，并对部分商品实行定制买断，取得了明显效果。以武商量贩毛巾直采为例，销售同比增长 73%，毛利同比增长 104%。中商平价大力发展直营，萎缩代理，不断探索自营、自采、定牌等形式，提高了自身经营能力和与供应商的议价能力。据调查，中百仓储直采商品已占全年销售的 10%。

2. 抓好生鲜经营，从品类保证经营特色。为锁定辖区消费群，适应快节奏的社会生活，中百仓储自 5 月初开始，在武汉市内和市郊门店对生鲜商品实行全日售货。为此，蔬菜组增加采购力量，积极组织货源，确保晚上关门前有常规生鲜品种售卖；水产组将联营转自营后，确定 9 个深受消费者欢迎的重点品种卖全日货，改变了过去水产生意半天热闹半天闲的状况，不仅方便了顾客，而且大大促进了销售。中商平价利用中央厨房加工生产熟食品，常年保持品种 10 多个，形成了自有品牌。武商量贩百圣店坚持面包自产自销，同比销售增长 126%，毛利增长 486%。

3. 利用农超对接“平台”，做好品牌商品的创新。各超市公司积极参加有关部门及协会举办的农超对接活动，以特色商品、地方品牌商品为重点，寻找新的品牌商品，弥补市场空缺。仅中商平价全年引进新品种 800 多个。武商量贩在参加农超对接会时获得恩施山猪肉营销信息后，举办了恩施山猪肉上市会，并开辟专柜供应恩施山猪肉，每天吸引了大量消费者，成为经营“亮点”。我市中百仓储、武商量贩、中商平价及家乐福还积极引进韩国、台湾等地名优产品，较好地丰富了市场，扩大了销售。

三、调整服务方式，挖掘潜在价值

为满足市场需求，方便消费者购买，积极进行扩销，武汉市几家大型超市公司向内挖潜，开展增值服务，培育新的经济增长点。

1. 与其他行业联手，开展代理业务。中百仓储、武商量贩、中百便民与电讯、水电、公交等部门联手，开展了水电费代缴、IC 卡充值等代理业务，方便了消费者生活，增加了企业收入，仅中商平价完善武汉“一卡通”等多功能服务项目 105 个。由于大多数门店增设了连带服务项目，基本满足了消费者“一站式”购物需求，深受消费者欢迎。中百便民在增值服务中，全年实行交易 785 万多元。

2. 生产、引进名优小吃，推广早餐工程。武汉市连锁超市利用自身优势，开辟经营场地，积极生产或引进名优小吃，收到良好效果。中商平价小吃“一条龙”积聚了武汉名优小吃近百种，深受消费者喜爱。中百便民精心培育社区大厨房，生产的“放心馍”享誉武汉三镇，全年仅“放心馍”销售1205万元，早餐销售达到194万元。

3. 拓展会员制，稳定固定客源。武汉市几家大型超市公司逐步完善会员奖励卡增值功能，扩大会员队伍，促进会员消费，重视会员专享服务，提高了会员的忠诚度。仅中商平价全年发展新会员5.7万人，使会员人数达到了40.65万人，实现会员销售4.71亿元。中百仓储还率先建立了会员俱乐部，俱乐部定期开展“会员日”活动，做到既购物又娱乐，增强了超市的凝聚力。

四、调整物流配送体系，狠抓供应链整合

为保证商品质量，节约营运成本，武汉市几家大型超市公司投入人力、物力，对物流配送体系进行调整和整合。

1. 自建生产基地，保证商品质量。中百仓储、武商量贩、中商平价及家乐福将商品质量保证体系延伸到“源头”，分别在市郊建立了蔬菜生产基地。武商量贩已建或在建蔬菜生产基地10个，中商平价已在江夏鲁湖签订了1000亩以生产有机蔬菜、水果，生态水产为主的基地。为保证基地产品安全，他们选派专人驻点指导，对种子、化肥等实行“六定”并做到统购包销，为构建“企业+专业合作社+农民”的产业链跨出了一大步。目前，这些基地的建成使超市增加了生鲜“大仓库”，农业合作社和农民有了坚强“后盾”，同时，由于基地生产的商品既新鲜、又便宜，十分畅销。

2. 自建物流配送中心，提高营运效率。武商量贩在庙山建立了占地100亩，共3.5万平方米的标准物流库，集农产品加工、食品制造和生鲜加工物流配送服务于一体，除满足常温商品的储存和配送外，还满足了冷冻、冷藏商品及果蔬、熟食商品的配送。中百仓储及中百便民利用物流配送中心统一采购果蔬，既降低了营运成本，又满足了市场需求。

3. 区域划片配送，实行商品“双向”交流。为发挥区域门店的规模优势，整合供应链资源，中百仓储、武商量贩对外地市门店按区域组建配送中心，配送中心将城市里的工业品送到农村市场，将名优农产品带回武汉，促进了城乡商品“双向”交流，扩大了农产品超值化流通。

五、调整管理重点，狠抓节能增效

为向管理要效益，各超市公司根据薄弱环节，采取相应措施，狠抓节能增效。

1. 多方挖潜，降低企业经营成本。武商量贩对全年新开门店的装修主材，装修工程，设施设备及配套工程等全部进行招标，既保证了新店开发工作的顺利进行，又有效地降低了开发成本。同时，他们还通过新店开业，老店调剂，共调配闲置资产及耗材127.67万元，并通过多种理财渠道创利293.8万元。为节能降耗，武商量贩、中商平价还将卖场照明灯换成节能灯管，仅中商平价光谷、大冶等16个点，全年节约电费115万元。

2. 加强预算管理，节约费用开支。为节省费用，几家超市公司将全年费用指标等进行分解，并纳入预算管理之中，实行严格控制，严格考核，杜绝费用管理漏洞。武商量贩工会向员工发出“我为企业节省一点”的号召后，企业内节约一度电、一滴水、一根绳

已蔚然成风。

3. 加强资金管理。武汉市几家大型超市公司充分利用国家新出台的相关政策，盘活资金，有效地减轻了企业负担。

（武汉市连锁经营协会）

2009年广州市连锁经营发展状况

2009年，广州连锁经营企业在市委、市政府的领导下，坚持科学发展观，积极应对金融危机，攻坚克难，逆势而上，取得了新的发展。全市社会消费品零售总额3647.76亿元，同比增长16.2%，流通规模连续22年居国内城市第三位。全市连锁经营率超过50%，连锁经营业态从生活服务业向生产服务业延伸。

一、全市连锁经营平稳发展

受国际金融危机影响，2009年一季度广州市社会消费品零售总额仅增长8.3%，未达预期目标。市委、市政府审时度势，及时出台有关促内需、保增长政策，加大刺激消费力度，优化消费环境，确保广州经济持续、稳定、健康发展。广州连锁经营协会根据市政府的部署，积极为企业搭建开拓市场的平台，参与协办了“广州迎新年欢乐购物嘉年华活动”、“广佛同城主题欢乐购物节”；参与主办了“2009广州文体用品欢乐购物嘉年华”、“增城荔枝节”等活动，收到良好的社会效益和经济效益。上半年全社会消费品零售总额增速回升到12.4%。在经济总体发展企稳向好的影响和假日经济的带动下，1～9月份，全社会消费品零售总额增长14.5%，增幅比上半年提高2.1个百分点。最终实现全年社会消费品零售总额同比增长16.2%。

二、连锁企业逆势开拓发展

虽然2009年经济发展遇到很多困难，但企业在千方百计保增长的同时，持续积极拓展市场。广百股份全年新开4家门店，同时还签署2家门店的合约，并将在2010年内开业；而已开业的20家门店，也都加快了向省内二三线城市拓展的速度，并迈出向外省发展的步伐。广州友谊2009年内连签四个项目：一是进驻珠江新城广州国际金融中心，租赁该中心裙楼4万平方米商场；二是整体租下广州世界贸易中心大厦一至六层2.5万平方米裙楼商场；三是与广州长隆集团签订租赁其首期5万平方米开发“长隆友谊购物公园”；四是进驻佛山禅城商业中心区域的国际商业中心，租赁其裙楼3万平方米商场。来自北京的王府井百货，在南下默默耕耘创业几年后，也开始了扩张的步伐。另外，2009年，华润万家在广州新开门店8家；美宜佳便利店在广州新开门店107家，门店数达到208家，成为广州市门店数最多的便利店；沃尔玛中国第4家山姆会员店即中国第163家门店落户广州番禺海印又一城，沃尔玛进入中国13年后终圆“广州梦”；广东吉之岛在进入广州8年后，于10月宣布进驻广州天汇城，签约嘉裕太阳城广场。此外，铜锣湾、大连万达等也将进驻广州拓展市场。

正是广州良好的经营环境，良好的市场前景吸引了众多企业的扩张；也正是企业的扩张，使得广州经济的发展持续向好。

三、连锁企业成扩大内需主力

2009 年，国家出台了“家电下乡”、“以旧换新”等一系列促进内需的政策，广百股份、苏宁电器、国美电器等连锁企业的“家电下乡”商品近 20 万台，带动家电类零售额增速比上半年提高 11%，近 20 万户农民家庭 80 万农民直接受益。面向农村地区的“万村千乡”市场工程得到不断的完善和发展，其中增城新客隆公司在直营的同时，还通过特许加盟的形式开设了 145 家“万村千乡”工程的农村超市，把网点延伸到村镇。目前，广州市“万村千乡”农家店已达 1200 多家，大大方便了农民的购物需求，为促进农村流通做出积极的贡献。

天天洗衣、德罄电器、IOU 美发机构等一大批连锁品牌企业进驻社区，大大方便了居民的消费，成为一支不容忽视的“扩销”大军。

四、创新经营支撑连锁经营发展

以科技应用促进连锁经营的发展是 2009 年连锁经营发展的特点，也将是今后几年的热点。不少企业在经济不景气的情况下，并没有放弃对管理系统的升级改造，他们纷纷引入新技术，以提高营运的科技含量，降低经营成本，提高经济效益。同时，新技术的应用，也更好地实现了为民便民的服务宗旨。截至 2009 年年底，广州“羊城通”在胜佳等超市，在 7－11、喜士多、全家、8 字连锁等便利店，在肯德基、麦当劳、皇后、美心、东海堂等餐饮企业投入使用，连锁企业采用小额支付技术来更好地为顾客提供服务。统计数据显示，广州市零售刷卡交易额占全省的 30% 左右，居全国城市的前列。

与此同时，不少连锁企业在不断拓展实体门店的同时，积极探索开设网上商店的营销方式。为推动网络营销、电子商务等新方式，广州连锁经营协会参与主办了广州市首届网上菜篮子工程高峰论坛，推介东川新街市率先开设了网上肉菜市场。网上营销受到很多白领，特别是新生代的青睐，该业务也得到快速发展，并迈出了连锁经营的步伐。华润万家、宝生园等多家企业开通网络购物平台，多渠道结合促进销售，收到明显成效。

五、特许经营继续迅速发展

近年，特许经营在广州迅速发展。2009 年，不少老字号继续依托特许经营，把金字招牌重新擦亮。截至 2009 年 9 月，广州酒家开设专卖店 50 家，莲香楼开设专卖店 30 家，陶陶居开设专卖店 16 家。

从每年两届的广州特许加盟展览会上，就可清晰显现广州市特许经营发展的势头和亮点：目前，不仅是传统的零售行业通过特许经营方式来拓展品牌和市场，而且越来越多的新兴行业也正依靠特许经营模式迅速发展。据特许加盟展览会对专业观众的抽样调查，在金融危机的冲击下，导致部分原开办工厂的小老板关闭了企业，而希望通过加盟的形式进行二次创业的人数比以往有所提高。此外，外来特许品牌数量也明显增加，其中不乏环保、节能、教育、休闲、健康、特色饮品等行业。

2010年，广州市将抓住亚运在广州召开的契机，抓住广州定位为国家中心城市的契机，优化提升商贸业增强千年商都的影响力，着重抓好五项工作：一是突出抓好扩大内需，稳定增长的内生动力，发展与连锁经营、物流配送相结合的网上超市；二是突出抓好结构调整，提升工商经济综合竞争力，编制《广州市大中型零售商业网点发展规划》，亚运会前建成10个大型高端购物中心并开业经营；三是积极推动技术进步，增强创新驱动力；四是优化民营中小企业发展环境，增强经济发展活力；五是抓节能降耗和绿色增长，增强绿色经济的拉动力等，力争社会消费品零售总额同比增长13%。

（广州市连锁经营协会　简丽娜）

2009 年广西消费品市场运行状况及 2010 年市场展望

2009 年，在国家实施“保增长、扩内需”政策的刺激下，广西消费品市场持续活跃，全区实现社会消费品零售总额 2790.70 亿元，比上年增长 19.3%，比全国高 3.8 个百分点，居全国第 5 位。在西部十二省市区中，增速居第 4 位。

一、市场运行主要特点

（一）家电下乡等刺激消费政策带动农村消费较快增长

2009 年，随着国家“家电下乡”、“汽车下乡”等一系列惠农政策的贯彻落实，大大激活了农村消费市场，扩大了农村消费需求。2009 年全区县及县以下农村市场实现消费品零售额 1123.55 亿元，比上年增长 19.6%；城市实现社会消费品零售额 1667.15 亿元，增长 19.2%，农村消费增幅高出城市 0.4 个百分点。继 2008 年以后，农村消费增幅已连续两年快于城市。据区商务厅统计显示，截至 2009 年 12 月 31 日，全区家电下乡产品销售量已达 117.2 万台，销售金额为 21.59 亿元。

（二）汽车市场销售火爆，为消费市场的一大亮点

随着国家取消对小排量汽车的限制措施、“汽车以旧换新”、“汽车下乡” 和新的消费税制等刺激消费政策的逐步落实，激发了消费者的购买欲望，汽车市场销售火爆。2009 年全区限额以上批发零售业汽车零售 20.42 万辆，比上年增长 87.3%，其中轿车零售 12.11 万辆，增长 90.2%。汽车类实现零售额 177.99 亿元，增长 34.0%，汽车对社会消费品零售总额增长的贡献率由上年同期的 2.95% 提高到 9.99%，占全区限额以上批发零售业零售额近三成，达 28.9%，比上年上升 3.6 个百分点，汽车成为稳定支撑全区消费品市场的中坚力量。

（三）广西北部湾经济区领跑全区消费品市场

2009 年，广西北部湾经济区实现社会消费品零售总额 1042.84 亿元，比上年增长 19.7%，高于全区社会消费品零售总额 0.4 个百分点，占全区社会消费品零售总额的比重为 37.4%，比上年上升 0.2 个百分点，对社会消费品零售总额增长的贡献率由上年同期的 37.4% 提高到 38.0%。14 个地级市中，北部湾经济区内的钦州市和南宁市增长最快，分别增长 19.85% 和 19.84%，分列全区第一位和第二位。

（四）吃穿用等刚性消费仍然是消费持续增长的稳定动力

2009 年，全区居民吃、穿、用等与人们日常生活密切相关的刚性需求继续保持平稳增长。在全区限额以上批发和零售企业中，粮油食品饮料烟酒类商品零售额实现 48.29 亿元，比上年增长 13.5%，其中水产品、蔬菜类增长 1.4 倍，干鲜果品类增长 95.3%；服装鞋帽、针纺织品类实现零售额 46.89 亿元，增长 19.4%，其中服装类增长 21.1%；日用品类商品零售额实现 18.43 亿元，增长 19.4%。

（五）商品房热销带动相关商品销售快速增长

2009 年，随着商品房的热销，带动了相关商品的销售快速增长。在全区限额以上批发和零售企业中，家用电器和音像器材类商品实现零售额 44.76 亿元，比上年增长 19.24%；家具类商品实现零售额 0.79 亿元，增长 27.0%。

（六）药品、保健品销售明显增加

随着城乡医疗改革及居民对自身健康状况愈加重视，加上受 H1N1 甲型流感的影响，全区药品、保健品销量大幅攀升。2009 年，全区限额以上批发零售企业中中西医药品类商品实现零售额 45.33 亿元，比上年增长 22.4%。其中西医药品类实现零售额 34.19 亿元，比上年增长 24.1%。

二、市场存在的问题及关注点

（一）农村居民收入水平较低直接抑制了消费需求的增加，制约了消费品市场的进一步扩张

2009 年全区农村消费市场虽然发展较快，但农村消费品市场占全区消费品市场的比重仍然偏低。从数据来看，全区县以下消费品零售额只占社会消费品零售总额的 22.5%，仅相当于城市消费品零售额的 37.7%。从全区城乡居民收入水平看，2009 年农村人均纯收入 3980 元，为城镇居民人均可支配收入的 25.8%；从城乡居民消费水平看，2009 年农村人均消费支出 2548 元，为城镇居民人均消费支出的 24.6%，农村居民收入水平和消费水平远远低于城镇居民，农村消费市场发展潜力有待进一步挖掘。

（二）居民消费信心仍然不足，市场发展缺乏后劲

受国际金融危机、就业竞争等因素的影响，城乡居民预期收入不容乐观，住房、医疗、教育及养老使居民的预期支出压力增大，居民消费信心不足，储蓄倾向增强。2009 年年末，全区城乡居民储蓄存款余额达 4715.35 亿元，比年初增加 835.15 亿元，增长 21.5%，增幅比上年高 0.8 个百分点。购买力的分流在一定程度上抑制了居民即期消费增长，造成市场发展的后劲不足，直接制约消费品市场的较快发展。

三、2010 年市场发展展望

2010 年，从有利因素看，世界经济逐步好转，中国—东盟自由贸易区的建成，为全区扩大外贸出口、带动经济增长创造了良好的外部条件；国家应对国际金融危机冲击的政策措施将进一步落实，扩内需、保增长的基本面没有改变，促消费政策措施仍将保持延续性和稳定性；全区经济将继续向好，城乡居民收入的增加，农村居民消费环境的改善，社会保障制度的进一步完善，将推动我区消费品市场的稳步发展。

从不利因素看，2009 年国家实施的促消费政策已使部分居民购买力提前释放，2010 年城乡居民消费可能受到一定的影响。总体而言，有利因素大于不利因素，预计 2010 年广西消费品市场将继续保持平稳增长态势。

四、建议

（一）提高城乡居民收入水平，尤其是提高农民收入水平，有效提升居民持续消费能力

居民购买力的增加是支撑消费市场稳定增长的重要因素。因此，提高城乡居民收入水平是扩大消费需求、促进消费品市场健康发展的关键。一是拓宽就业渠道，大力发展社区服务业、餐饮业等劳动密集型产业，鼓励中小企业和非公有制经济发展。二是增加财政对农业和农村的投入，进一步加强农业基础设施建设，及时为农民提供可靠的市场信息，建立和完善农产品销售中介组织，大力开拓农产品市场，确保农民家庭经营性收入稳步增加。三是加强农村劳动力再就业培训规模和水平，建立多渠道的农民工就业服务保障体系，加强对农民工的就业指导、职业介绍和就业信息服务，降低农民工求职成本。

（二）完善社会保障体系，为扩大消费创造良好条件

要进一步完善社会保障体制，扩大社会保险覆盖面，完善基本养老保险制度，逐步消除非公有制企业从业人员及广大农村居民在养老、医疗等方面的忧虑，从社会保障体系上和各项政策措施上让居民对自己未来的利益保障心中有数，降低人们对未来预期的不确定性，从而增强居民即期消费行为，增强居民消费信心。

（三）进一步开拓农村消费市场

结合广西农村市场的实际情况，进一步拓宽实施“家电下乡”、“汽车下乡”的渠道，加大“家电下乡”、“汽车下乡”补贴力度，扩大网点，简化程序，让农民真正得到实惠，更大地释放农民的消费潜能，深化做大做活农村消费市场。

（四）做大做强旅游品牌，扩大旅游消费

加大广西旅游宣传促销力度，整顿旅游市场秩序，全面整合旅游资源，精心设计、开发市场需要的旅游精品项目和示范项目，大力培育风格各异、各具特色的度假旅游、文化旅游、休闲旅游、生态旅游，对度假、文化、休闲、生态旅游企业在税收、用电等方面给

予优惠政策，提升服务水平，以吸引更多国内外游客来广西休闲观光，扩大旅游消费，促进消费品市场平稳较快增长。

（广西壮族自治区统计局）

2009 年重庆市商贸流通市场发展状况

2009 年，重庆市在国家“扩内需、促消费”等一系列宏观调控政策指导下，按照“建设大市场、发展大贸易、培育大企业、搞活大流通”和“一保二建三打造”总体思路，抢抓机遇，加快发展，商贸流通市场保持繁荣活跃、快速增长的良好势头，呈现出规模扩大、结构升级、亮点频现的特征。消费已经成为重庆市经济平稳增长的重要动力。

一、主要特点

（一）社零总额创历史新高，消费市场继续平稳增长

2009 年，重庆市商贸服务业历经经济低迷和逐步复苏的磨砺，积极探索和创新商贸模式，继续保持了平稳增长的发展势头。全年实现社零总额 2479.01 亿元，同比增长 18.6%，高出全国 3.1 个百分点，剔除价格因素实际增长 21.9%，高出全国 5 个百分点，位列全国第 4、西部第 3。其中，批发零售业实现 2048.96 亿元，增长 18.3%；住宿餐饮业 381.27 亿元，增长 21.9%，连续 15 个月保持为领涨行业。商品销售总额实现 6038.95 亿元，同比增长 20.5%，其中批发额 3989.99 亿元，增长 21.6%。商业增加值实现 657.24 亿元，增长 19%，高于 GDP 增速 4.1 个百分点，占 GDP 比重 10%，占三产比重 26.6%，支柱产业作用明显；全行业吸纳就业人员 288 万，排非农产业第一位，成为吸纳城乡居民就业的主渠道。

（二）消费结构升级，多元格局崛起

随着经济快速发展，居民消费支出重点不断变换，带动消费结构逐步向发展型和享受型转移，消费结构加快升级，多元格局加速形成。据统计，2009 年限额以上批发零售企业吃穿用类零售商品销售增幅分别增长了 28.3%、23.5% 和 33.3%。其中，汽车消费快速复苏，全年汽车销售额达 246.4 亿元，增长 45.3%，对消费增长贡献率 19.7%；住房消费强势反弹，全年商品房销售面积 4002.89 万平方米，增长 39.4%，销售额增长 72.2%，其中住宅类销售额增长 74.8%，带动家具、电器、建筑及装潢材料销售分别增长 67.5%、25.5% 和 37%；旅游消费带动强劲，全年国内外旅游直接收入折合人民币约 667.13 亿元，按旅游收入的 60% 用于吃、住、购等消费计算，由旅游实现的零售额 400.23 亿元，同比增长 25.7%，对消费增长贡献率达 21%。

（三）商贸企业支撑带动，助推市场繁荣稳定

2009年全市商贸企业进一步增多，对社零增长贡献突出。据统计，截至年末，全市限额以上商贸企业统计的企业数达3966家，比上年末增加1505家。限额以上商贸企业实现消费品零售额1207.64亿元，与上年比增长31.1%，其中，限额以上批发业实现消费品零售额207.80亿元，与上年比增长33.2%；限额以上零售企业实现消费品零售额897.87亿元，与上年比增长30.7%。限额以上住宿和餐饮业实现零售额101.96亿元，与上年比增长30.9%。全市限额以上商贸企业零售额占全市社零总额比重达48.7%，同比提高7.9个百分点；限额以上企业对全市社会消费品零售总额增长贡献率达73.6%，拉动全市社会消费品零售总额增长13.7个百分点。

（四）市场供应物丰量足，商品价格总体平稳

受2008年物价基数效应影响，2009年全市居民消费价格水平从2月份开始跌入低迷，全年CPI同比下降1.6%。尽管全年指数处于负区间运行态势，但从各月走势看，不难发现随着消费需求的进一步回升以及季节性调整，价格水平回稳上行态势明显，从7月份开始CPI指数持续环比为正，12月环比增长0.8%，同比首次实现由负转正，增长0.4%。全年居民消费价格水平呈现“前跌后升，震荡回稳”的走势。另外，据监测的600种主要消费品供求状况调查显示，供求平衡和供过于求的商品分别占到55.4%和44.6%，没有供不应求的商品。说明商品市场全年供求平衡，价格运行平稳。

（五）城乡齐牵手，市场共繁荣

2009年，在国家实施扩内需、保增长的宏观调控政策刺激下，重庆市城乡市场都表现出持续兴旺活跃的运行态势。城镇市场以商圈、专业特色街、专业市场群和社区商业为抓手，加速发展，实现消费1852.95亿元，增长18.7%。农村市场以“万村千乡”市场工程和“家电（汽摩）下乡”为突破口，持续升温，自进入下半年以来，各月增幅持续领先城镇，改变了城镇市场一花独放局面，为统筹城乡发展创造了条件，全年实现消费626.06亿元，增长18.5%，对全市社零增长贡献率达25.1%，同比提高3.8个百分点，城乡市场增幅差距进一步缩小到0.2个百分点，创直辖以来最好水平。

（六）惠民政策得民心，“家电（汽摩）下乡”显成效

全年家电、汽摩下乡政策拉动农村消费47.6亿元。家电下乡产品销售123.82万台，销售额23.25亿元，其中：录入信息系统113.62万台，金额21.57亿元，列全国第12位，每万户购买量列西部第1位，全国第2位，兑付补贴资金2.64亿元，兑付率96.2%，列全国第7位。汽车、摩托车下乡产品销售27万台，金额24.35亿元，其中：录入补贴系统15.92万台，金额15.9亿元，兑现补贴资金1.7亿元。产品下乡区域辐射全市40个区县以及北部新区，销售服务网点达6973个。在政策实施过程中，我市还积极探索措施办法，创造了“三个率先”，为全国深入推广“家电（汽摩）下乡”工作探索成功的路子做出了努力。一是率先在全国缩短补贴兑付时间，简化兑付程序，创新实施“2+4”、“两个一”补贴政策。二是率先在全国实施“专用发票”，解决了销售网点开票难问题，

减轻了纳税负担。三是率先在全国实施摩托车下乡产品带牌销售政策，解决了摩托车不上牌照、不便于交通管理的弊端，拉动摩托车产业加快发展。

（七）“万村千乡”全覆盖，消费规模大扩张

2009 年，重庆市继续加大“万村千乡市场工程”建设力度，在 11 月底全面完成建设任务，提前一个月实现“万村千乡市场工程”覆盖全市所有的乡镇、行政村的目标，走在了全国前列。全市共有 58 个承办企业在全市 39 个涉农区县实施“万村千乡市场工程”，累计建成乡镇超市和村级便民商店 19984 家，其中乡镇超市 1728 个、村级便民商店 18256 个，日用消费品农家店 10081 个，农业生产资料农家店 9903 个，建设改造 55 个县级商品配送中心，新增商业面积 39.6 万平方米，新增农村就业 7.3 万人，实现销售 30.1 亿元，拉动农村社零增长 2.5 个百分点。项目的实施，进一步提高了农村商品统一配送率，日用品乡镇超市配送率达 80% 以上，村级店配送率 50% 以上，农资商品基本实现统一配送。在加快信息化建设上也取得突破性进展，建成并启用“重庆市万村千乡市场工程综合信息服务平台”，注重功能聚合，实现“一网多用”，完成农村物流、信息流、资金流的统一交互。同时，通过基地直采、直建基地、贴牌销售、引导农民以物易物等方式，建立起工业品下乡进村、农产品出村进城的“双向流通”模式，加速提升商贸综合服务点功能。

（八）服务社区，“双进工程”加速推进

一是引导生活服务企业深入社区。2009 年，按照宜居重庆建设要求，重庆市大力推进社区商业建设，积极引导美容美发、洗染、家政服务等生活服务企业到社区开设网点，开设各种便民便利店，不断完善社区商业市场体系。全市共建成商业社区 161 个，其中 2009 年新建商业社区 67 个；新增社区商业经营网点 3460 个，其中连锁经营网点 361 个，完成投资 12.9 亿元。

二是创建培育示范商业社区。按照“1（综合超市）+11（必备业态）+9（发展业态）”的模式，大力开展商业示范社区的创建工作。2009 年，全市培育创建市级商业示范社区 32 个，申报国家级商业示范社区 4 个。

三是大力实施标准化菜市场示范工程。全市投资 6268 万元，改造建设 5.2 万平方米的标准化菜市场 35 个，为当地居民便利消费和放心消费提供了条件。

（九）中央重视、地方配套、企业积极，“双百市场工程”有序开展

截至 2009 年年底，全市共完成 12 个农产品批发市场和 15 个县、乡镇农贸市场的升级改造。中央财政共投入 5192 万元补贴资金，对重庆市 31 家农产品批发市场、农贸市场和农产品流通企业的 49 个建设项目给予了支持，包括冷链系统、质量安全可追溯系统、监测中心、安全监控中心、废弃物处理中心、配送中心和基础设施项目。重庆市也安排配套资金 2130 万元，协助落实贷款 6.8 亿元。已初步形成“中央重视、地方配套、企业积极”，共同促进农产品流通体系建设的局面。这些项目的建成和运营，为提升农产品流通基础设施水平、改善农产品流通环境，完善农产品流通体系建设方面发挥了重要作用。

（十）创新产销模式，“农商对接”收效好

为加快农产品流通现代化进程，重庆市积极开展“农商对接”活动，探索农商对接有效途径，创新产销一体化模式，畅通“农产品”进城的绿色通道，收获良好成效。全年共举办16场“农商对接”活动，共有1153家买方企业与462个加工企业、442个专业合作社、501个种养大户对接，88000余人次参与活动，现场达成意向并成交13.05亿元，实际成交6.44亿元，引导1.1亿元社会资本投入农村建设3.82万亩农产品生产基地。积极开展“农超对接”试点，通过加大财政投入，积极推进大型连锁超市、农产品流通企业直接与鲜活农产品产地的农民专业合作社对接，切实解决农产品“卖难”问题。全年共确定了13家连锁超市及农产品流通企业与26个农业专业合作社对接，并争取了2415万元项目资金给予扶持。

（十一）区域大拓展，稳步推进“购物之都”建设

一是大企业大市场大商圈集中度明显提高，聚集辐射能力显著增强。全市共培育百亿级企业4家，50亿级企业5家，10亿级企业15家，主体培育位居西部第一。商社集团销售额突破300亿元，升位全国商贸百强前十，西部第一。亿元级市场由去年的128个增加到132个，其中朝天门、观农贸、南坪医药、巨龙钢材、恒冠钢材、绿云石都等6个市场进入百亿市场行业，全年新增百亿市场3个。百亿级商圈由去年的2个增加到5个，实现零售额692.74亿元，占全市社零比重为27.9%。

二是商业设施面积逐步扩大。全年新增商业零售面积160万平方米、市级商业示范社区32个、建成区县商圈24个。南坪商圈改扩建工程、南坪上海城等一批重大项目投入使用，观音桥商圈改扩建工程启动，宜居商业建设迈出实质性步伐。

三是现代流通方式和各种新兴业态加快发展。2009年，全市连锁店1.4万个，实现销售额795.6亿元，同比增长29.4%，占社零总额32.5%，同比提高2.7个百分点。直销、网上购物等新型流通业态快速发展，商务部公布的17种零售业态一应俱全。

（十二）展会活动纷呈，加快建设西部“会展之都”

全年共举办国际性、全国性、区域性各类展会284个，同比增长30.3%，展出面积146万平方米，增长35.1%，实现会展收入10.1亿元，增长46.4%，拉动消费77.9亿元，增长41.6%。其中规模达1万平方米的展览活动40个。开展全市性“迎新春·促消费”购物美食月和国庆·中秋惠民消费活动等节庆促销活动120余个。开拓创新区县特色会展，南岸、渝中、江北、九龙坡、北碚等区县举办会展活动10个以上，潼南蔬菜采购会辐射西部地区，荣昌中国畜牧科技论坛、黔江武陵山民族文化节、綦江版画艺术节、巫山红叶节、梁平双桂节、垫江牡丹节等特色会展吸引大量中外客商参观参展，收效较好。编制完成了中国西部会展中心建设规划和立项，将启动建设展览面积40万平方米、配套设施100万平方米以上的会展经济集群，切实解决场地不足的发展瓶颈，迈出建设西部“会展之都”第一步。

（十三）推举标杆，规范发展，“美食之都”建设显实效

编制了《重庆市美食之都建设规划》，成功举办了第四届火锅美食文化节、“中国（台湾）美食活动周”，制定了《重庆火锅分等定级评定标准》，开展了“早餐示范工程”调研，并已在4家餐饮企业开展试点，促进了餐饮业健康发展。17家餐饮企业入围全国百强，陶然居、德庄、小天鹅跻身前十，陶然居更入选上海世博会参展企业。新增市级美食街11条、中华美食街3条、国家级酒家酒店13家，推荐评定中国服务大师和名师10名，星级农家乐100家。全年餐饮住宿业实现社零总额381.27亿元，同比增长21.9%，比全国平均水平高5.1个百分点。

二、主要原因

（一）良好的政策环境为商贸流通市场实现又好又快发展创新机、添活力

一是为积极应对国际经济形势变化为我国经济带来的不利影响，国家出台了一系列鼓励商贸流通、扩大城乡消费的政策措施，以促进产业结构调整、扩大消费需求，增强消费对经济增长的拉动作用，为商贸流通产业较快发展营造了良好的政策环境。

二是国家商务部大力支持重庆内贸工作，将多项重点工程试点设在重庆，并在政策、资金等方面加大扶持力度，为重庆市商贸流通较快发展增添了生机和活力。

三是市委、市政府高度重视商贸流通工作，大力推进“家电下乡”、“万村千乡”、商圈和社区建设，形成了以城带乡、以商促农的良好局面，为全市城乡经济的大发展，消费市场的大开放提供了条件。

同时，保税港区建设、“一江两翼三洋”国际贸易大通道建设、“五个重庆”建设、“两江新区”建设都为商贸发展开创新的机遇。

（二）居民收入水平持续增长，为商贸发展注入强大后劲

2009年，重庆市城乡居民收入水平继续保持较快增长态势，为释放居民消费潜力、提高消费预期奠定了坚实的基础，促进商贸业持续稳定发展。据初步统计，2009年，重庆市城镇居民人均可支配收入15730元，增长9.5%，农村居民人均现金收入4621元，增长12%，城镇居民人均可支配收入和农村居民人均现金收入的比值由2008年同期的3.5∶1,缩小到3.4∶1。在居民收入水平普遍提高的基础上，城乡居民收入差距不断缩小，有利于城市消费理念对农村消费行为的引导，为进一步挖掘农村消费潜力，促进城乡商贸统筹发展注入新的生命力。

（三）经营业态日趋多样，为商贸发展提供广阔空间

随着经济的快速发展、城乡居民收入的大幅提高，居民消费领域不断拓宽，从传统的、有形的物质消费向现代的、无形的精神文化消费转变，文化教育体育消费、假日休闲旅游消费、通讯信息网络消费、住房汽车高档消费、信用贷款超前消费等形式逐渐兴起；

宾馆酒楼、网吧书市、配送中心、购物中心、百货商场、超级市场、专业街、连锁店、专卖店、便利店等各种商贸经营业态星罗棋布，商品种类繁多，市场活力迸发，为提高消费层次和消费等级，拓宽商贸发展领域，提供了广阔的空间和丰富的形式。

三、2010年市场发展趋势

2010年是“十一五”规划的收官之年，是重庆市全面建设长江上游商贸中心的关键时期，也是以“三都”（长江上游“购物之都”、西部“会展之都”、中国“美食之都”）建设为标志的渝商模式形成和发展的重要时期，更是流通、消费品市场持续快速健康发展的有利时期。在大好形势面前，我们应看到随着居民财产性收入的增长，社会保障覆盖面的扩大，进城农民工的社会保障制度和公共服务制度的建立及措施的落实，将有利于消费预期持续增强，有利于消费市场继续保持较高水平增长。因此，2010年的市场发展将继续保持平稳较快增长势头，预计全年社会消费品零售总额增长18%，商品销售总额增长18%，商业增加值增长15%。

（摘编自重庆商务之窗《2009年重庆市商贸流通产业发展综述》）

2009 年成都市消费品市场运行状况

2009 年，成都市消费品市场增长强劲，繁荣兴旺，社会消费品零售总额增长居副省级城市首位，在全国特大城市中仅次于天津居第二位。

一、市场运行基本情况

（一）市场销售快速增长

2009 年，全市实现社会消费品零售总额 1949.9 亿元，同比增长 20.3%，实际增长与名义增长基本保持一致，实际增速比 2008 年提高 4.8 百分点，创近年来新高。由于经济强劲复苏，货币供给充足，消费潜力释放，社会需求加快增长，2009 年“扩大内需、刺激消费”取得显著成效。

（二）行业与经济类型均衡发展

2009 年，全市批发零售业实现零售额 1581.3 亿元，同比增长 20.5%；住宿与餐饮业零售额实现 361.8 亿元，同比增长 19.2%；非公及股份制经济 1807.8 亿元，同比增长 20.5%，占市场份额 92.7%，比上年增加 2.8 个百分点；外资经济实现 263.6 亿元，同比增长 19.9%，市场开放度 13.5%，比上年增加个 1.3 百分点；限额以上贸易企业批发额 1816.0 亿元，同比增长 12.2%。

二、市场运行特点

（一）农村市场增长加快

2009 年，成都市城市零售额实现 1511.5 亿元，同比增长 20.3%；农村零售额实现 438.5 亿元，同比增长 19.9%，呈现城乡市场销售两旺的局面。2004—2008 年成都市农村零售额以 11.9% 递增，低于城市递增率 6.8 个百分点，2009 农村市场逐渐升温，呈现多年未见的快速增长局面，城乡增幅差缩小至 0.4 个百分点。

（二）餐饮业恢复快速增长

随着地震灾害影响的逐渐消减，2009 年商务、会议、旅游出现回流，大众餐饮持续兴旺，成都市餐饮业已经走出低谷，餐饮业营业额逐月稳步回升，营业增长步入正常发展轨道。

（三）连锁经营稳步发展

2009年全市连锁经营销售（营业）额709.4亿元，同比增长11.7%，连锁率达到36.3%。其中，满足基本民生需要的连锁销售稳步增长：超市卖场销售51.3亿元，同比增长6.5%；便民连锁销售59.9亿元，同比增长4.5%。满足个性化和享受型的连锁销售较快增长：零售百货销售125.0亿元，同比增长18.1%；专业店销售51.7亿元，同比增长13.2%；汽车4S店销售167.0亿元，同比增长18.8%；餐饮营业额29.2亿元，同比增长19.5%。

（四）消费升级继续加快

2009年大众消费稳定增长，生活必需品供应充足，价格平稳；新兴消费成为拉动市场增长的主要动力，住宅、汽车、高端家电、高档服饰、化妆品、文化休闲、大众餐饮和旅游出行等高端需求旺盛。2009年成都市汽车消费市场持续保持热销势头，成为消费品市场“扩大内需、刺激消费”的一大亮点，全年新车销售214718辆，同比增长40.2%；二手车全年销售190826辆，同比增长54.9%；“家电下乡”品种继续增加，2009年家电、电脑、手机、热水器等销售34.8万台（部），销售金额6.67亿元，“家电下乡”商品销售量与销售额同比分别增长2.2倍和3.0倍，发挥了引导农村消费升级的作用。

三、扩大内需、刺激消费的主要举措

为积极应对世界金融危机的不利影响，2009年成都市商务局认真贯彻市委、市政府“提速止滑”的决策和措施，以确保消费品市场稳定运行和繁荣兴旺。

（一）确立科学发展思路，提升产业软硬环境

加快实施《成都市服务业发展规划（2008—2012）》、落实市委、市政府《加快现代服务业发展的意见》和市政府《关于加快服务业发展若干政策的意见》，促进服务业增长途径更加符合科学发展观的要求，刺激社会投资，支持企业发展。

（二）刺激农村消费，开拓农村市场

加快农村流通网络建设，改善农村消费与流通基础条件，提高乡村连锁超市、便利店的覆盖率，结合灾后重建，抓好灾区重大恢复重建项目的落实；密切农商对接，支持大型超市增加本地化采购，为农产品进城、进超市畅通渠道；加快农产品质量追溯体系建设，促进农产品纳入产业化和品牌化生产的轨道；积极推进“家电下乡”、“汽车下乡”、“家具下乡”。

（三）加快商圈建设，推进“中调”战略

加快中心城区市场调迁，荷花池、五块石、西门生资市场等片区业态调整进度加快，北部商贸城，龙泉、双流、青白江3个商品市场集中发展区建设进展顺利，成都国际商贸城、龙泉国际汽车博览新城等一批重大项目建设加快推进；加快商圈建设，投资100亿元

全面改造提升红牌楼商圈，重点跟踪、建促九龙仓双流国际品牌直销城、群光百货、百扬大厦、金沙太阳城等重大商贸流通项目建设。

（四）彰显成都特色，建设美食之都

以“建成创新推广川菜、荟萃全国美食、展示东西方多元文化，满足不同需求的国际美食之都”为目标，完成联合国教科文组织“美食之都”申报工作，编制《成都市餐饮业发展规划》和《成都市建设“美食之都”行动纲要》，初步形成建设美食之都的基本框架。

（五）转变增长方式，发展新兴产业

围绕“满足社会需求、增加有效供给”的目标，大力发展新型流通方式，推进阿里巴巴西部基地建设，出台《成都市电子商务规划（2009—2012 年）》，举办第三届网货交易会暨第六届网商大会成都论坛，确定电子商务重点联系企业，创建电子商务专业楼宇。

（成都市商务局）

2009年青海省消费品市场运行状况及2010年市场展望

2009年，青海省认真贯彻落实国家一系列扩内需、保增长政策措施，努力克服金融危机对消费品市场带来的不利影响，加大对流通业的政策扶持力度，积极引导商贸企业开展各类促销活动活跃市场，消费品市场繁荣活跃，购销两旺，城乡市场呈现出起步高、增长快、运行稳的态势。

一、市场总体情况

（一）规模扩大，消费品零售额迈上新台阶

2009年1～12月，全省社会消费品零售额突破300亿元大关，同比增长18.8%，扣除物价因素，实际增幅16.93%，实际增幅为20年新高。分月看，各月都保持了较高的增长水平，1月份在两节的拉动下，起步快，增幅高，增幅达到19.4%，实现了开门红，2、3月虽然增速有所下降，但仍然保持了16.7%和16.9%的增速，并呈逐月加快态势，全年有9个月增速保持在18.7%以上，月均销售额达到25.04亿元，最高增幅与最低增幅相差仅3.2个百分点，比去年缩小了10.6个百分点，月平均增速达到18.7%，消费品市场运行更趋平稳。从近10多年青海省消费品市场增速变化看，以国家西部大开发为分界点，2001之前消费品零售额在连续保持5年快速增长后，基本上进入调整期，增速放慢。而从国家实施西部大开发政策以来，随着青海省经济总量的不断扩大，消费市场持续保持两位数增长。自2000年青海省消费品零售额达到100亿元后的7年间，消费品零售额从100亿元跨到了200亿元，而由200亿元迈上300亿元，仅仅用了2年时间。近2年的平均增速达到20.1%，而上年累计增幅高出全国平均水平3.3个百分点，这是多年少有的现象。从另一层面说明青海省居民收入水平、消费结构、消费预期和消费环境已大为改观，消费能力明显提高，消费品市场发展步入快车道。

（二）城乡市场同步推进，持续活跃

随着国家一系列支农惠农政策的相继实施，青海省农牧民收入有了较大提高，家电、汽车下乡优惠政策，激发了广大农牧民的购买力，消费能力、消费层次和消费空间不断提升。同时，伴随着社会主义新农村建设的深入展开，农村市场体系建设步伐明显加快，促进了农牧区消费市场活跃。2009年1～12月，全省县及县以下农牧区市场实现零售额86.69亿元，比上年同期增长18.8%，同比提高个1.3百分点，城乡市场增幅由上年相差

5.5 个百分点转为同步增长，对社会消费品零售总额的贡献率由上年同期的 20.6% 提高到 28.86%，农牧区市场出现了多年来少有的走旺局面。城市市场继续保持稳步增长，1～12 月累计实现社会消费品零售总额 213.77 亿元，同比增长 18.8%。

（三）批零贸易业主体地位不断加强，带动了全省消费品市场的提速

批发零售业积极面对金融危机对国内消费品市场的影响，以市场为导向，积极拓宽消费领域，以持续稳定的发展态势继续引领行业快速发展。1～12 月全省批零贸易业实现消费品零售额 249.37 亿元，同比增长 20.14%，占全部社会消费品市场的比重为 83%，比上年提高 0.9 个百分点，拉动全省消费品零售额增长 16.5 个百分点，是社会消费品零售总额快速增长的主导力量。其中，限额以上企业凭借消费环境、品牌商品、服务质量等优势领跑市场，发展速度保持领先地位，1～12 月实现零售额 70.27 亿元，增长 22.11%，高出全省平均水平 3.3 个百分点，占批发零售业比重 28.2%，比去年同期提高 0.5 个百分点，呈逐年提高的态势。限额以下及个体户实现零售额 179.1 亿元，同比增长 19.4%，依然是批发零售贸易业的重头。

（四）住宿餐饮业与旅游市场的关联度增强

从住宿餐饮业的走势看，除 1 月份受节日拉动因素影响较大外，其他月份与旅游淡旺季呈正向变化，7 月份进入旅游旺季后，住宿餐饮业在旅游业的拉动下快速发展，三季度成为全年增幅最快的一个季度，平均增幅达到 22.7%。特别是以民族文化展示、特色餐饮、休闲娱乐等为主要形式的生态旅游、文化旅游、乡村旅游不断升温，吸引了大批游客观光旅游，带动限额以下及个体户餐饮业销售额快速增长，7 月份开始连续 3 个月保持 22.3% 以上增幅，有效拉动了全省住宿餐饮业的稳步增长。1～12 月份，全省住宿餐饮业实现销售额 47.02 亿元，同比增长 14.9%，住宿餐饮业完成零售额在全省社会消费品零售总额的比重占到 15.65%。其中，限额以下完成 37.1 亿元，增长 16.6%。

（五）居民消费结构不断升级，市场消费亮点不断涌现

2009 年以来，以体现提升生活质量的建筑及装潢材料、家具、汽车等为主的消费热点不断涌现，居民消费结构升级明显加快。特别是在国家减免征收车辆购置税等多项政策作用下，汽车销售增势强劲。据青海省商务厅对 15 家重点大中型企业汽车销售企业统计，1～12 月份累计销售汽车 21275 辆，同比增长 62.9%。从全省限额以上批发零售企业商品销售情况看，体育娱乐用品增长 58.5%；化妆品类和金银珠宝类分别增长 52.1% 和 89.8%；与住房相关的建筑装潢材料类商品和家具类商品销售分别增长 20 倍和 22 倍；汽车类商品销售增长 30.4%。

（六）各地区消费品市场均保持不同程度的增长

全省各地从搞活流通、扩大消费入手，认真贯彻落实国家家电下乡、汽车下乡等扩大农村消费政策，努力开拓城乡市场，消费品零售额呈现较快增长。2009 年 1～12 月，全省 8 个州地市中除黄南州、果洛州、玉树州外，其他地区社会消费品零售总额以 17.6%

以上的速度增长。其中，西宁市作为全省商业中心继续发挥龙头带动作用，累计实现消费品零售额201.5亿元，增长18.59%，占全省67.06%，海西州保持稳步增长，累计增幅17.6%，海南州、海北州、海东地区增幅呈加快之势，分别增长21.8%、21.8%和22.9%；黄南州、果洛州、玉树州分别增长13.06%、11.42%和12.6%。从各州地市消费品市场增长速度看，由于各地地理位置、经济发展水平差异，区域间消费市场发展仍不平衡，地区间增幅差距达11个百分点。

二、市场快速增长的主要原因

一是政策效应逐步显现。从国家层面看，为应对金融危机，2008年四季度以来，国家相继出台了十项扩大国内需求的措施，采取了积极的财政政策和适度宽松的货币政策以及更为灵活审慎的十项宏观调控措施，汽车燃油税调整、汽车购置税减免政策等一系列扩大消费的政策措施，产生了积极效果。以青海省经济发展情况看，为最大限度地减少金融危机等诸多不利因素对全省流通业的影响，省政府出台了《搞活流通扩大消费实施意见》，并确定2000万元促进流通业发展资金，支持全省流通业发展。这些政策的落实，对激活消费市场，保持和促进城乡消费品市场繁荣起到了至关重要的作用，有效提振了消费者信心，扩大了消费。

二是农村流通网络建设步伐加快，有效促进了农牧区消费。国家“万村千乡市场”工程和“双百市场”工程的继续推进和“家电下乡”、“汽车、摩托车下乡”等项支农惠农政策的落实，农村流通网络进一步健全完善，2005—2009年，全省“万村千乡”市场工程共建设改造农家店4886个，建设配送中心34个，覆盖全省80%以上的乡镇、55%的村庄，200多万农牧民受益。全年青海省“家电下乡”销售额8889万元，财政补贴732万元。消费环境的有效改善，加上各项惠农政策的落实，使全省农牧民消费潜能不断释放，农牧区消费市场长期低迷的状况得到了有效转变。从2007年至今，全省有30个月农牧区的消费品零售额保持两位数的增幅。

三是国家围绕扩大居民消费，从财税、信贷等方面出台了一系列政策措施，在保民生、促就业、提升农民和城镇低收入群体消费能力、鼓励消费、完善消费环境等方面收到了明显成效，对保持和促进城乡消费品市场繁荣起到了积极的作用。

四是流通企业抓商机、促销售等活动有效地拉动了消费增长。各地按照商务部《关于做好培育和发展消费热点工作的通知》要求，积极引导企业培育和发展消费热点。同时，为应对金融危机，各大商家相继开展了一系列促销活动，特别是抢抓节日商机，通过形式多样的促销活动，营造氛围、积聚人气，激发消费者的购物热情，促进了居民消费。汽车、家具、建筑及装潢材料、品牌服装、化妆品、金银珠宝等成为城镇居民的消费热点，销售额快速增长。

五是旅游市场的持续活跃拉动消费品市场。2009年以来，青海省各类经贸活动增加，一方面扩大了青海的知名度，另一方面来青观光旅游的人数不断增加。各大宾馆、饭店客房爆满，形成了一房难住、一票难求的状况。旅游人数和旅游收入的增长，不仅拉动了消费群体的增加，而且刺激了居民的消费，活跃了商品市场，带动相关产业发展，增加了商品销售量，在一定程度上拉动了消费品零售额的增长。

三、2010 年市场展望

2009 年，在国家和省委省政府一系列刺激消费政策措施的作用下，全省消费增势良好。展望2010 年，从影响消费的因素看，消费快速增长的压力依然较大，主要表现在以下几个方面：

一是居民收入增幅放缓。2009 年全省城镇居民人均可支配收入 12692 元，同比增长9%，增幅同比回落4. 35 个百分点，全省农牧民人均纯收入3346 元，增长9. 3%，增幅同比回落4. 8 个百分点。特别是受金融危机的影响，农牧民人均工资性收入同比回落 12 个百分点，而收入对消费的影响有一定的滞后性，加之目前股市走势不明朗，居民投资理财渠道偏少，城乡居民收入快速增长的支撑点不足，这些均对未来消费的增长产生一定的抑制作用。

二是居民消费倾向在近些年呈现持续降低的趋势。受教育、医疗、住房等消费支出不断增加的影响，居民消费倾向呈下降之势。

三是一些热点消费领域前景不明。去年家电、通讯器材、数码产品等商品虽有诸多政策持续刺激，但销售增长较为平稳，并未形成持续旺销。虽然汽车消费是2009 年消费市场的一大亮点，但汽车属高端、耐用消费品，消费主体主要集中在中高收入人群，而2009 年底 1. 6L 以下车型购置税减征等政策的到期，加上油价的不断提高，汽车消费高速增长的势头将可能受到抑制。

但是，2010 年消费增长也存在诸多有利条件：

一是“扩消费、拉内需”的宏观调控政策继续实施，有利于稳定消费增长。中央经济工作会议明确指出，“要以扩大内需特别是居民消费为重点，增强消费对经济的拉动作用。”2010 年国家将继续加大促进消费的相关政策，在继续实施家电下乡、汽车下乡、农机具购置补贴基础上，进一步加强困难群众和农民消费能力的支持，政策的连续性有助于促进消费的可持续发展。

二是宏观经济环境的不断改善，有助于增强扩大消费需求的信心和动力。虽然我国经济企稳回升的基础还不十分牢固，但经济增长的动力不断增强，这也有利于稳定青海省的消费增长。

三是消费者信心指数持续攀升，对扩大消费增添新的积极因素。据消费者信心调查就业报告显示，受就业前景改善以及对个人收入前景的良好预期影响，我国消费者意愿反弹回升，消费者信心指数由2009 年二季度的95 上升到三季度的101，成为2007 年以来的最高水平。同时，消费者预期指数、消费者满意指数也呈现持续攀升态势。特别是国家即将研究推进西部大开发战略第二个十年政策措施和推动藏区跨越式发展的重大战略的实施，将为青海省经济发展提供历史性的机遇，也将进一步提振全省居民的消费信心，促进消费的持续增长。

四是改善民生及各项社会保障制度的完善等扩大消费需求政策的效应也将继续显现。

五是青海省居民正处于结构升级的转型阶段，居民对商品的需求仍将属于刚性增长，购买力有望进一步提高，居民消费结构升级成为拉动消费持续增长的支撑点之一。

综合分析，影响2010 年消费增长的因素有扬有抑，但更多因素有利于消费的增长。预计2010 年全年消费增长的基本面不会改变，居民消费的刚性需求仍将延续，消费增长的形势比较乐观。预计全年实现社会消费品零售额342亿元，同比增长14%左右。

四、需重点做好的工作

（一）大力开拓农牧区市场，挖掘农牧区消费潜力

目前，青海省农牧区流通基础设施还比较薄弱，市场主体不健全，现代流通方式在农牧区发展所需要的各种配套设施明显不足。要充分利用国家扩大内需，加大农村基础设施建设投入的契机，加快农村牧区基础设施建设，进一步改善和优化消费环境，健全农牧区网络，提高农牧区流通效率。

一是要充分利用国家继续实施“万村千乡市场工程”和“双百市场工程”的有利时机，改善青海省农牧区流通方式，加强对农村商品流通网络和配送中心的建设，保障商品流通渠道畅通，促进农牧区消费品市场发展。

二是要充分利用好国家“家电下乡、农机下乡、汽车下乡”扩大农牧区消费需求的政策措施，建立完善适合农牧区消费特点的流通体系，进一步完善补贴标准和办法，采取更加灵活的补贴兑付方式，调动农牧民购买家电的积极性，让更多的农牧民得到实惠。

三是积极探索工业品下乡和农产品进城的双向流通模式，建立健全城乡双向流通网络。采取多种形式推进农产品经营企业与农产品生产者进行对接，积极推进“农超对接”、“订单农业”，建立鲜活快速流通渠道，促进农产品流通和农民增收，扩大消费需求。

（二）培育新型消费领域，加快结构升级步伐

目前，青海省居民正处于消费结构升级换代阶段，对旅游、文化、体育、家政等服务性消费不断增加。要紧紧抓住国家扩大内需的有力时机，积极培育消费热点。通过政策引导和支持，改善服务设施，积极发展服务中介机构，推进服务市场多元化、规模化和产业化，重点支持社区家政服务、旅游、文化、休闲娱乐等服务消费的快速发展，通过建立供需信息平台，开展培训提高各类服务人员的综合素质，为推动居民服务消费创造条件。进一步增强青海省中等收入者对住房、汽车等商品的消费能力，引导经营企业采取行之有效措施，激发和释放消费者的购买欲望，提高即期消费的能力，加快实现我省居民消费结构的升级换代。

（三）健全市场调控体系，增强市场调控能力

认真贯彻《国务院办公厅关于搞活流通扩大消费的意见》，进一步完善居民生活必需品储备机制，积极探索建立商业代储制度，积极引导企业保持适当库存水平，建立健全储备的收储和投放机制，切实增强市场应急调控能力，构建中央与地方、政府与企业相结合的储备体系。

（四）加强市场运行监测，提高预测预警能力

进一步完善城乡市场信息服务体系，优化样本结构，密切关注市场动态，及时向政府

和有关部门提供信息，为政府制定宏观政策提供依据，加强信息引导，提高预测预警能力，增强调控的预见性。

（五）以旅游业的大发展为契机，促进我省消费市场稳步发展

旅游业与住宿、餐饮等商贸行业关联度高，大力发展青海旅游，打造高原品牌和特色旅游产品，加快青海省旅游产业化发展，提升旅游产业水平，丰富旅游产品，对拉动商贸服务业的后续作用较强。要充分利用全省旅游资源优势，大力发展旅游业，促进旅游消费的持续快速发展。

（青海省商务之窗）

2009 年宁夏消费品市场运行状况及 2010 年市场展望

2009 年，受全球金融危机的影响，宁夏经济遭遇到前所未有的挑战。在自治区党委、政府的坚强领导下，全区各级商务部门认真贯彻落实中央“搞活流通、扩大消费”相关政策措施，使全区消费品市场在世界经济、金融形势振荡多变的不利环境下，呈现出高速增长的发展态势。

一、2009 年市场运行主要特点

（一）消费品市场总体旺盛，消费需求持续高速增长

2009 年，全区实现社会消费品零售总额 339.3 亿元，同比增长 19%，高于全国社会消费品零售总额增速 3.5 个百分点，高出全区 GDP 增速 7.4 个百分点。其中，城市社会消费品零售额为 241.7 亿元，同比增长 14.4%，农村社会消费品零售额为 97.6 亿元，同比增长 32.3%，分别占全区社会消费品零售总额的 71.2%、28.8%。农村消费所占份额比上年提高 3.4 个百分点。全年各月社会消费品零售额增长幅度均保持在 17.8% 以上，呈现出消费品市场持续增长的态势。

（二）假日经济势头强劲，节日市场亮点纷呈

2009 年，以“春节”、“五一”、“十一”为重点的黄金周，以“元旦”、端阳节等为代表的各类传统节日以及圣诞节、情人节、母亲节等西方节日，均掀起了消费热潮。节假日市场最突出的表现就是促销手段多种多样，各个商家尽显身手，千方百计挖掘节日市场潜力，有力地引导和促进了消费品市场的繁荣和兴旺，节日市场亮点纷呈。一是大型零售商场仍然是假日市场扩销促销的主体。每逢节假日商场人气旺盛，客流量成倍增加，销售量也大幅增长。2009 年，商务厅重点监测的几大商场、超市的“元旦”销售同比增长 19.3%、“十一”同比增长 24%，其他节日也保持较高增幅；二是吃、穿、用商品全面旺销，家用电器、珠宝首饰、服装鞋帽类等销售大幅增长；三是礼仪消费始终渗透于节日之中，名烟名酒、保健滋补品、名牌服装等均成为节日市场居民青睐的重要礼品；四是在节假日市场中各种结婚用品尤为热销，婚庆消费成为节日市场新的亮点。

（三）住房和汽车成为居民消费两大热点，为推动经济稳定快速发展发挥重要作用

据统计，2009 年宁夏共完成房地产开发投资 162.74 亿元，比上年增长 38.4%，增幅比上年高 12.1 个百分点。全区商品房销售面积 775.29 万平方米，销售额 239.53 亿元，分别比 2008 年增长 50.6% 和 91%。商品房销售面积和销售额均创新高，有力地拉动了与之相关的消费品销售。为应对金融危机，扩大内需和刺激国内汽车消费，2009 年国家及时出台了《汽车产业调整和振兴规划》等政策：1.6 升及以下排量乘用车车辆购置税减半、汽车摩托车下乡、汽车以旧换新、二手车交易市场和报废汽车回收拆解企业升级改造等一系列措施有力促进了汽车消费。宁夏的汽车消费市场也出现了高速增长的态势，成为 2009 年的消费热点。2009 年上半年，全区个人汽车拥有量已达 24.12 万辆，同比翻了一番多，是 2003 年的 4.2 倍。仅 8 月 1～7 日举办的第二届银川国际汽车博览会七天成交车辆 2423 辆，成交金额 3.19 亿元。2009 年，全区各类汽车累计销售 3 万多台，实现销售额 36.6 亿元，销售量和销售额呈现出大幅增长。

（四）餐饮业发展迅猛

2009 年，宁夏餐饮业实现零售额 54.2 亿元，同比增长 24%，高出社会消费品零售总额增幅 5 个百分点。由于居民生活水平的不断提高，生活节奏的加快和消费观念的更新，餐饮业始终保持快速增长，呈现出以大众化消费为主流，节假日消费为亮点，快餐、家庭聚餐市场逐渐走俏的餐饮消费特点。另外，商务、旅游、集团消费等都有力促进地了餐饮业的高速增长。

（五）居民生活必需品市场运行总体平稳

据商务厅生活必需品市场监测数据显示，截至 2009 年 12 月，生活必需品价格指数 123.1%，环比上涨 3.3%，同比上涨 2.8%。与去年同期相比，食用农产品涨多跌少，主要以蔬菜类价格的涨幅较为明显，大蒜、辣椒的价格更是创下新高。粮油、肉类、水果价格基本平稳。

二、认真落实扩大消费政策，多项举措共促消费品市场高速增长

为应对国际金融危机，保持经济平稳较快发展，国家连续出台一系列搞活流通、扩大消费的政策措施，特别是国务院《关于搞活流通扩大消费的意见》印发后，自治区商务厅高度重视，迅速组织力量起草了《自治区人民政府关于扩大城乡居民消费的意见》，经自治区政府下发实施。《意见》从提升消费能力、扩大城市消费、拓展农村消费、培育消费热点、优化消费环境等五个方面推出了 22 条措施。这些措施发挥了明显作用，取得了良好效果，使消费成为推动宁夏 2009 年 GDP 增长的强劲手段，弥补了外贸出口下降的短板。据测算，2009 年消费对 GDP 的贡献率达到 51%，比上年提高近 6 个百分点。

2009 年，全区商务部门扎实做好搞活流通扩大消费工作，并在下列几个方面采取措

施。

1. 实施社区商业便民工程，扩大了城市消费。为扩大城市消费，宁夏商务厅积极推进连锁经营和物流配送中心建设，支持新华百货连锁公司等企业在全区建成日用消费品、副食品、家电产品等连锁配送中心12家；精心打造“清真餐饮主食加工配送工程”，支持宁夏阳光那波里有限公司等4家餐饮和清真食品加工企业建设清真餐饮主食加工配送中心4个，为93个清真餐饮网点配送200多种早餐；着力实施“三便民一推动”工程，在全区建设了便民服务网点560家；推动“社区便利商业”，全区建成商业便利店连锁店61家。通过这些措施，方便了居民消费，拉动了家政服务消费，从一定程度上缓解了城镇下岗人员的就业问题，也为消费品市场大幅增长做出了积极贡献。

2. 实施现代农村市场体系建设工程，提振农村消费。2009年，自治区党委、政府高度重视农村市场体系建设，结合宁夏新农村建设的实际，大力组织实施“万村千乡市场工程”、“双百市场工程”和“三新工程”。2009年自治区政府出台了《关于加快我区现代农村市场体系建设的意见》，全年商务系统用于现代农村市场体系建设资金达2亿元之多，比上年翻了一番还多，投资力度和投资规模达到了商业发展历史上的顶点。全年共新建、改造标准化农家店1500个，配送中心40个；改造和新建了7个大型农产品批发市场，建设了一批农副产品冷链系统，20家县级农贸市场基础设施得到改造和提升等。现代农村市场体系的建设，有力地促进了农产品生产和流通，促进了农民增收，提升了农民消费能力，实现了农村市场消费品零售额增长幅度首次超过城市，缩小了城乡消费差距。

3. 实施“家电下乡”工程，促进了农村消费结构的升级换代。2009年2月1日起，国家安排200亿元财政补贴资金，在全国范围内全面启动了“家电下乡”。宁夏“家电下乡”工程启动以来，率先在全国实现了三项创新，即提高补贴标准、简化补贴程序，方便农民领取补贴。同时扩大了补贴范围，并将农垦居民也列入享受补贴范围。通过这些措施，激发了农村居民购买家电的热情。数据显示，2009年全区累计销售“家电下乡”产品129759台（部），实现销售额2.12亿元。此项工作有力地撬动了农村消费，挖掘了农村消费潜力，推动了农村居民消费的升级换代，提高了农村居民生活水平。

4. 狠抓展会促销，带动关联消费。2009年，商务厅在全区安排实施了石嘴山市玉皇阁商品订货会、固原市第二届烹饪大赛、宁夏特色农产品展示订货会、2009中国西部（银川）房·车文化节、中国（宁夏）国际投资贸易洽谈会、农博会等30多个大型展会，以此作为搞活流通、扩大消费的重要推动力量。会展活动促进了汽车、房屋、餐饮、住宿、零售、旅游等消费，带动了全区社会经济的发展。

5. 狠抓市场环境整治，促进安全消费。2009年，宁夏商务系统认真实施《食品安全法》，进一步加强“放心肉”、“放心菜”服务体系建设，实施了“三绿工程”，开展了畜禽屠宰专项整治，扎实做好流通领域食品安全整顿工作；进行了商业综合执法试点，加大了商务行政执法力度；认真组织开展了市场秩序专项整顿活动，严厉打击商业欺诈、不正当竞争等行为，净化了市场经营环境。截至2009年年底，共建成“放心肉示范点”41家，建设自治区级绿色市场30家，国家级绿色市场7家。通过这些措施，营造了安全消费环境，提振了消费信心，促进了安全消费。

三、2010 年市场展望

2010 年是实施“十一五”规划的最后一年。根据中央经济工作会议和自治区经济工作会议确定的方针政策，结合宁夏宏观经济发展变化趋势，综合判断认为：2010 年宁夏城乡消费品市场将继续保持持续活跃和较快增长的态势，自治区全年社会消费品零售额将增长 15%，绝对值将达到 390 亿元，并将比 2009 年净增 51 亿元。

2010 年支撑宁夏消费品市场持续快速发展的有利因素较多，主要有：

（一）宏观经济继续保持平稳较快发展势头，必将会带动消费快速增长

国家统计局公布，2009 年我国 GDP 增幅为 8.7%，经济增长实现了 V 型反转。近期，国内外专家一致预测，2010 年我国 GDP 增幅为 8.7% 以上，并且表现出先高后低的发展趋势，宁夏 GDP 增长率也将在 10% 以上。中央经济工作会议决定，2010 年经济工作，要处理好保持经济平稳较快发展、调整经济结构、管理通胀预期的关系，巩固和增强经济回升向好势头；还要继续实施积极的财政政策和适度宽松的货币政策，加大对民生领域和社会事业支持保障力度，增加对“三农”、科技、教育、卫生、文化、社会保障、保障性住房、节能环保等方面和中小企业、居民消费、欠发达地区支持力度；要继续保持投资适度增长；要保持货币政策连续性和稳定性，加大信贷政策对经济社会薄弱环节、就业、战略性新兴产业、产业转移等方面的支持，有效缓解小企业融资难问题；要积极扩大直接融资，引导和规范资本市场健康发展。这些宏观经济决策，将带动宁夏消费快速增长。

（二）扩大内需仍是 2010 年经济工作的重点

中央决定 2010 年要保持政策连续性，继续实施家电、汽车、摩托车下乡，家电和汽车以旧换新政策，增加农机购置补贴，增加普通商品住房供给，支持居民自住和改善性购房需求，加大农村危房改造支持力度。要适应群众生活多样性、个性化的需要，引导消费结构升级。进一步扩大居民消费需求，增强消费对经济增长的拉动作用；要积极推进城镇化，着力提高城镇综合承载能力，发挥城市对农村的辐射带动作用，壮大县域经济。特别提出要把解决符合条件的农业转移人口逐步在城镇就业和落户作为推进城镇化的重要任务，放宽中小城市和城镇户籍限制，提高城市规划水平，加强市政基础设施建设，完善城市管理，全方位提高城镇化发展水平。这些具体而又实在的政策措施，必然也会有力地促进、支持消费高速增长。

（三）继续实行支持“三农”政策，将支撑农村市场消费空间扩大

2010 年将继续实施和完善强农惠农政策，增加涉农补贴规模，加快发展现代农业，扎实推进社会主义新农村建设，稳步扩大农村需求。自治区继续实施设施农业发展战略，巩固农产品市场保障供给能力、促进农民增收，提高农业综合生产能力。国家完善农业补贴和价格支持制度，保持主要农产品价格基本稳定，提高主要粮食品种最低收购价格水平。从宏观上搞好主要农产品市场调控，深入推进农业结构调整，加强对农民创业的金融和财税支持，培育农民收入新的增长点。大力加强农业农村基础设施建设，重点加强农业综合生产能力建设，实施新增千亿斤粮食生产能力规划，全面完成大中型水库除险加固任

务，加强水利特别是中小型农田水利建设，加快建设高标准农田，推进电网改造、饮水安全、农村道路等建设。加强农村公共服务能力建设，改进教育培训、医疗卫生、公共文化服务，强化乡村正常运转的财力保障，培育农村新型金融组织，解决好农村融资难问题。进一步推动农村改革创新，加快健全有利于农业农村发展的制度体系，完善农业经营体制，引导家庭经营向生产集约化方向发展，鼓励农户运用现代科技和物质装备，加快发展农民专业合作组织，培育发展专业化、市场化的农业社会化服务体系。这些政策对增加农村居民收入，扩展农村消费需求空间，扩大农村市场即期消费将会起到积极作用。

（四）实施民生计划，也会带来消费信心的进一步提升

保障和改善民生是各级政府高度重视的政治问题，自治区政府决定继续实施十项民生计划，为民办30件实事。实施民生计划不但可以有效提升政府执政能力，也是实施扩大内需战略和推动经济发展方式转变的重大举措。中央决定要把改善民生、发展社会事业作为扩大内需、调整经济结构的重点，坚定不移加以推进。要坚持更加积极的就业政策，努力扩大就业。引导和促进劳动密集型企业、中小企业、民营经济、各种服务业加快发展，积极鼓励和支持劳动者自主创业和自谋职业，鼓励高校毕业生到城乡基层、中西部地区、中小企业就业和自主创业；加强农民工职业技能培训，鼓励就地就近就业和返乡创业。要加强职业技能培训和公共就业服务，加强对就业困难人员和零就业家庭的就业援助，鼓励有实力的大企业创造更多智力密集型就业机会。要完善社会保障体系，提高社会保障水平。加大对低收入群众的帮扶救助力度，提高城乡低保标准，提高企业退休人员基本养老金和部分优抚对象待遇水平，实施全国统一的社会保险关系转移接续办法，实施新型农村社会养老保险试点。加强廉租住房等保障性住房建设，支持棚户区改造。这些民生计划的实施，必将会对提升城乡居民消费信心起到积极促进作用。

（五）调整和优化分配格局，将有效扩大城乡居民即期消费

中央经济工作会议提出："要加大国民收入分配调整力度，增强居民特别是低收入群众消费能力"。此政策的根本点是要通过调整政策，提高劳动者在初次分配中的比重，提高劳动者的收入，解决国民经济积累和消费比例严重失调问题。从2010年1月1日起，企业退休人员基本养老金再次上调，这是自2005年以来连续第五年调整企业退休人员基本养老金水平。同时，2010年将继续解决破产企业退休人员参保问题，对困难企业和就业困难人员提供社会保险补贴。随着宁夏经济形势的进一步好转，提高企业人员收入水平也将成为可能。事业单位改革，也提高了事业单位工作人员的收入水平。医疗改革等一系列政策的落实到位，将会促进城镇居民人均可支配收入稳步提高，同时降低了居民未来支出压力，减轻消费者的"后顾之忧"，促进扩大居民即期消费的有利因素越来越多。

（六）外贸进出口形势进一步好转，将对扩大内需起到积极的拉动作用

据海关统计，2009年，中国进出口贸易总额22073亿美元，比上年下降13.9%，其中出口下降16%，进口下降11.2%。但2009年12月，出口同比增长17.7%，远高出此前经济学家们预计的5%。自2009年下半年，宁夏出口下降幅度也明显收窄，12月，我区实现进出口同比增长20%，出口同比增长24.3%。2010年，在自治区相关政策的鼓励

下，宁夏进出口贸易形势将会进一步好转，预测全年进出口总额将会增长12%左右。外贸形势的好转，将会坚定企业开拓国际市场的信心，实现外贸发展方式的有效转变，必然也将会进一步提高对消费的拉动作用。

但是，宁夏经济回升的基础还不牢固，经济增长的内在动力仍然不足，进一步扩大内需的矛盾和问题仍然不少，特别是结构性矛盾仍很突出，需求不足和供给结构性矛盾并存，通胀压力越来越突出。2009年宁夏社会消费品零售总额同比增长19%，在这样的高基数上再实现高增长，难度会更大。同时，国际金融危机还远未结束，在经济一体化的今天，发达国家经济长期徘徊不前，必然会对我国、宁夏经济发展造成不利影响。

因此，必须坚持市场机制和宏观调控的有机结合，不断加强和改善宏观调控，进一步完善消费品市场宏观调控手段，努力保持宁夏消费品市场平稳发展，全力以赴扩大消费。注意把握好搞活流通、扩大内需各项政策实施的力度和节奏，增强政策贯彻执行的针对性和有效性，进一步提高工作的主动性和预见性，为保证自治区宏观经济发展战略实施，做出应有贡献。

（宁夏商务厅）

第五部分　政策法规篇

财政部　商务部
关于做好支持搞活流通扩大消费
有关资金管理的通知

（财建［2009］16 号）

各省、自治区、直辖市、计划单列市财政厅（局）、商务主管部门，新疆生产建设兵团财务局、商务主管部门，有关中央企业：

《国务院办公厅关于搞活流通扩大消费的意见》（国办发［2008］134 号）要求，从 2009 年起，要加大财政投入，支持商贸流通服务业发展，搞活流通扩大消费。为落实文件精神，经商供销总社，现将中央财政支持搞活流通扩大消费有关资金管理问题通知如下：

一、2009 年中央财政增加农村物流服务体系发展专项资金和促进服务业发展专项资金，以后年度要继续加大投入。采取以奖代补和贴息方式，调动地方和社会投入积极性，支持农村流通体系和城市服务体系发展。

（一）农村物流服务体系发展专项资金，重点支持以下内容：

1.“万村千乡市场工程”建设。支持新建和改造农家店，加强农村商品配送中心建设，进一步扩大“万村千乡市场工程”覆盖面，提升商品配送能力，强化综合服务功能。

2. 农产品“农超对接”项目。支持大型连锁超市、农产品流通企业与农产品专业合作社对接，在农产品生产基地建设鲜活农产品冷链系统、快速检测系统、配送中心等项目。

3.“双百市场工程”建设。支持大型鲜活农产品批发市场对冷链系统、质量安全可追溯系统、废弃物处理系统以及仓储、分拣包装、加工配送等设施升级改造；支持县乡农贸市场对经营设施进行标准化改造。

4. 完善农业生产资料流通体系。继续推进农业生产资料连锁经营，重点培育大型农业生产资料流通企业，加强农业生产资料现代物流设施建设。加强农业生产资料市场监控和监管，引导和鼓励农业生产资料流通企业为农民提供技术、农机具租赁等多样化服务。

（二）中央财政促进服务业发展专项资金重点支持以下内容：

1.“双进工程”建设。支持地级以上城市建立家政服务网络中心，整合家政服务资源，培育重点示范服务企业，培训从业人员；支持地级以上城市进行社区菜市场标准化改造示范，改造经营设施、储藏设施、检测设施和废弃物处理设施等。

2. 再生资源回收体系建设。支持再生资源回收企业开展连锁经营，新建或改造标准化社区回收点和专业化分拣中心；支持再生资源集散市场建设，对排污、废弃物处理及劳动保护等设施进行新建或改造；支持再生资源回收体系系统平台建设。

3. 完善流通领域市场监管公共服务体系，加快“放心肉”服务体系建设。支持地级以上城市建立市场监管和举报投诉服务中心。支持建设病害猪无害化处理和肉品质量信息可追溯体系，支持符合条件的定点屠宰企业进行升级示范性改造。

4. 完善城乡市场信息服务体系。支持地方继续完善城乡市场信息服务体系，合理确定样本企业和监测商品范围，加强市场运行分析和信息发布，提高市场预测预警水平。

5. 早餐示范工程建设。支持大型龙头餐饮企业在地级以上城市建设或改造主食加工配送中心，依托配送中心以连锁经营方式建设标准化早餐网点，形成早餐供应网络。

6. 应急商品商业代储体系建设。引导和鼓励符合条件的应急必需品生产、流通企业保持适当库存水平，增强政府应对突发事件调控能力。

7. 二手车市场和报废汽车回收企业升级改造。支持二手车市场进行以信息服务系统建设为重点的技术改造和服务功能升级；支持有条件的报废汽车回收拆解企业进行技术改造示范。

（三）农村物流服务体系和中央财政促进服务业发展专项资金，对地方主要采取因素法方式切块分配，通过专项转移支付方式拨付；对中央企业根据项目申报及工作情况，由中央财政直接予以支持。

（四）根据上述原则，财政部将会同商务部等部门尽快修订农村物流服务体系发展专项资金管理办法和中央财政促进服务业发展专项资金管理办法。

二、中央财政设立中小商贸企业发展专项资金，支持符合条件的中小商贸企业发展。具体管理办法由财政部会同商务部等部门另行研究制定。

三、加大对汽车报废更新的资金扶持，提高补贴标准，增加补贴范围，促进汽车更新换代。具体办法另行制定。

四、各地财政部门要认真学习国办发［2008］134 号文件精神，根据本地财力情况和流通服务业的工作需要，加大对流通服务业的支持力度，并会同同级商务部门做好各项落实工作。

五、各省级财政、商务主管部门要根据制（修）订的资金管理办法，以及商务部会同财政部制定的业务指导文件，结合本地情况，制订工作方案，并报财政部、商务部备案。同时抓紧启动相关工作。

六、财政部、商务部将根据工作需要组织对各地搞活流通扩大消费有关资金使用情况的专项检查。

七、各地财政、商务主管部门要高度重视搞活流通扩大消费有关资金的管理，加强协调，密切配合，周密组织，认真实施，切实管好用好有关资金，充分发挥资金效益。执行中有何问题，请及时向财政部（经建司）、商务部（财务司）反映。

二〇〇九年二月五日

全国人大
《中华人民共和国食品安全法》

（中华人民共和国主席令第九号）

《中华人民共和国食品安全法》已由中华人民共和国第十一届全国人民代表大会常务委员会第七次会议于2009年2月28日通过，现予公布，自2009年6月1日起施行。

中华人民共和国主席　胡锦涛
2009年2月28日

中华人民共和国食品安全法

第一章　总　则

第一条　为保证食品安全，保障公众身体健康和生命安全，制定本法。

第二条　在中华人民共和国境内从事下列活动，应当遵守本法：

（一）食品生产和加工（以下称食品生产），食品流通和餐饮服务（以下称食品经营）。

（二）食品添加剂的生产经营。

（三）用于食品的包装材料、容器、洗涤剂、消毒剂和用于食品生产经营的工具、设备（以下称食品相关产品）的生产经营。

（四）食品生产经营者使用食品添加剂、食品相关产品。

（五）对食品、食品添加剂和食品相关产品的安全管理。

供食用的源于农业的初级产品（以下称食用农产品）的质量安全管理，遵守农产品质量安全法的规定。但是，制定有关食用农产品的质量安全标准、公布食用农产品安全有关信息，应当遵守本法的有关规定。

第三条　食品生产经营者应当依照法律、法规和食品安全标准从事生产经营活动，对社会和公众负责，保证食品安全，接受社会监督，承担社会责任。

第四条　国务院设立食品安全委员会，其工作职责由国务院规定。

国务院卫生行政部门承担食品安全综合协调职责，负责食品安全风险评估、食品安全标准制定、食品安全信息公布、食品检验机构的资质认定条件和检验规范的制定，组织查处食品安全重大事故。

国务院质量监督、工商行政管理和国家食品药品监督管理部门依照本法和国务院规定的职责，分别对食品生产、食品流通、餐饮服务活动实施监督管理。

第五条 县级以上地方人民政府统一负责、领导、组织、协调本行政区域的食品安全监督管理工作，建立健全食品安全全程监督管理的工作机制；统一领导、指挥食品安全突发事件应对工作；完善、落实食品安全监督管理责任制，对食品安全监督管理部门进行评议、考核。

县级以上地方人民政府依照本法和国务院的规定确定本级卫生行政、农业行政、质量监督、工商行政管理、食品药品监督管理部门的食品安全监督管理职责。有关部门在各自职责范围内负责本行政区域的食品安全监督管理工作。

上级人民政府所属部门在下级行政区域设置的机构应当在所在地人民政府的统一组织、协调下，依法做好食品安全监督管理工作。

第六条 县级以上卫生行政、农业行政、质量监督、工商行政管理、食品药品监督管理部门应当加强沟通、密切配合，按照各自职责分工，依法行使职权，承担责任。

第七条 食品行业协会应当加强行业自律，引导食品生产经营者依法生产经营，推动行业诚信建设，宣传、普及食品安全知识。

第八条 国家鼓励社会团体、基层群众性自治组织开展食品安全法律、法规以及食品安全标准和知识的普及工作，倡导健康的饮食方式，增强消费者食品安全意识和自我保护能力。

新闻媒体应当开展食品安全法律、法规以及食品安全标准和知识的公益宣传，并对违反本法的行为进行舆论监督。

第九条 国家鼓励和支持开展与食品安全有关的基础研究和应用研究，鼓励和支持食品生产经营者为提高食品安全水平采用先进技术和先进管理规范。

第十条 任何组织或者个人有权举报食品生产经营中违反本法的行为，有权向有关部门了解食品安全信息，对食品安全监督管理工作提出意见和建议。

第二章 食品安全风险监测和评估

第十一条 国家建立食品安全风险监测制度，对食源性疾病、食品污染以及食品中的有害因素进行监测。

国务院卫生行政部门会同国务院有关部门制定、实施国家食品安全风险监测计划。省、自治区、直辖市人民政府卫生行政部门根据国家食品安全风险监测计划，结合本行政区域的具体情况，组织制定、实施本行政区域的食品安全风险监测方案。

第十二条 国务院农业行政、质量监督、工商行政管理和国家食品药品监督管理等有关部门获知有关食品安全风险信息后，应当立即向国务院卫生行政部门通报。国务院卫生行政部门会同有关部门对信息核实后，应当及时调整食品安全风险监测计划。

第十三条 国家建立食品安全风险评估制度，对食品、食品添加剂中生物性、化学性和物理性危害进行风险评估。

国务院卫生行政部门负责组织食品安全风险评估工作，成立由医学、农业、食品、营养等方面的专家组成的食品安全风险评估专家委员会进行食品安全风险评估。

对农药、肥料、生长调节剂、兽药、饲料和饲料添加剂等的安全性评估，应当有食品安全风险评估专家委员会的专家参加。

食品安全风险评估应当运用科学方法，根据食品安全风险监测信息、科学数据以及其他有关信息进行。

第十四条　国务院卫生行政部门通过食品安全风险监测或者接到举报发现食品可能存在安全隐患的，应当立即组织进行检验和食品安全风险评估。

第十五条　国务院农业行政、质量监督、工商行政管理和国家食品药品监督管理等有关部门应当向国务院卫生行政部门提出食品安全风险评估的建议，并提供有关信息和资料。

国务院卫生行政部门应当及时向国务院有关部门通报食品安全风险评估的结果。

第十六条　食品安全风险评估结果是制定、修订食品安全标准和对食品安全实施监督管理的科学依据。

食品安全风险评估结果得出食品不安全结论的，国务院质量监督、工商行政管理和国家食品药品监督管理部门应当依据各自职责立即采取相应措施，确保该食品停止生产经营，并告知消费者停止食用；需要制定、修订相关食品安全国家标准的，国务院卫生行政部门应当立即制定、修订。

第十七条　国务院卫生行政部门应当会同国务院有关部门，根据食品安全风险评估结果、食品安全监督管理信息，对食品安全状况进行综合分析。对经综合分析表明可能具有较高程度安全风险的食品，国务院卫生行政部门应当及时提出食品安全风险警示，并予以公布。

第三章　食品安全标准

第十八条　制定食品安全标准，应当以保障公众身体健康为宗旨，做到科学合理、安全可靠。

第十九条　食品安全标准是强制执行的标准。除食品安全标准外，不得制定其他的食品强制性标准。

第二十条　食品安全标准应当包括下列内容：

（一）食品、食品相关产品中的致病性微生物、农药残留、兽药残留、重金属、污染物质以及其他危害人体健康物质的限量规定。

（二）食品添加剂的品种、使用范围、用量。

（三）专供婴幼儿和其他特定人群的主辅食品的营养成分要求。

（四）对与食品安全、营养有关的标签、标识、说明书的要求。

（五）食品生产经营过程的卫生要求。

（六）与食品安全有关的质量要求。

（七）食品检验方法与规程。

（八）其他需要制定为食品安全标准的内容。

第二十一条　食品安全国家标准由国务院卫生行政部门负责制定、公布，国务院标准化行政部门提供国家标准编号。

食品中农药残留、兽药残留的限量规定及其检验方法与规程由国务院卫生行政部门、国务院农业行政部门制定。

屠宰畜、禽的检验规程由国务院有关主管部门会同国务院卫生行政部门制定。

有关产品国家标准涉及食品安全国家标准规定内容的，应当与食品安全国家标准相一致。

第二十二条 国务院卫生行政部门应当对现行的食用农产品质量安全标准、食品卫生标准、食品质量标准和有关食品的行业标准中强制执行的标准予以整合，统一公布为食品安全国家标准。

本法规定的食品安全国家标准公布前，食品生产经营者应当按照现行食用农产品质量安全标准、食品卫生标准、食品质量标准和有关食品的行业标准生产经营食品。

第二十三条 食品安全国家标准应当经食品安全国家标准审评委员会审查通过。食品安全国家标准审评委员会由医学、农业、食品、营养等方面的专家以及国务院有关部门的代表组成。

制定食品安全国家标准，应当依据食品安全风险评估结果并充分考虑食用农产品质量安全风险评估结果，参照相关的国际标准和国际食品安全风险评估结果，并广泛听取食品生产经营者和消费者的意见。

第二十四条 没有食品安全国家标准的，可以制定食品安全地方标准。

省、自治区、直辖市人民政府卫生行政部门组织制定食品安全地方标准，应当参照执行本法有关食品安全国家标准制定的规定，并报国务院卫生行政部门备案。

第二十五条 企业生产的食品没有食品安全国家标准或者地方标准的，应当制定企业标准，作为组织生产的依据。国家鼓励食品生产企业制定严于食品安全国家标准或者地方标准的企业标准。企业标准应当报省级卫生行政部门备案，在本企业内部适用。

第二十六条 食品安全标准应当供公众免费查阅。

第四章　食品生产经营

第二十七条 食品生产经营应当符合食品安全标准，并符合下列要求：

（一）具有与生产经营的食品品种、数量相适应的食品原料处理和食品加工、包装、贮存等场所，保持该场所环境整洁，并与有毒、有害场所以及其他污染源保持规定的距离。

（二）具有与生产经营的食品品种、数量相适应的生产经营设备或者设施，有相应的消毒、更衣、盥洗、采光、照明、通风、防腐、防尘、防蝇、防鼠、防虫、洗涤以及处理废水、存放垃圾和废弃物的设备或者设施。

（三）有食品安全专业技术人员、管理人员和保证食品安全的规章制度。

（四）具有合理的设备布局和工艺流程，防止待加工食品与直接入口食品、原料与成品交叉污染，避免食品接触有毒物、不洁物。

（五）餐具、饮具和盛放直接入口食品的容器，使用前应当洗净、消毒，炊具、用具用后应当洗净，保持清洁。

（六）贮存、运输和装卸食品的容器、工具和设备应当安全、无害，保持清洁，防止食品污染，并符合保证食品安全所需的温度等特殊要求，不得将食品与有毒、有害物品一同运输。

（七）直接入口的食品应当有小包装或者使用无毒、清洁的包装材料、餐具。

（八）食品生产经营人员应当保持个人卫生，生产经营食品时，应当将手洗净，穿戴清洁的工作衣、帽；销售无包装的直接入口食品时，应当使用无毒、清洁的售货工具。

（九）用水应当符合国家规定的生活饮用水卫生标准。

（十）使用的洗涤剂、消毒剂应当对人体安全、无害。

（十一）法律、法规规定的其他要求。

第二十八条　禁止生产经营下列食品：

（一）用非食品原料生产的食品或者添加食品添加剂以外的化学物质的食品，或者用回收食品作为原料生产的食品。

（二）致病性微生物、农药残留、兽药残留、重金属、污染物质以及其他危害人体健康的物质含量超过食品安全标准限量的食品。

（三）营养成分不符合食品安全标准的专供婴幼儿和其他特定人群的主辅食品。

（四）腐败变质、油脂酸败、霉变生虫、污秽不洁、混有异物、掺假掺杂或者感官性状异常的食品。

（五）病死、毒死或者死因不明的禽、畜、兽、水产动物肉类及其制品。

（六）未经动物卫生监督机构检疫或者检疫不合格的肉类，或者未经检验或者检验不合格的肉类制品。

（七）被包装材料、容器、运输工具等污染的食品。

（八）超过保质期的食品。

（九）无标签的预包装食品。

（十）国家为防病等特殊需要明令禁止生产经营的食品。

（十一）其他不符合食品安全标准或者要求的食品。

第二十九条　国家对食品生产经营实行许可制度。从事食品生产、食品流通、餐饮服务，应当依法取得食品生产许可、食品流通许可、餐饮服务许可。

取得食品生产许可的食品生产者在其生产场所销售其生产的食品，不需要取得食品流通的许可；取得餐饮服务许可的餐饮服务提供者在其餐饮服务场所出售其制作加工的食品，不需要取得食品生产和流通的许可；农民个人销售其自产的食用农产品，不需要取得食品流通的许可。

食品生产加工小作坊和食品摊贩从事食品生产经营活动，应当符合本法规定的与其生产经营规模、条件相适应的食品安全要求，保证所生产经营的食品卫生、无毒、无害，有关部门应当对其加强监督管理，具体管理办法由省、自治区、直辖市人民代表大会常务委员会依照本法制定。

第三十条　县级以上地方人民政府鼓励食品生产加工小作坊改进生产条件；鼓励食品摊贩进入集中交易市场、店铺等固定场所经营。

第三十一条　县级以上质量监督、工商行政管理、食品药品监督管理部门应当依照行政许可法的规定，审核申请人提交的本法第二十七条第一项至第四项规定要求的相关资料，必要时对申请人的生产经营场所进行现场核查；对符合规定条件的，决定准予许可；对不符合规定条件的，决定不予许可并书面说明理由。

第三十二条　食品生产经营企业应当建立健全本单位的食品安全管理制度，加强对职工食品安全知识的培训，配备专职或者兼职食品安全管理人员，做好对所生产经营食品的检验工作，依法从事食品生产经营活动。

第三十三条 国家鼓励食品生产经营企业符合良好生产规范要求，实施危害分析与关键控制点体系，提高食品安全管理水平。

对通过良好生产规范、危害分析与关键控制点体系认证的食品生产经营企业，认证机构应当依法实施跟踪调查；对不再符合认证要求的企业，应当依法撤销认证，及时向有关质量监督、工商行政管理、食品药品监督管理部门通报，并向社会公布。认证机构实施跟踪调查不收取任何费用。

第三十四条 食品生产经营者应当建立并执行从业人员健康管理制度。患有痢疾、伤寒、病毒性肝炎等消化道传染病的人员，以及患有活动性肺结核、化脓性或者渗出性皮肤病等有碍食品安全的疾病的人员，不得从事接触直接入口食品的工作。

食品生产经营人员每年应当进行健康检查，取得健康证明后方可参加工作。

第三十五条 食用农产品生产者应当依照食品安全标准和国家有关规定使用农药、肥料、生长调节剂、兽药、饲料和饲料添加剂等农业投入品。食用农产品的生产企业和农民专业合作经济组织应当建立食用农产品生产记录制度。

县级以上农业行政部门应当加强对农业投入品使用的管理和指导，建立健全农业投入品的安全使用制度。

第三十六条 食品生产者采购食品原料、食品添加剂、食品相关产品，应当查验供货者的许可证和产品合格证明文件；对无法提供合格证明文件的食品原料，应当依照食品安全标准进行检验；不得采购或者使用不符合食品安全标准的食品原料、食品添加剂、食品相关产品。

食品生产企业应当建立食品原料、食品添加剂、食品相关产品进货查验记录制度，如实记录食品原料、食品添加剂、食品相关产品的名称、规格、数量、供货者名称及联系方式、进货日期等内容。

食品原料、食品添加剂、食品相关产品进货查验记录应当真实，保存期限不得少于二年。

第三十七条 食品生产企业应当建立食品出厂检验记录制度，查验出厂食品的检验合格证和安全状况，并如实记录食品的名称、规格、数量、生产日期、生产批号、检验合格证号、购货者名称及联系方式、销售日期等内容。

食品出厂检验记录应当真实，保存期限不得少于二年。

第三十八条 食品、食品添加剂和食品相关产品的生产者，应当依照食品安全标准对所生产的食品、食品添加剂和食品相关产品进行检验，检验合格后方可出厂或者销售。

第三十九条 食品经营者采购食品，应当查验供货者的许可证和食品合格的证明文件。

食品经营企业应当建立食品进货查验记录制度，如实记录食品的名称、规格、数量、生产批号、保质期、供货者名称及联系方式、进货日期等内容。

食品进货查验记录应当真实，保存期限不得少于二年。

实行统一配送经营方式的食品经营企业，可以由企业总部统一查验供货者的许可证和食品合格的证明文件，进行食品进货查验记录。

第四十条 食品经营者应当按照保证食品安全的要求贮存食品，定期检查库存食品，及时清理变质或者超过保质期的食品。

第四十一条　食品经营者贮存散装食品，应当在贮存位置标明食品的名称、生产日期、保质期、生产者名称及联系方式等内容。

食品经营者销售散装食品，应当在散装食品的容器、外包装上标明食品的名称、生产日期、保质期、生产经营者名称及联系方式等内容。

第四十二条　预包装食品的包装上应当有标签。标签应当标明下列事项：

（一）名称、规格、净含量、生产日期。

（二）成分或者配料表。

（三）生产者的名称、地址、联系方式。

（四）保质期。

（五）产品标准代号。

（六）贮存条件。

（七）所使用的食品添加剂在国家标准中的通用名称。

（八）生产许可证编号。

（九）法律、法规或者食品安全标准规定必须标明的其他事项。

专供婴幼儿和其他特定人群的主辅食品，其标签还应当标明主要营养成分及其含量。

第四十三条　国家对食品添加剂的生产实行许可制度。申请食品添加剂生产许可的条件、程序，按照国家有关工业产品生产许可证管理的规定执行。

第四十四条　申请利用新的食品原料从事食品生产或者从事食品添加剂新品种、食品相关产品新品种生产活动的单位或者个人，应当向国务院卫生行政部门提交相关产品的安全性评估材料。国务院卫生行政部门应当自收到申请之日起六十日内组织对相关产品的安全性评估材料进行审查；对符合食品安全要求的，依法决定准予许可并予以公布；对不符合食品安全要求的，决定不予许可并书面说明理由。

第四十五条　食品添加剂应当在技术上确有必要且经过风险评估证明安全可靠，方可列入允许使用的范围。国务院卫生行政部门应当根据技术必要性和食品安全风险评估结果，及时对食品添加剂的品种、使用范围、用量的标准进行修订。

第四十六条　食品生产者应当依照食品安全标准关于食品添加剂的品种、使用范围、用量的规定使用食品添加剂；不得在食品生产中使用食品添加剂以外的化学物质或者其他可能危害人体健康的物质。

第四十七条　食品添加剂应当有标签、说明书和包装。标签、说明书应当载明本法第四十二条第一款第一项至第六项、第八项、第九项规定的事项，以及食品添加剂的使用范围、用量、使用方法，并在标签上载明“食品添加剂”字样。

第四十八条　食品和食品添加剂的标签、说明书，不得含有虚假、夸大的内容，不得涉及疾病预防、治疗功能。生产者对标签、说明书上所载明的内容负责。

食品和食品添加剂的标签、说明书应当清楚、明显，容易辨识。

食品和食品添加剂与其标签、说明书所载明的内容不符的，不得上市销售。

第四十九条　食品经营者应当按照食品标签标示的警示标志、警示说明或者注意事项的要求，销售预包装食品。

第五十条　生产经营的食品中不得添加药品，但是可以添加按照传统既是食品又是中药材的物质。按照传统既是食品又是中药材的物质的目录由国务院卫生行政部门制定、公布。

第五十一条 国家对声称具有特定保健功能的食品实行严格监管。有关监督管理部门应当依法履职，承担责任。具体管理办法由国务院规定。

声称具有特定保健功能的食品不得对人体产生急性、亚急性或者慢性危害，其标签、说明书不得涉及疾病预防、治疗功能，内容必须真实，应当载明适宜人群、不适宜人群、功效成分或者标志性成分及其含量等；产品的功能和成分必须与标签、说明书相一致。

第五十二条 集中交易市场的开办者、柜台出租者和展销会举办者，应当审查入场食品经营者的许可证，明确入场食品经营者的食品安全管理责任，定期对入场食品经营者的经营环境和条件进行检查，发现食品经营者有违反本法规定的行为的，应当及时制止并立即报告所在地县级工商行政管理部门或者食品药品监督管理部门。

集中交易市场的开办者、柜台出租者和展销会举办者未履行前款规定义务，本市场发生食品安全事故的，应当承担连带责任。

第五十三条 国家建立食品召回制度。食品生产者发现其生产的食品不符合食品安全标准，应当立即停止生产，召回已经上市销售的食品，通知相关生产经营者和消费者，并记录召回和通知情况。

食品经营者发现其经营的食品不符合食品安全标准，应当立即停止经营，通知相关生产经营者和消费者，并记录停止经营和通知情况。食品生产者认为应当召回的，应当立即召回。

食品生产者应当对召回的食品采取补救、无害化处理、销毁等措施，并将食品召回和处理情况向县级以上质量监督部门报告。

食品生产经营者未依照本条规定召回或者停止经营不符合食品安全标准的食品的，县级以上质量监督、工商行政管理、食品药品监督管理部门可以责令其召回或者停止经营。

第五十四条 食品广告的内容应当真实合法，不得含有虚假、夸大的内容，不得涉及疾病预防、治疗功能。

食品安全监督管理部门或者承担食品检验职责的机构、食品行业协会、消费者协会不得以广告或者其他形式向消费者推荐食品。

第五十五条 社会团体或者其他组织、个人在虚假广告中向消费者推荐食品，使消费者的合法权益受到损害的，与食品生产经营者承担连带责任。

第五十六条 地方各级人民政府鼓励食品规模化生产和连锁经营、配送。

第五章　食品检验

第五十七条 食品检验机构按照国家有关认证认可的规定取得资质认定后，方可从事食品检验活动。但是，法律另有规定的除外。

食品检验机构的资质认定条件和检验规范，由国务院卫生行政部门规定。

本法施行前经国务院有关主管部门批准设立或者经依法认定的食品检验机构，可以依照本法继续从事食品检验活动。

第五十八条 食品检验由食品检验机构指定的检验人独立进行。

检验人应当依照有关法律、法规的规定，并依照食品安全标准和检验规范对食品进行检验，尊重科学，恪守职业道德，保证出具的检验数据和结论客观、公正，不得出具虚假的检验报告。

第五十九条　食品检验实行食品检验机构与检验人负责制。食品检验报告应当加盖食品检验机构公章，并有检验人的签名或者盖章。食品检验机构和检验人对出具的食品检验报告负责。

第六十条　食品安全监督管理部门对食品不得实施免检。

县级以上质量监督、工商行政管理、食品药品监督管理部门应当对食品进行定期或者不定期的抽样检验。进行抽样检验，应当购买抽取的样品，不收取检验费和其他任何费用。

县级以上质量监督、工商行政管理、食品药品监督管理部门在执法工作中需要对食品进行检验的，应当委托符合本法规定的食品检验机构进行，并支付相关费用。对检验结论有异议的，可以依法进行复检。

第六十一条　食品生产经营企业可以自行对所生产的食品进行检验，也可以委托符合本法规定的食品检验机构进行检验。

食品行业协会等组织、消费者需要委托食品检验机构对食品进行检验的，应当委托符合本法规定的食品检验机构进行。

第六章　食品进出口

第六十二条　进口的食品、食品添加剂以及食品相关产品应当符合我国食品安全国家标准。

进口的食品应当经出入境检验检疫机构检验合格后，海关凭出入境检验检疫机构签发的通关证明放行。

第六十三条　进口尚无食品安全国家标准的食品，或者首次进口食品添加剂新品种、食品相关产品新品种，进口商应当向国务院卫生行政部门提出申请并提交相关的安全性评估材料。国务院卫生行政部门依照本法第四十四条的规定作出是否准予许可的决定，并及时制定相应的食品安全国家标准。

第六十四条　境外发生的食品安全事件可能对我国境内造成影响，或者在进口食品中发现严重食品安全问题的，国家出入境检验检疫部门应当及时采取风险预警或者控制措施，并向国务院卫生行政、农业行政、工商行政管理和国家食品药品监督管理部门通报。接到通报的部门应当及时采取相应措施。

第六十五条　向我国境内出口食品的出口商或者代理商应当向国家出入境检验检疫部门备案。向我国境内出口食品的境外食品生产企业应当经国家出入境检验检疫部门注册。

国家出入境检验检疫部门应当定期公布已经备案的出口商、代理商和已经注册的境外食品生产企业名单。

第六十六条　进口的预包装食品应当有中文标签、中文说明书。标签、说明书应当符合本法以及我国其他有关法律、行政法规的规定和食品安全国家标准的要求，载明食品的原产地以及境内代理商的名称、地址、联系方式。预包装食品没有中文标签、中文说明书或者标签、说明书不符合本条规定的，不得进口。

第六十七条　进口商应当建立食品进口和销售记录制度，如实记录食品的名称、规格、数量、生产日期、生产或者进口批号、保质期、出口商和购货者名称及联系方式、交货日期等内容。

食品进口和销售记录应当真实，保存期限不得少于二年。

第六十八条 出口的食品由出入境检验检疫机构进行监督、抽检，海关凭出入境检验检疫机构签发的通关证明放行。

出口食品生产企业和出口食品原料种植、养殖场应当向国家出入境检验检疫部门备案。

第六十九条 国家出入境检验检疫部门应当收集、汇总进出口食品安全信息，并及时通报相关部门、机构和企业。

国家出入境检验检疫部门应当建立进出口食品的进口商、出口商和出口食品生产企业的信誉记录，并予以公布。对有不良记录的进口商、出口商和出口食品生产企业，应当加强对其进出口食品的检验检疫。

第七章 食品安全事故处置

第七十条 国务院组织制定国家食品安全事故应急预案。

县级以上地方人民政府应当根据有关法律、法规的规定和上级人民政府的食品安全事故应急预案以及本地区的实际情况，制定本行政区域的食品安全事故应急预案，并报上一级人民政府备案。

食品生产经营企业应当制定食品安全事故处置方案，定期检查本企业各项食品安全防范措施的落实情况，及时消除食品安全事故隐患。

第七十一条 发生食品安全事故的单位应当立即予以处置，防止事故扩大。事故发生单位和接收病人进行治疗的单位应当及时向事故发生地县级卫生行政部门报告。

农业行政、质量监督、工商行政管理、食品药品监督管理部门在日常监督管理中发现食品安全事故，或者接到有关食品安全事故的举报，应当立即向卫生行政部门通报。

发生重大食品安全事故的，接到报告的县级卫生行政部门应当按照规定向本级人民政府和上级人民政府卫生行政部门报告。县级人民政府和上级人民政府卫生行政部门应当按照规定上报。

任何单位或者个人不得对食品安全事故隐瞒、谎报、缓报，不得毁灭有关证据。

第七十二条 县级以上卫生行政部门接到食品安全事故的报告后，应当立即会同有关农业行政、质量监督、工商行政管理、食品药品监督管理部门进行调查处理，并采取下列措施，防止或者减轻社会危害：

（一）开展应急救援工作，对因食品安全事故导致人身伤害的人员，卫生行政部门应当立即组织救治。

（二）封存可能导致食品安全事故的食品及其原料，并立即进行检验；对确认属于被污染的食品及其原料，责令食品生产经营者依照本法第五十三条的规定予以召回、停止经营并销毁。

（三）封存被污染的食品用工具及用具，并责令进行清洗消毒。

（四）做好信息发布工作，依法对食品安全事故及其处理情况进行发布，并对可能产生的危害加以解释、说明。

发生重大食品安全事故的，县级以上人民政府应当立即成立食品安全事故处置指挥机构，启动应急预案，依照前款规定进行处置。

第七十三条　发生重大食品安全事故，设区的市级以上人民政府卫生行政部门应当立即会同有关部门进行事故责任调查，督促有关部门履行职责，向本级人民政府提出事故责任调查处理报告。

重大食品安全事故涉及两个以上省、自治区、直辖市的，由国务院卫生行政部门依照前款规定组织事故责任调查。

第七十四条　发生食品安全事故，县级以上疾病预防控制机构应当协助卫生行政部门和有关部门对事故现场进行卫生处理，并对与食品安全事故有关的因素开展流行病学调查。

第七十五条　调查食品安全事故，除了查明事故单位的责任，还应当查明负有监督管理和认证职责的监督管理部门、认证机构的工作人员失职、渎职情况。

第八章　监督管理

第七十六条　县级以上地方人民政府组织本级卫生行政、农业行政、质量监督、工商行政管理、食品药品监督管理部门制定本行政区域的食品安全年度监督管理计划，并按照年度计划组织开展工作。

第七十七条　县级以上质量监督、工商行政管理、食品药品监督管理部门履行各自食品安全监督管理职责，有权采取下列措施：

（一）进入生产经营场所实施现场检查。

（二）对生产经营的食品进行抽样检验。

（三）查阅、复制有关合同、票据、账簿以及其他有关资料。

（四）查封、扣押有证据证明不符合食品安全标准的食品，违法使用的食品原料、食品添加剂、食品相关产品，以及用于违法生产经营或者被污染的工具、设备。

（五）查封违法从事食品生产经营活动的场所。

县级以上农业行政部门应当依照农产品质量安全法规定的职责，对食用农产品进行监督管理。

第七十八条　县级以上质量监督、工商行政管理、食品药品监督管理部门对食品生产经营者进行监督检查，应当记录监督检查的情况和处理结果。监督检查记录经监督检查人员和食品生产经营者签字后归档。

第七十九条　县级以上质量监督、工商行政管理、食品药品监督管理部门应当建立食品生产经营者食品安全信用档案，记录许可颁发、日常监督检查结果、违法行为查处等情况；根据食品安全信用档案的记录，对有不良信用记录的食品生产经营者增加监督检查频次。

第八十条　县级以上卫生行政、质量监督、工商行政管理、食品药品监督管理部门接到咨询、投诉、举报，对属于本部门职责的，应当受理，并及时进行答复、核实、处理；对不属于本部门职责的，应当书面通知并移交有权处理的部门处理。有权处理的部门应当及时处理，不得推诿；属于食品安全事故的，依照本法第七章有关规定进行处置。

第八十一条　县级以上卫生行政、质量监督、工商行政管理、食品药品监督管理部门应当按照法定权限和程序履行食品安全监督管理职责；对生产经营者的同一违法行为，不得给予二次以上罚款的行政处罚；涉嫌犯罪的，应当依法向公安机关移送。

第八十二条 国家建立食品安全信息统一公布制度。下列信息由国务院卫生行政部门统一公布：

（一）国家食品安全总体情况。

（二）食品安全风险评估信息和食品安全风险警示信息。

（三）重大食品安全事故及其处理信息。

（四）其他重要的食品安全信息和国务院确定的需要统一公布的信息。

前款第二项、第三项规定的信息，其影响限于特定区域的，也可以由有关省、自治区、直辖市人民政府卫生行政部门公布。县级以上农业行政、质量监督、工商行政管理、食品药品监督管理部门依据各自职责公布食品安全日常监督管理信息。

食品安全监督管理部门公布信息，应当做到准确、及时、客观。

第八十三条 县级以上地方卫生行政、农业行政、质量监督、工商行政管理、食品药品监督管理部门获知本法第八十二条第一款规定的需要统一公布的信息，应当向上级主管部门报告，由上级主管部门立即报告国务院卫生行政部门；必要时，可以直接向国务院卫生行政部门报告。

县级以上卫生行政、农业行政、质量监督、工商行政管理、食品药品监督管理部门应当相互通报获知的食品安全信息。

第九章 法律责任

第八十四条 违反本法规定，未经许可从事食品生产经营活动，或者未经许可生产食品添加剂的，由有关主管部门按照各自职责分工，没收违法所得、违法生产经营的食品、食品添加剂和用于违法生产经营的工具、设备、原料等物品；违法生产经营的食品、食品添加剂货值金额不足一万元的，并处二千元以上五万元以下罚款；货值金额一万元以上的，并处货值金额五倍以上十倍以下罚款。

第八十五条 违反本法规定，有下列情形之一的，由有关主管部门按照各自职责分工，没收违法所得、违法生产经营的食品和用于违法生产经营的工具、设备、原料等物品；违法生产经营的食品货值金额不足一万元的，并处二千元以上五万元以下罚款；货值金额一万元以上的，并处货值金额五倍以上十倍以下罚款；情节严重的，吊销许可证：

（一）用非食品原料生产食品或者在食品中添加食品添加剂以外的化学物质，或者用回收食品作为原料生产食品。

（二）生产经营致病性微生物、农药残留、兽药残留、重金属、污染物质以及其他危害人体健康的物质含量超过食品安全标准限量的食品。

（三）生产经营营养成分不符合食品安全标准的专供婴幼儿和其他特定人群的主辅食品。

（四）经营腐败变质、油脂酸败、霉变生虫、污秽不洁、混有异物、掺假掺杂或者感官性状异常的食品。

（五）经营病死、毒死或者死因不明的禽、畜、兽、水产动物肉类，或者生产经营病死、毒死或者死因不明的禽、畜、兽、水产动物肉类的制品。

（六）经营未经动物卫生监督机构检疫或者检疫不合格的肉类，或者生产经营未经检验或者检验不合格的肉类制品。

（七）经营超过保质期的食品。

（八）生产经营国家为防病等特殊需要明令禁止生产经营的食品。

（九）利用新的食品原料从事食品生产或者从事食品添加剂新品种、食品相关产品新品种生产，未经过安全性评估。

（十）食品生产经营者在有关主管部门责令其召回或者停止经营不符合食品安全标准的食品后，仍拒不召回或者停止经营的。

第八十六条　违反本法规定，有下列情形之一的，由有关主管部门按照各自职责分工，没收违法所得、违法生产经营的食品和用于违法生产经营的工具、设备、原料等物品；违法生产经营的食品货值金额不足一万元的，并处二千元以上五万元以下罚款；货值金额一万元以上的，并处货值金额二倍以上五倍以下罚款；情节严重的，责令停产停业，直至吊销许可证：

（一）经营被包装材料、容器、运输工具等污染的食品。

（二）生产经营无标签的预包装食品、食品添加剂或者标签、说明书不符合本法规定的食品、食品添加剂。

（三）食品生产者采购、使用不符合食品安全标准的食品原料、食品添加剂、食品相关产品。

（四）食品生产经营者在食品中添加药品。

第八十七条　违反本法规定，有下列情形之一的，由有关主管部门按照各自职责分工，责令改正，给予警告；拒不改正的，处二千元以上二万元以下罚款；情节严重的，责令停产停业，直至吊销许可证：

（一）未对采购的食品原料和生产的食品、食品添加剂、食品相关产品进行检验。

（二）未建立并遵守查验记录制度、出厂检验记录制度。

（三）制定食品安全企业标准未依照本法规定备案。

（四）未按规定要求贮存、销售食品或者清理库存食品。

（五）进货时未查验许可证和相关证明文件。

（六）生产的食品、食品添加剂的标签、说明书涉及疾病预防、治疗功能。

（七）安排患有本法第三十四条所列疾病的人员从事接触直接入口食品的工作。

第八十八条　违反本法规定，事故单位在发生食品安全事故后未进行处置、报告的，由有关主管部门按照各自职责分工，责令改正，给予警告；毁灭有关证据的，责令停产停业，并处二千元以上十万元以下罚款；造成严重后果的，由原发证部门吊销许可证。

第八十九条　违反本法规定，有下列情形之一的，依照本法第八十五条的规定给予处罚：

（一）进口不符合我国食品安全国家标准的食品。

（二）进口尚无食品安全国家标准的食品，或者首次进口食品添加剂新品种、食品相关产品新品种，未经过安全性评估。

（三）出口商未遵守本法的规定出口食品。

违反本法规定，进口商未建立并遵守食品进口和销售记录制度的，依照本法第八十七条的规定给予处罚。

第九十条 违反本法规定，集中交易市场的开办者、柜台出租者、展销会的举办者允许未取得许可的食品经营者进入市场销售食品，或者未履行检查、报告等义务的，由有关主管部门按照各自职责分工，处二千元以上五万元以下罚款；造成严重后果的，责令停业，由原发证部门吊销许可证。

第九十一条 违反本法规定，未按照要求进行食品运输的，由有关主管部门按照各自职责分工，责令改正，给予警告；拒不改正的，责令停产停业，并处二千元以上五万元以下罚款；情节严重的，由原发证部门吊销许可证。

第九十二条 被吊销食品生产、流通或者餐饮服务许可证的单位，其直接负责的主管人员自处罚决定作出之日起五年内不得从事食品生产经营管理工作。

食品生产经营者聘用不得从事食品生产经营管理工作的人员从事管理工作的，由原发证部门吊销许可证。

第九十三条 违反本法规定，食品检验机构、食品检验人员出具虚假检验报告的，由授予其资质的主管部门或者机构撤销该检验机构的检验资格；依法对检验机构直接负责的主管人员和食品检验人员给予撤职或者开除的处分。

违反本法规定，受到刑事处罚或者开除处分的食品检验机构人员，自刑罚执行完毕或者处分决定作出之日起十年内不得从事食品检验工作。食品检验机构聘用不得从事食品检验工作的人员的，由授予其资质的主管部门或者机构撤销该检验机构的检验资格。

第九十四条 违反本法规定，在广告中对食品质量作虚假宣传，欺骗消费者的，依照广告法的规定给予处罚。

违反本法规定，食品安全监督管理部门或者承担食品检验职责的机构、食品行业协会、消费者协会以广告或者其他形式向消费者推荐食品的，由有关主管部门没收违法所得，依法对直接负责的主管人员和其他直接责任人员给予记大过、降级或者撤职的处分。

第九十五条 违反本法规定，县级以上地方人民政府在食品安全监督管理中未履行职责，本行政区域出现重大食品安全事故、造成严重社会影响的，依法对直接负责的主管人员和其他直接责任人员给予记大过、降级、撤职或者开除的处分。

违反本法规定，县级以上卫生行政、农业行政、质量监督、工商行政管理、食品药品监督管理部门或者其他有关行政部门不履行本法规定的职责或者滥用职权、玩忽职守、徇私舞弊的，依法对直接负责的主管人员和其他直接责任人员给予记大过或者降级的处分；造成严重后果的，给予撤职或者开除的处分；其主要负责人应当引咎辞职。

第九十六条 违反本法规定，造成人身、财产或者其他损害的，依法承担赔偿责任。

生产不符合食品安全标准的食品或者销售明知是不符合食品安全标准的食品，消费者除要求赔偿损失外，还可以向生产者或者销售者要求支付价款十倍的赔偿金。

第九十七条 违反本法规定，应当承担民事赔偿责任和缴纳罚款、罚金，其财产不足以同时支付时，先承担民事赔偿责任。

第九十八条 违反本法规定，构成犯罪的，依法追究刑事责任。

第十章　附　　则

第九十九条 本法下列用语的含义：

食品，指各种供人食用或者饮用的成品和原料以及按照传统既是食品又是药品的物品，但是不包括以治疗为目的的物品。

食品安全，指食品无毒、无害，符合应当有的营养要求，对人体健康不造成任何急性、亚急性或者慢性危害。

预包装食品，指预先定量包装或者制作在包装材料和容器中的食品。

食品添加剂，指为改善食品品质和色、香、味以及为防腐、保鲜和加工工艺的需要而加入食品中的人工合成或者天然物质。

用于食品的包装材料和容器，指包装、盛放食品或者食品添加剂用的纸、竹、木、金属、搪瓷、陶瓷、塑料、橡胶、天然纤维、化学纤维、玻璃等制品和直接接触食品或者食品添加剂的涂料。

用于食品生产经营的工具、设备，指在食品或者食品添加剂生产、流通、使用过程中直接接触食品或者食品添加剂的机械、管道、传送带、容器、用具、餐具等。

用于食品的洗涤剂、消毒剂，指直接用于洗涤或者消毒食品、餐饮具以及直接接触食品的工具、设备或者食品包装材料和容器的物质。

保质期，指预包装食品在标签指明的贮存条件下保持品质的期限。

食源性疾病，指食品中致病因素进入人体引起的感染性、中毒性等疾病。

食物中毒，指食用了被有毒有害物质污染的食品或者食用了含有毒有害物质的食品后出现的急性、亚急性疾病。

食品安全事故，指食物中毒、食源性疾病、食品污染等源于食品，对人体健康有危害或者可能有危害的事故。

第一百条　食品生产经营者在本法施行前已经取得相应许可证的，该许可证继续有效。

第一百零一条　乳品、转基因食品、生猪屠宰、酒类和食盐的食品安全管理，适用本法；法律、行政法规另有规定的，依照其规定。

第一百零二条　铁路运营中食品安全的管理办法由国务院卫生行政部门会同国务院有关部门依照本法制定。

军队专用食品和自供食品的食品安全管理办法由中央军事委员会依照本法制定。

第一百零三条　国务院根据实际需要，可以对食品安全监督管理体制作出调整。

第一百零四条　本法自2009年6月1日起施行。《中华人民共和国食品卫生法》同时废止。

商务部等八部门关于完善农业生产资料流通体系的意见

各省、自治区、直辖市、计划单列市及新疆生产建设兵团商务主管部门、发展改革委、物价局、工业主管部门、财政厅（局）、农业厅（局）、农委（办）、工商行政管理局、质量技术监督局、供销合作社：

为贯彻落实中央经济工作会议和《国务院办公厅关于搞活流通扩大消费的意见》（国办发〔2008〕134 号）精神，加快完善农业生产资料（以下简称农资）流通体系，促进农业发展和农民增收，现提出如下意见：

一、充分认识完善农资流通体系的意义

农资是重要的农业投入品，是连接工业与农业生产的桥梁，是发展现代农业的重要物资保障和基础。目前，我国农资流通方式、水平、规模与现代农业和现代市场体系的要求还有较大差距，各有关部门要高度重视，下大力气推进农资流通网络建设，完善农资流通体系。

二、指导思想和目标

（一）指导思想：认真贯彻党的十七届三中全会、2009 年中央 1 号文件和《国务院办公厅关于搞活流通扩大消费的意见》精神，树立全面、协调、可持续的科学发展观，解放思想，锐意创新，着力构建畅通高效、诚信安全、布局合理、交易方式先进的农资流通体系，以适应现代农业生产发展的需要，促进农业结构调整，增加农民收入，推进社会主义新农村建设。

（二）总体目标：培育若干家销售额超 100 亿元的大型农资流通企业，建设改造一批农资连锁门店和区域性配送中心，通过三到五年的努力，初步形成以乡、村两级经营网络为基础，以农资交易市场为平台，以大型农资龙头企业为重点，区域性连锁配送中心为骨干，布局合理、经营规范、运作高效、协调发展的多元化、连锁化农资流通体系。

三、主要任务和措施

（一）发展农资现代流通网络。引导供销、农业服务站、邮政、农资生产企业等终端网络资源加强合作，实现优势互补。鼓励农资流通企业按照《农资农家店建设与改造规范》，在重点农业产区建设和改造农资门店，扩大连锁门店覆盖面。支持农资物流配送中心建设和改造，完善配送、信息功能，提高农资统一配送率。依托农资连锁网络优势，构

筑农产品收购、加工、销售和日用消费品下乡等流通渠道，提高农资流通网络“双向流通、双向开拓”的功能，实现“一网多用”。继续推动各地连锁经营企业统一纳税，减少重复抽检等问题，促进农资连锁经营跨区域发展。

（二）培育大型农资流通企业。鼓励现有品牌农资生产经营企业通过跨行业、跨地区、跨所有制的兼并、联合等形式，进行资产和业务重组，增强核心企业的活力。供销社的农资企业要发挥主导作用，按照《新农村现代流通网络工程——农资现代经营服务网络示范要求》，提升规范化水平，做大做强龙头企业。有关部门要按照扶优扶强原则，将一批规模大、实力强、信誉好的企业纳入“万村千乡市场工程”、“新网工程”和国债等支持范围，培育成熟、稳定的经营者。

（三）完善农资多元服务功能。引导农资流通企业不断优化农药、化肥等农资品种结构，适当增加农业机械、小农具、饲料、种子以及与农业生产相关的日用杂品、科普图书的经营，按照科学施肥、用药技术规范的要求逐步完善农化服务、庄稼医院、电话咨询、农业生产科普资料发放、农机具租赁与维修等功能，为农民提供产前、产中、产后多样化服务。

（四）推进农资流通市场化。认真落实《国家发展改革委、财政部关于改革化肥价格形成机制的通知》（发改价格［2009］268 号）精神，建立以市场为主导的农资价格形成机制，充分发挥市场在资源配置中的基础性作用。尽快放开农资流通渠道，允许具备条件的各类投资主体从事农资经营。发展农资信用销售，推广针对农资赊销的信用保险，对符合条件的中小商贸企业的农资赊销信用保险给予适当补贴。

（五）加强农资市场监测调控。充分发挥城乡市场信息服务平台作用，加强对农资重要品种、重点企业、重点市场的监测分析。完善储备、进出口等宏观调控手段，以提高应对市场异常波动的能力。切实做好春耕秋播季节农资市场供应工作，确保不脱销不断档。

（六）加强农资行业自律。继续推进农资行业诚信体系建设，进一步增强农资信用意识，营造良好信用环境，形成诚信经营氛围。深入开展行业信用评价试点工作，推广各地农资交易市场、经营者信用等级分类管理工作经验，逐步建立健全农资信用档案，加大对信用良好企业的扶持力度。充分发挥行业协会作用，建立和推行农资行业行为准则，加强行业自我管理、自我规范能力。

（七）加强农资市场监管。农业、工商、质检、价格等行政管理部门要加大农资市场监管力度，督促企业健全农资商品购销台账、质量承诺、问题农资产品源头追溯、明码标价等制度；完善市场预警、市场巡查、不合格农资退市等制度，充分发挥 12315 行政执法体系、12316 三农热线、12358 价格举报电话的作用，及时查处群众投诉举报案件，进一步规范农资经营行为，严厉查处、打击发布虚假广告、制售假冒伪劣农资、哄抬农资价格以及以减少成本降低产品质量进行压价竞争等各种坑农害农违法行为。

二〇〇九年三月九日

商务部　财政部
关于加快实施“万村千乡市场工程”的通知

各省、自治区、直辖市、计划单列市及新疆生产建设兵团商务主管部门、财政厅（局）：

为贯彻落实《中共中央国务院关于促进农业稳定发展农民持续增收的若干意见》（中发［2009］1号）和《国务院办公厅关于搞活流通扩大消费的意见》（国办发［2008］134号）精神，健全农村流通网络，开拓农村市场，拉动农村消费，现就2009年加快实施“万村千乡市场工程”有关事项通知如下：

一、目标和任务

主要目标：2009年，在全国新建和改造15万家农家店和1000个农村商品配送中心，形成以城区店为龙头、乡镇店为骨干、村级店为基础的农村现代流通网络。

工作任务：进一步扩大“万村千乡市场工程”覆盖面；强化农村商品配送中心的商品采购、储存、加工、编配、调运、信息等功能，增加统一配送商品品种，提高配送能力和信息化水平，降低经营成本；推进“万村千乡”网络与供销、邮政、电信等网络的结合，提高农家店综合服务功能；引导生产企业开发符合农民消费特点的产品，更好地满足农村居民消费需求。

二、承办企业应具备的条件

2008年度承办企业承办资格自动延续，不需再向商务部门申报。对于自愿退出或存在违规行为的企业，取消其承办资格。2009年度新增承办企业应符合下列条件：

（一）组织机构、规章制度健全，运营规范，经营状况良好，具有带动和辐射作用。

（二）日用消费品经营企业注册资本东部地区300万元以上，中西部及东北地区200万元以上；2008年度销售额东部地区5000万元以上，中西部及东北地区3000万元以上。

（三）农业生产资料经营企业注册资本东部地区1000万元以上，中西部及东北地区500万元以上；2008年度农资类产品销售额2亿元以上，其中化肥或农药年销售额1亿元以上。

（四）工商营业执照显示具备3年以上从业经验，具有一定配送能力，并与地级以上商务主管部门签订了不销售假冒伪劣过期日用消费品或农资的承诺书。

（五）制定了“万村千乡市场工程”实施规划，并承诺在《“万村千乡市场工程”信息服务系统》如实登记。

三、有关建设标准

（一）配送中心建设应达到以下标准：符合当地商业网点规划；已经投入使用并发挥配送功能；配送中心建筑面积不少于1000平方米、配送车辆不少于10辆；具有商品购进、库存、销售及门店管理的信息管理系统；已与100家以上农家店建立了商品配送业务并签订了5年以上供货合同。日用消费品配送中心品种不少于5000个，农资配送中心的农资品种不少于500个。

（二）农家店建设应达到以下标准：日用消费品农家店建设标准符合商务部制定的《农家店建设与改造规范》（SB/T10393—2005）、《〈农家店建设与改造规范〉国内贸易行业标准第1号修改单》（商务部公告2006年第39号）；日用消费品统一配送率（按销售额计算）50%以上。农资农家店符合商务部制定的《农资农家店建设与改造规范》（商建发［2005］543号）；农资商品的统一配送率达到75%以上。

对按本通知要求实施“万村千乡市场工程”，建设配送中心、农家点达到标准并经验收合格的，中央财政农村物流服务体系发展专项资金将给予支持，具体办法另发。2008年已建成但没有享受国家补贴的项目可参加2009年验收。

四、有关工作要求

（一）进一步加强规划指导。各省级商务主管部门要会同财政部门，根据本地区经济发展水平、农村市场整体发展要求，科学制定“万村千乡市场工程”实施规划，按照公开、公平、透明的原则择优选择承办企业，鼓励企业以市场为导向，在具备条件地方推进“万村千乡市场工程”。农家店建设数量要切实可行，避免一个行政村重复建设多个农家店。鼓励直营农家店发展，加强对加盟农家店的规划和管理。配送中心建设规模和数量要与所承担配送任务的农家店数量、配送半径相适应。各地应于2009年4月底前将“万村千乡市场工程”建设项目规划汇总表（见附件1）以正式文报商务部、财政部，并于每季度末填报项目建设进度表（见附件3）。

（二）严格项目质量监督管理。各地市级商务主管部门应会同同级财政部门组成项目验收小组，对建设完成项目逐一验收，在验收报告上签字确认验收结论（分为“验收合格”和“验收不达标”两种），并将验收情况汇总后报省级商务主管部门。省级商务主管部门会同财政部门根据情况对验收合格项目进行随机抽查复检，并于2010年3月底前以两部门文件将验收情况和验收合格项目清单（见附件2）报送商务部、财政部。商务部会同财政部根据需要对验收合格项目进行不定期抽查。中央企业建设项目由商务部会同财政部组织验收。

对于验收合格的项目，省级商务主管部门向其免费发放统一制作的标识牌。标识牌不实行终身制，凡抽查不合格及经检举核查存在问题的项目将收回标识牌。未经验收合格的项目严禁悬挂带有“万村千乡市场工程”字样的标识牌。

各地商务、财政部门要进一步研究完善项目质量监管长效机制，采取切实有效措施确保已验收的农家店商品统一配送率稳步提高。对“只挂牌、不改造”、“只挂牌、不配送”或不达标验收等弄虚作假行为，一经发现，取消承办企业资格，扣减所在地区中央财政补贴额度，并对相关企业与责任人进行通报。

（三）积极做好沟通协调工作。“万村千乡市场工程”是党中央、国务院为搞活流通扩大消费采取的重要举措，各地商务、财政部门要高度重视、密切协作，精心组织，认真落实；要主动与地方政府有关部门沟通，争取相关政策支持，帮助企业解决在实施过程中遇到的问题；要加强与供销、邮政、电信等部门协调，加大力度推进“一网多用”；要打造工商联手、农商对接的平台，为农民提供使用方便、经久耐用、价格适中的商品。

（四）认真制定具体实施办法。各省级商务主管部门应会同同级财政部门，根据本通知规定，结合当地实际情况，研究制定具体实施办法并于2009年4月底前报商务部、财政部备案，明确项目申报、验收的具体程序和所需材料等具体要求。各地在项目实施过程中，应加强调查研究，认真总结经验，如有问题，要及时向商务部（市场建设司）反映。

特此通知

二〇〇九年四月十日

财政部关于印发《中小商贸企业发展专项资金管理暂行办法》的通知

（财建［2009］229 号）

各省、自治区、直辖市、计划单列市财政厅（局），新疆生产建设兵团财务局：

为支持中小商贸企业发展，中央财政设立中小商贸企业发展专项资金。为加强资金管理，提高资金使用效益，根据预算管理要求及国家有关法律法规规定，我们制定了《中小商贸企业发展专项资金管理暂行办法》。现印发给你们，请遵照执行。

附件：中小商贸企业发展专项资金管理暂行办法

二〇〇九年五月二十二日

附件：

中小商贸企业发展专项资金管理暂行办法

第一章　总　　则

第一条　为促进中小商贸企业发展，扩大就业，便利居民消费，根据《国务院办公厅关于搞活流通扩大消费的意见》（国办发［2008］134 号）有关规定，中央财政设立中小商贸企业发展专项资金（以下简称专项资金）。为规范专项资金的管理，根据《中华人民共和国预算法》及实施细则有关规定，制定本办法。

第二条　专项资金的管理和使用应当符合国家宏观政策导向，坚持公开、公正、公平的原则，确保专项资金使用的安全和效益。

第三条　本办法所称中小商贸企业是指从事批发和零售、住宿和餐饮、租赁和商务服务、居民服务和其他服务、屠宰、物流和仓储等行业的中小企业。

中小商贸企业的划分标准参照原国家经贸委、原国家计委、财政部、国家统计局联合发布的《中小企业标准暂行规定》（国经贸中小企［2003］143 号）执行，其中：批发和零售业、住宿和餐饮业的中小商贸企业标准按照国经贸中小企［2003］143 号文件规定执行；从事租赁和商务服务业、屠宰业的中小商贸企业标准参照国经贸中小企［2003］143 号文件规定的批发业标准执行；从事居民服务和其他服务业的中小商贸企业标准参照国经贸中小企［2003］143 号文件规定的零售业标准执行；从事物流、仓储业的中小商贸企业标准参照国经贸中小企［2003］143 号文件规定的交通运输业标准执行。

第二章 支持方向和支持方式

第四条 专项资金的支持方向，包括：

（一）提高中小商贸企业的融资能力，包括贷款信用担保、贷款利息补贴等。

（二）增强中小商贸企业的风险防范能力，包括支持中小商贸企业信用保险发展等。

（三）开展中小商贸企业培训和管理咨询服务等。

（四）提高中小商贸企业市场开拓能力，包括参加各类展会、加强品牌建设、应用新型营销方式等。

（五）提升中小商贸企业物流配送和经营辐射能力，升级改造信息系统和开发商贸技术等。

（六）财政部确定的其他支持方向。

第五条 专项资金采取财政补助、贷款贴息和以奖代补等支持方式。

（一）财政补助方式主要用于支持中小商贸企业贷款信用担保、信用保险，中小商贸企业市场开拓和品牌培育活动，以及面向中小商贸企业的培训和管理咨询服务等。

（二）贷款贴息方式主要用于支持符合规定条件且能获取银行贷款的中小商贸企业。贴息额根据实际到位贷款、规定的贴息率、贷款期限和实际支付的利息计算，贴息年限一般不超过 3 年，年贴息率最高不超过当年国家规定的银行贷款基准利率。

（三）以奖代补方式主要适用于能够制定具体量化评价标准的项目，在项目实施并按规定标准审核验收合格后，给予奖励。

第六条 财政部根据专项资金使用方向和中小商贸企业发展需要，会同商务部确定年度专项资金支持重点、支持条件和标准、资金管理模式和有关要求等。

第七条 专项资金主要采取因素法进行分配。

第八条 财政部根据年度资金支持重点，按照各地相关发展指标并考虑地方财力等因素，将资金分配到各省级财政部门并下达资金预算指标，同时按国库支付管理的有关规定及时拨付资金。

第九条 各省级财政部门会同同级商务主管部门制定资金使用管理具体操作办法，根据国家规定的年度专项资金支持重点和分配的专项资金预算指标，提出具体项目安排意见，在规定时间内报财政部、商务部备案后组织实施。

第十条 中央直属单位根据本办法的规定和当年专项资金项目申报指南向财政部申报，财政部按规定进行审核后，下达资金预算并拨付资金。

第十一条 各地可根据当地财力情况，安排资金支持中小商贸企业发展，并与中央财政专项资金统筹使用。

第十二条 省级财政部门按照规定程序办理专项资金划拨手续，及时、足额将专项资金拨付给项目单位。

第三章 监督管理

第十三条 财政部、商务部以不定期抽查等方式，对专项资金使用管理情况进行监督检查。各地财政、商务部门应加强对本地使用专项资金情况的监督和检查。

第十四条　专项资金专款专用，任何单位或者个人不得滞留、截留、挤占、挪用专项资金。对以虚报、冒领等手段骗取和滞留、截留、挤占、挪用专项资金的，一经查实，财政部将收回已安排的专项资金，并按《财政违法行为处罚处分条例》（国务院令第427号）的相关规定进行处理。

第四章　附　则

第十五条　本办法自印发之日起施行。

第十六条　本办法由财政部负责解释。

国务院办公厅关于转发发展改革委等部门促进扩大内需鼓励汽车家电以旧换新实施方案的通知

（国办发［2009］44号）

各省、自治区、直辖市人民政府，国务院各部委、各直属机构：

发展改革委、财政部、商务部、工业和信息化部、环境保护部《促进扩大内需鼓励汽车、家电“以旧换新”实施方案》已经国务院同意，现转发给你们，请认真贯彻执行。

今年以来，国家结合实施重点产业调整和振兴规划，加大老旧汽车报废更新力度，出台鼓励“汽车摩托车下乡”、“家电下乡”等政策，有力地促进了农村消费，对拉动内需，稳定和扩大就业，保持经济平稳较快发展发挥了重要作用。为进一步促进扩大内需，根据我国家电、汽车产业发展和消费市场实际，有必要实施鼓励汽车、家电“以旧换新”的政策措施。这不仅有利于扩大消费需求，也有利于提高能源资源利用效率，减少环境污染，促进节能减排和循环经济发展。各有关省市人民政府和国务院有关部门要加强领导，制定明确的实施细则，认真组织实施抓好落实。

国务院办公厅

二〇〇九年六月一日

促进扩大内需鼓励汽车、家电“以旧换新”实施方案

（发展改革委　财政部　商务部　工业和信息化部　环境保护部）

为进一步扩大汽车、家电消费，促进扩大内需，保持经济平稳较快发展，特制定鼓励汽车、家电“以旧换新”实施方案。

一、鼓励汽车、家电“以旧换新”的重要意义

（一）拉动国内需求。随着工业化、城镇化进程加快，我国汽车、家电消费快速增

长，保有量大幅增加，淘汰更新潜力较大。据预测，2009 年汽车报废量将达到 270 万辆，家电报废量将达到近 9000 万台，如果加快淘汰更新，将促进汽车、家电产业稳步增长。

（二）促进节能减排。老旧汽车油耗比新车高 5% ~ 10%，特别是“黄标车”油耗比“绿标车”高 30%，污染物排放量严重超标，老旧家电电耗比新家电高 20% ~ 30%。实行汽车、家电“以旧换新”，有利于提高汽车、家电能效水平，减少环境污染。

（三）有效利用资源。汽车、家电中含有大量可回收利用的钢铁、有色金属、塑料、橡胶等资源，通过“以旧换新”，加快完善汽车、家电回收拆解处理体系，可使这些资源得到充分有效利用，促进循环经济发展。

（四）稳定和扩大就业。汽车、家电生产技术含量高，产业链长，鼓励汽车、家电“以旧换新”，不仅有利于促进汽车、家电产业稳步增长，也有利于促进营销、物流、售后服务以及报废汽车、废旧家电回收拆解等劳动密集型行业的发展，安置大量人员就业。

二、基本思路

采取财政补贴方式，鼓励汽车、家电“以旧换新”，建立有效的激励机制，进一步扩大内需特别是消费需求，促进节能减排，发展循环经济。坚持与“汽车摩托车下乡”、“家电下乡”等扩大消费政策相衔接；与将于 2011 年施行的《废弃电器电子产品回收处理管理条例》制度设计相一致；既要确保财政资金使用的安全有效，又要做到简便易行，方便广大消费者。

三、鼓励汽车“以旧换新”的政策措施

在现有老旧汽车报废更新补贴政策的基础上，进一步扩大补贴范围，加大补贴力度，加快老旧汽车报废更新。2009 年在已安排老旧汽车报废更新补贴资金 10 亿元的基础上，中央财政再安排 40 亿元。

（一）补贴范围。一是对符合一定使用年限要求的中、轻、微型载货车和部分中型载客车，适度提前一定年限报废并换购新车的，给予补贴。二是对提前报废“黄标车”并换购新车的，给予补贴。同时符合财政部、商务部公告的《2009 年老旧汽车报废更新补贴资金发放范围及标准》规定的车型，只能享受一种补贴政策；提前报废“黄标车”并换购新车，新车已享受了 1.6 升及以下乘用车减半征收车辆购置税政策的，不再享受老旧汽车报废更新补贴政策。

（二）补贴标准。符合条件的老旧汽车报废更新单辆补贴金额，原则上不高于同型车辆的单辆车辆购置税金额，具体标准为：中型载货车 6000 元，轻型载货车 5000 元，微型载货车 4000 元，中型载客车 5000 元，轻型载客车 4000 元，微型载客车 3000 元，其他车型 6000 元。

中央按上述补贴标准，对地方实行补贴资金包干。地方可以根据“黄标车”的车型、年限以及城市管理等因素，调整补贴标准。

（三）资金补贴流程。按照《老旧汽车报废更新补贴资金管理暂行办法》的有关规定，车主将报废汽车交售给有资质的报废汽车回收拆解企业，回收拆解企业向车主开具报

废汽车回收证明，车主凭报废汽车回收证明、注销证明、更新车辆购车发票和有效身份证明申领补贴资金。

四、鼓励家电“以旧换新”的政策措施

鉴于目前我国绝大多数地区废旧家电回收处理体系尚未建立，2009 年先在废旧家电回收处理体系有一定基础的省市开展家电“以旧换新”试点，成熟后在全国推广。2011年按《废弃电器电子产品回收处理管理条例》的要求建立家电回收利用生产者责任制。2009 年财政安排 20 亿元资金，用于家电“以旧换新”补贴。补贴资金由中央财政和试点省市财政共同负担。

（一）试点范围。选择北京、天津、上海、江苏、浙江、山东、广东和福州、长沙 9 省市开展家电“以旧换新”试点。

（二）补贴范围。包括电视机、电冰箱、洗衣机、空调、电脑 5 类家电产品。

（三）补贴对象。一是对交售补贴范围内的旧家电并购买新家电的消费者给予补贴。二是对回收补贴范围内的旧家电并送到拆解处理企业的运输费用给予补贴。

（四）补贴标准。交旧购新补贴不超过家电销售价格的 10%，并分品种确定补贴最高上限。回收运输实行定额补贴，具体标准另行制定。

（五）操作流程。

1. 确定实施主体。家电销售商和家电回收企业以招标方式确定。拆解处理企业由试点省市人民政府从现有拆解处理企业中确定，试点期间，原则上每个试点省选择 1～2 家，试点城市选择 1 家。拆解处理企业要符合国家有关环保法律法规要求。

2. 收购旧家电。消费者通过网络或者电话提出交售旧家电，回收企业上门收购旧家电，并向消费者开具国家统一印制的家电以旧换新凭证。试点省市人民政府有关部门根据实际情况公布旧家电回收指导价格。

3. 购买新家电。消费者凭家电以旧换新凭证，向中标的家电销售商购买新家电。家电销售商按照新家电售价减去补贴后的价格销售给消费者。财政部门根据销售商的有关记录和凭证给予补贴。家电生产企业向消费者公告“以旧换新”家电产品的规格、型号和参考价格。

4. 废旧家电拆解处理。回收企业收购的旧家电交售给拆解处理企业进行拆解处理。拆解处理企业向回收企业垫付运输费用，并开具发票。财政部门根据拆解处理企业实际回收量，按照回收运输补贴标准给予运费补贴。回收后再流通的旧家电不予补贴。

（六）申领补贴资金。家电销售商凭新家电销售发票存根和对应的家电以旧换新凭证，到当地财政部门申领补贴资金。废旧家电拆解处理企业凭收购发票底单及有关记录，到当地财政部门申领运费补贴。

五、组织实施

财政部会同商务部、工业和信息化部、环境保护部等部门制定家电“以旧换新”财政补贴资金管理办法，商务部会同有关部门组织实施汽车、家电“以旧换新”工作，环

境保护部负责废旧家电拆解处理的组织实施和监督管理，工商、质检等部门在各自职责范围内加强监督管理，请中央宣传部组织新闻媒体做好汽车、家电“以旧换新”政策宣传和舆论监督工作。

试点省市人民政府负责本地区家电回收和拆解处理工作的组织实施和监督管理，并定期向国务院有关部门报告。各试点地区要按照本实施方案的要求制定具体的操作细则，同时本着既保障财政资金安全，又方便群众交旧购新、享受补贴的原则，积极探索家电“以旧换新”的操作办法。

发展改革委办公厅
关于做好商业与工业用电、用水
同价工作有关问题的通知

（发改办价格［2009］1255 号）

各省、自治区、直辖市发展改革委、物价局、电力公司，国家电网公司、南方电网公司：

按照《办公厅关于搞活流通扩大消费的意见》（国办发［2008］134 号）有关要求，2008 年以来，各地积极推进商业与工业用电同价工作。目前，大部分省（区、市）商业用电已与工业用电执行相同的目录电价标准；没有实现同价的省（区、市）也适当缩小了商业用电与工业用电的价差。现就进一步推进工、商业用电用水同价工作通知如下：

一、加快推进商业与工业用电同价

（一）尚未实现商业与工业用电同价的省（区、市），应认真做好商业与工业用电同价的实施方案，结合销售电价调整，尽快实现工商企业用电同价。

（二）商业与工业用电同价，执行与工业用户相同的电价标准的同时，执行峰谷分时电价等需求侧电价管理制度。鉴于当前商业企业经营困难较大，尚未对商业用户执行峰谷分时电价的地区，可暂缓执行。

二、认真落实商业与工业用水同价

各地在调整供水价格时，要按照《办公厅关于搞活流通扩大消费的意见》（国办发［134］号）的要求，遵循“补偿成本、合理收益、节约用水、公平负担”的原则，简化水价分类，实行商业用水（经营服务用水）与工业用水同价。同时，对洗浴、洗车等特种用水，仍应实行单独分类计价，与其他用水保持合适的差价，促进节约用水。

三、采取综合措施确保同价政策落实到位

各地价格主管部门要高度重视商业用电、用水同价工作，尽快研究实施方案，统筹兼顾各方面影响，积极做好宣传解释，确保工、商用电用水同价政策平稳顺利实施。

二〇〇九年六月十二日

财政部办公厅　商务部办公厅
关于 2009 年促进服务业发展专项资金
使用管理有关问题的通知

（财办建［2009］73 号）

各省、自治区、直辖市、计划单列市及新疆生产建设兵团财政（务）厅（局）、商务主管部门：

为规范 2009 年度中央财政促进服务业发展专项资金（以下简称“专项资金”）使用管理，根据《财政部商务部关于做好支持搞活流通扩大消费有关资金管理的通知》（财建［2009］16 号）和《财政部关于印发〈中央财政促进服务业发展专项资金管理办法〉的通知》（财建［2009］227 号）以及商务部、财政部有关业务指导文件精神，现将有关事项通知如下：

一、支持重点和支持标准

2009 年，专项资金重点支持“双进工程”、“早餐示范工程”、再生资源回收利用服务体系、市场监测与储备应急体系建设、流通领域市场监管公共服务体系、“放心肉”服务体系建设以及二手车市场、报废汽车回收拆解企业升级改造项目。

（一）“双进工程”支持内容和标准

“双进工程建设”包括家政服务网络中心建设、家政培训和菜市场标准化改造示范工程等项目。

1. 家政服务网络中心建设项目：采取以奖代补方式予以支持，按照《商务部、财政部关于推进家政服务网络体系建设的通知》（商商贸发［2009］149 号）要求在地级以上城市建设“家政服务网络中心”，经验收合格的，每个中心原则上按 200 万元的标准予以支持，但不得超过项目总投资的 70%。

2. 家政培训项目：采取财政补助方式予以支持，按照《商务部、财政部、全国总工会关于实施“家政服务工程”的通知》（商商贸发［2009］276 号）开展家政人员培训并安排就业的，经省级商务、财政、工会部门验收合格后，予以支持。具体标准由省级财政部门会同商务、工会部门确定，于 7 月底前报财政部、商务部和全国总工会备案。原则上东部地区每人不超过 1500 元，中部地区每人不超过 1300 元，西部地区每人不超过 1200 元。

3. 标准化菜市场示范工程项目：先在北京、天津、大连、吉林、上海、宁波、厦门、江西、青岛、湖北、湖南、深圳、海南、重庆、四川、贵州、西藏、陕西和新疆兵团试点，采取以奖代补方式予以支持。按照《商务部、财政部关于实施标准化菜市场示范工程的通知》（商商贸发［2009］290号），在试点地区进行菜市场标准化改造并经验收合格的，每个项目支持30万元，但不得超过项目总投资的50%。

（二）“早餐示范工程”项目支持内容和标准

“早餐示范工程”项目先在北京、天津、辽宁、大连、江苏、浙江、宁波、福建、厦门、山东、青岛、河南、重庆、云南、西藏、宁夏试点，采取以奖代补方式，重点支持在地级以上城市建设主食加工配送中心并以连锁经营方式发展标准化早餐网。按照《商务部、财政部关于开展“早餐示范工程”试点工作的通知》（商商贸发［2009］280号）建设，经验收合格的主食加工配送中心项目，每个原则上按300万元的标准予以支持。上述项目支持标准均不得超过项目总投资的50%。

（三）再生资源回收体系建设项目支持内容和标准

再生资源回收体系建设项目先在北京市、天津市、河北省石家庄市、辽宁省沈阳市、吉林省吉林市、上海市、浙江省永康市、重庆市、四川省成都市、贵州省贵阳市、云南省昆明市、陕西省西安市试点，采取以奖代补方式，重点支持标准化小区回收点、分拣加工中心建设。此外，选择部分规模较大的跨地区集散市场，对其建设改造予以支持。按照《商务部、财政部关于加快推进再生资源回收体系建设的通知》（商商贸发［2009］142号）建设，经验收合格的每个小区回收点支持5000元，每个分拣加工中心原则上按400万元的标准予以支持（不得超过项目总投资的50%），每个跨地区集散市场原则上按1000万元的标准予以支持（不得超过项目总投资的30%）。

（四）城乡市场监测与储备应急体系建设项目支持内容

1. 城乡市场监测体系项目：按照《商务部、财政部关于进一步加强城乡市场信息服务体系建设的通知》（商运发［2009］140号）要求，对各省组织开展市场运行监测、统计分析、预测预警及商贸服务行业统计等相关工作所发生的数据收集、分析报送、信息发布、调研培训、设备购置等相关费用，予以适当补助。

2. 储备应急体系建设项目：按照《商务部、财政部关于加强储备应急体系建设的通知》（商运发［2009］139号）要求，对各省应急商品数据库重点联系企业信息报送工作予以适当补助。

（五）市场监管公共服务体系建设项目

采取以奖代补方式予以支持，支持流通领域市场监管公共服务体系建设，按照《商务部、财政部关于完善流通领域市场监管公共服务体系的通知》（商秩发［2009］271号）要求，经验收合格的直辖市流通领域市场监管公共服务体系建设项目每个原则上按200万元的标准予以支持，其他地级以上城市流通领域市场监管公共服务体系建设项目每个原则上按100万元的标准予以支持，县级流通领域市场监管公共服务体系建设项目每个支持50万元，但不得超过项目总投资的50%。

（六）“放心肉”服务体系建设项目

“放心肉”服务体系建设项目先在北京、上海、江苏、福建、厦门、山东、青岛、湖北、广州、四川试点，采取以奖代补方式，重点支持屠宰监管技术支撑系统和肉品质量信息可追溯系统建设，以及大型屠宰和肉品流通企业冷链建设。按照《商务部、财政部关于开展“放心肉”服务体系建设试点工作的通知》（商秩发［2009］273号）要求，经验收合格的省级屠宰监管技术支撑系统建设项目原则上按每个400万元的标准予以支持，直辖市屠宰监管技术支撑系统建设项目原则上按每个300万元的标准予以支持，每家安装监控终端并连通屠宰监管技术支撑系统的企业支持5万元；经验收合格的直辖市、地级市肉品质量信息可追溯系统建设项目原则上按每个300万元的标准予以支持；经验收合格的大型屠宰企业产业链延伸建设项目原则上按每个400万元的标准予以支持。上述项目支持标准均不得超过项目总投资的50%。

（七）二手车市场和报废汽车回收拆解企业升级改造项目

二手车市场升级改造项目先在北京、天津、辽宁、上海、江苏、浙江、江西、山东、湖北和深圳试点，报废汽车回收拆解企业升级改造项目先在河北、山西、内蒙古、吉林、黑龙江、安徽、河南、湖南、广东、重庆、四川、云南、陕西、新疆试点，采取以奖代补方式予以支持。对于按照商务部、财政部有关业务文件要求（另行下发），开展二手车交易市场升级改造和报废汽车回收拆解企业升级改造并经验收合格的，每个项目原则上按100万元的标准予以支持，但不得超过项目总投资的50%。

二、专项资金使用管理程序

（一）家政服务网络中心、家政就业培训、市场监测及储备应急体系建设、市场监管公共服务体系建设项目，采取因素法将专项资金先行分配到地方，具体使用管理程序如下：

1. 制定操作办法和项目安排意见。根据下达的项目建设任务（详见附件1）、中央财政下达的专项资金（另发）及相关规定，各省级财政部门会同商务部门负责制定本地区资金使用管理具体操作办法，省级商务部门负责组织本地区项目并提出项目初步安排意见。省级财政部门终审后会同同级商务部门将项目安排意见及资金使用管理操作办法于8月31日前报财政部（经济建设司）、商务部（财务司）备案。

操作办法应明确本地资金申报、审核、拨付等具体程序、所需材料等方面的详细要求；项目安排意见应包括项目安排的原则和标准，并附项目安排一览表（格式见附件2），列明项目名称、所在地、实施企业、项目内容、项目总投资、支持方式和拟支持额度等方面的具体内容。

2. 项目实施和验收。各省级商务部门会同有关部门组织项目实施，并及时进行验收。根据项目实施和验收情况需对具体项目安排做出调整的，应报财政部、商务部备案。

3. 拨付资金。各省级财政部门商同级商务部门，根据验收结果和规定的支持标准，按规定程序及时拨付资金。

（二）菜市场标准化改造、早餐示范工程、再生资源回收站点和分拣中心建设、“放心肉”服务体系建设、二手车市场及报废汽车回收拆解企业升级改造项目，各地试点工作方案审核通过后，再采取因素法将专项资金分配到地方，具体使用管理程序如下：

1. 确定试点工作方案。根据下达的项目建设任务（详见附件1）及相关规定，省级商务部门会同有关部门提出试点工作方案，省级财政部门终审后会同同级商务部门于8月31日前报财政部、商务部。财政部会同商务部对试点工作方案进行确认后，财政部下达专项资金。试点工作方案应明确本地区项目安排的原则和标准、具体项目安排意见、地方配套资金等保障措施以及资金申报、审核、拨付具体程序等方面的详细要求。

2. 项目实施和验收。试点地区商务部门会同有关部门，按照批准的试点工作方案，组织项目实施，并及时进行验收（标准化菜市场示范项目申报书格式见附件 3）。根据项目实施和验收情况需对具体项目安排进行调整的，应报财政部、商务部备案。

3. 拨付资金。试点地区财政部门商同级商务部门，根据验收结果按规定程序及时将专项资金拨付到项目承担单位。

（三）再生资源回收体系建设中的跨地区集散市场建设项目，采取项目法管理，具体申报程序如下：

省级财政部门会同商务、供销部门于 8 月 31 日前向财政部、商务部提出项目和资金支持申请，申报材料应包括申报报告、项目实施方案、实施企业基本情况表（格式见附件 4）、项目建设基本情况（包括投资总额及资金来源、投入使用及经营管理情况、经济效益和社会效益等）。财政部会同商务部审核后，财政部按规定下达专项资金。

（四）各省级商务部门应于 2010 年 1 月底之前，将 2009 年项目验收和资金安排情况以正式文件报送商务部。

三、相关要求

各地要切实做好有关项目申报、评审、组织实施、审核验收和资金拨付等工作，按规定用好专项资金，相关评审工作经费应从严控制支出范围，专项用于项目评审、验收和审核等工作。商务部负责对项目建设情况实行动态监管，并组织不定期抽查。财政部对专项资金使用情况实行动态监管，并组织不定期抽查。对于未按要求开展工作、工作进度过慢或资金使用管理存在问题的地区，财政部将相应调减专项资金分配规模。

二〇〇九年七月十日

财政部办公厅 商务部办公厅 关于2009年度中小商贸企业发展专项资金使用管理有关问题的通知

（财办建【2009】72号）

各省、自治区、直辖市、计划单列市财政厅（局）、商务主管部门，新疆生产建设兵团财务局、商务局：

为规范2009年度中小商贸企业发展专项资金（以下简称专项资金）使用管理，根据《财政部商务部关于做好支持搞活流通扩大消费有关资金管理的通知》（财建［2009］16号）和《财政部关于印发〈中小商贸企业发展专项资金管理暂行办法〉的通知》（财建［2009］229号）以及商务部、财政部有关业务指导文件精神，现就有关事项通知如下：

一、支持重点和支持标准

2009年专项资金重点用于支持中小商贸企业融资担保费用补助、国内贸易信用险费用补助，支持符合条件的中小商贸企业参展、品牌培育等。

（一）融资担保费用补助项目支持内容和标准

采取财政补助方式予以支持。对2009年1月1日以后，符合条件的信用担保机构为中小商贸企业提供的单笔贷款800万元以下、未获得其他中央财政补贴的担保业务，给予不超过贷款担保额1%的补助，具体补助比例由省级财政部门会同商务部门根据业务规模、贷款期限、项目性质等情况分类确定。

申请补助资金的信用担保机构，须同时具备以下条件：具有独立的法人资格，实收资本东部地区达到4000万元以上，中西部地区达到2000万元以上，县属担保机构实收资本东部地区可降至2000万元，中西部地区可降至1000万元；财务管理制度健全，按规定提取、管理和使用各项准备金；经济效益良好，会计、纳税、银行信用等方面无不良记录；三年内无违法违规记录；项目申报期内为中小商贸企业提供的贷款担保额占其担保总额的20%以上；上年度贷款担保总额达实收资本的2倍以上；担保费率不超过银行同期贷款基准利率的50%；担保的中小商贸企业及贷款用途符合国家宏观经济政策、产业政策和区域发展政策，鼓励支持“家电下乡”、“汽车摩托车下乡”、“双百市场工程”、“万村千乡市场”、“早餐工程”、“双进工程”、“农超对接”和“放心肉”等项目承办单位的融资。

信用担保机构收到的补助资金，只能用于弥补代偿损失或补充风险准备金。

（二）国内贸易信用险费用补助项目支持内容和标准

采取财政补助方式予以支持。对符合条件的中小商贸企业投保国内贸易信用险，以及其他企业以中小商贸企业为风险方投保国内贸易信用险的，按投保企业实际缴纳保费给予50%的补助。

同时具备以下条件的保险机构可向商务部提出保费补助承办申请，商务部会同财政部、保监会审核后确定承办资格：在我国境内注册、注册资本40亿元以上；具有3年以上的国内贸易信用保险业务经验和成熟产品，开展中长期国内贸易信用保险业务的还应具备相应资质；具有信用风险防控所需要的专门人才、专业技术和信息渠道；在全国范围内拥有完善的分支机构体系，能为客户提供良好服务；建立国内贸易信用险补贴资金专用账户及核算和管理制度。

向承办保险机构投保国内贸易信用保险并已缴纳保费的中小商贸企业，以及以中小商贸企业为风险方（买方）向承办保险机构投保国内贸易信用保险并已缴纳保费的其他企业，同时符合以下条件的，可申请保费补助：在我国境内注册，具有独立企业法人资格；面向国内企业和消费者开展信用销售，所售产品符合国家产业政策及相关规定；会计、纳税、银行信用等方面无不良记录；三年内无严重违法违规行为记录；申请补贴的企业及其产品符合国家宏观经济政策、产业政策和区域发展政策。鼓励支持“家电下乡”、“汽车摩托车下乡”、“双百市场工程”、“万村千乡市场工程”、“早餐工程”、“双进工程”、“农超对接”、“放心肉”等项目承办单位的信用销售。

（三）中小商贸企业市场开拓项目支持内容和标准

1. 对符合条件的中小商贸企业2009年1月1日以后发生的参展费用，采取财政补助方式予以支持。中小商贸企业参加以搞活流通、扩大消费为主要目的的贸易投资洽谈会和展览会，包括商务部主办的中国食品博览会、中国绿色食品博览会、中国国际丝绸博览会、第四届跨国零售集团采购会、中国进出口商品交易会出口商品内销采购洽谈会以及商务部引导支持的33个展会（目录见附件1），按实际支付展位费的70%予以补助。商务部主办的展会每个展位补助额最高不超过3000元（中国进出口商品交易会上举办的出口商品内销采购洽谈会最高不超过10000元），且每个展会补助总额不超过165万元；商务部引导支持的33个展会每个标准展位补助额最高不超过1000元，且每个展会补助总额不超过50万元。

2. 对于中华老字号商标保护和技术改造等费用，采取财政补助方式予以支持。2009年先在北京、天津、上海、江苏、浙江、山东、青岛、广东、四川等9个老字号比较集中的地区试点，重点支持一批文化底蕴深厚、生产加工技艺独特的中华老字号企业，在国内及有关国家和地区进行老字号商标的保护性注册、开展技术改造和工艺创新等。对老字号企业开展上述活动所发生的费用，按50%予以补助。其中，企业国内商标保护性通类注册补贴资金不超过3万元，马德里商标国际注册补贴资金不超过4万元，企业技术改造和工艺创新补贴资金不超过50万元。

3. 对于专业丝绸商品销售网络建设，采取财政补助方式予以支持。2009年在辽宁、大连、江苏、浙江、山东、广东试点，重点支持专营丝绸的商贸企业与外贸企业建立厂商联系机制、开拓市场，支持创新丝绸营销模式，探索集丝绸文化、科普、旅游、商贸等各具特色的营销模式。对商贸企业开设丝绸专卖店或专柜的租金、进场费，参加各类促销推介活动的费用，创新营销模式的策划、宣传、招商等费用予以补助，具体补助标准由省级财政部门商商务部门确定。

二、使用管理程序

（一）中小商贸企业融资担保费用补助项目，采取因素法将专项资金先行分配地方，具体使用管理程序如下：

1. 制定操作办法。各省级财政部门会同商务部门，按照中央财政下达的专项资金及相关规定，制定本地区资金使用管理具体操作办法，于8月31日前报财政部（经济建设司）、商务部（财务司）备案。操作办法中应明确本地资金申报、审核、拨付等具体程序和所需材料等方面的详细要求。

2. 项目评审和资金拨付。各省级财政、商务部门，每半年组织一次融资担保费用补助资金的申报和审核拨付，2009年上半年和下半年的资金审核拨付工作应分别于2009年9月30日前和2009年12月31日前完成。资金审核拨付情况应于申报期结束后10日内汇总报财政部、商务部（汇总表格式见附件2），同时通过 www. creditsys. gov. cn 报送电子数据。2009年度资金审核拨付情况应于2010年1月底前报财政部、商务部。

信用担保机构申请补助资金时应提供下列资料：担保机构的基本情况表（格式见附件3）；经中介机构审核、合作银行盖章确认的项目申报期内中小商贸企业贷款担保业务补助资金项目申报表（格式见附件4）；经中介机构审核的项目申报期末的会计报表（包括资产负债表、现金流量表、利润表、担保余额变动表等）；项目申报期完税证明及汇总表；其他需要的资料。首次申报时还需提供企业法人营业执照副本及章程的复印件。

（二）国内贸易信用险保费补助项目，采取项目法管理，具体申报程序如下：

1. 项目申报。承办保险机构在地方的分支机构应将2008年1月1日至2009年8月31日发生的符合条件的项目汇总形成《国内贸易信用险保费补助申请表》（格式见附件5）及电子版于2009年9月10日前报送所在地省级财政、商务部门。

2. 项目评审。各省级财政、商务部门应及时对承办保险机构分支机构申报项目进行审核确认，并汇总填写《国内贸易信用险财政补助资金资助情况表》（格式见附件6），于2009年9月15日前报送财政部、商务部，同时向承办保险机构分支机构反馈并由承办保险机构负责汇总报财政部、商务部、保监会。

3. 资金拨付。财政部会同商务部对各地申报材料及时审核，根据审核结果由财政部拨付资金，各省级财政部门收到补贴资金后应当及时通过承办保险机构分支机构转拨投保企业。

4. 项目总结。承办保险机构应于2010年1月底前，向财政部、商务部报送2009年项目补助资金使用情况报告及电子版。报告内容应包括：国内贸易信用保险业务情况，补助资金对促进企业开展信用销售、拉动内需的作用，补助资金的收入、支出和结余情况等。

（三）中小商贸企业相关市场开拓补助项目申报程序

1. 参展费补助项目采取项目法管理，具体申报程序为：

对于商务部主办的展会，在展会结束后，由承办地省级商务主管部门组织参展企业申报，并对企业申报材料（包括参展合同、展位费支付凭证、参展期间成交情况以及展位图片等）进行初审并提出安排初步意见，省级财政部门终审后会同同级商务部门向财政部、商务部提出参展费补助资金申请（中国进出口商品交易会直接由承办单位提出申请）。财政部会同商务部对各地申报材料及时审核，根据审核结果财政部下达专项资金，各省级财政部门收到补贴资金后应当及时转拨到项目承担单位。

对于商务部引导支持的展会，由展会主办单位在展会结束后组织企业申报并对企业申报材料（包括参展合同、展位费支付凭证、参展期间成交情况以及展位图片等）进行初审后，向财政部、商务部提出资金支持申请。财政部审核确认后拨付资金。

2. 中华老字号传承发展和专业丝绸商品销售网络建设项目，各地试点工作方案审核通过后，再采取因素法将专项资金分配到地方，具体使用管理程序如下：

（1）确定试点工作方案。省级商务部门会同有关部门提出试点工作方案，省级财政部门终审后会同商务部门于 8 月 31 日前报财政部、商务部。财政部会同商务部对试点工作方案进行确认后，财政部下达专项资金。试点工作方案应明确本地区项目安排的原则和标准、具体项目安排意见、地方配套资金等保障措施以及资金申报、审核、拨付具体程序等方面的详细要求。

（2）项目实施和验收。试点地区商务部门会同有关部门，按照批准的试点工作方案，组织项目实施，并及时进行验收。根据项目实施和验收情况需对具体项目安排进行调整的，应报财政部、商务部备案。

（3）拨付资金。试点地区财政部门商商务部门，根据验收结果按规定程序及时将专项资金拨付到项目承担单位。

（4）各省级商务部门应于 2010 年 1 月底之前，将 2009 年项目验收和资金安排情况以正式文件报送商务部。

三、相关要求

各地要切实做好有关项目申报、评审、组织实施、审核验收和资金拨付等工作，按规定用好专项资金。商务部负责对项目建设情况实行动态监管，并组织不定期抽查。财政部对专项资金使用情况实行动态监管，并组织不定期抽查。对于未按要求开展工作、工作进度过慢或资金使用管理存在问题的地区，财政部将相应调减专项资金分配规模。

各地信用担保机构要按照国家对融资性担保机构的相关要求规范管理，针对商贸企业特点创新担保方式，发展仓单、应收账款、商铺租赁权及会员封闭式、企业互助式等担保方式，积极为中小商贸企业提供担保服务。商业银行等金融机构在加强风险管理的同时，要积极支持信用担保机构中小商贸企业融资担保业务，合理分担信贷风险。承办国内贸易信用保险费用补贴的保险公司要加强风险防控、开发保险产品，积极发展中小商贸企业的信用保险业务，充分发挥信用保险的风险分担和信用提升功能。

附件：1. 2009 年中小商贸企业发展专项资金支持的展会目录（略）
2. 2009 年中小商贸企业贷款担保业务补助资金项目汇总表（略）
3. 担保机构基本情况表（略）
4. 中小商贸企业贷款担保业务补助资金项目申报表（略）
5. 地方国内贸易信用险财政补助资金申报表（略）
6. 地方信用险财政补助资金资助情况表（略）

二〇〇九年七月十日

财政部等十部门关于印发《汽车以旧换新实施办法》的通知

（财建【2009】333 号）

各省、自治区、直辖市、计划单列市、新疆生产建设兵团财政、商务、宣传、发展改革、工业和信息化、公安、环境保护、交通运输、工商、质监主管部门：

为贯彻《国务院办公厅关于转发发展改革委等部门促进扩大内需鼓励汽车家电以旧换新实施方案的通知》（国办发［2009］44 号）精神，更好的实施汽车以旧换新补贴政策，特制定《汽车以旧换新实施办法》。现印发给你们，请遵照执行。

财政部　商务部　中宣部　发展改革委
工信部　公安部　环保部　交通运输部
工商总局　质检总局
二〇〇九年七月十三日

汽车以旧换新实施办法

第一章　总　　则

第一条　为贯彻《国务院办公厅关于转发发展改革委等部门促进扩大内需鼓励汽车家电以旧换新实施方案的通知》（国办发 200944 号）精神，更好的实施汽车以旧换新补贴政策，特制定本办法。

第二条　本办法所称汽车以旧换新是指按本办法要求提前报废老旧汽车、“黄标车”并换购新车。

“黄标车”是指污染物排放达不到国Ⅰ标准的汽油车和达不到国Ⅲ标准的柴油车。

老旧汽车、“黄标车”和新车均不包括三轮汽车、低速货车。

第三条　本办法所称汽车以旧换新补贴资金（以下简称补贴资金）是指中央财政从一般预算安排的，专项用于汽车以旧换新的补贴资金。

第四条　商务部会同财政部、中宣部、发展改革委、工业和信息化部、公安部、环境保护部、交通运输部、工商总局、质检总局等有关部门按照部门职责分工和本办法的规定，组织实施汽车以旧换新工作，并指导地方相关部门开展有关工作。

商务部负责会同有关部门组织实施汽车以旧换新工作，指导各地商务主管部门开展报废汽车回收、新车销售的管理工作。

财政部负责补贴资金的筹集、分配、落实和监管。

公安部负责指导、监督各地公安交通管理部门办理新车注册登记，办理报废机动车注销登记并出具《机动车注销证明》。

环境保护部负责“黄标车”的认定和查验，并对报废机动车拆解处理实施环境监管。

中宣部、发展改革委、工业和信息化部、交通运输部、工商总局、质检总局等部门在各自职责范围内加强监督管理。

第五条 各省、自治区、直辖市、计划单列市、新疆生产建设兵团商务主管部门（以下简称省级商务主管部门）会同财政、公安、环保等部门负责汽车以旧换新的具体实施工作。

第二章 补贴范围和标准

第六条 补贴范围：在2009年6月1日~2010年5月31日期间，将符合下列条件的汽车交售给依法设立的指定报废汽车回收拆解企业，并换购新车的（报废汽车的车主名称与换购新车车主名称应一致）：

（一）使用不到8年的老旧微型载货车，老旧中型出租载客车。

（二）使用不到12年的老旧中、轻型载货车。

（三）使用不到12年的老旧中型载客车（不含出租车）。

（四）与《汽车报废标准规定使用年限表》（详见附1）中规定的使用年限相比，提前报废的各类“黄标车”。

“黄标车”可登录“机动车环保网”查询，网站地址：www. vecc - mep. org. cn。

使用年计算的起始和终止日期分别为车辆初次登记日期和注销日期。

第七条 同时符合下列条件的，车主只能选择申请一种补贴：

（一）既符合第六条第四项、又符合第六条第一至第三项规定条件之一的。

（二）既符合第六条第三项或第四项，又符合2009年老旧汽车报废更新补贴资金的车辆补贴范围及补贴标准公告（财政部商务部公告2009年第20号）规定条件的。

第八条 提前报废“黄标车”并换购新车，新车已享受1.6升及以下乘用车减半征收车辆购置税政策的，不再享受补贴。

第九条 符合第六条规定提前报废老旧汽车、“黄标车”并换购新车的，按以下标准给予补贴：

（一）报废老旧汽车的补贴标准：

1. 报废中型载货车，每辆补贴人民币6000元。
2. 报废轻型载货车，每辆补贴人民币5000元。
3. 报废微型载货车，每辆补贴人民币4000元。
4. 报废中型载客车，每辆补贴人民币5000元。

（二）报废“黄标车”的补贴标准：

1. 报废中型载货车，每辆补贴人民币6000元。
2. 报废轻型载货车，每辆补贴人民币5000元。
3. 报废微型载货车，每辆补贴人民币4000元。
4. 报废中型载客车，每辆补贴人民币5000元。

5. 报废小型载客车（不含轿车），每辆补贴人民币4000元。

6. 报废微型载客车（不含轿车），每辆补贴人民币3000元。

7. 报废轿车、重型载货车、大型载客车、专项作业车，每辆补贴人民币6000元。

省级财政部门会同商务主管部门可以根据本地区"黄标车"车型、年限、城市管理等实际情况，因地制宜，合理调整"黄标车"补贴标准，报经省级人民政府批准后，及时向社会公布，并向财政部、商务部备案。

第三章　车辆报废更新及补贴资金申请、审核和发放

第十条　承担汽车以旧换新车辆回收工作的企业应为依法设立、具备汽车以旧换新信息管理系统（以下简称信息管理系统）录入条件、能够出具由省（自治区、直辖市）商务主管部门印发的《报废汽车回收证明》的报废汽车回收拆解企业。

第十一条　拟申请汽车以旧换新补贴资金的车主应当将符合第六条规定的老旧汽车、"黄标车"交售给车籍所在地符合第十条规定的报废汽车回收拆解企业，报废汽车回收拆解企业应当在信息管理系统中录入车辆报废回收有关信息，按有关规定及时对车辆解体，向车主出具《报废汽车回收证明》，并自收到车辆之日起10个工作日内将机动车登记证书、号牌、行驶证和《报废汽车回收证明》副联等交公安机关办理注销登记，向车主交付《机动车注销证明》。

第十二条　报废汽车回收拆解企业出具的《报废汽车回收证明》应在备注栏中注明车辆初次登记日期、总质量、车长、乘坐人数等信息，并将副联报送所在地商务主管部门备案。

第十三条　车主在购买新车时，应取得新车购车发票等证明、凭据。

第十四条　各市（州）商务主管部门要会同财政、环保部门设立汽车以旧换新联合服务窗口，办理补贴资金申请。有条件的县也要设立汽车以旧换新联合服务窗口。联合服务窗口设置地点应尽量方便车主办理补贴资金申领手续。

商务主管部门是联合服务窗口的牵头单位，主要负责审核《报废汽车回收证明》的有效性，以及车主提交的《汽车以旧换新补贴资金申请表》（详见附2）等有关材料，核对信息管理系统中报废车辆回收有关信息，录入申请、补贴信息，综合协调、汇总数据等工作。

财政部门负责审核车辆是否属于申领补贴范围及补贴标准，并对符合要求车主拨付补贴资金。

环保部门负责查验报废车辆是否属于"黄标车"。

第十五条　符合本办法第六条规定的老旧汽车、"黄标车"车主应在2009年8月10日至2010年6月30日期间，到报废车辆车籍所在地市（州）、县汽车以旧换新联合服务窗口申请补贴资金，并提供以下材料：

（一）《汽车以旧换新补贴资金申请表》（可在联合服务窗口领取，也可从商务部网站下载）。

（二）《报废汽车回收证明》原件。

（三）《机动车注销证明》原件及复印件。

（四）新车购车发票原件及复印件。

（五）机动车登记证书原件及复印件。

（六）车辆购置税完税凭证原件及复印件。

（七）有效身份证明原件及复印件。

（八）与车主同名的个人银行账户存折或单位基本账户开户证复印件。

对符合条件的报废老旧汽车、“黄标车”并购买新车的，财政部门应于受理后15个工作日内将补贴资金发放给车主；对不符合条件的，商务主管部门应退回申请并说明理由。

车主逾期提出补贴资金申请的，有关部门不予受理。

第十六条 信息管理系统启用前，各地可采取纸质表格审核等形式，开展补贴资金的审核发放工作。

第四章 补贴资金管理

第十七条 中央财政按照本办法第九条确定的补贴标准，对地方实行补贴资金包干。地方调整“黄标车”补贴标准差额所需资金，由地方财政安排。

第十八条 财政部参考各地“黄标车”保有量等因素向各省级财政主管部门预拨补贴资金。

第十九条 各省级财政、商务主管部门应当于2010年7月31日前将补贴资金发放情况上报商务部、财政部。财政部根据补贴资金实际发放情况与各地进行清算。

第二十条 补贴资金结余的使用由财政部会同商务部另行规定。

第五章 保障措施

第二十一条 省级商务主管部门要统筹规划，引导企业合理布局、完善报废汽车回收网络，支持有条件的企业向县延伸回收网点，鼓励企业开展上门服务，方便车主交车和办理相关手续，并及时向社会公布行政区域内承担汽车以旧换新车辆回收工作的报废汽车回收拆解企业及其回收网点名单。

地方商务主管部门要引导报废汽车回收拆解企业加大投入，按照《报废汽车回收拆解企业技术规范》（GB22128－2008）进行标准化改造，提高拆解水平。

第二十二条 各地商务主管部门要积极与财政等部门沟通和协调。各地财政部门应当安排工作经费，用于汽车以旧换新联合服务窗口设立、政策宣传、业务培训、相关单据印制以及必要的设备购置等。

第二十三条 鼓励各地根据实际情况，制定相关配套政策和措施，引导老旧汽车、“黄标车”提前报废。各地出台的相关政策应与汽车以旧换新政策一并执行。

第六章 监督管理

第二十四条 商务部会同财政部、发展改革委、工业和信息化部、公安部、环境保护部、工商总局、质检总局等部门指导地方相关部门对汽车以旧换新实施监督管理。

第二十五条 地方各级政府相关部门应在各自职责范围内加强对汽车以旧换新政策实施、汽车报废和换购新车、资金发放、信息统计上报等情况进行跟踪检查和监督管理，确保资金安全、及时发放，用好补贴政策。

第二十六条 省级商务主管部门要负责组织做好汽车以旧换新补贴申请办理资料存档和信息统计工作，并将每月办理情况按《汽车以旧换新补贴资金发放统计表》（详见附4）的要求于次月3日前报送商务部并抄送财政部、环境保护部。商务部适时将有关信息在网站上公布。

第二十七条 地方各级人民政府不得对换购新车的产地、品牌、型号等加以限制。

第二十八条 对买卖、伪造、变造《报废汽车回收证明》，拼装车以及将回收的报废车辆上路行驶或流向社会的，有关部门依据《报废汽车回收管理办法》（国务院令第307号）进行处理。

第二十九条 对挪用、骗取补贴资金的单位和个人，有关部门依据《财政违法行为处罚处分条例》（国务院令第427号）及其他有关法规进行处理。

第三十条 报废汽车回收拆解企业有违反本办法规定，不履行有关义务的，商务主管部门可依据其情节轻重，采取公告违规企业行为、从承担汽车以旧换新车辆回收工作企业名单剔除，以及收回或暂停发给《报废汽车回收证明》等措施进行处理。

第七章 附 则

第三十一条 本办法自发布之日起执行。各省级财政、商务主管部门可根据本办法并结合本地区实际情况制定汽车以旧换新具体实施细则，并报财政部、商务部备案。

第三十二条 财政部商务部公告2009年第20号规定的老旧汽车报废更新补贴资金的申请和发放，按本办法有关规定执行。有关车主应按规定提交相关材料，并填写《“老旧汽车报废更新”补贴资金申请表》（详见附3），各地应按《“老旧汽车报废更新”补贴资金发放统计表》（详见附5）报送信息。

第三十三条 本办法由财政部、商务部会同有关部门负责解释。

中华人民共和国食品安全法实施条例

（国务院令 2009 年第 557 号）

（《中华人民共和国食品安全法实施条例》经 2009 年 7 月 8 日国务院第 73 次常务会议通过，2009 年 7 月 20 日公布并施行。）

第一章　总　　则

第一条　根据《中华人民共和国食品安全法》（以下简称食品安全法），制定本条例。

第二条　县级以上地方人民政府应当履行食品安全法规定的职责；加强食品安全监督管理能力建设，为食品安全监督管理工作提供保障；建立健全食品安全监督管理部门的协调配合机制，整合、完善食品安全信息网络，实现食品安全信息共享和食品检验等技术资源的共享。

第三条　食品生产经营者应当依照法律、法规和食品安全标准从事生产经营活动，建立健全食品安全管理制度，采取有效管理措施，保证食品安全。

食品生产经营者对其生产经营的食品安全负责，对社会和公众负责，承担社会责任。

第四条　食品安全监督管理部门应当依照食品安全法和本条例的规定公布食品安全信息，为公众咨询、投诉、举报提供方便；任何组织和个人有权向有关部门了解食品安全信息。

第二章　食品安全风险监测和评估

第五条　食品安全法第十一条规定的国家食品安全风险监测计划，由国务院卫生行政部门会同国务院质量监督、工商行政管理和国家食品药品监督管理以及国务院商务、工业和信息化等部门，根据食品安全风险评估、食品安全标准制定与修订、食品安全监督管理等工作的需要制定。

第六条　省、自治区、直辖市人民政府卫生行政部门应当组织同级质量监督、工商行政管理、食品药品监督管理、商务、工业和信息化等部门，依照食品安全法第十一条的规定，制定本行政区域的食品安全风险监测方案，报国务院卫生行政部门备案。

国务院卫生行政部门应当将备案情况向国务院质量监督、工商行政管理和国家食品药品监督管理以及国务院商务、工业和信息化等部门通报。

第七条　国务院卫生行政部门会同有关部门除依照食品安全法第十二条的规定对国家食品安全风险监测计划作出调整外，必要时，还应当依据医疗机构报告的有关疾病信息调整国家食品安全风险监测计划。

国家食品安全风险监测计划作出调整后，省、自治区、直辖市人民政府卫生行政部门应当结合本行政区域的具体情况，对本行政区域的食品安全风险监测方案作出相应调整。

第八条　医疗机构发现其接收的病人属于食源性疾病病人、食物中毒病人，或者疑似食源性疾病病人、疑似食物中毒病人的，应当及时向所在地县级人民政府卫生行政部门报告有关疾病信息。

接到报告的卫生行政部门应当汇总、分析有关疾病信息，及时向本级人民政府报告，同时报告上级卫生行政部门；必要时，可以直接向国务院卫生行政部门报告，同时报告本级人民政府和上级卫生行政部门。

第九条　食品安全风险监测工作由省级以上人民政府卫生行政部门会同同级质量监督、工商行政管理、食品药品监督管理等部门确定的技术机构承担。

承担食品安全风险监测工作的技术机构应当根据食品安全风险监测计划和监测方案开展监测工作，保证监测数据真实、准确，并按照食品安全风险监测计划和监测方案的要求，将监测数据和分析结果报送省级以上人民政府卫生行政部门和下达监测任务的部门。

食品安全风险监测工作人员采集样品、收集相关数据，可以进入相关食用农产品种植养殖、食品生产、食品流通或者餐饮服务场所。采集样品，应当按照市场价格支付费用。

第十条　食品安全风险监测分析结果表明可能存在食品安全隐患的，省、自治区、直辖市人民政府卫生行政部门应当及时将相关信息通报本行政区域设区的市级和县级人民政府及其卫生行政部门。

第十一条　国务院卫生行政部门应当收集、汇总食品安全风险监测数据和分析结果，并向国务院质量监督、工商行政管理和国家食品药品监督管理以及国务院商务、工业和信息化等部门通报。

第十二条　有下列情形之一的，国务院卫生行政部门应当组织食品安全风险评估工作：

（一）为制定或者修订食品安全国家标准提供科学依据需要进行风险评估的；

（二）为确定监督管理的重点领域、重点品种需要进行风险评估的；

（三）发现新的可能危害食品安全的因素的；

（四）需要判断某一因素是否构成食品安全隐患的；

（五）国务院卫生行政部门认为需要进行风险评估的其他情形。

第十三条　国务院农业行政、质量监督、工商行政管理和国家食品药品监督管理等有关部门依照食品安全法第十五条规定向国务院卫生行政部门提出食品安全风险评估建议，应当提供下列信息和资料：

（一）风险的来源和性质；

（二）相关检验数据和结论；

（三）风险涉及范围；

（四）其他有关信息和资料。

县级以上地方农业行政、质量监督、工商行政管理、食品药品监督管理等有关部门应当协助收集前款规定的食品安全风险评估信息和资料。

第十四条　省级以上人民政府卫生行政、农业行政部门应当及时相互通报食品安全风险监测和食用农产品质量安全风险监测的相关信息。

国务院卫生行政、农业行政部门应当及时相互通报食品安全风险评估结果和食用农产品质量安全风险评估结果等相关信息。

第三章 食品安全标准

第十五条 国务院卫生行政部门会同国务院农业行政、质量监督、工商行政管理和国家食品药品监督管理以及国务院商务、工业和信息化等部门制定食品安全国家标准规划及其实施计划。制定食品安全国家标准规划及其实施计划，应当公开征求意见。

第十六条 国务院卫生行政部门应当选择具备相应技术能力的单位起草食品安全国家标准草案。提倡由研究机构、教育机构、学术团体、行业协会等单位，共同起草食品安全国家标准草案。

国务院卫生行政部门应当将食品安全国家标准草案向社会公布，公开征求意见。

第十七条 食品安全法第二十三条规定的食品安全国家标准审评委员会由国务院卫生行政部门负责组织。

食品安全国家标准审评委员会负责审查食品安全国家标准草案的科学性和实用性等内容。

第十八条 省、自治区、直辖市人民政府卫生行政部门应当将企业依照食品安全法第二十五条规定报送备案的企业标准，向同级农业行政、质量监督、工商行政管理、食品药品监督管理、商务、工业和信息化等部门通报。

第十九条 国务院卫生行政部门和省、自治区、直辖市人民政府卫生行政部门应当会同同级农业行政、质量监督、工商行政管理、食品药品监督管理、商务、工业和信息化等部门，对食品安全国家标准和食品安全地方标准的执行情况分别进行跟踪评价，并应当根据评价结果适时组织修订食品安全标准。

国务院和省、自治区、直辖市人民政府的农业行政、质量监督、工商行政管理、食品药品监督管理、商务、工业和信息化等部门应当收集、汇总食品安全标准在执行过程中存在的问题，并及时向同级卫生行政部门通报。

食品生产经营者、食品行业协会发现食品安全标准在执行过程中存在问题的，应当立即向食品安全监督管理部门报告。

第四章 食品生产经营

第二十条 设立食品生产企业，应当预先核准企业名称，依照食品安全法的规定取得食品生产许可后，办理工商登记。县级以上质量监督管理部门依照有关法律、行政法规规定审核相关资料、核查生产场所、检验相关产品；对相关资料、场所符合规定要求以及相关产品符合食品安全标准或者要求的，应当作出准予许可的决定。

其他食品生产经营者应当在依法取得相应的食品生产许可、食品流通许可、餐饮服务许可后，办理工商登记。法律、法规对食品生产加工小作坊和食品摊贩另有规定的，依照其规定。

食品生产许可、食品流通许可和餐饮服务许可的有效期为 3 年。

第二十一条 食品生产经营者的生产经营条件发生变化，不符合食品生产经营要求的，食品生产经营者应当立即采取整改措施；有发生食品安全事故的潜在风险的，应当立即停止食品生产经营活动，并向所在地县级质量监督、工商行政管理或者食品药品监督管理部门报告；需要重新办理许可手续的，应当依法办理。

县级以上质量监督、工商行政管理、食品药品监督管理部门应当加强对食品生产经营者生产经营活动的日常监督检查；发现不符合食品生产经营要求情形的，应当责令立即纠正，并依法予以处理；不再符合生产经营许可条件的，应当依法撤销相关许可。

第二十二条　食品生产经营企业应当依照食品安全法第三十二条的规定组织职工参加食品安全知识培训，学习食品安全法律、法规、规章、标准和其他食品安全知识，并建立培训档案。

第二十三条　食品生产经营者应当依照食品安全法第三十四条的规定建立并执行从业人员健康检查制度和健康档案制度。从事接触直接入口食品工作的人员患有痢疾、伤寒、甲型病毒性肝炎、戊型病毒性肝炎等消化道传染病，以及患有活动性肺结核、化脓性或者渗出性皮肤病等有碍食品安全的疾病的，食品生产经营者应当将其调整到其他不影响食品安全的工作岗位。

食品生产经营人员依照食品安全法第三十四条第二款规定进行健康检查，其检查项目等事项应当符合所在地省、自治区、直辖市的规定。

第二十四条　食品生产经营企业应当依照食品安全法第三十六条第二款、第三十七条第一款、第三十九条第二款的规定建立进货查验记录制度、食品出厂检验记录制度，如实记录法律规定记录的事项，或者保留载有相关信息的进货或者销售票据。记录、票据的保存期限不得少于2年。

第二十五条　实行集中统一采购原料的集团性食品生产企业，可以由企业总部统一查验供货者的许可证和产品合格证明文件，进行进货查验记录；对无法提供合格证明文件的食品原料，应当依照食品安全标准进行检验。

第二十六条　食品生产企业应当建立并执行原料验收、生产过程安全管理、贮存管理、设备管理、不合格产品管理等食品安全管理制度，不断完善食品安全保障体系，保证食品安全。

第二十七条　食品生产企业应当就下列事项制定并实施控制要求，保证出厂的食品符合食品安全标准：

（一）原料采购、原料验收、投料等原料控制；

（二）生产工序、设备、贮存、包装等生产关键环节控制；

（三）原料检验、半成品检验、成品出厂检验等检验控制；

（四）运输、交付控制。

食品生产过程中有不符合控制要求情形的，食品生产企业应当立即查明原因并采取整改措施。

第二十八条　食品生产企业除依照食品安全法第三十六条、第三十七条规定进行进货查验记录和食品出厂检验记录外，还应当如实记录食品生产过程的安全管理情况。记录的保存期限不得少于2年。

第二十九条　从事食品批发业务的经营企业销售食品，应当如实记录批发食品的名称、规格、数量、生产批号、保质期、购货者名称及联系方式、销售日期等内容，或者保留载有相关信息的销售票据。记录、票据的保存期限不得少于2年。

第三十条　国家鼓励食品生产经营者采用先进技术手段，记录食品安全法和本条例要求记录的事项。

第三十一条 餐饮服务提供者应当制定并实施原料采购控制要求，确保所购原料符合食品安全标准。

餐饮服务提供者在制作加工过程中应当检查待加工的食品及原料，发现有腐败变质或者其他感官性状异常的，不得加工或者使用。

第三十二条 餐饮服务提供企业应当定期维护食品加工、贮存、陈列等设施、设备；定期清洗、校验保温设施及冷藏、冷冻设施。

餐饮服务提供者应当按照要求对餐具、饮具进行清洗、消毒，不得使用未经清洗和消毒的餐具、饮具。

第三十三条 对依照食品安全法第五十三条规定被召回的食品，食品生产者应当进行无害化处理或者予以销毁，防止其再次流入市场。对因标签、标识或者说明书不符合食品安全标准而被召回的食品，食品生产者在采取补救措施且能保证食品安全的情况下可以继续销售；销售时应当向消费者明示补救措施。

县级以上质量监督、工商行政管理、食品药品监督管理部门应当将食品生产者召回不符合食品安全标准的食品的情况，以及食品经营者停止经营不符合食品安全标准的食品的情况，记入食品生产经营者食品安全信用档案。

第五章　食品检验

第三十四条 申请人依照食品安全法第六十条第三款规定向承担复检工作的食品检验机构（以下称复检机构）申请复检，应当说明理由。

复检机构名录由国务院认证认可监督管理、卫生行政、农业行政等部门共同公布。复检机构出具的复检结论为最终检验结论。

复检机构由复检申请人自行选择。复检机构与初检机构不得为同一机构。

第三十五条 食品生产经营者对依照食品安全法第六十条规定进行的抽样检验结论有异议申请复检，复检结论表明食品合格的，复检费用由抽样检验的部门承担；复检结论表明食品不合格的，复检费用由食品生产经营者承担。

第六章　食品进出口

第三十六条 进口食品的进口商应当持合同、发票、装箱单、提单等必要的凭证和相关批准文件，向海关报关地的出入境检验检疫机构报检。进口食品应当经出入境检验检疫机构检验合格。海关凭出入境检验检疫机构签发的通关证明放行。

第三十七条 进口尚无食品安全国家标准的食品，或者首次进口食品添加剂新品种、食品相关产品新品种，进口商应当向出入境检验检疫机构提交依照食品安全法第六十三条规定取得的许可证明文件，出入境检验检疫机构应当按照国务院卫生行政部门的要求进行检验。

第三十八条 国家出入境检验检疫部门在进口食品中发现食品安全国家标准未规定且可能危害人体健康的物质，应当按照食品安全法第十二条的规定向国务院卫生行政部门通报。

第三十九条 向我国境内出口食品的境外食品生产企业依照食品安全法第六十五条规

定进行注册，其注册有效期为4年。已经注册的境外食品生产企业提供虚假材料，或者因境外食品生产企业的原因致使相关进口食品发生重大食品安全事故的，国家出入境检验检疫部门应当撤销注册，并予以公告。

第四十条 进口的食品添加剂应当有中文标签、中文说明书。标签、说明书应当符合食品安全法和我国其他有关法律、行政法规的规定以及食品安全国家标准的要求，载明食品添加剂的原产地和境内代理商的名称、地址、联系方式。食品添加剂没有中文标签、中文说明书或者标签、说明书不符合本条规定的，不得进口。

第四十一条 出入境检验检疫机构依照食品安全法第六十二条规定对进口食品实施检验，依照食品安全法第六十八条规定对出口食品实施监督、抽检，具体办法由国家出入境检验检疫部门制定。

第四十二条 国家出入境检验检疫部门应当建立信息收集网络，依照食品安全法第六十九条的规定，收集、汇总、通报下列信息：

（一）出入境检验检疫机构对进出口食品实施检验检疫发现的食品安全信息；

（二）行业协会、消费者反映的进口食品安全信息；

（三）国际组织、境外政府机构发布的食品安全信息、风险预警信息，以及境外行业协会等组织、消费者反映的食品安全信息；

（四）其他食品安全信息。

接到通报的部门必要时应当采取相应处理措施。

食品安全监督管理部门应当及时将获知的涉及进出口食品安全的信息向国家出入境检验检疫部门通报。

第七章 食品安全事故处置

第四十三条 发生食品安全事故的单位对导致或者可能导致食品安全事故的食品及原料、工具、设备等，应当立即采取封存等控制措施，并自事故发生之时起2小时内向所在地县级人民政府卫生行政部门报告。

第四十四条 调查食品安全事故，应当坚持实事求是、尊重科学的原则，及时、准确查清事故性质和原因，认定事故责任，提出整改措施。

参与食品安全事故调查的部门应当在卫生行政部门的统一组织协调下分工协作、相互配合，提高事故调查处理的工作效率。

食品安全事故的调查处理办法由国务院卫生行政部门会同国务院有关部门制定。

第四十五条 参与食品安全事故调查的部门有权向有关单位和个人了解与事故有关的情况，并要求提供相关资料和样品。

有关单位和个人应当配合食品安全事故调查处理工作，按照要求提供相关资料和样品，不得拒绝。

第四十六条 任何单位或者个人不得阻挠、干涉食品安全事故的调查处理。

第八章 监督管理

第四十七条 县级以上地方人民政府依照食品安全法第七十六条规定制定的食品安全年度监督管理计划，应当包含食品抽样检验的内容。对专供婴幼儿、老年人、病人等特定人群的主辅食品，应当重点加强抽样检验。

县级以上农业行政、质量监督、工商行政管理、食品药品监督管理部门应当按照食品安全年度监督管理计划进行抽样检验。抽样检验购买样品所需费用和检验费等，由同级财政列支。

第四十八条 县级人民政府应当统一组织、协调本级卫生行政、农业行政、质量监督、工商行政管理、食品药品监督管理部门，依法对本行政区域内的食品生产经营者进行监督管理；对发生食品安全事故风险较高的食品生产经营者，应当重点加强监督管理。

在国务院卫生行政部门公布食品安全风险警示信息，或者接到所在地省、自治区、直辖市人民政府卫生行政部门依照本条例第十条规定通报的食品安全风险监测信息后，设区的市级和县级人民政府应当立即组织本级卫生行政、农业行政、质量监督、工商行政管理、食品药品监督管理部门采取有针对性的措施，防止发生食品安全事故。

第四十九条 国务院卫生行政部门应当根据疾病信息和监督管理信息等，对发现的添加或者可能添加到食品中的非食品用化学物质和其他可能危害人体健康的物质的名录及检测方法予以公布；国务院质量监督、工商行政管理和国家食品药品监督管理部门应当采取相应的监督管理措施。

第五十条 质量监督、工商行政管理、食品药品监督管理部门在食品安全监督管理工作中可以采用国务院质量监督、工商行政管理和国家食品药品监督管理部门认定的快速检测方法对食品进行初步筛查；对初步筛查结果表明可能不符合食品安全标准的食品，应当依照食品安全法第六十条第三款的规定进行检验。初步筛查结果不得作为执法依据。

第五十一条 食品安全法第八十二条第二款规定的食品安全日常监督管理信息包括：

（一）依照食品安全法实施行政许可的情况；

（二）责令停止生产经营的食品、食品添加剂、食品相关产品的名录；

（三）查处食品生产经营违法行为的情况；

（四）专项检查整治工作情况；

（五）法律、行政法规规定的其他食品安全日常监督管理信息。

前款规定的信息涉及两个以上食品安全监督管理部门职责的，由相关部门联合公布。

第五十二条 食品安全监督管理部门依照食品安全法第八十二条规定公布信息，应当同时对有关食品可能产生的危害进行解释、说明。

第五十三条 卫生行政、农业行政、质量监督、工商行政管理、食品药品监督管理等部门应当公布本单位的电子邮件地址或者电话，接受咨询、投诉、举报；对接到的咨询、投诉、举报，应当依照食品安全法第八十条的规定进行答复、核实、处理，并对咨询、投诉、举报和答复、核实、处理的情况予以记录、保存。

第五十四条 国务院工业和信息化、商务等部门依据职责制定食品行业的发展规划和产业政策，采取措施推进产业结构优化，加强对食品行业诚信体系建设的指导，促进食品行业健康发展。

第九章 法律责任

第五十五条 食品生产经营者的生产经营条件发生变化，未依照本条例第二十一条规定处理的，由有关主管部门责令改正，给予警告；造成严重后果的，依照食品安全法第八十五条的规定给予处罚。

第五十六条　餐饮服务提供者未依照本条例第三十一条第一款规定制定、实施原料采购控制要求的，依照食品安全法第八十六条的规定给予处罚。

餐饮服务提供者未依照本条例第三十一条第二款规定检查待加工的食品及原料，或者发现有腐败变质或者其他感官性状异常仍加工、使用的，依照食品安全法第八十五条的规定给予处罚。

第五十七条　有下列情形之一的，依照食品安全法第八十七条的规定给予处罚：

（一）食品生产企业未依照本条例第二十六条规定建立、执行食品安全管理制度的；

（二）食品生产企业未依照本条例第二十七条规定制定、实施生产过程控制要求，或者食品生产过程中有不符合控制要求的情形未依照规定采取整改措施的；

（三）食品生产企业未依照本条例第二十八条规定记录食品生产过程的安全管理情况并保存相关记录的；

（四）从事食品批发业务的经营企业未依照本条例第二十九条规定记录、保存销售信息或者保留销售票据的；

（五）餐饮服务提供企业未依照本条例第三十二条第一款规定定期维护、清洗、校验设施、设备的；

（六）餐饮服务提供者未依照本条例第三十二条第二款规定对餐具、饮具进行清洗、消毒，或者使用未经清洗和消毒的餐具、饮具的。

第五十八条　进口不符合本条例第四十条规定的食品添加剂的，由出入境检验检疫机构没收违法进口的食品添加剂；违法进口的食品添加剂货值金额不足1万元的，并处2000元以上5万元以下罚款；货值金额1万元以上的，并处货值金额2倍以上5倍以下罚款。

第五十九条　医疗机构未依照本条例第八条规定报告有关疾病信息的，由卫生行政部门责令改正，给予警告。

第六十条　发生食品安全事故的单位未依照本条例第四十三条规定采取措施并报告的，依照食品安全法第八十八条的规定给予处罚。

第六十一条　县级以上地方人民政府不履行食品安全监督管理法定职责，本行政区域出现重大食品安全事故、造成严重社会影响的，依法对直接负责的主管人员和其他直接责任人员给予记大过、降级、撤职或者开除的处分。

县级以上卫生行政、农业行政、质量监督、工商行政管理、食品药品监督管理部门或者其他有关行政部门不履行食品安全监督管理法定职责、日常监督检查不到位或者滥用职权、玩忽职守、徇私舞弊的，依法对直接负责的主管人员和其他直接责任人员给予记大过或者降级的处分；造成严重后果的，给予撤职或者开除的处分；其主要负责人应当引咎辞职。

第十章　附　　则

第六十二条　本条例下列用语的含义：

食品安全风险评估，指对食品、食品添加剂中生物性、化学性和物理性危害对人体健康可能造成的不良影响所进行的科学评估，包括危害识别、危害特征描述、暴露评估、风险特征描述等。

餐饮服务，指通过即时制作加工、商业销售和服务性劳动等，向消费者提供食品和消费场所及设施的服务活动。

第六十三条 食用农产品质量安全风险监测和风险评估由县级以上人民政府农业行政部门依照《中华人民共和国农产品质量安全法》的规定进行。

国境口岸食品的监督管理由出入境检验检疫机构依照食品安全法和本条例以及有关法律、行政法规的规定实施。

食品药品监督管理部门对声称具有特定保健功能的食品实行严格监管，具体办法由国务院另行制定。

第六十四条 本条例自公布之日起施行。

中国银行业监督管理委员会关于《消费金融公司试点管理办法》

（银监会令2009年第3号）

《消费金融公司试点管理办法》已经中国银行业监督管理委员会第69次主席会议通过。现予公布，自公布之日起实施。

主席　刘明康

二〇〇九年七月二十二日

消费金融公司试点管理办法

第一章　总　　则

第一条　为促进消费金融业的发展，规范经营消费金融业务的非银行金融机构的行为，依据《中华人民共和国银行业监督管理法》、《中华人民共和国公司法》等法律法规，制定本办法。

第二条　本办法所称消费金融公司，是指经中国银行业监督管理委员会（以下简称银监会）批准，在中华人民共和国境内设立的，不吸收公众存款，以小额、分散为原则，为中国境内居民个人提供以消费为目的的贷款的非银行金融机构。

第三条　消费金融公司名称中应标明“消费金融”字样。未经银监会批准，任何单位不得在机构名称中使用“消费金融”字样。

第四条　银监会及其派出机构依法对消费金融公司及其业务活动实施监督管理。

第二章　设立、变更与终止

第五条　申请设立的消费金融公司应具备下列条件：

（一）有符合《中华人民共和国公司法》和银监会规定的公司章程。

（二）有符合规定条件的出资人。

（三）有符合本办法规定的最低限额的注册资本。

（四）有符合任职资格条件的董事、高级管理人员和熟悉消费金融业务的合格从业人员。

（五）有健全的公司治理、内部控制、业务操作、风险管理等制度。

（六）有与业务经营相适应的营业场所、安全防范措施和其他设施。

（七）银监会规定的其他审慎性条件。

第六条 消费金融公司的主要出资人应为境内外金融机构和银监会认可的其他出资人，且应具备下列条件：

（一）具有5年以上消费金融领域的从业经验。

（二）最近1年年末总资产不低于600亿元人民币或等值的可自由兑换货币（合并会计报表口径）。

（三）财务状况良好，最近2个会计年度连续盈利（合并会计报表口径）。

（四）信誉良好，最近2年内无重大违法违规经营记录。

（五）入股资金来源真实合法，不得以借贷资金入股，不得以他人委托资金入股。

（六）承诺3年内不转让所持有的消费金融公司股权（银监会依法责令转让的除外），并在拟设公司章程中载明。

（七）具有良好的公司治理结构、内部控制机制和健全的风险管理制度。

（八）符合有关监管部门的监管要求。

（九）境外金融机构应在中国境内设立代表处2年以上，或已设有分支机构，对中国的市场有充分的分析和研究，且所在国家或地区金融监管当局已经与银监会建立良好的监督管理合作机制。

（十）银监会规定的其他审慎性条件。

第七条 消费金融公司的一般出资人除应具备本办法第六条第（三）、（四）、（五）、（六）、（七）、（八）、（九）项规定的条件外，金融机构还应具备注册资本不低于3亿元人民币或等值的可自由兑换货币的条件，非金融机构还应具备净资产率不低于30%的条件。

第八条 消费金融公司的注册资本应为一次性实缴货币资本，最低限额为3亿元人民币或等值的可自由兑换货币。

银监会根据消费金融业务的发展情况及审慎监管的需要，可以调整注册资本的最低限额。

第九条 消费金融公司根据业务发展的需要，经银监会批准，可以设立分支机构。设立分支机构的具体条件由银监会另行制定。未经银监会批准，消费金融公司不得在注册地所在行政区域之外开展业务。

第十条 银监会对消费金融公司董事和高级管理人员实行任职资格核准制度。

第十一条 消费金融公司有下列变更事项之一的，应报经银监会批准：

（一）变更公司名称。

（二）变更注册资本。

（三）变更股权或调整股权结构。

（四）变更公司住所或营业场所。

（五）修改公司章程。

（六）变更董事和高级管理人员。

（七）调整业务范围。

（八）改变组织形式。

（九）合并或分立。

（十）银监会规定的其他变更事项。

第十二条　消费金融公司有下列情况之一的，经银监会批准后可以解散：

（一）公司章程规定的营业期限届满或者公司章程规定的其他解散事由出现。

（二）公司章程规定的权力机构决议解散。

（三）因公司合并或者分立需要解散。

（四）其他法定事由。

第十三条　消费金融公司因解散、依法被撤销或被宣告破产而终止的，其清算事宜，按照国家有关法律法规办理。

第十四条　消费金融公司设立、变更、终止和董事及高级管理人员任职资格核准的行政许可程序，按照银监会的相关规定执行。

第十五条　消费金融公司设立、变更及业务经营过程中涉及外汇管理事项的，应遵守国家外汇管理有关规定。

第三章　业务范围及经营规则

第十六条　经银监会批准，消费金融公司可经营下列部分或者全部人民币业务：

（一）办理个人耐用消费品贷款。

（二）办理一般用途个人消费贷款。

（三）办理信贷资产转让。

（四）境内同业拆借。

（五）向境内金融机构借款。

（六）经批准发行金融债券。

（七）与消费金融相关的咨询、代理业务。

（八）代理销售与消费贷款相关的保险产品。

（九）固定收益类证券投资业务。

（十）银监会批准的其他业务。

第十七条　消费金融公司须向曾从本公司申请过耐用消费品贷款且还款记录良好的借款人发放一般用途个人消费贷款。

第十八条　消费金融公司向个人发放消费贷款的余额不得超过借款人月收入的5倍。

第四章　监督管理

第十九条　消费金融公司应当按照银监会的有关规定，建立、健全公司治理架构和内部控制制度，制定业务经营规则，建立全面有效的风险管理体系。

第二十条　消费金融公司应遵守下列监管指标要求：

（一）资本充足率不低于10%。

（二）同业拆入资金比例不高于资本总额的100%。

（三）资产损失准备充足率不低于100%。

（四）投资余额不高于资本总额的20%。

有关监管指标的计算方法遵照银监会非现场监管报表指标体系的有关规定。

第二十一条　消费金融公司应按照有关规定建立审慎的资产减值准备制度，及时足额计提资产减值准备。未提足准备的，不得进行利润分配。

第二十二条 消费金融公司应当建立消费贷款利率的风险定价机制，根据资金成本、风险成本、资本回报要求及市场价格等因素，在法律法规允许的范围内，制定消费贷款的利率水平，确保定价能够全面覆盖风险。

第二十三条 消费金融公司应当建立有效的风险管理体系和可靠的业务操作流程，以充分识别虚假的申请信息，防止欺诈行为。

第二十四条 消费金融公司如有业务外包需要，应制定与业务外包相关的政策和管理制度，包括业务外包的决策程序、对外包方的评价和管理、控制业务信息保密性和安全性的措施和应急计划等。

消费金融公司签署业务外包协议前应当向银监会报告业务外包协议的主要风险及相应的风险规避措施等。

消费金融公司不得将与贷款决策和风险控制核心技术密切相关的业务外包。

第二十五条 消费金融公司应比照《商业银行信息披露办法》的相关规定，建立信息披露制度，及时披露公司财务会计报告、各类风险管理状况、公司治理、年度重大事项等信息。

第二十六条 消费金融公司应当按规定编制并向银监会报送会计报表及银监会要求的其他报表。

第二十七条 消费金融公司应建立定期外部审计制度，并在每个会计年度结束后的4个月内，将经法定代表人签名确认的年度审计报告报送银监会。

第二十八条 消费金融公司应当接受银监会依法进行的监督检查，不得拒绝、阻碍。

银监会在必要时可指定会计师事务所对消费金融公司的经营状况、财务状况、风险状况、内部控制制度及执行情况等进行审计。

第二十九条 消费金融公司对借款人所提供的个人信息负有保密义务，不得随意对外泄露。

第三十条 借款人不按照合同约定归还贷款本息的，消费金融公司应采取合法的方式进行催收，不得采用威胁、恐吓、骚扰等不正当手段。

第三十一条 消费金融公司违反本办法规定的，银监会可责令限期整改；逾期未整改的，或者其行为严重危及消费金融公司的稳健运行、损害客户合法权益的，银监会可区别情形，依照《中华人民共和国银行业监督管理法》等法律法规的规定，采取暂停业务、限制股东权利等监管措施。

第三十二条 消费金融公司已经或者可能发生信用危机、严重影响客户合法权益的，银监会可以依法对其实行接管或者促成机构重组。消费金融公司有违法经营、经营管理不善等情形，不予撤销将严重危害金融秩序、损害公众利益的，银监会有权予以撤销。

第五章 附 则

第三十三条 本办法第六条所称主要出资人是指出资比例不低于拟设消费金融公司注册资本50%的出资人。第七条所称一般出资人是指除主要出资人以外的其他出资人。

第三十四条 本办法第十六条所称个人耐用消费品贷款是指消费金融公司通过经销商向借款人发放的用于购买约定的家用电器、电子产品等耐用消费品（不包括房屋和汽车）

的贷款。

第三十五条　本办法第十六条、第十七条所称一般用途个人消费贷款是指消费金融公司直接向借款人发放的用于个人及家庭旅游、婚庆、教育、装修等消费事项的贷款。

第三十六条　香港、澳门和台湾地区的出资人设立消费金融公司适用境外出资人的条件。

第三十七条　本办法中“以上”均含本数或本级。

第三十八条　本办法由银监会负责解释。

第三十九条　本办法自公布之日起施行。

流通环节食品安全监督管理办法

（国家工商总局令　第 43 号）

（《流通环节食品安全监督管理办法》已经国家工商总局局务会审议通过，2009 年 7 月 30 日公布并施行。）

第一章　总　　则

第一条　为了加强流通环节食品安全监督管理，维护食品市场秩序，根据《中华人民共和国食品安全法》（以下简称《食品安全法》）、《中华人民共和国食品安全法实施条例》（以下简称《食品安全法实施条例》）等法律、法规的规定，制定本办法。

第二条　在中华人民共和国境内从事流通环节食品经营，应当遵守本办法。

第三条　食品经营者应当依照法律、法规和食品安全标准从事食品经营活动，建立健全食品安全管理制度，采取有效管理措施，保证食品安全。

食品经营者对其经营的食品安全负责，对社会和公众负责，承担社会责任。

第四条　工商行政管理机关依照法律、法规和国务院规定的职责以及本办法的规定，对流通环节食品安全进行监督管理。

第五条　县级及其以上地方工商行政管理机关在当地人民政府的统一领导下，负责本辖区内流通环节食品安全监督管理。

第六条　县级及其以上地方工商行政管理机关应当与其他食品监督管理部门加强沟通、密切配合，按照职责分工，依法行使职权，承担责任。

第七条　鼓励和支持食品经营者为提高食品安全水平采用先进技术和先进管理规范。

第八条　县级及其以上地方工商行政管理机关应当依照法律、法规和本办法的规定公布食品安全信息，为公众咨询、投诉、举报提供方便；任何组织或者个人有权向工商行政管理机关举报食品经营中违反本办法的行为，有权了解食品流通安全信息，对流通环节食品安全监督管理工作提出意见和建议。

第二章　食品经营

第九条　禁止食品经营者经营下列食品：

（一）用非食品原料生产的食品或者添加食品添加剂以外的化学物质和其他可能危害人体健康物质的食品，或者用回收食品作为原料生产的食品；

（二）致病性微生物、农药残留、兽药残留、重金属、污染物质以及其他危害人体健康的物质含量超过食品安全标准限量的食品；

（三）营养成分不符合食品安全标准的专供婴幼儿和其他特定人群的主辅食品；

（四）腐败变质、油脂酸败、霉变生虫、污秽不洁、混有异物、掺假掺杂或者感官性状异常的食品；

（五）病死、毒死或者死因不明的禽、畜、兽、水产动物肉类及其制品；

（六）未经动物卫生监督机构检疫或者检疫不合格的肉类，或者未经检验或者检验不合格的肉类制品；

（七）被包装材料、容器、运输工具等污染的食品；

（八）超过保质期的食品；

（九）无标签的预包装食品；

（十）国家为防病等特殊需要明令禁止经营的食品；

（十一）食品的标签、说明书不符合《食品安全法》第四十八条第三款规定的食品；

（十二）没有中文标签、中文说明书或者中文标签、中文说明书不符合《食品安全法》第六十六条规定的进口的预包装食品；

（十三）其他不符合食品安全标准或者要求的食品。

对因标签、标识或者说明书不符合食品安全标准而被停止经营的食品，在食品生产者采取补救措施且能保证食品安全的情况下可以继续销售；销售时应当向消费者明示生产者采取的补救措施。

第十条　从事食品经营，应当依法取得《食品流通许可证》，凭《食品流通许可证》办理工商登记，领取营业执照。未取得《食品流通许可证》和营业执照的，不得从事食品经营。

食品经营者的经营条件发生变化，不符合食品经营要求的，食品经营者应当立即采取整改措施；有发生食品安全事故的潜在风险的，应当立即停止食品经营活动，并向所在地县级工商行政管理机关报告；需要重新办理许可手续的，应当依法办理。

第十一条　食品经营企业应当建立健全本单位的食品安全管理制度，组织职工参加食品安全知识培训，学习食品安全法律、法规、规章、标准和其他食品安全知识，并建立培训档案；配备专职或者兼职食品安全管理人员，做好对所经营食品的检验工作，依法从事食品经营活动。

第十二条　食品经营者应当建立并执行从业人员健康检查制度和健康档案制度。食品经营从业人员每年应当进行健康检查，取得健康证明后方可从事食品经营，其检查项目等事项应当符合所在地省、自治区、直辖市的规定。患有《食品安全法》、《食品安全法实施条例》规定的不得从事接触直接入口食品工作疾病的从业人员，不得从事接触直接入口食品的工作。

第十三条　食品经营者采购食品，应当查验供货者的许可证、营业执照和食品合格的证明文件。

食品经营企业应当建立食品进货查验记录制度，如实记录食品的名称、规格、数量、生产批号、保质期、供货者名称及联系方式、进货日期等内容。

鼓励其他食品经营者按照前款规定建立进货查验记录制度。

实行统一配送经营方式的食品经营企业，可以由企业总部统一查验供货者的许可证、营业执照和食品合格的证明文件，进行食品进货查验记录，可将有关资料复印件留存所属相关经营企业备查，也可以采用信息化技术，联网备查。

第十四条　从事食品批发业务的经营企业销售食品，应当如实记录批发食品的名称、规格、数量、生产批号、保质期、购货者名称及联系方式、销售日期等内容，或者保留载有上述信息的销售票据。

从事批发业务的食品经营企业应当向购货者开具载有前款规定信息的销售票据或者清单，同时加盖印章或者签字。

第十五条 食品进货查验记录、批发记录或者票据应当真实，保存期限不得少于二年。

第十六条 鼓励食品经营者采用先进技术手段，记录法律、法规及本办法要求记录的事项。

第十七条 食品经营者贮存、运输和装卸食品的容器、工具和设备应当安全、无害，保持清洁，防止食品污染，并符合保证食品安全所需的温度等特殊要求，不得将食品与有毒、有害物品一同运输。

第十八条 食品经营者对贮存、销售的食品应当定期进行检查，查验食品的生产日期和保质期，及时清理变质、超过保质期及其他不符合食品安全标准的食品，主动将其退出市场，并做好相关记录。

第十九条 食品经营者贮存散装食品，应当在贮存位置标明食品的名称、生产日期、保质期、生产者名称及联系方式等内容。

食品经营者销售散装食品，应当在散装食品的容器、外包装上标明食品的名称、生产日期、保质期、生产经营者名称及联系方式等内容。

食品经营者销售生鲜食品和熟食制品，应当符合食品安全所需要的温度、空间隔离等特殊要求，防止交叉污染。

第二十条 食品经营者销售的预包装食品的包装上，应当有标签。标签内容应当符合《食品安全法》第四十二条的规定。

食品的标签、说明书，不得含有虚假、夸大的内容，不得涉及疾病预防、治疗功能。

食品的标签、说明书应当清楚、明显，容易辨识。

食品经营者应当按照食品标签标示的警示标志、警示说明或者注意事项的要求，销售预包装食品。

第二十一条 食品经营者应当主动向消费者提供销售凭证，对不符合食品安全标准的食品履行更换、退货等义务。

鼓励食品经营者在其销售食品的包装上附加特殊身份标记，将其销售的食品与其他食品经营者销售的食品相区分。

第二十二条 食品集中交易市场的开办者、食品经营柜台的出租者和食品展销会的举办者，应当依法履行下列管理义务：

（一）审查入场食品经营者的《食品流通许可证》和营业执照；

（二）明确入场食品经营者的食品安全管理责任；

（三）定期对入场食品经营者的经营环境和条件进行检查；

（四）建立食品经营者档案，记载市场内食品经营者的基本情况、主要进货渠道、经营品种、品牌和供货商状况等信息；

（五）建立和完善食品经营管理制度，加强对食品经营者的培训；

（六）设置食品信息公示媒介，及时公开市场内或者行政机关公布的相关食品信息；

（七）其他应当履行的食品安全管理义务。

食品集中交易市场的开办者、食品经营柜台的出租者和食品展销会的举办者发现食品经营者不具备经营资格的，应当禁止其入场销售；发现食品经营者不具备与所经营食品相适应的经营环境和条件的，可以暂停或者取消其入场经营资格；发现经营不符合食品安全标准的食品或者有其他违法行为的，应当及时制止，并立即将有关情况报告辖区工商行政管理机关。

第二十三条　食品经营者应当建立并执行食品退市制度。食品经营者发现其经营的食品不符合食品安全标准，应当立即停止经营，下架单独存放，通知相关生产经营者和消费者，并记录停止经营和通知情况，将有关情况报告辖区工商行政管理机关。

食品经营者未依照前款规定停止经营不符合食品安全标准的食品的，工商行政管理机关可以责令其停止经营。

第二十四条　食品广告的内容应当真实合法，不得含有虚假或者夸大的内容，不得涉及疾病预防、治疗功能。

食品广告中不得含有食品安全监督管理部门或者承担食品检验职责的机构、食品行业协会、消费者协会向消费者推荐食品的内容。

第二十五条　社会团体或者其他组织、个人在虚假广告中向消费者推荐食品，使消费者的合法权益受到损害的，与食品生产经营者承担连带责任。

第二十六条　食品经营企业应当制定食品安全事故处置方案，定期检查本企业各项食品安全防范措施的落实情况，及时消除食品安全事故隐患。

发生食品安全事故的食品经营者对导致或者可能导致食品安全事故的食品及原料、工具、设备等，应当立即采取封存等控制措施，并自事故发生之时起 2 小时内向所在地县级人民政府卫生行政部门报告。

第二十七条　鼓励食品集中交易市场的开办者、食品经营柜台的出租者、食品展销会的举办者和有条件的食品经营企业配备必要的检测设备，对食品进行自检或者送检。

第三章　监督管理

第二十八条　县级及其以上地方工商行政管理机关应当按照当地人民政府组织制定的本行政区域的食品安全年度监督管理计划开展工作。

第二十九条　县级及其以上地方工商行政管理机关履行流通环节食品安全监督管理职责，有权采取《食品安全法》第七十七条规定的监督管理措施。

第三十条　县级及其以上地方工商行政管理机关应当严格落实监管责任，开展食品市场监督检查。食品经营者应当接受和配合工商行政管理机关的监督检查。

第三十一条　县级及其以上地方工商行政管理机关进行监督检查时，应当记录监督检查的情况，发现有违法行为的，应当如实记录，经监督检查人员和食品经营者签字后归档，并依法查处；对依法应当立案查处或者移送其他机关依法处理的，应当在监督检查记录中载明。

监督检查记录保存期限应当符合档案管理相关规定。

第三十二条　县级及其以上地方工商行政管理机关应当建立食品经营者食品安全信用档案，记录许可证照颁发、日常监督检查结果、违法行为的查处和食品经营者停止经营不符合食品安全标准的食品等情况。依托金信工程，将食品经营者的食品安全信用情况作为企业信用分类监管、个体工商户分层分类监管、市场信用分类监管制度的重要内容，对有不良信用记录的食品经营者增加监督检查频次，加强监督管理。

第三十三条 县级及其以上地方工商行政管理机关应当加强对食品经营者经营活动的日常监督检查；发现不符合食品经营要求情形的，应当责令立即纠正，并依法予以处理；不再符合经营许可条件的，应当依法撤销相关许可。

第三十四条 县级及其以上地方工商行政管理机关应当对国务院卫生行政部门公布的添加或者可能添加到食品中的非食品用化学物质和其他可能危害人体健康的物质采取相应的监督管理措施。

县级及其以上地方工商行政管理机关在监督检查中发现不符合食品安全标准的食品，责令食品经营者停止经营的，应当及时追查食品来源和流向；涉及其他地区的，应当及时报告上级工商行政管理机关，书面通报相关地工商行政管理机关依法查处。

第三十五条 县级及其以上地方工商行政管理机关在监督检查中发现食品经营者经营不符合食品安全标准的食品，其原因是由其他环节引起的，应当及时书面通报有关主管部门。

第三十六条 县级及其以上地方工商行政管理机关应当公布本单位的电子邮件地址或者电话，接受咨询、投诉、举报；对接到的咨询、投诉、举报，应当依照《食品安全法》第八十条的规定进行答复、核实、处理，并对咨询、投诉、举报和答复、核实、处理的情况予以记录、保存。

第三十七条 县级及其以上地方工商行政管理机关应当依照《食品安全法》的有关规定和当地人民政府的食品监测计划，对流通环节食品进行定期或者不定期的抽样检验。

县级及其以上地方工商行政管理机关对当地人民政府制定的本行政区域的食品安全年度监督管理计划中确定的重点食品、消费者申（投）诉及举报比较多的食品、市场监督检查中发现问题比较集中的食品，以及根据查办案件、有关部门通报的情况，对流通环节的食品是否符合食品安全标准进行不定期抽样检验。

第三十八条 县级及其以上地方工商行政管理机关在执法工作中需要对食品进行检验的，应当委托符合《食品安全法》规定的食品检验机构进行检验，并支付相关费用。

第三十九条 县级及其以上地方工商行政管理机关实施食品抽样检验以及快速检测工作，应当购买样品，支付相关费用；不收取食品经营者的检验费和其他任何费用，所需经费由同级财政列支。

第四十条 县级及其以上地方工商行政管理机关对食品进行抽样检验时，应当制作抽样检验工作记录，现场检查所抽检食品的相关票证、货源、数量、存货量、销售量等；应当要求检验机构按照国家规定的采样规则进行取样，并将抽样检验结果通知标称的食品生产者。

第四十一条 县级及其以上地方工商行政管理机关依法开展抽样检验时，被抽样检验的经营者应当配合抽样检验工作，如实提供被抽样检验食品的相关票证、货源、数量、存货地点、存货量、销售量等信息。

第四十二条 对检验结论有异议的，可以依法进行复检。被抽样检验的经营者或者标称的生产者，应当向承担复检工作的食品检验机构申请复检，并说明理由。

复检机构名录由国务院认证认可监督管理、卫生行政、农业行政等部门共同公布。复检机构出具的复检结论为最终检验结论。

复检机构由复检申请人自行选择。复检机构与初检机构不得为同一机构。

复检结论表明食品合格的，复检费用由抽样检验的部门承担；复检结论表明食品不合格的，复检费用由食品生产经营者承担。

第四十三条 组织实施抽样检验的县级及其以上地方工商行政管理机关应当自收到检验结果五个工作日内，将抽样检验结果通知被抽样检验人，责令其停止销售不符合食品安全标准的食品，监督其他食品经营者对同一批次的食品下架退市，并按照有关规定，准确、及时、客观地公布食品安全抽样检验信息。

第四十四条 组织实施抽样检验的县级及其以上地方工商行政管理机关对抽样检验中发现的不属于自己管辖的食品安全案件线索，应当及时书面通报有管辖权的工商行政管理机关或者移送有关执法机关处理。

第四十五条 县级及其以上地方工商行政管理机关在食品安全监督管理工作中可以采用《食品安全法实施条例》第五十条的规定认定的快速检测方法对食品进行初步筛查；对初步筛查结果表明可能不符合食品安全标准的食品，应当依照《食品安全法》第六十条第三款的规定进行检验。初步筛查结果不得作为执法依据。

第四十六条 境外发生的食品安全事件可能对我国境内造成影响，或者在进口食品中发现严重食品安全问题的，县级及其以上地方工商行政管理机关接到国家出入境检验检疫部门有关通报后，应当采取相应处理措施。

县级及其以上地方工商行政管理机关接到国家出入境检验检疫部门通报的有关进出口食品安全信息，必要时应当采取相应处理措施。

县级及其以上地方工商行政管理机关在监督检查中发现进口食品存在安全问题的，应当及时将获知的涉及进出口食品安全的信息向国家出入境检验检疫部门通报。

第四十七条 鼓励县级及其以上地方工商行政管理机关建立食品经营主体数据库、监督检查数据库、典型案例数据库，依托12315行政执法网络，运用先进技术手段加强食品监督检查工作，提高食品安全监督管理水平。

第四十八条 县级及其以上地方工商行政管理机关在日常监督管理中发现食品安全事故，或者接到有关食品安全事故的举报，应当立即向当地卫生行政部门通报。

发生食品安全事故的，事发地工商行政管理机关应当按照国务院有关部门制定的食品安全事故调查处理办法，在当地人民政府统一领导下，配合卫生行政等相关部门，及时作出反应，采取措施控制事态发展，并及时向上级工商行政管理机关报告。

调查食品安全事故，应当坚持实事求是、尊重科学的原则，及时、准确查清事故性质和原因。认定事故责任，提出整改措施。

任何单位或者个人不得对食品安全事故隐瞒、谎报、缓报，不得毁灭有关证据。

第四十九条 县级及其以上地方工商行政管理机关参与食品安全事故调查时，有权向有关单位和个人了解与食品安全事故有关的情况，要求提供相关资料和样品；有关单位和个人应当配合食品安全事故调查处理工作，按照要求提供相关资料和样品，不得拒绝。

任何单位或者个人不得阻挠、干涉食品安全的调查处理。

第五十条 县级及其以上地方工商行政管理机关可以向社会公布下列食品安全日常监督管理信息：

（一）依照《食品安全法》实施行政许可的情况；

（二）责令停止经营的食品、食品添加剂、食品相关产品的名录；

（三）查处食品经营者违法行为的情况；

（四）专项检查整治工作情况；

（五）法律、行政法规规定的其他食品安全日常监督管理信息。

县级及其以上地方工商行政管理机关依据职责公布食品安全日常监督管理信息；涉及其他食品安全监督管理部门职责的，应当联合公布。

公布食品安全日常监督管理信息，应当做到准确、及时、客观，同时对有关食品可能产生的危害进行解释、说明。

具体日常监督管理信息公布制度由省级工商行政管理机关依照本办法制定。

第五十一条 县级及其以上地方工商行政管理机关获知《食品安全法》第八十二条第一款规定的需要统一公布的信息，应当向上级工商行政管理机关报告，由上级机关立即报告国务院卫生行政部门；必要时，可以直接向国务院卫生行政部门报告。

县级及其以上地方工商行政管理机关应当与其他食品安全监督管理部门相互通报获知的食品安全信息。

第五十二条 省、自治区、直辖市工商行政管理机关应当配合同级卫生行政部门制定本行政区域的食品安全风险监测方案。

县级及其以上地方工商行政管理机关应当协助收集《食品安全法实施条例》第十三条第一款规定的食品安全风险评估信息和资料。

省、自治区、直辖市工商行政管理机关应当配合同级卫生行政部门对食品安全国家标准和食品安全地方标准的执行情况分别进行跟踪评价。

省、自治区、直辖市工商行政管理机关应当收集、汇总食品安全标准在执行过程中存在的问题，并及时向同级卫生行政部门通报。

第四章　法律责任

第五十三条 违反本办法第九条第一款第（一）、（二）、（三）、（四）、（五）、（六）、（八）、（十）、（十三）项，第二十三条第二款的规定的，没收违法所得、违法经营的食品和用于违法经营的工具、设备、原料等物品；违法经营的食品货值金额不足一万元的，并处二千元以上五万元以下罚款；货值金额一万元以上的，并处货值金额五倍以上十倍以下罚款；情节严重的，吊销许可证。

第五十四条 违反本办法第十条的规定，未经许可从事食品经营活动的，没收违法所得、违法经营的食品和用于违法经营的工具、设备等物品；违法经营的食品货值金额不足一万元的，并处二千元以上五万元以下罚款；货值金额一万元以上的，并处货值金额五倍以上十倍以下罚款。

第五十五条 违反本办法第十二条的规定，安排患有《食品安全法》第三十四条以及《食品安全法实施条例》第二十三条所列疾病的人员从事接触直接入口食品的工作，或者违反本办法第十三条第一款、第二款，第十四条第一款，第十五条，第十八条，第十九条，第二十条第二款的规定的，责令改正，给予警告；拒不改正的，处二千元以上二万元以下罚款；情节严重的，责令停产停业，直至吊销许可证。

第五十六条　违反本办法第九条第一款第（七）、（九）、（十一）、（十二）项，第二十条第一款的规定的，没收违法所得、违法经营的食品和用于违法经营的工具、设备等物品；违法经营的食品货值金额不足一万元的，并处二千元以上五万元以下罚款；货值金额一万元以上的，并处货值金额二倍以上五倍以下罚款；情节严重的，责令停产停业，直至吊销许可证。

第五十七条　违反本办法第十七条的规定，食品经营企业未按照要求进行食品运输的，责令改正，给予警告；拒不改正的，责令停产停业，并处二千元以上五万元以下罚款；情节严重的，由原发证部门吊销许可证。

第五十八条　违反本办法第二十二条第一款第（一）、（二）、（三）项及第二款的规定的，处二千元以上五万元以下罚款；造成严重后果的，责令停业，由原发证部门吊销许可证。

第五十九条　违反本办法第二十四条第一款的规定的，责令广告主停止发布广告，并以等额广告费用在相应范围内公开更正清除影响，并处广告费用一倍以上五倍以下的罚款。违反本办法第二十四条第二款的规定的，没收违法所得，依法对直接负责的主管人员和其他直接责任人员给予记大过、降级或者撤职的处分。

第六十条　违反本办法第二十六条第二款的规定，食品经营企业在发生食品安全事故后未进行处置、报告的，按照工商行政管理机关职责分工，责令改正，给予警告；毁灭有关证据的，责令停业，并处二千元以上十万元以下罚款；造成严重后果的，由原发证部门吊销许可证。

第六十一条　食品经营者的经营条件发生变化，未依照本办法第十条第二款规定处理的，责令改正，给予警告；造成严重后果的，依照《食品安全法》第八十五条的规定给予处罚。

第六十二条　有下列行为之一的，责令改正，拒不改正的，处以一万元以下罚款：

（一）食品经营者聘用未取得健康证明的人员从事食品经营的；

（二）食品经营者未主动向消费者提供销售凭证，或者拒不履行不符合食品安全标准的食品更换、退货等义务的；

（三）食品经营者拒绝工商行政管理机关依法开展监督检查的。

第六十三条　违反本办法的规定，有下列行为之一的，责令改正，拒不改正的，处以一万元以下罚款；情节严重的，处以一万元以上三万元以下罚款：

（一）从事批发业务的食品经营企业没有向购货者开具销售票据或者清单的；

（二）食品集中交易市场的开办者、食品经营柜台的出租者和食品展销会的举办者没有建立食品经营者档案、记载市场内食品经营者的基本情况、主要进货渠道、经营品种、品牌和供货商状况等信息；没有设置食品信息公示媒介，及时公开市场内或者行政机关公布的相关食品信息的。

第六十四条　食品经营者主动消除或者减轻违法行为危害后果，或者有其他法定情形的，应当从轻、减轻处罚。

违法行为轻微并及时纠正，没有造成危害后果的，不予处罚。

第六十五条　县级及其以上地方工商行政管理机关在监督检查中发现食品经营者违反本办法规定涉嫌犯罪的，应当依法移送公安机关。

第六十六条 县级及其以上地方工商行政管理机关不履行食品安全监督管理法定职责、日常监督检查不到位或者滥用职权、玩忽职守、徇私舞弊的，依法对直接负责的主管人员和其他直接责任人员给予记大过或者降级的处分；造成严重后果的，给予撤职或者开除的处分；其主要负责人应当引咎辞职。

第五章 附 则

第六十七条 食用农产品的监督管理适用《中华人民共和国农产品质量安全法》。

第六十八条 本办法由国家工商行政管理总局负责解释。

第六十九条 本办法自公布之日起施行。

商务部关于加快流通领域电子商务发展的意见

（商商贸发【2009】540 号）

各省、自治区、直辖市、计划单列市及新疆生产建设兵团商务主管部门：

为贯彻落实《国务院办公厅关于搞活流通扩大消费的意见》（国办发［2008］134 号）和《国务院办公厅关于加快电子商务发展的若干意见》（国办发［2005］2 号），现就当前经济形势下进一步加快流通领域电子商务发展提出以下意见：

一、充分认识加快流通领域电子商务发展的重要意义

电子商务是基于信息技术和互联网的现代流通方式。由于我国流通领域电子商务发展起步较晚、基础薄弱，流通企业和社会公众对电子商务的参与度还有待提高，网上交易的配套服务体系还不健全。当前，在党中央、国务院扩大内需拉动经济增长的战略部署下，加快流通领域电子商务发展，既可以扩大网上消费群体，培育新型消费模式和消费领域，又有助于降低流通成本，加快商品和服务价值的最终实现。因此，加快流通领域电子商务发展是当前我国应对金融危机，扩大居民消费、保持经济增长动力的有效手段，是提高商品流通效率、转变经济发展方式的必然要求。

二、明确加快流通领域电子商务发展的主要目标

加快流通领域电子商务发展的主要目标是，以市场为导向，以企业为主体，以信息化带动流通现代化为主要手段，加快流通领域电子商务应用推广进程。扶持传统流通企业应用电子商务开拓网上市场，培育一批管理运营规范、市场前景广阔的专业网络购物企业，扶持一批影响力和凝聚力较强的网上批发交易企业。提高社会公众对电子商务的认知度和参与度，开拓适宜网上交易的居民消费领域，培育和扩大网上消费群体，到“十二五”期末，力争网络购物交易额占我国社会消费品零售总额的比重提高到5%以上。

三、推动传统流通企业开拓网上市场

鼓励重点培育的大型流通企业整合资源，建设一体化的电子商务平台，提高规模经济效益和综合竞争实力。不断推进大型流通企业电子商务应用向纵深发展，形成技术改进、体系升级、价值创造和资本吸引的良性循环。扶持中小流通企业通过第三方技术服务平台进行网上销售相关技术改造与管理升级，降低商品陈设和人员、库存、资金占用等运营成

本，选择灵活适宜的经营模式，满足不同消费层次和消费偏好的顾客需求。

四、促进商品批发环节应用推广网上交易

鼓励流通企业应用电子商务进行商品批发交易，提高流通效率，扩大中间需求，带动最终需求。充分发挥大型骨干流通企业和大宗商品市场的作用，开展农产品、日用工业品和生产资料的网上批发交易。以产业集群为依托，支持面向行业的电子商务企业发展，整合产业链和供应链，为生产企业和分销企业间、批发企业和零售企业间网上交易提供第三方服务。

五、加快发展面向消费者的专业网络购物企业

培育一批知名度高、实力强、运作规范的专业网络购物企业，建设交易商品丰富、服务内容多样的新型商业网站，大力发展服装、家电、家居装潢、图书音像等适宜网上交易的商品销售，深度挖掘各类网民群体的消费需求潜力。加快发展面向消费者的第三方电子商务平台，鼓励中小企业和个人借助电子商务平台开展网上交易，促进交易双方供需衔接和交流互动，推动企业协同运作、集约化发展，形成竞争力和灵活性俱强的企业集群。鼓励社区电子商务平台建设，推动整合社区内各类商业服务资源，为社区居民提供方便、快捷的服务。

六、推动实体市场交易与网上市场交易有机结合

鼓励流通企业以网上销售带动门店销售，以门店销售支撑网上销售，不断探索“线上市场”与“线下市场”互动促销的经营方式。利用流通企业已有的品牌优势、实体网点资源和物流配送体系，为网上销售提供丰富的商品、良好的信誉和优质的服务。以网上低成本、全天候的商品展示和交易渠道，有效促进实体店铺扩大销售。鼓励各类流通企业发展移动电子商务，进行相关设施改造和管理升级。

七、完善流通领域电子商务发展扶持政策

积极利用中央服务业发展资金和中小商贸企业发展资金，推动流通领域电子商务发展薄弱环节的改进，健全流通领域电子商务政策促进体系，推动各级商务主管部门出台配套政策措施，进一步完善扶持内容，加大扶持力度。

八、开展流通领域电子商务示范引导工作

推广先进地区流通领域电子商务发展的先进经验，选择应用电子商务规范化水平高和代表性强的流通企业，研究推广成熟运作模式和优秀解决方案，带动流通企业特别是中小企业围绕电子商务提高管理水平、规范经营行为，推动整个行业的持续健康发展。

九、健全流通领域电子商务发展环境

按照保护市场活力和规范交易行为并重的原则，认真贯彻实施《电子商务模式规范》（SB/T10518－2009）、《网络交易服务规范》（SB/T10519－2009）等国内贸易行业标准，开展相关培训交流活动。积极引导流通领域电子商务企业建立健全信用管理制度，提高服务诚信度，增强消费者信心。

十、有效防范网上交易市场风险

针对现代信息技术与传统流通方式相结合的新特点、新问题，有效维护网上交易市场秩序，防范和化解互联网虚拟性带来的各类交易风险。加强部门监管协作与信息共享，完善和延伸现实市场监管体系，避免网上市场监管执法缺位。积极协同有关部门，依法及时取缔和曝光网上交易出现的不法行为，并从企业注册、网站备案、信息发布、资金流转、商品寄递等各环节防止违法行为的复制和扩张。

十一、建立流通领域电子商务促进工作体系

地方各级商务主管部门要建立加快流通领域电子商务发展的组织保障体系和工作机制，明确职责分工，落实目标任务。发挥电子商务行业组织的作用，做好信息服务和政策引导，为企业解决实际经营困难。整合流通企业资源，结合节庆活动进行网上展销推介，组织开展电子商务进企业、进家庭等多种形式的推广普及活动，提高居民参与热情和实际操作能力。

二〇〇九年十一月三十日

第六部分　附　　录

附录一

CCFA 2009中国连锁年度人物

2009 CCFA People of the Year

陈 晓 国美电器董事局 主席兼总裁

获奖理由：1996年创建上海永乐电器，2006年担任国美电器总裁，2007年接管大中电器，2009年初担任国美董事会主席。陈晓注定成为家电领域领军人物，尤其在临危授命国美董事会主席后，他通过精细化运作，改变国美粗放式经营模式；通过优胜劣汰方式，对国美的最高决策层进行调整；对内优化门店网络资源，对外促进与供应商合作关系。危难之际挺身操盘，运筹帷幄担当大任，在种种舆论压力下，陈晓没有退缩，他通过不断的努力，坚定不移地提升企业品牌和公信力，把危机转化为企业再发展的契机，为稳固国美、为实现国美的持续性发展作出了重要贡献。

王培桓 山东家家悦集团有限公司 董事长兼总经理

获奖理由：在他的领导下，家家悦由原来全省糖酒行业最小的二级批发企业，发展成为一个跨区域连锁、跨行业经营的集团公司，被评为国内最具成长性的十大连锁企业之一。

在商务部、农业部联合下发的文件中，将家家悦列为第一批“农超对接”试点企业。在此之前，王培桓已经带领家家悦的400家连锁超市，在探索和践行“农超对接”模式的道路上走了将近十年。本着让农民增收益、让百姓吃放心饭的初衷，王培桓在山东省投资建设多家绿色食品工业园、农副产品批发市场，拉长、做大产业链条，搭建服务农村市场的综合平台。

2009年，金融危机的影响不断扩大，王培桓视危机为契机，在广交会上与外贸出口企业签下了3.4亿元的购货订单。用他的话说：“市场无国界，销售无内外。”

吴坚忠 物美控股集团有限公司 董事长

获奖理由：作为中国科学院自动化研究所系统工程博士，美国密歇根大学博士后，他1994年回国，担任物美控股副总裁、总裁。2000年物美集团成立后，他先后担任集团董事、副董事长、总裁、董事长。

特别是在接任物美掌门人之后，他所领导的物美的一举一动都能体现其商业魄力和对零售业的信心。在2009年第三届世界零售大会上，物美被授予“新兴市场最佳零售商”大奖。在金融危机形势下，物美逆市发展，不断创新。如，免除促销员进场费用，退还2000万供应商合同外收费；加速信息化建设；牵手北京首都农业集团，重启与一些零售企业的合作洽谈等。这一系列动作不但使物美2009年上半年收益总额与综合毛利分别比上年同期增长22.9%和34.7%，而且为推动和谐零供关系发挥了表率作用。

黄明端 康成投资（中国）有限公司（大润发） 董事长

获奖理由：从零售业的门外汉到同行眼中“可敌、可怕”的对手，黄明端秉持“要做，就要做到最好”的信念一路走来，在中国创造出“大润发奇迹”。大润发进入中国内地市场已有11个年头，在初期，公司采取“化整为零”策略，通过与地方企业合资、输出管理技术等方式拓展门店。随着中国内地零售市场全面开放，公司陆续买回分店股权，改为独资企业，统一更名为“大润发”。

2008年，大润发在中国大陆的营业收入超过330亿元人民币，获利10.5亿元人民币。黄明端认为，越是经济低潮期，就越是投资的好时机。几年来销售排名一直屈居家乐福之后的大润发，2009年上半年的销售业绩已超过家乐福，位列我国内地外资超市的销售榜首。2009年，大润发营业收入有望突破400亿元。

CCFA　2009 中国连锁年度人物提名奖

2009 CCFA Persons of the Year Nominee

于树中　河北国大连锁商业有限公司　　总经理

推荐理由：作为河北国大总经理、武汉大学管理工程博士，他运用“四网并行”商业模式，扎根于石家庄及周边区县市，克服北方城市不适宜开便利店的不利条件，发展门店600余家，九成以上店面赢利。当中国便利店业仍处于全行业亏损的低谷、经营性亏损比比皆是的时候，国大36524却一枝独秀，开创了便利店业在二线城市蓬勃发展的先河，也当仁不让地成为区域便利店的标杆。要做好便利店，其单店赢利能力最为关键。对于国大36524而言，其非常注重练好内功，注重单店赢利模式的塑造。“良好的商业模式、卓越的管理团队、优秀的企业文化”是促进企业快速发展的核心竞争力，在他领导的企业里得到了超常发挥。国大36524城市便利店以年均100家直营店的速度快速扩张。2009年上半年，36524便利店单店平均利润率达8%，未来两年预计可达10%以上。

于树中，一个酷爱学习、勇于创新、决策果断，作事秉承“坚持、品质、到位”的人，正用自己永不言败、择善固执的精神，带领企业不断地取得进步。

张轩松　永辉集团有限公司　　董事长

推荐理由：与很多零售领袖一样，张轩松有一颗对商业敏感的心。他先后做过啤酒经销商和超市经理，1998年加入到福州永辉超市，2001年4月任永辉超市董事长，2004年5月成立了福建永辉集团。

在消费者印象中，永辉就是生鲜农产品超市的代名词。作为中国大陆第一家将生鲜农产品引进现代超市的流通企业，永辉被国家七部委誉为中国“农改超”开创者，被商务部列为“全国重点流通企业”、“双百市场工程”和“万村千乡市场工程”重点企业。

如今，张轩松已将他的“永辉模式”复制到重庆、北京等地。每到一处，永辉都以它独特的连锁化、专业化生鲜供应体系带给当地消费者全新的消费体验。

胡子敬　湖南友谊阿波罗股份有限公司　　董事长、党委书记

推荐理由：他是湖南友谊阿波罗股份有限公司董事长、党委书记，家润多商业股份有限公司董事长，中共十五、十六、十七大代表、全国劳模，中国商业十大科技创新人物、中国企业改革十大风云人物……

从基层门店最普通的员工到商业帝国掌门人，胡子敬伴随着我国改革开放与零售业的发展一路走来。为更好地勾画他的商业版图，他勇于舍弃超市业态，集中精力专注于做湖南区域的品牌百货，并取得良好的经营业绩。2009年7月17日，他敲响了重启IPO的湖南第一单、中国第三单，家润多在深市成功挂牌上市。他以一个华丽转身踏进了风起云涌的资本市场。公司募集的资金主要用于门店改造与扩建，凸显出他的风格——一切从现实考虑出发，同时也体现了他致力于将友阿公司及其旗下各品牌百货，在以长沙为中心的湖南区域做深做透的经营理念。

顾国建　上海商学院　　教授

推荐理由：他长期致力于中国零售行业研究，创建了中国超市联合采购交易联席会议，以促进供应商与零售商之间信息沟通，提高联合采购决策效率。2009 年，在金融危机冲击下，沿海外贸企业一度低迷，顾国建教授充分体现了行业责任感，带领中国超市联合采购交易联席会议，一个自愿合作的非营利性民间组织活跃在广交会、外博会上，终端牵头主动对接出口厂商，上下游融合，进行联合采购。首先，联合零售企业帮助外贸型企业化危机为转机，开拓内销市场，扩大内需；二是有利于改善零供关系；三是促进零售企业改变经营方式，走创建自主品牌的可持续发展的道路。

程　军　武汉中百连锁仓储超市有限公司　　总经理

推荐理由：“超市的灵魂在生鲜，生鲜的灵魂在蔬果”，“日用品下乡，农产品进城”，“创新不忘旧，前进不忘本”……这些都是武汉中百仓储总经理程军的实践经验总结。

对于中文系毕业的程军来说，最富有的就是创造力。他提出的“庙会超市”，把传统庙会形式引入超市；“购物公园”，让花鸟市场和超市组合在一起，增加了生活情趣；“生活剧场”，主营进口商品，为高端消费者服务；“农家超市”开进乡镇，超市里卖起了锄头、化肥和农用塑料薄膜，农民朋友买了农资产品，还可以买食品和生活用品。

在程军的多项创新中，“超市百货化”和“农加超”两种模式被广泛流传和借鉴。程军被誉为湖北省的“超市王”，他带领中百仓储职工走出了一条本土超市发展之路，使中百仓储在日益激烈的竞争中处于不败之地。

CCFA　2009 年度最佳雇主

Best Employer Of Chain 2009，CCFA

苏宁电器股份有限公司
武汉中百连锁仓储超市有限公司
河北国大连锁商业有限公司
北京吉野家快餐有限公司

2009—2010 年度中国特许经营年度奖项说明

中国连锁经营协会通过组织专业的评审委员会，每年对特许企业的品牌维护、体系建设、对加盟商的支持等多项指标考核，评选出年度中国优秀特许加盟品牌。其目的是宣传优秀特许企业及加盟商的创新意识和敬业精神，倡导诚信、自律、合作、双赢的理念，同时为广大投资者选择理想加盟项目提供资讯和借鉴。

中国特许奖

作为特许经营行业中的最高奖项，获得者须连锁三年以上荣获年度中国优秀特许品牌；倡导诚信、自律、规范和承担社会责任的企业文化；企业发展战略、组织管理、市场开拓等方面能力卓越；积极参与和促进行业健康发展；品牌知名度高且得到各方赞誉。

年度优秀特许加盟品牌

恪守诚信精神和双赢理念，勇于创新。在过去一年中，特许体系的建设和运营水平明显提升，加盟商满意度显著提高或保持较高水准，品牌影响力和企业文化建设有新的突破。

最具成长力奖

在本行业或业态率先导入特许加盟模式，在过去一年中，快速扩张，大力创新，在消费者、加盟商和投资机构中的知名度快速提升，成为所在领域的领先品牌。

加盟商满意奖

能紧紧围绕加盟商需求，在过去一年中，通过产品研发、模式调整、营销创新等手段，帮助加盟商提升业绩，应对竞争，得到加盟商的普遍赞誉。

管理创新奖

在过去一年中，在企业文化和团队建设、营运体系、加盟商支持、产品或模式、品牌营销、新技术应用的某个或几个方面有重要创新并取得显著成效，为行业发展提供了有益经验。

社会责任奖

获奖者一贯倡导诚信经营、回报社会的企业价值观和企业文化，并鼓励加盟商和员工自发参与公益活动。过去一年中，响应政府号召，在创造就业（特别是帮助大学生就业），扶危济困，促进总部和加盟商和谐共赢等方面有突出表现。

特许经营年度人物

作为特许企业的主要领导或行业专业人士，积极探索，勇于创新，热心公益，在推进本企业或行业发展方面做出重要贡献，取得了良好的经济效益和社会效益。

优秀加盟商（单店）

能规范执行总部标准、维护品牌形象，同时发挥主观能动性，以诚信、勤奋与智慧，积极面对竞争，经营业绩突出，成为加盟商学习的榜样。

优秀加盟商（区域）

以优秀的管理才能和强烈的进取精神，成功开发区域市场或使所拥有的区域市场取得骄人业绩，同时，在维护区域系统稳定、给予其他加盟商支持方面有突出贡献。

中国特许奖

（连续三年获得年度中国优秀特许品牌企业）

China Outstanding Franchise Brand

品　牌	企业名称	业　态
桂花鸭	南京桂花鸭（集团）有限公司	食品专卖
小肥羊	内蒙古小肥羊餐饮连锁有限公司	火锅
迪欧	苏州迪欧餐饮管理有限公司	咖啡馆
象王	上海象王洗衣有限公司	洗衣

桂花鸭

南京桂花鸭集团是江苏省禽类加工行业著名的地方品牌企业，有着几十年的发展历史；“南京桂花鸭”更是极具历史文化沉淀的传统美食，品牌效应较好。

该公司以南京为中心，向周边地区辐射开拓零售及加盟市场，在全国 50 多个城市设立连锁经营网络，初步形成辐射全国的营销渠道，市场定位明确，加盟店分布范围广，经营业绩良好。

该公司有着较为明确的多品牌发展战略，以“进超市、进卖场”配合特许加盟终端门店的方式，扩大公司产品影响力及市场占有率。同时，公司进一步调整生产布局，建立现代化流水线厂房和配送中心，实行信息化管理的新模式，为上述经营模式提供了强有力的支持。2009 年春节期间，出售礼盒产品获得重大收益。

该公司加盟流程清晰，对初期加盟的加盟商能做到分部门负责，并全程支持。在加盟商加盟期间，有门店考评及商圈保护等体制，能给予加盟商较好支持。

该公司具有清晰明确的发展战略，企业特许经营规范，特许体系比较完善，在营运、培训、督导等环节表现较好，具备可持续发展的能力和基础。在历年参评优秀特许品牌的企业中居于稳定健康发展之列。

该公司重视对加盟商的支持，特别是在市场宣传与推广、门店运营及管理、经营状况及数据分析等方面较为主动和突出，保持与加盟商的良好沟通。

“桂花”品牌于 2004—2007 年间获得江苏省著名商标，并获得中华人民共和国商务部颁发的“中华老字号”称号，结合公司新品牌及其产品的推出，以及 2004 年所获得的“南京盐水鸭”集体商标，形成对知识产权的强力保护。希望未来能继续保持对该领域的关注程度。

小肥羊

内蒙古小肥羊餐饮连锁有限公司 2009 年度在餐饮业内成绩突出，对引领特许品牌健康有序发展具有示范和推动作用。小肥羊餐饮品牌主要特点表现在：

1. 品牌定位明确，经营思路清晰；商业模式设计符合餐饮行业发展规律，加盟店能够有效得到总部的培训与支持，具备较强盈利能力。

2. 特许经营体系发展较为完善，尤其在餐饮特许体系标准化和规范化方面成绩突出。例如完善了加盟中心财务及管理系统的信息化，规范了加盟流程、服务体系及收费方式，值得餐饮业借鉴和学习。

3. 在品牌维护和宣传方面，加强了神秘顾客体验和突击检查等方式，加大了对违规行为的处罚力度，有效维护了加盟商利益，同时通过在广告、新闻和攻关方面的有效工作，维护了品牌价值的稳定，得到加盟商的认同与好评。

4. 在维护与加盟商的关系方面有新举措。例如召开种类繁多的片区沟通会议和全国性的加盟商大会；为加盟店提供店面装修、投资及经营的合理化建议；每月发布《加盟业务分析报告》，为加盟业务提供完整的数据分析和系统指导，并为及时发现和改正问题提供良好途径。

由于小肥羊品牌近几年在调整过程中涉及到加盟商与总部的利益关系，建议改进和完善与加盟商的纠纷调节机制，为行业发展做出更大贡献。

迪欧

迪欧咖啡是苏州迪欧餐饮管理有限公司旗下的餐饮连锁品牌，其具有以下突出特点：

1. 该公司经营中占总店数 22.1% 的门店采取托管模式，以特许人的管理优势与加盟商的资源优势相结合，使加盟商有更多的时间发展事业，使双方均获取更大的经营收益。

2. 加强团队建设：迪欧既重视员工培训，也注重高层人才的引进；不仅建有自己的“培训学校”，而且从台湾、香港等地区引进高级专业人士陆续进入迪欧团队高层。同时，公司在各重要岗位引入职业经理人进行专项管理。

3. 完备法律体系：迪欧注重法务团队建设，选派法务专员至专业培训机构进行专门培训，以提升其专业素质。

4. 社会责任感强：迪欧较重视员工利益，并有很强的社会责任感。

5. 明确发展目标：其最重要的短期目标是尽快完善体系建设，以期 2011 年在台湾成功上市；其长期发展目标是：通过综合全面发展，使产业链、品牌产品协调、稳定前行，在向工业化扩张发展时，最需要把握好对人才、经验的积累和把控。

总之，迪欧发展战略清晰明确，特许经营规范，特许体系比较完善，在营运、培训、督导等方面都做得较好，具备可持续发展的能力和基础，属于稳定健康发展的企业。

象王

象王是上海市著名干洗连锁品牌，是上海洗衣行业连锁店铺最多的企业，其具有以下突出特点：

1. 中央洗衣工厂。2009 年 10 月 22 日，随着象王在上海青浦投资 1000 多万元建成的全自动科技中央洗衣工厂正式启用，为象王带来以下进步和变化：连锁门店将逐步转型为收衣店，大幅降低门店投资成本；其加盟门店管理将步入加盟直营管理阶段，即对所有加盟店不仅可以直接管控洗衣质量，还可将营业额做大；洗衣工厂化后，其门店拓展速度也将进一步提升；更利于减少门店污染，符合环保理念。

2. 品牌建设。象王重视品牌建设，为提升品牌知名度，通过电视台、电台、报刊、公交车身、户外广告、社区杂志等多种渠道做大范围的宣传，非常贴近老百姓的生活。

3. 会员卡制度。象王为给广大用户提供更加便利和实惠的服务，推出了会员 IC 卡全国服务系统（即系列会员卡服务），不同的卡享受不同的打折优惠，更有持卡享受全国通用的便利。

4. 环保理念。洗衣业涉及环保，象王的发展战略及理念都对环保问题的解决予以高度重视。

5. 发展战略和计划。象王将继续开展科技生化干洗试剂的研发；将对象王网络版电脑洗衣软件进行持续性升级，并为全面推行全国洗衣消费一卡通铺平道路；正在申请驰名商标，以实现中国洗衣业第一驰名商标的目标；正实施股票上市计划，虽然距上市要求尚有距离，但象王将在追求行业服务份额最大化的基础上，力求实现早日上市。

总之，象王发展战略清晰明确，特许经营规范，特许体系比较完善，具备可持续发展的能力和基础。能够严格按照相关法律法规从事经营活动，没有违法和侵害加盟商利益的行为。

中国特许奖蝉联品牌

（已通过年审）

品 牌	企业名称	业 态
全聚德	中国全聚德（集团）股份有限公司	中式正餐
肯德基	百胜餐饮集团中国事业部	西式快餐
华 联	华联超市股份有限公司	超市
福奈特	北京福奈特洗衣服务有限公司	洗衣
东易日盛	东易日盛家居装饰集团股份有限公司	家居装饰
仙踪林	上海仙踪林餐饮有限公司	休闲饮品
百 圆	山西百圆裤业连锁经营股份有限公司	服装专卖
联 华	联华超市股份有限公司	超市
德克士	天津德克士食品开发有限公司	西式快餐

2009—2010 年度中国零售业优秀特许加盟品牌

China Outstanding Retail Franchiser Brand 2009—2010

品　牌	企业名称	业　态
苏　果	苏果超市有限公司	超市
金　虎	山西金虎便利连锁股份有限公司	便利店
美宜佳	东莞市糖酒集团美宜佳便利店有限公司	便利店
谭木匠	重庆谭木匠工艺品有限公司	工艺品专卖
探路者	北京探路者户外用品股份有限公司	服装专卖
特百惠	特百惠（中国）有限公司	家居用品
吴裕泰	北京吴裕泰茶业股份有限公司	茶业专卖
燕之屋	厦门市双丹马实业发展有限公司	营养品专卖

2009—2010 年度中国餐饮与酒店业优秀特许加盟品牌

China Outstanding Catering and Hotel Franchiser Brand 2009—2010

如　家	上海如家酒店管理有限公司	经济型酒店
德　庄	重庆德庄实业（集团）有限公司	火锅
阿瓦山寨	陕西阿瓦山寨品牌投资有限公司	中式正餐

2009—2010 年度中国服务业优秀特许加盟品牌

China Outstanding Service Industry Franchiser Brand 2009 - 2010

21 世纪不动产	北京埃菲特国际特许经营咨询服务有限公司	房屋中介
北大青鸟	北京阿博泰克北大青鸟信息技术有限公司	IT 培训
红黄蓝	北京红黄蓝儿童教育科技发展有限公司	儿童教育培训
金宝贝	精中（上海）管理咨询有限公司	儿童教育培训
康　洁	郑州市康洁洗涤有限公司	洗衣
业之峰	北京业之峰装饰有限公司	家居装饰
小拇指	杭州小拇指汽车维修科技股份有限公司	汽车维修
翰　皇	北京翰皇伟业皮革清洁养护连锁服务有限公司	皮革清洗

2009—2010 年度中国特许经营最具成长力奖

Best Growing Competence Award 2009—2010

品　牌	企业名称	业　态
晨　光	上海晨光文具股份有限公司	文具专卖
金　锣	临沂新程金锣肉制品集团有限公司	肉制品专卖
绝　味	湖南绝味食品股份有限公司	食品专卖
红　府	安徽省徽商红府连锁超市有限责任公司	超市
世好吉祥	上海世好餐饮管理有限公司	中式快餐

2009—2010 年度中国特许经营加盟商满意奖

Highly Appraised Franchiser 2009—2010

唐　久	山西省太原唐久超市有限公司	便利店
居　众	深圳市居众装饰设计工程有限公司	家居装饰

2009—2010 年度中国特许经营管理创新奖

Franchise Innovation Award 2009—2010

比　格	北京比格餐饮管理有限责任公司	西式正餐
百　富	新疆百富餐饮管理有限公司	西式快餐
便宜坊	北京便宜坊烤鸭集团有限公司	中式正餐
东方爱婴	北京市东方爱婴咨询有限公司	儿童教育培训
元　洲	北京元洲装饰有限责任公司	家居装饰
植秀堂	青岛植秀堂养生养颜连锁有限公司	美容美体
名庄传奇	浙江名庄传奇葡萄酒有限公司	红酒专卖

2009—2010 年度中国特许经营社会责任奖

Corporate Social Responsibility Award 2009—2010

天　盟	天盟农资连锁有限责任公司	农资连锁
科威不动产	科威房产管理咨询（上海）有限公司	房屋中介

2009—2010 中国特许经营年度人物

Franchise Entrepreneur Of The Year 2009—2010

获奖者	职 务	所在企业	品 牌
杨文斌	总经理	山西省太原唐久超市有限公司	唐久
杨寒冰	董事长	北京百花蜂产品科技发展有限公司	百花
张荣耀	董事长	北京荣昌科技服务有限责任公司	伊尔萨
房国凡	高级副总裁	速伯艾特（北京）国际酒店管理有限公司	速 8

杨文斌

作为唐久便利的掌舵人，杨文斌总经理注重学习新的管理理念和方法，让企业始终走在管理的最前沿。2009 年，他将关键绩效考核（KPI）成功引入企业，并使其取得显著成效。

为顺利推进 KPI 的实施，他改进并完善了公司管理制度。通过 KPI 的引进，为各个部门制定了明确的目标和方向。作为业务部门有很明确的项目指标，采购部的 KPI 是毛利额，销售部的 KPI 是销售额；作为服务性部门的 KPI 则是准时率和准确率；为保证各部门 KPI 的顺利执行，作为管理部门的人力资源部设置了考核组，对公司各部门及个人的 KPI 进行跟进和总结，并根据 KPI 的完成情况进行奖罚。

自 KPI 实施以来，全公司 30% 的员工得到提升。公司的毛利率比原来提升 6.3%，销售额比原来提升 6%，而作为服务性部门的员工食堂，其满意率竟达到 100%。

KPI 的实施不仅提升了员工的工作积极性，更使公司业务部门月考核指标完成率达到 120% 以上，这也证明唐久便利在杨文斌总经理的带领下，企业管理又迈出关键性的一步，更为特许经营事业的发展提供了可贵的管理经验。

杨寒冰——我热爱我的事业

杨寒冰董事长从事百花企业领导和蜂产品行业管理工作 20 多年，他认真践行全心全意为人民服务的宗旨，团结带领广大干部员工，抓住市场机遇，加快企业发展。从 2003 年至 2009 年的 6 年时间，企业销售收入实现翻两番，实现利润增长 16 倍。百花蜂品牌获得“中国驰名商标”、“中华老字号”、“奥运会食品供应商” 等荣誉。

他是百花蜂事业的总设计师。在促进企业发展中，杨寒冰董事长坚持深化改革，使企业实现由计划经营向产品经营、品牌经营的转变。他大力发掘培育企业品牌，依托品牌不断占领市场，满足市场的需求。为了方便社区居民购买百花产品，解决下岗就业和蜂农增收问题，他提出建立标准化蜂产品原料供应基地，带动了当地农业的增产；他创办百花蜂产品连锁专卖店，吸纳社会就业。经过几年的努力，百花专卖店已开办 500 多家，提供就业岗位 1000 多个，实现了“一头连着山区，一头连着社区，一头连着蜂农，一头连着居民”的构想。

杨寒冰用20多年的精力，发展了一个企业，树立了一个品牌，带出了一支队伍，为蜂产品行业树立了标杆。

张荣耀——播撒汗水，曙光在前

荣昌·伊尔萨曾是以速度见长的连锁企业，但3年前张荣耀通过及时提高加盟门槛控制住了扩张速度和质量，并将重点放在制度改革。他把产权改革作为制度建设的切入口，在行业内首家完成股权结构重组，引入资深国际资本背景的战略投资人，成为真正意义上的现代股份制企业。

产权改革和资本结构的调整既为张荣耀引入高水平的管理团队和信息化建设奠定了坚实的基础，也为企业发展打开了大门。两年时间，张荣耀和他的团队建立和完善了其连锁体系管理的八大体系建设，包括三网合一的信息化管理体系、质量团队框架建设系统、培训体系、“212系统”、督导体系、123技术质量体系等，在保障连锁网络正常运转的同时，注入信息化管理的强大助力，建立了服务业技术与管理人才培养机制，加强质量考评及督导体系的严格管控作用……建立八大体系并成功启用，助荣昌公司成功获得2008年奥运会洗衣服务商、连续两年成为全国两会现场洗衣服务商。因此，张荣耀与他的全体员工信心更足，更加坚定“责任、真诚、专注、高效、创新、团结”六大使命，并迈向洗衣业更高的目标！

房国凡——速8品牌忠诚的维护者

房国凡（Frank Fang）先生现任速8酒店（中国）高级副总裁，是公司运营、培训、政府关系和业主关系等工作主要负责人，具有30多年酒店经营管理与客户服务经验。2003年起负责速8酒店（中国）的筹划工作，并致力于经济型酒店的发展，为速8在中国的发展做出了突出贡献。2007年获得饭店业“中华英才百福榜”白金勋章，被同行誉为酒店管理的资深专家；2008年获得中国十大特许管理者称号；2009年获得推动饭店业信息化发展功勋人物奖；特别荣幸的是，2008年北京奥运会和残奥会期间，他曾担任奥运村（残奥村）住宿服务运行团队C区执行总经理，为北京奥运会（残奥村）做出了突出贡献，并获得奥组委、北京市政府颁发的先进个人奖。

加入速8酒店（中国）前，房国凡先生曾在就职于高星级酒店，并从酒店最基层职位做至总经理，曾荣获北京市业务技术操作能手。30多年酒店管理经验的积累，使他非常了解酒店经营者、酒店业主、酒店消费者之间不同的需求取向。

在速8工作期间，他把这些不同的需求进行有机整合，并时刻把品牌利益放在首位。为了品牌的发展他倾注了全部的精力，不断创新、不断完善运营体系，用自身的行动诠释速8的品牌理念和“双赢模式”。他提出特许品牌的发展要兼顾三个平衡，即发展速度和运营质量的平衡、对加盟商控制与支持的平衡、满足经营者和消费者利益的平衡。凭借其朴实无华的工作作风、锲而不舍的执着信念、诚恳热情的处世风格以及十足的个人魅力，他赢得了速8员工和加盟商的充分信任。

2009—2010 年度中国优秀加盟商（单店）

2009—2010 China Outstanding Unit Franchisee

行 业	单店加盟商	加盟品牌	加盟企业名称
零售业	须攀峰	华联	华联超市股份有限公司
	卓志远	华联	华联超市股份有限公司
	李治中	上好	东莞市星瀚商贸有限公司
	郑保龙	金虎	山西金虎便利连锁股份有限公司
	李海明	金虎	山西金虎便利连锁股份有限公司
	王 科	唐久	山西省太原唐久超市有限公司
	张建萍	唐久	山西省太原唐久超市有限公司
	易旺元	雷力	北京雷力绿色肥业连锁经营有限公司
	张廷锁	雷力	北京雷力绿色肥业连锁经营有限公司
	李小岩	特百惠	特百惠（中国）有限公司
	谢 莉	特百惠	特百惠（中国）有限公司
	周 镝	晨光	上海晨光文具股份有限公司
	王程伟	晨光	上海晨光文具股份有限公司
	赵丽兰	百花	北京百花蜂产品科技发展有限公司
	陈 恂	吴裕泰	北京吴裕泰茶业股份有限公司
	金 凡	名庄传奇	浙江名庄传奇葡萄酒有限公司
	马进宝	燕之屋	厦门市双丹马实业发展有限公司
	刘 冰	博宇	沈阳博宇有色金属炉料有限公司
	郑法宽	绝味	湖南绝味食品股份有限公司
餐饮与酒店业	白 毅	全聚德	中国全聚德（集团）股份有限公司
	韩又枫	全聚德	中国全聚德（集团）股份有限公司
	陈兴纶	肯德基	百胜餐饮集团中国事业部
	苏鸿成	肯德基	百胜餐饮集团中国事业部
	傅源廷	东来顺	北京东来顺集团有限责任公司
	谌 晖	便宜坊	北京便宜坊烤鸭集团有限公司
	刘 坤	摸错门	青岛摸错门饮食文化有限公司
	稽圣规	阿瓦山寨	陕西阿瓦山寨品牌投资有限公司
	杨国强	阿瓦山寨	陕西阿瓦山寨品牌投资有限公司
	魏起龙	德克士	天津德克士食品开发有限公司
	吕永红	绿茵阁	广州市绿茵阁餐饮连锁有限公司
	赵淑萍	比格	北京比格餐饮管理有限责任公司

续表

行 业	单店加盟商	加盟品牌	加盟企业名称
餐饮与酒店业	梁学工	比格	北京比格餐饮管理有限责任公司
	沈 健	世好吉祥	上海世好餐饮管理有限公司
	刘敬华	马兰	马兰拉面快餐连锁有限责任公司
	赵黎峰	秦妈	重庆秦妈餐饮管理有限公司
	张维平	秦妈	重庆秦妈餐饮管理有限公司
	严均祥	小天鹅	重庆佳永小天鹅餐饮有限公司
	季锦芳	速 8	速伯艾特（北京）国际酒店管理有限公司
	熊俊麟	速 8	速伯艾特（北京）国际酒店管理有限公司
	韩金峰	惠美饺子	青岛远见服务管理有限公司
服务业	刘权平	居众	深圳市居众装饰设计工程有限公司
	杨小艺	居众	深圳市居众装饰设计工程有限公司
	夏连志	紫名都	北京紫名都装饰工程有限公司
	龚群英	紫名都	北京紫名都装饰工程有限公司
	赵薇薇	红黄蓝	北京红黄蓝儿童教育科技发展有限公司
	刘瀛民	金宝贝	精中（上海）管理咨询有限公司
	梅国梁	金宝贝	精中（上海）管理咨询有限公司
	杨卫东	小拇指	杭州小拇指汽车维修科技股份有限公司
	靳云娥	植秀堂	青岛植秀堂养生养颜连锁有限公司
	姜惠艳	翰皇	北京翰皇伟业皮革清洁养护连锁服务有限公司
	史玉民	若石	长春市若石足道健康技术有限公司
	吕景朋	康洁	郑州市康洁洗涤有限公司
	张荔琼	伊尔萨	北京荣昌科技服务有限责任公司
	崔广科	伊尔萨	北京荣昌科技服务有限责任公司
	吴 非	科威国际不动产	科威房产管理咨询（上海）有限公司

2009—2010 年度中国优秀加盟商（区域）

2009—2010 China Outstanding Multi - unit Franchisee

行　业	区域加盟商	加盟品牌	加盟企业名称
零售业	王　泽	百圆	山西百圆裤业连锁经营股份有限公司
	韩高荣	百圆	山西百圆裤业连锁经营股份有限公司
	薛万贵	苏果	苏果超市有限公司
	丁玉云	苏果	苏果超市有限公司
	李容芳	上好	东莞市星瀚商贸有限公司
	宋　来	探路者	北京探路者户外用品股份有限公司
	王广旭	探路者	北京探路者户外用品股份有限公司
	张洪臣	百花	北京百花蜂产品科技发展有限公司
	李恩涛	吴裕泰	北京吴裕泰茶业股份有限公司
	谢建敏	名庄传奇	浙江名庄传奇葡萄酒有限公司
	李长永	燕之屋	厦门市双丹马实业发展有限公司
	王彦华	博宇	沈阳博宇有色金属炉料有限公司
餐饮与酒店业	王彦华	东来顺	北京东来顺集团有限责任公司
	陈　健	摸错门	青岛摸错门饮食文化有限公司
	周怀林	德克士	天津德克士食品开发有限公司
	叶　炜	绿茵阁	广州市绿茵阁餐饮连锁有限公司
	牟　伟	世好吉祥	上海世好餐饮管理有限公司
	路志民	德庄	重庆德庄实业（集团）有限公司
	钱志民	德庄	重庆德庄实业（集团）有限公司
服务业	何　明	业之峰	北京业之峰装饰有限公司
	鲍向阳	业之峰	北京业之峰装饰有限公司
	刘艳卫	红黄蓝	北京红黄蓝儿童教育科技发展有限公司
	宋明翰	东方爱婴	北京市东方爱婴咨询有限公司
	寇长伟	东方爱婴	北京市东方爱婴咨询有限公司
	王　琰	环球雅思	北京环球天下教育科技有限公司
	周文波	环球雅思	北京环球天下教育科技有限公司
	杨建新	能量娃	北京能量娃教育科技有限公司
	林　伟	能量娃	北京能量娃教育科技有限公司
	兰　辉	小拇指	杭州小拇指汽车维修科技股份有限公司
	董桂萍	植秀堂	青岛植秀堂养生养颜连锁有限公司
	王爱社	翰皇	北京翰皇伟业皮革清洁养护连锁服务有限公司

续表

行业	区域加盟商	加盟品牌	加盟企业名称
服务业	钱声明	康洁	郑州市康洁洗涤有限公司
	凌敦平	21世纪不动产	北京埃菲特国际特许经营咨询服务有限公司
	苏晓晨	21世纪不动产	北京埃菲特国际特许经营咨询服务有限公司

2009 年度“CCFA 十佳金牌店长”

TOP10 Store Manager

姓　名	企业名称
温仁军	苏果超市有限公司
支光斌	成都伊藤洋华堂有限公司
马永章	山东银座商城股份有限公司
黄冬青	天津劝宝超市有限责任公司
刘　静	武汉中百便民超市连锁有限公司
敬翠华	长春欧亚集团股份有限公司
钱　浩	安徽百大合家福连锁超市股份有限公司
阙丽平	上海雷允上药品连锁经营有限公司
褚双秀	武汉中百连锁仓储超市有限公司
李　滨	湖南家润多超市有限公司

2009 中国零售业优秀 CIO 名单

（第 6 届中国零售业 CIO 峰会公布并颁奖 2009. 6. 18—20 宁波）

序　号	姓　名	职　务	单　　位
1	李振湖	信息部长	山东银座商城股份有限公司
2	蒋四渝	经理	北京华冠商贸有限公司
3	陈永斌	部长	合肥百货大楼集团股份有限公司
4	张红钢	计算机管理部长	武汉中百连锁仓储超市有限公司
5	丁启森	部长	北京金象大药房医药连锁有限责任公司
6	崔晓丽	信息部经理	深圳市国际企业股份有限公司
7	毛德根	副总经理	杭州联华华商集团有限公司
8	贾　昆	信息部经理	北京甘家口大厦
9	谢文波	财务信息总监	哈尔滨红博商业集团
10	周　如	信息部长	辽宁兴隆大家庭商业集团有限公司

2009 年行业统计优秀单位

2010 年 3 月 26 日，依据连锁零售会员企业 2009 年参与中国连锁经营协会主要调研工作（6 项：百强、防损、KPI、食品安全、工商关系、人力资源）的情况，在协会零售业资讯统计委员会第二次会议上，北京超市发连锁股份有限公司等 6 家企业被评为“2009 年行业统计优秀单位”并获赠荣誉证书。名单如下：

北京超市发连锁股份有限公司
华润万家有限公司
物美集团
武汉中百连锁仓储超市有限公司
山西美特好连锁超市股份有限公司
天津劝宝超市有限责任公司

附录二

2009 年中国连锁业大事记

一　月

一月一日起外资不得从事烟草专卖

2008 年 3 月，国家颁布新的《烟草专卖许可证管理办法》。根据新《烟草专卖许可证管理办法》，禁止外资进入烟草经营领域，外商投资企业或个体工商户不得以特许、吸纳加盟店及其他再投资等形式变相从事烟草专卖品经营业务。根据这一规定，国内的外资超市将被禁止经营烟草。但由于许多外资超市此前获得的烟草经营许可证，要到 2008 年 12 月 31 日才到期，所以外资超市从 2009 年 1 月 1 日，才真正全面开始退出烟草销售。

11 家地市超市成立 SPAR 山西

面对金融危机，1 月 8 日，山西 11 家地市连锁超市成立 SPAR 山西，签署共同投资并采用股份制形式组建山西美特好物流有限公司。这是美特好继上年 6 月携手国际 SPAR 开展生鲜革命后的第二次合作。据介绍，SPAR 山西成立后，美特好将集中精力于太原的发展，不再向其他地级市扩张，退出省内地市级市场，交由联盟现有成员扩张。

黄光裕辞任董事长　陈晓主政国美

1 月 18 日，国美发布公告透露，被公安部门拘查的黄光裕辞去公司董事职务，其董事局主席职务也自动终止。陈晓任国美董事局主席兼总裁。

物美终止托管超市发

截至 2008 年年底，超市发国有资产经营公司将其在超市发连锁的国有股托管给物美集团的 4 年协议已经到期。由此，物美对超市发的董事会控制地位发生变化。2004 年 4 月 19 日，物美收购了超市发 25.03% 员工股，三日后托管了超市发国有资产经营公司持有的 34.77% 国有股。物美实际掌控了超市发 59.8% 的股权。如今合同到期，物美对超市发的股权控制比例由 59.8% 降至 25.03%。

永辉超市北京首店开业

福建的超市龙头企业永辉超市在京的首个门店一月正式开门营业，除了以生鲜产品作为超市的主打特色外，永辉与北京其他超市最大的不同则是为其供应商开出了 15 天的到账期。

华联股份彻底转型商业地产

华联股份一月发布公告表示，将向其股东北京华联集团投资控股有限公司增发8.3亿元股份，收购华联集团旗下北京、江苏等地的5处商业物业，这意味着华联股份从百货零售转型为纯粹的商业地产企业，将来主要在北京从事社区购物中心的开发。

百思买20天连开6家店

在百思买美国总部宣布将以裁员、放缓开店应对经济危机的同时，百思买中国扩张却悄然提速。相隔3年，百思买终于在2008年年底开出进入中国后的第二家门店，此后短短20天内在上海和北京接连新开6家门店，并引入自有品牌的平板电视影雅（INSIGNIA）。

二　月

家电下乡拉动消费约1.6万亿

财政部会同有关部门测算认为，家电下乡财政补贴政策实施四年，预计累计实现销售6亿台（件），拉动国内消费约16000亿元。根据国务院统一部署，从2009年2月1日起，将家电下乡政策从12个省（区、市）全面推广到全国，在现有补贴彩电、冰箱（含冰柜）、洗衣机、手机的基础上，将摩托车、电脑、热水器、空调纳入家电下乡补贴范围，由各地根据需要自主从中选择两个品种。

五星电器变身外商独资

百思买发布公告称，2009年2月6日，五星电器营业执照已完成变更为外商独资企业程序。依据此前双方商定的定价方案，百思买将不迟于2009年2月21日支付约1.85亿美元现金，正式获得五星电器100%权益。2006年5月，百思买斥资1.84亿美元获得江苏五星电器75%的权益，并保证4年内收购五星电器小股东所持有的25%的剩余股份。

沃尔玛陆续启用新标识

2月，沃尔玛深圳几家商店陆续启用新标识。沃尔玛负责人表示，新标识更直观地反映了沃尔玛的目标和使命，但并不意味着公司文化的改变。新标识采用更加柔和的英文字体，去掉了“Wal”和“mart”中间原有的蓝色五角星，同时在“Walmart”后面增加了一个橙色火花。这个火花不仅代表灵感与智慧，更代表了沃尔玛是顾客省钱的智慧之选。

海航商业洽购兴正元MALL

2月26日，刚在一月进行了旗下西安民生（000564）和宝商集团（000796）两家上市公司资产重组的海航商业控股有限公司（以下简称海航商业），眼光又转向位于商业旺地西安市骡马市的兴正元广场。据悉，海航商业欲收购兴正元广场。此事已经得到兴正元集团和西安民生方面高层人士的确认。

百盛集团关闭北京和长沙的两家店

百盛集团26日宣布，由于经营面积和销售额方面的原因，已经关闭在北京和长沙的两家门店。据悉，这两家门店分别为百盛北京海淀店和百盛长沙店，两家店各自的经营面积均小于1万平方米。

三　月

商务部下放部分外资审批权

商务部网站3月12日登出《商务部关于下放外商投资举办投资性公司审批权限的通知》，对外商投资举办投资性公司审批权限进行了调整。该通知自2009年3月6日起实施。根据该通知，外国投资者投资设立注册资本1亿美元及以下的投资性公司及其变更事项（单次增资超过1亿美元的除外），由投资性公司注册地省级商务主管部门负责审批，省级商务主管部门不得再行下放或委托其他部门审批。此次商务部对部分外商投资审批权的下放受到外资企业的欢迎。

麦当劳中国换帅

3月2日，麦当劳（中国）有限公司宣布，曾启山（Kenneth Chan）被任命为该公司新任首席执行官。而曾启山的前任正是一个月前，宣布麦当劳2009年将在中国大陆增开175家新店的施乐生。曾启山是新加坡人，此前已经在麦当劳公司有着12年的工作经历，曾担任麦当劳马来西亚、台湾和韩国市场的区域经理，以及麦当劳新加坡董事总经理。在接受新任命时，曾启山表示，目前中国已经成为麦当劳全球系统中增长最快的市场，他很荣幸能带领麦当劳中国继续发展。

南京新百转战商业地产

南京新百（600682）决定退出竞争激烈的百货业务，转而做大做强商业地产投资、开发和租售。公司3月发布了有关主业变更的重大资产重组预案。该重组预案涉及两部分，一是南京新百将自行销售清理除商业地产以外的，与百货经营相关的存货等资产，同时向非关联第三方招商出租其商业物业；二是将向特定对象公司股东金鹰国际非公开发行股份，购买其持有的上海富得世纪、珠江壹号、国仕达酒店、物业管理公司、装饰工程公司、酒店管理公司等7家公司100%的股权。资产重组实施后，南京新百主业将由以百货零售为主的多元化经营转为专营商业地产。

广百股份收购新大新

广百股份（002187）发布公告，为彻底消除同业竞争，拟以每股21.07元的价格，向控股股东广百集团发行873.57万股股份，用以购买广百集团持有的新大新公司99%的股权，上述资产交易价格为1.84亿元。其实，新大新资产注入的预期早已明确，早在2009年1月21日，在持有新大新1%股权的基础上，广百股份与控股股东广百集团签署托管协议，受托经营管理新大新全部资产。双方当时即同意在协议生效日起18个月内，以适当方式彻底解决同业竞争问题。

百胜收购小肥羊20%股份

肯德基母公司百胜餐饮集团3月25日宣布，将收购内蒙古小肥羊餐饮连锁有限公司20%股份。整个交易资金达4.93亿港元，完成交易后百胜餐饮集团将成为小肥羊第二大股东。

新加坡英武百货将进军内地

新加坡最大零售企业——百乐集团宣布，将在内地首次推出其麾下英武百货。与高岛屋、玛莎百货等同业以上海为切入点有所不同，英武百货瞄准的是二、三线城市。除了首店落户无锡，接下来五年内，英武百货计划在天津、杭州、沈阳、武汉、成都和昆明等10个二、三线城市拓展约20家英武百货。

沃尔玛改变策略独资成发动机

3月，沃尔玛在湖南注册成立了一个区域性独资法人公司，运作新店。而据沃尔玛内部人士透露，沃尔玛已经在湖北、湖南、重庆等地设立了十几家100%独资公司。“在2008年年底外资零售门店的审批权下放到省级商务部门的背景下，沃尔玛在地方注册公司将税收留在当地，迎合了地方政府，因此便于拿到开店的行政审批。”这将破解沃尔玛近两年来因为审批难而开店受阻的处境。

2008年中国连锁百强发布

3月24日，“2008年中国连锁百强”正式对外发布。调查显示：2008年连锁百强销售规模达到11999亿元，同比增长18.4%，占社会消费品零售总额的11.1%。百强企业门店总数达到120775个，剔除特殊因素，门店总数增长10.6%，是10年来增幅最低的一年。国美电器集团以1045.9亿元的销售规模再次位居中国连锁百强榜首，苏宁电器集团、百联集团有限公司、华润万家有限公司、大商集团有限公司分别以1023.4亿元、943.3亿元、638亿元、625.5亿元的销售业绩排名第二至五位。2008年中国连锁百强直接就业人数超过200万，新开店达到23844家，其中农家店2万家，成为“万村千乡”市场工程的主力军。其余3844家店平均单店投资超过500万元，完成直接投资近200亿元。

四 月

商务部加强农村现代流通网络建设

4月，商务部、财政部发出关于加快实施“万村千乡市场工程”的通知，提出2009年在全国新建和改造15万家农家店和1000个农村商品配送中心，形成以城区店为龙头、乡镇店为骨干、村级店为基础的农村现代流通网络，进一步开拓农村市场，拉动农村消费。各地商务、财政部门要主动与地方政府有关部门沟通，争取相关政策支持，帮助企业解决在实施过程中遇到的问题。各地要加大力度推进“一网多用”，打造工商联手、农商对接的平台，为农民提供使用方便、经久耐用、价格适中的商品。

一季度消费品零售总额增15%

国家统计局4月16日公布的数据显示，国内市场销售平稳较快增长，县及县以下市场销售快于城市。一季度，社会消费品零售总额29398亿元，同比增长15.0%（3月份增长14.7%），扣除物价因素，实际增长15.9%，同比加快3.6个百分点，比上年全年加快1.1个百分点。其中，城市消费品零售额19834亿元，增长14.1%；县及县以下消费品零售额9564亿元，增长17.0%。

武汉商业用水用电将与工业同价

武汉市政府常务会原则通过《关于进一步搞活流通扩大消费的意见》，明确提出实施商业与工业水电同价等一揽子刺激商业服务业重建活力的举措。根据《意见》，武汉市将对列入国家鼓励类的商业服务业实施动力发电、用水与工业用电、用水同价政策。并指出，在商业服务业电价、水价政策未变之前，市里将对上年全市餐饮业、零售业销售额前10名、共计20家企业的费用超出部分给予一定补助。

国美、百联跻身全球零售100强

全球第四大会计师事务所之一的德勤及美国零售业权威杂志《STORES》官方网站发布的“2009版全球零售250强”榜单显示：受全球性金融危机经济衰退影响，各国零售业均受到不同程度的冲击，其中以美国、英国等欧美发达国家以及亚洲地区的日本为最。但是，俄罗斯、韩国、中国地区零售业市场表现优异，其中2家俄罗斯零售企业以及4家中国零售企业排名大幅上升，国美电器、百联集团两家中国零售企业则跻身全球零售100强。国美电器位列第63位，百联集团位列第91位。

华润筹建区域型购物中心

继华润万家大卖场、华润标准超市、Vango24小时便利店、Ole超市之后，又一个新品牌业态——区域型购物中心将于2009年底首次亮相。该新品牌是华润万家未来重点发展战略，未来三年预计将在全国开设24个此类型的区域型购物中心，其中首家区域性购物中心在深圳南山南新路亮相。

沃尔玛陷“变相裁员”风波

在金融危机背景下，全球零售巨头沃尔玛在华陷入“变相裁员”风波。4月14日，青岛、深圳、长沙三地媒体同时曝出，当地沃尔玛员工在上周末接到“变相裁员”通知。沃尔玛相关负责人对此回应，公司没有裁员，而是在进行全国性的组织架构优化整合。20日部分沃尔玛员工收到一封沃尔玛中国区CEO陈耀昌致员工的信。在信中，陈耀昌向沃尔玛员工诚恳地对此次由其引发的“裁员风波”表示道歉，并希望那些曾被沃尔玛“优化”的员工回到沃尔玛工作，同时答应沃尔玛的“构架优化”计划将被暂缓。

麦德龙中国精简管理层

沃尔玛的裁员风波还未完全过去，20日又传出德国零售商麦德龙也在推行结构调整，针对管理层对员工进行“优化”。麦德龙内部信息显示，为了实现公司的“结构优化”，早在2008年6月份麦德龙就开始对中国区的组织架构进行重组，取消原有的四大区域总部，重新划分运营区域，使其更专注于销售和营运。另外，麦德龙还合并食品采购与非食品采购部门为统一的商品管理部门。

国内零售商将首次在广交会上采购出口商品

商务部4月23日表示，国内零售商将首次在广交会上采购出口商品。第105届广交会组织外贸商品参展企业、港资企业与国内采购商对接洽谈，并于4月25日和5月4日辟出专门会场和展位。参加此次对接洽谈的有来自全国30个省份的200多家国内大型商场、大型连锁超市、批发代理商，其中包括百联集团、王府井百货、沃尔玛（中国）、大商集团等。同时，来自内地和香港的700多家出口商品生产企业也参加了对接洽谈。

特许经营百强2008年销售收入2199亿元

2008年中国特许经营连锁百强销售规模达到2199亿元，百强企业门店总数为85316个。中国连锁经营协会4月27日发布的“2008中国特许经营连锁百强”显示，特许百强企业中除如家、全聚德等8家已上市外，另有36家已拿到风险投资或私募资本并正在上市筹备期。

2008年度，百强企业销售收入平均增幅为32%，店铺的平均增幅为28%；其中，酒店与培训教育业的增幅最高，酒店企业的平均销售收入增幅为63%，门店增幅87%；培训教育企业的销售收入平均增幅52%，门店平均增幅43%。国内品牌在“2008特许百强”中占绝对主导地位，海外特许品牌不到10家。联华超市、李宁（中国）体育用品、特百惠（中国）、内蒙古小肥羊、北京福奈特等均列行业前位。截至2008年年底，我国特许经营品牌达到3500个，加盟店总数在30万以上，覆盖行业业态超过60个。

沃尔玛深圳试水小型便利店

4月，沃尔玛深圳3家小型便利店营业，并已开始与周边7-ELEVEN、美宜佳、百里臣等各大24小时便利店之间的无声战争——抢占社区市场。

7-ELEVEN入沪3年开店165家

中国台湾地区统一集团独资打造的四家7-ELEVEN便利店30日在上海同时开业，姗姗来迟的全球最大便利公司正式开进上海。统一超商公司为7-ELEVEN投入1亿元资本金，计划1年后开始吸引加盟店，3年内至少在沪开店165家。作为上海首家在店内配置厨房，提供现炒现煮食品的便利公司，7-ELEVEN将向沪上便利店行业同质化顽疾发起冲击。

五　月

华润万家正式并购无锡永安超市

5月7日，华润万家宣布，正式并购无锡永安超市。2008年年初，华润万家就开始与无锡永安超市洽谈并购事宜。2009年4月初，双方签署协议，华润万家以收购资产方式并购永安。并购后，连同5月底即将开业的华润万家马山生活超市，华润万家在无锡的超市门店将达35家。4月30日起，华润万家分5批开始接收、改造25家永安超市。华润万家接收原永安超市全部员工。

京投公司正式入主银泰股份

5月13日，银泰股份的2008年年度股东大会召开。由于4月份的增发完成，银泰股份的大股东已经成为北京市基础设施投资有限公司，因此在本届股东大会上，银泰股份提出了董事会提前换届议案。由京投公司向银泰股份派驻5名董事（其中3名董事，2名独立董事），中国银泰则派出4名董事（其中3名董事，1名独立董事）。虽然董事长并未最后确定，董事会、监事会的换届意味着在增发完成之后，京投公司正式入主，接盘银泰股份迈开了一大步。银泰股份的经营中心将从商业连锁、进出口外贸逐步转移到房地产投资、轨道交通物业开发为主。

沃尔玛加速整合好又多

从好又多店面装修到采购整合，直至沃尔玛自有品牌大批量进入好又多门店，取消会员制似乎已经是沃尔玛整合好又多销售环节的最后一个部分。“沃尔玛电脑系统正在替换好又多原系统；好又多采购机构将大幅缩减，所有采购将集中到沃尔玛深圳总部采购中心。”据好又多内部人士透露，沃尔玛入主好又多看似平静，其实一切都在有条不紊地进行。根据当初收购计划，在2010年2月之前，沃尔玛将实现对好又多的全面控股。届时，好又多上百家门店将全面实现“沃尔玛化”。

六　月

餐饮服务许可证6月1日正式启用

根据6月1日开始施行的《食品安全法》，我国将于6月1日起正式启用餐饮服务许可证，取代已沿用了几十年的食品卫生许可证。2009年2月底正式出台的《食品安全法》确立了我国食品安全分段监管体制，卫生、农业、质检、工商和食品药品监管等部门各司其职，分别负责对食品生产环节、食品流通环节和餐饮服务环节的监管。

马新生就任联华超市主席

通过收购上实商务100%股权，百联成为联华超市（00980. HK）的实际控股股东后，进一步加大对这家国内超商排头兵的整合。联华超市6月公告，王志刚因工作原因提出辞去联华超市董事会主席职务，百联集团董事长马新生已获选为董事会主席，吕明方因不再担任公司非执行董事之职而自动不再担任董事会副主席之职，百联集团超商事业部负责人华国平获选为董事会副主席。王志刚依然是联华超市的执行董事。

马嘉樑出任苏果董事长兼CEO

5月24日召开的2009年苏果超市董事会上公布了董事长新任人选，因原董事长陈朗职务升迁，由马嘉樑接任苏果超市董事长一职，并继续兼任CEO。2009年年初，陈朗荣登华润创业董事总经理职务，华润集团拟委派马嘉樑接任董事长的提议也迅速得到江苏省供销社的赞同，双方对马嘉樑的领导才能和经营管理水平均给予充分认可。

山东银座上半年连开7店

山东银座2009年上半年连开7家店，下半年计划再开3~5家。公开资料显示，从2006年至今，银座每年新开门店的数量都在10家以上，到2009年4月30日旗下大型门店已达59家，这还不包括济南、青岛、烟台、临沂、潍坊、曲阜、德州等仍在建设中的近10个大型项目。

北京华联获准发行7亿公司债

华联综超（600361）发布公告称，北京华联综合超市股份有限公司于2009年6月4日收到中国证券监督管理委员会有关审核意见函，公司公开发行不超过7亿元人民币公司债券的申请，已经中国证监会发行审核委员会审核后获得有条件通过。

国美电器一季度关店43家

国美电器全年关店百家的目标一季度便完成近半。国美电器最新发布的2009年一季报显示，今年一季度关店数目达到43家，受关店及消费者信心低迷的影响，国美业绩继续大幅下滑，一季度利润3.22亿元，同比下降37.23%。公告同时透露，在出售股权引入战略投资者一事未达成协议前，公司股票将不会复牌。

阿里巴巴进军手机购物

6月，中国电子商务巨头阿里巴巴集团透露，已向手机软件公司优视动景（UCWEB）展开投资，准备发展手机购物平台。之前，阿里方面曾表示，将动用2亿美元展开收购，实现寒冬抄底。根据双方合作意图，两家公司可以合作开发应用程序，供阿里巴巴的客户通过手机上网购物并完成交易，或是进行产品价格比较。

乐天玛特北京取代万客隆

通过收购万客隆进入中国的韩国乐天玛特超市，完成了对北京全部6家门店的“消化”。随着洋桥店、八里桥店更名重张，在京12年的万客隆彻底销声匿迹，乐天玛特进入了自开店的发展阶段。2008年1月，韩国乐天集团斥资12.8亿元，从荷兰SHV投资公司和中国粮油食品进出口总公司手中收购万客隆100%股权，进入中国零售业。目前，乐天玛特已在华拥有近10家店，其制定的远景目标是10年内扩大至200家。

7-11计划在津开出200门店

6月，全球最大的便利连锁机构“7-11”低调入津。目前，该公司已完成全部审批。“7-11”便利连锁店是全球最大的便利连锁机构，计划在津陆续开设200家连锁店铺。业内人士分析，天津的便利店市场尚处于起步阶段，由于便利店数量较少，分布稀疏，因此将有很大的发展空间。

家乐福节能店年省百万元电费

零售巨头家乐福正式公布其节能成果，其将“轻装”应对微利行业竞争。家乐福大中华区总裁兼CEO罗国伟介绍，各门店经过节能改造，2008年共节省能耗费用1亿元，平均单店节省100万元。据家乐福方面介绍，通过使用加门冷藏设备，每平方米可节省15%～20%的能耗。另外，在封闭的恒温环境中，对食品储藏也有帮助，并减少化霜次数。

永旺中国投资“瘦身”将开出小型便利店

6月7日，日本零售巨头永旺公司宣布，将调整在中国的开店计划，把“现有28家分店增至100家”的当前计划从原定的2011年推迟两年左右。公司称，中国个人消费低迷和永旺自身业绩恶化是导致公司对新增投资采取抑制态度的主要原因。

苏宁成为日本LAOX最大股东

中国苏宁电器和日本家电连锁店企业LAOX股份公司6月25日在东京联合召开新闻发布会，宣布苏宁电器以每股12日元的价格认购LAOX27.36%的股权，成为其最大股东。苏宁电器公司总裁孙为民说，苏宁将借助LAOX在日本国内渠道优势进行采购，重点是时尚消费类产品，输入中国市场，在中国提供店面支持LAOX发展，并且将在苏宁建立日本商品的售后服务点，让中国消费者买日本商品更感“安心”。同时，随着苏宁进入LAOX，苏宁会把中国生产的产品输出到日本，这也是苏宁实现国际化发展的一个战略。

联华超市全面合并华联超市

6月28日，联华超市（0980.HK）在香港联交所发布公告称：该公司偕同其附属上海联华超市发展有限公司与百联集团有限公司以及百联集团置业有限公司签订买卖协议，以总价约4.92亿元人民币收购华联超市全部股权。这一重大举措，标志着百联集团超商企业的重组整合将全面启动。收购完成后，联华超市的门店总数将达到5268家，其中标超门店达到3184家。

七　月

2009年上半年社会消费品零售总额同比增长15.0%

2009上半年，社会消费品零售总额58711亿元，同比增长15.0%。分地域看，城市消费品零售额39833亿元，同比增长14.4%；县及县以下零售额18878亿元，增长16.4%。分行业看，批发和零售业零售额49406亿元，同比增长14.7%；住宿和餐饮业零售额8514亿元，增长18.1%；其他行业零售额791亿元，增长3.0%。分商品类别看，限额以上批发和零售业吃、穿、用类商品零售额同比分别增长13.1%、17.0%和10.8%。其中，汽车类增长18.1%，日用品类增长14.0%，家用电器和音像器材类增长5.1%，化妆品类增长17.2%，金银珠宝类增长15.4%，文化办公用品类增长3.7%，体育、娱乐用品类增长7.9%，服装类增长18.0%，粮油食品类增长12.6%，其中粮油类增长11.2%，肉禽蛋类增长10.6%，石油及制品类增长1.5%，通讯器材类同比下降7.0%。

发改委要求加快商业与工业用电用水同价

国家发展和改革委员会办公厅发出关于做好商业与工业用电、用水同价工作有关问题的通知指出，按照《国务院办公厅关于搞活流通扩大消费的意见》（国办发［2008］134号）有关要求，尚未实现商业与工业用电同价的省（区、市），应认真做好商业与工业用电同价的实施方案，结合销售电价调整，尽快实现工商企业用电同价。同时，认真落实商业与工业用水同价。通知要求各地价格主管部门要高度重视商业用电、用水同价工作，尽快研究实施方案，统筹兼顾各方面影响，积极做好宣传解释，确保工、商用电用水同价政策平稳顺利实施。

全国农产品“农超对接”现场会在山东威海召开

7月10日，商务部在山东省威海市召开全国农产品“农超对接”现场会，商务部副部长姜增伟出席会议并讲话。姜增伟表示，实施农产品“农超对接”，是商务部贯彻党中央、国务院精神，按照“保增长、扩内需、调结构”的总体要求，健全农村流通网络，扩大农村消费，积极应对全球经济危机，统筹城乡发展，建设社会主义新农村的又一重要举措。“农超对接”是我国农产品流通方式的重大变革，其实质是农产品供应链条的优化。发展“农超对接”对构建现代农产品流通体系，改革农产品流通体制具有重要意义：有利于建立农民与零售商之间稳定的购销关系，促进农产品销售；有利于对农产品生产进行全程监管，提高农产品质量安全水平；有利于促进农民增收，扩大农村消费；有利于降低农产品流通成本，让利于农民和消费者；有利于树立农产品的品牌，提高农产品市场竞争力；有利于减少农产品进超市费用，促进和谐共赢的农产品零供关系。

北京优质商业租金下降5.7%

在世邦魏理仕最新发布的《全球零售业市场观察》研究报告显示，迫于招商压力，北京许多现存优质商业项目已经降低租金报价，导致一季度北京商业项目首层和二层租金分别较上季度下降5.7%和5.8%，达到每天每平方米25.6元和18元。同时，部分零售商关闭了经营状况不佳的门店，使得京城优质零售物业空置率较上季度上升1个百分点，达到8.2%。

国美电器宣称正式告别危机

国美电器7月8日晚发布公告，终止运行半年多时间的董事会特别行动委员会。国美电器称，这标志着在成功融资之后，上年11月专门为应对危机而设立的董事会特别行动委员会圆满完成任务，公司正式告别因黄光裕事件而引发的危机。国美电器董事局主席兼总裁陈晓表示，在过去的7个月中，独立董事组成的特别行动委员会为公司渡过危机提供了宝贵的指导和帮助，也使国美的融资方案有效地体现了股东的利益。今后，独立董事将继续发挥完善企业治理的作用。特别行动委员会使命的完成，在形式上正式宣告国美走出了危机。

沃尔玛80城市启动“便民金融服务”

作为在金融服务领域一项重要的服务创新与整合，沃尔玛将为顾客提供信用卡还款、公共事业缴费、支付宝交易号支付、手机充值等日常费用支付的“一站式”服务。7 月起沃尔玛在全国 80 多个城市的商场正式启动了“拉卡拉便民金融服务”。沃尔玛零售增值服务及战略副总裁阮明江女士表示，此次在全国范围内的商场里启动拉卡拉智能支付终端，是沃尔玛致力于创新满足现代消费者多样化需求的又一新的尝试。

麦德龙对华增加八千万欧元投资

总部设于德国的全球 500 强零售和贸易企业麦德龙总裁蔡天乐 7 月 9 日宣布，麦德龙将在中国增加 8000 万欧元投资，用于建设 4 家今年即将开张的麦德龙店铺。“这次新开的 4 家都在南方的二、三线城市，麦德龙对这些地方的市场非常看好。”蔡天乐在接受采访时透露，这 4 家店分别位于苏州的昆山、常熟，宁波的慈溪以及杭州。尽管全球都在遭遇金融风暴，但是 2008 年麦德龙在中国 38 家商场的销售额达 10.52 亿欧元，比上年增长 15%。

家润多登陆中小板

7 月 17 日，继桂林三金（002275，收盘价 32.46 元）和万马电缆（002276，收盘价 27.45 元）登陆中小板后，家润多（002277，收盘价 37.9 元）成为 IPO 重启后第三只登场的新股。

陕西本地大型超市全军覆没

截至 7 月 26 日，西安晶众家乐超市改换门庭的行动基本结束，“晶众家乐”的招牌悉数换成了“民生家乐”。晶众家乐超市是最后一家被卷入西安超市业态并购重组浪潮的本土大型连锁超市，它的谢幕正式宣告西安本土大型超市彻底退市。7 月 28 日，从陕西晶众家乐投资有限公司了解到，该公司旗下 18 家超市门店已全部改头换面，由海航商业控股公司（下称“海航商控”）牵头的针对原晶众家乐超市为期近一年的重组工作基本完成。此前，西安本土另外两大连锁超市爱家和海星均已易主，分别被华润（集团）有限公司和来自澳大利亚的购宝商业集团兼并。

八　月

沈阳商业城国有产权 2.6 亿转让

沈阳商业城股份有限公司发布公告：本公司从股东沈阳商业城（集团）获悉，沈阳商业城（集团）产权转让事宜于 2009 年 8 月 18 日产权出让方沈阳恒信国有资产经营有限公司与受让方深圳市琪创能贸易有限公司在沈阳联合产权交易所办理了产权交割手续。本次产权转让经评估的相关指标：资产总额 52345.66 万元，负债总额 22418.44 万元，净资产 29927.22 万元，成交价格 26934.5 万元。

物美生活超市年底将增至 21 家

2009 年以来，已有 6 家物美超市便利店被改造成“物美生活超市”。比起以前的便利店，生活超市主要增加了生鲜、蔬菜等配比。物美集团生活超市项目负责人表示：“已经改造完成的6家超市，营业收入比以前提高了50%，效果非常明显。2009年下半年会集中完成15家超市的改造，北京地区到年底会出现21家物美生活超市。”

大润发上半年销售增长20%

几年来销售排名一直屈居家乐福之后的大润发，2009年上半年的销售业绩已经超过家乐福，进入我国内地外资超市销售榜首。大润发相关负责人表示，大润发本年上半年销售收入比去年同期增长20%。据了解，大润发上年销售收入为335.67亿元。

华联吉买盛或全购家得利超市

华联吉买盛控股股东港佳控股（00605.HK）17日复牌同时宣布，拟通过非全资附属公司上海华联吉买盛，与上海信盟投资订立意向书，于45天内向上海信盟投资公司支付保证金5亿元，以获授予收购一家超市零售为主业的目标公司全部股权的优先购买权。

百联集团换帅

国内最大商业航母——百联集团或将迎来第三任总裁。原上海国盛（集团）有限公司（下称国盛集团）总裁兼党委书记贺涛将调任上海百联集团总裁，百联集团现总裁吕勇明或将调任上海市国资委副主任。

“维护公平交易环境拉动内需促进消费”活动举行

8月27日，由中国连锁经营协会主办，中国蔬菜流通协会、中国水产流通与加工协会、中国调味品协会、中国果品流通协会、中国电子视像行业协会等单位协办的“维护公平交易环境拉动内需促进消费”倡议活动发布会在京举行，商务部部长助理房爱卿出席并讲话，发展改革委、工业和信息化部、农业部、工商总局等部门有关负责人出席活动。商务部部长助理房爱卿指出，当前，在应对国际金融危机影响的背景下，深化零供合作是搞活流通、扩大消费的重要手段，促进零供关系和谐发展，需要政府、行业、企业三方面的努力。中国连锁经营协会会长郭戈平介绍，协会在商务部的指导下，联合五家供应商行业协会，共同发起《零售商供应商公平合作促销倡议》，并推出6项促进零供关系和谐发展的具体措施，包括：探索建立零供合作信用监督与沟通机制；完善推行《连锁超市行业道德规范》；探索建立“连锁经营人力资源预警机制”，协助企业加强流动性管理；引导零售企业创新采购模式；组织“农超对接会”和“批零对接会”；发起全行业“零售创新”活动，开拓思路，实践创新。截至8月27日，已有71家零售商和207家供应商签署了《零售商供应商公平合作促销倡议书》。

九　月

国美取消门店进场费求效益

家电巨头国美电器对外表示，先是在济南的新店停收“进场费”，并陆续在全国试点，开设50家无“进场费”门店，以和谐方式谋发展。新的政策改变了国美与供应商之间的合作模式，两者之间的关系更加透明。按照新政策，国美与供应商的新合同要在国美总部签，合同内对年度各项费用及回款周期等营销数据作了明确规定，任何分部不得在没有厂家确认的前提下、以任何名义收取合同外的费用。业内人士表示，“黄光裕事件”后的国美，一度陷入资金吃紧、管理层变动的困境，此次试点取消进场费，也是国美争取市场、谋划翻身的攻略。

家乐福上半年单店销售额被大润发赶超

一向在中国零售市场靠单店销售额称霸的家乐福正悄然被台资零售商大润发赶超，家乐福年单店销售额 2.52 亿元，大润发这一数据却达到 3.33 亿元。而一贯年开新店 20 多家的家乐福，2009 年以来却只开了 5 家新店，其老对手沃尔玛今年破纪录地新开店超过 30 家，截至 9 月 1 日，沃尔玛中国区门店数已经达到 158 家，而家乐福门店数仅有 139 家。门店数和单店销售额被双双赶超后，中国零售业市场格局开始发生巨变。

宜家中国变脸

在进入中国市场 11 年之后，来自瑞典的全球最大家居巨头宜家（IKEA）决定重新定位自己的在华形象。从 7 月底在北京大手笔拿地，到 9 月 1 日开始的史上最大规模降价，宜家中国转型的意图已经跃然纸上。9 月 3 日，宜家购物中心中国区董事总经理丁晖表示：“宜家集团正有意把家居零售和购物中心结合，逐步从单纯的家居零售进入到购物中心业态。”

百年茶庄吴裕泰试水餐饮业

拥有 200 余家门店的吴裕泰茶庄，正尝试高端餐饮业。9 日，吴裕泰位于北京金宝街的养生茶馆开业，主营茶及内府菜。吴裕泰茶业股份有限公司总经理孙丹威表示，希望吴裕泰未来的经营业态更丰富，内府菜是尝试之一。孙丹威说：“如果有合适的位置和环境，吴裕泰还会在餐饮业进行更多尝试，当然主要是融合茶与餐。”上年 8 月，吴裕泰在东直门开设第一家内府菜餐厅，今年 5 月，已基本收回成本。

百盛、王府井百货进驻兰州

9 月，抢滩兰州南关商圈的时尚百盛装修接近尾声。同时，入驻东部商圈的王府井百货也将在“十一”开门迎客。两大“系出名门”的百货业航母强势登陆，让一度略显温吞的兰州百货业充满变数。业内人士称，百盛、王府井的进驻将对兰州目前的零售业市场带来巨大冲击，商圈重心也将出现偏移。对于此次高调进驻兰州，两巨头相关负责人均称“看重的是兰州巨大的消费潜力和发展前景”。

物美全资控股美廉美

物美全资控股美廉美整合内部资源全面启动继引入战略投资融得 16.5 亿港元后，物美集团重启并购之路。首当其冲斥资 7.99 亿元收购美廉美剩余股份。9 月，物美公告显示，以 7.99 亿元人民币收购子公司美廉美两位小股东（朱幼农和曹建民）持有的 25% 股权，实现 100% 控股。美廉美最后两位创始人，套现近 8 亿元后退出美廉美。

新世界百货拟大变身

新世界百货中国计划斥资约1亿元，于两年内对全国33间分店进行形象革新，将全线分店划分为“生活馆”和“时尚馆”。革新已于9月9日在东北区沈阳首先启动，华北区及华东区将于2010年分别于北京及上海推行。新百货执行董事郑志刚表示，藉革新，全线分店客流量能增加20%～30%，销售额增10%～20%。

特易购加速独资化

9月，英国零售巨头特易购（TESCO）在上海注册外资公司后于本地推出的第一家门店开业。特易购表示，随着各地外资公司的建立，特易购的新开门店都将以“外资”形式存在，而早前设立的门店将逐步转向“外资经营”。作为全球大型零售企业之一，特易购在中国拥有66家大卖场和7家试验阶段便捷店。特易购表示，三分之一左右新开门店为外资模式，其余三分之二将逐步转型。该公司目前已经在江苏、浙江、天津、广州等地注册外资公司，将逐步实现独资经营。

“万村千乡市场工程”现场会在湖北仙桃召开

9月22～23日，全国“万村千乡市场工程”现场会在湖北仙桃召开。商务部部长助理房爱卿出席会议并讲话。房爱卿指出，“万村千乡市场工程”实施以来取得显著成效。各级政府积极推动落实，安排专项扶持政策，农家店覆盖率不断提高。今年以来，共建农家店10万家，配送中心819个。截至2009年8月底，全国累计建设改造36万家连锁化农家店和1186个配送中心，覆盖全国84%的县、71%的乡镇和44%的行政村，较2008年年底分别提高了9%、22%和11%。以城区店为龙头，乡镇店为骨干，村级店为基础的农村现代流通网络正在逐步形成。“万村千乡市场工程”社会效益日益凸显。2009年1～8月，农家店实现销售额660多亿元，带动社会投资245亿元，创造就业32.2万个。在5.12汶川地震和新疆7.5事件中，承办企业为保障市场供应、维护社会稳定做出贡献。

十　月

我国外商投资零售企业达2400家

商务部新闻发言人姚坚表示，外资进入带动了国内零售业态的完善、技术水平的提高、电子化的应用，供应链流程进一步的完善。姚坚介绍，有关数字显示，截至2009年8月，外商投资零售企业共有2400家，实际使用外资48.3亿美元，其中91%的商业服务业所吸收的外资都是在2004年入世以后，规模达到37亿美元。从外商投资商业流通业比例来看，大约占总企业数的5%，销售额和资产额占到全国的12%左右。

步步高引进外籍高管团队

步步高商业连锁股份有限公司将引进一个曾服务于印度尼西亚玛泰哈利（Matahari）达5年之久的专业团队，全面主导步步高超市业态的经营管理。这个团队加盟步步高后，将全面管理步步高超市事业部的主要经营管理工作，聘用期为5年。据悉，NOEL先生将担任步步高超市事业部首席执行官。同时，NOEL先生所带领的专业团队也将从财务、人力资源、采购、营运管理等多方面切入，全面对步步高湖南、江西两地的所有超市门店进行管理。

王府井百货再融资 8 亿

继 2009 年 7 月向东亚银行贷款 3 亿元用于新建门店后，中国百货龙头王府井又获准融资。王府井发布公告称，其发行可转换债券已获证监会批准，将从资本市场融资 8.21 亿元。业内预测，此次融资后可为王府井扩张提供资金后盾。最新公告显示，王府井获准向社会公开发售的 8.21 亿元可转换债券，债券期限为 6 年。

小肥羊将新开 40 家店

小肥羊宣布，公司将继续收编加盟店，另外将增加 40 家直营店。小肥羊新闻发言人李丽婵表示，即使公司业务已延伸至火锅底料、西餐羊肉、休闲食品等业态，但餐厅收入仍旧是该集团的主要收入来源。尽管面临 2009 年上半年直营店单店销售额增幅减缓的局面，但公司依旧坚持扩张直营店路线，新开张 11 家直营餐厅，并收购 9 家特许经营餐厅，到 2009 年末再新张 20 家店。

银座股份 9.25 亿元竞得石家庄东购

备受业内关注的石家庄东方购物中心大股东股权转让尘埃落定，曾受到国内 7 家商业集团激烈争夺的东方购物中心最终花落上市公司银座股份。银座股份在上海证交所发布公告表述：银座股份及山东省商业集团联合竞买石家庄东方城市广场有限公司（以下简称“东购”）92.73% 的股权成功，总价款 9.25 亿元，其中上市公司受让东购 55.14% 股权，受让价格 5.5 亿元。

沃尔玛在华扩店速度提升逾 40%

在中国扩张速度一向不算太快的沃尔玛，2009 年开始疯狂扩张，截至 9 月末，新开店数已达 35 家，比其往年年均开新店 10～20 多家的速度，沃尔玛今年的扩店速度提升 40% 以上。沃尔玛今年在华门店数已经超越家乐福，成为外资零售巨头中在中国区门店数量最多的企业。而在这看似“不寻常”的疯狂扩张的背后，其实是沃尔玛酝酿已久的独资渗透二、三线城市，借金融危机“抄底”的开店法则。

沃尔玛中国区架构大调

12 日，沃尔玛新近制定了全新的管理营运架构，涉及到 20 名相关高层的调整，意在发力中国市场。与以往笼统的 ABCD 四大区划分管理架构不同的是，此次架构调整增设了区域总监职位，形成了中国区营运副总裁——营运总监——区域总监——区域经理的管理梯队结构。各区域进一步细化，各层级的管理职责更加明确。同时，在中国沃尔玛营运高层最新管理架构中，首次把好又多管理团队纳入沃尔玛运营体系中。由中国区营运副总裁下属的好又多高级总监，带领好又多全国 4 个区域商品及商场管理团队，以实现 2010 年 2 月之前，沃尔玛对好又多的全面控股。

茂业百货 2.77 亿收购江苏泰州一百

10 月 13 日，茂业国际控股有限公司宣布，其全资附属公司茂业商厦将耗资 2.77 亿元，收购江苏泰州一百的 93.7% 的股权。

TESCO 在华引入工会

10 月 14 日，遭遇“亚洲工人欠薪门”的全球三大零售商之一 TESCO 中国宣布，与 TESCO 中国的企业工会共同推出“工会企业伙伴关系合作协议”，提高职工待遇福利，以便更好地服务顾客和开展中国业务。

百胜斥资 3 亿增持小肥羊股份

百胜在取得小肥羊 20% 股份后，21 日再度斥资 3 亿港元增持小肥羊 7.30% 股份。至此，百胜共拥有小肥羊 27.3% 股份，仍位列第二大股东。

沃尔玛入驻广州

27 日，沃尔玛正式入驻广州，其在广州的第一家山姆会员店在番禺区开业。这是沃尔玛公司在广州的第一家商场，也是其在中国的第 87 个城市开设的第 163 家商场。

TESCO 中国架构调整

完成第一阶段抢点布局任务之后，跨国零售企业在中国市场为配合下一阶段从点状扩张向块状扩张的转变，纷纷对中国管理架构进行调整。28 日，继沃尔玛、家乐福之后，全球第三大零售商 TESCO 集团也于近期对中国市场进行了架构调整，设立三大区域，以适应中国业务急剧扩张的需求。截至 2010 年 2 月底的 2009/2010 财年，TESCO 在中国将新增 19 家门店。

沃尔玛宣布“农超对接”新计划

29 日，沃尔玛中国与商务部和农业部分别签署了《共促“农超对接”合作备忘录》，并宣布沃尔玛“农超对接”项目的三项新计划。沃尔玛农超对接项目始于 2007 年。三年来，沃尔玛先后在超过 7 个省市建立了 11 个直接采购基地，面积达 15 万亩，直接受惠农民 20 万人。沃尔玛计划到 2011 年底，有 100 万农民参与并受益于沃尔玛农超对接项目，沃尔玛超市内三分之一的蔬果类产品将来自定点直接农场。

华润接手母公司 75 家世界店铺

华润创业（00291，HK）与母公司华润集团 10 月 29 在香港公布资产置换计划，华润集团将原属于家世界集团的 75 间超市资产以及山东聊城啤酒厂转让给华润创业，而后者则将旗下全部纺织业务以及香港、深圳盐田货柜码头的少数股权转让给华润集团。华润创业表示，这一重组旨在使公司加强关注于中国快速增长的消费市场。

十一月

国务院印发关于加快供销社改革发展的意见

国务院办公厅日前印发《国务院关于加快供销合作社改革发展的若干意见》,《意见》明确了供销合作社改革发展的总体要求。指出,供销合作社改革发展的总体要求为,要坚持社会主义市场经济改革方向,坚持合作制基本原则,大力推进经营创新、组织创新、服务创新,加快构建运转高效、功能完备、城乡并举、工贸并重的农村现代经营服务新体系,努力成为农业社会化服务的骨干力量、农村现代流通的主导力量、农民专业合作的带动力量,真正办成农民的合作经济组织,不断开创中国特色供销合作事业新局面。

县级市网点规划完成率达 35%

截至 2009 年 9 月底,全国 368 个县级市中有 129 个城市编制完成商业网点规划,编制完成率为 35.1%(其中 85 个县级市已经市政府批准实施,44 个已报市政府待批准),87 个县级市已编制完成商业网点规划初稿,正在组织论证或征求意见,144 个县级市正在编制规划。

第十一届中国连锁业会议在南京召开

第十一届中国连锁业会议·2009 中国连锁百强零售 CEO 峰会、第十一届中国连锁店展览会 11 月 5－8 日在南京召开。本届大会的主题是"创新积蓄力量竞合谋求发展",来自业内的 1300 多名代表出席会议并参观展览,同时来自国内零售行业相关的近万名专业观众参观了展览。本届大会上,苏宁电器股份有限公司、武汉中百连锁仓储超市有限公司、河北国大连锁商业有限公司和北京吉野家快餐有限公司荣获"CCFA 2009 年度最佳雇主";国美电器董事局主席兼总裁陈晓、山东家家悦集团有限公司董事长王培桓、物美控股集团有限董事长吴坚忠、康成投资中国有限公司董事长黄明端荣获"CCFA 2009 中国连锁业年度人物"。

物美获北京农商行 40 亿元授信

继引进战略投资者之后,物美控股集团又获得新的资金支持。11 月 18 日,物美控股集团与北京农业商业银行签订战略合作协议。根据协议,未来三年内,北京农业商业银行将向物美控股集团以及参股、控股企业累计提供 40 亿元人民币授信额度。物美控股集团董事长吴坚忠表示,与北京农业商业银行的全面合作,将解决物美控股集团农村直采时,与农户和合作社存在的现金支付问题。

TESCO1.65 亿美元扩张购物中心

11 月 15 日,海外消息称,TESCO 计划投资 1 亿英镑(约 1.65 亿美元),在中国组建合资公司,用于建设三家购物中心。据介绍,这三家投资者是汇丰南丰中国房地产基金、新加坡美罗控股有限公司和中国香港南丰集团。TESCO 将持有该合资企业 50% 的股权,计划在抚顺、鞍山、秦皇岛开设购物中心,其中两家购物中心还包括住宅物业、商铺以及娱乐场所。如果首批购物中心获得成功，TESCO 还将在中国开设大型商场。

十二月

国美放贷 36 亿继续代管大中

国美电器发布公告称，其已于相关各方达成协议，将提供 36 亿元贷款，以维持对大中电器的管理权。公告称，国美电器已与附属公司天津咨询订立重续委托贷款合同，通过贷款银行向北京战圣重新提供为数 36 亿元的原有贷款资金，从 2009 年 12 月 15 日至 2011 年 12 月 14 日，为期 2 年。国美电器称，由于原委托贷款合同于 2009 年 12 月 12 日期满，为确保国美集团继续持有对大中的管理权，通过订立重续委托贷款合同及相关抵押文件、委托经营协议及购股权协议，国美集团可巩固在中国特别是在北京地区作为电器及电子消费产品领先零售企业的地位。

重庆百货收购新世纪获批

重庆百货公告称，12 月 15 日收到其大股东重庆商社集团转函，重庆百货通过增发股份，以 39.5 亿巨资全面收购新世纪百货事项，已通过商务部反垄断审查，下一步报中国证监会核准后即可实施。按计划，2010 年 3 月 31 日前，新世纪百货的资产将全部注入重庆百货。此前，商社集团负责人称，2010 年商社集团其他资产也将注入重百，从而实现集团的整体上市。与此同时，其扩张步伐也将加快，明年旗下门店将占领四川所有二级城市。

小肥羊全面退出海外直营业务

12 月 11 日，小肥羊宣布以总价 34.5 万美元，向加拿大前子公司董事转让美国小肥羊 69% 权益。转让完成后，美国小肥羊将不再是小肥羊附属公司，而变身为加盟店。根据二者特许经营协议，美国小肥羊须每年支付费用 1.5 万美元，期限三年。小肥羊品牌副总监叶飞说："之前小肥羊在战略转移时，就已经确定国内直营为主，国外加盟为主的方向。"

农工商投资亿元建网上购物中心

农工商超市集团斥资亿元打造的便利通网上商城 12 月 19 日正式迎客。据农工商超市集团董事长杨德新介绍，便利通网上商城明年销售额争取达到 30 亿元，两三年后网上商城的销售将超过农工商超市目前实体门店年销售 260 亿 ~ 270 亿元的规模。据介绍，农工商超市便利通网上商城是一个 B2B2C 模式的网上"购物中心"。农工商超市集团的供应商与集团旗下的便利通电子商务有限公司建立起法人对法人的契约关系，在便利通网上商城向消费者销售其商品。在农工商推出网上商城后的短短一个多月时间，就有近 200 家供应商与便利通电子商务公司签约，提供给便利通网上商城的商品品种达 1000 多种。

乐天收购时代零售获商务部批准

国内超市运营商——时代零售集团有限公司（01832. HK）公告称，韩国第二大零售商——乐天购物旗下乐天（香港）已就收购时代零售取得中国商务部反垄断局的批准。乐天购物 2009 年 10 月宣布，以 48.7 亿港元现金收购时代零售全部已发行股份，以便迅速扩大其在中国的业务。关于此次并购交易，中投顾问人士分析称，虽然通过并购来扩大市场份额成本高于自建新店，但投资风险和收益速度优于投资新店。

菲律宾快乐蜂调整在华业务

菲律宾最大的餐饮连锁店快乐蜂食品集团宣布，撤出对台湾老董牛肉面和春水堂冰茶连锁的投资而专注经营永和大王中餐连锁和宏状元粥店。声明说，快乐蜂将集中精力经营其 2007 年全面收购的永和大王和 2008 年收购的宏状元两大品牌。目前，这两个品牌在中国大陆的连锁店已达到 197 家，占快乐蜂全球销售额的 9% 左右。据悉，快乐蜂集团今年第三季度海外业务增长 53%，其中在中国大陆业务销售额同比增长 36%。快乐蜂集团今明两年将在中国大陆开设 35 家新店，并有收购其他餐饮企业的计划。

华润万家再添新业态

华润万家旗下中艺（香港）内地首家门店近日在华润万象城二期隆重开业。据华润万家相关负责人介绍，中艺内地首家门店的开业延续了华润万家“多业态发展”的战略思路，同时使华润万家品牌管理得到延展，打破了华润万家仅涉足超市领域的传统。除大卖场、便利超市、生鲜超市、OLE 高档超市、VANGO 便利店外，以经营中国高档工艺品为主的中艺、以经营健康产品为主的华润堂等新业态新业务的注入必定会增强品牌的核心竞争力。

上海零售业 20 年来首现负增长

上海连锁经营协会 12 月 9 日发布报告，经对近百家会员企业及家电、通讯、餐饮、医药行业部分连锁企业进行销售数据统计，2009 年 1 ~ 10 月，上海连锁业实现规模销售 1693.21 亿元，同比下降 9.62%，连锁零售占全市社会商品零售总额的比重已由 2008 年的 27% 下降为 2009 年的 21% 左右。这是近 20 年来上海连锁业首次出现负增长。

麦德龙逆市发力中国二、三级市场

12 月 8 日，麦德龙杭州余杭店开门纳客。至此，不到一个月的时间，麦德龙已连续在二、三级市场新开 4 家门店。先前，麦德龙宣布的增加 8000 万欧元投资建设 4 家店铺的计划宣告完成。

百联股份 7000 万开 B2C 网店

国内最大商业航母百联集团正式进军 B2C 电子商务。百联股份总经理黄真诚透露，公司旗下的网上商城 12 月 25 日正式开通，此举是公司调整经营方式的重大举措，其目标是逐步打造成为中国百货第一网，从而形成对百联股份实体店全国拓展不理想的强力弥补。

步步高最大单体商业中心开业

29 日，总经营面积达 12 万平方米的步步高广场在湖南湘潭开业。步步高董事长王填表示，从精品百货到大众百货，再到平价百货，现在步步高重塑发展战略，将再次向精品百货发起冲击，将为湖南带来全新的“城市摩尔”消费形态。

谭木匠正式挂牌港交所

中国木梳业第一品牌谭木匠 12 月 30 日在香港证交所正式挂牌，并以 3.5 元开盘价高开，较其招股定价上涨 35.66%，最高冲至 3.81 元，超出此前市场的普遍预期。据悉，谭木匠此次共以配售及公开发售方式发行 6250 万股新股。在公开发售阶段共获 338.5 倍超额认购，在启动回拨机制之后，公开发售部分的总股数从 625 万股增至 3125 万股，占发售总数的 50%。此次上市募集资金约 1.395 亿港元，将主要用于扩展销售网络、提升品牌形象、加强技术研发、产品设计和物流配送能力以及开设旗舰店等。

（《连锁》月刊编辑部整理）

附录三

2009 年中国连锁百强名单

（2010 年 3 月 25 日中国连锁经营协会发布）

会员	序号	企业名称	销售规模（万元）	增幅 %	门店总数（个）	增幅 %
★	1	苏宁电器集团	11700267	14.3	941	15.9
★	2	国美电器有限公司	10680165	2.1	1170	-14.1
★		其中：三联商社股份有限公司	137996	-27.0	5	-37.5
☆	3	百联集团有限公司	9791537	3.8	6153	-4.1
		其中：联华超市股份有限公司（含华联）	6716978	3.2	5599	-4.7
		华联集团吉买盛购物中心有限公司	392618	-2.9	22	4.8
		好美家装潢建材有限公司	210000	-17.0	14	-44.0
★	4	大商集团有限公司	7053590	12.8	160	6.7
★	5	华润万家有限公司	6800000	6.6	2926	8.5
		其中：苏果超市有限公司	3323600	9.5	1852	2.8
★	6	康成投资（中国）有限公司（大润发）	4043169	20.5	121	19.8
★	7	家乐福（中国）管理咨询服务有限公司	3660000	8.2	156	16.4
★	8	安徽省徽商集团有限公司	3437883	13.5	2884	15.5
		其中：安徽商之都股份有限公司	26413	14.6	928	41.9
		安徽徽商农家福有限公司	184490	4.9	1918	6.2
★	9	沃尔玛（中国）投资有限公司	3400000	22.2	175	45.8
★	10	物美控股集团有限公司	* 3270000	6.7	2333	16.1
		其中：北京美廉美连锁商业有限公司	436596	6.6	35	12.9
		浙江供销超市有限公司	220207	10.1	2000	4.2
★	11	重庆商社（集团）有限公司	3004698	14.4	313	6.5
		其中：重庆商社新世纪百货有限公司	1380065	32.1	115	8.5
		重庆百货大楼股份有限公司	834285	13.0	123	5.1
★	12	新合作商贸连锁集团有限公司	3000000	76.5	88653	24.8
		其中：江苏新合作常客隆连锁超市有限公司	172115	12.8	816	22.5
★	13	百胜餐饮集团中国事业部	2880000	9.9	3200	18.5
★	14	农工商超市（集团）有限公司	2673800	0.2	3331	0.0
☆	15	百思买（中国内地）	* 2570000		262	
		其中：江苏五星电器有限公司	2470000	7.4	256	0.0

续表

会员	序号	企业名称	销售规模（万元）	增幅%	门店总数（个）	增幅%
☆	16	山东省商业集团总公司（银座集团）	2564116	37.0	206	25.6
★	17	合肥百货大楼集团股份有限公司	2090000	7.7	136	8.8
		其中：合肥百大合家福连锁超市有限责任公司	202560	12.4	102	15.9
★	18	新一佳超市有限公司	1723600	-2.0	109	3.8
★	19	武汉中百集团股份有限公司	1685519	18.4	674	7.0
		其中：武汉中百连锁仓储超市有限公司	1050606	25.4	139	13.9
		武汉中百便民超市连锁有限公司	272760	8.1	500	4.6
★	20	好又多管理咨询服务（上海）有限公司	* 1650000	0.6	104	0.0
★	21	宏图三胞高科技术有限公司	1593775	-11.2	170	-11.5
★	22	文峰大世界连锁发展股份有限公司	1566457	11.1	978	7.2
★	23	利群集团股份有限公司	1516622	9.4	890	3.9
	24	新世界百货中国有限公司	* 1500000	1.4	34	3.0
☆	25	武汉武商集团股份有限公司	* 1352248	17.6	75	27.1
		其中：武汉武商量贩连锁有限公司	* 730790	23.8	69	30.2
★	26	长春欧亚集团股份有限公司	1347068	11.0	30	66.7
★	27	TESCO（中国内地）	* 1330000	15.7	79	29.5
★	28	北京王府井百货（集团）股份有限公司	* 1327000	10.6	19	18.8
★	29	易初莲花	* 1300000	0.0	77	1.3
☆	30	百盛商业集团有限公司	1237000	15.7	44	10.0
★	31	锦江麦德龙现购自运有限公司	1202277	-4.9	42	10.5
	32	石家庄北国人百集团有限责任公司	1167541	37.3	80	14.3
★	33	天虹商场股份有限公司	1161990	22.7	37	15.6
★	34	永辉超市股份有限公司	1021800	45.6	268	30.7
★	35	山东家家悦集团有限公司	1012021	18.6	489	7.2
★	36	北京京客隆商业集团股份有限公司	1006410	1.9	247	1.6
★	37	人人乐连锁商业集团股份有限公司	1003779	13.8	90	25.0
★	38	山东新星集团有限公司	987787	17.6	532	13.2
★	39	欧尚（中国）投资有限公司	986000	21.0	35	12.9
★	40	山东潍坊百货集团股份有限公司	952521	14.0	318	0.3
	41	金鹰商贸集团有限公司	* 936000	33.9	17	30.8
★	42	江苏时代超市有限公司	929590	2.8	68	1.5
★	43	武汉中商集团股份有限公司	880687	14.2	42	2.4
		其中：武汉中商集团股份有限公司——平价连锁分公司	424249	3.7	32	3.2
★	44	永旺（中国内地）	861077	11.7	21	16.7
	45	银泰百货（集团）有限公司	758659	34.9	22	46.7

续表

会员	序号	企业名称	销售规模（万元）	增幅%	门店总数（个）	增幅%
	46	郑州丹尼斯百货有限公司	* 710000	16.2	50	8.7
★	47	福建新华都购物广场股份有限公司	694678	29.2	75	44.2
	48	北京新燕莎控股（集团）有限责任公司	690988	12.4	10	0.0
★	49	北京迪信通商贸有限公司	687255	4.0	1310	2.0
★	50	麦当劳（中国）有限公司	* 650000	6.6	1100	10.0
	51	广州市广百股份有限公司	643690	9.7	19	58.3
★	52	辽宁兴隆大家庭商业集团	639159	16.6	15	36.4
★	53	内蒙古小肥羊餐饮连锁有限公司	621700	2.1	431	9.7
★	54	步步高商业连锁股份有限公司	572400	10.0	123	11.8
★	55	湖南友谊阿波罗股份有限公司	519861	11.9	22	15.8
		其中：湖南家润多超市有限公司	147099	2.4	15	25.0
★	56	成都红旗连锁有限公司	502938	7.0	980	14.2
★	57	三江购物俱乐部股份有限公司	496362	10.4	127	19.8
★	58	海航商业控股有限公司	470841	14.2	64	4.9
★	59	四川省互惠商业有限责任公司	450000	7.1	1200	50.0
	60	南京中央商场股份有限公司	* 448000	17.9	7	0.0
★	61	百佳超市（中国内地）	358196	−9.5	39	−9.3
★	62	成都伊藤洋华堂有限公司	351380	21.9	3	0.0
	63	易买得	* 351000	9.7	20	11.1
★	64	东方家园家居建材商业有限公司	350000	21.6	25	0.0
★	65	青岛维客集团股份有限公司	328135	6.5	828	−1.4
★	66	广州友谊集团股份有限公司	320000	6.7	4	0.0
★	67	北京市顺义国泰商业大厦	316000	25.1	12	20.0
	68	宜家家居	* 312000	15.6	7	16.7
★	69	北京翠微大厦股份有限公司	311214	11.7	3	0.0
★	70	深圳市海王星辰医药有限公司	310000	10.7	2867	5.8
★	71	山西美特好连锁超市股份有限公司	306800	14.2	27	28.6
★	72	加贝物流股份有限公司	305000	22.0	314	0.3
★	73	河北保龙仓商业连锁经营有限公司	302000	14.8	14	7.7
★	74	江西洪客隆百货投资有限公司	300000	18.1	26	23.8
★	75	北京西单友谊集团	294137	5.9	222	16.2
★	76	湖南佳惠百货有限责任公司	288000	13.1	200	4.2
★	77	邯郸市阳光百货集团总公司	272404	23.9	60	130.8
★	78	华糖洋华堂商业有限公司	271000	−4.9	9	12.5
★	79	湖南老百姓医药连锁有限公司	268000	5.1	350	66.7

续表

会员	序号	企业名称	销售规模（万元）	增幅%	门店总数（个）	增幅%
★	80	北京超市发连锁股份有限公司	264381	14.5	80	21.2
★	81	山东全福元商业集团有限责任公司（原寿光百货大楼）	261808	36.3	72	16.1
★	82	上海如家酒店管理有限公司	260064	39.0	616	30.8
★	83	浙江人本超市有限公司	258426	13.2	599	54.8
	84	深圳岁宝百货有限公司	250085	8.1	11	22.2
	85	浙江华联商厦有限公司	248000	15.9	221	-5.2
★	86	山西省太原唐久超市有限公司	238673	5.6	1006	10.7
	87	长沙通程控股股份有限公司	230000	27.0	56	21.7
★	88	话机世界数码连锁集团股份有限公司	225000	1.6	283	14.1
★	89	中国全聚德（集团）股份有限公司	219627	8.6	85	6.3
	90	雄风集团有限公司	200775	4.5	115	8.5
	91	味千（中国）控股有限公司（中国内地）	* 199409	35.7	380	35.7
	92	重庆和平药房连锁有限责任公司	198000	15.1	2460	0.8
★	93	阜阳华联集团股份有限公司	192660	9.5	555	17.8
	94	广西南城百货股份有限公司	191250	28.5	17	112.5
★	95	上海华氏大药房有限公司	190362	34.9	811	47.2
	96	成商集团股份有限公司	172224	20.8	11	22.2
★	97	深圳市百佳华百货有限公司	171595	14.8	18	20.0
★	98	哈尔滨中央红集团股份有限公司	163833	9.0	183	24.5
	99	济南华联超市有限公司	161181	61.1	15	25.0
☆	100	家得宝（中国内地）	* 160000	4.6	12	0.0
		合　计	135787144	13.5	136880	18.9

注：1. ★表示为中国连锁经营协会会员企业，☆表示其下属公司为协会会员企业。

2. 数字前面带*为估计值。

3. 表中所指销售规模包括直营店、加盟店、输出管理等以公司品牌经营的连锁店销售额。

4. 销售规模或门店数量以特许加盟为主的企业不列入本表，将纳入之后发布的“2009 年特许百强”榜。

2009 年中国快速消费品连锁零售百强名单

（2010 年 3 月 25 日中国连锁经营协会发布）

会员	序号	企业名称	销售规模（万元）	增幅 %	门店总数（个）	增幅 %
★	1	联华超市股份有限公司（含华联）	6716978	3.2	5599	-4.7
★	2	康成投资（中国）有限公司（大润发）	4043169	20.5	121	19.8
★	3	家乐福（中国）管理咨询服务有限公司	3660000	8.2	156	16.4
★	4	华润万家有限公司	3476400	4.0	1074	19.9
★	5	沃尔玛（中国）投资有限公司	3400000	22.2	175	45.8
★	6	苏果超市有限公司	3323600	9.5	1852	2.8
★	7	农工商超市（集团）有限公司	2673800	0.2	3331	0.0
★	8	物美控股集团有限公司	2610000	25.5	537	-26.0
★	9	新一佳超市有限公司	1723600	-2.0	109	3.8
★	10	好又多管理咨询服务（上海）有限公司	* 1650000	0.6	104	0.0
★	11	文峰大世界连锁发展股份有限公司	1566457	11.1	978	7.2
☆	12	TESCO（中国内地）	* 1330000	15.7	79	29.5
★	13	易初莲花	* 1300000	0.0	77	1.3
★	14	锦江麦德龙现购自运有限公司	1202277	-4.9	42	10.5
★	15	武汉中百连锁仓储超市有限公司	1050606	25.4	139	13.9
★	16	永辉超市股份有限公司	1021800	45.6	268	30.7
★	17	山东家家悦集团有限公司	1012021	18.6	489	7.2
★	18	北京京客隆商业集团股份有限公司	1006410	1.9	247	1.6
★	19	人人乐连锁商业集团股份有限公司	1003779	13.8	90	25.0
★	20	山东新星集团有限公司	987787	17.6	532	13.2
★	21	欧尚（中国）投资有限公司	986000	21.0	35	12.9
★	22	北京华联综合超市股份有限公司	* 950000	10.2	77	10.0
★	23	江苏时代超市有限公司	929590	2.8	68	1.5
★	24	永旺（在中国大陆所有投资的总和）	861077	11.7	21	16.7
★	25	山东潍坊百货集团股份有限公司（超市部分）	747538	12.9	305	-0.3
★	26	武汉武商量贩连锁有限公司	* 730790	23.8	69	30.2
★	27	福建新华都购物广场股份有限公司	694678	29.2	75	44.2
★	28	步步高商业连锁股份有限公司	572400	10.0	123	11.8
★	29	成都红旗连锁有限公司	502938	7.0	980	14.2
★	30	三江购物俱乐部股份有限公司	496362	10.4	127	19.8
★	31	四川省互惠商业有限责任公司	450000	7.1	1200	50.0
★	32	北京美廉美连锁商业有限公司	436596	6.6	35	12.9

续表

会员	序号	企业名称	销售规模（万元）	增幅%	门店总数（个）	增幅%
△	33	武汉中商集团股份有限公司——平价连锁分公司	424249	3.7	32	3.2
★	34	华联集团吉买盛购物中心有限公司	392618	-2.9	22	4.8
★	35	百佳超市（中国内地）	358196	-9.5	39	-9.3
★	36	成都伊藤洋华堂有限公司	351380	21.9	3	0.0
	37	易买得	* 350000	9.4	20	11.1
★	38	山西美特好连锁超市股份有限公司	306800	14.2	27	28.6
★	39	加贝物流股份有限公司	305000	22.0	314	0.3
	40	石家庄北国人百集团有限责任公司（超市部分）	303376	23.9	16	0.0
★	41	河北保龙仓商业连锁经营有限公司	302000	14.8	14	7.7
★	42	江西洪客隆百货投资有限公司	300000	18.1	26	23.8
★	43	武汉中百便民超市连锁有限公司	272760	8.1	500	4.6
★	44	华糖洋华堂商业有限公司	271000	-4.9	9	12.5
★	45	北京超市发连锁股份有限公司	264381	14.5	80	21.2
★	46	浙江人本超市有限公司	258426	13.2	599	54.8
★	47	重庆百货大楼股份有限公司超市分公司	253630	12.1	67	8.1
★	48	漯河双汇商业连锁有限公司	253149	14.2	4379	9.0
★	49	山东全福元商业集团有限责任公司（超市部分）	252748	37.9	54	-3.6
★	50	山西省太原唐久超市有限公司	238673	5.6	1006	10.7
★	51	浙江供销超市有限公司	220207	10.1	2000	4.2
△	52	合肥百大合家福连锁超市有限责任公司	202560	12.4	102	15.9
★	53	阜阳华联集团股份有限公司	192660	9.5	555	17.8
★	54	江苏新合作常客隆连锁超市有限公司	172115	12.8	816	22.5
★	55	东莞市糖酒集团美宜佳便利店有限公司	169734	20.0	2380	19.0
★	56	济南华联超市有限公司	161181	61.1	15	25.0
★	57	北京华冠商贸有限公司	153478	9.6	384	2.1
★	58	湖南家润多超市有限公司	147099	2.4	15	25.0
★	59	上海良友金伴便利连锁有限公司	141730	-2.6	537	-1.8
△	60	安徽省徽商红府连锁超市有限责任公司	134928	31.4	894	47.3
★	61	唐山瑞莎实业集团有限公司	133102	40.0	61	5.2
★	62	天津市津工超市有限责任公司	128717	25.3	350	6.7
★	63	唐山华盛超市有限公司	119675	15.7	36	2.9
★	64	上海捷强烟草糖酒（集团）连锁有限公司	117597	14.2	410	4.1
★	65	河北惠友商业连锁发展有限公司	107122	42.0	272	12.9
★	66	山东奥德隆集团有限公司	104879	20.8	107	1.9
	67	江苏超越超市连锁发展有限公司	103811	1.8	158	15.3
★	68	山东统一银座	103300	19.1	123	20.6
★	69	浙江华之友商贸有限公司	100000	17.6	13	0.0

续表

会员	序号	企业名称	销售规模（万元）	增幅%	门店总数（个）	增幅%
★	70	河北国大连锁商业有限公司	87850	15.1	710	18.3
★	71	新疆好家乡超市有限公司	86061	3.7	6	0.0
★	72	广西南宁康迈商业有限责任公司利客隆超市	84298	-1.4	273	1.5
★	73	河南大张实业有限公司	82000	9.3	65	8.3
★	74	天津劝宝超市有限责任公司	80311	30.6	631	25.4
★	75	山东胜利油田胜大超市	79596	8.8	58	34.9
★	76	唐山市金客隆超市有限公司	79033	5.2	49	16.7
△	77	陕西民生家乐商业连锁有限责任公司	76518	6.9	22	10.0
★	78	大同市华林有限责任公司	70718	4.6	6	0.0
★	79	北京首航国力商贸有限公司	70432	-2.0	35	2.9
	80	安庆金华联有限公司	69003	3.1	48	100.0
	81	浙江家家福超市有限公司	62809	7.4	217	0.9
△	82	邯郸市阳光超市有限公司	60810	26.2	12	20.0
★	83	秦皇岛市家惠商贸有限公司	60382	9.8	28	21.7
★	84	东莞市星瀚商贸有限公司	58051	95.2	1059	30.3
★	85	唐山家万佳超市有限公司	58000	18.4	37	12.1
★	86	江苏雅家乐集团有限公司	56000	1.8	437	25.9
△	87	长春欧亚超市连锁经营有限公司	55308	—	16	—
	88	宁波新江厦连锁超市有限公司	53000	3.7	34	30.8
	89	上海福满家便利店有限公司	* 47696	28.7	255	61.4
★	90	浙江省舟山市民生商厦有限责任公司	47500	21.8	549	10.7
★	91	安徽省台客隆连锁超市有限责任公司	45000	40.6	17	88.9
△	92	哈尔滨中央红小月亮连锁有限责任公司	36635	40.3	181	24.8
△	93	淄博东泰超市公司	35318	32.0	31	3.3
★	94	山西金虎便利连锁有限公司	34793	14.2	427	10.9
	95	胶南市糖酒副食品总公司	31000	-13.9	336	16.7
	96	天津迎宾超市商贸有限公司	30400	7.7	3	0.0
△	97	青岛维客超市有限责任公司	28420	2.8	2	0.0
★	98	襄樊家万福超市有限公司	23400	0.3	35	-2.8
△	99	哈尔滨乐买连锁超市有限公司	22840	5.0	35	20.7
★	100	上海城市超市有限公司	* 22000	4.8	10	11.1
合计			63024116	10.2	41173	9.5

注：1. ★表示为中国连锁经营协会会员企业，☆表示其下属公司为协会会员企业，△表示其母公司为协会会员企业。

2. 本榜单主要以连锁企业的品牌为排名依据。

3. 数字前面带 * 为估计值。

2009年中国特许经营连锁120强名单

行业	业　态	企业名称	品　牌	总店数	销售规模（万元）	加盟店数
综合零售	超市、便利店	联华超市股份有限公司	联华	5599	6716978	3773
	超市、便利店	浙江供销超市有限公司	浙江供销	2000	220207	1897
	超市、便利店	苏果超市有限公司	苏果	1852	3323600	1060
	超市、便利店	文峰大世界连锁发展股份有限公司	文峰	978	1566457	937
	超市、便利店	安徽省徽商红府连锁超市有限责任公司	红府	894	134928	874
	便利店	东莞市糖酒集团美宜佳便利店有限公司	美宜佳	2380	169734	2378
	便利店	东莞市星瀚商贸有限公司	上好	1059	58051	1054
	便利店	山西省太原唐久超市有限公司	唐久	1006	238673	720
	便利店	河北国大连锁商业有限公司	国大36524	710	87850	640
	便利店	上海良友金伴便利连锁有限公司	良友	537	141730	264
服装专卖	体育	李宁（中国）体育用品有限公司 ※	李宁	7249	838691	6854
	体育	中国动向（kappa）集团有限公司※	kappa	3511	397041	
	休闲	上海美特斯邦威服饰股份有限公司▲	美特斯邦威	2979		2435
	休闲	堡狮龙国际集团有限公司	堡狮龙	1178	225400	640
	休闲	佐丹奴国际有限公司 ※	佐丹奴	1017	423300	
	裤装	山西百圆裤业连锁经营股份有限公司	百圆	1292	55521	1242
	内衣	上海欧迪芬内衣精品有限公司	欧迪芬	1035	40445	547
	婴幼	深圳市丑丑婴儿用品有限公司	丑丑	601	10100	470
农资连锁	化肥	天盟农资连锁有限责任公司	天盟	7586	1150000	7486
	化肥	安徽徽商农家福有限公司	农家福	1918	184490	1812
	化肥	北京雷力绿色肥业连锁经营有限公司	雷力	280	22000	280
	农机	吉峰农机连锁股份有限公司	吉峰农机	678	162861	592
	兽药	中牧农业连锁发展有限公司	中牧	181	7570	161
其他零售	冷鲜肉专卖	临沂新程金锣肉制品集团有限公司	金锣	13691	2709157	13682
	冷鲜肉专卖	漯河双汇商业连锁有限公司	双汇	4379	253149	3846
	特色食品	长沙绝味轩企业管理有限公司	绝味	2269	109200	1953
	特色食品	南京桂花鸭（集团）有限公司	桂花鸭	220	97617	203
	特色食品	浙江五芳斋实业股份有限公司	五芳斋	203	68142	140
	烘焙食品	北京好利来企业投资管理有限公司	好利来	800	200000	480
	营养保健品	北京百花蜂产品科技发展有限公司	百花	545	23000	530
	营养保健品	厦门市双丹马实业发展有限公司	燕之屋	316	34638	303
	营养保健品	大连海晏堂生物有限公司	海晏堂	294	32340	198

续表

行业	业态	企业名称	品牌	总店数	销售规模（万元）	加盟店数
	营养保健品	大连獐子岛渔业集团股份有限公司	獐子岛	125	151254	109
	茶叶	厦门山国饮艺茶业有限公司	山国饮艺	240	6000	220
	茶叶	北京吴裕泰茶业股份有限公司	吴裕泰	204	54017	162
	茶叶	福建九峰农业发展有限公司	九峰茗茶	182	8312	166
	药店	重庆和平药房连锁有限责任公司	和平	2460	198000	800
	药店	上海华氏大药房有限公司	华氏	811	190362	304
	药店	北京金象大药房医药连锁有限责任公司	金象	320	70000	121
	葡萄酒	名品世家（北京）酒业连锁有限公司	名品世家	350	9600	250
	葡萄酒	浙江名庄传奇葡萄酒有限公司	名庄传奇	52	9500	47
	居家塑料容器	特百惠（中国）有限公司	特百惠	3010	55000	3001
	香薰品	广州汇美舍天然用品连锁有限公司	汇美舍	728	20000	698
	动漫品	广东缤果动漫连锁管理有限公司	缤果	732	35000	489
	礼品	重庆谭木匠工艺品有限公司▲	谭木匠	870		866
	文具	上海晨光文具股份有限公司	晨光	850	87190	780
	玩具	北京卡酷卡通动漫文化有限公司	卡酷	111	5320	104
	家纺	宁波维科家纺有限公司	维科	562	35000	290
	户外用品	北京探路者户外用品股份有限公司	探路者	458	29338	402
	化妆品	北京明弘科贸有限责任公司	LotionSPA	350	12000	199
	眼镜	南京吴良材眼镜总店	南吴眼镜	172	7000	162
	书店	光合作用文化传播有限公司	光合作用	30	9147	6
餐饮	中式正餐	陕西阿瓦山寨品牌投资有限公司	阿瓦山寨	356	141624	354
	中式正餐	湖南韶山毛家饭店发展有限公司	毛家	284	140000	179
	中式正餐	重庆东方菜根香餐饮连锁管理有限公司	菜根香	243	121152	236
	中式正餐	中国全聚德（集团）股份有限公司	全聚德	85	219627	63
	中式快餐	上海世好餐饮管理有限公司	吉祥馄饨	1070	42300	931
	中式快餐	永和食品（中国）有限公司	永和	400	86000	370
	中式快餐	马兰拉面快餐连锁有限责任公司	马兰	297	40873	187
	中式快餐	四平市李连贵风味大酒楼	李连贵	205	33120	193
	中式快餐	北京老家快餐有限责任公司	老家	106	34821	56
	火锅	重庆德庄实业（集团）有限公司	德庄	473	223911	445
	火锅	重庆秦妈餐饮管理有限公司	秦妈	470	130492	458
	火锅	内蒙古小肥羊餐饮连锁有限公司	小肥羊	454	621700	293
	火锅	内蒙古小尾羊餐饮连锁股份有限公司	小尾羊	435	550620	373
	火锅	重庆小天鹅投资控股（集团）有限公司	小天鹅	283	443163	187
	火锅	北京市黄记煌餐饮管理有限责任公司	黄记煌	183	36600	178

续表

行业	业　态	企业名称	品　牌	总店数	销售规模（万元）	加盟店数
	火锅	北京东来顺集团有限责任公司	东来顺	153	130000	130
	火锅	河南一尊实业有限公司	一尊皇牛	113	74292	70
	西式正餐	广州市绿茵阁餐饮连锁有限公司	绿茵阁	77	50902	54
	西式快餐	百胜餐饮集团中国事业部	肯德基	3200	2880000	118
	西式快餐	天津德克士食品开发有限公司	德克士	1140	330000	1001
	咖啡馆	上海上岛咖啡食品有限公司	上岛	945	350000	890
	咖啡馆	苏州迪欧餐饮管理有限公司	迪欧	791	208009	602
	咖啡馆	青岛耶士咖啡有限公司	SPR	484	8753	483
	休闲饮品	上海仙踪林餐饮有限公司	仙踪林	164	29800	149
经济型酒店	经济型酒店	上海如家酒店管理有限公司	如家	616	260064	226
	经济型酒店	7天连锁酒店集团	7天	337	121000	101
	经济型酒店	锦江之星旅馆有限公司	锦江之星	333	242699	232
	经济型酒店	汉庭酒店集团	汉庭	236	129000	63
	经济型酒店	格林豪泰酒店管理集团	格林豪泰	220	160000	120
	经济型酒店	上海驿居酒店管理有限公司	莫泰	212	205272	67
	经济型酒店	速伯艾特（北京）国际酒店管理有限公司	速8	120	36396	110
培训教育	IT培训	北京阿博泰克北大青鸟信息技术有限公司	北大青鸟	222	248800	207
	儿童培训	北京市东方爱婴咨询有限公司	东方爱婴	361	29645	283
	儿童培训	北京东方金子塔教育管理咨询有限公司	东方金子塔	326	21500	310
	儿童培训	北京红黄蓝儿童教育科技发展有限公司	红黄蓝	225	45331	200
	儿童培训	上海美邦教育信息咨询有限公司	新爱婴	187	23109	153
	儿童培训	精中（上海）管理咨询有限公司	金宝贝	130	38000	123
	外语培训	上海昂立投资咨询有限公司	昂立	1657	57600	1657
	外语培训	北京环球天下教育科技有限公司	环球雅思	115	49000	70
洗衣、皮革养护	洗衣	四川布兰奇洗业有限公司	布兰奇	651	32300	651
	洗衣	北京福奈特洗衣服务有限公司	福奈特	649	38000	581
	洗衣	北京荣昌科技服务有限责任公司	伊尔萨	519	39000	481
	洗衣	郑州市康洁洗涤有限公司	康洁	450	18000	440
	洗衣	上海象王洗衣有限公司	象王	394	15824	378
	皮革护理	北京翰皇伟业皮革清洁养护连锁服务有限公司	翰皇	2455	38605	2445
家装	家装	北京东易日盛家居装饰集团股份有限公司	东易日盛	235	240000	137
	家装	北京业之峰装饰有限公司	业之峰	170	80000	100
	家装	北京龙发建筑装饰工程有限公司	龙发	160	100000	90
	家装	北京元洲装饰有限公司	元洲	160	75600	120

续表

行业	业　态	企业名称	品　牌	总店数	销售规模（万元）	加盟店数
	家装	深圳市居众装饰设计工程有限公司	居众	46	55320	25
	门窗销售	浙江省诸暨市中横窗业有限公司	中横	128	13300	126
休闲健康美容	美容美体	唯美度科技（北京）有限公司	唯美度	2012	8000	2000
	养生养颜	青岛植秀堂养生养颜连锁有限公司	植秀堂	180	19008	172
	足疗保健	重庆富侨保健服务有限公司	富侨	552	120000	507
	足疗保健	南京足生堂保健有限公司	足生堂	521	134870	482
	健身俱乐部	青岛英派斯大健康股份有限公司	英派斯	84	17640	73
汽车后市场	汽车美容	杭州小拇指汽车维修科技股份有限公司	小拇指	320	21613	310
	汽配销售与服务	河南贰仟家汽车服务股份有限公司	贰仟家	60	23051	53
	二手车销售	北京艾普旧车经营有限公司	艾普	44		40
	车胎销售及服务	米其林（中国）投资有限公司	驰加	528	190000	526
商务服务	有色金属	沈阳博宇有色金属炉料有限公司	博宇	44	128351	32
	广告器材	广州市联城中港广告器材股份有限公司	中港	40	12336	15
	图文制作	浙江恒晟图文制作有限公司	恒晟图文	34	7363	21
	广告制作	北京亿邦联合广告有限公司	亿邦	503	36000	498
其他服务	电子便民服务	陕西利安信息传播有限公司	利安	5000	120000	5000
	房屋中介	北京埃菲特国际特许经营咨询服务有限公司	21 世纪不动产	1133	200624	835
	家政服务	北京华夏中青家政服务有限公司	华夏中青	102	6620	91
	儿童摄影	小鬼当佳国际贸易（北京）有限公司	小鬼当佳	43	7400	11

数据来源：1. 企业填报的中国连锁经营协会 2009 年度行业调查。

2. 带※企业数据来源于上市公司年报，带▲企业数据为估计值。

2009年中国主要连锁百货企业经营情况

（2010年3月25日中国连锁经营协会发布）

会员	序号	百强序号	企业名称	销售规模（万元）	增幅%	门店总数（个）	增幅%
★	1	5	大商集团有限公司	7053590	12.8	160	6.7
☆	2	16	山东省商业集团总公司（银座集团）	2564116	37.0	206	25.6
★	3	22	文峰大世界连锁发展股份有限公司	1566457	11.1	978	7.2
	4	24	新世界百货中国有限公司	* 1500000	1.4	34	3.0
△	5		重庆商社新世纪百货有限公司	1380065	32.1	115	8.5
★	6	26	长春欧亚集团股份有限公司	1347068	11.0	30	66.7
★	7	27	北京王府井百货（集团）股份有限公司	* 1327000	10.6	19	18.8
☆	8	30	百盛商业集团有限公司	1237000	15.7	44	10.0
★	9	33	天虹商场股份有限公司	1161990	22.7	37	15.6
	10	41	金鹰商贸集团有限公司	* 936000	33.9	17	30.8
★	11		重庆百货大楼股份有限公司	834285	13.0	123	5.1
	12	45	银泰百货（集团）有限公司	758659	34.9	22	46.7
★	13		安徽商之都股份有限公司	726413	14.6	928	41.9
	14	46	郑州丹尼斯百货有限公司	* 710000	16.2	50	8.7
	15	48	北京新燕莎控股（集团）有限责任公司	690988	12.4	10	0.0
	16	51	广州市广百股份有限公司	643690	9.7	19	58.3
★	17	52	辽宁兴隆大家庭商业集团	639159	16.6	15	36.4
	18	60	南京中央商场股份有限公司	* 450000	18.4	7	0.0
★	19	66	广州友谊集团股份有限公司	320000	6.7	4	0.0
★	20	67	北京市顺义国泰商业大厦	316000	25.1	12	20.0
★	21	69	北京翠微大厦股份有限公司	311214	11.7	3	0.0
★	22	75	北京西单友谊集团	294137	5.9	222	16.2
★	23	76	湖南佳惠百货有限责任公司	288000	13.1	200	4.2
★	24	77	邯郸市阳光百货集团总公司	272404	23.9	60	130.8
	25	84	深圳岁宝百货有限公司	250085	8.1	11	22.2
	26	94	广西南城百货股份有限公司	191250	28.5	17	112.5
	27	96	成商集团股份有限公司	172224	20.8	11	22.2
★	28	97	深圳市百佳华百货有限公司	171595	14.8	18	20.0
			合　计	28113389	16.6	3372	19.4

注：1. ★表示为中国连锁经营协会会员企业。

2. 数字前面带*为估计值。

2009 年中国主要连锁便利店企业发展情况

（2010 年 3 月 25 日中国连锁经营协会发布）

序号	品牌名称	主要分布地区	店铺数量（个）	
1	农工商集团便利店（好德、可的）	上海市	2500	*
2	东莞市糖酒集团美宜佳便利店	东莞市	2380	
3	快客便利店	上海市	1980	*
4	苏果便利店	南京市	1203	
5	四川省互惠商业有限责任公司	四川	1200	
6	天福便利店	珠三角地区	1100	*
7	上好便利店	珠三角地区	1059	
8	山西省太原唐久便利店	太原市	1006	
9	文峰大世界连锁发展股份有限公司	苏、沪	937	
10	青岛利群便利店	青岛市	855	
11	维客迷你便利店	青岛市	818	
12	河北国大 36524 便利店	石家庄	710	
13	天津劝宝超市有限责任公司	天津市	607	
14	上海良友金伴便利店	上海市	537	
15	武汉中百便利店	武汉市	500	
16	喜士多（C－store）便利店	上海市	500	*
17	喜洋洋便利店	珠三角地区	500	*
18	沧州市好日子超市有限公司	沧州市	490	*
19	浙江人本超市有限公司之上便利店	温州市	481	
20	太原金虎便利店	太原市	427	
21	7－Eleven 便利店	广州市/北京市	400	
22	全家便利商店股份有限公司福满家便利店	上海市	359	*
23	天津津工便利店	天津市	350	
24	罗森便利店	上海市	299	*
25	万店通便利店	深圳	240	
26	潍坊百货集团中百便利店	潍坊市	217	
27	北京物美便利超市	北京市	201	
28	浙江华联商厦新华联便利店	余姚市	184	
29	北京好邻居便利店	北京市	181	
30	哈尔滨中央红集团小月亮便利店	哈尔滨	178	

续表

序号	品牌名称	主要分布地区	店铺数量（个）
31	加贝物流股份有限公司	浙江	170
32	北京京客隆便利店	北京市	159
33	石家庄天元便利店	石家庄	100
34	OK 便利店	广州市	100 *
合　计			22928

注：数字后面带 * 的为估计值。

2009 年世界领先零售商排行榜

一般商品零售商

排名	公司	财富 1000 强企业中的排名	收益		利润	
			单位：百万美元	自 2007 年的增幅%	单位：百万美元	自 2007 年的增幅%
1	Wal - Mart Stores 沃尔玛	2	405607.0	7.1	13400.0	5.3
2	Target 塔基特	28	64948.0	2.5	2214.0	-22.3
3	Sears Holdings 希尔斯	49	46770.0	-7.8	53.0	-93.6
4	Macy's 梅西百货	96	24892.0	-5.5	-4803.0	-637.8
5	J. C. Penney	139	18486.0	-6.9	572.0	-48.5
6	Kohl's 柯尔	155	16389.0	-0.5	885.0	-18.3
7	Dollar General	259	10457.7	10.1	108.2	N. A.
8	Nordstrom	301	8573.0	-5.6	401.0	-43.9
9	Dillard's 达拉斯	358	6988.4	-5.2	-241.1	-548.4
10	Family Dollar Stores 家庭美元	359	6983.6	2.2	233.1	-4.0
11	Bon - TonStores	654	3225.4	-7.0	-169.9	-1569.7
12	Saks	677	3082.0	-6.1	-154.9	-426.4
13	Retail Ventures	930	1885.0	-38.1	-68.9	-233.9

专业店零售商

排名	公司	财富 1000 强企业中的排名	收益		利润	
			单位：百万美元	自 2007 年的增幅%	单位：百万美元	自 2007 年的增幅%
1	Costco Wholesale	24	72483.0	12.6	1282.7	18.5
2	Home Depot 家得宝	25	71288.0	-15.9	2260.0	-48.6
3	Lowe's	47	48230.0	-0.1	2195.0	-21.9
4	Best Buy 百思买	56	40023.0	11.4	1407.0	2.2
5	Staples 史泰博	109	23083.8	19.2	805.3	-19.1
6	TJX	131	19147.5	2.7	880.6	14.1
7	Gap 盖普	178	14526.0	-7.9	967.0	16.1
8	Office Depot	179	14495.5	-6.6	-1478.9	-473.8
9	Toys "R" Us 玩具反斗城	192	13724.0	-0.5	218.0	42.5
10	Circuit City Stores 电路城	228	11743.7	-5.5	-319.9	N. A.
11	BJ's Wholesale Club	269	10027.4	11.4	134.6	9.5
12	Limited Brands	290	9043.0	-10.8	220.0	-69.4

续表

排名	公司	财富1000强企业中的排名	收益		利润	
			单位：百万美元	自2007年的增幅%	单位：百万美元	自2007年的增幅%
13	Game Stop	296	8805.9	24.1	398.3	38.2
14	Office Max	313	8267.0	-9.0	-1657.9	-899.5
15	Pantry	317	8088.6	34.5	31.8	18.9
16	Travel Centersof America	332	7658.4	24.2	-40.2	N. A.
17	Bed Bath & Beyond	355	7048.9	6.5	562.8	-5.3
18	Auto Zone	380	6522.7	5.7	641.6	7.7
19	Ross Stores	384	6486.1	8.6	305.4	17.0
20	Blockbuster	450	5287.9	-4.6	-374.1	N. A.
21	Foot Locker	454	5237.0	-3.7	-80.0	-256.9
22	Barnes&Noble	455	5235.3	-3.2	75.9	-44.1
23	Advance Auto Parts	461	5142.3	6.1	238.0	-0.1
24	Pet Smart	468	5065.3	8.4	192.7	-25.5
25	Big Lots	498	4645.3	-0.2	151.5	-4.4
26	Dollar Tree 美元树	499	4644.9	9.5	229.5	14.0
27	Neiman Marcus	504	4600.5	4.1	142.8	27.6
28	Casey's General Stores	516	4429.3	22.2	84.9	37.2
29	Radio Shack	534	4224.5	-0.6	192.4	-18.8
30	Dick's Sporting Goods	541	4130.1	6.2	-35.1	-122.6
31	Susser Holdings	558	3966.4	56.2	16.5	1.4
32	Michael's Stores	571	3817.0	-1.2	-5.0	N. A.
33	O'Reilly Automotive	602	3576.6	41.8	186.2	-4.0
34	Abercrombie&Fitch	607	3540.3	-5.6	272.3	-42.8
35	Collective Brands	620	3442.0	13.4	-68.7	-260.9
36	Burlington Coat Factory	624	3424.0	-0.5	-49.0	N. A.
37	Williams - Sonoma	637	3361.5	-14.8	30.0	-84.7
38	Borders Group	639	3356.2	-17.2	-186.7	N. A.
39	Coach	661	3180.9	18.7	783.1	18.0
40	Systemax	683	3033.0	9.1	52.8	-23.9
41	Tractor Supply	684	3007.9	11.3	81.9	-14.9
42	American Eagle Outfitters	690	2988.9	-2.2	179.1	-55.2
43	Rent A Center	706	2884.2	-0.8	139.6	83.1
44	Tiffany&Co	709	2860.0	-4.4	220.0	-27.6
45	HSN	714	2823.6	N. A.	-2390.9	N. A.
46	Regis	730	2738.9	4.3	85.2	2.4

续表

排名	公司	财富1000强企业中的排名	收益		利润	
			单位：百万美元	自2007年的增幅%	单位：百万美元	自2007年的增幅%
47	Sally Beauty Holdings	742	2648.2	5.3	77.6	74.4
48	Charming Shoppes	747	2630.7	-12.6	-244.2	N.A.
49	Cabela's	764	2552.7	8.6	76.4	-13.1
50	Fastenal	813	2340.4	13.5	279.7	20.2
51	Brown Shoe	828	2276.4	-3.5	-133.2	-320.5
52	Zale	845	2194.6	-9.9	10.8	-81.8
53	Ann Taylor Stores	846	2194.6	-8.4	-333.9	-443.4
54	Men's Wearhouse	905	1972.4	-6.6	58.8	-60.0
55	Pep Boys	917	1927.8	-10.9	-30.4	N.A.
56	Jo - Ann Stores	922	1901.1	1.2	21.9	42.2
57	Aéopostale	929	1885.5	18.5	149.4	15.7
58	Urban Outfitters	953	1834.6	21.7	199.4	24.4
59	Children's Place Retail Stores	981	1759.5	-18.6	82.4	N.A.
60	PC Connection	985	1753.7	-1.8	10.4	-54.9

2009 年主要海外品牌经营情况

（2010 年 3 月 25 日中国连锁经营协会发布）

会员	序号	百强序号	企业名称	销售规模（万元）	增幅%	门店总数（个）	增幅%
★	1	6	康成投资（中国）有限公司（大润发）	4043169	20.5	121	19.8
★	2	7	家乐福（中国）管理咨询服务有限公司	3660000	8.2	156	16.4
★	3	9	沃尔玛（中国）投资有限公司	3400000	22.2	175	45.8
★	4	13	百胜餐饮集团中国事业部	2880000	9.9	3200	18.5
☆	5	20	百思买（中国内地）	* 2570000	—	262	—
★	6	20	好又多管理咨询服务（上海）有限公司	1650000	0.6	104	0
	7	24	新世界百货中国有限公司	* 1500000	1.4	34	3.0
★	8	27	TESCO（中国内地）	* 1330000	15.7	79	29.5
★	9	29	易初莲花	* 1300000	0.0	77	1.3
★	10	30	百盛商业集团有限公司	1237000	15.7	44	10.0
★	11	31	锦江麦德龙现购自运有限公司	1202277	-4.9	42	10.5
★	12	39	欧尚（中国）投资有限公司	986000	21.0	35	12.9
★	13	44	永旺（中国内地）	861077	11.7	21	16.7
★	14	50	麦当劳（中国）有限公司	* 650000	6.6	1100	10.0
★	15	61	百佳超市（中国区）	358196	-9.5	39	-9.3
★	16	62	成都伊藤洋华堂有限公司	351380	21.9	3	0
	17	63	易买得	* 350000	9.4	20	11.1
	18	68	宜家家居	312000	15.6	7	16.7
★	19	78	华糖洋华堂商业有限公司	271000	-4.9	9	12.5
★	20	100	家得宝（中国内地）	* 160000	4.6	12	—
合　计				25028930	20.4	5419	15.7

注：1. ★表示为中国连锁经营协会会员企业。

2. 数字前面带 * 为估计值。

附录四

中国连锁经营协会简介

中国连锁经营协会于1997年在民政部注册成立，是连锁经营领域惟一的全国性行业组织。目前，拥有企业会员900家，连锁店铺16万个，包括本土和跨国零售商、特许加盟企业、供应商等。其中，零售会员企业2009年销售额超过1.6万亿元人民币，占社会消费品零售总额的13%。

团体会员涵盖了零售、餐饮、服务等行业中的50多个业态，企业主要为国内知名和在华外资连锁公司、重要供应商及相关中介组织。

协会以推动连锁经营在中国的发展为已任，以会员服务为核心，代表行业利益，维护会员合法权益，提供各项促进企业发展的服务内容。主要包括：

政策协调。为企业与政府之间沟通搭建平台，通过政策建议、标准制定、信用体系建设等为行业发展创造良好环境。

企业合作。以中国连锁业大会、中国连锁店展览会、中国特许加盟大会、中国特许展等活动为平台，推动行业合作交流与发展。

行业培训。通过从业人员认证培训体系，帮助企业管理人员提高业务水平。

资讯整合。通过协会网站、电子通讯和《连锁》月刊传递各行业资讯，使企业及时把握行业发展脉搏。同时，保持与中央、地方媒体的紧密合作。

国际交流。作为WFC、APFC成员国，与世界50多个国家在零售连锁和特许经营方面建立了紧密联系，积极推动国际化交流。

行业研究。通过行业统计和专项调查，发布多项报告，为政府和企业提供涉及行业发展趋势等方面的调研服务，为企业决策提供依据。

行业自律。以《中国连锁经营协会章程》、《连锁超市行业道德规范》、《商业特许经营管理条例》为准则，规范企业经营行为，促进行业健康发展。

协会本着“引导行业、服务会员、回报社会、提升自我”的理念，参与政策制定与协调，维护行业和会员利益，为会员提供系列化专业培训和行业发展信息与数据，搭建业内交流与合作平台，致力于推进连锁经营事业与发展。

CCFA 网络平台

中国连锁经营协会网站 www.ccfa.org.cn

中国连锁经营行业专业的资讯平台，主要内容包括政策法规、行业调研、国际零售前沿、零售创新、零售技术培训、特许学院、加盟商辅导站、加盟项目推介、书刊资料、展览、食品安全、电子简讯、金牌店长、KPI数据库、会员查询等。

中国连锁经营协会英文网站 www.chinaretail.org

超市食品安全网 www.food－safety.cn

超市食品安全网是目前国内惟一一个针对超市中的食品安全工作开办的非赢利性网

站，网站内容以零售企业中高层管理人员关注的内容为主，消费者关注的内容为辅，及时提供行业内的动态和政策信息，为业内人士进行交流提供一个良好的平台。

中国特许展网址 www. chinafranchiseexpo. com

中国特许展相关信息的展示平台。

中国连锁店展览会网址 www. chinaretailexpo. com

中国连锁店展览会相关信息的展示平台。

电子刊物

每周行业动态（周讯）

CCFA English Brief（半月刊）

CIO 通讯（周刊）

食品安全简讯（半月刊）

标准化通讯（不定期）

会展动态 EDM（不定期）

固定刊物

《连锁》月刊，是中国连锁经营协会的会刊，自 1998 年创刊以来，陪伴和记录了中国连锁业成长全过程。《连锁》旨在报道业内动态，传递和解读国家相关政策，剖析业内热点，发布权威分析报告，刊登富有实用性的管理前沿知识，讲述连锁精英的财富故事，介绍优秀企业的成功之道，及时传递海外讯息……《连锁》已成为业界人士和企业的管理人员了解行业动态，获取相关知识的首选刊物。

《中国连锁经营年鉴》始于2000 年，是由中国连锁经营协会编撰，记录中国连锁业年度发展脉络和轨迹，汇集相关数据和案例的重要载体。它涵盖了国内超级市场、便利店、专业店、专卖店、百货店、购物中心、家居中心、特许经营等各种零售业态和营销方式的发展状况以及国际连锁业发展概况，既有国内以及各地区连锁业发展总体水平的纵向比较资料，也有与国际同行业发展的横向比较信息，还包括了相关的政策法规，是反映中国连锁业发展全貌的编年体手册型工具书。

会员服务

1. 信息及宣传服务：

（1）获赠《连锁》月刊；

（2）获取《每周行业简讯》，第一时间了解业内动态；

（3）获取网站 www. ccfa. org. cn 登陆密码，浏览会员专属信息；

（4）每年获赠数份专题调研报告。

2. 交流研讨：

（1）协助组织会员间交流，为会员提供异业合作的机会；

（2）获得零售业 CIO 峰会免费参加名额；

（3）获得食品安全年会免费参加名额；

（4）获得特许加盟大会主会场免费参加名额；

（5）特许企业可为加盟商申请免费加盟商网上培训名额。

3. 政府关系与政策协调服务。

地区连锁协会名录

序号	协会名称	电话	传真	地址	邮编
1	北京市连锁经营协会	010－62218069	010－62262236	北京市海淀区北三环西路明光北里2号	100088
2	天津市连锁商业协会	022－23023836	022－23023804	天津市和平区重庆道25号	300050
3	河北供销合作总社	0311－86045575	0311－86034977	河北省石家庄市裕华东路55号省供销合作总社流通网络处	050011
4	山西省连锁经营协会	0351－3085385	0351－3085385	山西省太原市南内环61号太原市政协	250002
5	黑龙江省连锁经营协会	0451－55533610	0451－55533610	黑龙江省哈尔滨市南岗区汉广街41号	150080
6	哈尔滨连锁经营协会	0451－86776401	0451－86776402	黑龙江省哈尔滨市松北区世纪大道1号东配楼229房间	150021
7	沈阳市连锁经营协会	024－22722104	024－22731872	辽宁省沈阳市市府大路260号137室	110013
8	大连市连锁企业协会	0411－84600529	0411－84600509	辽宁省大连市沙河口区联合路联合巷21号301－302室	116021
9	上海连锁商业协会	021－62717620 62717621	021－62717623	上海市静安区新闸路945号3楼309A（近泰兴路）	200041
10	浙江省连锁经营协会	0571－8521055	0571－85211055	浙江省杭州市马塍路3号	310007
11	绍兴市连锁经营协会	0575－88617766	0575－5250308	浙江省绍兴市延安东路173号	312000
12	安徽省连锁经营协会	0551－2621143	0551－2620755	安徽省合肥市庐江路70号	230001
13	安徽商业联合会零售商业委员会	0551－2658284	0551－2658284	安徽省合肥市长江中路136号青云楼6楼	230001
14	合肥市零售协会	0551－2687015	0551－2687015	安徽省合肥市宿州路96合肥鼓楼商厦7楼总经办	230001
15	福建省连锁经营协会	0591－87821823	0591－87851537 87563943	福建省福州市中山路23号建发大厦1楼	350003
16	厦门市商业联合会连锁经营同业公会	0592－2220084	0592－2220084	福建省厦门市思明区豆仔尾路296号供销社大楼2楼	361003
17	泉州超市协会	0595－22276152 22282699	0595－2272768	福建省泉州市南俊巷新府口48号	362000
18	济南市连锁经营协会	0531－80985736		山东省济南市升平街8号贸易服务局	250000
19	青岛市经济贸易委员会	0532－85911148	0532－85911532	山东省青岛市香港中路11号经贸委前楼309房间	266071
20	武汉连锁经营协会	027－85778278	027－82853739	湖北省武汉市江汉区前三眼桥46号（武汉商业服务学院内）	430015

续表

序号	协会名称	电话	传真	地址	邮编
21	湖南省连锁经营协会	0731－4131132	0731－4131132	湖南省长沙市车站南路699号金贸大厦710室	410007
22	长沙市连锁经营协会	0731－2681961	0731－2681960	湖南省长沙市芙蓉区蔡锷南路48号天心华庭A栋2005室	410005
23	河南省商业行业协会	0371－63817447 63940566	0371－63817447	河南省郑州市文化路任寨北街2号	450003
24	重庆市连锁经营协会	023－63632356	023－63631119	重庆市中山四路83号－2号七楼	400015
25	兰州市商业贸易委员会	0931－8772701	0931－8857723	甘肃省兰州市南滨河东路637号（市政府900A室）	730030
26	西安连锁经营协会	029－87295056	029－87231455	陕西省西安市二府街27号西安市商贸局商品流通处（连锁经营协会）	710003
27	广东省连锁经营协会	020－38483952－803	020－38483953	广东省广州市天河区龙口东路363号保供大厦15楼	510630
28	广州连锁经营协会	020－86471051/56	020－86472200	广东省广州市荔湾区西湾东路18号广州蔬果大厦七楼	510160
29	深圳市零售商业行业协会	0755－82948490	0755－82945078	广东省深圳市福田区彩田南路路灯大厦4楼	518026
30	东莞市零售行业协会	0769－22477290 22502386	0769－22477265	广东省东莞市东城中路美新商业中心六楼F603	523129
31	柳州连锁经营协会	0772－2865225	0772－2836800	广西柳州解放北路26号一楼	545001
32	昆明市连锁经营协会	0871－5716620	0871－5716625	云南省昆明市北京路1039号	650224
33	新余市连锁经营（专卖）协会	0790－6443158	0790－6443158	江西省新余市现代服务业管理指导中心	338000
34	永嘉县超市经济促进会	0577－67929009	0577－67929009	浙江省温州市永嘉县瓯北科技大楼附属楼二楼	325102